监理工程师继续教育丛书

监理工程师法律基础知识

张晓牧　苏振民　编著

中国建筑工业出版社

图书在版编目（CIP）数据

监理工程师法律基础知识/张晓牧，苏振民编著. —北京：中国建筑工业出版社，2006

（监理工程师继续教育丛书）

ISBN 7-112-08521-7

Ⅰ. 监... Ⅱ. ①张...②苏... Ⅲ. 建筑工程-监督管理-法规-中国 Ⅳ. D922.297

中国版本图书馆 CIP 数据核字（2006）第 104176 号

监理工程师继续教育丛书

监理工程师法律基础知识

张晓牧 苏振民 编著

*

中国建筑工业出版社出版、发行（北京西郊百万庄）

新 华 书 店 经 销

北京密云红光制版公司制版

北京市安泰印刷厂印刷

*

开本：787×1092毫米 1/16 印张：24 字数：583千字

2006年10月第一版 2006年10月第一次印刷

印数：1—3500册 定价：**40.00**元

ISBN 7-112-08521-7

（15185）

本社网址：http://www.cabp.com.cn

网上书店：http://www.china-building.com.cn

建设监理是一项具有很强法规性的工作，要求建设监理人员很好地掌握相关法律法规体系。本书的编写目的就是为了帮助广大监理工程师对监理工作所涉及的法律法规有一个完整、系统的了解。

本书分为三大部分，共十三章。内容主要包括：合同法律制度、担保法律制度、仲裁和诉讼、城市规划法律制度、建筑法律制度、招投标法律制度、房地产法律制度、城市房屋拆迁管理法规、建设监理相关法规等。重点阐述各项法律、法规的基本概念、基本原理和基本法律制度，易于学习和掌握。

本书可作为注册监理工程师的继续教育培训教材，也可供广大监理人员在工作中参考使用。

* * *

责任编辑：郦锁林　刘婷婷
责任设计：赵明霞
责任校对：邵鸣军　张　虹

出 版 说 明

为贯彻落实《中华人民共和国行政许可法》、《注册监理工程师管理规定》，加强对注册监理工程师继续教育工作管理，不断提高注册监理工程师的素质和执业水平，确保工程监理质量，维护建筑市场秩序，建设部建办市函［2006］259号决定开展注册监理工程师继续教育工作。

为了做好注册监理工程师的继续教育工作，我社组织有关专家、教授编写这套《监理工程师继续教育丛书》。该套丛书包括：《监理工程师执业指导》、《监理工程师项目管理》、《监理工程师法律基础知识》。《监理工程师执业指导》，是一本以监理工程师知识需求为出发点，帮助提高监理工程师的理论水平和实际工作能力，具有丰富的理论基础和实践经验，可操作性很强的监理工作指导书。《监理工程师项目管理》，是以监理工程师知识需求为出发点，从对工程项目全过程进行管理的角度进行编写，注重与国际惯例接轨，在一定程度上反映工程管理领域的研究成果和最新动向，注重实践性和实务性。《监理工程师法律基础知识》，重点阐述了建设监理法律、法规的基本概念、基本原理和基本法律制度，在编写过程中既考虑了监理工程师法律知识体系的完整性，又考虑监理工程师的学习特点。

为了让读者容易学习和掌握，本套丛书在编写的过程中遵循由浅入深，循序渐进的原则。希望本套丛书的出版，对提高我国监理工程师的知识水平和业务水平有所裨益。

中国建筑工业出版社

2006年9月

前　言

工程建设监理是一种特殊的工程建设活动，必须严格按照有关法律、法规和其他有关准则实施，因此，其突出特点之一就是它的法规性特别强。没有良好的法制环境作为运行条件，工程建设监理是很难实施的，所以要求建设监理人员必须掌握相关法律法规体系。

建设监理法规，从其调整对象和主要作用来看，主要包括两个方面：一方面是工程建设监理管理法规，主要是以监理工作为对象，规定监理的性质、目的、对象、范围、各方当事人的权利义务以及有关人员和单位的资质条件等；另一方面是建设监理活动的依据性法规，这是以建设工程为对象，明确监理工作的法律依据，做到依法监理。据此，本书将建设监理法规分设为三大部分：第一部分是工程建设监理法律基础知识；第二部分是工程建设监理相关法律法规；第三部分为规范监理行为的法律法规。

本书由苏振民和张晓牧共同编写。全书的基本内容是编者参考了相关监理和法律书籍后，经过认真思考后编写而成。在编写过程中既考虑了监理工程师法律知识体系的完整性，又考虑监理工程师的学习特点。为了让读者容易学习和掌握，在编写的过程中遵循由浅入深、循序渐进的原则，重点阐述了建设监理法律、法规的基本概念、基本原理和基本法律制度。

由于作者水平有限，加上时间仓促，书中肯定存在不足之处和错误，恳请读者给予批评指正。

本书在撰写过程中参考了有关文献资料，在此谨向有关作者表示衷心感谢。

目　录

第一篇　工程建设监理法律基础知识

第二篇　工程建设监理相关法律法规

第三篇　规范监理行为的法律法规

第一篇

工程建设监理法律基础知识

第一章　法的基础理论

第一节　法　的　概　述

一、法和法律概念

1. 法的概念

法是统治阶级意志和利益的体现，这种意志和利益的内容是由统治阶级的物质生活条件所决定的。它通过规定某种权利与义务，去规范人们（包括自然人和法人）的行为，从而确认、保护和发展有利于统治阶级的社会关系和社会秩序。所以法是指表现为国家意志的，由国家制定或认可，以权利义务为主要内容，具有普遍约束力并受国家强制力保证实施的行为规则（规范）的总称。

2. 法律的概念

对于法律的理解有广义和狭义两种。广义上法律的概念与法的含义相同，是指法律的整体，即指由国家制定或认可，并由国家强制力保证实施的各种行为规范的总称，也就是整体或抽象意义上的法律。狭义的法律概念是指仅由全国人民代表大会及其常务委员会制定的规范性法律文件。通过法律的定义可以看出：第一，法律是一种行为规范，所谓规范即指约定俗成或明文规定的一种标准、准则；第二，法律是一种特殊的行为规范，是由享有立法权的国家机关制定或认可的、用以约束全体社会成员的行为规范，这就是法律具有“国家意志”的形式。

3. 法与法律之间的关系

法与法律这两个概念，从广义上讲两者的区别表现为：法律强调的是具体的、明确的规范，法则是这些具体规范的总和；法是抽象的、伦理性的，法律是具体的、应用性的。从狭义上讲，法与法律也有诸多的区别和联系。一般表现为：法是泛指享有立法权的所有国家机关制定或认可的，而法律仅指具有最高立法权的国家机关制定或认可的；法的外延比法律的外延广泛，法包含着法律，法律只是法的构成部分之一；法具有一定程度的模糊性和概括性，是一个比法律更具有涵盖力的总称性质的概念。

二、法的本质、基本特征、功能

1. 法的本质

法是上层建筑的组成部分，受经济基础的制约，具有什么样的经济模式就必然会形成什么样的法。其本质表现为：第一，法是统治阶级意志的体现，这种意志既不是任何个人意志，也不是全体社会所有阶级的所谓全民的共同意志，当然也不是被统治阶级的意志。法的这一本质表现出它的阶级性。第二，法是统治阶级整体利益和共同意志的表现，这一特征集中表现了统治阶级的共同利益和要求。第三，法是被奉为国家意志的统治阶级意志，这一特征说明只有以国家意志表现出来的统治阶级意志才是法。第四，法所体现的统治阶级的意志最终是由统治阶级的物质生活条件决定的，物质生活条件包括社会生产和生活需要的产品的状况，但主要是指生产关系，特别是生产资料所有制关系，统治阶级意志的内容和性质，就是这种以所有制性质为核心的经济关系，以及由其决定的阶级利益的反映和概括，所以法是以一定的经济关系为基础。

2. 法的基本特征

法是一种规范，它的基本特征表现为以下几方面：第一，法的国家意志性。这一特征表现为法都是由国家制定或认可的，法都是以国家的名义颁布的，具有国家的权威性。第二，法的普遍约束力。法的普遍性是指在国家权力管辖和法所界定的范围之内，具有普遍的约束力的，在这个范围内，任何人的合法行为都要受法律保护，任何人的违法行为都要受法律制裁。（3）法的国家强制性。法具有以国家强制力作为保障的特征，正是因为法具有国家强制性，一些违法行为才会因法所伴随着的国家强制力的存在而被遏止。（4）法的明确公开性。法作为一种社会规范具有规范性和概括性的特征，这种规范性和概括性是严格、具体、明确的，这里的明确是指法的规定应当清楚明白而无歧义，便于人们遵守和执行，它规定人们可以这样行为、应该这样行为或不应该这样行为，对何种行为予以保护，对何种行为予以制裁等，从而为人们的行为规定出一个模式。第五，法的权利义务性。法都是以权利义务作为自己的内容的，法的权利义务性质比道德规范、宗教教规远为严格、特殊，是法之所以成为法的重要标志。

3. 法的功能

法的功能即职能，是指法所承担的任务或作用，具体表现在以下三个方面：一是法的政治职能。法首先要确认和调整统治阶级和被统治阶级之间的统治与被统治、压迫与被压迫的关系，其次也要调整统治阶级内部关系。二是法的经济职能。法作为上层建筑的重要组成部分，必须为巩固和加强自己赖以存在的经济基础积极服务；保护和发展这种经济基础，以促进生产力的发展。服务性表现在，创立和确认有利于统治阶级的生产关系，积极帮助自己赖以生存的经济基础的形成、巩固和发展；限制、削弱和消灭一切旧的、不符合统治阶级需要的经济关系；惩治一切对自己的经济基础进行破坏的违法犯罪活动，并促使有利于统治阶级的各种经济关系的经济秩序的形成和发展。三是法在执行社会公共事务方面的职能。所谓社会公共职能，就是由一切社会的性质产生的社会公共事务。统治阶级只有执行了这种社会公共职能，才能保证社会生产与生活在其统治下正常而有秩序地进行，从而统治阶级能够继续统治下去。

三、法的分类

我们对法进行分类，可以从不同的标准、角度出发。这里所说的法的基本分类，是根据法律形式的某种特征而进行的分类，一般来说，法的分类主要有以下几种：

1. 国内法与国际法

这是以法律关系的主体为标准划分的，在国际法律关系中，国际法的主体主要是国家；在国内法律关系中，主体主要是该国公民、法人，国家作为一个整体仅在特殊的法律关系中充当主体。国内法是指由国内有立法权的主体制定的、其效力范围一般不超出本国主权范围的法；国际法是由参与国际关系的两个或两个以上国家或国际组织之间制定、认可或缔结的确定其相互关系中权利和义务，并适用于他们之间的法，其主要表现形式是国际条约。

2. 公法与私法

目前对公法和私法的划分标准不统一。有人认为应当以法律所保护的利益的性质为标准划分公法和私法，凡是以保护公共利益为目地的法律就是公法；凡是以保护私人利益为目地的法律就是私法。也有人认为应当以公法与私法所调整的法律关系不同为标准来划分，法律关系的主体双方都是自然人或法人的法律是私法，法律关系主体的一方或双方是国家的法律，则是公法。

3. 成文法与不成文法

这是以法律的创制方式、表达形式为标准划分的，成文法是指具有国家立法权的国家机关依照立法程序，以条文形式制定和颁布实施的法律，也称为制定法。不成文法是指由国家机关认可的、不具有条文形式的法律，也称为非制定法，又称为习惯法。

4. 实体法与程序法

这是以法律所规定的内容为标准划分的，实体法是以规定主体的权利、义务关系或职权、职责关系为主要内容的法，如民法、刑法、婚姻法等。程序法是为保证实体法规定的人们的权利与义务得以实施所需程序或手续为主要内容的法，如民事诉讼法、刑事诉讼法、行政诉讼法等。

5. 一般法与特别法

一般法与特别法的划分是以法律效力的范围作为标准的。对一般人和一般事项都有效，或对全国有效，或在法律修改和废除之前的任何时间内均有效的法律是一般法。宪法和基本法律，例如民法、刑法、民事诉讼法、刑事诉讼法、行政诉讼法等，都是一般法。仅适用于特定的人（如军人、律师、青少年等）或仅对特定的事项、特定的区域或特定的时间内有效的法，为特别法。如民族区域自治法、香港特别行政区基本法都是宪法的特别法；担保法、著作权法、商标法、专利法都是民法通则的特别法；全国人民代表大会常务委员会关于惩治偷税、抗税犯罪的补充规定等都是刑法的特别法。

区别一般法与特别法的标准包括：第一，从法律对人的适用范围为标准来看，对一般的人有效的法律为一般法；以特定的人作为适用对象的法即为特别法。刑法和民法是一般法，相对于它们，未成年人保护法就是特别法；公司法是一般法，相对于它，合资经营企业法就是特别法。第二，从法律对具体事项的适用范围来说，适用于所有事项的法即为一般法，只适用于特别事项的法即为特别法。民法通则是一般法，担保法、专利法、商标法就是特别法；刑法是一般法，惩治破坏金融秩序犯罪的决定就是特别法。第三，从法律对地域的适用范围来说，适用于全国的法律为一般法，在特定地域内有效的法即为特别法。宪法是一般法，民族区域自治法就是特别法。第四，从法律在时间上的适用范围来说，在实施期限上没有限定有效期的法律就是一般法，实施期限有明确的特定有效期限就是特别法。以上四个标准中，有一项为特别者，即为特别法。一般法与特别法的划分是相对而言的，所谓相对是指一般法与特别法的划分不是绝对的，相对于此法是特别法的，相对于彼法又可能就是一般法，如公司法相对于民法通则是特别法，而相对于各企业法就是一般法。根据《中华人民共和国立法法》规定，在同一阶位的法律之间，特别法优于一般法；对同一事项，两种法律都有规定的，特别法比一般法优先，即优先适用特别法。

6. 根本法和普通法

这是根据法律地位、法律效力、内容和制定程序的不同而划分的。宪法即为根本法，它规定国家的政治制度、经济制度、公民的基本权利与义务、国家机构等国家最重要、最根本的问题，具有最高的法律地位和法律效力，其制定和修改必须经特定的机关和特别的程序。除了宪法以外的其他法律即为普通法，它所规定的内容只限于某一专门社会关系方面的问题，普通法的制定必须依据宪法确立的基本原则，不得与宪法抵触，其法律地位和法律效力低于宪法，在制定和修改程序上也不同于宪法。

四、法与经济基础、国家、政治、道德的关系

1. 法与经济基础的关系

法与经济基础的关系十分密切，首先，法是由经济基础决定的，一定的社会的经济基础决定一定的法律的本质和发展，有什么性质的经济基础就有什么性质的法律，法律的产生、本质、特征和功能，均受经济基础制约，经济基础决定着法律的内容及其发展变化。其次，法律反作用于经济基础，也就是说法律能够削弱或摧毁旧的经济基础，帮助新的经济基础形成、巩固和发展，保护和促进有利于统治阶级的经济关系和经济秩序的形成和发展，打击敌对阶级和敌对势力对现存经济基础的破坏，同时，法律也为经济基础服务。

2. 法与国家的关系

法与国家的关系极为密切，这种关系表现在以下两个方面：第一，法从属于国家，与国家不可分离。法律的产生、存在和发展，是以国家为前提条件，法律是通过国家机关制定或认可的，没有国家就没有法律，法本身就是国家意志的体现，统治阶级只有掌握了国

家政权，才能把自己的意志上升为国家意志，制定成为法律；同时，法律的性质和特征是直接由国家的性质和特征决定的，有什么性质的国家，就有什么性质的法律，法律形式直接受国家形式的影响。第二，国家离不开法，没有法也就没有国家。任何国家政权都是通过法律的确认而合法化，任何统治阶级都是以法律形式确认自己的统治，法律规定出国家性质及其组成，国家的各种基本制度需要以法律的形式确定下来，如果没有法律及一定的法律制度，国家也就不可能组成；同时，法律也是实现国家职能的工具，统治阶级在依靠国家采取军事的、行政的、外交的、经济的手段的同时，也必须运用法律的手段，来实现国家的对内和对外职能。

3. 法与政治的关系

法与政治的关系主要表现为：第一，政治是法律的依据。统治阶级为实现其统治，都要制定自己的法律，法律与政治的关系，就是法律与统治阶级政治的关系。统治阶级的政治又集中体现在它的政策之中，所以，法律与政治的关系又集中反映在法律与统治阶级政策的关系上，法律是统治阶级政策的具体化、条文化、定型化。第二，法律为政治服务，是实现统治阶级政治的重要工具。统治阶级的政治所包含的各方面内容，都需要由法律为其服务。

4. 法与道德的关系

道德是用来评价人们行为的善与恶、正义与非正义、公正与偏私、诚实与虚伪、光荣与耻辱等观念，以及同这些观念相适应的由社会舆论和人们内心信念来实现的行为规则的总和。法与统治阶级的道德在阶级本质上是一致的，它们都是统治阶级意志的体现，这种意志的内容都是由共同的经济基础决定并在共同的思想基础上形成的。统治阶级的法律意识和道德观念往往互相渗透，相互影响。统治阶级的道德与法律一起，为其统治服务。而体现被统治阶级利益的道德则与统治阶级的道德相对立，对现行法律制度是一种对抗力量。

五、法系

西方法学家所讲的法系，主要是指根据法的形式和历史传统来对法律进行的分类，凡属于同一传统的法律就构成一个法系。主要分为大陆法系和英国法系。

大陆法系，又称为罗马法系，是以古代罗马法，特别是十九世纪初《拿破仑法典》作为传统而产生和发展的法律的总称。它以继承古代罗马法为主要历史渊源；并以成文法形式为主要特征。英国法系，又称普通法系、英美法系，是指以英国自中世纪至资本主义时期的法律作为传统而产生和发展起来的法律的总称。它以英国中世纪开始出现的“普通法”和“衡平法”为主要渊源。两大法系的差别，主要表现在以下四个方面：一是制定法的形式不同：大陆法系国家采用法典形式，而英美法系国家则采取判例形式。二是判例的作用和地位不同：英美法系除了制定法外，判例也是一种重要的法律形式，上级法院尤其最高法院的判决对下级法院有约束力，维持前例是重要原则；大陆法系除了制定法外，一般不承认判例法，下级法院不受上级法院判决的约束。三是在诉讼程序上也有差别：英美法系采用对抗制，而大陆法系一般采用纠问式程序。四是法律方法论不同：英美法系国家采用特殊到一般的方法，即从先前的判例中归纳出一般原则，然后将该原则适用于具体案件；法官除了适用制定法或判例外，还可以创造法律。大陆法系国家则是从一般到特殊的方法，即以法律规定的一般准则为依据处理案件；法官只能适用法律，而不能创造法律。

六、中国现行法

1. 中国现行法的表现形式

在法律的效力形式上，中国现行法包括宪法、法律、行政法规、部门规章、地方性法规（含民族自治地区的自治条例和单行条例、特别行政区的法、经济特区的法）和地方规章。

（1）宪法

宪法是我国的根本大法，既是国家法律体系的重要组成部分，又是法的一种表现形式，具有最高的法律效力，是制定其他法律的依据。宪法规定国家的社会制度、国家制度、国家机构和公民的基本权利与义务等，就其实质而言，它和其他法律一样，都是统治阶级意志和利益的集中表现，是统治阶级治理国家的工具。但是，宪法又与一般法律不同，它是国家的根本法，是民主政治的产物，是民主制度化、法律化的基本形式，反映着阶级力量的实际对比关系。宪法与一般法律的区别主要表现在以下几点：一是宪法的内容与一般法律不同；二是宪法的法律效力与一般法律不同；三是宪法的制定和修改的程序与一般法律不同；四是对宪法的解释和监督实施有特别规定。

（2）法律

这里的法律是狭义的，仅指由最高权力机关，也是国家立法机关——全国人民代表大会及其常务委员会——依法制定的规范性法律文件的总称，它包括基本法律和基本法律以外的其他法律两类。基本法律是由全国人民代表大会制定的，调整国家和社会生活中具有普遍性的社会关系的规范性法律文件的总称。基本法律以外的其他法律是指由全国人民代表大会常务委员会制定的调整国家和社会生活中某些具体社会关系的规范性法律文件的总称，例如1997年11月1日第八届全国人民代表大会常务委员会第28次会议通过，1997年11月1日中华人民共和国主席令第91号公布，自1998年3月1日起施行的《中华人民共和国建筑法》；1999年8月30日第九届全国人民代表大会常务委员会第11次会议通过，自2000年1月1日起施行的《中华人民共和国招投标法》。

（3）行政法规

行政法规是指由最高国家行政机关，即国务院依法制定的规范性法律文件的总称。行政法规应以宪法和法律作为自己的根据，并不得与宪法和法律相抵触，行政法规通常规定有关行政管理和管理行政事项。例如，2000年1月10日国务院第25次常务会议通过，2000年1月30日中华人民共和国国务院令第279号发布，并自发布之日起施行的《建设工程质量管理条例》；2000年9月20日国务院第31次常务会议通过，2000年9月25日中华人民共和国国务院令第293号公布，并自公布之日起施行的《建设工程勘察设计管理条例》；1995年9月23日中华人民共和国国务院令第184号发布，并自发布之日起施行的《中华人民共和国注册建筑师条例》。

(4) 部门规章

部门规章是指国务院的组成部门及其直属机构在其职权范围内制定的规范性法律文件。国务院各部、委、中国人民银行、审计署和具有行政管理职能的直属机构，可以根据法律和国务院的行政法规、决定、命令，在本部门的权限范围内，制定规章，涉及两个以上国务院部门职权范围的事项，应当提请国务院制定行政法规或者由国务院有关部门联合制定规章，如《房产测绘管理办法》(建设部令第83号）为建设部、国家测绘局联合制定的部门规章，部门规章的效力低于宪法、法律、行政法规，并不得与它们相抵触，它只有在与宪法、法律、行政法规不抵触的情况下才具有法律效力。例如，2001年8月29日建设部颁布的《工程监理企业资质管理规定》，2000年6月30日建设部颁布的《房屋建筑工程质量保修办法》，2000年8月1日建设部颁布的《建设工程勘察质量管理办法》等都属于部门规章。

(5) 地方性法规（自治条例、单行条例）

地方性法规是指由各省、自治区、直辖市人民代表大会及其常务委员会根据本行政区域的具体情况和实际需要，在不与宪法、法律和行政法规相抵触的前提下，制定的规范性法律文件的总称。其效力不超出本行政区域范围，作为地方司法的依据之一。较大的市的人民代表大会及其常务委员会根据本市的具体情况和实际需要，在不与宪法、法律、行政法规和本省、自治区的地方性法规相抵触的前提下，可以制定地方性法规，报省、自治区人民代表大会常务委员会批准后施行。民族自治地方的人民代表大会有权依照当地民族的政治、经济和文化的特点，制定自治条例和单行条例。自治区的自治条例和单行条例，报全国人民代表大会常务委员会批准后生效。自治州、自治县的自治条例和单行条例，报省、自治区、直辖市人民代表大会常务委员会批准后生效。自治条例和单行条例可以依照当地民族的特点，对法律和行政法规的规定作出变通规定，但不得违背法律或行政法规的基本原则，不得对宪法和民族区域自治法的规定以及其他有关法律、行政法规专门就民族自治地方所做的规定作出变通规定。

(6) 地方规章

地方规章是有关行政机关依法制定的事关行政管理的规范性法律文件的总称。其中，地方政府规章是有权制定地方性法规的地方人民政府根据法律、行政法规，制定的规范性法律文件。地方政府规章可以就下列事项做出规定：为执行法律、行政法规、地方性法规的规定需要制定规章的事项；属于本行政区域的具体行政管理事项。地方政府规章除了不得与宪法、法律、行政法规相抵触外，还不得与上级和同级地方性法规相抵触。

2. 中国现行法之间的效力

在中国现行法中，宪法具有最高的法律效力，一切法律、行政法规、地方性法规（自治条例、单行条例)、行政规章都不得与宪法相抵触。法律的效力高于行政法规、地方性法规、行政规章。行政法规的效力高于地方性法规、行政规章。地方性法规的效力高于本级和下级地方政府规章。省、自治区的人民政府制定的地方政府规章，其效力高于本行政区域内的较大的市人民政府制定的地方政府规章。部门规章之间、部门规章与地方政府规章之间具有同等效力，在各自的权限范围内施行。同一机关制定的法律、行政法规、地方法规（自治条例、单行条例)、行政规章，特别规定与一般规定不一致的，适用特别规定；

新的规定与旧的规定不一致的，适用新的规定。地方性法规与部门规章之间对同一事项的规定不一致，不能确定如何适用时，由国务院提出意见，国务院认为应当适用地方性法规的，应当决定在该地方适用地方性法规的规定；认为应当适用部门规章的，应当提请全国人民代表大会常务委员会裁决。

部门规章之间，部门规章与地方政府规章之间，对同一事项的规定不一致的，由国务院裁决。根据授权制定的法规与法律规定不一致，不能确定如何适用时，由全国人民代表大会常务委员会裁决。

法律、行政法规、地方性法规（自治条例、单行条例）、行政规章不溯及既往，但为了更好地保护公民、法人和其他组织的权利和利益而有特别规定的除外。

第二节 法律规范和法律关系

一、法律规范

1. 法律规范的概念

法律规范是指由国家制定或认可，反映统治阶级意志，并由国家强制力保证实施的一种行为规范。它是一种特殊的行为规范，而不是行为规范的“总和”，如果是“总和”，则成为法律的概念了，所以法律规范是构成法律的细胞，法律是由许多法律规范构成的。任何一个法律规范在逻辑上都必须具备假定、处理和制裁这三个要素，具体表现为：第一，假定：是指在法律规范中规定的适用该规范的条件和情况的部分，即指一个法律规范中，规定该规范在什么空间范围、时间范围和对什么人具有效力的这一部分。第二，处理：是指法律规范中规定的具体行为规则的那一部分，即指行为规则本身。处理部分是法律规范的核心部分，任何一个法律规范都必须具备该部分，也就是说这一部分具体规定人们应当做什么，不应当做什么，允许做什么，禁止做什么，要求做什么等。第三，制裁：是指法律规范中规定的违反该法律规范所带来的法律后果、法律责任的部分。

2. 法律规范的种类

（1）按照法律规范调整方式，可分为授权性规范、义务性规范和禁止性规范。授权性规范是规定公民或国家机关有权作出某种行为的法律规范，它规定允许作出的行为，法律既不禁止人们作出一定的行为，又不要求人们必须作出一定的行为，而是授权人们可作出一定的行为。义务性规范是规定人们必须作出一定行为的法律规范，在法律条文中常常表述为“必须”、“应当”、“有义务”等。禁止性规范是人们不得作出某种行为的法律规范，在法律条文中常常表述为“禁止”、“严禁”、“不得”等。

（2）根据法律规范强制性程度，可分为强制性规范和任意性规范。强执性规范是指规定人们必须作出或禁止作出一定的行为的规范，一般表现为禁止性规范和义务性规范。任意性规范是指规定人们可以作出一定行为的规范，对权利和义务的具体内容一般不作具体规定，允许关系主体双方自行确定其权利和义务的具体内容。

（3）根据法律规范内容的确定性程度，可以分为确定性规范和非确定性规范。确定性规范是指直接而明确地规定行为规则的内容，不需援用其他规范补充或说明的法律规范。非确定性规范是指法律规范中没有直接规定行为的内容，而是委托某一专门机关加以确定的法律规范。

二、法律关系

1. 法律关系的概念、特征

法律关系是指法律规范在调整人们行为的过程中形成的权利与义务关系，即人们相互间结成的一种特殊社会关系。任何法律关系都是由这个法律部门对特定的社会关系进行调整而形成的一种社会关系，但是法律关系与其他社会关系不同，它具有以下特征：第一，法律关系是法律在调整人们行为过程中形成的法律上的权利与义务关系，是法律规范的体现，它是以法律上的权利与义务为内容的社会关系；第二，法律关系不同于物质社会关系，是一种思想社会关系、意志关系，属于上层建筑的范畴；第三，法律关系是由国家强制力保证执行的社会关系，对违反和破坏法律关系的行为，予以相应制裁；第四，某种法律关系的存在，总是以相应的现行法律为前提的。

2. 法律关系的构成要素

法律关系的构成要素是指结成当事人之间权利和义务关系的必要条件。这个必要条件有三个方面，即参与法律关系的主体、构成法律关系内容的权利与义务，以及作为权利义务对象的法律关系的客体。由此可见，法律关系的主体、内容和客体是构成法律关系的基本构成要素，这三个要素是相互联系，缺一不可的。

法律关系主体，也称权利主体或权利义务主体，是指法律关系的参加者，即在法律关系中依法享有权利和承担义务的人或组织。在我国，法律关系的主体通常包括以下几种：一是自然人，包括具有我国国籍的我国公民，居住在我国的外国人和无国籍人；二是国家机关、企事业单位和社会团体；三是国家，国家是一个特殊的法律关系主体。任何一种法律关系，没有享有一定权利和承担一定义务的主体参加，都不能构成。

法律关系的客体，也称权利客体，是指法律关系主体的权利义务所指向的对象，它是构成法律关系的基本要素之一。法律关系的客体主要有以下几种：一是物，也称标的物，是指在法律关系中可作为财产权利对象的物或其他财富。二是行为，是指法律关系主体的行为，包括作为和不作为。作为又称积极的行为，是指要求去从事一定的行为；不作为又称消极的行为，是指对一定行为的抑止。三是与人身相联系的精神财富，是指法律关系主体从事智力活动所取得的成果，这种精神财富是一种特殊形式的权利客体。

法律关系主体的权利与义务构成法律关系的内容，主体的权利与义务是紧密相联的，即享有权利的同时必须负有义务，负有义务的同时必须享有权利，权利与义务相互制约、相互促进。

3. 法律关系的产生、变更和消灭

法律关系的产生，是指在法律关系主体之间，形成了法律上的权利义务关系；法律关

系的变更，是指法律关系的主体、客体和内容发生部分的变化，从而形成主体间新的法律关系；法律关系的消灭，是指法律关系主体之间权利与义务关系的终止。

4. 法律事实的概念、种类

法律事实是指能够直接引起法律关系产生、变更和消灭，以及因此而招致一定的法律后果的现象和情况。它分为法律事件和法律行为两类。法律事件是指能够引起法律关系的产生、变更和消灭，不以当事人的主观意志为转移而发生的客观现象。法律行为，是指能够引起法律关系产生、变更和消灭的人们有意识的自觉活动（行为），它包括作为和不作为。法律行为的成立须有以下条件：一是人们从外部表现出来的举动；二是有自觉意识或意志的举动。就性质而论，法律行为可分为合法的法律行为和违法的法律行为。

第三节　法　律　效　力

一、法律效力的概念

法律效力的概念有广义和狭义之分，狭义上的法律效力是指法律生效的范围或适用范围，即法律规范对什么人，在什么时候、什么地点发生效力；从广义上说，是泛指法律的约束力和强制性，即不论是规范性法律文件，还是非规范性法律文件，对人们的行为都产生法律上的约束和强制作用；但是前者具有普遍约束力，而后者不具有普遍约束力。

二、法律效力的分类

一般情况下，法的效力可以分为对人的效力、空间效力和时间效力。

对人的效力是指法律适用于什么人，对什么样的人生效。我国法律对人的效力采用属地主义和属人主义相结合的原则，就是说，法律适用于居留在我国领域内的所有人，即适用于我国公民，也适用于居留于我国领域内的外国人和无国籍人，但下列情况除外：一是根据国际惯例和国际条约，对享有外交特权和豁免权的人（如外国国家元首、政府首脑及其随员、外国使节及其家属）免受我国司法管辖，对于他们违反我国法律的行为，不能对其施以国家强制措施，其刑事责任问题，通过外交途径解决。二是外国人或无国籍人不能是某些法律关系的主体。例如不能依据我国选举法享有选举权和被选举权、不能担任审判员等。三是适用于全国范围的法律并不是全部都对全体公民生效。例如，选举中关于选举权和被选举权的规定，不能适用于未成年人和依法剥夺政治权利的人、刑法只适用于14周岁以上的自然人等。

空间效力是指法律所适用的地域范围，就是法律在哪些地域范围内有效。一般地说，在一个主权国家，法律适用于主权管辖范围所及全部领域，包括陆地、水域及其底土和上空，此外还包括延伸意义的领土，即驻外使馆和在本国领域外的本国船舶和飞机等。我国从国家主权和领土完整以及国家统一的原则出发，规定了我国法律在空间的效力范围，大体分三种情况：(1) 在全国范围内生效。宪法、法律、行政法规等在全国范围内生效，因为这些都分别是全国人民代表大会及其常务委员会制定的。(2) 在局部地区生效。一般有两种情况：一种是有的法律虽属中央机关制定，但已指定在特定地区适用，因而只在指定地区生效，例如特别行政区基本法；另一种是地方性法规只能在地方权利管辖的范围内生效。(3) 在域外生效。有的法律不仅在国内生效，而且根据国家主权原则往往规定适用于国外发生的特定事件和行为。例如，涉及到民事、贸易、婚姻家庭等方面的法律，根据国家间的协议，可具有域外效力；刑法也规定了域外效力。

时间效力是指法律从何时起开始生效，到何时终止效力，以及法律对其公布以前的事件和行为是否具有溯及力的问题。只要有法律的存在，就有法律施行日期的规定，否则，一部法律就不完整，社会大众就不知所从，法律也难以执行。法律的生效时间有以下几种情况：(1) 自法律公布之日起生效。例如《建设工程质量管理条例》于 2000 年 1 月 30 日由国务院令第 279 号发布，条文第 82 条规定：本条例自发布之日起施行。(2) 法律公布后，经过一定的时间开始生效。例如《中华人民共和国建筑法》于 1997 年 11 月 1 日由主席令 91 号公布，但条文第 85 条规定：本法自 1998 年 3 月 1 日起施行。(3) 法律公布后先经过试行，然后由立法机关修改补充，再作为正式法律公布实施。(4) 比照其他法律以确定本法律的生效时间。(5) 自法律文件到达之日起生效。

法律的终止生效时间有以下几种：(1) 由法律本身明文规定了终止生效日期，或规定在特定条件下适用。(2) 新颁布的法律代替了原有的同样内容的旧法律，在新法律中明文宣布原有的法律废止。例如《中华人民共和国合同法》第 428 条规定：本法自 1999 年 10 月 1 日起施行，《中华人民共和国经济合同法》、《中华人民共和国涉外经济合同法》、《中华人民共和国技术合同法》同时废止。(3) 有权的国家机关发布专门的决议、命令，宣布废除某项法律、法规，从宣布废除之日起该法律、法规便终止生效。例如 2000 年 2 月 17 日建设部与国家工商行政管理局联合发布的“关于印发《建设工程委托监理合同（示范文本）的通知》”中就规定：“根据《中华人民共和国建筑法》、《中华人民共和国合同法》，我们对 1995 年建设部、国家工商行政管理局联合颁布的《工程建设监理合同》示范文本 (GF—95—0202) 进行了修订。现将修订后的《建设工程委托监理合同（示范文本）》(GF—95—0202) 印发给你们，请做好推广使用工作。原《工程建设监理合同》示范文本同时废止”。(4) 新的法律公布实施后，原有的同类旧法律即自然失效。(5) 法律担负的历史任务已完成，或法律存在的特定原因已消失，该项法律自然失效。法律的溯及力又称法律溯及既往的效力，是指法律颁布后对其生效以前发生的事件和行为是否适用。如果适用，就是有溯及力；如果不适用，就是无溯及力。一般地说，法律的溯及力有两种情况：一种情况是法律只适用于其生效以后的事件和行为，而对其生效以前的事件和行为不适用，称为“不溯及既往”原则；另一种情况就是立法机关可根据需要，在法律中作出有追溯力的规定，即法律追究其生效之前的事件和行为，称为“溯及既往”原则。

第四节 诉 讼 时 效

一、诉讼时效的概念

诉讼时效是指权利人在法定期限内不行使权利，即丧失请求人民法院或仲裁机构保护其权利的权利。诉讼时效消灭的是一种请求权，而不消灭实体权利。《民法通则》规定，超过诉讼时效期间，当事人自愿履行的，不受诉讼时效限制。履行后，当事人不得以不知时效期间已过为由而要求返还。

二、诉讼时效期间的概念

诉讼时效期间是指权利人请求人民法院或仲裁机关保护其民事权利的法定期间。根据法律对诉讼时效期间的规定不同，诉讼时效期间可分为普通诉讼时效期间、特别诉讼时效期间和长期诉讼时效期间。

普通诉讼时效期间是指适用于一般请求权的诉讼时效期间。《民法通则》规定，向人民法院请求保护民事权利的诉讼时效期间为 2 年，法律另有规定的除外。

特别诉讼时效期间是指只适用于特别请求权的诉讼时效期间。《民法通则》规定下列的诉讼时效期间为 1 年：(1) 身体受到伤害要求赔偿的；(2) 出售质量不合格的商品未声明的；(3) 延付或拒付租金的；(4) 寄存财物被丢失或损毁的。《环境保护法》规定，因环境污染损害赔偿提起诉讼的时效期间为 3 年。

长期诉讼时效期间：《民法通则》规定，诉讼时效期间从知道或者应当知道权利被侵害时起计算。但是，从权利被侵害之日起超过 20 年的，人民法院不予保护。

三、诉讼时效期间的开始和中止

诉讼时效期间的开始是指诉讼时效期间的起始。根据《民法通则》的规定：诉讼时效的期间从知道或者应当知道权利被侵害时起计算。在诉讼时效为 1 年的特殊诉讼时效中，最高人民法院的执行意见对人身损害赔偿的诉讼时效起算时间作了补充规定：人身伤害的损害赔偿的诉讼时效期间，伤害明显的，从受伤害之日起算；伤害当时未曾发现，后经检查确诊并能证明是由侵害引起的，从确诊之日起算。但是，从民事权利被侵害之日起，超过 20 年的，人民法院不予保护。这个 20 年期间，是权利受侵害后的最长诉讼保护期限。这一期限不适用诉讼时效的中止、中断。但在特殊情况下，人民法院可予延长。

诉讼时效的中止是指在诉讼时效期间的最后 6 个月内，由于不可抗力或其他障碍，权利人不能行使请求权，诉讼时效期间暂停计算，从障碍消除之日起，诉讼时效继续计算。例如，在诉讼时效期间的最后 6 个月内，权利被侵害的当事人是无民事行为能力人或限制民事行为能力人，其没有法定代理人或法定代理人死亡、丧失代理权的，可以认定为因其他障碍不能行使请求权，适用诉讼时效中止。

四、诉讼时效的中断

诉讼时效的中断是指因提起诉讼、当事人一方提出要求或者同意履行义务，诉讼时效重新计算，原来经过的时效期间统归无效。《民法通则》就诉讼时效中断的法定事由规定了三种情况：一是提起诉讼，这里的提起诉讼，不仅包括作为原告的起诉，而且包括其他诉讼方式提出权利请求的情形，如反诉，第三人的请求，刑事附带民事诉讼，申请执行，申报破产债权等。提起仲裁也视同起诉，但是提起诉讼后自动撤诉或者因诉讼不合法律规定而被裁定驳回的，不能引起诉讼时效中断。二是权利人提出要求，这是指权利人于诉讼外主张权利的行为。权利人可以向债务人提出要求，也可以向与债务有责任关系的人，例如保证人、代理人、监护人、财产管理人等提出要求。三是一方同意履行义务，这是指义务人向权利人做出愿意履行义务的表示，这种表示可以是口头的，也可以是书面的，也可以是默示的（例如，作出部分履行、支付利息、提供担保、请求延期履行或分期履行等）。义务人同意履行只有在诉讼时效有效期间才引起时效中断。但是，在时效期满后，义务人自愿履行的，根据法律的的规定，权利人有权接受。义务人履行义务后又以超过诉讼时效为由反悔的，人民法院不予支持。

诉讼时效因权利人主张权利或者义务人同意履行义务而中断后，权利人在新的诉讼时效期间内，再次主张权利或者义务人再次同意履行义务的，可以认定为诉讼时效再次中断，权利人向保证人、债务人的代理人或者财产代管人主张权利的，可以认定为诉讼时效中断。此外，权利人向人民调解委员会或有关单位提出保护民事权利的请求，从提出请求时起，诉讼时效中断。经调节达不成协议的，诉讼时效期间即重新计算；如调节达成协议，义务人未按协议所定期限履行义务的，诉讼时效期间应从期限届满时重新计算。

五、诉讼时效的延长

诉讼时效的延长是指人民法院对于已经届满的诉讼时效给予适当的延长。《民法通则》规定，有特殊情况的，人民法院可以延长诉讼时效。这一特殊情况是指权利人由于客观的障碍在法定诉讼时效期间不能行使请求权。

第五节　法　律　责　任

一、法律责任的概念

法律责任有广义和狭义两种解释，从广义上讲，是指任何组织和公民都有遵守法律的义务，自觉维护法律的尊严。从狭义上讲，法律责任也称违法责任，是指人们因违法行为而应依照法律承担的带有强制性的法律上的责任。什么样的违法行为，应当承担何种法律责任，由法律作出规定，由法律授权的机关依法予以追究。

二、法律责任的特征

法律责任的特征主要表现为：(1) 法律责任具有法定性，法律责任的法定性主要表现了法律的强制性，即违反法律时就必然要受到法律的制裁，它是国家强制力在法律规范中的一个具体体现。(2) 引起法律责任的原因是法律关系的主体违反了法律，法律关系的主体违反法律不仅包括没有履行法定义务，而且还包括超越法定权利；任何违反法定的义务或超越法律权利的行为，都是对法律秩序的破坏，因而必然要受到国家强制力的修正或制裁。(3) 法律责任的大小同违反法律义务的程度相适，违反法律义务的内容多、程度深，法律责任就大，相反，违反法律义务少、程度浅，法律责任就小。(4) 法律责任须由专门的国家机关和部门来认定，法律责任是根据法律的规定而让违法者承担一定的责任，是法律适用的一个组成部分，因此，它必须由专门的国家机关或部门来认定，无权的单位和个人是不能确定法律责任的。

三、法律责任的构成要件

法律责任的构成要件是指能够引起法律责任承担的各种条件的总和。一般情况下，有违法行为就要承担法律责任，受到法律的制裁，但是，并不是每一个违法行为都要承担法律责任，只有符合一定条件的违法行为才需要承担法律责任。法律责任的构成要件有两种：一类是一般构成要件；另一类是特殊构成要件。

法律责任的一般构成要件由以下四个条件构成：(1) 有损害事实发生。所谓损害事实就是违法行为对法律所保护的社会关系和社会秩序造成的侵害。这种损害事实首先具有客观性，即已经存在；没有存在损害事实，则不构成法律责任。其次，损害事实不同于损害结果，损害结果是违法行为对行为指向的对象所造成的实际损害。由此可见，有些违法行为尽管没有损害结果，但是已经侵犯了一定的社会关系或社会秩序，因而也要承担法律责任，如犯罪的预备、未遂、中止等。(2) 存在违法行为。法律规范中规定法律责任的目的就在于让国家的政治生活和社会生活符合统治阶级的意志，以国家强制力来树立法律的威严，制裁违法，减少犯罪，如果没有违法行为，就无需承担法律责任，而且合法的行为还要受到法律的保护，所以，只要行为没有违法，尽管造成了一定的损害结果，也不承担法律责任，如正当防卫、紧急避险和执行公务的行为，就不应承担法律责任。(3) 违法行为与损害事实之间有因果关系。违法行为与损害事实之间的因果关系，指的是违法行为与损害事实之间存在着客观的、必然的因果关系。就是说，一定损害事实是该违法行为所引起的必然结果，该违法行为正是引起损害事实的原因。(4) 违法者主观上有过错。所谓过错，是指行为人对其行为及由此引起的损害事实所抱的主观态度，包括故意和过失。如果行为在主观上既没有故意也没有过失，则行为人对损害结果不必承担法律责任。如企业在施工中遇到严重的暴风雨，造成停工，从而延误了工期，在这种情况下，停工行为和延误工期造成损失的结果并非出自施工者的故意和过失，而属于意外事件，因而不应承担法律责任。

法律责任的特殊构成要件是指由法律特殊规定的法律责任的构成要件，它们不是有机地结合在一起的，而是分别同一般要件构成法律责任。主要表现为：(1) 主体的特殊性。在一般构成要件中对违法者没有特殊规定，只要具备了相应的行为能力即可成为责任主体，而对于主体有特殊要求则不同，它是指法律规定违法者必须具备一定的身份和职务时才能承担法律责任。例如刑事责任中的贪污、受贿等犯罪行为，以及行政责任中的职务违法，如徇私舞弊、以权谋私等，不具备法律规定的特殊身份时，则不承担这类法律责任。(2) 结果的特殊性。在一般构成要件中，只要有损害事实的发生就要承担相应的法律责任，而对于结果有特殊要求，则必须符合法律规定的诸如后果严重、损失重大等情况，否则不能承担法律责任，如质量监督人员对工程的质量监督工作粗心大意、不负责任，致使应当发现的隐患而没有发现，造成严重的质量事故，那么他就要承担玩忽职守的法律责任。(3) 无过错责任。一般构成要件都要求违法者主观上必须有过错，所谓过错是指当事人对所实施的行为造成的后果有主观上的故意或过失，但许多民事责任的构成要件则不要求行为者主观上是否有过错，只要有损害事实的发生，那么，受益人就要承担一定的法律责任，这种责任，主要反映了法律责任的公平性，而不具有法律制裁意义。(4) 转承责任。一般构成要件都是要求实施违法行为者承担法律责任，但在民法和行政法中，有些法律责任则要求与违法者有一定关系的第三人来承担。如未成年人将他人打伤的侵权赔偿责任，应由未成年人的监护人来承担。

四、法律责任的种类

通常，依照行为违法的不同和违法者承担法律责任的方式的不同，法律责任可分为民事责任、行政责任、刑事责任和违宪责任。这里，仅介绍前三种。

1. 民事责任

民事责任是指按照民法规定，民事主体违反民事义务时所应承担的法律责任。大陆法系一般规定为债务，我国规定为民事责任。根据《民法通则》的规定，承担民事责任的方式有：停止侵害，排除妨碍，消除危险，返还财产，恢复原状，修理，重作，更换，赔偿损失，支付违约金，消除影响，恢复名誉，赔礼道歉。

2. 行政责任

行政责任是一般违法者依法所应承担的法律行为。它包括两种情况：一是公民和法人因违反行政管理法律、法规的行为而应承担的行政责任；二是国家工作人员因违反政纪或在执行职务时违反行政法规的行为，与此相适应的行政责任的承担方式分为两类，一类是行政处罚，另一类是行政处分。行政处罚是指特定国家行政机关或法律授权的其他组织对违法者追究的行政责任，包括责令限期改进、责令停止违法行为、没收违法所得、责令停产整顿、罚款、吊销营业执照等。行政处分指国家机关、企事业单位对所属工作人员和职工犯有轻微违法行为追究的行政责任，包括警告、记过、记大过、降级、降职、撤职、留用察看和开除等。

3. 刑事责任

刑事责任是指犯罪主体因违反刑法的规定，实施了犯罪行为时所应承担的法律责任。犯罪行为是触犯刑法，依法应受刑罚处罚的具有社会危害性的行为。根据法律的规定，犯罪构成一般包括四个方面：一是犯罪客体，即该行为所侵害的，为我国法律所保护的某种社会关系；二是犯罪主体，即实施犯罪行为依法应承担刑事责任者；三是犯罪客观方面，即危害社会的行为；四是犯罪主观方面，即故意或过失。刑事责任承担方式包括主刑和附加刑，主刑为管制，拘役，有期徒刑，无期徒刑，死刑；附加刑为罚金，剥夺政治权利，没收财产和驱逐出境。有些刑事责任可以根据犯罪的具体情况而免除刑事处罚，对免除刑事处罚的罪犯，有关部门可以根据法律的规定使其承担其他种类法律责任，如对贪污犯可以给予开除公职的行政处分等。

第二章　民　法　通　则

第一节　民法通则概述

一、民法的概念和基本原则

1. 民法的概念

民法是调整平等主体的公民之间、法人之间以及它们相互之间的财产关系和人身关系的法律规范的总称。1986年4月12日第六届全国人大第四次会议通过《中华人民共和国民法通则》，确立了我国民法的基本制度，其第一章"基本原则"确立了我国民法的基本准则。

2. 民法的基本原则

根据《民法通则》的规定，民法的基本原则包括：

(1) 当事人地位平等原则。平等是民事法律关系的基本特点，是民事法律关系区别于行政法律关系、刑事法律关系的重要标志。平等包涵以下含义：一是任何民事主体在民事关系中的法律地位是平等的，即无论是自然人还是法人，无论其经济实力强弱，无论法人的所有制性质如何，法律地位一律平等；二是民事主体在民事活动中平等地享受民事权利和承担民事义务；三是民事主体所享有的民事权利平等地受到法律保护。

(2) 自愿、公平、等价有偿、诚实信用。根据《民法通则》的规定：民事活动应当遵循自愿、公平、等价有偿、诚实信用，这一原则的具体内容表现为：(1) 当事人在民事活动中必须自主自愿，任何民事主体都不能借助于经济上的优势或行政上的权力强迫他人进行某种行为或不进行某种行为。(2) 当事人从事民事活动必须公平合理，不能随意抬价压价，损害对方利益，不能乘人之危，强迫对方接受不合理的条件。三是当事人遵循等价有偿的原则，要按照价值规律的要求，互相实现经济利益。四是当事人在民事活动中要诚实，要维护国家和消费者利益，讲究产品质量，不得尔虞我诈，弄虚作假；同时，当事人在民事活动中要讲信用，遵守合同，不得单方随意毁约或者变更合同。

(3) 保护公民、法人的合法民事权益的原则。《民法通则》规定："公民、法人的合法民事权益受法律保护，任何组织和个人不得侵犯。"任何公民和法人都可以依法行使民事权利，其他人不得侵犯，否则，公民、法人有权请求司法机关保护。公民和法人必须以合法方式行使权利，否则，不仅不受法律保护，而且还要承担法律责任。

(4) 维护国家和社会公共利益原则。民事活动应尊重社会公德，不得损害社会公共利益，破坏国家经济计划，扰乱社会经济秩序。

(5) 民事活动必须遵守法律。根据民法通则的规定，任何民事活动都必须遵守法律，违背法律的行为不受保护。

二、民法通则的调整对象

根据《民法通则》的规定，民法调整平等主体的公民之间、法人之间、公民和法人之间的财产关系和人身关系。

1. 调整平等主体之间的财产关系

财产关系是指在生产、分配、交换、消费过程中形成的财产所有权关系和财产流转关系，即平等主体在生产、分配、交换、消费过程中形成的只有经济内容的社会关系。

2. 调整平等主体之间的人身关系

人身关系是指平等主体之间发生的无直接财产内容的社会关系，它是人们在社会生活中因人格和身份而发生的社会关系，它与人身不可分离，一般不具有直接经济内容。民法只调整平等主体之间发生的并且能够用民事方法保护的那部分人身关系，而上下级之间的人身关系则由行政法调整，侵犯人身权并触犯刑律的由刑法调整。民法调整的人身关系，包括人格关系和身份关系，人格关系是指与公民、法人作为民事主体有密切联系的社会关系；身份关系是指因血缘、婚姻等身份关系而发生的收养、抚养、赡养、监护等社会关系。民法所调整的人身关系具有以下三个特点：第一，这一人身关系无直接财产内容；第二，人身关系发生于平等主体之间；第三，这一人身关系与作为民事主体的公民、法人密切相关，不可分离。

三、民法通则的适用范围

民法通则的适用范围即民法的效力范围，是指民法在时间上、空间上以及对人的适用范围或效力。具体表现为：(1) 时间上的适用范围。《民法通则》从 1987 年 1 月 1 日起生效，在此以前发生的民事行为或事件，一般都不适用民法通则。(2) 空间上的适用范围。《民法通则》规定："在中华人民共和国领域内的民事活动，适用中华人民共和国法律，法律另有规定的除外。"我国领域包括领土、领空、领海以及根据国际法和国际惯例视为我国的一切领域；"除外"是指民法通则规定的适用外国法的情况以及其他民事法律、法规规定适用外国法的情况。(3) 对人的适用范围。根据《民法通则》的规定，对人的适用范围包括：一是中国境内的中国公民和法人，二是中国领域内的外国人、无国籍人和外国法人，三是中国领域外的中国公民，原则上应当适用居住国的民法，但根据国际惯例，也可适用我国民法。

民法通则的适用有两种例外，一是民法通则不适用于享有外交特权和司法豁免权的外国公民，如来访的国家元首、政府首脑、外交使节等；二是民法通则中某些专门由中国公民和中国法人享有的权利能力不适用于外国人、无国籍人或外国法人。

第二节　民事法律关系

一、民事法律关系的概念

民事法律关系，是指社会关系（即人与人的关系）为民事法律规范调整时所形成的权利、义务关系。人们（包括自然人、法人和其他组织）之间随时发生着大量的、各种各样的具体社会关系，比如，生产关系、政治关系、法律关系、道德关系、家庭关系、友谊关系等。在这些社会关系中属于民法调整的对象而被其所调整时，就使这些具体的社会关系具有民事法律关系的性质，形成某种民事法律上的权利义务关系，由国家确认，并保障其实现。民事法律关系中还包括家庭、婚姻、继承等社会关系。民事法律关系具有以下四个特点：

(1) 民事法律关系是一种人与人之间的关系。这种人与人之间的关系不同于生产关系，生产关系的存在和发展是不以人们的意志为转移的，而民事法律关系是依法产生的。比如，什么人可以参加民事法律关系，存在什么权利和义务，都是由法律加以规定的；又比如，一方侵犯了另一方的财产权，这就违背了法律有关财产权保护的规定，就要承担侵权赔偿的法律责任。

(2) 民事法律关系是符合法律规定的社会关系。并不是所有的社会关系都是民事法律关系，因为社会关系的范围很广泛，比如，亲属、朋友、同学、同事、邻居等等之间的一般关系。只有那些符合法律规定，具有以民事权利和民事义务为内容的社会关系，才是民事法律关系。比如，甲与乙是老朋友，他们之间的关系并不是民事法律关系，但如他们合伙投资开家商店，他们之间的关系就是民事法律关系了，同时双方之间发生的买卖、租赁、运输、保险等关系也是这样。

(3) 民事法律关系是以双方当事人的权利义务为内容，并用强制力保证其实现。如果当事人一方不履行自己的义务，对方可以通过一定的司法机构，要求强制负有义务的人履行义务，或使他承担相当的法律责任，比如，甲企业不履行合同中规定的义务，乙企业即可通过法院强制甲企业履行。

(4) 民事法律关系中当事人的法律地位平等。当事人遵循自愿、公平、等价有偿、诚实信用的原则，建立民事法律关系，当事人各方都是平等的民事主体，不应存在上下级的隶属关系或一方有特权地位。

二、民事法律关系的构成

民事法律关系由主体、客体、内容三大要素所构成，具体内容如下：

1. 民事法律关系的主体

民事法律关系的主体，是指参加民事法律关系，享受权利与承担义务的当事人。这里的“人”包括自然人和法人，在特殊情况下，国家也是民事法律关系的主体，实践中，个体工商户、农村承包经营户、合伙等，也可以参加民事活动而被视为民事主体，如出卖人与买受人是买卖关系的主体，享受权利的人是权利主体，承担义务的人是义务主体。在大多数情况下，民事法律关系的当事人既是权利主体又是义务主体，比如，买卖合同，出卖人负有按约定交付货物的义务，同时有请求对方支付货款的权利，同时，买受人有权请求对方交付出卖物，同时负有支付货款的义务。每个民事法律关系中，必须有两个以上的主体，才能在他们之间构成权利和义务关系，能够取得权利义务主体的资格称为有主体资格，主体资格是法律规定的。法律给予各种民事法律关系主体以权利能力和行为能力，是确定他们在民事法律关系中的法律地位的根据。所谓民事权利能力，是指民事主体能够依法享有民事权利和承担民事义务的资格，所以，权利能力是一种资格，是取得权利的前提，不是权利本身，也就是说，权利能力的这种资格对于权利来说，还只是一种可能性，它依附在一个人的身上．但还没有体现在具体的民事法律关系之中。所谓行为能力是以自己独立的活动去实际参加民事法律关系的资格。具有行为能力的人首先需要有权利能力，权利能力是行为能力的前提。但是有权利能力的人不一定都有行为能力，例如，未成年人，他只能在他人代理或协助下进行民事法律活动，参加民事法律关系。行为能力既指合法的行为能力，也包括违法的行为能力。比如，某人有独立处理自己财产的能力，也有对自己的过失致他人损害，而承担赔偿责任的能力。

2. 民事法律关系的客体

民事法律关系的客体，是指民事主体间民事权利义务所共同指向的对象，包括物、行为、智力成果等，在民法上，客体也称为“标的”，如果客体为物，则习惯上称之为“标的物”，客体主要表现为以下三种：一是物，民法上的物是指能够满足人类生活、生产需要，可以为人类所控制，具有一定经济价值的物体。它可以是天然的，也可以是人工创造的。二是行为，它是指为满足他人利益而进行的活动，如提供服务、保管、运输等合同法律关系的客体行为。三是智力成果，它是指脑力劳动所创造的精神财富，如发明创造、文学作品等。智力成果是一种无形资产，是知识产权法律关系的客体。

3. 民事法律关系的内容

民事法律关系的内容，是指民事主体所享有的权利和应当承担的义务。法律权利，是指法律规范所确认和规定的法律关系主体所享有的某种权能，具体表现为：(1) 权利享有者有权按照自己的意愿，在法律规范规定的范围内作出一定的行为；(2) 权利享有者有权要求他人作出一定的行为或抑制一定的行为；(3) 当权利享有者的权利受到不法侵害时有权依法请求国家强制机关给予保护。依据权利主体的不同，法律权利通常可分为公民的权利和国家机关、企事业单位及其公职人员在行使职务时的职权。

法律义务，作为法律权利的对称，是指法律规范所规定的法律关系主体所承担的某种必须履行的责任，具体表现为：(1) 负有义务的人或组织必须按照权利享有者的要求作出某种行为，或不得作出某种行为，以满足权利享有者的要求；(2) 当义务人不履行义务时，权利享有者有权请求国家机关依法采取必要的强制措施，保证其履行应尽的义务。以义务主体的不同，法律义务通常可分为公民的义务和国家机关、企事业单位及其公职人员在执行公务时所必须履行的义务（职责）。

法律权利和义务的一致性：法律权利与义务，作为构成法律关系内容的两个不可分离的方面，存在于法律关系的统一体中，没有无义务的权利，也没有无权利的义务，两者在本质上是一致的。例如商品房买卖的法律关系的基本内容是：买方承担付款的义务，享有取得商品房所有权的权利；卖方承担交付商品房并转移所有权的义务，享有取得商品房价款的权利等。

三、民事权利和民事义务

1. 民事权利的概念、分类和保护

(1) 民事权利的概念

民事权利是指民事主体受法律保护的、实现某项利益的可能性。它包括三个方面：一是权利人可在法定的范围内，根据自己的意志进行民事活动；二是权利人可以要求负有义务的人作出一定的行为或不作出一定的行为以实现自己的权利；三是权利人因他人的行为而使权利不能实现时，有权要求有关机关予以保护。

(2) 民事权利的分类

根据不同的划分标准，民事权利的表现形式也不一样，根据权利标的的不同性质可分为财产权与人身权；根据民事权利相互关联、相互依存的程度可以分为主权利和从权利；根据权利的作用，民事权利可分为支配权、请求权、形成权、抗辩权；根据权利效力的不同，民事权利可分为绝对权和相对权；根据权利的性质和义务人是否特定可分为绝对权与相对权；根据权利是否具有转移性，可分为专属权和非专属权等。

1) 财产权与人身权。财产权是一种具有物质财富内容或直接体现经济利益的民事权利。它的具体表现是财产所有权、债权、经营权、承包权、使用权、财产继承权等；还包括无形财产权，如著作权、专利权、商标权等。财产权是民事权利中主要的一种；人身权是一种与人身不可分离而又没有直接经济内容的民事权利，也称人身非财产权。人身权是随着人的身份而来的权利，它包括人格权和身份权两种。人格权，是指在法律上享有民事主体资格所具有的权利，也是与民事主体不可分离的，在其存续期间始终存在的民事权利。人格权包括生命健康权、姓名权、肖像权、名誉权、荣誉权、婚姻自主权等。所谓生命健康权是指国家依法保护公民的人身健康和生命，如果公民的身体受到伤害，刑法、民法等法律都要保护，其中包括公民的人身自由权受到侵犯，侵犯者要承担法律责任。姓名权是指公民有权决定使用和依照规定改变自己的姓名的权利，禁止他人干涉、盗用、假冒。肖像权是指任何单位与个人，未经本人同意，不得以营利为目的使用公民肖像，比如，有些单位或个人未经本人同意，使用他人肖像做广告、印挂历或展出，这都是对公民肖像权的侵犯，要承担法律责任。名称权是指企业法人、个体工商户、个人合伙等主体有权使用和依法转让自己的名称，即享有名称权。婚姻自主权是指公民享有婚姻自主权，禁止买卖、包办婚姻和其他干涉婚姻自由的行为，婚姻、家庭和老人、母亲、儿童、残疾人，受法律保护，妇女享有同男子平等的民事权利。身份权是指产生于某种关系或行为的民事权利，也就是基于一定的身份关系而发生的民事权利。身份权包括亲权（父母对未成年子女监护的权利）、监护权（保护无行为能力人和限制行为能力人合法权利的权利）、财产继承权、著作权、发明权、专利权、商标权等。虽然人身权本身没有财产的内容，但这些民事权利与财产权有着密切的联系。比如，著作权就包括人身权与财产权，又称精神权

利和经济权利，精神权利主要指作者有权以合法的方式发表作品、在作品上署名或不署名、要求他人承认并尊重其作者的身份和作品的完整性、修改和声明收回已经发表的作品等；经济权利主要指作者有权以复制、表演、播放、展览、发行、摄制电影、电视、录像或翻译、改编等方式使用其作品，以及因他人以上述方式使用其作品而获得经济报酬。同时，作者的著作权是一种专有权利，未经作者同意或法律许可，其他人不得占有与行使，否则便是侵犯权利。区分财产权和人身权的意义在于，财产权受到侵害，一般不发生精神损害赔偿的问题。

2）主权利与从权利。在相互关系、相互依存的两个以上的民事权利中，凡是不依赖其他权利而独立存在的民事权利称为主权利；凡是以其他民事权利的存在为前提或依靠其他权利而存在的民事权利为从权利。比如，在抵押法律关系中，抵押权是从权利，抵押权所担保的债权是主权利，抵押权是为担保主债权才设立的，它依附于主债权，主债权消灭，抵押权亦随之而消灭。

3）支配权、请求权、抗辩权、形成权。①支配权是指对权利标的直接进行支配而不受他人非法干涉的权利，如物权、知识产权、人身权等。支配权是权利人得直接使权利发生作用的权利，即直接取得权利内容的利益，也就是权利人可以直接支配权利客体的权利。比如，财产所有权，所有人可以对其所有物直接使用或处理；抵押权人由于债务人不履行债务，依法将抵押物拍卖补偿其债务。还有如人格权，也属于支配权。②请求权是请求他人为一定行为或不为一定行为的权利。比如债权，享受这种权利的权利人，不能直接使权利发生作用，也即不能直接取得这种权利内容的利益，权利人只能请求他人为一定行为，而由其行为间接取得其利益，即买受人得请求出卖人给付出卖物，这是债权，债权人虽有此权利，但不能直接取得利益，必须由出卖人（债务人）实施一定行为，将出卖物交出，债权的内容才能实规。又如，某物的所有人，对于侵害其所有物的人，可请求返还、赔偿，或者请求其不侵害，也就是请求他不作为以实现自己的权利。③抗辩权是对抗请求权的权利，又称异议权，是指不同意他人的请求，而提出证据加以抗辩的权利。比如，他人向你行使请求权，要你交货或还钱，你有某种理由而加以拒绝，法律也允许你有这种权利。抗辩权分为永久抗辩权与延期抗辩权。永久抗辩权，就是他人所请求的给付，有永久拒绝履行的权利，比如，请求权已经消灭时，债务人就有永久抗辩权；延期抗辩权也称一时抗辩权，这种抗辩权的作用，可以使请求权的效力暂时被排除。比如，履行合同时，他方未交货，另一方就有权拒绝付款，并可提出同时履行的抗辩，但这种抗辩，只能在他方未给付的前提下提出，一旦他方给付后，另一方即不得再行使抗辩权，所以称为延期抗辩，而非永久的抗辩。④形成权是由当事人一方的意思，使现已成立的民事法律关系发生变化的权利。形成权可使未发生效力的民事法律关系发生效力。比如，法定代理人对限制行为能力的人与他人订立的合同加以承认，这个合同也就有效了，这叫追认权。又如对某合同由于对方违约，而行使解除权，那个合同关系就消灭了，这叫解除权。对显失公平的法律行为，受害人有撤销的权利，即撤销权，这些权利都叫形成权。

4）绝对权与相对权。绝对权是指除权利主体之外，其他不特定的任何人都负有不得妨碍和侵犯的义务。绝对权是请求一般人不为一定行为的权利，也就是请求世界上其他所有的人不要侵害其权利的权利，所以也叫“对世权”。它是对一切人的权利。它有两方面的特点：一是义务人是不特定的，任何人都负有不得妨害其权利的义务；二是请求内容限于不行为，即要求他人不去侵犯他的权利行使。故绝对权的实现一般不必借助于义务主体的行为，比如，人身权和财产所有权，它们都不必借助于他人的积极行为便可实现。相对权，是指特定的权利主体对特定的义务主体所享有的权利，相对权的实现一般需要借助于特定的义务主体的积极行为，也就是请求特定人为一定行为或不为一定行为的权利。它有两方面的特点：一是义务人是特定的；二是请求的内容不限于不行为，所以也叫“对人权”。比如，债权就是相对权，它表现为债权人只对债务人享有请求权，而且只有借助债务人履行债务的行为，其债权才能实现，其他如损害赔偿请求权、抚养请求权等也是相对权，即相对权因特定人履行特定的义务，而使权利得到实现。任何民事权利都不是超越法律、不受限制或制约的，绝对权和相对权都不是指权利是绝对的或相对的，而是根据权利制约的义务主体的范围，即不特定的任何人还是特定人来划分的。

(3) 民事权利的保护

民事权利的保护方法有两种，一是权利人通过民事诉讼程序，请求人民法院依法予以保护；二是权利人通过正当防卫、紧急避险和自助行为维护自己的权利。

2. 民事义务的概念和分类

(1) 民事义务的概念

民事义务，是指由民事法律规定或者当事人自己的选择产生的对民事主体为一定行为或不为一定行为的约束，民事义务是法律规定的行为的必要性，这种必要性是由国家强制力保障实现的，违反民事义务，则要承担民事责任。民事义务是在民事关系中法律规定人们应该履行的某种作为或不作为，民事义务包括下列三个内容：第一，负有民事义务的人必须为或不为一定的行为。其目的是为了实现对方的民事权利或不影响对方的民事权利。比如，债务人履行债务，就可以使财产所有人的利益得到充分满足，这是作为的义务；不去侵犯他人的财产所有权，也可以使财产所有人的利益得到充分的满足，但这是不作为的义务。负有作为义务的一方，如果不作为（如不履行债务），就是违反义务；负有不作为义务的一方，如果作为（如侵犯他人的财产权），就是违反义务。第二，民事义务不是无限度的。负有义务的人，只需在法定范围内进行或不进行一定的行为。比如，某地的地方法规规定在某些地区禁止摆摊进行个体经营买卖活动，则在该地区不能设摊，而在其他地区仍可设摊。第三，民事义务一般是应该自觉履行的。但它也是法律规定的义务，即如果不履行或不适当履行义务，国家就要干涉，要受到法律的制裁。

(2) 民事义务的分类

民事义务按不同的标准主要分为以下两类：一是积极义务和消极义务。这是以义务人行为的方式来划分的，所谓积极义务是指需要义务人以作为来完成的义务，如交货或付款义务；消极义务是指需要义务人以不作为来完成的义务，如竞业禁止义务。二是独立义务与从属义务。独立义务是独立存在的义务，比如，履行债务；从属义务是从属于独立义务的义务，比如，从属于债务的保证债务。除了以上分类外，民事义务还可分为主要义务和附随义务，约定义务和法定义务等。

3. 民事权利与民事义务的关系

民事权利与民事义务的关系主要表现在以下方面：

（1）权利与义务是对等的。所谓权利与义务对等的内容又包括以下两个方面：①权利与义务是同时存在的，是相互适应和相互制约的。在民事法律关系中享受权利的人也必然要履行某种义务，一方当事人有了某种权利，同时也就意味着另一方当事人负有相应的义务，因而，只有权利而无人负担义务，或者只有义务而无人享有权利的情况一般是不存在的。比如，买卖合同中，出卖人将出卖物交给对方所有，是他的义务，要求对方交付价款则是他的权利，相反，买受人应交付价款是他的义务，而要求对方交付出卖物，则是他的权利，不能一方只享受权利而不履行义务，另一方只承担义务而不享受权利。权利和义务是一个矛盾体的两个方面，权利的内容总是通过与之相适应的义务来表现的。②民事主体不履行义务就必然损害其他民事主体的权利，因此应承担民事责任。民事义务与民事责任是两个既有联系但又有区别的不同概念，两者易被混用，义务不履行时才发生责任，责任是不履行义务时在法律上所处的状态，所以承担民事责任的方式是法律根据具体情况进行规定的。在实际生活中往往出现权利与义务不对等的现象，这都是违背权利与义务对等原则的。

（2）权利与义务总是与一定的主体联系着的。这是因为权利的实现、义务的履行，都要通过人的活动，没有主体，权利义务是无法存在的。比如，以合同形式出现的民事法律关系，必须通过作为民事法律关系主体的双方当事人的意志才能产生，否则，合同是不可能成立的。可见，权利与义务只能是相互适应地存在于民事法律关系之中，只能是民事法律关系的一个要素，而不是离开民事法律关系抽象地存在着的。民事法律关系是凭借权利与义务把当事人的财产关系表现出来、确定下来，并以国家的强制力量保证其实现的法律形式，比如，买卖关系、借贷关系、租赁关系、运输关系、保险关系等，要建立市场经济秩序，必须要通过民事权利义务关系的这种法律形式。

第三节　自然人、法人及合伙

一、自然人

自然人既包括本国人，也包括外国人和无国籍人。具有中华人民共和国国籍的自然人都是中国公民。对于自然人的民事权利能力和民事行为能力在《民法通则》中有如下明确的规定：

1. 自然人的民事权利能力

自然人的民事权利能力是指民事主体享有民事权利和承担民事义务的资格。民事权利能力可分为一般权利能力和特殊权利能力。一般权利能力是指民事主体参加一般民事法律关系的资格，这种权利能力，法律不分年龄、种族、民族、信仰、文化程度、财产状况等，平等地享有。特殊权利能力是指民事主体参加特殊民事法律关系的资格。

自然人民事权利能力的开始，根据《民法通则》的规定：公民从出生时起到死亡时止，具有民事权利能力，依法享有民事权利，承担民事义务。公民的出生是指胎儿与母体完全分离并具有独立的生命，公民出生是一个法律事实，表明公民有了权利能力，有了进行民事活动的前提并受法律保障。但根据《继承法》的规定：遗产分割时，应当为胎儿保留必要的份额。

自然人民事权利能力的终止，根据《民法通则》的规定：自然人民事权利能力因死亡而终止，所谓因死亡而终止是指公民自然死亡，即公民生命的结束，也是公民生理机能的绝对终止。公民死亡的标志和确切时间以医学上公认的标准和医学鉴定的死亡时间为准。公民死亡以后，即丧失了法律上的人格，其民事权利能力终止，遗嘱发生效力，财产继承开始，抚恤金及人寿保险金的领取也随之发生。但是，对于某些特定权益，自然人死亡后，法律可能仍然会给予保护。

2. 自然人的民事行为能力

自然人的民事行为能力是指自然人以自己的行为取得民事权利、承担民事义务的资格，即民事主体独立实施民事法律行为的资格。法律根据自然人不同的认知能力，将自然人分为三种：完全民事行为能力人，限制民事行为能力人和无民事行为能力人。(1) 完全民事行为能力人。在中国，18周岁以上的公民是成年人，是完全民事行为能力人；16周岁以上不满18周岁的公民，以自己的劳动收入为主要生活来源的，视为完全民事行为能力人。(2) 限制民事行为能人力。是指具有一定的行为能力，但行为能力受到限制的自然人，在中国，10周岁以上的未成年人和不能完全辨认自己行为的精神病人是限制民事行为能力人。(3) 无民事行为能力人。是指不具有独立实施民事法律行为资格的自然人，在中国，不满10周岁的未成年人和不能辨认自己行为的精神病人为无民事行为能力人，需要由其法定代理人代理其民事活动。

3. 监护

监护是指依法对无民事行为能力人及限制民事行为能力人的人身、财产和其他合法权益进行保护和监督的制度。依法进行保护和监护的人为监护人，被保护和监督的人为被监护人。无民事行为能力人及限制民事行为能力人的监护人是其法定代理人。监护的种类主要有四种：法定监护、指定监护、遗嘱监护、自愿监护。

未成年人的监护是其父母；父母双方均死亡或者没有监护能力的，由有监护能力的其祖父母、外祖父母、兄、姐或关系密切的其他亲属、朋友担任监护人。无民事行为能力或者限制民事行为能力的精神病人，由其配偶、父母、成年子女、其他近亲属担任监护人；关系密切的其他亲属、朋友愿意承担监护责任，经精神病人所在单位或者住所地的居民委员会、村民委员会同意后，也可以担任监护人。

4. 宣告失踪和宣告死亡

(1) 宣告失踪

公民下落不明满2年的，利害关系人可以向人民法院申请宣告其为失踪人。失踪人的财产由其配偶、父母、成年子女或者关系密切的其他亲属、朋友代管。被宣告失踪的人重新出现或者确知其下落，经本人或者利害关系人申请，人民法院应当撤销对其失踪宣告。

(2) 宣告死亡

公民有下列情形之一的，利害关系人可以向人民法院申请宣告其死亡：一是下落不明满4年的；二是因意外事故下落不明，从事故发生之日起满2年的。宣告死亡会引起与生理死亡同样的法律后果。自人民法律宣告死亡判决生效之日，被宣告死亡人即丧失了民事主体资格，其民事权利能力终止，其财产转变为遗产，继承开始，其婚姻关系消灭等。被宣告死亡的人重新出现或者他人确知其没有死亡，经本人或者利害关系人申请，人民法院应当撤销对其死亡宣告。有民事行为能力人在被宣告死亡期间实施的民事法律行为有效。被撤销死亡宣告的人有权请求返还财产。依照继承法取得其财产的公民或者组织，应当返还原物；原物不存在的，给与适当补偿。

二、法人

1. 法人的涵义

法人是与自然人相对称的另一种民事权利的主体。它与自然不同，它不是以生命或血缘为其存在特征的单个人，而是由法律所拟制的人格，换句话说，法人是社会组织在法律上的人格化。根据《民法通则》的规定：法人是具有民事权利能力和民事行为能力，依法独立享有民事权利和承担民事义务的组织。

2. 法人成立的条件

根据《民法通则》的规定，法人成立应当具备下列几个条件：第一，依法成立。所谓依法成立是指要依法律规定的程序和其他特殊条件成立，例如金融机构需有金融许可证，股份公司需经国务院授权机关或省级政府的批准等。第二，有必要的财产或者经费。企业必须有自己所有或经营管理的财产，国家机关、事业单位和社会团体必须拥有必要的独立经费。第三，有自己的名称、组织机构和场所。法人的名称是法人特定化的标志，组织机构是管理法人的事务、代表法人从事生产经营及其他活动的地方，法人以它的主要办事机构所在地为住所。第四，能够独立承担民事责任。法人必须以其自己的意志从事活动，并且以供其支配的财产承担民事责任。

3. 法人的民事权利能力与民事行为能力

(1) 法人的民事权利能力

法人的民事权利能力是指法人作为民事权利主体，具有参与民事活动、享受民事权利并承担民事义务的资格。法人的民事权利能力，是法人作为民事主体参加民事活动的前提，否则，法人不能参加民事活动，不成其为法人。

法人的权利能力与公民的权利能力一样，也是由法律所赋予的一种资格，而非自然能力。同时，法人的民事权利能力与公民的民事权利能力有许多不同之处，主要表现为：第一，权利能力开始与终止的时间不同。公民的民事权利能力始于出生，死亡是终止；而法人的民事权利能力始于法人成立，终于法人终止，因此，它与法人资格同时取得。第二，权利能力的范围不同。法人是一种社会组织，不能享有公民因人身前提而拥有的某些权利能力，如法人不可以收养，也不可以继承等。

(2) 法人的民事行为能力

法人的民事行为能力是指法人以自己的意思进行民事活动，取得权利、承担义务的资格。法人的民事行为能力与民事权利能力既相互联系又相互区别。区别表现为：法人的权利能力是它作为民事主体参与民事活动、享有民事权利、承担民事义务的资格；而法人的行为能力则是它作为民事主体以自己的意思、独立的活动参与民事法律关系的资格。联系表现为：法人的民事行为能力立足于它的民事权利能力的基础上。法人的行为能力和权利能力是相一致的，法人的行为能力不能超出它权利能力的范围。

法人的民事行为能力与公民的民事行为能力有许多不同之处，主要表现为：第一，法人的行为能力与权利能力同时开始，同时终止。即从法人成立时开始，法人终止时消灭。而公民的行为能力受生理等自然条件的限制，随着年龄的增长而不断完善，如10周岁以下为无民事行为能力，10周岁以上18周岁以下为限制民事行为能力，18周岁以上为完全民事行为能力；公民的权利能力始于出生，终于死亡，与行为能力不同。第二，法人的行为能力一般是通过法人的法定代表人来实现的，而公民的行为能力一般是通过公民个人的自身活动来实现。

4. 法人的法定代表人及其法律责任

法人的法定代表人是指依照法律或者法人组织章程规定，代表法人行使职权的负责人，主要是指法人内部的正职负责人，如果未设正职负责人，可由主持工作的副职负责人担任。企业法人的法定代表人和其他工作人员，依法人名义从事的经营活动，给他人造成经济损失的，企业法人应当承担民事责任。法定代表人的行为是法人的行为，他可以直接代表法人对外签订合同、在法院应诉起诉，在合法权限内代表法人进行活动时，并不需法人另外授权。

根据《民法通则》的规定，企业法人有下列情形之一的，除法人应承担责任外，对法定代表人可以给予行政处分、罚款；构成犯罪的，依照法律追究刑事责任。第一，超出登记机关核准登记的经营范围从事非法经营的；第二，向登记机关、税务机关隐瞒真实情况，弄虚作假的；第三，抽逃资金，隐匿财产逃避债务的；第四，解散、被撤销、被宣告破产后，擅自处理财产的；第五，变更、终止时不及时办理登记和公告，使利害关系人遭受重大损失的；第六，从事法律禁止的其他活动，损害国家利益或社会公共利益的。

5. 法人的终止

根据《民法通则》的规定，企业法人终止的原因包括：第一，依法被撤销；第二，解散，即法人完成了自己的使命，或章程规定的存续期间届满，或章程约定的解散事由发生而自动终止；第三，依法宣告破产，企业法人因具备法定的破产原因，人民法院审理后被宣告破产；第四，其他原因。法人终止以后，无论企业法人，还是非企业法人，应当依法进行清算，停止清算范围以外的活动，并且应当向登记机关办理注销登记并公告。

6. 法人的种类

根据《民法通则》的规定，法人分为企业法人和非企业法人两大类。

企业法人是指以营利为目的，从事生产经营活动的法人。企业法人注册登记是我国企业法人成立的法定程序，其登记分为开业登记、变更登记和注销登记，国家工商行政管理局和地方各级工商行政管理局是企业法人登记主管机关。根据《企业法人登记管理条例》的规定，申请企业法人登记必须具备的下列几个条件：第一，名称、组织机构和章程；第二，固定的生产经营场所和必要的设施；第三，符合规定要求的资金数额和从业人员；第四，能够独立承担民事责任。关于企业法人的变更，则是指企业法人在其存续期间和活动过程中，因各种原因而发生组织的变更以及其他法定注册事项的变化，其中组织变更是指企业法人的分立和合并，如由一个企业法人分立成数个企业法人，或由数个法人合并为一个法人。其他注册事项的变化，如活动宗旨和业务范围的变化，企业法人的名称和注册资金、股权发生变动等。企业法人分立、合并或者有其他注册事项变更，应当向登记机关办理登记并公告，否则，企业法人擅自变更有关事项，不生效力，且须对由此给利害关系人造成的损害承担民事责任。企业法人的民事责任主要是指财产责任，即企业法人应该以自己的独立财产，对外承担财产责任。

非企业法人包括机关法人、事业法人和社会团体法人。机关法人是指从事国家管理或行使国家权力，以国家预算拨款作为独立活动经费，具有法人地位的中央和地方各级国家机关。《民法通则》规定，有独立经费的机关从成立之日起具有法人资格。事业法人是指从事教育、科研等事业，拥有独立经费和财产的具有法人地位的各种社会组织。社会团体法人是指除企业、机关、事业单位法人以外的由若干成员为共同目的而自愿结合而成的社会组织。非企业法人的共同特点是不以营利为目的，主要从事非经济活动，即国家行政管理活动和社会公益活动。

三、合伙

1. 合伙的含义和特征

合伙是依法设立的，由各合伙人订立合伙协议，共同出资、合伙经营、共享收益、共担风险，并对合伙企业债务承担无限连带责任的组织。

根据以上概念，合伙具有下列几个特征：第一，合伙须有两个以上公民，即合伙具有团体性；第二，合伙是按合伙合同联合起来的经济单位；第三，合伙人须共同出资、共同经营、共享受益；第四，合伙财产归全体合伙人共有；第五，合伙人对合伙债务承担无限连带责任。

2. 合伙协议

根据《民法通则》的规定，合伙人应当对出资数额、盈余分配、债务承担、入伙、退伙，合伙终止等事项，订立书面协议，合伙协议经全体合伙人签名、盖章后生效。合伙人依照合伙协议享有权利，承担责任，经全体合伙人协商一致，可以修改或者补充合伙协议。

3. 合伙人入伙与退伙

合伙人入伙是指合伙成立之后、解散之前取得合伙人身份的民事法律行为。在合伙经营期间增加合伙人，书面协议有约定的，按照协议处理；书面协议未约定的，须经全体合伙人同意。未经全体合伙人同意，应当认定入伙无效，新的伙人对他加入之前的合伙已存在的但尚未清偿的债务，应与其他合伙人一起承担连带责任。

合伙人退伙是指已经取得合伙人身份的公民使他本人的合伙人身份归于消失的民事法律行为。合伙人退伙，书面协议有约定的，按书面协议处理；书面协议未约定的，原则上应予准许。但因其退伙给其他合伙人造成损失，应考虑退伙原因、理由以及当事人的过错等情况，确定其应当承担的赔偿责任。

合伙人退伙将产生以下法律后果：第一，分割合伙财产。合伙人退伙时分割的合伙财产，应当包括合伙时投入的财产和合伙期间积累的财产，以及合伙期间的债权和债务。入伙的原物在退伙时，原则上应予退还，一次清退有困难的，可以分批分期清退，退还原物有困难的，可以折价处理。第二，合伙经营期间发生亏损，合伙人退出合伙未按约定分担或者未合理分担合伙债务的，退伙人应当对原合伙的债务承担清偿责任。

4. 合伙的责任承担

根据法律的规定，全体合伙人对合伙的债务，按照出资比例或者协议的约定，以各自的财产承担清偿责任。合伙人对合伙的债务对外承担连带责任，法律另有规定的除外。偿还合伙债务超过自己应当承担数额的合伙人，有权向其他合伙人追偿。

第四节　代　　理

一、代理的含义及特征

代理是指行为人根据一定方式的授权，以他人的名义与第三人作出一定法律行为，所产生的法律后果直接归于该他人。这里，代“他人”作出法律行为的人为代理人，“他人”为被代理人，法律上又称为“本人”，相对人称为“第三人”。实践中，公民、法人都可以通过代理人实施民事法律行为。

代理的法律特征表现为：(1) 代理人以实施民事法律行为为职能，代理人的代理活动能产生民事法律后果，即在被代理人与第三人之间发生、变更或终止某种民事法律关系。凡不与第三人产生权利义务关系的行为，如代人抄写、代人整理书报等，不属民事上的代理行为。(2) 在代理关系中，代理人只有以被代理人的名义，代替被代理人进行民事活动，才能为被代理人取得民事权利和履行民事义务。代理人以自己的名义进行民事活动，就不是代理活动，而是其自己的行为，其法律后果由行为人自己承担。代理的这一特征，使之区别于行纪、寄售等以自己名义实施并自己承担法律后果的行为。(3) 代理人在代理权限范围内，有权斟酌情况，独立地进行意思表示，代理的这一特征，把代理人与证人、居间人区别开来，后者无权进行独立的意思表示，其任务只能起媒介作用，而非代理。(4) 代理人在代理权限内所实施的行为，其法律后果由被代理人承担，这是以上三个特征的必然结果，也是当事人设立代理关系的目的所在。

二、代理的种类

1. 委托代理、法定代理和指定代理

（1）委托代理：是指基于被代理人的委托而发生的代理关系。委托代理是代理制度中最重要、运用最广泛的一种，又称意定代理或授权代理。委托代理以委托授权为基础。委托授权，是被代理人向代理人授予代理权的意思表示，是一种单方的民事法律行为，只需要被代理人一方的意思表示，所以又称授权行为。委托代理的授权，可以用书面形式，也可以用口头形式，法律规定用书面形式的，应当用书面形式。书面的授权委托书应当载明代理人的姓名或者名称、代理事项、权限和期间，并由委托人签名或者盖章。委托书授权不明的，被代理人应当向第三人承担民事责任，代理人负连带责任。

（2）法定代理：是指因法律直接规定而产生的代理。如无行为能力人和限制行为能力人，其监护人因法律的规定而成为被监护人的法定代理人。这种代理无需被代理人授权。

（3）指定代理：是指因人民法院或有关单位指定所产生的代理。例如，在民事诉讼中，无行为能力人和限制行为能力人的法定代理人，如果不能行使代理权或者互相推诿代理责任，由人民法院指定代理人参加诉讼。

2. 本代理和复代理

（1）本代理：是指基于被代理人选任代理人而发生的代理关系。

（2）复代理：是指委托代理人为了被代理人的利益，经被代理人同意，将代理权转托他人的代理，接受转托的人称复代理人，复代理人的代理行为由被代理人承担法律后果。根据《民法通则》的规定，委托代理人为被代理人的利益需要转托他人代理的，应当事先取得被代理人的同意。事先没有取得被代理人同意的，应当在事后及时告诉被代理人，如果被代理人不同意，由代理人对自己所转托的人的行为负民事责任，但在紧急情况下，为了保护被代理人的利益而转托他人代理的除外。

3. 单独代理和共同代理

（1）单独代理是指将代理权授予一人的代理，又称独立代理。

（2）共同代理是指将代理权授予两人以上的代理。

区别单独代理和共同代理的意义在于：如果每个代理人的权限在授权中有明确规定，则每个代理人尽力各自完成自己的事务即可，并仅对自己的代理事项承担责任。如果每个代理人的权限在授权中没有明确规定，则应认为数个代理人为共同代理人，对代理事项共同承担代理责任。

4. 民法上的代理和诉讼法上的代理

民法上的代理和诉讼法上的代理是两种不同的代理制度。二者最主要的区别在于代理事项不同，民法上的代理是指代理人代被代理人为民事法律行为，而诉讼法上的代理则是代理人代被代理人为诉讼法上的行为。

三、代理人和委托人的义务

1. 代理人的义务

代理人的义务主要包括：代理人应履行其代理职责，如因过失而使被代理人遭受损失时，代理人应对被代理人负赔偿责任；代理人非经被代理人特别许可，不能同时兼为第三方的代理人；代理人不得与第三人串通损害被代理人的利益；代理人必须亲自完成代理工作，非经被代理人同意（除非有紧急情况），不得把代理权转托给他人；代理人应向被代理人及时报告代理活动的进展情况及结果并提交有关的文件及资料。

2. 委托人的义务

委托人的义务即被代理人的义务，主要包括：向代理人提供有关业务资料和信息，以使代理人尽快有效地开展代理业务；委托人应按代理合同约定的标准、支付条件、支付时间、支付方式向代理人支付报酬，偿还代理人因履行代理义务而支出的费用或遭受的损失。

四、代理关系中的民事责任

通过代理人的代理活动而在被代理人、代理人以及第三人之间产生的关系叫做代理关系。代理关系由以下三个方面的关系构成：(1) 代理人与被代理人之间的关系，此为代理的内部关系，因代理人享有的代理权而产生；(2) 代理人与第三人之间的关系，此为代理的外部关系，因代理人行使代理权即实施代理行为而产生；(3) 第三人与被代理人之间的关系，此也为代理的外部关系，因代理人代理行为效果直接归属与被代理人而产生。

原则上，在代理关系中，由被代理人对代理人的代理行为承担民事责任，但以下例外：

1. 代理人的民事责任

有下列情形之一的，代理人承担民事责任：(1) 没有代理权、超越代理权或者代理权终止后的行为，只有经过被代理人的追认，被代理人才承担民事责任，未经追认的行为，由行为人承担民事责任。本人知道他人以本人名义实施民事行为而不作否认表示的，视为同意。(2) 代理人不履行职责而给被代理人造成损害的，应当承担民事责任。(3) 委托代理人非因紧急情形而又事先没有征得被代理人同意，事后又未被追认的情况下转委托的，由代理人对自己所转托的人的行为负民事责任。

2. 代理人与第三人的连带责任

有下列情形之一的，代理人与第三人承担连带民事责任：(1) 代理人和第三人串通，损害被代理人的利益的，由代理人与第三人承担连带民事责任。(2) 第三人知道行为人没有代理权、超越代理权或者代理权终止时仍与行为人实施民事行为给他人造成损害的，由第三人和行为人负连带责任。

3. 代理人与被代理人的连带责任

有下列情形之一的，代理人与被代理人承担连带责任：(1) 委托书授权不明的，被代理人应当向第三人承担民事责任，代理人负连带责任。(2) 代理人知道被委托代理的事项违法仍然进行代理活动的，或者被代理人知道代理人的代理行为违法不表示反对的，由被代理人和代理人负连带责任。

4. 共同代理中的责任问题

数个委托代理人共同行使代理权的，如果其中一人或者数人未与其他代理人协商，所实施的行为侵害被代理人权益的，由实施行为的代理人承担民事责任。被代理人为数人时，其中一人或数人未经其他被代理人同意而提出解除代理关系，因此造成损害的，由提出解除代理关系的被代理人承担。

五、代理关系的终止

1. 委托代理关系终止

有下列情形之一的，委托代理关系终止：(1) 代理期间届满或者代理事务已经完成。(2) 被代理人取消委托或代理人辞去委托。代理人和被代理人都有权通知对方解除委托代理，这是单方的法律行为，不必得到对方同意。这是因为委托代理基于信用关系而设立，如果信任丧失或因其他原因，委托人和受托人都有权随时解除合同。任何一方要求解除委托，都应该在一定期间以前通知对方，使对方有所准备，免得对方的利益和社会财富受到损失。除不可归责的事由外，如果并非迫不及待，而又未提前通知对方，就应该赔偿对方遭受的损失。被代理人为数人时，其中一人或者数人未经其他被代理人同意而提出解除代理，因此造成损害的，由提出解除代理关系的被代理人承担。(3) 代理人死亡、丧失民事行为能力或者破产致使委托合同终止的，代理权即随之消灭。受托人的继承人、法定代理人或者清算组织应当及时通知委托人。代理权不能由代理人的继承人继承。因委托合同终止将损害委托人利益的，在委托人作出善后处理之前，代理人的继承人、法定代理人或者清算组织应当采取必要措施。因被代理人死亡、丧失民事行为能力或者破产，致使委托合同终止将损害委托人利益的，在委托人的继承人、法定代理人或者清算组织承受委托事务之前，受托人应当继续处理委托事务。被代理人死亡后有下列情况之一的，委托代理人实施的代理行为有效：一是代理人不知道被代理人死亡的；二是被代理人的继承人均予承认的；三是被代理人与代理人约定到代理事项完成时代理权终止的；四是在被代理人死亡前已经进行、而在被代理人死亡后为了被代理人的继承人的利益继续完成的。(4) 作为被代理人或者代理人的法人终止。法人的终止，作为代理人或被代理人的一方已不再存在，代理权当然也就消灭了。

2. 法定代理或者指定代理的终止

法定代理或者指定代理因以下情况而终止：(1) 被代理人取得或者恢复行为能力。法律为无行为能力或限制行为能力的人确定代理的目的，是由于他们缺乏行为能力，不能亲自进行法律行为，需要有法定代理人协助他们取得民事权利和履行民事义务，以保护他们的合法权益。未成年人成年或精神病患者恢复健康后，他们已经可以亲自进行法律行为，原来设定的法定代理或指定代理已没有存在的必要了。所以，被代理人取得或者恢复行为能力，就可使法定代理或指定代理终止。(2) 被代理人或者代理人死亡。(3) 代理人丧失民事行为能力。(4) 指定代理的人民法院或者指定单位取消指定。(5) 由其他原因引起的被代理人和代理人之间的监护关系消灭。

六、代理权的滥用、无权代理和表见代理

1. 代理权的滥用

代理权的滥用，是指代理人利用享有代理权的方便条件，去损害被代理人的利益。滥用代理权主要有以下三种情况：(1) 利用被代理人的名义，或代理人自己进行法律行为，损害被代理人的利益。这种情况称为自己代理。比如，某人委托代理人出卖一批货物，结果代理人自己压低价格购进，这是法律不允许的。(2) 代理人同时代理当事人双方，进行同一项法律行为，这种情况称为双方代理；比如，代理人既代理买方又代理卖方订立一个买卖合同；又如，同一个诉讼案件，某律师既代理原告又代理被告。这都是法律禁止的。(3) 代理人和第三人恶意串通而进行的法律行为。代理人和第三人恶意串通，使被代理人蒙受不利，这是滥用代理权的表现。比如，甲委托丙出卖一所房屋，丙却与买主乙串通，故意把房价压低。这种代理行为是没有法律效力的，由代理人和第三人负连带责任。

2. 无权代理

无权代理，是指没有代理权或超越代理权限而进行的代理活动。由于无权代理而进行的法律行为，被借用名义的人不承担由此而产生的法律后果，不知情的第三者参与这个法律行为而遭受的损失，由行为人即所谓的“代理人”负责赔偿。无权代理有三种情况：(1) 没有合法的授权的行为。(2) 代理行为超越了授权范围。在现实经济生活中，对于是否超越代理权的情况是很复杂的，必须认真地调查分析，运用法律规定加以确认。(3) 代理权已经终止后的行为。在上述任何一种情况下的行为，一般属于无权代理行为。

无权代理行为应认为无效，被代理人如受到损害，可向该“代理人”请求赔偿。除此之外，被代理人不负任何责任，一切法律后果应由无权代理人负责。但有的情况下，无权代理人的行为对被代理人也有关系，这是指被代理人对无权代理行为有承认权，即追认权。被代理人可以承认这个无权代理行为，使之有效。无权代理行为一经被代理人追认，就成为有权代理行为，被代理人就承担民事责任。未经追认的行为，由行为人承担民事责任。行使承认权不必得到相对人的同意。另外，本人知道他人以本人名义实施民事行为而不作否认表示的，视为同意。被代理人还有拒绝权，拒绝就意味着放弃承认权。但被代理人如果已经先表示了承认，就不能再拒绝；如果已表示了拒绝，就不能再承认。因为承认权和拒绝权都是形成权，形成权一经行使就发生法律效果，使法律关系发生、变更或终止。如果被代理人只承认无权代理行为的一部分或拒绝一部分，其法律后果要看行为客体

是否可分和相对人的意思而定。如果客体可分，相对人也同意，则可以；否则就不可以。比如，甲未受乙的合法委托代乙向丙购进电冰箱1台、洗衣机1部。乙现在表示只要洗衣机，如相对人丙没有意见，那么无权代理行为的另一部分，就因被代理人的拒绝而不能对乙生效。这种情况下，丙如因此而受到损失，可以要求无权代理人甲承担赔偿责任。无权代理行为的相对人有催告权和撤回权。相对人可以向被代理人催告，问他承认还是拒绝，并限期答复。如果被代理人不在限期内答复，就视作拒绝，他就不能再承认。相对人也有撤回权，就是撤回与无权代理人进行的法律行为。但如果被代理人已经承认，相对人就不得再撤回；同样，如果相对人已经行使撤回权，被代理人也不能再承认。如果第三人知道行为人没有代理权、超越代理权或者代理权已终止还与行为人实施民事行为，给他人造成损害的，由第三人和行为人负连带责任。例如，某厂叫采购员甲去某地采购一批冷风机，甲却把他的亲戚乙所在工厂销售不出去的一批电扇买回来。乙明知甲无权采购电扇，仍卖给他，则甲与乙负连带赔偿责任。

3. 表见代理

表见代理，是指无权代理人因与本人有一定关系，而使第三人信其有代理权，因而与他进行民事行为。表见代理是有无权代理的性质，但和一般的无权代理有所区别。由于本人与代理人之间有一定关系，为了保护相对人（即第三人）的利益，本人要负授权人的责任，这是一种特殊的代理。表见代理有两种情况：(1) 本人的明示或默示。由于本人的行为曾表示过以代理权授与无权代理人，虽没有正式授与；或本人已知无权代理人表示为他的代理人而不反对。如甲以乙的名义购进一批货，乙并不反对。(2) 代理权已撤回或终止。代理权已撤回或终止后，第三人不知情，仍与原代理人进行民事法律行为的，第三人可向本人主张权利。比如，甲在对外交易时，一直由乙为其代理人，后因故改丙为之代理，乙的代理权已被撤销，但甲并未通知与之交易的丁，丁不知乙的代理权已被消灭，仍与乙进行交易，甲应负责。上述第二种情况，也是为了保护第三人的利益，至于第三人究竟知道不知道，应由本人负举证责任，如果举不出反证，就推定其不知情。英美法等国称之为“不可否认的代理”。

第五节　民事法律行为

一、民事法律行为的含义

根据《民法通则》的规定，民事法律行为是民事主体设立、变更、终止民事权利和民事义务的合法行为。民事法律行为从成立时起具有法律约束力，行为人非依法律规定或者取得对方同意，不得擅自变更或者解除。

二、民事法律行为的有效条件

民事法律行为的成立应具备下列三项条件：(1) 行为人具有相应的民事行为能力。完全民事行为能力人可以独立实施的民事法律行为，无民事行为能力或限制民事行为能力人未经法定代理人同意进行超过其年龄、智力的活动，便不能产生预期的法律后果。法人的民事行为能力与其民事权利能力相一致。(2) 意思表示真实，行为人的内在意愿与外在表示一致。只有意思表示是自愿、真实的法律行为，才具有法律效力，意思表示是民事法律行为的核心要素。(3) 民事法律行为的内容不违反法律或者社会公共利益。民事法律行为的内容不违反法律，是民事法律行为的本质决定的，这里的法律是指广义的法律，包括全国人大及其常委员会制定的各项法律、国务院制定的行政法规，以及地方人大制定的地方法规。社会公共利益也是法律所维护的，因此，民事活动不得损害社会公共利益。以上三个要件，必须同时具备。

三、民事法律行为的形式

民事法律行为的形式主要有口头形式、书面形式、视听资料形式和默视形式等。其中，当事人以录音、录像等视听资料形式实施的民事行为，如有两个无利害关系的人作为证人或者有其他证据证明该民事行为符合《民法通则》中关于民事法律行为有效条件的规定，可以认为有效。默示是一种不作为的意思表示方式，他人可以据此推断其真实的意思表示，如继承人没有表示放弃继承，这种沉默视为接受继承。

四、无效民事行为

所谓无效的民事行为，指从行为开始起就没有法律约束力的民事行为。根据《民法通则》的规定，下列民事行为无效：

(1) 无民事行为能力人实施的。所谓无民事行为能力人实施的是指不能依法独立进行民事活动的未成年人、精神病人实施的民事行为，这种民事行为不可能或不能正确地作出意思表示，也不能以自己的行为取得权利、承担义务。《民法通则》规定，无民事行为能力人应由他的法定代理人代理从事民事活动。间歇性精神病人的民事行为，确能证明在发病期间实施的民事行为，应当认定无效。行为人在神志不清的状态下所实施的民事行为当认定无效。

(2) 限制民事行为能力人依法不能独立实施的。限制民事行为能力人可以独立从事某些民事活动，即进行与他的年龄、智力或精神健康状况相适应的民事活动，其他民事活动由他的法定代理人代理，或者征得他的法定代理人的同意，否则，属于依法不能独立实施而无效。

(3) 一方以欺诈、胁迫的手段或者乘人之危，使对方在违背真实意思的情况下所为的。一方当事人故意告知对方虚假情况，或者故意隐瞒真实情况，诱使对方当事人作出错误的意思表示的，可以认定为欺诈行为；以给对方及其亲友的生命健康、荣誉、名誉、财产等损害为要挟，迫使对方作出违背真实的意思表示的，可以认定为胁迫行为；一方当事人乘对方处于危难处境或紧迫需要，迫使对方作出违背其本意的意思表示，严重损害对方利益的，可以认定为乘人之危。这三种手段都使对方违背真实意思而为意思表示，应属无效。

(4) 恶意串通，损害国家、集体或者第三人利益的。恶意是相对于善意而言的，即明知某种行为对他人造成损害而故意为之；恶意串通的行为，虽当事人的意思表示一致，但因损害了国家、集体或第三人的利益，故该行为应属无效。

(5) 违反法律或者社会公共利益的。目的或内容违反宪法、法律、法规、条例、章程、规定以及国家政策，违反社会公共道德，扰乱社会经济秩序等的民事行为，都属无效行为。

(6) 以合法形式掩盖非法目的。以合法行为作为伪装，实施具有非法目的的行为，或者以合法形式从事内容违法的交易，例如以赠与方式转移财产，以逃避法院的强制执行，都属无效行为。

五、可变更和可撤销的民事行为

这一类行为也是当事人意思表示不真实的行为。根据法律规定，对于这类民事行为，一方有权请求人民法院或者仲裁机关予以变更或者撤销，当事人请求变更的，人民法院应予变更；当事人请求撤销的，人民法院可以酌情予以变更或者撤销。可变更或可撤销的民事行为，自行为成立时起超过1年当事人才请求变更或撤销的，法院不予保护。这类民事行为包括：

(1) 行为人对行为内容有重大误解的。所谓误解是指对民事法律关系某种因素的错误认识，如对民事法律关系的主体、内容、客体等的认识错误。根据最高人民法院的执行意见，行为人因对行为的性质、对方当事人、标的物品种、质量等的错误认识，使行为的后果与自己的意思相悖，造成较大损失的，可以认定为重大误解。

(2) 显失公平的民事行为。一方当事人利用优势或者利用对方没有经验，致使双方的权利义务明显违反公平、等价有偿原则的，可以认定为显失公平。

六、无效的和可撤销的民事行为的法律后果及当事人应当承担的民事责任

民事行为被确认为无效或者被撤销后，从行为开始时起就没有法律约束力。民事行为部分无效，不影响其他部分的效力的，其他部分仍然有效。无效的民事行为，凡是尚未履行的应当停止履行；已经履行或部分履行，对于当事人已经取得财产和造成他人财产损失的，根据不同情况采取以下方式处理：

(1) 返还财产。当事人因该行为取得的财产，应当返还给受损失，如果交付的财产毁损灭失，应当作价返还。返还包括双方返还和单方返还，双方返还指双方各自将从对方取得的财产返还；单方返还指一方将从对方取得的财产返还对方，而对方从另一方取得的财产则另作处理，适用于因欺诈、胁迫、承人之危等而为的民事行为。

(2) 赔偿损失。有过错的一方应当赔偿对方因此所受的损失。双方都有过错的，应当各自承担相应的责任，即按双方过错轻重以及对损失发生所起作用大小，令其分担由无效行为所致的经济损失。

(3) 收归国家、集体所有或返还第三人。双方恶意串通，实施民事行为损害国家、集体或者第三人利益的，应当追缴双方取得的财产，收归国家、集体所有或者返还第三人。

七、附条件的民事法律行为

民事法律行为可以附条件，附条件的民事法律行为在符合所附条件时生效。附条件的民事行为，如果所附的条件是已经发生的、不可能发生的或者违反法律或社会公德的，应当认为该条件无效，即该民事行为行为视为未附此条件。

附期限的民事法律行为，在所附期限到来时生效或者解除。

第六节　财产所有权、物权和债权

一、财产所有权

1. 财产所有权的含义

财产所有权是指所有人依法对自己的财产享有占有、使用、收益和处分的权利。财产所有权是生产资料所有制的法律形态，它的基础是生产资料所有制。所有制是一定社会经济关系的基本制度，是生产资料归谁占有，归谁支配的经济形式。所有制在人类社会一开始便存在着，而且将永远存在下去。财产所有权是一定历史时期人们之间物质资料占有关系在法律上的表现。所有制和财产所有权的关系，就是经济基础和上层建筑之间的关系，所有制形式归根到底决定着所有权的性质和内容。财产所有权制度又反过来确认和保护作为经济基础的所有制形式。中国古代的一些政治思想家都很重视所有权的重要性，他们提出"定分止争"、"定分止乱"的学说，也就是说要明确产权才能停止争端与纠纷。财产所有权规定的，表面上看来是人对物的权利，实质上反映的是人对人的权利。作为商品，当它交换的时候，就不仅是商品生产者和商品的关系，而且是反映了生产者和消费者的关系，所有权制度正是反映了这种商品交换关系的特点，所以，它实质上也是人与人之间的关系。因此，财产所有权是对物权与对人权的统一体，这两者是不可分割的。对物权是对人权的内容，没有对物权，也就没有对人权。比如，某物不归某人所有，某人也就没有向别人提出请求的权利。另一方面，对人权又是对物权的实质，权利始终是一种法律关系，人对物的权利必然表现为人和人之间的法律关系。因此，财产所有权有以下两个特征：第一，财产所有权具有绝对性。这就是所有人对物的占有和支配权（包括使用和处分），这种权利是决定物的命运的权利，只有所有人才具有这种权利，所有人是惟一有权决定物的命运的人。因此，它是绝对权（是指在法律规定的范围之内）。第二，财产所有权具有排他性。这就是说，某人对某物具有所有权，同时也就排除了其他人对该物也有所有权。除法律规定的限制外，任何人不得加以干涉和妨碍。因此，它又是一种独占权。总之，财产所有权作为所有者的权利，就是所有者在法律规定的范围内独立自主地（按照自己的意愿）、不受任何第三者妨碍地占有、使用、收益及处分自己财产的权利。故所有权是一种最充分的权利，是一种完全的物权。

2. 财产所有权的法律关系

财产所有权的法律关系由主体、内容和客体三个要素组成。

(1) 财产所有权法律关系的主体

财产所有权法律关系的权利主体是特定的，一般称为财产所有人或财产所有权人，它的义务主体是不特定的，除了所有人以外的任何人，都是财产所有权法律关系的义务主体，所以，财产所有权具有对世权，即绝对权。所谓权利主体是特定的，是指已经具体肯定、特定化了的主体，可以是单个权利主体，也可以是两个或两个以上的权利主体。同一项财产由两个或两个以上的权利主体所有，叫做共有。因共有财产而产生的共有人之间的权利义务关系是共有财产关系，例如，3个农民各出一定金额共同购买1辆汽车，两个经济单位合伙经营某个企业等。共有与公有是有区别的，公有是公共所有，公有财产是作为一个权利主体出现，其财产是不能分割的，在我国，社会主义公有财产包括国有财产和集体财产，国有财产是全民公有，劳动群众集体组织的财产是集体成员公有，但是，国有财产的权利主体只能是代表全体人民利益的国家，集体财产的权利主体只能是代表该集体全体成员的组织。任何个人都不能作为公有财产的权利主体，即不享有所有权。共有财产的权利主体就不是一个，而是两个或两个以上的共有人（包括公民、法人、其他组织及他们相互间），共有人对同一项财产按照约定或者法律规定享有所有权，在权利义务方面，共有人之间对占有、使用、收益和处分该项财产的权利义务关系是平等的，共有财产所有权的行使一般不得以某一个共有人的意志或利益来独断，共有关系可分为“按份共有”与“共同共有”两种。1）按份共有，是指共有人分别按照各自所有的份额，对共有财产分享权利、分担义务。所谓份额是指共有人对共有物全体所享有的比例，这就是指共有财产按照法律或共有人之间的合同确定的份额，属于几个所有人所有，在份额不明确的情况下，则推定各共有人持均等份额。所谓各共有人仅对共有财产中属于自己的部分享有所有权，这是指数人按其应有的部分对一物共同享有所有权。2）共同共有，是指两个或两个以上的所有人对于全部共有财产，共同享有权利和承担义务。也就是说，各个共有人对于全部共有财产享有平等的所有权，只要这种共有关系存在，各共有人就不能划分共有财产中哪些是属于自己的份额，只有在共有关系消灭，进行分割时，才能协议确定每个共有人应得的份额。因此，共同共有是指同一项财产有几个所有权主体。对于共同共有财产的使用、处分或者分割，除法律另有规定或者共同共有人另有约定的以外，必须取得全体共有人的同意。在共同共有关系存续期间，部分共有人擅自处分共有财产的，一般认定无效，但第三人善意、有偿取得该财产的，应当维护第三人的合法权益，对其他共有人的损失，由擅自处分共有财产的人赔偿。共同共有是以一定共同生活和共同劳动关系的存在为前提的。比如，家庭积累、购置、受赠的财产；家庭成员共同生活期间共同劳动的收入；夫妻在婚姻关系存续期间所得的财产等都是共有财产。在共同共有关系终止时，对共有财产的分割，有协议的，按协议处理；没有协议的，应当根据等分原则处理，并且考虑共有人对共有财产的贡献大小，适当照顾共有人生产、生活的实际需要等情况，但分割夫妻共有财产，则应当根据《婚姻法》的有关规定处理。家庭成员在分家析产时，应当本着团结和睦、互助互让的精神协商处理，意见不一致时，由有关单位或者人民法院根据共有人对家庭贡献大小、经济状况、每个人的生产和生活需要，确定各自应得的财产份额，对于幼儿、老、弱、病、残者应当给予优先照顾。共有人对共有财产（包括按份共有与共同共有）进行分割时，对不能分割或是分割后会降低或者损害使用价值的财产，应当作价分割，即一人得原物，其他人得价金。对于共有财产，部分共有人主张按份共有，部分共有人主张共同共有时，如果不能证明财产是按份共有的，应当认定为共同共有。对共同共有财产，共有人不仅有同等享受的权利，而且还必须同等地承担义务，对外应就共有财产负连带责任。

(2) 财产所有权法律关系的客体

财产所有权法律关系的客体包括三方面的内容，一是物、二是货币、三是有价证券。

1）物：财产所有权法律关系的客体一般是指物，因此许多国家的法律把财产所有权也叫做物权，物权是指对物直接管理，并排除他人干涉的权利。凡能构成为财产的一部分并可占为己有的财富即为物，但财产所有权的客体除了物以外，还包括其他财产权利，如专利权、商标权、著作权等。作为财产所有权客体的物，可以是人们劳动的产品和国家允许在主体之间自由流通的物，也可以是自然界的东西和受到法律不同程度限制流通，甚至禁止流通的物，绝大多数民事法律关系涉及到物，例如，财产所有权、使用权、经营权、抵押权、继承权及运输、保管合同等，都是从法律意义上进行研究。通常物主要可以分为以下几类：①不限制流通物与限制流通物：不限制流通物是指国家允许在主体之间依民事程序自由流通的物；限制流通物，即在流通中受到法律不同程度限制的物。②种类物与特定物：种类物是指性质、种类相同，即具有共同的物理属性和经济意义的物，它可以用品种、牌号、件数、容积、重量等来确定的物，这种物是可以用同种类的物来代替的，例如，大米、布匹、钢材、石油等；特定物是指具有特有的质地、特征，不能互相代替的物，例如，一张名画、一件古玩。一切同种类的物中，经特别选定出来的物，也就成为特定物，如购买人从同种类、同规格的衣服中选出一件，则该件衣服就是特定物了。种类物与特定物区分的法律意义在于：以特定物为标的的债，如该物于债务人履行债务之前灭失时，债务人只负赔偿的责任，而免除交付标的物的责任，因为交付原物在事实上已不可能；以种类物为标的时，则债务人不能免除交付标的物的责任。此外，将金钱、粮食等种类物借给他人使用，无权要求借用人到期归还原借的货币和粮食，只能要求归还与出借时同数量的货币或同数量、质量的粮食。③可分物与不可分物：可分物是指经分割后并不损害经济用途的，例如，一段木料能分割为几块木板，一桶油能分成若干份额等等；不可分物是指经分割后即失去其原来的经济用途或显然降低其经济价值的，例如，一部机器、一匹马、一件衣服等。物的这种分类的法律意义在于如当事人要求分割的财产为不可分物，则当事人应以补偿的方法进行；如要求所分割的财产为可分物时，则可以以分割实物的方式进行。④动产与不动产：动产是指可以移动的物，例如，电视机、电冰箱；不动产是指不能移动或移动就会损失经济价值的物，例如，土地、房屋及其他建筑物等。物的这种分类的法律意义在于对不动产设定权利，例如，买卖、赠与、抵押，必须到房地产管理机关或其他有关主管机关进行登记，而以动产为抵押、买卖的标的时，一般无须登记。⑤主物与从物：主物是指与其他物合并使用时起主要作用的物；从物则是与其他物合并使用时起从属作用的物。例如，机器和附带的检修设备，电视机与天线等，其中前者为主物，后者为从物。物的这种分类的法律意义在于，如果法律和合同没有相反的规定时，在主物转让时应认为从物随同主物一起转让。⑥原物与孳息物：原物是指能够产生收益的物；孳息物是由原物产生的收益。孳息又分为法定孳息、人工孳息和自然孳息。法定孳息归谁所有由特定的法律关系所决定，例如，利息归存款人，租金归出租人；人工孳息、自然孳息，则原物归谁，孳息也归谁，例如，甲种植的水稻，归甲收获，在乙土地上的野生果树的果实，归乙所有。

2）货币：货币是一般等价物，它所表现的价值是通过货币票面所载明的数额来计算的，因此，货币是属于种类物，除非把货币作为收集、研究的对象，它才是特定物。从货币作为价值尺度、流通手段、贮藏手段、支付手段与世界货币的职能来看，它是人们进行经济联系的工具。在民事法律关系中，例如，买卖、承揽、租赁、保管、运输、保险等合同中，货币是法定的偿付手段，此外，如侵权损害赔偿、分割不可分物补偿等，一般都应以支付货币进行，因此，货币的这些作用使它具有与一般种类物不同的特点。

3）有价证券：有价证券本身不是物，但它有价值，这是因为它是设定并证明某种财产权的文书，它不仅能实现券面所载明的财产数额，而且能为持有者带来一定的收入。比如，股票持有者可以凭它向发行股票的公司获得一定的股息，提货单是运输业务中提取货物的凭证，凭提单能向承运人提取货物等。有价证券是表示一定财产权的凭证，在这个意义上讲，有价证券也是一种物。有价证券券面所表示的权利与证券本身有不可分离的关系，例如，持1万元的汇票可以到指定的银行交票取款。汇票、支票、本票、股票、债券、提单等都是有价证券。持券人将有价证券交给负有义务的人的时候，才能取得或出卖证券所载明的财产数额。有价证券和债权证明书不同，债权人可凭借据向债务人索还借据上所载明的钱数，如果债权人把借据灭失，在保证不发生二次向债务人索要债款的情况下，可以用其他办法弥补，如果有价证券灭失就不能弥补，例如，汇票、支票、本票被遗失，就取不出款，但票据权利人可提出止付的通知，并同时提供担保，请求票据金额的支付。有价证券主要分为记名的和不记名的两种，所谓记名的有价证券，即在有价证券上记有权利享受者的姓名，例如，提单上有收货人的姓名，记名的支票、股票、汇票等，这种有价证券只有被记名的人才是享有该项权利的人，在转让时必须采取过户或背书的方式。所谓不记名的有价证券，即是在证券中未指明谁是享有该项权利的人，对不记名的有价证券，如债券，其义务人只对证券持有人负责履行义务。

(3) 财产所有权法律关系的内容

财产所有权法律关系的内容指的是财产所有人享有的权利和义务人所承担的义务。义务人所承担的义务是不作为的义务，即义务人应该尊重他人的财产所有权，不得侵犯。如果义务人违反这种义务，非法侵害他人的财产所有权，所有人可以请求人民法院依法保护。财产所有人享有的权利，就是所有人对他的财产享有占有、使用、收益和处分的权能，这四种权能是所有权的表现形式，具体内容表现为：

1）占有。占有就是人对物的事实上的控制，也就是所有人对财产在事实上的控制，它是行使财产所有权的基础。占有可分为所有人的占有和非所有人的占有，所谓所有人的占有，就是所有人在实际上控制属于自己所有的财产，例如，某人把买来的电视机放在卧室内。所谓非所有人的占有，就是占有同所有权分离，也就是非所有人占有了所有人的财产，但这种占有是派生的，是服从于他人的所有权的，因此，非所有人的占有并不能消灭所有人的权利。非所有人占有可分为合法占有与非法占有，合法占有，即占有人根据法律或所有人的意思而占有他人的财产，例如，一个公司把一部分财产托管，由另一个公司占有该财产；

非法占有，即占有人没有法律根据占有他人的财产，这种占有是违背所有人的意志的。在非法占有中又可分为善意的和恶意的，当占有人不知或无需知道他的占有是非法的，叫作善意占有，例如，错提了别的单位的一批货；当占有人知道或者应当知道他的占有是非法的，就叫做恶意占有，例如，偷盗的物品或把公物占为己有。区分的目的在于所产生的法律后果与责任不同，即非法占有他人财产，应该物归原主，善意占有人应受法律保护。

2）使用。使用就是不改变物（财产）的本质而对物的利用。一般来说，使用是所有人的使用，但有时也可以是非所有人的使用。非所有人的使用可分为合法使用与非法使用，前者是依据法律或约定使用他人财产，例如，甲把自己的房屋租给乙使用；非法使用是指未经所有人同意而使用他人的财产，例如，违反国家规定挪用公款或不经所有人同意搬入他人住宅。

3）收益。收益是基于使用财产而取得的经济收入，例如，在土地上种粮食和果树，取得收益。收益包括人工孳息和法定孳息，一般情况下，收益应归于所有人，但根据法律或协议，部分收益也可归非所有人的使用人，例如，甲租赁乙所有的房屋开商店经营所得，除交乙租金外，其余归己。

4）处分。处分就是所有人在法律许可的范围内根据自己的意志，处置财产的权利。处分是所有人最基本的权利，也是财产所有权的核心，处分可分为事实处分和法律处分，事实处分就是财产在自然状况中被消耗，也是所有人对财产的消费；法律处分就是依照所有人的意志，通过法律行为对财产进行处置，例如，出卖、赠与行为。由于消费、出卖、赠与而丧失财产所有权，都是处分权的具体表现，所以，处分权一般只归所有人行使，但在某种情况下，也可以由非所有人行使。

财产所有权包括占有、使用、收益和处分四项权利，但有时这四项权利中的一项、两项甚至三项、四项暂时与所有人分离，但所有人仍然享有所有权，例如，房主将房屋出租给承租人，在租赁期内，该房屋的占有权和使用权就归承租人。法律在赋予所有人权利的同时，也规定了他的义务，即所有人行使占有、使用、收益和处分的权利不能违背法律，例如，行使财产所有权不得妨碍社会公共利益和其他公民的利益，任何人不得利用个人、集体或国家的财产实施破坏社会经济秩序、违背社会道德准则的活动。

3. 财产所有权的取得、转移和消灭

所有权是一种民事法律关系，它是通过一定的法律事实而取得、转移和消灭的。

(1) 财产所有权的取得

财产所有权的发生方法，可分为两大类：原始取得和继受取得。

1）原始取得：凡所有人取得物的所有权是最初的，不是从原所有人那里转移来的，或者说不是以原所有人的所有权为根据的，就称原始取得。其中包括四种方式：①因生产取得，这是指通过自己的劳动对自然界的占有、利用和改造，创造出新的物质财富。②通过收益取得，这是指由生息物产生出来的孳息。孳息分为自然孳息、人工孳息和法定孳息，比如，野生果树所生果实，野马所生幼崽为自然孳息；耕种土地收获粮食为人工孳息；获取的利息、租金则为法定孳息。③因没收而取得，这是指剥夺所有权，任何剥夺都是不承认被剥夺者原来的权益。比如，对个人或单位进行违法活动的财产予以没收。④无主财产，这是指所有人不明或没有所有人的财产，其中包括无人继承的遗产、所有人不明的隐藏物、埋藏物以及无人认领的拾得遗失物，在我国，法律规定这些财产均应归国家所有。

2）继受取得：这是指新的所有人对财产取得所有权，是根据法律规定从原所有人那里取得财产的一种方法，又叫传来取得，比如，买卖、赠与、继承等。这种取得所有权的方法是人们常见的、大量的。在继受取得方法中，所有权的转移是通过交付的方式表现出来的。所谓交付，就是出让人将物交与受让人，即转移物的占有。

无论是原始取得或继受取得财产所有权，都不得违反法律规定。按照合同或者其他合法方式取得财产的，财产所有权从财产交付时起转移，法律另有规定或者当事人另有约定的除外。财产所有权合法转移后，一方反悔的，不予支持。财产所有权尚未按原协议转移，一方反悔并无正当理由，协议又能够履行的，应当继续履行；如果协议不能履行，反悔方应当承担赔偿损失等违约责任。

(2) 财产所有权的转移

所有权的转移包括动产所有权的转移和不动产所有权的转移，根据我国法律的规定，对于动产所有权的转移一般以交付为准，不动产所有权的转移则以登记为准。无论动产、不动产，财产所有权合法转移后，一方反悔的，不予支持。

(3) 财产所有权的消灭

财产所有权的消灭，也就是通过一定的法律事实，使所有人的所有权不再继续存在。财产所有权消灭的方法有以下五种：

1）财产所有权客体的消灭。财产所有权的客体一般是物，如物在自然状态上已不存在，毁灭或消耗，因此所有权也就消灭了。物的消灭有的是根据所有人的意愿，有的不是根据所有人的意愿，所有物本身消灭也叫绝对消灭。

2）财产所有权的转让。财产所有人自愿把所有物转让给他人，自己的所有权即归消灭。转让对于受让人来说，是继受取得了财产所有权，而对于转让人来说，则是消灭了财产所有权。

3）财产所有权的抛弃。财产所有人将所有物抛弃，原所有权即消灭，该物成为无主财产。另外，依法享有所有权的人不愿取得，而予以放弃。比如，放弃应继承的遗产。

4）因国家行政命令或法院的判决。这是指国家行政机关或司法机关按照法律、行政法规强制所有人转移所有权，这种强制转移所有权可以是无偿的，例如，依法没收；也可以是有偿的，比如，国家依法征购、征用集体所有的土地。

5）财产所有权主体的消灭。这是指公民的死亡、法人的终止及其他组织的解散。公民死亡后，他对财产的所有权就消灭，财产转移给继承人所有；法人终止及其他组织解散后，经过清理，它对原来财产的所有权也归消灭。

上述第2)、3)、4)、5) 条的情况，由于物的原所有权虽已消灭，但产生了新的所有权，所有权本身仍存在，只是更换了所有人，所以称为所有权的相对消灭。

4. 保护财产所有权的方法

为保障社会经济秩序，国家对合法财产所有权给予充分的保护，凡妨害所有权人对其所有财产合法占有、使用、收益和处分时，都是对财产所有权的侵犯，财产所有人有权通过诉讼程序，向人民法院提起民事诉讼，请求保护。根据财产所有权所受侵犯的不同情况，通过民事方法保护财产所有权的方式主要有以下六种：确认财产所有权、返还财产、恢复原状、排除妨碍、赔偿损失、返还不当得利。

(1) 确认财产所有权

当财产所有权人的财产受到威胁而向法院提出保护请求时，如需要同时采取其他方法加以保护，只有在先明确所有权的前提下，才能采取其他方法，例如，甲的一部分财产委托乙保管，乙死后他的继承人将这部分财产当作遗产继承，后来甲向乙的继承人请求返还原来托乙保管的财产，但乙的继承人认为该项财产是属于乙的、乙死后他已因继承而取得所有权，甲的请求是无理由的，对这种案件首先要确认所有权属谁，然后再采取其他保护财产所有权的方法。

(2) 返还财产

所有人的财产被他人非法占有时，财产所有人有权请求法院强制非法占有人返还原物。法院请求非法占有人返还原物应符合以下五个条件：1）原物必须存在。这是指返还财产的标的物为特定物，如果原物已经灭失，事实上已不可能返还原物，只能采用赔偿损失的方法来代替，如是种类物，则原物不一定存在，可以用同种类的物予以返还。2）所有人只能向非法占有人请求返还财产（原物），而不能向有法律根据的合法占有人要求返还财产，例如，在房屋租赁合同有效期间，出租人在合同终止前不能请求返还房屋。3）应该遵守诉讼时效的规定。当财产所有权受到侵害，财产被他人非法占有时，必须在法定的时间内提出请求，才能得到法律保护，如果超过诉讼时效期限，法院不再强制实现这种请求。4）当财产已由原来的占有人转移到第三人手里，所有人是否可以向第三人请求返还，这种情况比较复杂，需根据不同的具体情形区别处理。第一种情况是原物由于所有人的意思而由他人占有，他人又给予了非法转让，如果第三人在取得原物时没有过错，则不论第三人是有偿取得或无偿取得，所有人都无权向第三人请求返还原物。例如，甲的一辆汽车托乙保管，乙私自将它出卖给丙，丙在买受时认为汽车是乙的财产并支付了适当的代价，在这种情况下，甲只能向乙请求赔偿损失，不能请求丙返还原物，这是因为财产所有人甲由于自己的过错委托乙管理自己的财产所造成，但如果丙明知乙无权出卖汽车而购买（恶意占有），则甲可向丙请求返还原物。第二种情况是原物被他人非法占有，例如，财产被偷盗或丢失，非法占有人又将此物转让给善意第三人，即第三人没有过错，不知非法占有人是非法占有，并支付过适当代价时，所有人无权请求善意第三人返还原物，只能向非法占有人请求赔偿，这是根据《民法通则》公平、等价、有偿等的基本原则保护所有人与善意第三人的利益，如果第三人无偿地从非法占有人手里取得原物，则不论他取得时有无过错，所有人都可请求其返还。5）不法占有人在返还财产时，还应同时返还已得或应得的财产收益。

(3) 恢复原状

财产被非法损坏时，如果能够修复，财产所有人有权要求加害人给予修复，恢复财产原状；如果双方各有一定责任，应根据情况，由双方按比例共同负担修复的费用，如无法修复的，则赔偿损失。例如，承租人未经出租人同意在房屋内增添附加物，出租人有权要求拆除，以恢复房屋的原状。

(4) 排除妨碍

财产所有人对其财产使用时受到他人的不法妨碍，所有人有权请求法院排除妨碍，例如，有人在所有人的走道上堆放物品，妨碍通行，或在所有人的建筑物的墙根下挖坑排水，影响建筑的寿命等，所有人有权要求排除妨碍，停止侵权。请求排除妨碍，不仅在妨碍已经存在的情况下可以请求，在确有妨碍人行使权利的危险存在时，也可以请求消除危险。因环境污染而造成的妨碍也可以请求排除妨碍，例如，企业排放废水或有毒物污染水井、农田、鱼塘等，所有权人都有权要求排除妨碍。

(5) 赔偿损失

当原物灭失或者损坏不能恢复原状时，或者虽已恢复原状，返还原物，但仍造成损失，财产所有人有权要求加害人赔偿损失。

(6) 返还不当得利

所谓不当得利是指取得利益没有法律上的根据，而使财产所有人遭受损失。所有人可以请求受益人返还不应当受领的利益，不当得利成立的要件有三个：1）有财产上的受益；2）致他人遭受损失；3）无法律上的根据。

以上六种保护财产所有权的方法，在处理具体问题时，可以根据具体情况同时运用几种保护方法，也可以单独使用一种保护方法保护财产所有人的权利。例如，甲非法占有乙的房屋，对其中一部分又不法出租，取得租金，并对自己占有的房屋使用不当以致损坏，则乙可以运用确认所有权、返还财产、赔偿损失、返还不当得利等方法保护房屋所有权。

二、物权

1. 物权的概念

物权是指民事主体在法律规定的范围内直接支配一定的物、享受利益并排除他人干涉的权利，是人与人之间对于物的归属和利用关系在法律上的体现。物权的标的物是物，而不是行为，也不是精神财富。区别于债权和知识产权，物权的权利主体是特定的人，义务主体则是不特定的，包括除权利主体以外的一切人，而债权的权利、义务主体则是特定的人。物权的内容是对物的直接管理和支配，并排除他人的干涉，同时物权还具有追及效力，即物权标的物无论辗转落入谁手，物权人都可以追及其物并主张权利，债权则无此效力。

2. 物的分类

根据不同的划分标准，可以将物分为以下几种：(1) 动产和不动产。这是民法上物最重要的分类。不能移动或者移动后会严重减损其经济价值的物为不动产；不动产之外的，可以移动且并不减损其经济价值的物为动产，货币为特别的动产。(2) 流通物和限制流通物。法律允许在民事主体之间自由流转的物为流通物，法律限制或者禁止在民事主体之间自由流转的物为限制流通物。(3) 主物和从物。两个以上独立的物相互配合、为一定经济目的的组合到一起时，起主要作用的为主物，起从属作用的为从物。(4) 原物和孳息。原物的收益为其孳息，孳息又分为天然孳息和法定孳息。天然孳息是指依物的自然属性而获得的收益，法定孳息是指依法律的规定或者当事人的约定而产生的收益。(5) 特定物和种类物。依当事人的意思具体指定的物为特定物，当事人仅依抽象的种类、品质、数量予以限定的物为不特定物。(6) 替代物和不可替代物，可以相同数量相互代替的物为替代物，不能以相同数量替代的物为不可替代物。

3. 物权的种类

物权除法律明文规定，不得自由创设，即物权法定原则。按照一定的标准，可对物权作如下分类：

(1) 自物权和他物权。根据物权的权利主体是否是财产的所有人，可以把物权分为自物权与他物权。自物权是物权主体对自己所有的物享有的占有、使用、收益、处分的权利，因此自物权就是所有权。他物权是在他人所有物之上设定的物权，包括所有权以外的其他任何物权。所有权与他物权的关系是：所有权是一种完全物权，是最主要、最基本的权利，是他物权的源泉；他物权是一种不完全物权，是以所有权的一定权能为内容而形成的独立权利，是所有权的派生物。从权利存在的期限上看，所有权是无期物权，他物权一般为有期物权。

(2) 完全物权和限定物权。所有权具有完全物权权利内容，是完全物权。所有权以外的物权因不具备完整的权能且在行使权力时受到限制，所以称为限定物权，如地上权、地役权、抵押权、留置权、典权。

(3) 主物权和从物权。凡能单独成立的物权是主物权，如所有权、地上权；不能单独成立，从属于其他权利的物权是从物权，如抵押权、留置权。区分主物权和从物权的意义在于主物权能够独立存在，从物权的存在则以他所从属的权利的存在为前提，主物权消灭时，从物权也随之消灭。

(4) 动产物权和不动产物权。这是根据物权标的是动产还是不动产所作的分类。以动产为标的的物权是动产物权，如动产所有权、留置权和质押权等。标的是不动产的为不动产物权，如不动产所有权、地上权、地役权和典权等。区分两者的意义在于，两者的取得方法、成立要件和效力不同，动产物权一般以标的物的交付为成立要件，不动产物权则是以依法登记为成立要件。

(5) 用益物权和担保物权。区分用益物权和担保物权的意义在于明确不同的他物权设立的目的不同，权利内容也就不同。用益物权的目的在于使他物权人对标的物进行使用和收益，实现物的使用价值，他物权人不得处分标的物；担保物权的目的在于以债务人提供的担保物的价值，担保债务的履行和债权的实现，当债务人不履行债务时，担保物权人能够以担保物折价或拍卖、变卖担保物而从价款中优先受偿。

用益物权是指以使用、收益为内容的物权，用益物权主要包括地上权、永佃权、地役权、典权四种，具体内容包括：

1）地上权。地上权是指为建造房屋、隧道、沟渠等工作物及培植竹林、树林等，而使用他人土地的权利。地上权是使用他人土地的物权，也就是在他人土地上设定的权利，故又称他物权。地上权的范围有多大，由双方订立合同规定。地上权与一般的租赁有区别，地上权是物权，必须经有关部门登记，否则不产生设定的效力，而租赁是债权，不必登记；地上权人除法律或合同另有规定外，可以将其权利让与他人，而租赁权人不经出租人同意，不得将租赁物转租于他人；地上权存续期间无限制，而租赁则不得超过一定期限。

2）永佃权。永佃权是指支付佃租，而在他人土地上永久耕作或畜牧的权利。永佃权又称“田面权”，土地所有权称为“田底权”。永佃权与一般耕地租赁权不同，永佃权的设定必须经过有关机关登记，而租赁权不必登记；永佃权为永久的，而租赁权不得超过一定期限；永佃权可让与他人，但不得出租，而租赁权非得出租人同意不得转租。土地所有人出卖或出典耕地时，永佃权人有依同样条件优先承买或承典的权利。

3）地役权。地役权是指土地所有人或使用人为了增加自己土地的利用价值，而使用他人土地的权利，例如，通过他人土地、在他人土地上开渠引水等。地投权主要是在相邻的土地上设定的权利。所谓相邻关系是指相邻接的不动产所有人之间，在行使占有、使用、收益、处分权利时所发生的权利义务关系，相邻关系是财产所有权的扩大或限制，也称相邻权，相邻关系主要包括相邻土地使用关系，相邻流水、排水关系，相邻防险、排污关系，相邻音响、震动、光照卫生关系。地役权主要表现为相邻关系中的相邻土地使用关系，相邻关系的当事人应当本着互谅互让、团结互助、友好协商的原则处理好相邻关系，合法行使地役权。

4）典权。典权是指典权人支付典价占有他人的不动产，在典期内取得占有、使用与收益的权利。典期由双方当事人约定，典期届满后，出典人退还典价，取回原物，出典人如逾期不赎，经过一定期间，典物即转归典权人（承典人）所有。典权人的给付行为，不是借款，而是典价，所以承典人对出典人不存在债权，也就是出典人取得典物的典价并不是向承典人借款；出典人回赎的给付不是偿债，而是赎价，典权人不得向出典人另行请求利息，只能用收益以抵充利息，典权人使用出典人的不动产也不付租金，所以典权是属于用益物权。典权与抵押权有以下四点不同，一是典权转移占有，抵押权一般不转移占有；二是典权人有用益权，抵押权人则无；三是出典人不必另付利息，抵押人则须付利息；四是抵押权具有优先受偿性，而典权不具有优先受偿权，出典人应于规定的期限赎回典物。典权与典当也不同，主要表现为典权的标的物只能是不动产，而典当的标的物只能是动产，在典当关系中，当铺只能占有标的物，而不能使用或利用其收益，对其支付的当价有权收取利息。在典权关系中，承典人不仅可以占有标的物，而且还可以使用及收益，但承典人无权对典价收取利息，所以典当关系是一种债的法律关系，而典权是一种用益物权关系。

担保物权是指以确保债务清偿为目的，而在债务人或第三人的特定物或权利上所设定的一种物权，也就是以确保债权的履行为目的之物权，担保物权人一般是债权人，而提供担保的人可以是债务人也可以是第三人。当债务人不履行债务时，担保物权人可将担保的标的物变卖，以卖得的价金清偿其债务。担保物权是相对于用益物权而言，是以交换价值之取得为目的的。担保物权主要有抵押权、质权和留置权三种形式，主要内容为：1）抵押权：抵押权是指债权人就债务人或第三人不移转占有而提供担保的不动产及其他财产，使其债权得以优先受偿的权利。在抵押关系中，债权人是抵押权人，债务人或第三人是抵押人，提供担保的财产为抵押物，抵押的财产可留在所有人手中继续使用收益。抵押权为债权人实现其债权提供了物质保证，债务履行期限届满抵押权人未受清偿的，可以与抵押人协议以抵押财产折价或者以拍卖、变卖该抵押物所得价款受偿，其价款超过债权数额的部分归抵押人所有，不足部分由债务人清偿；协议不成的，抵押权人可以向人民法院提起诉讼。以不动产作为抵押，抵押权的成立必须经过有关部门登记，抵押权于该抵押权设定登记时成立。以同一项不动产设定两个以上抵押权的，应当按照登记的先后顺序受偿。2）质权（质押权）：是指债权人占有由债务人或第三人移交的财产，当债务人不履行债务时，可以将此财产折价或者以拍卖、变卖该动产的价款优先受偿的权利。债务人或者第三人为出质人，债权人为质权人，移交的动产为质物。质权分为动产质权和权利质权，所谓动产质权是指以动产为标的的质权，出质的动产必须不是国家禁止流通物，质权人可以收取质物所生的孳息，但合同另有约定者除外，当债务人不按期履行债务时，质权人可以与出质人协议以质物折价，也可以依法拍卖、变卖质物，质权人享有就折价或者以拍卖、变卖质物所取得的价金而优先受偿的权利。质权人负有妥善保管质物的义务，因保管不善致使质物灭失或者毁损的，质权人应当承担民事责任，质权人因保管质物所支出的必要费用，应向质物所有人请求偿还。质物受到他人（包括质物所有人）的非法侵害时，质权人有权要求返还占有物、排除妨害、恢复原状或赔偿损失。动产质权所担保的债权消灭时，质权人应将质物返还于出质人。权利质权（权利质押）是指以所有权以外的可让与的标的的质权，权利质权出质的权利必须是依据法律规定能够转让的权利，例如，汇票、支票、本票、股票、存款单、专利权、商标专用权、著作权中的财产权等，生命健康权、名誉权、荣誉权等人格权及继承权不得作为权利质权的标的。质权与抵押权不同，质权的标的物由质权人占有，而抵押权的标的物一般由抵押人占有；质权的标的是动产与权利，抵押权的标的是不动产和动产。

5）留置权：留置权是指债权人因合同约定占有债务人的动产，如果债务人到期不履行债务，债权人有留置该项财物的权利。例如，当事人一方因按照合同约定保管、承运对方的财物而占有对方的财产，在对方不按合同约定给付应付款项后超过一定期限的，占有人有权留置该财产，即有留置权。留置权的成立必须具备以下两个条件：一是债权人须合法占有债务人的财物。即留置物是根据合同的规定由债务人交给债权人，而不是债权人采取非法手段占有债务人的财物作为留置物，例如，债权人去抢夺债务人的财物，这是属于非法扣押而不是合法留置。二是占有物为债发生的原因。即留置权的发生，以占有人有债权为前提，而且债的发生与占有物有关，债务人不履行已到期的债务，债权人可行使留置权。留置权的行使必须有法律或行政法规的规定，债权人不得违反规定，滥用留置权。债务人如到期不还债，债权人可向法院起诉，法院审理后认为有必要，可以作出依法扣留债务人的适当财产，并限期清偿的裁定，如到期仍不还，法院可以变卖扣押的财产，优先偿还给债权人，这称为诉讼保全，而债权人却不能随意扣押债务人的财产。留置权人必须根据留置物的特性予以妥善保管，如有灭失或毁损的，对债务人应负赔偿责任，对因保管留置物而支付的必要费用，留置权人有请求义务人偿还的权利，留置权人可以收取留置物所生的孳息，以抵偿其债权。留置权人对留置物无使用权，但为了保管上的必要，可以适当使用，比如，为了防止机件生锈而适当地运转机器。未征得所有人的同意，留置权人不得将留置物出租或提供担保。

4. 物权的效力

物权的效力主要是指物权所特有的功能和作用。物权的效力与物权的权能即占有、使用、收益和处分权能有关，物权的效力是物权的权能进一步发挥作用的结果，物权的本质在于其对物的支配权和排他性，因此物权除因种类不同而有各种不同的效力外，具有下列四项共同效力：

（1）排他效力。它是指同一标的物，不允许有性质相容的两个物权同时并存，即一物不容二主，如甲就某一标的物享有完全的所有权，则乙不能再就该物享有所有权。物权的排他效力主要表现在以下三方面:1)在同一标的物上,已有所有权存在的,不能另有其他所有权成立,如果一个人对某物依法取得所有权,即使另一个人在事实上占有该物,也不能享有法律上的所有权。2)在一个特定物上存在法律上的所有权,但是他人由于取得时效或者善意取得制度而取得该物的所有权时,则先前的所有权将因此而消灭,并不得对抗后一个所有权。3)在同一标的物上,已有以占有为内容的用益物权存在的,不得另有同样性质的用益物权的成立。当然,物权的排他效力并不否认在同一物之上并存数个内容并不矛盾的物权,如所有权可以与其他任何一种他物权在同一物上并存,所有权人也可以在一物之上设定数个担保物权。

(2) 优先效力。又称物权的优先权，是指权利效力的强弱，物权的这种优先效力源于物权对物的支配权和排他性，法律赋予物权以优先效力，有利于维护既存的财产占有关系，充分发挥物质财富的效用。物权的优先效力的内容包括两个方面：1）物权相互间的优先效力，即根据物权的排他性原理，一物之上不得设立两个或两个以上的所有权，但在某些情况下，当事人可以在同一物上设立性质并不矛盾的物权，在多个物权并存的情况下，先设定的物权优先于后设定的物权。2）物权优先于债权的效力，即在同一标的物上物权与债权并存时，物权有优先于债权的效力。其主要情形包括两方面，一方面是物已为债权的标的，如就该物再成立物权时，则物权有优先的效力，例如一物数卖，即甲与乙约定将某项动产出卖给乙，乙则取得了请求甲交付该动产的债权，以后甲又将该标的物出卖给丙，并已交付给丙，丙虽为后买受人，但丙已取得了这一财产的所有权，他的物权优先于乙的债权，因而乙只能要求甲承担债务履行的责任。第二方面是当担保物权与债权并存时，担保物权具有优先于债权的效力，如在债权人依破产程序或强制执行程序行使其债权时，在债务人的财产上成立的担保物权具有优先的效力。

(3) 追击效力。它是指物权成立后，无论其标的物辗转落入何人之手，权利人均可追击标的物行使其权利。

(4) 物上请求权。物权的权利人在其权利的实现上遇有某种妨碍时，有权对造成妨碍其权利的发生人请求除去妨碍，称为物上请求权。法律为保障物权人对物所享有的充分的支配权，赋予物权人以请求他人返还原物、排除妨碍、恢复原状的权利。

三、债权

1. 债权与物权的区别

债是指按照合同的约定或者依照法律的规定，在当事人之间产生的特定的权利和义务关系。债是特定的当事人之间的一种民事法律关系，不能把债理解为仅仅是金钱借贷关系，买卖、供应、租赁、提供劳务、不实施某种行为等都是债的关系，在债的关系中享有权利的人称为债权人，负有义务的人称为债务人，债权人有权要求债务人按照合同的约定或者依照法律的规定履行义务。债权与物权的主要区别表现在以下五个方面：

(1) 物权所反映的是财产归属关系，债权所反映的是财产交易关系，前者为静的财产关系，后者为动的财产关系；

(2) 物权是对物的直接的、排他性的支配权，债权则是对特定的人（债务人）的请求权，债权所包含的财产利益，只能通过债务人的给付行为才能实现，债权本身并不包含对标的物的直接支配权能；

(3) 物权主体的权利可能受到任何人的侵犯，对于任何妨碍行使物权的人，物权主体都可以要求其停止妨碍或恢复原状，故物权的义务主体为权利人以外的一切人，而债权的义务主体是特定的，债权人只能对债务人主张权利，原则上不能对债务人以外的第三人提出权利请求；

(4) 物权享有人行使权利无需借助他人的行为，债权人必须凭借债务人履行义务才能实现权利，债权为相对权，物权为绝对权；

(5) 债权的发生可以是因合法行为而发生，也可因不法行为发生，而物权只能因合法行为而发生。

2. 债的发生根据

债的发生是指民事主体之间按照民事法律规范产生债权债务关系。债的发生，必须有一定的法律事实，引起债发生的法律事实就是债发生的根据，发生债的法律事实很多，其中主要的有以下四种：

(1) 合同之债。合同是债最主要的发生根据，合同是当事人之间设立、变更、终止民事法律关系的双方民事法律行为。合同是债发生的最为普遍的根据，它是双方当事人发生、变更、消灭债的关系的协议。企业之间的协作、供需等关系，主要是通过合同来建立的。企业与公民之间、公民与公民之间也利用合同建立债的关系，以满足各自在生产、生活上的需要。

(2) 无因管理之债。无因管理是指没有法定的或者约定的义务，自愿为他人管理事务或财物，使他人受到利益或者避免利益受到损失的行为。它包括法律行为（如收养迷路的幼孩）、事实行为（如救护人命）、保存行为（如修缮房屋）和处分行为（如出卖不易久藏的物品）。在无因管理的情况下，一方当事人虽没有法定的或约定的义务，而是自愿为另一方当事人管理某项事务或财物，但法律认定在双方当事人之间产生了一定的权利义务关系，即无因管理人有权要求受益人偿付由此而支付的必要费用。无因管理必须有为他人利益而管理其事务的管理意思，如为自己利益而管理他人事务，或为他人利益而管理自己的事务，都不能成立无因管理。因此，无因管理必须在客观上有管理他人事务的事实及无法定或约定的义务，在主观上要有为他人管理的意思，如以他人的事务误认为自己的事务而管理时，就不是无因管理，因为这种情况并没有为他人的意思。比如，善意占有人，将他人之物误认为自己之物加以修理，或将自己事务误认为他人事务而为之管理，都不能成立无因管理。管理他人事务如违反本人意思，也不能成立无因管理，但本人的意思如违法或违背公共利益的，仍能成立无因管理，比如，甲不赡养其母，由乙赡养。无因管理所发生的债要求管理人应像管理自己的事务或财物那样尽心尽力，并应及时寻找或通知对方，才有权要求对方支付必要的补偿费用，以补偿因此而实际上遭受的财产损失。如果管理人出于私利，并采取违背所有人利益的管理方法使所有人蒙受损失时，则不属于无因管理，这种管理行为不但得不到法律保护，而且要承担由于自己的行为所引起的财产损失的后果，例如，把他人走失的牛、马拉回家拼命使用。无因管理必须是合法行为，否则不是无因管理，比如，收藏某人偷来的东西。本人授权的行为不能成为无因管理，例如，甲受乙的委托，为丙修理房屋，虽然丙没有叫甲修，但甲对丙不构成无因管理。无因管理经本人承认后，则成立委托关系，不再是无因管理，应适用委托的规定，并溯及到开始管理的时候。管理人因无因管理所收取的利益应与原物应一起交付本人，例如，代管果树所得果实，代管房屋所得租金等。

(3) 不当得利之债。一方无法律上的根据而受利益，致使他方受损害，称为不当得利，基于不当得利的事实，取得不当利益的一方，即受益人，负有返还不当利益的义务；财产受损失的一方，即受害人，享有请请求受益人退还不当利益的权利，这种权利义务关系，是一种债的的关系。返还的不当利益，应当包括原物和原物所生的孳息。不当的利的发生，常常是由利益所有人或者第三人的行为所致，如果行为人通过违法行为损害他人而使自己获利，则不属不当得利，而是侵权行为。

(4) 侵权行为之债。这种债的发生,是因侵害他人人身或财产权利的违法行为造成的,侵权行为之债,是通过受害人与侵害人之间的债的关系来救济受害人所受损害的法律制度。

3. 债的担保

担保是促使债务人履行债务，保障债权人的债权得以实现的法律措施。担保分人的担保和物的担保，我国《民法通则》规定了保证、抵押、定金、留置、质押五种形式。

(1) 保证。它是指保证人和债权人约定，当债务人不履行债务时，保证人按照约定履行债务或者承担责任的行为。即当债务人不履行债务时，按照约定由保证人履行或者承担连带责任，保证人履行债务后，有权向债务人追偿。关于保证，应注意几个问题：1）保证人应当是具有代偿能力的公民、企业法人以及其他经济组织，保证人即使不具备完全代偿能力，仍应以自己的财产承担担保证责任，但是国家机关不能担任保证人。不具有法人资格的企业法人的分支机构，以自己的民义对外签订的保证合同所产生的财产责任，分支机构如有偿付能力，应当自行承担，如无偿付能力的，应由企业法人承担。2）保证人向债权人保证债务人履行债务的，应当与债权人订立书面保证合同，确定保证人对主债务的保证范围和保证期限，虽然未单独订立书面保证合同，但在主合同中写明保证人的保证范围和保证期限，并由保证人签名盖章的，视为书面保证合同成立。公民间的口头保证，有两个以上无利害关系人证明的，也视为保证合同成立，法律另有规定的除外，保证范围不明确的，推定保证人对全部主债务承担保证责任。3）在保证期限内，保证人的保证范围，可因主债务的减少而减少，新增加的债务，未经保证人同意担保的，保证人不承担保证责任。4）保证人为两人以上的，相互之间负连带保证责任，但是保证人与债权人约定按份承担保证责任的除外。5）被担保的合同确认无效后，如果被保证人应当返还财产或者赔偿损失的，除有特殊约定外，保证人仍应承担连带责任。

(2) 定金。它是由合同一方当事人预先向对方当事人交付一定量的金钱，以保证债权实现的担保方式。即当事人一方在法律规定的范围内，可以向对方给付定金，定金的数额由当事人约定，但不得超过主合同标的额的20%。债务人履行债务后，定金应当抵作价款或者收回，给付定金的一方不履行债务的，无权要求返还定金，接受定金的一方不履行债务的，应当双倍返还定金。根据以上概念，定金具有以下特点：1）定金具有预先给付的性质，定金可以抵作价款；2）定金有证明合同成立的作用，定金是合同订立的证据，尤其对于口头合同，定金则可以证明合同关系的存在；3）定金是合同担保的一种形式，定金是债务人一方先行给付债权人的款项，当事人双方设立定金的行为是一种实践性合同；4）设立定金的合同是从合同，它是为确保主合同履行的，债权人以收受的定金保障自己的权利，督促债务人履行义务。

(3) 抵押。它是指债务人或者第三人不转移对财产的占有，将该财产作为债权的担保，债务人不履行债务时，债权人有权依法将该财产折价或者以拍卖、变卖该财产的价款优先受偿。关于抵押，应注意以下几个问题：1）债务人或者第三人向债权人提供抵押物时，应当订立书面合同或者在原债权文书中写明，没有书面合同，但有其他证明抵押物或者其权利证书已交给抵押权人的，可以认定抵押关系成立。2）以自己不享有所有权或者经营管理权的财产作抵押物的，应当认定抵押无效；以法律限制流通的财产作为抵押物的，在清偿债务时，应当由有关部门收购，抵押权人可以从价款中优先受偿。3）抵押物在抵押权人保管期间灭失、毁损的，抵押权人如有过错，应当承担民事责任。抵押物在抵押人处灭失、毁损的，应当认定抵押关系存在，并责令抵押人以其他财产代替抵押物。4）抵押物如由抵押人自己占有并负责保管，在抵押期间，非经债权人同意，抵押人将同一抵押物转让他人，或者就抵押物价值已设置抵押部分再作抵押的，其行为无效。债务人清偿债务时，如果一项抵押物有数个抵押权人，应当按照设定抵押权的先后顺序受偿。5）有要求清偿银行贷款和其他债权等数个债权人的，有抵押权的债权人应享有优先受偿的权利，法律、法规另有规定的除外。

(4) 留置。它是指债权人按照合同约定占有债务人的动产，债务人不按照合同约定的期限履行债务，债权人有权留置该财产，以该财产折价或者以拍卖、变卖该财产的价款优先受偿。例如，承揽人按照加工承揽合同占有定作人定作的财产，保管人依保管合同占有寄托人寄存的物品，当对方不按合同规定给付应付款项（加工费或保管费）超过约定期限，便可发生留置。但是当事人双方预先在合同中约定不得留置的财产，债权人亦不得行使留置权。根据最高人民法院的执行意见，债权人因合同关系占有债务人财物的，如果债务人到期不履行义务，债权人可以将相应的财物留置，经催告，债务人在合理期限内仍不履行义务，债权人依法将留置的财物以合理的价格变卖，并以变卖财务的价款优先受偿的，应予保护。应该注意的是，在留置期间，留置权人是留置物的合法占有人，但不享有留置物的使用权，也无权出租、抵押，并应负保管、保养之责。行使留置权清偿的范围包括：债务人员应交付的款项、利息、留置财产的费用、行使留置权的费用及其他损失。留置财产的价值超过债权人的债权额或其他费用的部分，债权人应返还给债务人，留置财产的价值不足清偿的，债务人应补偿不足部分。

(5) 质押。质押分为动产质押和权利质押。动产质押是指债务人或者第三人将其动产移交债权人占有，将该动产作为债权的担保。权利质押是指债务人或者第三人以其财产权利出质作为债权的担保。

4. 债的消灭

债消灭的方式通常有以下几种：

(1) 债因履行而消灭：即债务人履行全部债务，债的法律关系消灭，这是最正常、最基本、最理想的债的消灭方式。

(2) 债因双方协议而消灭：即双方当事人协议解除债的关系或者免除债务人的义务。

(3) 债因混同而消灭：即债权人与债务人合二为一（例如企业合并），在法律上称为混同，混同时原有债务已无履行必要，因而自行消灭。

(4) 债因当事人死亡而消灭：具有严格人身性质之债，因债权人或债务人死亡而消灭。如委任合同，出版合同，扶养、抚养、赡养费的给付等，应属具有人身性质的债，因当事人死亡而消灭。

(5) 债因抵消而消灭：双方当事人相互负有同种类的给付义务，将两项债务相互充抵，称为抵销。在抵销中，前项债务的债权人和后项债务的债务人须是同一人，否则，不得充抵，抵销使双方权利义务消灭，但是抵销应当具备下列条件：1) 抵销双方当事人相互负有义务，享有权利。2) 双方的义务是同一种类、同一性质的给付，例如，同时给付货币，在数额不相等时，可用支付差额的办法进行抵销；不通性质或种类的债，不能抵销。3) 两项义务都已到了履行期，如果两项义务中一项已到履行期，另一项未规定履行期，这两项义务可以抵销；如果两项义务都规定了履行期，一想到期，另一项未到期，除未到期的债务人同意的外，不能抵销。

(6) 债因提存而消灭：提存是指债务人在债务到了履行期限时，将无法履行或债权人无正当理由拒绝接受履行的给付提交给有关单位。债务人通过提存，将应交付债权人的标的物交付给有关机关，一次代替应向债权人的给付，从而免除了自己的债务，他与债权人之间的权利义务关系即告终止，提存物意外毁损灭失的风险归属于债权人。提存必须基于合法原因，并经法定程序。提存一般应先提出申请，经有关机关批准后方可进行，在法律有直接规定的情况下，可以依法律的直接规定提存。

第七节 民　事　责　任

一、民事责任的概念与特征

民事责任是指违反合同或其他民事义务而应负的法律上的责任，其法律特征与刑事责任、行政责任截然不同，主要表现为：(1) 民事责任主要是补偿性的。承担民事责任的方式也主要是财产性的经济补偿，而以非财产性的排除措施为辅（如停止侵害、排除妨碍、消除影响、赔礼道歉等）。(2) 处理一般都是以损失填补和恢复原状为原则，其经济赔偿的数额一般只能等于而不能高于受害人所受到的损失。(3) 财产一般归属受害人。民事责任的经济赔偿是为补偿受害人所受到的损失，所以财产一般归属受害人。(4) 强制程度不同。民事责任除法律规定外，往往还允许当事人自由处分，可以自行协商，或减或免，国家一般不干预。正因为有上述不同，民事责任与刑事责任、行政责任绝对不能互相混淆或彼此代替。《民法通则》规定：对承担民事责任的公民、法人需要追究行政责任的，应当追究行政责任；构成犯罪的，对公民、法人的法定代表应当依法追究刑事责任。关于民事责任的承担，《民法通则》还规定：公民、法人违反合同或不履行其他义务的，应当承担民事责任；公民、法人由于过错侵害国家的、集体的财产，侵害他人财产、人身的，应当承担民事责任；没有过错，但法律规定应当承担民事责任的，应当承担民事责任。

二、民事责任的类型

根据不同的标准，可以将民事责任划分为以下五种类型：(1) 根据责任是由一方还是双方当事人承担，民事责任可以分为单方责任和混同责任；(2) 根据承担责任的人数，民事责任可分为单独责任和共同责任；(3) 根据承担责任的原因，民事责任可分为违约责任和侵权责任；(4) 根据所适用的归责原则，民事责任可分为过错责任和无过错责任等；(5) 根据承担责任的方式，民事责任可分为财产责任和非财产责任。

《民法通则》根据责任发生的原因，将民事责任分为违反合同的民事责任和侵权的民事责任两类。

三、承担民事责任的方式

《民法通则》规定的承担民事责任方式有十种，这十种方式可以单独适用，也可以合并适用，这十种方式是：(1) 停止侵害。这是一种制止性的责任方式，适用于侵害还在继续进行的情况，目的是制止侵害继续及防止损害的进一步扩大，比如销毁冒牌的商标等。(2) 排除妨碍。这也是一种制止性的责任方式，适用于权利人因受到非法妨碍而无法正常行使权利的情况。比如，私人修建住房占用公共通道堆放材料，致使邻人无法通行，邻人有权要求搬走材料，让出通道。(3) 消除危险。这是第三种制止性责任方式，适用于虽未造成损害，但将来可能、甚至必然要造成侵害的情况。这是十种方式中惟一的一种预防措施，比如，在公路边挖坑埋管而未搭设便桥，致行人在跨越时摔伤的危险，行人有权要求施工单位采取措施，消除危险。(4) 返还财产。这适用于原物被他人非法占有的情况，根据《民法通则》的规定，民事行为被确认无效或撤销后应当返还财产，拾得遗失物、漂流物或者失散的饲养动物应当返还原主，不当得利应当返还。(5) 恢复原状。这适用于非法损坏他人财物的情况，比如房客未经房主同意，搞大装修，改变了房屋构造，损坏了承载力，或者任意在房顶上加层，在墙边搭建小屋等，房主就有权要求恢复原状。恢复原状要有可能性和必要性，所谓可能性是指被损坏的财产可以修复；所谓必要性是指将物品修复从经济上看有更大的效益。如果被损坏的财产没有可能恢复原状或没有必要恢复原状，则应适用损害赔偿的责任方式。(6) 修理、重作、更换。这是一种违反合同方式的责任，主要适用于违反买卖、承揽加工等合同中的违约责任。(7) 赔偿损失。这是一种适用极广的责任形式，凡造成了对方经济损失，用别的民事责任方式无法弥补的都可用这种方式。对于精神上和人格利益上的损失，也可以请求赔偿。这种责任形式的适用范围包括违反合同的行为，侵犯他人人身、财产、精神权利的行为。(8) 支付违约金。这只适用于违反合同的责任，还必须法律有规定或者双方有约定。(9) 消除影响、恢复名誉。这适用于对姓名权、肖像权、名誉权、荣誉权及知识产权的侵害，原则上是在多大范围内造成的影响，也要在多大范围内消除。(10) 赔礼道歉。这主要适用于对人身权的侵害，一般在侵害肖像权、名誉权、著作权案件中采用。

人民法院审理民事案件，除适用上述规定外，还可以在必要时对不法行为人予以训诫、责令具结悔过、收缴进行非法活动的财物和非法所得，并可以依照法律规定处以罚款、拘留。

第三章 合同法律制度

第一节 合同法及合同概述

一、合同法概述

1. 合同法的概念

合同法是指调整因合同产生的以权利义务为内容的社会关系的法律规范的总和。合同法主要规范合同的订立、合同的效力、合同的履行、变更和转让、合同的权利义务终止以及违约责任等问题。合同法有广义和狭义之分。狭义的合同法专指合同法典，在我国即是指《中华人民共和国合同法》，广义的合同法除包括合同法典之外，还包括调整合同关系的其他法律规范，例如《保险法》中调整保险合同的法律规范、《担保法》中调整担保合同的法律规范等等。

合同法是社会主义市场经济法律体系的主要组成部分，其立法的目的主要包括三个方面：(1) 维护合同当事人的合法权益。这是合同法的首要目标，也体现了我国立法开始以权利本位与社会本位相结合，并以权利本位为主社会本位为辅的指导思想。(2) 维护社会经济秩序。合同法是规范交易秩序的基本法律，通过合同法的规范，可以保障交易的有序性，交易有序，当事人才能够最大限度地实现其通过交易所取得的利益，特别是期待交易所实现的利益，交易的有序性也是经济能够得到高效率运行的前提，任何无序状态都会造成交易的低效率和社会资源的浪费，所以合同法作为以调整交易关系为其主要目的的法律，必须要以维护交易秩序作为其基本任务。(3) 促进社会主义现代化建设。合同法主要通过保护当事人的合法权益，弘扬人的主体性，使当事人自己约定交易事项，以意思自治为原则，最大程度地激发当事人的主动性、积极性和创造性，更好地维护了社会经济秩序，促进了社会主义现代化建设。

2. 制定合同法的背景

自实施改革开放政策以来，我国先后制定了《经济合同法》、《涉外经济合同法》和《技术合同法》三部合同法。实践证明，这三部合同法对维护社会经济秩序，保障社会主义市场经济的健康发展，保护经济合同当事人的合法权益，推动科学技术的发展，促进国内经济、技术和对外经济贸易的发展，保障社会主义建设事业的顺利进行，发挥了重要的作用。但是，随着改革的深化和对外开放的扩大，社会主义市场经济不断发展，我国的经济和社会生活发生了深刻的变化，出现了许多新情况、新问题，原有的三大合同法已经不能适应变化了的社会经济现实，主要表现为：第一，三部合同法分别调整不同的合同关系，对于一些共性的问题，各部法律的规定或者重复或者相互之间不一致，致使市场交易活动的规则不统一，尤其是缺乏规范合同关系的一些最基本的规则和制度；第二，三部合同法主要调整法人之间的合同纠纷，针对公民与法人、公民与公民间的合同纠纷的调整缺乏规定；第三，近年来出现了诸如网上交易等新的交易方式。然而，三部合同法对这些新问题都没有涉及，因此，迫切需要制定出一部统一的、较为完备的合同法，以适应我国市场经济发展和法制建设的需要。1999 年 3 月 15 日，九届全国人大第二次会议通过了《中华人民共和国合同法》。这是我国社会主义法制建设中的一件大事，它对于健全我国的合同法律制度，完善社会主义市场经济行为规范，促进改革、开放和社会主义现代化建设的发展都具有十分重要的意义。

3. 合同法的适用范围

《合同法》第 2 条规定："本法所称合同是平等主体的自然人、法人、其他组织之间设立、变更、终止民事权利义务关系的协议。婚姻、收养、监护等有关身份关系的协议，适用其他法律的规定。"据此合同法的适用范围表现为：

(1) 扩大了适用范围。根据《合同法》的规定，扩大的适用范围包括：

1) 合同主体的扩大。现在《合同法》的主体包括中国、外国的自然人之间、组织之间以及自然人与组织之间订立的合同，而原有的《经济合同法》、《涉外经济合同法》和《技术合同法》适用范围却各有侧重，无法适应新形势。例如《经济合同法》适用范围是平等民事主体的法人、其他经济组织、个体工商户、农村承包经营户相互之间，为实现一定经济目的，明确相互权利义务关系而订立的合同，却不包括公民之间以及公民与法人、其他组织之间的合同；《涉外经济合同法》适用范围是中国的企业或者其他经济组织同外国企业和其他经济组织或者个人之间订立的经济合同，不包括我国公民同外国企业和其他组织或者个人之间的经济合同；《技术合同法》适用范围是法人之间，公民之间以及公民同法人相互之间订立的技术合同，但不包括涉外技术合同。

2) 合同种类的扩大。《合同法》不仅包括经济合同、技术合同，而且还包括其他民事合同。

(2) 合同法适用于平等主体之间的民事法律关系。据此排除了政府依法维护经济秩序的管理活动，以及管理和被管理之间的关系，例如财政拨款、征用、征购等，是政府行使行政管理职权，属行政关系，适用有关行政法，而不适用合同法。合同法只适用于租赁、买卖等民事合同关系，有关身份关系的问题有的也是采用协议的方式，合同法规定：婚姻、收养、监护等有关身份关系的协议，适用其他法律的规定，所以不适用合同法。比如婚姻关系性质的协议，应当由《婚姻法》调整，收养关系性质的协议，应当由《收养法》调整，即应当各自符合相应的法律规范。

4. 合同法的基本原则

合同法的基本原则是合同当事人在合同活动中应当遵循的基本准则，也是人民法院、仲裁机构在审理、仲裁合同纠纷时应当遵循的原则，根据《合同法》的规定，基本原则包括：

(1) 当事人法律地位平等原则。《合同法》第 3 条规定，"合同当事人的法律地位平等，一方不得将自己的意志强加给另一方。"这一规定体现的是平等原则，合同法中的平等原则，是宪法中公民在法律面前一律平等原则的具体体现，平等原则最集中地反映了合同法调整的社会关系的本质特征，也是民法区别于其他部门法的主要标志。市场经济是交换经济，在交换中，只有在当事人互不隶属的条件下，才能自主地表达自己的意志，作出合理的选择，因此，平等是自愿的必要前提，而自愿又是市场经济的必要前提。契约即意味着当事人在平等基础上的自由选择，人们可以利用契约对一切社会成员开放的机会，从而获得自身发展，因此，契约就是机会均等，就是人人有权自主选择，就是把人们从各种身份关系中解放出来，契约制度因而成为现代社会的基石。据此可知，合同法规定的平等原则表明，不论合同当事人是自然人，还是法人或者其他组织，不论当事人的经济实力和经济性质，当事人双方在法律上处于平等的地位，任何一方当事人均不得享有特权，不得凌驾于对方当事人之上，任何一方当事人不得将自己的意志强加给对方当事人。也就是说，当事人无论具有什么身份，在合同关系中相互之间的法律地位是平等的，都是独立的、平等的合同当事人，没有高低、从属之分。

(2) 自愿订立合同的原则。《合同法》第4条规定，“当事人依法享有自愿订立合同的权利，任何单位和个人不得非法干预。”自愿原则体现了民事活动的基本特征，是民事法律关系区别于行政法律关系、刑事法律关系特有的原则。民事活动除法律强制性的规定外，由当事人自愿约定，自愿原则也是发展社会主义市场经济的客观要求，随着社会主义市场经济的发展，合同自愿原则就越来越显得重要。自愿原则是贯彻合同活动全过程的，应当是当事人真实意思表示一致的结果，自愿订立合同的原则，其主要内容包括：1) 订不订合同自愿，即当事人依自己的意愿自主决定是否订立合同；2) 与谁订合同自愿，即当事人有权选择对方当事人；3) 合同内容由当事人在不违法的情况下自愿约定；4) 在合同履行过程中，当事人可以协议补充、变更合同的有关内容；5) 双方可以协议解除合同；6) 可以约定违约责任，在发生争议时，当事人可以自愿选择解决争议的方式。总之，只要不违背法律、行政法规的强制性规定，合同当事人有权自愿约定。但是，自愿也不是绝对的，不是想怎么样就怎么样，当事人订立、履行合同，应当遵守法律、行政法规，尊重社会公德，不得扰乱社会经济秩序，损害社会公共利益。

(3) 诚实信用原则。《合同法》规定，“当事人行使权利、履行义务应当遵循诚实信用原则”。诚实信用原则被称为民法的“帝王条款”，它起源于罗马法。诚实信用原则在两个方面发挥着作用。首先，它是对当事人行使权利、履行义务时必须具备诚实、善意的内心状态的要求，对当事人起着指导作用，要求当事人在订立、履行合同，以及合同终止后的全过程中，都要心怀善意，要诚实，讲信用，相互协作，根据合同的性质、目的和交易习惯履行通知、协助、保密等义务，提供必要的条件、防止损失扩大等，而不得滥用权利及规避法律或者合同规定的义务。其次，诚信原则是对法官衡平权的授予。“诚实信用”这样的词语从规范意义土看极为模糊，在法律意义上没有确定的内涵和外延，其适用范围几乎没有限制。这种“模糊规定”或不确定性的主要原因是立法机关考虑到法律不能包容诸多难以预料的情况，不得不把补充和发展法律的部分权力授予司法者，以“模糊规定”或不确定规定的方式把相当大的衡平权交给了法官，因此，诚信原则也意味着承认司法活动的创造性和能动性。

(4) 公平原则。《合同法》第5条规定，“当事人应当遵循公平原则确定各方的权利和义务”。公平的含义主要是指双方当事人利益关系的均衡、对等，在市场交易活动中，公平与互利是包容关系，互利是公平的必然内容，二者的精神完全一致，都反映了当事人之间利益平衡的要求，但侧重点和适用范围以及授予法官自由裁量权的程度有所不同。互利或者互利有偿主要适用于作为商品交换法律形式的合同关系，因而授予法官的自由裁量权较小。而公平偏重于社会正义方面，不仅可适用于严格意义上的商品交换关系即合同关系，而且可适用于非严格意义上的商品交换关系即损害赔偿关系，公平一词的道德色彩更浓，模糊度更大，因而相应地授予法官更大的自由裁量权。在法律缺乏具体规定的情况下，法官可直接根据公平观念作出裁断，确定当事之间权利义务和民事责任的分派。公平是民法的精神，公平是来自道德的观念，提倡公平、谴责偏私是社会公德的要求，在我国目前的生产力发展水平和人们的认识程度条件下，公平的道德准则还不能为一切人所自觉遵守，需要借助于法律的强制力使之实现。公平原则是法律所追求的正义价值的体现。对于合同法而言，平等的正义观典型地体现为公平原则。根据这一原则，合同法要求当事人在订立合同时应当按照公平、合理的原则确定双方的权利和义务，不得欺诈，不得假借订立合同恶意进行磋商或其他违背诚实信用的行为。

(5) 公序良俗和合法性原则。《合同法》第7条规定："当事人订立、履行合同，应当遵守法律、行政法规，尊重社会公德，不得扰乱社会经济秩序，损害社会公共利益。"本条体现了公序良俗和合法性原则，其中公序良俗原则反映了合同法对合同双方当事人的要求，和诚实信用比起来，公序良俗原则更为侧重于社会的既有规范，这种规范可能是基于法律规定，也可能是基于习惯法。而诚实信用更多地侧重于当事人之间的相互信任和道德义务，从这个意义上来说，诚实信用原则更多地体现的是民法对道德标准的要求，而公序良俗更多地反映了现代民法的要求。合法性原则，强调了法律对于私人作出的民事行为的要求，即当事人订立合同、履行合同应当遵守法律、行政法规的规定；判断当事人履行合同过程中的行为是否合法，应当以法律、行政法规为依据，不得擅自将判断的依据无限扩大化。具体来说，当事人订立合同时不得违反以下几个方面的内容：1）标的不得违法，即不得以国家禁止流通的商品为标的订立合同，如不得以毒品、淫秽物品等国家禁止流通的商品订立合同，假冒伪劣商品严重损害广大消费者的权益，为国家禁止的对象，也不能以其为标的订立合同；2）主体不得违法，国家法律行政法规规定中有关公司企业专营的商品，除专营企业外，其他任何公司企业不得订立合同，如枪支弹药等；3）合同的形式不得违法，如法律、行政法规规定，有些合同必须以书面形式订立的，不得以口头形式订立，有些合同需要经过审批的，当事人必须办理审批手续。当事人订立合同的形式违反法律或行政法规的，或者视为合同不成立，或者合同无效。

二、合同概述

1. 合同的概念和特征

合同又称契约，其本质是一种合意或协议，《合同法》第2条规定，合同是平等主体之间的自然人、法人、其他组织之间设立、变更、终止民事权利义务关系的协议。合同具有以下几个特征：(1) 合同是平等主体之间的民事法律关系。合同的这一特征将非平等主体之间的协议排除在合同法调整之外，例如政府机关为实现社会经济管理职能与被管理对象即行政相对人签订的责任状、责任书等协议，属于行政管理关系，就不属于合同法的调整范围，适用有关行政管理法律、行政法规。企业、单位内部之间的管理关系，也不是平等主体之间的关系，同样不适用合同法的规定。(2) 合同是以设立、变更、终止民事权利义务为内容和目的的民事行为。作为一种民事行为，其有合法行为与非法行为之分，前者也称民事法律行为，合同也有有效合同与无效合同之别。无效合同不能产生当事人预期的法律效果。(3) 合同法调整的合同主要是指财产关系的合同。根据《合同法》第 2 条规定，婚姻、收养、监护等有关身份的协议不适用合同法，而且在合同法的分则部分规范的合同也都是财产合同。将这些与身份有关的协议排除在合同法调整之外，即意味着合同法主要调整财产关系合同。

2. 合同的分类

依据不同的标准，可以对合同进行不同的分类：

(1) 有偿合同与无偿合同。根据合同当事人是否为从合同中得到的利益支付代价，可将合同分为有偿合同与无偿合同。有偿合同是指当事人为从合同中得到利益要支付相应代价的合同，即一方当事人依据合同取得某种利益必须向对方当事人支付相应代价的合同，例如买卖合同、租赁合同、融资租赁合同、承揽合同、居间合同等多为有偿合同，有偿合同是市场交易的典型形式。无偿合同是指双方当事人之间的给付不成对价关系，即一方依据合同取得某种利益无须向对方当事人支付任何对价的合同，例如赠与合同。区分有偿合同与无偿合同的法律意义，主要表现在当事人的责任轻重不同。

(2) 要式合同与不要式合同。根据法律是否要求合同必须符合一定的形式才能成立，可将合同分为要式合同与不要式合同。要式合同是指根据法律规定必须采用特定形式的合同。不要式合同是指当事人订立的合同依法并不需要采用特定的形式，当事人可以采用口头形式，也可以采用书面形式。《合同法》第 10 条规定，法律、行政法规规定采用书面形式的，应当采用书面形式，当事人约定采用书面形式的，应当采用书面形式。根据《合同法》第 197、215、238、270、276、330、342 条的规定，金融机构为贷款人的借款合同、租赁期限 6 个月以上的租赁合同、融资租赁合同、建设工程合同、委托监理合同、技术开发合同以及技术转让合同等应当采用书面形式。《合同法》第 36、37 条分别规定："法律、行政法规规定或者当事人约定采用书面形式订立合同，当事人未采用书面形式但一方已经履行主要义务，对方接受的，该合同成立。""采用合同书形式订立合同，在签字或者盖章之前，当事人一方已经履行主要义务，对方接受的，该合同成立。"根据这两条规定的精神分析，可以认为，对要式合同而言，合同的形式是合同的成立要件。

(3) 有名合同与无名合同。根据法律是否规定了一定的合同名称，将合同分为有名合同与无名合同。有名合同，也称典型合同，是指法律已经为其确立了特定名称和规则的合同。例如在我国《合同法》分则部分规定了 15 种基本合同类型，这些合同就是有名合同，这些基本合同类型中包含了若干具体合同，例如技术合同中包含着的技术开发合同、技术转让合同、技术咨询合同和技术服务合同，这些合同同样也是有名合同，除《合同法》之外，其他法律也可以规定有名合同，例如《保险法》中规定的保险合同；《海商法》中规定的海上货物运输合同、海上旅客运输合同等；《担保法》中规定的保证合同、抵押合同、质押合同等也都属于有名合同。无名合同是指法律没有为其确定名称和规则的合同，无名合同产生的原因主要是交易关系以及当事人合意内容的复杂性。区分有名合同与无名合同的法律意义主要表现在适用法律的不同，对于有名合同，直接适用有关法律对该种有名合同的具体规定，对于无名合同，由于没有明确的法律规定，首先需要解决的问题是如何确定可以适用于该无名合同的法律规范。例如，《合同法》第124条规定："本法分则或者其他法律没有明文规定的合同，适用本法总则的规定，并可以参照本法分则或者其他法律最相类似的规定。"

(4) 双务合同与单务合同。根据合同当事人是否互相享有权利、承担义务，可将合同分为双务合同和单务合同。双务合同是指双方当事人互相享有权利、承担义务的合同，即一方当事人依据合同所享有的权利正是对方当事人依据合同所应承担的义务，例如买卖合同就是典型的双务合同。单务合同是指仅有一方当事人承担义务的合同，即合同当事人并不相互承担义务的合同，例如赠与合同就是典型的单务合同。区分双务合同与单务合同的法律意义集中表现在是否适用履行抗辩权的问题上，双务合同可能会发生履行抗辩权的问题，但是单务合同当事人双方的权利义务没有牵连关系，因此不存在抗辩权的问题。例如，《合同法》第66、67、68条分别规定的同时履行抗辩权、后履行抗辩权和不履行抗辩权都是针对双务合同而言的。

(5) 诺成合同与实践合同：根据合同是自当事人意思表示一致时成立，还是在当事人意思表示一致以后，仍须有实际交付标的物的行为才能成立，可将合同分为诺成合同与实践合同。诺成合同是在当事人意思表示一致后，仍须有实际交付标的物的行为才能成立的合同。

(6) 主合同与从合同。根据合同是否必须以其他合同的存在为前提而存在，可将合同分为主合同与从合同。

第二节　合同的订立

合同的订立是一个非常重要的阶段，因为依法订立合同是合同生效的前提，是履行义务、享有权利，解决纠纷和请求法律保护的依据。在订立合同时要认真考虑，尽量订得周全，这对维护自己的合法权益，实现订立合同的目的，有着十分重要的关系。同时，订的周全，在履行时可以减少纠纷；产生了纠纷也便于及时、合理解决。在现实生活中，有些当事人所以上当受骗，或者在合同履行过程中产生纠纷，往往与在订立合同时草率从事，或者选择缔约当事人不当，或者对合同内容没有很好研究有关。因此，在合同订立阶段，当事人应当认真对待。

一、合同的形式

合同的形式就是合同关系的外在表现。原来三部合同法都强调采用书面形式，例如《经济合同法》规定，除即时清结者外，"应当"采用书面形式，《涉外经济合同法》、《技术合同法》也都规定，订立合同"应当"采用书面形式。在司法实践中，有的将未采用书面形式订立的合同，虽然已经履行，也认定为无效，考虑到各种合同情况很复杂，提倡采用书面形式有好处，有利于合同的规范化，有利于减少合同纠纷和解决合同纠纷，但现实生活中不少民间合同是采用口头形式订立的，同时随着经济建设的发展，越来越要求能够迅速交易，如果强调一律必须采取书面形式，未采用书面形式的一律认定为无效，也不能完全适应现实情况和市场经济发展的需要。因此，《中华人民共和国合同法》第 10 条规定：当事人订立合同，有书面形式、口头形式和其他形式。这三种形式包括了所有可能的形式，为当事人的选择提供了尽可能多的空间。当事人在不违背法律的情形下，可以自由选择合同的形式，但是合同的这三种形式各有利弊，例如口头形式比较简便、迅速，缺点是发生了纠纷，取证困难，不易分清是非和责任；而书面形式没有口头形式迅速、简便，但好处是有据可查，不易发生纠纷，发生了纠纷也便于查明是非、分清责任，所以当事人应当根据具体情况合理选择合同的形式。

法律、行政法规对合同形式的要求，体现国家对合同关系的一种干预，其目的主要是为了保护当事人的正当权益，维护社会经济秩序。法律、行政法规规定采用书面形式的，应当采用书面形式，如果当事人约定采用书面形式的，合同也应当采用书面形式，此时书面形式同样也是合同得以成立的形式要件。应当采用书面形式，如当事人未采用书面形式怎么办？如何认定其效力？《合同法》规定，“法律、行政法规规定或者当事人约定采用书面形式订立合同，当事人未采用书面形式但一方已经履行主要义务，对方接受的，该合同成立。”《合同法》第 37 条又规定，采用合同书形式订立合同，在签字或者盖章之前，当事人一方已经履行主要义务，对方接受的，该合同成立。如果当事人未履行主要义务，合同不成立，应当采取补救措施加以解决。随着信息技术的发展，合同法规定的书面形式是指合同书、信件和数据电文（包括电报、电传、传真、电子数据交换和电子邮件）等可以有形地表现所载内容的形式。

二、合同的内容

合同内容如何确定，是订立合同的一个最重要的问题。因为订立合同就是要设立、变更、终止民事权利义务关系，涉及享有哪些权利，应当履行什么义务，关系到合同当事人的利益和订立合同的目的，只有对合同内容协商一致，合同才能成立。而合同条款又是合同内容的表现形式，或者说，合同的内容是通过合同条款表现出来的，合同的内容反映了当事人的权利义务，因此，合同的内容由当事人约定。为了指导当事人的缔约行为，并且使合同的内容尽可能地具体、明确，《合同法》第 12 条对合同的内容作了相关规定。

1. 合同的一般条款

在订立合同时，要对合同条款认真考虑，合同各种各样，包括买卖、承揽、委托、建设工程、租赁等，由于性质、种类不同，合同的具体条款是不一样的，但是每个合同应具备哪些条款才算成立呢？《经济合同法》的规定是，经济合同“应当具备”一定的条款，结果在实践中产生了仅因有些条款没有约定而被宣告合同不成立；制定《涉外经济合同法》时，加了个“一般”，即将“应当具备”改为“一般应当具备”；《技术合同法》进一步将“具备”改为“包括”，规定为“一般应当包括”，这就比以前灵活了许多。《民法通则》针对这种情况和问题，专门就合同如果对质量、期限等条款没有约定怎么补救做了规定。这次《合同法》就合同的条款问题没有用“应当”，而是改为“一般包括”以上条款，这样就可以防止因缺少某个条款，而过多地造成合同不成立的情况，以有利于促进交易。当然，如果连基本的主要条款如标的、数量等都没约定，合同自然不能成立，故据以上分析，合同的条款一般包括以下内容：

(1) 当事人的名称或者姓名和住所。这一条款可以称为当事人条款，其中应当载明当事人的名称或者姓名，使合同的当事人得以明确，其次应当载明当事人的住所，为合同的履行提供方便，同时住所也是判断当事人履行情况的依据。在发生纠纷后，当事人的住所还可以成为确定受诉法院的依据。也就是说，要明确合同的主体，谁来承担合同约定的义务，例如，在建筑工程合同中，首先应当载明是由哪一个建筑公司承包建设，是否具有法定的资质等主体情况。

(2) 标的。也就是合同权利义务指向的对象，这个问题不明确，就失去了订立合同的目的，因此，这是一切合同的主要条款。根据法律的规定，合同的标的应当准确无误，标的的名称、型号、规格、品种、等级、花色等都应当规定清楚，避免发生错误。通常，标的可以表现为以下四种类型：1) 物，包括有形物和无形物，前者可以是实物或者货币，例如买卖合同中的货物、借款合同中的货币，后者如供用电合同中的电力。2) 行为，例如运输合同中的运输行为、保管合同中的保管行为。3) 特定的工作成果，例如承揽合同中承揽方加工制成的工作成果、建设工程合同中承包方完成的工程项目等。4) 智力成果，例如作为技术开发合同和技术转让合同标的的技术。

(3) 数量。数量是标的在量的方面具体化，是计算和衡量合同当事人权利义务的尺度。在数量条款中，应当根据标的的种类，规定计量标的的单待和方法。此外，还应当考虑可能发生的误差幅度和自然损耗程度等问题。

(4) 质量。质量是指对标的在标准和技术方面的要求。关于质量的标准，国家有许多不同的要求，当事人应当予以明确。当然，当事人也可以根据合同的目的约定特别的质量标准。在质量条款中，除应当规定检验质量的标准之外，还应当载明对产品质量负责的期限和条件、产品质量检验的时间和方法等内容。

(5) 价款或者报酬。价款是取得标的物应当支付的代价，报酬是获得服务应当支付的代价。这是有偿合同的一个重要问题，在这一条款中，应当明确约定价格条件、支付金额、支付方式、计价单位等内容。此外，由于价款和报酬并不能够等同于运费、保险费、装卸费、保管费等费用，因此在合同中约定这些费用应当由哪一方当事人负担。

(6) 履行期限、地点和方式。此条款是关于合同如何履行的问题，例如，是即时履行，还是定期履行，付款是一次支付还是分期支付，交货是交付实物还是交付标的物的所有权凭证，运输是铁路运输还是空运或水运等。所谓履行期限就是指债务人履行合同义务和债权人接受履行的时间界限，是确定当事人是否发生迟延履行的依据，期限有期日和期间之分，履行期限可以为一个确定的日期，也可以是一个时间段，无论是期日还是期间，履行期限一定要明确具体。所谓履行地点是指债务人履行合同义务和债权人接受履行的地方，履行地点是确定验收地点、合同标的是否交付、标的所有权是否转移、标的物意外灭失风险由哪一方承担的依据。在特殊情况下，履行地点还可能成为确定价款或者报酬的依据，例如，根据《合同法》第62条规定，价款或者报酬不明确的，按照订立合同时履行地的市场价格履行。此外，履行地点还可以成为确定解决合同争议法院的依据。所谓履行方式就是指债务人履行合同义务和债权人接受履行的方式，包括交货方式、验收方式、付款方式、结算方式等。

(7) 违约责任。违约责任是指当事人不履行合同义务或者履行合同义务不符合约定而应当承担的民事责任。违约责任的形式多种多样，主要的有继续履行、采取补救措施、赔偿损失、违约金责任等。根据法律的规定，这些责任形式可以表现为以下几种方式：1）责任形式是法定的，例如继续履行，无须当事人在合同中予以约定。2）责任形式虽然是法定的，无须当事人就违约方是否承担该种责任进行约定，但是当事人可以就具体的实现方式作出约定，例如赔偿损失，合同中当事人无须就违约方是否承担该种责任进行约定，但是可以约定计算赔偿损失额的方法。3）违约责任形式法律只是给当事人提供了一种通过约定方式进行选择的可能，当事人没有选择，就不能追究违约方承担该种违约责任，例如违约金责任。在违约责任条款中，主要是针对后两种违约责任形式进行具体的约定。

（8）解决争议的方法。解决争议的方法通常包括协商、调解、仲裁和诉讼。在解决争议方法的条款中，主要包括在当事人不愿和解、调解或者和解、调解不成的情况下，是通过诉讼还是仲裁的方式来解决双方的争议。因为根据法律的规定，当事人或者选择诉讼方式解决争议，或者选择仲裁的方式解决争议，即当事人可以根据仲裁协议或仲裁条款向仲裁机构申请仲裁，如果当事人没有订立仲裁协议或者仲裁协议无效的，可以向人民法院起诉。对于涉外合同，当事人还可以在这一条款中选择处理合同争议所适用的法律，但法律另有规定的除外。例如，在中华人民共和国境内履行的中外合资经营企业合同、中外合作经营企业合同、中外合作勘探开发自然资源合同，适用中华人民共和国法律。涉外合同的当事人没有选择处理合同争议所适用的法律，适用与合同有最密切联系的国家的法律。

对于以上所列举的八项条款并不是任何合同都必须包括的，在这些条款中，有的属于合同的必备条款，例如当事人条款、标的条款和数量条款，欠缺这些条款时，合同不得成立。有的条款尽管应当为合同所具备，例如质量条款、价款或者报酬条款、履行地点条款等，但是这些条款的欠缺并不一定影响合同的成立。如果因为这些条款的欠缺，影响合同履行的，当事人可以根据《合同法》的规定达成补充协议，达不成补充协议的，可以根据合同的有关条款或者交易习惯确定。

2. 示范文本

由于经济贸易活动的多样性，当事人如果缺乏经验，所订合同容易发生难以处理的纠纷，因此，《合同法》特别规定，“当事人可以参照各类合同的示范文本订立合同”。这里讲的示范文本不是某单位自己定的格式条款，指的是由一定的综合部门主持，在广泛听取各方面意见、特别是消费者意见之后，按一定程序形成的示范文本。在实践中，许多单位采取了宣传推广合同示范文本的作法，这对于提示当事人在订立合同时更好地明确各自的权利义务，防止合同纠纷，起到了积极作用。

3. 格式条款

所谓格式条款是指当事人为了重复使用而预先拟定，并在订立合同时未与对方协商的条款，这类合同又称为标准合同或定式合同。格式条款的主要特点是条款的定型化，因此，格式条款具有使经济流转简便、迅速、节约交易成本、合同条款详细的优势，但是格式条款是由一方当事人预先拟定，针对的是不特定的相对人，对方只有表示同意或者不同意的权利，而无协商的机会，这就使得提供服务或者商品的一方在拟定格式条款时只订立有利于自己的条款，而不顾及消费者的利益，为了维护公平、保护弱者，合同法对格式条款从以下几个方面予以规范：

（1）提供格式条款的一方应当遵循公平原则。在现实经济生活中，格式条款中存在的主要问题，就是合同双方当事人在权利义务方面存在严重的不对等，提供格式条款的一方，加大自己的权利，减轻自己所承担的义务和责任，对对方当事人应当享有的权利排除在合同条款之外，严重违反合同法规定的公平原则。因此，《合同法》第 39 条第 1 款规定："采用格式条款订立合同的，提供格式条款的一方应当遵循公平原则确定当事人之间的权利和义务，并采取合理的方式提请对方注意免除或者限制其责任的条款，按照对方的要求，对该条款予以说明"。根据这一规定，提供格式条款的一方当事人在确定当事人之间的权利和义务关系时应当遵循公平原则，当事人遵循公平原则确定各方的权利和义务，是我国合同法所规定的基本原则之一，双方当事人通过合同所确立的权利义务关系应当做到对等，不能一方只享有权利，另一方只承担义务，而应该是一方在享有权利的同时，必须同时承担相应的义务。

（2）提供格式条款的一方有提请对方注意的义务。拟定格式条款的一方必须提请对方注意免除或者限制其责任的条款。提请注意应当采取合理的方式，这里的合理应当理解为在正常情况下能够引起对方当事人的注意；提请注意的方式是否合理，取决于提请注意的措施和免责条款的性质。

（3）应对方要求对条款予以说明的义务。作为合同另一方当事人，有权要求拟定格式条款的一方就格式条款的有关问题作出说明，以便对方当事人了解该条款的真实含义及订立该条款的目的等。对于对方当事人提出的要求，提供格式条款的一方应当按照对方的要求，对格式条款作出说明。

（4）格式条款的无效。格式条款无效，是指格式条款不具有法律效力。我国《合同法》第 40 条规定："提供格式条款一方免除其责任、加重对方责任、排除对方主要权利的，该条款无效"。同时还规定，一方以欺诈、胁迫的手段订立合同，损害国家利益的；恶意串通，损害国家、集体或者第三人利益的；以合法形式掩盖非法目的的；损害社会公共利益的；违反法律、行政法规强制性规定的均属无效。第五，格式条款的解释：我国《合同法》第 41 条规定，"对格式条款的理解发生争议的，应当按照通常理解予以解释。对格式条款有两种以上解释的，应当作出不利于提供格式条款一方的解释。格式条款与非格式条款不一致的，应当采用非格式条款。"这一规定主要包含两方面的内容：1）法律规定了不利于提供格式条款当事人的解释。因为格式条款一般都是由提供者基于自己的意志所作出的有利于自己的条款，尤其在以消费者为一方的格式合同中，格式条款提供者从维持甚至强化其经济上的优势地位出发，将格式条款强加于消费者。为了体现公平，平衡当事人双方之间的利益关系，保护消费者的合法权益，在当事人双方对格式条款的理解发生争议时，应当作出不利于提供格式条款一方的解释，以保护对方当事人的合法权益。2）法律规定了格式条款与非格式条款不一致时的处理原则。由于非格式条款是双方协商确定的，较好地体现了双方当事人的意思表示，而格式条款是由提供方单方预先拟定的，因此，当两者不一致时，应当采用非格式条款，即非格式条款优先。

三、合同的订立程序

当事人订立合同的过程也就是对内容协商的过程，采取什么方式呢？在以往的合同法律制度中并没有规定具体的程序和规则，例如《经济合同法》第9条规定，当事人双方依法就经济合同的主要条款经过协商一致，经济合同就成立。但是当事人如何协商，在协商的过程中应当遵循哪些规则、负有哪些义务以及如何认定协商是否一致等问题均没有相应的法律规定。为了改变这种现状，《合同法》规定，“当事人订立合同，采取要约、承诺方式”，因此合同的订立不管采取什么具体方式，都必然经过两个步骤，就是要约和承诺，这是订立合同的基本规则。

1. 要约

(1) 要约的概念和特征

过去三部合同法对要约、承诺没有规定，需要加以规范，现在的《合同法》借鉴国际上的一般做法，对要约、承诺做了具体规定。所谓要约又称发盘、出盘、发价、出价或报价等，是指希望与他人订立合同的意思表示，该意思表示应当符合下列规定：1）要约必须一经承诺即受约束的意旨。要约的目的在于订立合同，而不是仅仅开始谈判，因此要约人必须在要约中表明一经承诺即受拘束的意思表示。但在实际操作中比较难判断，一般来说，一是建议内容越详细和明确，越容易被视为要约；二是向一个或多个特定人发出的建议较之向大范围的公众发出的建议，更易于被推定为要约。2）要约的内容必须确定和完整。在实际操作中对确定和完整的理解不能绝对化，有时一项要约可能欠缺某些重要条款，诸如对所交付的商品或所提供的劳务的准确描述、价格、履行地点等，也不能绝对地说该要约是不确定的，是否构成要约取决于要约人是否发出要约，受要约人是否承诺。3）要约必须向要约人希望与之缔约合同的相对人发出。相对人是否必须是特定的人，是一个值得探讨的问题。大陆法系国家一般认为相对人不限于特定的人，英美法系国家则持反对意见，但现在情况在发生变化。要约原则上应向特定的相对人发出，并不是说严格禁止要约向不特定人发出，而法律也在某些特定情况下允许向不特定的人发出订约的提议具有要约的效力，如对悬赏广告可明确规定为要约，另一方面，要约人愿意向不特定人发出要约，并自愿承担由此产生的向多人发出要约的责任，即要求要约人发出要约后，必须具有向不特定的相对人作出承诺以后履行合同的能力，反之，如果要约人向多人发出出售某件物品的要约，但要约人又不具有向多人出售该种产品的能力，这就会造成合同从一开始就不能履行，从而影响了交易的安全。如果订约的提议注明且能够确定是要约，那么在由数人作出承诺而要约人又无履行能力时，要约人应对其要约产生的后果承担一切责任。

要约与要约邀请不同，要约邀请又称为要约引诱，是指希望他人向自己发出要约的意思表示，是当事人订立合同的预备行为。两者的主要区别为：1）两者的含义不同，前者是以订立合同为目的的意思表示，后者是希望他人向自己发出要约的意思表示；2）两者对意思表示人的约束力不同，在要约确定的承诺期限内，要约对要约人具有法律约束力，而要约邀请的发出人并不受要约邀请的约束；3）两者的法律后果不同，要约一经接受，合同成立，而要约邀请一经接受，双方开始进入要约，并不能导致合同的成立。在实践中如何正确区分要约和要约邀请具有重要意义，根据我国司法实践和理论，可以从如下几方面来区分要约与要约邀请：第一，依法律规定作出区分；第二，根据当事人的意愿来作出区分；第三，根据订约提议的内容是否包含了合同的主要条款来确定；第四，根据交易的习惯即当事人的交易做法来区分。此外，在区分要约和要约邀请时，还应当考虑其他情况诸如是否注重相对人的身份、信用、资力、品行等情况。要约与要约邀请的区分常常关涉到合同是否成立、有关当事人是否应当承担合同上的义务和责任等问题。

《合同法》第 15 条规定，“要约邀请是希望他人向自己发出要约的意思表示。寄送的价目表、拍卖公告、招标公告、招股说明书、商品广告为要约邀请。商品广告的内容符合要约规定的，视为要约。”据此条规定，下列几种行为为典型的要约邀请行为：1）价目表的寄送。发出价目表的行为，虽包含了商品名称及价格条款，且含有行为人希望订立合同的意思，但由于从该行为中并不能确定行为人具有一经对方承诺即接受后果的意图，而只是向对方提供某种信息，希望对方向自己得出订约条件，因此应当是要约邀请，而不是要约。当然，如果行为人向不特定的相对人派发某种商品的订单，并在订单中明确声明愿受承诺的约束，或者从订单的内容可以确定其有接受承诺后果拘束的意图，应认为该订单不是要约邀请，而是要约。2）拍卖公告。又称拍卖表示，是拍卖的第一阶段，是指拍卖人经过刊登或发出拍卖公告，在拍卖当时对拍卖物的宣传和介绍，大陆法系各国合同法一般都认为属于要约邀请。3）招标公告。招标是订立合同的一方当事人采取通知或广告的形式，向不特定主体发出的，以吸引或邀请相对方发出要约为目的的意思表示，两大法系均认为招标应当属于要约邀请而非要约。4）招标说明书。根据《公司法 》第 120 条规定，“公司经批准向社会公开发行新股时，必须公告招股说明书和财务会计报表及附属明细表，并制作认股书。”可见，招股说明书是公司向社会公开发行新股时所用的文件，其目的在于吸引社会公众向公司投资，从性质上讲，与招标公告类似，一般属于要约邀请，而非要约。5）广告。广义的广告包括商业性广告、公益性广告以及分类的广告（寻人、征婚、挂失、婚庆、吊唁、招聘、求纳、启事以及权属声明等）。而狭义的广告的仅指商业性广告。我国《广告法》第 2 条采纳了狭义的广告概念，即“广告是指商品经营者或者服务提供者承担费用、通过一定的媒介和形式直接或间接介绍自己所推销的商品或者所提供的服务的商业广告”。悬赏广告一般不属于商业性广告，两大法系大都认为它是要约邀请，我国学者赞成这种看法。

(2) 要约的约束力

要约的约束力表现为要约对要约人和受要约人的法律约束力。要约对要约人的约束力表现为要约一经生效，要约人即受要约的约束，要约人不得撤回要约，不得对要约的内容进行限制、变更或者扩张，不得擅自撤销。要约对受要约人的约束力是指受要约人于要约发生效力时有权作出承诺以成立合同，受要约人的承诺应当在要约确定的承诺期限内作出，受要约人的承诺不得对要约作出实质性变更，否则，合同无法成立。

(3) 要约的生效

要约什么时候生效呢？不同的国家采取的法律制度不同，有的国家采取发信主义，有的国家采取到达主义，我国采取的是到达主义，即要约到达受要约人时生效。合同法规定，要约到达受要约人时生效。要约生效后，在有效期内要约人不得随便反悔。那么有效期限有多长呢？如果要约确定承诺期限的，依确定的期限；如果要约没有确定承诺期限，以对话方式作出的，应当即时作出承诺，以非对话方式作出的，应当在合理期限承诺，所谓合理期限，就是要考虑给承诺必要的时间。

(4) 要约的撤回

要约能不能撤回？根据合同法的规定是可以撤回的，但要约到达受要约人生效后，就不能撤回了，所以在要约生效前，要约人可以通过撤回的方式阻止要约生效，使尚未生效的要约不生效，但撤回要约的通知应当在要约到达受要约人之前或者与要约同时到达受要约人。

(5) 要约的撤销

要约能不能撤销呢？在要约生效之后、受要约人发出承诺通知之前，要约人可以通过撤销的方式使已经生效的要约不再继续生效，但是法律对撤销要约是严格加以限制的，因为这会直接影响到受要约人的利益。例如，受要约人收到要约后可能拒绝了其他人的同种要约，如果你撤销了，便会对其造成损失。再如，受要约人收到要约后，可能为承诺做了准备工作，如为付款而向银行贷款，或者为准备接受来货而租赁了仓库等，如果撤销，受要约人就会受到损失。因此，合同法规定，有下列情形之一的，要约不得撤销：1）要约人确定了承诺期限或者以其他形式明示要约不可撤销；2）受要约人有理由认为要约是不可撤销的，并已经为履行合同作了准备工作。除以上情况外，要约可以撤销，但撤销要约的通知应当在受要约人发出承诺通知之前到达受要约人。

(6) 要约的失效

要约在什么情况下失效呢？所谓失效，就是指要约不再对要约人和受要约人具有约束力。根据合同法的规定，有下列情形之一的，要约失效：1）拒绝要约的通知到达要约人；2）要约人依法撤销要约；3）承诺期限届满，受要约人未做出承诺；4）受要约人对要约的内容作出实质性变更。

2. 承诺

(1) 承诺的概念和特征

承诺是受要约人同意要约的意思表示，即承诺的内容应当与要约的内容一致，受要约人对要约的内容作出实质性变更的，为新要约，所谓实质性变更是指有关合同标的、数量、质量、价款或者报酬、履行期限、履行地点和方式、违约责任和解决争议方法等的变更。一般合同谈判成立的过程，往往就是要约——新要约——更新的要约——直到承诺的过程。承诺是针对要约的回应，因此，承诺的特征主要表现为以下几方面：1）承诺必须是受要约人作出。只有受要约人才能作出承诺，如果要约是向数人发出的，则数人均可成为承诺人，如果要约是向不特定的人发出的，则不特定的人均可成为承诺人。第三人不是受要约人，不能作出承诺，第三人向要约人作出承诺，视为发出要约。承诺可以由受要约人作出，也可以由其授权的代理人作出。2）承诺必须是由受要约人在承诺期限内向要约人作出，如果要约规定了承诺期限，则应该在规定的承诺期限内作出，知果没有规定期限，应当在合理期限内作出。如果承诺人超过了规定的期限作出承诺，则视为承诺迟到，或称为逾期承诺，一般而言，逾期的承诺在民法上被视为一项新的要约，而不是承诺。承诺必须向要约人作出，因为承诺是对要约所规定条件的同意，因此，只有向要约人作出承诺，才能导致合同成立，如果向要约人以外的其他人作出承诺，则只能视为对他人发出要约，不能产生承诺的效力。3）承诺的内容必须与要约的内容一致。承诺是受要约人愿意按照要约的全部内容与要约人订立合同的意思表示，也就是说，承诺是对要约的同意，其同意内容须与要约内容一致，合同才能成立。承诺必须与要约内容一致具体体现在：承诺必须是无条件的承诺，不得限制、扩张或者变更要约的内容，否则，不构成承诺，应视为对原要约的拒绝并成立一项新的要约，或称为反要约。4）承诺必须表明受要约人决定与要约人订立合同。正如要约人必须具有与受要约人订立合同的目的一样，承诺中必须明确表明与要约人订立合同，才能因承诺而使合同成立，这就要求受要约人的承诺必须清楚明确，不能含糊。

(2) 承诺生效的时间

承诺是受要约人同意要约的意思表示，因此，承诺生效时合同成立，或者说承诺生效的时间即为合同成立的时间。由此可见，承诺生效时间制度具有重要的法律意义。承诺生效的时间取决于承诺是否需要通知，一般情况承诺应当以通知的方式作出，但根据交易习惯或者要约表明可以通过行为作出承诺的，可以用行为表示承诺，如买卖合同一方实际发了货，或者汇了价款等行为。承诺需要通知的，承诺于通知到达要约人时生效。

作为有效承诺的要件之一，承诺应当在要约确定的期限内到达要约人。如果要约没有确定承诺期限的，承诺应当依照下列规定到达：1）要约以对话方式作出的，应当即时作出承诺，但当事人另有约定的除外；2）要约以非对话方式作出的，承诺应当在合理期限内到达；3）要约以信件或者电报作出的，承诺期限自信件载明的日期或者电报交发之日开始计算，信件未载明日期的，自投寄该信件的邮戳日期开始计算；4）要约以电话、传真等快速通讯方式作出的，承诺期限自要约到达受要约人时开始计算；5）采用数据电文形式订立合同的，收件人指定特定系统接收数据电文的，该数据电文进入该特定系统的时间，视为到达时间，未指定特定系统的，该数据电文进入收件人的任何系统的首次时间，视为到达时间。

对于迟延的承诺，即受要约人超过承诺期限发出承诺的，除要约人及时通知受要约人该承诺有效的以外，为新要约。如此规定，主要是出于对要约人的保护，否则的话，受要约人可以随时将自己的意志强加给要约人。但有的时候，尽管受要约人在承诺期限内发出承诺，按照通常情形能够及时到达要约人，但因其他原因承诺到达要约人时超过承诺期限的，即承诺迟到，在这种情形下，除要约人及时通知受要约人因承诺超过期限不接受该承诺的以外，该承诺有效。这样规定主要是为了保护受要约人的正当利益，以免受要约人遭受损失。

(3) 承诺的撤回

承诺的撤回就是阻止尚未生效的承诺生效。那么承诺能不能撤回呢？这主要取决于承诺生效时间的规定。在采取到达主义的国家和地区，由于承诺在发出之后生效之前有一定的时间差，所以有撤回的可能。在采取发信主义的国家和地区，承诺没有被撤回的可能。我国采取的是到达主义原则，所以，承诺可以撤回。

根据《合同法》第27条规定，承诺可以撤回，但撤回承诺的通知应当在承诺通知到达要约人之前或者与承诺通知同时到达要约人，有条件地允许受要约人撤回承诺，也是对当事人自愿订立合同权利的尊重。

(4) 承诺的撤销

承诺能不能撤销呢？由于承诺生效即意味着合同成立，所以，我国法律规定承诺不得撤销，如果允许当事人撤销承诺，事实上是对合同法律约束力的破坏。我国规定，承诺生效时合同成立，充分体现了合同是当事人合意的结果，所以，承诺生效时合同成立表明当事人意思表示一致是合同成立的实质要件。对于非要式合同，实质要件也是合同成立的惟一要件，例如口头合同。但是对于要式合同，合同成立不仅要满足承诺生效这一不可或缺的实质要件，而且还需要满足合同成立的形式要件。

四、缔约过失责任

1. 缔约过失责任的概念

订立合同时，要根据诚实信用的原则，遵守要约承诺的规则，承诺通知到达要约人时合同就成立了，如果当事人反悔，那么就是违约，要承担违约责任。如果合同还没有成立，一方当事人在订立过程中有过错，给对方造成损失的怎么办？因为合同还没成立，不能按违约责任来追究，这就需要规定缔约过失责任。过去三部合同法对此没有规定，为了解决这个问题，保护当事人的合法权益，合同法对缔约过失做了明确规定。所谓缔约过失责任，就是订立合同过程中的责任，是指当事人（即缔约人）由于过错违反先合同义务而依法承担的民事责任。所谓先合同义务，是自缔约人为订立合同而相互接触和协商期间逐渐产生的注意义务，而非合同生效后产生的给付义务。它包括当事人之间的互相协助、互相通知、互相保护，对合同有关事宜给予必要和充分的注意等义务。法律应对整个商品交换过程进行调整，而违约责任缺乏对合同成立之前的订立合同的过程的调整，因此，有必要以缔约过失责任来补充。这对维护交易安全，保护当事人的利益具有重要意义。

2. 缔约过失责任的特征

其特征主要表现为：(1) 由于缔约过失责任发生在合同订立的过程中，合同尚未成立甚至不可能成立，所以缔约过失责任不是合同责任；(2) 缔约过失责任是一种过错责任，其中过错包括故意和过失，没有过错就不需要承担责任；(3) 缔约过失责任是一种损害赔偿责任，不仅要求一方有缔约过失行为，而且要求相对方遭受损失，同时在一方的缔约过失行为与对方所受损失之间存在因果关系。

3. 缔约过失责任的要件

其要件包括：(1) 当事人一方违反了先合同义务。我国合同法规定的违反先合同义务的表现形式主要有：1) 当事人一方有假借订立合同，恶意进行磋商的行为；2) 故意隐瞒与订立合同有关的重要事实或者提供虚假情况；3) 其他违背诚实信用原则的行为。此外，在合同订立过程中，当事人还负有为对方当事人保守商业秘密的义务。由于此时合同尚未成立，所以这一义务不属于合同义务，而是一种先合同义务，是诚实信用原则在合同订立过程中的体现。为此，我国《合同法》第 43 条规定，当事人在订立合同过程中知悉的商业秘密，无论合同是否成立，不得泄露或者不正当地使用。泄露或者不正当地使用该商业秘密给对方造成损失的，应当承担损害赔偿责任。(2) 有给另一方当事人造成损失的事实存在。缔约过失责任的目的就是为了弥补缔约过程中由于一方违反先合同义务而给对方造成的信赖利益的损失，因此，有给另一方当事人造成损失的事实是承担缔约过失责任的前提。(3) 违反先合同义务与损失之间有因果关系。当事人一方在缔约过程中受到的损失是由另一方当事人违反先合同义务造成的，违反先合同义务与另一方的损失之间有因果关系。(4) 违反先合同义务的一方有过错。这里的过错指的是故意和过失。

4. 缔约过失责任与违约责任的区别

两者之间的区别主要表现为：(1) 违反的义务不同。违约责任是基于有效合同而产生的民事责任，违反的是合同义务，而缔约过失责任往往是基于合同不成立或合同无效而产生的民事责任，违反的是先合同义务。(2) 责任方式不同。缔约过失责任的形式只有赔偿损失，而违约责任的形式既有赔偿损失，也有支付违约金、强制实际履行等方式。(3) 责任类型不同。违约责任具有约定性，当事人可以在合同中约定责任内容，如约定违约金的计算方法，而缔约过失责任是基于法律的直接规定而产生的法定责任。(4) 责任范围不同。违约责任所赔偿的是履行利益的损失，即合同有效成立，而因不履行合同义务或者履行合同义务不符合约定时非违约方所遭受的损失。缔约过失责任所赔偿的是信赖利益的损失，即相信合同能够有效成立而由于责任方违反先合同义务而使合同不能成立时所受到的损失。信赖利益的损失也包括直接损失和间接损失，如缔约费用、因相信合同能够成立而为履行合同作准备时支出的费用等。

第三节　合同的效力

一、合同效力的含义

合同的效力问题是指合同是否有效，即已经成立的合同的法律效力，其含义是指依法成立的合同对当事人具有法律约束力，具有法律效力的合同不仅表现为对当事人的约束，而且还表现为当事人可以通过法院获得强制执行的法律效果。合同的效力制度是在合同已经成立的前提下进行的，其主要是规范合同是否有效、是否生效以及合同生效的条件、无效合同的确认和处理、可变更和可撤销合同的补救和处理、合同约束力的范围等内容。

在合同效力制度中，一个十分重要的内容是合同成立与合同生效之间的关系。所谓合同成立，就是指双方当事人就合同的主要条款所要表达的意思已经达成一致。所谓合同生效，则意味着已经成立的合同在当事人之间产生法律拘束力，也就是通常所说的法律效力。如果合同没有成立，当然谈不到合同的生效，更谈不到合同目的的实现。但是，即使合同已经成立，是不是一定生效呢？不是，如果合同不能满足生效的要件仍不能生效，即不能发生法律约束力，此时合同等同于一纸空文，合同目的同样无法得到实现。合同的成立意味着合同订立过程的完成，当事人就合同条款表示的意思已经达成一致。因此，合同成立制度的功能是解决合同是否存在的问题，并不解决合同生效的问题，合同的效力制度体现了国家对当事人已经订立的合同的评价，一方面，这种评价可能是肯定的，即合同能够发生法律效力；另一方面，这种评价也可能是否定的，即合同不能发生法律效力。对合同成立制度和合同效力制度进行区分不仅具有理论价值，而且具有现实意义，例如，即使合同已经成立但是如果合同的内容不符合法律规定的生效要件，那就意味着合同当事人的意志不符合国家意志，在此情况下，解决合同争议的机关不能促成合同生效，相反，只能依据合同生效制度确认合同无效。对于那些依法成立且符合法律生效要件的合同来说，一旦成立即产生法律约束力。这种情形表现为合同的成立与生效在时间上的同一性。但是对于那些需要履行批准、登记手续方能生效的合同以及附条件和附期限的合同，合同的成立与生效有一定的时间间隔，表现为合同的成立与生效在时间上的不同一性。所以，合同的成立和生效在时间上不尽一致。

综上所述，合同成立是合同生效的前提，合同的依法成立是合同生效的必要条件。只有依法成立的合同才具有法律约束力，已经成立但不符合法律规定的合同不能发生法律效力。同时，合同生效又是合同得以履行的前提，也是确定和追究违约方承担违约责任的前提。根据不同的情况，合同的效力可能有以下几种结果，一是依法成立的合同是有效合同；二是无效合同；三是可撤销合同；四是效力待定合同。

二、合同的效力种类

1. 有效合同

《合同法》规定，“依法成立的合同，自成立时生效”，那么有效合同需要具备哪些条件呢？根据我国《民法通则》的规定，应当具备以下三个条件：

（1）合同的主体合格

《合同法》规定，“当事人订立合同，应当具有相应的民事权利能力和民事行为能力”。合同当事人可以是公民（自然人），也可以是法人或者其他组织。也就是说，应当具有相应的主体资格。所谓相应的主体资格，即合同的主体应当具有相应的民事权利能力和民事行为能力。这是合同得以合法成立的前提条件之一。根据《合同法》第 2 条的规定，合同的主体种类包括：自然人、法人和其他组织。主体的种类不同，其相应的民事权利能力和民事行为能力也不尽相同。

1) 自然人。《合同法》没有使用“公民”一词，而使用“自然人”，范围由我国的公民扩至外国自然人和无国籍自然人。对于自然人而言，尽管民事权利能力平等，但是由于年龄、智力和精神健康状况等因素的影响，并不是所有的自然人均能够充分地理解和预见自己行为的后果。因此，自然人的民事行为能力包括：无民事行为能力、限制民事行为能力和完全民事行为能力。自然人的民事行为能力与意思表示能力联系密切，不具备相应的民事行为能力，就没有相应的意思表示能力，所订立的合同就不能发生法律效力。根据《民法通则》的规定：①不满 10 周岁的未成年人和不能辨认自己行为的精神病人是无行为能力人，不能成为合同的当事人，由其订立的合同不能产生预期的法律效果。②10 周岁以上的未成年人和不能完全辨认自己行为的精神病人是限制民事行为能力人。他们只能订立纯获利益的合同以及与其年龄、智力、精神健康状况相适应的合同，除此之外，他们订立的合同只有经法定代理人追认后，方能生效。③年满 18 周岁且非精神病患者的成年人为完全民事行为能力的人，在法律允许的范围内，他们可以自己的行为独立地从事民事活动，当然包括订立合同在内。16 周岁以上不满 18 周岁的以自己的劳动收入为主要生活来源的，视为完全民事行为能力人。

2）法人。根据我国《民法通则》的规定，我国法人的种类包括：企业法人、机关法人、事业单位法人、社会团体法人。如果依照是否以营利为法人设立的目的，可以将上述几种法人分为企业法人和非企业法人两大类。前者可以从事经营性活动，目前主要包括公司企业、国有企业、城镇集体企业、具有法人条件并取得了法人资格的外商投资企业；后者不得从事经营性活动，主要包括机关法人、事业单位法人和社会团体法人。所谓法人是具有民事权利能力和民事行为能力，依法独立享有民事权利和承担民事义务的组织。其中法人的民事权利能力是指法人作为民事权利主体，享受民事权利和承担民事义务的资格，法人的民事行为能力是指法人以自己的意思独立进行民事活动，取得权利并承担义务的资格。所以具有民事权利能力和民事行为能力是法人具有独立法律人格的重要条件。法人的民事权利能力依法受法律和行政法规的限制，还要受法人的目的范围限制。法人的民事行为能力是通过法人的机关来实现的，法人机关是法人的组成部分，其对外以法人的名义进行的民事法律行为，等于法人本身的行为，体现的是法人的团体意志。由于法人的民事行为能力与其民事权利能力在范围上是一致的，所以，法人能够以自己的行为取得权利和承担义务的范围，不能超出它们的民事权利能力所限定的范围。对于企业法人来讲，其民事权利能力和民事行为能力均要受制于经营范围。如果法人所订立的合同超越了营业范围，合同的效力将要受到影响，甚至还会成为导致合同无效的因素。所以为了确保所订合同有效，法人应当在法律、行政法规以及法人的营业范围内订立合同。

3）其他组织。其他组织是指合法成立，有一定的组织机构和财产，但又不具备法人资格的组织，这些组织在依法核准登记的业务范围内享有相应的民事行为能力。根据法律的规定，这些组织主要包括：依法登记领取营业执照的私营独资企业、合伙企业；依法登记领取我国营业执照的中外合作经营企业、外资企业；经民政部门核准登记领取社会团体登记证的社会团体；各商业银行设在各地的分支机构；保险公司设在各地的分支机构等。上述其他组织中，有的从事经营活动，有的则并不从事经营活动，但是根据规定在法律、行政法规规定的范围内可以成为合同主体。

(2) 意思表示真实

所谓意思表示真实是指行为人的意思表示行为应当真实地反映其内心的效果意思，即真实地把要求进行法律行为的意思以一定方式表现于外部的行为。根据法律的规定，意思表示一致是合同成立的要件，但是，如果达成一致的意思表示不是当事人的真实意思表示，合同的效力也将受到影响，而且意思表示不真实的一方当事人可以请求变更或者撤销合同，甚至可以请求宣告合同无效。因此，如果说意思表示一致是合同成立的要件，那么真实意思表示一致才是合同生效的要件。值得注意的是在合同的订立过程中，如果一方以欺诈、胁迫手段使对方在违背真实意思的情况下订立合同，属于意思表示不真实的情形，《合同法》对于这类合同，采取了区别对待的立法模式，不再一律归为无效合同：一种情况是《合同法》第 52 条的规定，即一方以欺诈、胁迫的手段订立合同，损害国家利益，为无效合同；另一种情况是《合同法》第 54 条的规定，即一方以欺诈、胁迫的手段或者乘人之危，使对方在违背真实意思的情况下订立的合同，受损害方有权请求人民法院或者仲裁机构变更或者撤销。根据以上规定，是否损害国家利益，是一方以欺诈、胁迫手段订立的合同无效或者可变更、撤销的重要因素。

(3) 不违反法律和社会公共利益

根据《合同法》第52条第5项的规定，不违反法律的具体含义主要是指不违反法律、行政法规的强制性规定。不违反社会公共利益的含义则是指合同的订立和履行不得违反公共道德和善良风俗。只有不违反法律和社会公共利益，即当事人以合同形式表现的个体意志与表现国家意志的法律不相冲突，合同才能受到法律的保护，才可能产生预期的法律后果，当事人订立的合同的目的才有实现的可能。由此可见，不违反法律和社会公共利益是合同生效的一个重要条件。而将不违反社会公共利益作为合同生效的条件，既可以弥补法律规定的不足，制止那些表面上没有违反法律、行政法规强制性规定但又有损于社会公共道德、破坏社会经济秩序的合同行为，而且还有利于维护良好的社会风尚。

2. 无效合同

(1) 无效合同的概念和特征

建立无效合同制度的根本目的，是为了保护国家和社会公共利益。合同由当事人自愿订立，但不得危害国家和社会公共利益，如果危害国家和社会公共利益，那是不允许的，国家要主动干预。无效合同是相对有效合同而言的，是指合同虽然已经成立但是因为欠缺生效的要件而自始就不具有法律约束力的合同，它具有以下几个特征：1）违法性。无效合同产生的原因各异、种类很多，但共性是违反了法律和行政法规的强制性规定和社会公共利益。无效合同的违法性，表明了当事人通过此类合同所表现的个体意志与表现为国家意志的法律相冲突，因此，无效合同不能受到法律的保护，对当事人没有法律约束力。2）自始无效。无效合同是不受法律承认和保护的合同，对当事人也不具有法律约束力。无效合同从订立之时就不具有法律约束力，即自始无效，因此无效合同不具有可履行性。一旦合同被确认为无效，尚未履行的，不得履行；已经履行的，应当通过返还财产、赔偿损失等措施使当事人的财产关系恢复到合同订立前的状态。3）当然无效。无效合同具有违法性，不受法律保护和承认并且对当事人没有法律约束力。当事人也不能通过承认其效力而使无效合同变为有效合同。因此，无效合同的无效是绝对的。需要指出的是，无效合同对当事人没有法律约束力，只是意味着当事人不能实现合同的目的，但并不是指无效合同不发生任何法律后果。

(2) 无效合同的种类

合同法关于无效合同的规定，与《民法通则》、三部合同法规定的基本精神是一致的，同时根据新的情况和经验，进一步予以完善。根据《合同法》第52条的规定，有下列情形之一的，合同无效：

1）一方以欺诈、胁迫的手段订立合同，损害国家利益。所谓欺诈是指一方当事人故意告知对方虚假情况，或者故意隐瞒真实情况，诱使对方当事人作出错误意思表示的行为。所谓胁迫是指以给予人身或者财产损害相要挟，例如给公民及其亲友的生命、荣誉、名誉、财产等造成损害或者以给法人的荣誉、名誉、财产等造成损害，迫使对方作出不真实的意思表示的行为。以欺诈、胁迫手段订立合同的共同之处表现为相对方不能作出真实的意思表示。关于以欺诈、胁迫手段订立的合同的效力状态，《合同法》的规定既不同于我国以往的合同法律制度的规定，也不同于国外法律的规定。在我国以往的合同法律制度中，认为一方以欺诈、胁迫手段订立的合同，将会导致对方不能表示自己的真实意思甚至违背自己真实意思，因此确定为无效合同。在国外的相关法律规定中，多数将以欺诈、胁迫手段订立的合同归为可撤销的合同，相对方的法律救济措施是申请撤销合同的权利，相对方可以通过行使申请撤销合同权利来救济的情况下。我国《合同法》既没有承袭以往的规定，也没有照搬国外的规定，而是将以往的规定作了分解：即以是否损害国家利益为标准，将一方以欺诈、胁迫的手段订立合同分为无效合同和可撤销的合同。凡是一方以欺诈、胁迫的手段订立合同，损害国家利益的，为无效合同。

2）恶意串通，损害国家、集体或者第三人利益。恶意是相对于善意而言的，是指当事人明知其所订立的合同将造成对国家、集体或者第三人的损害，而仍然故意为之。关于当事人应知所订立的合同将损害国家、集体或者第三人的利益是否属于恶意，在学术界有不 同的观点，本书认为应当将“应知”的情形也归属于恶意，这样不仅可以警示当事人注意合同订立和履行的后果，而且可强化对国家、集体和第三人利益的保护。当然，如果当事人不知或者不应知道合同会给国家、集体 或者当事人的利益造成损害后果的，则不属于恶意。串通则说明了当事人双方均怀有损害国家、集体或者当事人利益的恶意，即当事人双方有损害国家、集体或者当事人利益的共同目的。从行为上，表现为当事人之间就订立和履行损害国家、集体或者当事人利益的合同时相互配合。毫无疑问，恶意串通，损害国家、集体或者当事人利益的合同具有明显的违法性，因此属于无效合同。

3）以合法形式掩盖非法目的。以合法形式掩盖非法目的的合同是一种规避法律的行为，是一种形式上合法但内容违法的合同。合同在形式上的合法是当事人掩盖其非法目的的一种手段。这种合同尽管在形式上是合法的，但是由于合同目的的违法性，因此应被认定为无效合同，例如，为逃避债务借买卖合同的形式转移财产就是典型的例子。如果当事人只是以一种形式的合同掩盖另一种合同关系，且另一种合同关系并不违法，则不属于这种情形。只是在处理这类合同纠纷时，应当按照当事人的真实意图来处理，使被掩盖的合同关系生效。

4）损害社会公共利益。维护社会公共利益是法的一项基本原则。社会公共利益受包括合同法在内的所有法律的保护，损害社会公共利益的合同也是一种违法合同。同世界上所有国家一样，我国合同法也认定损害社会公共利益的合同属于无效合同。尽管损害社会公共利益的合同是一种违法合同，但是违法合同不仅仅表现为对社会公共利益的损害，也可能表现为对个体利益的损害，还可能表现为与强制性法律规定相抵触。违法与损害社会公共利益是两个既相互联系又有区别的概念。事实上，只要是无效合同，都会不同程度地损害社会公共利益。

5）违反法律、行政法规的强制性规定。法律有广义和狭义之分，这里仅指狭义的法律，即是由全国人民代表大会及其常务委员会制定的各类法律规范的总称。行政法规是国务院为领导和管理国家各项行政工作，根据宪法和法律的规定制定的政治、经济、教育、科技、文化、外事等各类法规的总称。制定与发布行政法规，是宪法赋予国务院的一项重要职权，也是国务院推进改革开放，组织经济建设，实现国家管理职能的重要手段。行政法规的名称为“条例”、“规定”和“办法”，国务院发布行政法规，由国务院总理签署发布令。强制性规定即是指强制性法律规范，是与任意性规范相对应的。强制性法律规范包括义务性规范和禁止性规范，义务性规范是人们必须为一定行为的法律规定；禁止性规范是人们不得从事某种行为的法律规定。因此，如果合同违背了法律、行政法规中的义务性规范或者禁止性规范，便成为无效合同。综上所述，违反法律、行政法规的强制性规定的合同无效，即意味着违反法律、行政法规的合同并不必然无效，只有违反法律、行政法规中的强制性规定的合同才是无效合同。如果合同的内容只是与法律、行政法规中的任意性规定不尽一致，则不能认定为无效。与过去的相关规定对比，对法律、行政法规的规定用“强制性规定”一词予以限制，之所以如此规定，主要是为了鼓励和促进交易。

(3) 无效的免责条款

概括地讲，免责事由有法定和约定两种。最为典型的法定免责事由为不可抗力。约定的免责事由需要事先在合同中以合同条款的形式表现出来。因此，免责条款的约定是当事人得以免责的条件之一。所谓免责条款，是指当事人在合同中约定的排除或者限制一方当事人未来责任的条款。免责条款具有约定性，当事人作了约定的才是合同的组成部分，这与法律所规定的不可抗力致使合同不能履行时免除或者减轻责任的规定是不同的。免责条款中所免除的可以是当事人的民事责任，也可以是合同债务，免除的民事责任可以是侵权责任，也可以是违约责任，或者是两者兼有。一般情况下，免责条款的主要内容为免责的事项和免责的范围。只有发生免责条款中约定的事项，当事人才可以在约定的范围内免于承担责任。免责条款不仅是责任方能否免于承担责任的前提，而且也是受损方能否得到补偿的依据。可见，免责条款对于合同双方当事人都有着至关重要的影响，因此，当事人对免责条款的约定必须以明示的方式作出。虽然免责条款需要当事人在合同中事先予以约定，但是当事人关于免责事项和范围的约定仍然必须具有适法性，否则，就不能得到法律的支持和维护。正因为这样的原因，《合同法》第53条规定：“合同中的下列免责条款无效：①造成对方人身伤害的；②因故意或者重大过失造成对方财产损失的。”

(4) 无效合同的处理

根据《合同法》第56条的规定，无效合同自始没有法律约束力。也就是说，合同被确认无效后，将导致合同自始无效，且溯及既往直至合同成立之时。因此，应当将当事人之间的关系，包括财产关系恢复到相当于没有订立过合同的状态，即合同订立之前的状态。

1）关于财产后果的具体处理方法

根据合同法的规定，具体处理方法包括四种：返还财产、折价补偿、赔偿损失、收归国家所有或者返还集体、第三人。

①返还财产。因无效合同取得的财产，能够返还并且有必要返还的，应当予以返还。根据这种处理方法，合同当事人在合同被确认无效或对已经交付的财产享有返还请求权，而已经接受该财产的当事人则有返还财产的义务。

②折价补偿。不能返还或者没有必要返还的，应当折价补偿。相对于以往的合同法律制度，这种用折价补偿的方法来处理无效合同财产后果，是《合同法》在总结以往规定和司法实践经验的基础上新增加的，是对返还财产方法的必要补充。不能返还主要是指由于法律上的或者事实上的原因造成的不能返还的情形。例如，一方当事人已经将基于无效合同取得的财产转让给了善意的第三人，如果仍然坚持返还财产的方法，将可能给该善意第三人造成损失，所以在这种情况下不宜适用返还财产的方法，而应当折价补偿。再如，一方当事人基于无效合同取得的财产已经灭失且无替代物，根本不可能返还，只能折价补偿。此外，还有些合同的性质决定了无法适用返还方式，例如一方提供劳务的无效合同、

一方提供工作成果的合同。还有一种情形是，如果适用返还的方法，可能需要较高的费用，也不宜适用返还的方式。

③赔偿损失。无效合同的损失赔偿是按照过错原则确定的，不同于因违约行为需承担赔偿损失的归责原则。如果合同的无效是由于一方过错导致的，那么，有过错的一方应当赔偿对方因此所受到的损失；如果对于合同的无效双方都有过错的，应当各自承担相应的责任。各自承担相应责任的含义不是平均分担损失，也不是各自承担各自的损失，而是由双方按照过错的大小、责任的主次及轻重，分别承担经济损失中与其责任相适应的份额。

④收归国家所有或者返还集体、第三人。这种处理方法主要是针对当事人恶意串通损害国家、集体或者第三人利益的无效合同。如果无效合同的双方当事人恶意串通，损害国家、集体或者第三人利益的，则需要区别不同的情况适用不同的处理方法。当事人恶意串通，损害国家利益的，因此取得的财产收归国家所有；当事人恶意串通，损害集体或者第三人利益的，因此取得的财产返还集体、第三人。

2）处理无效合同注意的问题

合同有无效力以及合同被确认无效后所产生的法律后果，不仅直接关系到当事人的切身利益，甚至还关系到国家、集体以及第三人的正当利益，因此，对合同效力的认定及处理应当充分注意以下几个方面的问题：

①准确地确认合同的效力。要以合同的生效要件为依据，把握合同有效与无效的界限，准确地确认合同的效力，既不能将有效合同认定为无效合同，也不能将无效合同认定为有效合同。正因为有效合同与无效合同有着质的区别和差异，所以还需要在准确认定合同效力的基础上，将无效合同的法律后果与有效合同的违约责任相区别。无效合同不具有可履行性，对于无效合同根本不存在违约行为和违约责任的问题，不能要求无效合同的当事人承担违约责任；

②全部无效与部分无效的区别。合同全部无效即为无效合同，除解决争议方法的条款之外，合同的其他所有条款均没有法律约束力。合同部分无效，如果不影响其他部分效力的，其他部分仍然有效，即并不导致整个合同无效，当然也不会产生整个合同自始无效的法律后果。因此，需要认真考察无效条款与其他条款的关系，无效条款对其他条款以及整个合同关系的影响程度。例如，合同中约定的仲裁条款的无效，在一般情况下，并不会导致合同的无效，此时，只是该仲裁条款无效，当事人如果不能重新达成仲裁协议，则只能通过诉讼解决合同的争议。再如免责条款的无效、涉外合同中关于法律适用条款的无效，都不会导致合同的无效。但是，如果合同的标的条款无效或者合同的目的条款无效，则是不可补救的，将导致整个合同的无效。

③合同的不成立与合同无效的区别。所谓合同的不成立就是指当事人虽就意欲设立、变更、终止民事权利义务关系进行磋商但最终并没有达成一致的情形。换言之，在当事人之间虽然发生过缔约行为，但是并没有形成合同关系。在合同不成立的情况下，当事人的预期目的当然也就无法通过合同得到实现，在这一点上，合同的不成立与无效合同具有相似性。但是，合同不成立不同于合同的无效，两者的区别主要表现在以下几方面：（A）形成的原因不同。合同不成立的主要原因是当事人的意思表示没有达成一致，无效合同产生的主要原因是合同的内容违反法律、行政法规的强制性规定或社会公共利益。（B）法律后果不同。合同不成立意味着当事人之间尚未形成合同法律关系，当然也不存在合同对

当事人的法律约束力问题。对于尚未成立的合同关系具有可救性，当事人可以促其成立。但是，由于无效合同属于违法合同，因此不具有可补救性，当事人不能将无效合同补救为有效合同。对于合同不成立的情形，当事人还可以履行的方式对合同条款进行补救，但是对于无效合同而言，尚未履行的，不得履行；正在履行的，停止履行，不存在通过履行来对合同效力进行补救的可能。(C) 法律责任不同。合同的不成立和无效产生的法律后果是不同的。如果合同一旦被宣告不成立，那么，有过失的一方当事人则应承担缔约过失责任，赔偿另一方所遭受的信赖利益的损失。但对于无效合同来说，合同无效属自始无效，因该合同取得的财产，应当予以返还；不能返还或者没有必要返还的，应当折价补偿。有过错的一方应当赔偿对方因此所受到的损失，双方都有过错的，应当各自承担相应的责任。对于当事人恶意串通，损害国家、集体或者第三人利益的无效合同，因此取得的财产收归国家所有或者返还集体、第三人。另一方面，无效合同在性质上属于非法的，所以不仅仅要产生民事责任，而且将可能引起行政责任，甚至刑事责任。但是合同不成立并不能构成对法律的违反。

④有关解决争议方法的条款并不因合同的无效而失效。《合同法》第 57 条规定："合同无效、被撤销或者终止的，不影响合同中独立存在的有关解决争议方法的条款的效力。"这一规定表明了有关解决争议方法条款的独立性，不受合同无效、被撤销以及终止的影响。解决争议方法的条款主要包括仲裁条款、约定管辖法院的条款以及解决合同争议所适用的法律的条款。无效合同自始无效，对当事人没有法律约束力，但是，解决争议的条款具有特殊性，它仅仅是一个解决争议的程序性条款，而不是关于当事人实体权利义务的条款，如果解决争议的条款因合同的无效而无效，就会使合同争议的解决在程序上遇到障碍，甚至陷入困境，不利于及时、有效地解决合同争议。因此，有必要保持有关解决争议方法条款在效力上的独立性。

3. 可变更及可撤销合同

(1) 可变更合同及可撤销合同的概念

可变更合同是指合同虽已成立，但由于存在着法定的可变更的因素，经一方当事人的请求，法院或者仲裁机构确认后予以变更的合同。在合同被变更之后，合同的内容发生了变动，合同当事人双方的权利义务关系也随之得到调整。可撤销合同是指合同虽已成立，但由于存在着法定的可撤销的因素，经一方当事人的请求，法院或者仲裁机构确认后予以撤销的合同。合同在被撤销之后，已发生的合同法律关系自始归于消灭。

(2) 合同可变更或可撤销的法定原因

根据《合同法》第 54 条的规定，导致合同可变更或者可撤销的法定原因包括因重大误解订立合同、合同显失公平、一方以欺诈、胁迫的手段或者乘人之危，使对方在违背真实意思的情况下订立合同三种情况。

1) 合同因重大误解而订立。因重大误解而订立的合同，是指当事人在作出意思表示时，对有关合同的重要事项存在认识上的显著缺陷。误解直接影响到当事人应当享有的权利和承担的义务。实务中订立合同的重大误解主要表现为对合同性质、标的物、价款、当事人等的误解，例如将买卖合同理解为赠与合同，将本应是此物的标的物误解为是彼物，将限制民事行为能力人误解为完全民事行为能力人等。产生重大误解的可能是一方当事人，也可能是双方当事人，重大误解通常具有如下特征：①误解是指当事人对合同的内容等发生认识的错误。误解从本质上说是指当事人内心意思的缺陷，由于这种缺陷使当事人所从事的行为的后果与自己的真意相悖，可见，误解不同于故意隐瞒真意的行为。②重大误解是对合同内容发生认识错误。如果对如下情况发生错误认识，则不能认为构成重大误解：一是对订约的动机发生错误认识；二是对标的物的实际价值发生错误认识；三是对某些用语发生错误，如果不影响合同的性质和合同的内容，也不应作为重大误解而撤销。③误解直接影响到当事人所应享受的权利和承担的义务。在绝大多数情况下，重大误解会给误解方造成一定的损失，法律正是从保护意思表示不真实的误解方的利益出发，才允许其撤销或变更合同。

除以上特征外，构成重大误解必须满足以下条件：第一，当事人因为误解作出了意思表示。当事人可能因缺乏必要的知识、技能和信息，也可能是因为缺乏必要的交易能力或经验，对合同的内容发生错误认识，从而作出意思表示。当事人所表示出来的意思与其真实意思是相一致的，只是由于发生误解而使其内心意思与真实情况不符。第二，当事人的误解必须是重大的。所谓“重大”，必须是对合同的主要内容发生误解，这种误解影响到了当事人的权利和义务，并可能使发生误解的一方不能达到其订立合同的目的。第三，误解是由行为人自己的过失造成的，而非受他人的欺骗或不正当影响造成的，亦非自己的故意行为。第四，重大误解与合同的订立或者合同的条件存在因果关系。误解导致了合同的订立，如果没有误解，当事人将不订立合同或者虽订立合同但合同条件将发生重大改变。

根据《最高人民法院关于贯彻执行〈中华人民共和国民法通则〉若干问题的意见（试行）》第 71 条规定：“行为人因为行为的性质、对方当事人、标的物的品种、质量、规格和数量等的错误认识，使行为的后果与自己的意思相悖，并造成较大损失的，可以认定为重大误解”。据此，重大误解包括如下几种情况：第一，对合同的性质发生误解，在合同性质发生误解的情况下，当事人的权利义务将发生重大变化；第二，对对方当事人发生误解；第三，对标的物质量的误解；第四，对标的物品种的误解；第五，对价金和费用的误解。除对上述情况发生误解以外，对标的物的数量、包装、履行方式、履行地点、履行期限等内容的误解，如果并未影响当事人的权利义务或影响订约目的的实现，一般不应作为重大误解。

2）合同显失公平。所谓合同显失公平是指当事人一方在紧迫或缺乏经验的情况下而订立的明显对自己有重大不利而对对方有利的合同。法律上确认显失公平的合同可以变更或撤销，对保证交易的公正性和保护消费者利益，防止一方利用其优势或利用对方没有经验而损害对方的利益具有重要意义。法律对显失公平合同的界定规定了严格的条件，这些条件是：①合同须为有偿合同。无偿合同中当事人一方依法或按约定只享有权利而无需承担义务，双方不存在对价，所以不存在权利义务显失公平的问题。②合同的内容须明显背离公平原则。显失公平的合同的内容通常表现为当事人双方的权利义务极不对等，一方仅享有很少的权利或者在经济上遭受重大损失，而另一方则以较少的代价获得较大的利益，或者是承担较少的义务而享受较大的权利。双方当事人权利义务的享有和承担明显违反了合同法所要求的平等和公平原则。③受有不公平利益的一方具有利用对方的故意。如果受害方仅证明自己在订立合同时缺乏经验、技能、有关知识等，而不能证明对方有利用行为，则不成立显失公平。④显失公平的状态是在合同订立之时即已出现，不同于正常的商业风险。

3）一方以欺诈、胁迫手段或者乘人之危，使对方在违背真实意思的情况下订立的合同。所谓欺诈，是指一方当事人故意告知对方虚假情况，或者故意隐瞒真实情况，使对方陷人错误认识而与之订立的合同。例如，一方向另一方出示伪造的营业执照以诱使对方与其订立合同以此诈骗定金。判断订立合同的过程中是否存有欺诈，可以从以下几个方面考虑：①欺诈方具有欺诈的故意；②欺诈方实施了欺诈行为，欺诈行为可以以明示的方式作出，也可以以默示的方式作出；③被欺诈的一方因欺诈而陷人错误认识；④欺诈的一方因错误而在违背真实意思的情况之下订立合同，即欺诈行为与订立合同之间有因果关系。

因胁迫而订立的合同，是指以将来发生的损害或以直接施加损害相威胁，使对方产生恐惧而与之订立合同，判断是否属于胁迫可以从以下几个方面考虑：①胁迫人具有胁迫的故意；②胁迫人实施了胁迫行为，即以将来发生的损害或以直接施加损害相威胁；③受胁迫者因胁迫而在违背真实意思的情况下与之订立了合同；④胁迫行为是非法的，即如果有合法依据而给对方施加压力则不构成胁迫。

乘人之危而订立的合同，是指一方当事人利用对方处于危难，强使对方违背真实意思接受不利条件的情况下与之订立的合同。构成乘人之危的条件包括：①受害方处于危难境地；②一方当事人明知对方处于危难而故意利用这一事实迫使对方接受不利的条件；③危难方迫于危难，在违背真实意思的情况下与之订立合同；④合同的内容对危难方明显不利。

在以上三种情形下订立的合同，因其全部违背了受害方的真实意思，所以，法律赋予受害方享有请求人民法院或者仲裁机构变更或撤销合同的权利。但是，合同在被变更或被撤销之前是有效的，享有请求变更或撤销权利的当事人在规定的期限内未请求变更或撤销合同的，合同仍然有效。合同是否继续有效，取决于变更权人或撤销权人的自由意志，如果意思表示不真实的一方自愿承担不利的后果，也可以不变更或不撤销合同，第三人无权干涉，人民法院和仲裁机构采取不告不理的态度。可变更或可撤销合同在被变更或被撤销前，其法律效力不是绝对无效的或者绝对有效的，其处于效力未定状态，在合同效力未定的期间内，合同对无变更权或撤销权的一方当事人来讲是完全有效的，该当事人必须按照原合同履行其义务，因此，只有在符合法定条件时，合同才得以变更或者撤销。对合同是变更还是撤销，由受害方自由选择。如果受害方选择了请求变更，人民法院或者仲裁机构不得撤销。如果受害方选择了对合同的撤销，则以其单方的意思表示即可产生撤销合同的法律效力，无需对方当事人的同意，但撤销权这种意思表示必须得由受害方向人民法院或者仲裁机构提出请求，由人民法院或仲裁机构最终决定合同是否得撤销，或者是仅作变更的裁决。请求变更权和撤销权都是法律赋予受害方的建立在意思自治基础上的可选择的权利，受害方可以变更或者撤销合同，也可以继续维持原合同的效力，甘愿承担对己不利的后果。

(3) 撤销权的消灭

撤销权是指撤销权人依其单方意思表示使合同等法律行为溯及既往地消灭的权利。撤销权不仅在可撤销合同中存在，在效力待定的合同中，善意相对人在一定条件下也享有撤销权。在撤销权人行使撤销权之前，合同实际上处于不稳定的状态，这不利于社会经济秩序的稳定，所以，各国立法往往明确规定撤销权必须在规定的期限内行使，超过了该期限，则撤销权消灭，合同便绝对有效。根据我国《合同法》第 55 条的规定，发生下列情形之一的，撤销权消灭：

1）具有撤销权的当事人自知道或者应当知道撤销事由之日起 1 年内没有行使撤销权的。从享有撤销权的当事人明确知道或者根据客观情况可以推断当事人知道撤销事由之日起 1 年内，撤销权人应当行使撤销权，也就是说，撤销权的期间是 1 年。在该期间内撤销权人没有行使撤销权的将届时消灭。撤销权的期间不得中断、中止或者延长。

2）具有撤销权的当事人知道撤销事由后明确表示或者以自己的行为放弃撤销权的。享有撤销权的当事人对是否撤销合同具有选择权，如果他甘愿接受因意思表示不真实而订立的对己不利的合同，人民法院或者仲裁机构以及第三人不得强制其撤销合同，但撤销权人放弃撤销权的意思必须以某种方式表示出来，可以是口头的，也可以是书面的。放弃撤销的意思表示应当向相对人作出，撤销权自放弃撤销权的意思表示到达相对人时消灭。

(4) 可撤销合同与无效合同的区别

其区别表现为：1）从两种合同的效力上看，无效合同当然自始无效。而可撤销合同并非当然自始无效。如果享有撤销权的当事人认可合同的效力，或者其撤销权超过法定期间，则该行为自始有效；如果享有撤销权的当事人行使撤销权且合同被撤销之后，则该合同自始无效。2）无效合同与可撤销合同均属于不符合合同生效要件的合同，但是不符合的要件种类和情形不尽一致，对于无效合同而言，无效的原因可能来自主体不合格、意思表示不真实、内容违法等多种原因，然而，可撤销合同的成因主要是意思表示方面的瑕疵造成的，突出的表现是意思表示不真实。3）可撤销合同的无效性是相对的。可撤销合同的效力取决于有撤销权的一方当事人是否行使撤销权，如果行使撤销权，即否认合同的约束力，在行使了撤销权之后，被撤销的合同所产生的法律后果与无效合同相同。如果没有行使撤销权，则意味着承认合同的约束力。

(5) 可变更合同与合同变更的区别

可变更合同存在着可以变更的法定因素，这些法定的因素包括重大误解、显失公平、一方以欺诈、胁迫的手段或者乘人之危，使对方在违背真实意思的情况下订立的合同。除这些法定因素之外，当事人不得以其他理由请求对合同进行变更。合同变更是指合同在有效成立之后履行完毕之前，由双方当事人依照法律规定的条件和程序，对原合同内容进行变动。合同的变更无须法定因素，只需双方当事人协商一致即可。可变更合同的变更决定权由法院或者仲裁机构享有，即使合同中存在可变更的法定因素，当事人单方无权决定变更合同，只能请求有权解决合同争议的法院或者仲裁机构予以变更，这是对可变更合同进行变更的惟一方式和途径。合同的变更无需这样的程序，同时也不能适用这样的程序，只能由双方当事人通过协商解决；任何一方当事人不同意对合同内容进行变更的，不得变更。

4. 合同效力待定

(1) 合同效力待定的概念

订立的合同还有另一种情况，即某些方面不符合生效的要件，但又不属于无效合同或可撤销合同，怎么办？合同法没有随便宣布无效，而是采取了一定的补救办法，有条件的尽量促使其生效，这就是所谓的效力待定合同，即合同虽然已经成立，但因并不完全符合有关合同生效要件的规定，因此其效力能否发生，尚未确定，一般须经有权人追认才能生效。

发生效力待定的主要情况：1）主体有问题。例如，限制民事行为能力人订立的合同，在这种情况下，相对人可以催告法定代理人在1个月内予以追认，如果法定代理人追认了，该合同有效，否则合同不发生效力。但是纯获利益的合同或者与其年龄、智力、精神健康状况相适应而订立的合同，不必经法定代理人追认。2）客体有问题。例如，无处分权的人处分他人财产，或者未经其他共有人同意处分共有财产。怎么办？如果经权利人追认或者无处分权人订立合同后取得处分权的，该合同有效。

(2) 效力待定合同的种类及处理

1）限制民事行为能力人订立的合同。根据我国《民法通则》规定，10周岁以上不满18周岁的未成年人和不能完全辨认自己行为的精神病人可以从事与其年龄、智力和精神健康状况相适应的民事行为。因此，《合同法》第47条规定，限制民事行为能力人订立的合同，须经法定代理人事先同意或者事后追认，追认后方为有效。所谓追认，即事后追认，是指法定代理人明确无误地表示同意限制民事行为能力人与他人订立的合同。这种同意是一种单方意思表示，无需合同相对人同意即可发生效力。当然，法定代理人的追认也不得附加其他条件。为了保护相对人的正当权益，并使合同效力和交易关系尽快确定下来，合同法赋予了相对人催告权和撤销权。相对人可以催告法定代理人在1个月内予以追认，法定代理人未作表示的，视为拒绝追认。法定代理人的追认必须以明示的、积极的方式作出。合同被追认之前，善意相对人有撤销的权利；在法定代理人追认之后，善意相对人不再有撤销权。撤销应当以通知的方式作出，即撤销通知也应当以明示的、积极的方式作出。在这里，所谓善意相对人主要是指不知行为人为无权代理的相对人。如果相对人明知或者应知行为人为限制民事行为能力的，则不属于善意相对人。

限制民事行为能力人可以实施“纯获利益”的行为，对此两大法系的规定基本相同。最高人民法院规定无民事行为能力人、限制民事行为能力人接受奖励、赠与、报酬，他人不得以行为人无民事行为能力、限制民事行为能力为由主张财产权。《合同法》第47条也明确规定，限制民事行为能力人订立的纯获利益的合同，不必受法定代理人追认便可以生效。由此可见，限制民事行为人为订立纯获利益的合同则无需法定代理人的事先同意和事后追认便可以生效。

2）行为人无权代理订立的合同。所谓行为人无权代理订立的合同，是指不具有代理权的行为人以被代理人的名义与第三人订立的合同。无权代理是一种效力未定的民事行为，它介于无效民事行为与有效民事行为之间，即有效或无效处于不确定状态，或者说是处于悬而未决的状态。无权代理行为可因行为完成以后发生的某种法律事实而转化为有权代理行为，也可以因为行为完成以后发生的某种法律事实而丧失法律效力。法律之所以不规定无权代理行为当然无效，主要要有以下两个原因：①无权代理行为未必一定对本人不利，是否对本人不利，应当由本人亲自判断，法律之所以规定无权代理行为处于不确定的状态，就是为了给本人留有判断的余地。②无权代理未必一定对相对人不利，如果经本人承认，使无权代理行为转化为有权代理行为，恰与相对人的期待相符合，那正是维护善意相对人的利益。总而言之．无权代理是一种有瑕疵的民事行为，但这种瑕疵又可能通过事后的追认措施治愈，因此，无权代理行为仅仅具有不足以构成无效民事行为的瑕疵。

通常，无权代理的发生原因有以下三种：①自始就不存代理权。即行为人从未获得被代理人的授权，也不存在获得代理权的其他根据，而以代理人身份，对相对人为代理行为。②一度有代理权，而该代理权因发生代理权消灭事由已经消灭。代理人在代理权消灭后仍以代理人身份对相对人为代理行为。③超越代理权范围。代理人始终有代理权，只是代理人所实施的代理行为超越了代理权范围。基于上述三种原因，无权代理也可相应区分为：自始无代理权的无权代理、代理权消灭后的无权代理及超越代理权的无权代理。按照民法代理制度，无权代理行为本人不予追认的，该行为并非当然无效，只是不能依代理制度对本人发生代理行为的效力而已。这种情形，该无权代理行为如果具备一般民事法律行为的有效要件，虽不发生代理行为的效力，仍将发生一般民事法律行为的效力，并由该无权代理人自己作为当事人而承担其法律效果。

我国《民法通则》第 66 条规定："无权代理行为只有经过被代理人的被代理人的追认，被代理人才承担民事责任。未经追认的行为，由行为人承担民事责任"。这一规定是完全正确的。无权代理经本人追认，即转变为有代理权的代理，发生代理行为的效力。无权代理是否转变为有权代理，取决于本人是否追认，即本人享有对无权代理人实施的民事行为是否追认的追认权，此追认权在法律性质上属于一种形成权，其效力在于，仅凭权利人单方意思表示即可决定权利人与相对人之间的法律关系的变动。因此法律为平衡权利人与相对人的利益，特赋予相对人两项权利：催告权和撤销权。所谓催告，是指相对人催促本人在合理的一定期限内明确答复是否承认无权代理行为。催告权亦为形成权的一种，其行使应具备如下条件：①无权代理未对本人是否发生效力尚未确定；②要求本人在合理期限内作出答复；③要求本人明确作出是否承认的答复；④催告的意思必须向本人或其法定代理人作出。如果本人在合理期限内未作表示，应视为拒绝意义。因无权代理而订立的合同在本人没有作出追认之前，其效力处于待定状态。法律为保护相对人的利益，除规定相对人享有催告权以外，还允计其享有撤销权，所谓撤销权是指相对人在本人未承认无权代理行为之前，可撤销其对无权代理人作出的意思表示。撤销权的行使必须具备以下要件：①必须在本人没有作出答复之前而撤销；②相对人在与无权代理人订立合同时，不知道无权代理人不具有代理权；③撤销权须以通知方式作出，默示不构成撤销。

3）没有处分权的行为人订立的合同。对财产的处分包括法律上的处分和事实上的处分，前者如出卖、赠与，后者如抛弃。通过订立合同处分财产属于法律上处分的一种。处分权是所有权的一项权能，所以，在一般情况下，处分权的主体或者是所有权人或者是得到了所有权人的授权，在特定情况下，行为人尽管不是所有权人，也没有得到所有权人的授权，但是基于法律的规定同样可以取得处分权。例如，抵押权人、质押权人、留置权人在债务人不能履行债务时行使抵押权、质押权、留置权时，需要处分抵押物、质押物、留置物，就不是基于所有权而取得的处分权，但是他们的处分行为是合法行为，属于有权处分。无论是法律上的处分或者事实上的处分，处分财产的前提条件便是行为人取得处分权。

我国《合同法》第 51 条规定，"无处分权的人处分他人财产，经权利人追认或者无处分权的人订立合同后取得处分权的，该合同有效。"据此，对于以处分他人财产为内容而订立的合同，如果行为人在订立合同时对该项财产不享有合法处分权，其行为侵犯了权利人的财产权，所订立的合同本应因此而无效，但是，为了维护交易安全，保护善意相对人的利益，并且在不损害权利人的合法权利的前提下，法律并没有一概否认这类合同的效力，而是将其视为一种效力待定的合同，即在符合一定的条件下，这类合同的效力仍然可以得到肯定。如果符合下列条件，该合同有效：①经过权利人的追认。未获得权利人的授权即与相对人订立合同处分权利人财产，但事后经过权利人追认的，视为权利人已授权行为人处分其财产，行为人处分财产的行为自始有效。这里的权利人是指对财产享有处分权的人，一般是财产的所有权人。②无处分权的人订立合同后取得处分权。虽然订立合同时没有处分权，但行为人订立合同后依法取得对作为合同标的物的财产的处分权的，该合同有效。

(3) 效力待定合同的例外

根据《合同法》的规定，表见代理和超越代表权订立的合同不属于效力待定合同的两种特殊情形。

1) 表见代理。所谓表见代理，是指被代理人的行为足以使善意相对人相信无权代理人具有代理权，基于此项信赖与无权代理人进行交易，由此造成的法律后果由被代理人承担的代理。表见代理实质上是无权代理，但具有与有权代理同样的效力。表见代理制度的设立，旨在保护善意第三人的信赖利益，维护交易的安全，对疏于注意的被代理人，令其自负后果。尽管表见代理实质上仍然属于无权代理，但其后果与无权代理却大相径庭，表见代理产生与有权代理同样的法律后果，即代理行为有效，被代理人应当承受合同的义务。如果对无权代理一概令其无效，则会使与代理人进行民事活动的善意第三人易受损害，对维护代理制度的信用和稳定是不利的。在合同的订立过程中，表见代理的构成要件有四项内容：①行为人没有代理权、超越代理权或者代理权已经终止；②客观上存在使善意相对人相信行为人享有代理权的理由；③相对人善意并且无过失，即相对人无从知道行为人不享有代理权，而且这种不知情并非由相对人的疏于注意所致；④行为人与相对人所订立的合同符合合同成立的要件，并且符合代理行为的表面特征。

表见代理可作如下划分：①授权事实表示，是指被代理人以自己的行为向第三人表示，以代理权授与他人，但实际上并未授权。授权事实表示行为既可以是作为，也可以是不作为。前者表现为被代理人以言语或行动表示授予他人以代理权，后者表现为被代理人知道他人以自己的名义从事活动而不作否认表示。②超越代理权限的表见代理，是代理人违反代理权的界限为行为。此项表见代理的发生往往是由被代理人授权不明所造成，但并非所有的授权不明均能导致此项表见代理成立。一般而言，代理权的授权不明有以下情形：(A) 对代理人而言，即被代理人在授予代理权时，未确定代理的权限，可称为概括授权。对于概括授权，法律上应推定为全面授权或没有限制的授权，此时已无所谓超权。代理人围绕委托事项所进行的一切活动均为有权代理。但是，因代理人的故意或重大过失给被代理人适成损失时，可按滥用代理权处理，由被代理人对代理人追究责任。(B) 对第三人而言，即被代理人在授权时就代理权限已作出明确规定，但未在授权委托书上载明，即在向相对人发生的授权通知中未加说明。此种情况下、代理人超越代理权所为的法律行为可成立表见代理。③代理权终止后的表见代理，这是代理人曾有代理权，但在其为代理行为时，代理权已经终止。毫无疑问，被代理人因承担表见代理的授权责任而受到损失时，被代理人对无权代理人享有损害赔偿请求权。表见代理的法律效果并不必然对被代理人不利，当表见代理的法律效果非但没有使被代理人受到损害，而且使被代理人从中受到利益时，代理人就其因从事表见代理而支出的必要合理费用，对被代理人享有返还请求权。

2）超越代表权订立的合同。《合同法》第50条规定，法人或者其他组织的法定代表人、负责人超越权限订立的合同，除相对人知道或者应当知道其超越权限的以外，该代表行为有效。法律之所以这样规定，是因为法人的法定代表人是按照法律的规定或者法人的组织章程的规定，代表法人行使职权的负责人，无论是法定代表人还是其他组织的负责人订立合同的行为属于职务代理，他们的代表权限原则上及于法人、其他组织的一切事务。因此，如果法定代表人、负责人超越权限与相对人订立合同，相对人善意并且无过失地相信对方没有超越权限的，该法定代表人、负责人的行为视为职务代理，其代表行为有效；所订立的合同符合法律规定的成立要件的，可依法成立。该法人或其他组织是合同的一方当事人，承担合同产生的法律后果。但是，如果相对人知道或者应当知道法定代表人或负责人超越权限的，则不能适用上述规则，法人或者其他组织不承担合同产生的法律后果，法定代表人或者负责人自行承担合同责任。至于法人或者其他组织因其法定代表人、负责人超越权限订立的合同遭受的损失，法人或者其他组织可以根据相关法律的规定追究法定代表人、负责人的赔偿责任。例如，《公司法》第63条规定："董事、监事、经理执行公司职务时违反法律、行政法规或者公司章程的规定，给公司造成损害的，应当承担赔偿责任。"

第四节 合同的履行

合同的履行是合同法中一个极为重要、关键的问题。合同的履行就是指当事人按照约定全面完成自己的合同义务。从实务角度讲，只有合同得到履行，当事人订立合同的目的才能实现。从法律角度讲，合同的履行是依法成立的合同所必然发生的法律效果。当事人所以要订立合同，是为了实现一定的目的。合同的订立是很重要的，因为要设立、变更、终止当事人的权利、义务，但这些权利、义务的实现，只有通过履行才能达到。所以说，合同的订立是前提，合同的履行是关键，订了合同如果不能履行，那么就会落空。合同的担保、违约责任制度，都是为了保障合同履行的。可见，合同的履行可以说是合同活动中的一个关键问题。合同订立后能否很好履行，关系到合同目的能否实现，关系到保护合同当事人的合法权益，关系到维护正常的经济社会秩序，关系到经济建设和对外开放。为了合同能够得到很好地履行，合同法对合同的履行问题作了专门的规定。

一、合同履行的原则

《合同法》第60条规定："当事人应当按照约定全面履行自己的义务。当事人应当遵循诚实信用的原则，根据合同的性质、目的和交易习惯履行通知、协助，保密等义务。"据此履行合同应当遵守以下原则：

(1) 全面、适当履行。当事人应当按照约定全面履行自己的义务，包括履行义务的主体、标的、数量、质量、价款或者报酬以及履行的方式、地点、期限等，都要按合同的约定全面履行。

(2) 遵循诚实信用的原则。在订立合同时，要诚实信用，在履行合同义务时，也要强调诚实信用，要守信用，要善意，双方当事人要互相协作，只有这样，合同才能更好地履行。合同法规定，当事人应当遵循诚实信用原则，根据合同的性质、目的和交易习惯履行通知、协助、保密等义务。例如，有的需要及时通知对方，以便做好准备；有的需要提供必要的条件和说明，有的需要协作；有的需要保密等。

(3) 公平合理，促使合同履行。为了合同能够很好履行，在订立合同时要尽量想得周到、订得具体，如果订立合同时对有些问题没有约定，或者约定的不太明确，怎么办？总的原则是本着公平原则加以补救，不要因此而妨碍合同的履行。

(4) 不得擅自变更。合同订立后在履行过程中，有时会发生需要变更的情况，为了保障依法成立合同的严肃性，根据当事人自愿的原则，一方当事人不得擅自变更或擅自将权利义务转让。如果需要变更或者转让时，要取得对方当事人同意，并且不得违背法律、行政法规强制性的规定。

除以上原则以外，当事人还应当履行合同的附随义务，所谓合同的附随义务是指合同中虽未明确规定．但依照合同的性质、目的或者交易习惯，当事人应当负有的义务。附随义务是与合同的主义务相对应的。合同的附随义务主要是根据合同法的诚实信用原则产生的。附随义务主要包括通知、协助、保密等几种。通知义务就是指合同的双方当事人负有将与合同有关的事项通知给对方当事人的义务。可以分为订立合同的通知义务和履行合同中的通知义务。前者主要包括，将与合同的成立有关的事项通知对方当事人，通知对方当事人订立合同中所发生一切变化的事情等，如承诺迟到的通知，法律政策的变更通知。后者则比较广泛，主要包括有关履行标的物到达对方的时间、地点、交货方式的通知，合同提存的有关事项的通知，同时履行抗辩权行使时要求对方提供充分担保的通知，情势变更的通知，不可抗力的通知等。协助的义务是指，双方当事人在履行合同的过程中应当互相给予对方必要的、可能的协作及帮助的义务。协助的义务内容非常广泛，但大多数协助都是任意性的，只有必须的不可缺少的协助才能算作协助义务。因此在认定是否有协助义务时，避免任意扩大。保密义务是指合同双方当事人负有的为对方的秘密进行保守的不为外人知道的义务。未能为对方当事人保守秘密，使外人知道对方的秘密，应当对此承担责任。保密义务不仅在合同履行过程中有，而且在合同的订立过程中及合同履行完毕后的一定时期内，也是存在的。除了通知、保密、协助义务以外还有其他一些附随义务，如为对方提供必要的条件的义务，防止损失扩大的义务，对此《合同法》第 122 条规定："当事人一方违约后，对方可以采取适当措施防止损失的扩大而没有采取适当措施的，不得就扩大的损失要求赔偿。当事人因防止损失扩大支出的费用由违约方承担。"

二、合同履行的若干规则

《合同法》第 61 条规定："合同生效后，当事人就质量、价款或者报酬、履行地点等内容没有约定或者约定不明确的，可以协议补充；不能达成补充协议的，按照合同有关条款或者交易习惯确定"。按照上述规则仍不能确定的，适用下列规定：

(1) 合同中的质量没有约定或者约定不明确，但国家对此类商品的质量有法定的质量标准要求的，则合同的履行标的物的质量也必须达到国家质量标准，也就是说合同的标的质量应当不低于国家质量标准；如果低于国家质量标准的，则为不适当履行，应当承担违约责任。如果对合同标的物没有国家统一的质量标准，则应当按照通常标准来确定，所谓通常标准是指在同类产品交易中产品应当达到的质量标准，一般是根据合同的目的、产品的性能、产品的用途等各个方面来确定，如果合同中没有特殊的要求，则只要交付的标的物质量能够达到产品的一般质量要求，即为符合质量要求。

（2）合同中对价款未作规定，或者约定不明，当事人适用《合同法》第 61 条规定仍不能解决的，则应当按照订立合同时履行地的市场价格来确定。此处所指的市场价格，是指市场中的同类产品的平均价格。对于一些特殊的物品，由国家确定价格的，则应当按照国家的定价来确定合同的价款或者报酬。

（3）合同中履行地点的约定或者约定不明确的，应当按照以下标准来确定履行地点：合同标的物为货币的，以接受货币的一方所在地作为履行地；合同的标的物为不动产的，以不动产所在地作为合同的履行地；合同是其他标的的，以履行义务的一方所在地作为合同的履行地。

（4）合同的履行期限没有约定，或者约定不明确的，债务人可以随时向债权人提出债务履行。债权人也可以随时请求债务人向其履行合同，债务人应当履行而不得拒绝。但应当注意，此种情况下，债权人要求债务人履行债务或者债务人向债权人提出履行，都应当给对方一个合理的履行准备期间。所谓合理，就是指依照合同的内容和性质，当事人履行合同所需要的时间。在多数情况下，准备期为 1 个月比较合理，可长可短。

（5）合同对合同的履行方式没有约定或者约定不明确的，应当按照有利于实现合同的目的的方式履行，即合同的履行方式应当按照合同的性质和当事人订立合同的期望来确定。如对于不动产为标的物的合同，则只能是交付标的物的权利凭证来履行合同；对于动产来说，则可以实际转移其占有来履行合同。

（6）合同对履行费用的负担没有约定或者约定不明确的，由债务人承担。因为履行债务是债务人应尽的义务，其履行的费用作为其中的一部分内容，当然应当由债务人自行承担。

（7）合同的价格执行国家定价的，如果在合同成立并生效后，在履行合同的期限内国家对价格进行调整，则当事人在履行合同时应当按照履行时国家的定价作为合同的价格来计价。如果债务人迟延履行合同的，即债务人逾期交货的，在交货时如价格上涨，合同的价格应当按照原先的合同价格来计算。在逾期交货时，合同价格下降的，则合同的价格按照下降后的低价格计算。如果债权人逾期提货或者逾期支付价款的，在遇到合同价格上涨时，应当按照上涨后的高价格来计算合同的价款；如果遇到合同价格下降，应当按照原先的低价格计算合同价款。这一规则同时也体现了对违约方的制裁。

三、合同履行中的抗辩权

合同分为双务合同和单务合同。一般来讲，绝大部分合同都是双务合同，也就是说合同各方当事人既享有权利，也负有义务。所以，当事人应当按照合同的约定履行义务，如果不履行义务或者履行义务不符合约定，债权人有权要求你履行。所谓抗辩权，就是指在双务合同中，一方当事人有依法对抗对方要求或否认对方权力主张的权利。《合同法》规定了同时履行抗辩权、不安抗辩权和后履行抗辩权三种情形。

1. 同时履行抗辩权

什么是同时履行抗辩权呢？《合同法》第66条规定："当事人互负债务，没有先后履行顺序的，应当同时履行。一方在对方履行之前有权拒绝其履行要求。一方在对方履行债务不符合约定时，有权拒绝其相应的履行要求。"本条就是关于同时履行抗辩权的规定。据此，同时履行抗辩权的适用条件为：(1) 当事人基于同一双务合同；(2) 当事人互负债务；(3) 互负的债务均已经到了清偿期；(4) 互负的债务没有先后履行顺序；(5) 对方未履行债务或者履行债务不符合约定的条件。

2. 不安抗辩权

《合同法》第68条规定："应当先履行债务的当事人，有确切证据证明对方有下列情形之一的，可以中止履行：(1) 经营状况严重恶化；(2) 转移财产、抽逃资金，以逃避债务；(3) 丧失商业信誉；(4) 有丧失或者可能丧失履行债务能力的其他情形。当事人没有确切证据中止履行的，应当承担违约责任。"本条是关于不安抗辩权的规定，根据这一规定，不安抗辩权由先履行债务的一方当事人享有，因此也称先履行抗辩权。

不安抗辩权适用条件为：(1) 当事人基于同一双务合同互负债务；(2) 根据法律规定或者当事人约定，互负的债务有履行的先后顺序；(3) 后履行义务一方当事人的财产、商业信誉的变化危及先履行债务一方债权的实现。

当事人在行使不安抗辩权时，应当根据《合同法》规定的条件和程序进行，应当有对方当事人的财产、商业信誉严重恶化的证据。当事人中止履行的，应当及时通知对方，对方提供适当担保时，应当恢复履行。中止履行后，对方在合理期限内未恢复履行能力并且未提供适当担保的，中止履行的一方可以解除合同。

3. 后履行抗辩权

《合同法》第67条规定："当事人互负债务，有先后履行顺序，先履行一方未履行的，后履行一方有权拒绝其履行要求。先履行一方履行债务不符合约定的，后履行一方有权拒绝其相应的履行要求。"本条是关于后履行抗辩权的规定。后履行抗辩权的适用条件为：(1) 当事人基于同一双务合同互负债务；(2) 根据法律规定或者当事人约定，互负的债务有履行的先后顺序；(3) 负有先履行债务的一方当事人未履行债务或者履行债务不符合约定的条件。

第五节　合同的变更、转让和终止

一、合同的变更

合同的变更有广义和狭义之分，广义的合同变更除合同内容变更之外，还包括合同主体的变更，即合同转让，而《合同法》使用的是狭义的合同变更，此种变更通常分为协议变更和法定变更两种，协议变更是指合同有效成立之后、履行完毕之前，由双方当事人依据法律规定的条件和程序对合同内容进行修改和补充，所以又称为合意变更。而法定变更是指在合同成立以后，当发生法定的可以变更合同的事由时，经一方当事人的要求而对合同的内容作出的变更。法定的合同变更不必征得对方当事人的同意，只要发生的为法定可以变更合同的条件即可依一方当事人的意志而作出变更。统一合同法规定的变更仅指协议变更而不包括法定变更在内。但并不是说我国合同法未规定合同在特定的条件下可以经当事人一方的主张而变更，《合同法》第 78 条对情势变更原则的规定，实际上就包含了法定变更的内容。

根据《合同法》的规定，合同变更的前提条件是：

(1) 原合同关系的存在。没有合同关系的存在，则不发生合同变更问题，原有合同关系的存在，只能是现存的效力确定的合同，只有对有效合同的变更才产生合同法上的合同变更的效果。

(2) 合同变更须有当事人的变更协议。当事人达成的变更合同的协议也是民事合同，因此也应符合合同法成立和生效的一般规定，变更合同应是双方当事人的自愿和真实的意思表示，即只有双方当事人就合同变更达成一致，合同方可变更，非经协商程序，任何一方当事人都不得擅自变更合同内容。对合同变更的内容，当事人须作出明确的约定，如果当事人虽经协商，但是对合同变更的内容约定不明确的，推定为未变更，当事人仍然有义务履行尚未变更的合同。法律、行政法规规定变更合同应当办理批准、登记等手续的，依照其规定办理相应的批准登记手续。

(3) 必须有合同内容的变化。合同的变更按照合同法的规定仅为合同内容的变更，所以合同的变更应当能起到使合同的内容发生改变的效果，否则不能认为是合同的变更。

(4) 合同变更必须遵循法定的形式。

合同变更的法律效力应当包括以下几方面：①变更后原有的合同内容失去效力，当事人应按照变更后的合同履行；②合同的变更只对合同未履行的部分有效，不对合同已经履行的内容发生效力；③合同的变更不影响当事人请求损害赔偿的权利。

二、合同的转让

合同的转让即合同主体的变更，是指当事人将依据合同享有的权利或者承担的义务，全部或部分转让给第三人的行为。合同转让包括债权转让、债务转让和权利义务概括转让三种类型。

1. 债权转让

债权转让即当事人将依据合同所享有的权利全部或者部分转让给第三人。对于债权人而言，转让债权是债权人的一项权利，所以债权转让无须债务人的同意。但是为了便于债务人履行合同义务，同时也为了便于债权受让人实现其受让的债权，合同法规定，债权人转让权利的，应当通知债务人，未经通知，该转让对债务人不发生效力。一般情况下，当事人有权自主地将合同的权利全部或者部分转让给第三人，但有下列情形之一的除外：(1) 根据合同性质不得转让；(2) 按照当事人约定不得转让；(3) 依照法律规定不得转让。

让与人享有债权，并且债务人的债权先于转让的债权到期或者同时到期的，债务人可以向受让人主张抵销。

2. 债务转让

债务转让即当事人将依据合同应当承担的义务全部或者部分转移给第三人。合同债的关系通常建立在债权人对债务人履行能力有所信任的基础之上，如果未经债权人同意而将债务转移于第三人，该第三人是否有足够的资力和信用履行债务，往往不能确定，债权人的利益是否能够实现缺乏保障。因此，为了有效保障债权人的利益，以防债权人的利益受债务人与第三人所为的债务转移行为的损害，《合同法》第84条规定，债务人将合同的义务全部或者部分转移给第三人的，应当经债权人同意。法律、行政法规规定转让权利或者转移义务应当办理批准、登记等手续的，依照其规定。债务转移并没有消灭既存的债务，只是义务的主体发生了变化，基于债权债务关系产生的抗辩权依然存在。所以，债务人转移义务的，新债务人可以主张原债务人对债权人的抗辩。

3. 概括转让

在合同转让中，除单纯的债权转让和单纯的债务转移之外，还有合同权利义务的概括转让，即当事人将自己依据合同所享有的权利和义务一并转让给第三人。在概括转让中，受让人取代了让与人的法律地位，成为合同新的当事人，让与人完全脱离了合同关系，合同对让与人不再有法律约束力。因此，当事人一方将自己在合同中的权利和义务一并转让给第三人，须经对方同意；未经对方同意，不得转让。当然，并非所有的合同都可以概括转让，根据《合同法》的规定，以下情形不得转让：(1) 根据合同性质不得转让，例如合同的标的与当事人的人身有关的合同主权；(2) 按照当事人约定不得转让的；(3) 依照法律规定不得转让。

三、合同的终止

合同终止是指合同当事人双方终止合同关系，合同的权利、义务关系消灭。合同终止的原因和情况有各种各样，后果也不完全一样。《合同法》第91条规定，“有下列情形之一的，合同的权利义务终止：(1) 债务已经按照约定履行；(2) 合同解除；(3) 债务相互抵销；(4) 债务人依法将标的物提存；(5) 债权人免除债务；(6) 债权债务同归于一人；(7) 法律规定或者当事人约定终止的其他情形。”

1. 债务已经按照约定履行

因履行而终止，即当事人已经按照合同约定全面履行了各自的义务。如果债务人完全履行了自己的义务，债权人实现了自己全部的权利，订立合同的目的已经实现，合同确立的权利义务关系就消灭了，合同因此而终止。例如，买卖合同，出卖人按合同约定交付了货物，买受人支付了价款，货款两清，该买卖合同就终止了。因此，这是导致合同的权利义务终止的最为正常的原因。

2. 合同解除

合同解除是指在合同尚未履行完毕之前，双方当事人经协商一致同意提前终止合同关系或者当事人一方基于法定事由行使解除权提前终止合同关系。合同解除有协议解除和法定解除两种。

协议解除是指当事人双方协议解除，有的是在订立合同时就在合同中约定了解除合同的条件，当解除合同的条件成立时，合同就解除了；有的是在履行过程中，双方经协商一致同意解除合同。

法定解除是合同成立后，没有履行或没有履行完毕以前，当事人一方行使法定解除权而使合同终止。总的来说，合同生效后，当事人一方不得擅自解除合同，但在履行过程中，有时会产生某些特定情况。例如，因不可抗力而无法履行，或者由于对方当事人根本违约，相对方为了维护合法权益，应当允许其解除合同。但对什么情况下允许一方当事人解除，合同法规定了十分严格的条件和程序，以防止解除权的滥用。所以《合同法》规定，有下列情形之一的，当事人可以解除合同：

(1) 因不可抗力致使不能实现合同目的；

(2) 在履行期限届满之前，当事人一方明确表示或者以自己的行为表明不履行主要债务；

(3) 当事人一方迟延履行主要债务，经催告后在合理期限内仍未履行的；

(4) 当事人一方迟延履行债务或者有其他违约行为致使不能实现合同目的；

(5) 法律规定的其他情形。

从这个规定可以看出只有不履行主要债务，不能实现合同目的的情形也就是根本违约，才能依法解除合同。如果只是部分不能实现，或者部分违约，如迟延或者有部分质量不合格，一方是不能行使解除权解除合同的，而应按违约责任来处理，可以要求违约方实际履行，采取补救措施，赔偿损失。法律规定或者当事人约定解除权行使期限，期限届满当事人不行使的，该权利消灭。法律没有规定或者当事人没有约定解除权行使期限，经对方催告后在合理期限内不行使的，该权利消灭。

当事人一方依法行使约定解除权或者法定解除权主张解除合同的，解除的程序应当通知对方。合同自通知到达对方时解除。对方有异议的，可以请求人民法院或者仲裁机构确认解除合同的效力。法律、行政法规规定解除合同应当办理批准、登记等手续的，依照其规定。合同解除后，尚未履行的，终止履行；已经履行的，根据履行情况和合同性质，当事人可以要求恢复原状、采取其他补救措施，并有权要求赔偿损失。

合同的解除与无效合同、可撤销合同是不同的。无效合同、可撤销合同撤销后，该合同自始无效。而合同解除是合同生效后解除，不能都溯及既往，要区分不同的情况来处理，尚未履行的终止履行，已经履行的根据履行情况和合同性质，当事人可以要求恢复原状，采取其他补救措施，并有权要求赔偿损失。

3. 债务相互抵销

债务的抵销有法定抵销和约定抵销之分。法定抵销是指当事人互负到期债务，且债务的标的物种类、品质相同，任何一方可以将自己的债务与对方的债务抵销，但依照法律规定或者按照合同性质不得抵销的除外。债务相互抵销，需要符合以下条件：

(1) 必须是当事人之间互负债务的；

(2) 两项债务标的物种类、品质相同，如果不同，除当事人双方协商一致的以外，不得抵销；

(3) 两项债务都已到履行期，如果一项债务到期，另一项债务尚未到期，不得抵销。

当事人主张抵销的，应当通知对方。通知自到达对方时生效。抵销不得附条件或附期限。约定抵销是指当事人互负债务，标的物种类、品质不相同的，经双方协商一致，一方可以将自己的债务与对方的债务抵销。

4. 债务人依法将标的物提存

当债权人没有正当理由拒绝受领标的物或者查找不到债权人而无法履行时，债务人可以依法将标的物提存。所谓提存是指在债务人因债权人的原因而无法向债权人给付标的物时，债务人可将该标的物提交于提存机关，由提存机关告知债权人领取，从而解除债务人的履行义务和承担风险责任。这是一种清偿债务的特殊形式，它有利于及时调整债权债务关系，保护债务人的合法权益，预防纠纷，减少诉讼，稳定社会经济秩序。《合同法》规定，有下列情形之一，难以履行债务的，债务人可以将标的物提存：

(1) 债务人无正当理由拒绝受领；

(2) 债权人下落不明，如货物运输，收货人不明的，承运人可以提存货物；

(3) 债权人死亡未确定继承人，或者丧失行为能力未确定监护人；

(4) 法律规定的其他情形。

标的物提存后，除债权人下落不明的以外，债务人应当及时通知债权人或者债权人的继承人、监护人。标的物提存后，原合同终止。标的物提存，毁灭的风险由债权人承担，提存费用由债权人负担。债权人可以随时领取提存物，如果自提存之日起 5 年内未提取的，提存物扣除提存费用后归国家所有。

5. 债权人免除债务

债权人免除债务人部分或者全部债务的，合同的权利义务部分或者全部终止。债权人免除债务，实际是债权人自愿放弃债权。

6. 债权债务同归于一人

债权和债务同归于一人的，合同的权利义务终止，例如原合同双方当事人订立合同后，合并为一个法人，债权债务同归合并后的法人，原合同终止。

第六节 违 约 责 任

一、违约责任的概念和特征

违约责任是指合同当事人因违反合同义务应承担的责任。依法成立的合同，具有法律约束力，当事人应当按照合同的约定履行义务，如果不履行义务或者履行义务不符合约定则要承担违约责任。如果没有违约责任制度，所谓“法律约束力”便成为一纸空文。违约责任与合同义务有密切联系，合同义务是违约责任产生的前提，违约责任则是合同义务不履行的结果。违约责任制度是保证当事人履行合同义务的重要措施，是保障债权实现的重要措施，有利于促进合同的履行和弥补违约造成的损失，对合同当事人和整个社会都是有益的。

违约责任较之于其他责任，主要有以下法律特征：

(1) 违约责任是当事人不履行合同义务所产生的责任。违约责任的产生以有效合同为前提，如果合同未成立、无效或被撤销，均不会产生违约责任，即违约责任只能产生于有效合同。违约责任的这一特征是违约责任与侵权责任、缔约过失责任、不当得利返还责任等的重要区别。

(2) 违约责任主要表现为财产责任。我国《合同法》规定了继续履行、赔偿损失、支付违约金等违约责任方式，基本上都属于财产责任范畴。

(3) 违约责任具有相对性。违约责任的相对性是指违约责任只能在合同关系的当事人之间发生，合同关系以外的人不负违约责任，合同当事人也不对其承担违约责任。

(4) 违约责任具有强制性和任意性的双重属性。违约责任的强制性，是指在发生违约时，债权人可以请求国家强制债务人承担违约责任。违约责任的任意性是指合同双方当事人对违约责任的约定以及债权人对违约责任形式的选择。

(5) 违约责任具有补偿性和惩罚性双重属性。违约责任的补偿性，是指违约责任旨在补偿守约方因违约行为所造成的损失，以完全补偿为原则。但违约责任的补偿性也不是绝对的，在特定情况下违约责任也体现出惩罚性。

二、违约责任的构成要件

违约责任的构成要件可分为一般构成要件和特殊构成要件。所谓一般构成要件，是指违约当事人承担任何违约责任形式都必须具备的要件。所谓特殊构成要件，是指各种具体的违约责任形式所要求的构成要件。违约责任的一般构成要件以违约行为作为惟一条件，这是关于违约责任构成要件的原则性规定。而违约责任的特殊构成要件因违约责任形式的不同而有异。对于不同的违约责任形式，当事人在满足了违约责任的一般构成要件之后，还应当满足一些特殊构成要件，例如，损害赔偿责任的特殊构成要件是：损害事实、违约行为和损害事实之间要有因果关系。

三、违约的形式

根据违约的时间，违约行为分为预期违约与实际违约。

1. 预期违约

《合同法》第108条规定：“当事人一方明确表示或者以自己的行为表明不履行合同义务的，对方可以在履行期限届满之前要求其承担违约责任。”此款规定的是预期违约，所谓预期违约是指在履行期限到来之前，一方无正当理由而明确表示其在履行期到来后将不履行合同，或者其行为表明其在履行到来以后将不可能履行合同。预期违约又称为先期违约，包括明示毁约和默示毁约两种。明示毁约，是指在合同履行期限到来之前，一方当事人无正当理由而明确肯定地向另一方当事人表示他将不履行合同。默示毁约是指在履行期限到来之前，一方当事人有充分的证据证明对方当事人在履行期限到来之际，将不履行合同或者不能履行合同，而另一方当事人又不愿为此提供必要的担保。预期违约是在英美法系的判例中首先确立的一种法律制度。预期违约与实际违约不同，预期违约是在合同的履行期限到来之前的毁约，而不同于实际履行中的实际违约。

预期违约有以下法律特征：

(1) 预期违约在时间上发生于合同的履行期限到来之前，所以预期违约是对将来的合同义务的一种违反，而不同于实际违约是对已到期的合同义务的违反；

(2) 预期违约是对期待债权的侵害而不是对现实债权的侵害；

(3) 预期违约的主张人是合同的任何一方当事人，其惟一的条件为对方当事人具有法律规定的，将来不能履行合同或者将不履行合同的危险；

(4) 预期违约是一种可选择的违约救济手段。当事人也可以等合同的履行期限到来之后，当事人构成实际违约时，以实际违约的补救措施，要求违约方承担违约责任，这并无不可。

在明示违约情况下，一方当事人可以直接解除合同，使合同关系消灭，并可以要求预期违约方承担损害赔偿责任；也可以等待合同的履行期的到来，在另一方当事人实际违约时，依照实际违约请求对方当事人承担违约责任。在默示预期违约时，一方当事人可以中止履行合同（如果已有合同义务的履行时），要求预期违约方提供充分的保证，如果在合理的期限内，默示违约方未能在合理的期限内提供充分的担保，另一方当事人可以解除合同，并可以要求损害赔偿；如果默示预期违约方提供了充分的担保，另一方当事人则应恢复履行。

2. 实际违约

履行期限到来之后，当事人不履行或不完全履行合同义务，都将构成实际违约。实际违约行为的类型有：拒绝履行、迟延履行、不适当履行、部分履行。

四、违约责任的承担方式

1. 继续履行

继续履行也称强制继续履行、依约履行、实际履行。作为一种违约责任的承担方式，继续履行是指当事人一方不履行合同义务或者履行合同义务不符合约定的，对方可以要求违约方继续履行合同义务，违约方拒不履行的，对方还可以请求人民法院强制其实际履行。将继续履行作为一种违约责任，其目的就是为了保证当事人缔约目的的实现。由于标的不同，有的合同可以适用继续履行，例如金钱债务；有的合同则不一定能够适用继续履行，例如买卖合同的标的物发生意外灭失且无可替代物的情况。所以，《合同法》第 109 条规定，当事人一方未支付价款或者报酬的，对方可以要求其支付价款或者报酬。对于非金钱债务，《合同法》第 110 条规定，当事人一方不履行非金钱债务或者履行非金钱债务不符合约定的，对方可以要求履行，但有下列情形之一的除外：(1) 法律上或者事实上不能履行；(2) 债务标的不适于强制履行或者履行费用过高；(3) 债权人在合理期限内未要求履行。综上所述，继续履行这一违约责任的构成要件为：有违约行为；债权人在合理期限内提出继续履行的要求；不属于不适用继续履行的情形。

2. 赔偿损失

赔偿损失又称违约赔偿损失，是指违约方因不履行或不完全履行合同义务而给对方造成损失，依法和依据合同的规定应承担赔偿损失的责任。它以金钱赔偿为原则，以实物赔偿为例外，其法律特征主要包括：

(1) 法定损害赔偿具有法定性。法定性是法定违约损害赔偿与约定损害赔偿的主要的区别。

(2) 法定损害赔偿具有事后性。也就是说，法定损害赔偿的适用，只有在合同当事人发生违约行为，且给对方造成实际损害时，才能根据实际的损害情况来计算损害赔偿金额。

(3) 法定损害赔偿只具有补偿性。法定损害赔偿只具有补偿性而不具有惩罚性。

《合同法》第 113 条规定："当事人一方不履行合同或者履行合同义务不符合约定，给对方造成损失的，损失赔偿额应当相当于因违约所造成的损失，包括合同履行后可以获得的利益，但不得超过违反合同一方订立合同时预见到或者应当预见到的因违反合同可能造成的损失。经营者对消费者提供商品或者服务有欺诈行为的，依照《中华人民共和国消费者权益保护法》的规定承担赔偿责任。"据此，损害赔偿的构成条件包括：

(1) 要有损害事实。违约损害是指因一方违约行为造成对方财产上的损害。违约损害分为直接损害与间接损害，直接损害是指违约行为直接造成合同标的物的损害，间接损害是指违约行为造成标的物损害以外的其他损害。

(2) 要有违约行为。违约行为是合同当事人违反合同义务的行为，主要有：①不履行合同。所谓不履行是指在合同的履行期限之前，完全不履行合同义务的违约行为，主要表现为一是拒绝履行合同，二是在合同履行期限内，没有实施履行合同的行为。②迟延履行。所谓迟延履行是指履行合同的期限晚于合同约定的期限，即虽然有履行合同的行为，但这种履行合同的行为，不符合合同约定的期限要求。③不适当履行。所谓不适当履行是指在合同的履行期限内，当事人有履行合同的行为，但履行行为不符合合同的约定。不适当履行，主要包括履行的标的物的数量不适当，履行标的物的质全不适当，履行的地点不适当，履行的方式不适当等。

(3) 违约行为与损害事实之间有因果关系。在法定损害赔偿中，赔偿的数额只能是根据违约行为所造成的实际损害的数额来决定，违约方所承担的损害赔偿责任应当相当于另一方因其违约行为所造成的全部损失，这是合同法损害赔偿责任的全部赔偿原则的要求。但如果是在订立合同时当事人没有预见且也不能预见的损害，违约方不负责任。当事人在订立合同时不能预见的损失，是指在订立合同时当事人所能预见的因违约行为造成的损害以外的损害。正是由于这部分损害在订立合同时是不能预见的，所以当因违约行为而实际产生以后，也不能由违约方承担。关于预见性，因人、地点、时间而异，在判断时应当坚持以订立合同的当时为时间标准，以一个合理的一般人的预见能力作为判断标准。

关于经营者对消费者提供服务或者商品有欺诈行为，也就是说，经营者故意隐瞒真实情况或者故意陈述虚假事实，给消费者造成误导，从而损害消费者利益的，按照《中华人民共和国消费者权益保护法》第49条规定："经营者提供商品或者服务有欺诈行为的，应当按照消费者的要求增加赔偿其受到的损失，增加赔偿的金额为消费者购买商品的价款或者接受服务的付款。"

3. 违约金责任

所谓违约金是指当事人通过协商预先确定的、在违约后生效的独立于履行行为以外的违约方向对方支付的一定数额的金钱。违约金有下列特点：违约全主要由当事人协商确定；数额预先确定；违约金是一种违约后生效的补救方式；违约金具有担保和补偿双重功能。《合同法》第114条规定："当事人可以约定一方违约时应当根据违约情况向对方支付一定数额的违约金，也可以约定因违约产生的损失赔偿额的计算方法。约定的违约金低于造成的损失的，当事人可以请求人民法院或者仲裁机构予以增加；约定的违约金过分高于造成的损失的，当事人可以请求人民法院或者仲裁机构予以适当减少。当事人就迟延履行约定违约金的，违约方支付违约金后，还应当履行债务。"

违约金的成立条件有两个：违约行为和约定，这两个条件相辅相成，缺一不可：(1) 要有违约行为的存在。一般来说，各种违约的形式如不履行、不适当履行、迟延履行等，都可以导致违约金的支付，但当事人在合同中仅就某种具体的特定违约行为规定了违约的，如仅就退货或延期付款的违约行为规定了违约金，则应以合同具体规定的特定的违约行为作为支付违约金的条件。(2) 有违约金的约定。我国合同法规定的违约金是约定违约金，所以违约金的产生条件就是必须有违约金的约定。如果当事人在合同中没有有关违约金的事先约定，则在一方违约时，另一方就无法要求违约方支付违约金，同时，违约金的约定必须合法有效，对于不合法的或者无效的违约金条款，不产生违约金的适用效力。

对于违约金条款可以撤销的，则只有撤销的行使期限届满后，才能最终决定违约金的效力，所以如果一方行使了撤销权，则违约金条款视为自始无效，如果没有在撤销权的期间内行使的，则违约金条款即成为完全有效的约定，在出现违约行为时，可以适用违约金责任。另外，违约金的支付不应以实际的损失发生为条件，即违约金的成立根本不应该考虑实际的损失问题。我国合同法认为违约金与损害赔偿的区别在于损害赔偿要以实际损失为前提，而违约金的支付则不考虑实际的损失。违约金责任的产生是违约金条款生效的结果，但是当事人约定的违约金并非在任何情况下都当然生效。违约金的生效必须符合法定的生效要件：(1) 如果主合同无效、被撤销和不成立，违约金条款作为从合同条款，则违约金条款自然不能生效；(2) 违约金条款中的数额超过了全部货款的总值，在此情况下，表明当事人通过立违约金条款而使合同的履行或不履行变成了一种赌博，这显然违背法律规定和公共道德，因而该条款应被宣告无效。

合同法还规定了违约金适用将导致明显不公平结果的处理办法。所谓违约金适用将导致明显不公平的结果是指违约金的数额明显过高或者低于实际损害，对违约金进行适当的增减。这一处理办法是基于公平原则进行的，根据公平原则主要应考虑违约金数额和违约造成的实际损失问题，只有在违约金数额明显高于违约所造成的实际损失时，才可以作为违约金数额显失公平而进行司法干预的一种依据。对违约金条款的司法干预，必须有当事人的请求，人民法院或者仲裁机关不得主动进行干预，这是因为，违约金条款是当事人在合同中的约定，这种约定是基于当事人的真实意思表示进行的，所以法律没有必要主动去干预，否则是对合同自由的限制，有违合同法的基本精神。如果非违约方没有提出适用违约金条款，则可视为其放弃了该项补救手段，进行干预的必须是人民法院或者仲裁机构，在违约金条款明显不公平时，由人民法院或者仲裁机关对违约金适用的实际具体数额进行调整，在违约金数额过高时进行减少，在违约金数额过低时可以适当的增加。如果约定的违约金是一笔总数，而违约仅仅只是部分不履行，并非对整个合同义务的不履行，换言之，在合同的主债务可以分开的情况下债务人已经履行了部分行为，此时根据具体情况，法院仲裁机关可以考虑减少违约金比率。

需要特别指出的是，当事人就迟延履行约定违约金的，违约方支付违约金后，还应当履行债务。这种违约金责任是专门针对迟延履行约定的，其目的是为了保障合同能够在约定的履行期限内得以履行。因此，违约方支付违约金之后，履行债务的合同义务并不能够免除。此时“还应当履行债务”的含义不同于继续履行，既不是一种违约责任，也无须对方的请求，违约方应当自觉履行。

4. 定金责任

《合同法》第115条规定：“当事人可以依照《中华人民共和国担保法》约定一方向对方给付定金作为债权的担保。债务人履行债务后，定金应当抵作价款或者收回。给付定金的一方不履行约定债务的，无权要求返还定金；收受定金的一方不履行约定债务的，应当双倍返还定金。所谓定金是指合同当事人约定一方向另一方支付一定数额的金钱作为合同的担保，在一方不履行合同时，应当承受定金罚则的合同制度。定金是合同的一种担保形式，同时也是合同责任形式之一，定金的没收或者双倍返还，也是一种违约责任。定金的构成要件主要有：主合同的有效存在、定金的预先支付、一方不履行合同的违约行为、不履行合同方主观上有过错四个方面。定金的法律效力可以分为对受定金方的效力和定金方的法律效力。

(1) 定金对受定金方的效力：①取得定金所有权。定金一经给付，就发生所有权的转移，受定金方对定金享有占有、使用、收益、自由处分的权利，不受包括给付定金人在内的他人的非法干涉及限制；②抵作价款权。在合同履行以后，定金应当抵作价款或者收回。③定金不返还。在给付定金方不履行合同义务时，受定金方得保留定金，不再负返还义务。④双倍返还定金义务。双倍返还定金是适用定金罚则的结果，受定金方不履行合同时，要负双倍返还定金的责任。具体讲受定金方在两种情形下应负双倍返还定金义务：一方面是构成预期违约；另一方面是在履行期限届满后不履行合同。⑤定金返还义务。在合同履行以后，受定金方应当返还定金。

(2) 定金对给付定金方的效力：①双倍返还定金请求权。在受定金方不履行合同时，给付定金方有权要求对方双倍返还定金，而不论有无实际损害，这是给付定金方的主要权利。②定金返还请求权，给付定金方请求对方返还定金在两种情况下发生，其一是双方履行完合同后，其二是因不可归责于双方当事人之事由不能履行合同的。③以定金抵作价款权。给付定金人在履行给付价款义务时，可以主张以定金抵作价款，但在分期限付款时，应以定金作后期给付之价款，而不宜优先抵作前期之付款义务。④以定金抵作赔偿金。给付定金方因可归责于其之事由未履行合同的，对方因其违约而请求损害赔偿的，定金应当从赔偿金中扣除。

《合同法》第116条规定："当事人既约定违约金，又约定定金的，对方可以选择适用违约金或者定金条款。"合同的当事人在合同中通常既约定合同的违约金，同时又约定定金条款，这样一方当事人有违约行为时，则会发生定金责任与违约金责任同时存在的情形。违约金因有违约行为而依合同的约定使用，违约金具有惩罚性和补偿性，但补偿性是其主要属性，惩罚性是次要的。违约金具有惩罚性，也是合同的一种担保形式，这并不因法律未作规定而受影响。因此，定金和违约金有许多相似之处，但定金和违约定是两种不同的合同担保形式和民事责任形式：定金有先行给付性，起到预付款的作用，违约金只是事后救济责任，违约金因是事后给付，只能是单向的；定金责任的运用机制是定金罚则，违约金则无罚则适用。两者最主要的区别在于定金以惩罚性为核心，并且不以有实际损失为必要条件，违约金为救济性责任，各国法律均明文规定，在违约金过高或者过低于实际损害的，当事人可以请求法院或者仲裁机关予以适当降低或者增加，而定金则不适用该种做法。

定金责任与赔偿损失的区别在于，定金责任不以实际发生的损害为前提，定金责任的承担也不能替代赔偿损失。所以，在既有定金条款又有实际损失时，应分别适用定金责任和赔偿损失的责任，二者同时执行，这与前面所讲的定金与违约金的关系是不同的。当然，如果同时适用定金和赔偿损失，其总值超过标的物价金总和的，法院应酌情减少定金的数额。

5. 价格制裁

根据《合同法》第63条的规定，执行政府定价或者政府指导价的，在合同约定的交付期限内政府价格调整时，按照交付时的价格计价。逾期交付标的物的，遇价格上涨时，按照原价格执行；价格下降时，按照新价格执行。逾期提取标的物或者逾期付款的，遇价格上涨时，按照新价格执行；价格下降时，按照原价格执行。由此来看，所谓价格制裁主要是指执行政府定价或者政府指导价的，在价格调整时由逾期交付标的物的一方、预期提取标的物或者付款一方承受不利的价格。

6. 采取补救措施

《合同法》第281条规定，因施工人的原因致使建设工程质量不符合约定的，发包人有权要求施工人在合理期限内无偿修理或者返工、改建。这些无偿修理、返工或者改建属于补救措施。补救措施就是质量不符合约定的，应当按照当事人的约定承担违约责任。对违约责任没有约定或者约定不明确的，受损害方根据标的性质以及损失的大小，可以合理选择要求对方承担修理、更换、重作、退货、减少价款或者报酬等违约责任。

五、违约责任的免除

违约责任的免除是指在合同的履行过程中，由于法律规定的或者当事人约定的免责事由致使不能履行合同或者不符合合同义务，但是可以免于承担违约责任。一般分为法定免责事由和约定免责事由两种。

1. 法定免责事由

《合同法》第117条规定:“因不可抗力不能履行合同的，根据不可抗力的影响，部分或者全部免除责任。当事人迟延履行后发生不可抗力的，不能免除责任。但法律另有规定的除外。本法所称的不可抗力，是指不能预见、不能避免并且不能克服的客观情况。”不可抗力是指人们不能预见、不能避免、不能克服的客观情况。不可抗力作为人力所不可抗拒的力量，它包括自然现象和社会现象两种。自然现象包括地震、台风、洪水、海啸等；社会现象包括战争、海盗、罢工等。不可抗力的认定标准有以下几个方面：(1) 不能预见。预见性一方面取决于人们的预见能力，人们预见能力的提高，必然影响到预见的范围，所以，决定人们对某种现象是否可以预见，应以现有的技术水平为根据，另一方面，预见性往往因人而异，必须以一般人的预见能力而不是当事人的预见能力为标准来判断对某种现象是否可以预见。(2) 不可避免并不能克服。不能避免是指当事人已经尽到了最大的努力，仍然不能避免某种事件的发生；不能克服是指当事人在事件发生以后，已尽到最大的努力，仍不能克服事件所造成的损害结果，使合同得以履行。(3) 客观情况。所谓客观情况是指独立于人的行为之外的客观情况。(4) 不可抗力必须影响到合同的正常履行。

实践中不可抗力具体有以下几种：(1) 自然灾害。我国法律认为自然灾害是典型的不可抗力，尽管随着科学技术的进步，人类已不断提高了对自然灾害的预见能力，尽管随着科学技术的进步，人类已不断提高了对自然灾害的预见能力，但自然灾害仍频繁发生并影响人们的生产和生活，阻碍合同的履行。(2) 政府行为。指当事人在订立合同以后，政府当局颁发新政策、法律和行政措施而导致合同不能履行。(3) 社会异常事件。主要是指一些偶发的事件阻碍合同的履行，如罢工、骚乱等。这些行为既不是自然事件，也不是政府行为，而是社会中人为的行为，但对于合同当事人来说，在订约时是不可预见的，因此也可以成为不可抗力的事件。

根据合同法的规定，不可抗力发生以后通常产生以下几种后果：(1) 合同不履行的责任全部被免除；(2) 合同不履行的部分责任被免除；(3) 合同当事人迟延履行的责任被免除；(4) 当事人部分履行的责任被免除。根据合同法的规定，不可抗力的效力的例外情况是，如果不可抗力发生在合同的履行期限届满之后的，也就是发生在迟延履行期间的，不可抗力不对抗另一方当事人，不产生全部或者部分免除因不可抗力的出现造成的不能履行合同的责任。

《合同法》在分则部分，针对不同合同类型的具体特点，规定了具体的法定免责事由，例如《合同法》第218条规定，承租人按照约定的方法或者租赁物的性质使用租赁物，致使租赁物受到损耗的，不承担损害赔偿责任。

2. 约定免责事由

约定的免责事由是指当事人在合同中以免责条款的方式约定的可以排除或者限制其未来责任的事由。对免责事由的约定是当事人的缔约自由。但是免责条款不得违反法律、行政法规的强制性规定，所以，当事人在免责条款中约定的免责事由能否免除当事人的违约责任，取决于免责条款是否合法有效，无效的免责条款不能免除当事人的违约责任。根据《合同法》第 40 条规定，格式条款提供方不得利用格式条款免除自身的责任。根据《合同法》第 53 条规定：“合同中的下列免责条款无效：(1) 造成对方人身伤害的；(2) 因故意或者重大过失造成对方财产损失的。”需要指出的是，根据《合同法》第 121 条规定，当事人一方因第三人的原因造成违约的，当事人不能以因为是第三人的原因为由要求免责，应当向对方承担违约责任。当事人一方和第三人之间的纠纷，依照法律规定或者按照约定解决。

第七节　合同争议的解决

合同争议是指当事人在订立合同过程中因缔约过失给对方造成损害后果，以及订立合同后对合同履行的情况和对不履行义务或者履行合同义务不符合约定的后果产生的纠纷。具体而言，合同争议主要包括双方当事人就缔约过失责任的承担、合同是否成立、合同成立的时间、合同内容的解释、合同的履行、违约责任、合同义务的履行以及合同的变更、转让、解除等产生的纠纷。《合同法》第 128 条规定：“当事人可以通过和解或者调解解决合同争议。当事人不愿和解、调解或者和解、调解不成的，可以根据仲裁协议向仲裁机构申请仲裁。涉外合同的当事人可以根据仲裁协议向中国仲裁机构或者其他仲裁机构申请仲裁。当事人没有订立仲裁协议或者仲裁协议无效的，可以向人民法院起诉。对发生法律效力的判决、仲裁裁决、调解书，当事人应当履行；拒不履行的，可以请求人民法院执行。”从上述规定可以看出，在我国，合同争议解决的方式主要有以下四种：和解、调解、仲裁和诉讼。

一、和解解决

1. 和解的概念和意义

所谓和解解决，是指由合同当事人在自愿互谅基础上，依照法律、法规的规定和合同的约定，自行协商解决合同争议的一种方式。合同争议和解的意义主要表现为：

(1) 有利于双方当事人团结和协作，便于协议的执行。合同双方当事人在平等自愿，互谅互让的基础上就合同争议的事项进行协商，气氛比较融洽，有利于缓解双方矛盾，消除双方的隔阂和对立，加强团结和协作，同时，由于协议是在双方当事人统一认识的基础上自愿达成的，所以可以使纠纷得到比较彻底的解决，协议的内容也比较容易顺利执行。

(2) 针对性强，便于抓住主要矛盾。由于合同双方当事人对事态的发展经过有亲身的经历，了解合同纠纷的起因、发展以及结果的全过程，便于双方当事人抓住纠纷的关键原因，有针对性地加以解决。如合同当事人双方一旦关系恶化，常常会在一些小问题上纠缠不休，使问题扩大化、复杂化，而合同争议的和解就可以避免走这些不必要的麻烦。

(3) 简便易行，便于及时解决纠纷。合同争议的和解解决不受法律程序的约束，没有仲裁程序或诉讼程序那样有一套较为严格的法律规定，当事人可以随时发现问题，随时要求解决，不受时间、地点的限制，从而防止矛盾的激化、纠纷的逐步升级，便于对合同争议的及时处理。

(4) 可以避免当事人把大量的精力、人力、物力放在诉讼活动上。合同发生纠纷后，往往合同当事人各方都认为自己有理，特别在诉讼中败诉的一方，会一直把官司打到底，牵扯巨大的精力。而且可能由此结下怨恨。如果和解解决，就可以避免这些问题，对双方当事人都有好处，而且也有利于减轻仲裁、审判机关的压力。

2. 和解的原则

合同双方当事人之间自行协商，和解解决合同纠纷，应遵守如下原则：

(1) 自愿和解原则。当事人双方是否选择和解解决合同争议的方式，要出于双方当事人的自愿，如果一方愿意和解，而另一方不愿和解，愿意和解的一方不得强迫另一方接受自己的意见。同时，双方当事人协议的内容也必须是出于当事人的自愿，决不允许任何一方给对方施加压力，以终止协议等手段相威胁，迫使对方达成只有对方尽义务，没有自己负责任的"霸王协议"。

(2) 平等和解原则。平等原则表现为合同双方当事人在订立合同时法律地位平等，在合同发生争议时，双方当事人在自行和解解决合同争议过程中的法律地位也是平等的，不论当事人经济实力雄厚还是薄弱，也不论当事人是法人还是非法人的其他经济组织，双方当事人要互相尊重，平等对待，都有权提出自己的理由和建议，都有权对对方的观点进行辩论。不允许以强欺弱，以大欺小，达成不公平的所谓和解协议。

(3) 依法和解原则。当事人在和解解决合同争议时，必须遵守国家的法律、法规和政策。经和解达成的协议，其内容不得违反法律、法规和政策的规定，不得损害国家利益、社会公共利益和第三人的合法权益。这是和解解决合同纠纷的当事人应当遵守的首要原则。如果违背了合法原则，双方当事人即使达成了和解协议也是无效的。为此，合同双方当事人都应是执行法律、法规的模范，任何违反法律、法规的行为都是不允许的。

3. 和解应当注意的几个问题

合同争议的双方当事人在和解的过程中应注意以下问题：

(1) 分清责任。运用和解解决合同纠纷的关键是分清责任。在市场竞争中，当事人都应保持良好的形象和信誉，明确各方的权利和责任，在自行和解解决合同纠纷的过程中，当事人双方要实事求是地分析纠纷产生的原因，分清责任，不能一味地推卸责任，否则，不利于纠纷的解决。因为如果双方当事人都认为自己有理，责任在对方，则难以做到互谅互让，达成和解协议。

(2) 坚持原则。在合同纠纷的协商过程中，双方当事人既要互相谅解，以诚相待，勇于承担各自的责任，又不能进行无原则的和解，应避免在解决纠纷中出现损害国家利益和社会公共利益的行为。

(3) 及时解决。合同发生纠纷，双方当事人自愿采取和解方式解决纠纷时应当注意合同纠纷要及时解决。由于和解不具有强制执行的效力，容易出现当事人反悔。如果双方当事人在协商过程中出现僵局，争议迟迟得不到解决时，就不应该继续坚持和解解决的办法，否则会使合同纠纷进一步扩大，特别是一方当事人有故意不法侵害行为时，更应当及时采取其他方法解决。

二、调解解决

1. 调解解决的途径

合同争议调解解决，是指合同争议发生后，当事人双方请求第三人出面在当事人之间进行调停，促使双方互谅互让，从而使争议得到解决的一种方式。合同争议调解解决的途径主要有：

（1）法院调解。又称诉讼中调解，是指合同争议双方当事人在法院审判人员的主持和协调下，就合同争议的问题进行协商，并自愿达成调解协议，从而解决合同争议所进行的活动。法院调解既是当事人的诉讼活动，也是法院的审判活动，但调解不是审判的必经程序。调解书经双方当事人签收后，即具有法律效力。当事人必须履行调解书中确定的义务。否则，另一方当事人可以申请法院强制执行。对于已经生效的调解书，当事人不得提起上诉。调解未达成协议或者调解书送达前一方反悔的，调解即告终结，法院应当及时裁决而不得久调不决。

（2）仲裁调解。是指由仲裁机构主持和协调，对申请合同争议仲裁的当事人进行说服与调停，促使双方当事人互谅互让，自愿达成调解协议，最终解决合同争议的活动。仲裁庭在作出裁决前，可以先行调解。当事人自愿调解的，仲裁庭应当调解。调解书经双方当事人签收后，即发生法律效力，当事人双方必须自动履行。在调解书签收前当事人一方或双方反悔的，仲裁庭应当及时作出裁决。调解书发生法律效力后，如果一方不履行时，另一方当事人可以向有管辖权的人民法院申请强制执行。

（3）行政调解。是根据一方或双方当事人的请求，在政府或有关主管部门的主持和协调下，通过说服教育，促使双方当事人在互谅互让的基础上达成解决合同争议的协议。行政调解主要是指主管部门的调解。

（4）人民调解委员会的调解。人民调解委员会是在基层人民政府和基层人民法院指导下调解民间纠纷的群众性组织。人民调解委员会的调解属于诉讼外的调解，它与法院调解的性质和效力不同，它也不是诉讼的必经程序，当事人之间达成的调解协议主要靠当事人自愿履行。如果当事人不愿调解、调解不成或者达成协议后又反悔的，可以向人民法院起诉，对此人民调解委员会不得以任何方式干涉和阻拦。一般合同争议，双方当事人还可以选择律师、有威望的公民来出面调解，促使双方当事人达成协议，以解决他们之间的争议。

2. 调解解决的原则

合同纠纷的调解，一般应遵守下列三个基本原则：

（1）自愿原则，即合同纠纷的调解过程，是双方当事人弄清事实真相、分清是非、明确责任、互谅互让、提高法律观念、自愿取得一致意见并达成协议的过程，协议是双方当事人自愿达成一致意见的结果。因此，只有在双方当事人自愿接受调解的基础上，调解人才能进行调解。如果纠纷当事人双方或一方根本不愿意用调解方式解决纠纷，那么就不能进行调解。

(2) 合法原则，即合同双方当事人达成协议的内容必须合法，不得同法律和行政法规相违背。凡是有法律、法规规定的，按法律、法规的规定办；法律、法规没有明文规定的，应根据国家政策，并参照合同规定的条款进行处理。达成的调解协议，不得损害国家利益和社会公共利益，也不得损害其他人的合法权益。

(3) 公平原则，即要求调解合同纠纷的第三人秉公办事，不徇私情、平等待人、公平合理地解决问题，尤其是在承担相应责任方面，决不能采用“和稀泥”、“各打五十大板”等无原则性的方式，而是实事求是，采取权利与义务对等、责权利相一致的公平原则解决双方当事人的纠纷。

三、仲裁解决

合同争议仲裁解决，是指合同当事人双方在合同争议发生后，依照双方达成的书面仲裁协议，将争议提交仲裁机构审理，并作出对争议各方均有约束力的裁决，从而解决合同争议的一种方式。

1. 仲裁解决的特征

仲裁解决的特征主要表现为：

(1) 仲裁解决体现了当事人双方的自愿性。当事人之间的合同争议，是否将其提交仲裁机构、提交哪一个仲裁机构、仲裁庭的组成人员如何产生、仲裁适用哪一种程序规则等，都是在当事人双方自愿的基础上，由当事人协商确定达成仲裁协议。没有仲裁协议，双方申请仲裁的，仲裁机构不予受理。

(2) 仲裁解决具有灵活性和快捷性。合同争议的仲裁解决在程序上简便易行，仲裁程序可以按当事人选定的某一仲裁机构的仲裁规则，以及当事人对具体程序的约定来进行，在程序上不像诉讼那样严格，程序灵活。仲裁都是采取一裁终局制，不存在上诉或重审的可能，不像诉讼那样实行两审终审制，也没有诉讼的各种限制，当事人双方都有要求仲裁的权利，都可以提出仲裁请求和反请求。

(3) 仲裁解决一般不公开进行，具有很强的保密性。仲裁案件以不公开审理为原则，不仅审理过程不公开，案情和裁决结果也不公开，仲裁机构在审理过程中也不接受采访，而且仲裁法和仲裁规则都规定了仲裁员及仲裁秘书人员的保密义务，所以当事人的商业秘密和贸易活动不会因合同争议的仲裁活动而泄露，有利于维护其商业利益和商业信誉。

(4) 仲裁解决具有独立性和约束性。仲裁机构独立于行政机关，与行政机关没有隶属关系，仲裁机构之间也没有隶属关系，保证了仲裁解决合同争议的独立性。我国仲裁法规定的仲裁机构是仲裁委员会，仲裁委员会属于常设性的仲裁机构，它所进行的仲裁是机构仲裁。

2. 仲裁的原则

合同双方当事人在采用仲裁途径解决纠纷的时候，应当遵守以下原则：

(1) 独立的原则。仲裁机构在仲裁经济纠纷时，依法独立进行，不受行政机关、社会团体和个人的干涉。仲裁委员会之间无隶属关系，互不干涉。各个仲裁机构应该严格地依照法律和事实独立地对经济纠纷进行仲裁，作出公正的裁决，保护当事人的合法利益。

(2) 自愿的原则。在经济仲裁中，自愿原则体现在许多方面，包括是否选择仲裁的方式解决纠纷，选择哪一个仲裁机构进行仲裁，仲裁是否公开进行，在仲裁的过程中是否要求调解、是否进行和解、是否撤回仲裁申请，等等，都是由当事人自行决定的，并且应该得到仲裁机构的尊重。

(3) 一裁终局的原则。一裁终局的含义是指裁决作出之后，当事人就同一纠纷再申请仲裁或者向人民法院起诉的，仲裁委员会或者人民法院不应受理。当然，仲裁裁决被法院依法裁定撤消或者不予执行的除外。

(4) 先行调解的原则。先行调解就是仲裁机构先于裁决之前，根据争议的情况或双方当事人自愿而进行说服教育和劝导工作，以便双方当事人自愿达成调解协议，解决纠纷。

3. 仲裁协议

仲裁协议是指经济活动的各方当事人自愿选择仲裁的方式解决他们之间可能发生的或者已经发生的经济纠纷的书面约定。仲裁协议是双方当事人自愿将纠纷提交仲裁机构予以解决的书面意思表示，是仲裁机构受理案件的惟一依据，是仲裁机构管辖案件的前提。没有仲裁协议，一方当事人申请仲裁的，仲裁机构不予受理。除非仲裁协议无效或者当事人放弃仲裁协议，否则，只要有仲裁协议，法院对案件就没有管辖权。也就是说，仲裁协议有排除法院管辖权的效力，同时，仲裁协议也是仲裁裁决可以具有强制执行力的前提。

《仲裁法》第16条规定："仲裁协议包括合同中订立的仲裁条款和以其他方式在纠纷发生之前或者发生后达成的请求仲裁的协议。"由此可见，依据仲裁协议订立的时间和形式的不同，仲裁协议有三种类型：一是仲裁条款，这种类型的仲裁协议常常在合同订立的同时订立；二是纠纷发生之前，在合同之外单独订立有关仲裁事项的协议；三是纠纷发生之后，在合同之外单独订立有关仲裁事项的协议。根据《仲裁法》的规定，仲裁协议的内容一般应当包括请求仲裁的意思表示（即双方当事人应当明确表示将合同争议提交仲裁机构解决的意思表示）、仲裁事项（即双方当事人共同协商确定的提交仲裁的合同争议范围）、选定的仲裁委员会（即双方当事人应明确约定仲裁事项由哪一个仲裁机构进行仲裁）等主要事项。同时《仲裁法》还规定，如果约定的仲裁事项超出法律规定的范围，或者无民事行为能力的人或者限制行为能力的人订立仲裁协议，或者一方采取胁迫手段，迫使对方订立仲裁协议的，将导致仲裁协议无效。此外，仲裁协议对仲裁事项约定不明确的，当事人可以补充协议，达不成补充协议的，仲裁协议无效。

4. 仲裁程序

根据《仲裁法》的规定，仲裁程序一般包括申请和受理、组成仲裁庭、开庭和裁决。

申请是指当事人向仲裁委员会依照法律的规定和仲裁协议的约定，将纠纷提请约定的仲裁委员会予以仲裁。受理是指仲裁委员会依法接受对纠纷的审理。仲裁委员会在收到仲裁申请书之日起5日内，认为符合受理条件的，应当受理，并通知当事人；认为不符合受理条件的，应当书面通知当事人不予受理，并说明理由。仲裁委员会在受理仲裁申请后，应当在仲裁规则规定的期限内将仲裁规则和仲裁员名册送达申请人，并将仲裁申请书的副本和仲裁规则、仲裁员名册送达被申请人。

组成仲裁庭是仲裁委员会在受理仲裁申请后，应当组成仲裁庭进行仲裁活动。仲裁庭不是一种常设的机构，其组成的原则是一案一组庭。其组成方式有两种，一种是由三名仲裁员组成，即合议制的仲裁庭；另一种是由一名仲裁员组成，即独任制的仲裁庭。在具体的仲裁活动中，采取上述两种方法中的哪一种，由当事人在仲裁协议中协商决定。

开庭，即开庭审理，是指仲裁庭按照法定的程序，对案件进行有步骤有计划的审理。开庭审理是仲裁庭对案件审理的中心环节，这是因为开庭审理前的一切准备工作是为了开好庭，而且与案件有关的一切事实和证据，都要通过开庭予以揭示和审查核实，并据此对案件作出裁决。也就是当事人共同到庭，经调查和辩论后进行裁决。同时，该条还规定："当事人协议不开庭的，仲裁庭可以根据仲裁申请书、答辩书以及其他材料作出裁决。"仲裁不公开进行，即以不公开审理为原则。这是为了最大程度地保护当事人的商业形象以及可能会涉及到的商业秘密。因此，除特别许可外，仲裁活动是不允许旁听的。但是，除涉及国家秘密的以外，当事人协议仲裁公开进行的，则可以公开进行。在开庭审理以前，仲裁委员会应当在仲裁规则规定的期限内将开庭日期通知双方当事人；经书面通知后，申请人无正当理由不到庭或者未经仲裁庭许可中途退庭的，可以视为撤回仲裁申请。经书面通知后，被申请人无正当理由不到庭或者未经仲裁庭许可中途退庭的，可以缺席裁决。在仲裁过程中，原则上应由当事人承担对其主张的举证责任。证据应当在开庭时出示，当事人可以质证。在证据可能灭失或者以后难以取得的情况下，当事人可以申请证据保全。在仲裁过程中，当事人有权进行辩论。仲裁庭在作出裁决前，可以先行调解。而且，如果当事人自愿调解的，仲裁庭应当调解。当事人申请仲裁后，可以自行和解。

四、诉讼解决

1. 诉讼解决的概念

合同争议诉讼解决是指合同争议发生后，当事人没有订立仲裁协议或仲裁协议被确认无效的，可以依法向人民法院提起诉讼，从而解决合同争议的一种方式。合同争议的诉讼是由国家审判机关代表国家行使审判权来主持进行的，依照严格的诉讼程序进行审判并作出裁决，裁决发生法律效力后，凭借国家强制力保证裁决的实现。因此，通过诉讼程序来解决合同争议，法律效力最强，权威最高，是解决争议的最有效的手段和方法。

合同争议的诉讼必须是在当事人之间没有订立仲裁协议或仲裁协议无效，并在诉讼时效期间内，才能提起诉讼。人民法院审理合同争议案件时，应依照有关法律的规定，遵循以下原则：一是依法独立审判原则；二是确保当事人享有平等权利的原则；三是以事实为根据，以法律为准绳的原则。

2. 诉讼管辖

管辖是指人民法院之间受理第一审案件的分工和权限。我国的合同争议诉讼管辖可分为级别管辖、地域管辖和专属管辖。

(1) 地域管辖，是指同级人民法院对第一审案件的分工和权限。根据《民事诉讼法》的规定，地域管辖的一般原则是"原告就被告"，即由被告住所地人民法院管辖。被告为公民的，其住所地为户籍所在地，住所地与经常居住地不一致的，由经常居住地人民法院管辖。被告为法人或其他组织的，其住所地一般理解为主要办事机构所在地。企业法人和其他经济组织的住所地都登记在营业执照上。合同纠纷案件可以实行协议管辖，即合同的双方当事人可以在书面合同中协议选择被告住所地、合同履行地、合同签订地、原告住所地、标的物所在地人民法院管辖，但不得违反《民事诉讼法》对级别管辖和专属管辖的规定。

（2）级别管辖，是指各级人民法院受理第一审经济纠纷案件的分工和权限。我国人民法院按其级别分为最高、高级、中级和基层人民法院四级。最高人民法院管辖在全国有重大影响的案件和认为应该由其审理的案件。依照法律规定，最高人民法管辖的案件实行一审终审，所作判决、裁定一经送达即发生法律效力。高级人民法院管辖本辖区有重大影响的案件。中级人民法院管辖以下三类经济纠纷案件：重大的涉外案件；在本辖区有重大影响的案件；最高人民法院确定由其管辖的案件。除上述案件外的其他案件都由基层人民法院管辖。

（3）专属管辖，是指按照诉讼标的特殊性与管辖的排他性而确定的管辖。《民事诉讼法》中规定的“因不动产纠纷提起的诉讼，由不动产所在地法院管辖”和“因港口作业中发生纠纷提起的诉讼，由港口所在地法院管辖”，都属于专属管辖。

第四章 担保法律制度

第一节 担保法概述

一、担保的概念

根据《担保法》的规定，所谓担保是指债权人与债务人或者第三人根据法律规定或者合同约定而采取的法律保障措施。在担保法律关系中，担保的主体即担保法律关系的当事人包括担保权人和担保义务人，担保权人也称被担保人，是担保法律关系中享有权利的人，即债权人；担保义务人也称担保人，是担保法律关系中负有义务的人，可以是债务人，也可以是债务人委托的第三人。担保法律关系的客体即当事人双方权利义务共同指向的对象包括动产、不动产和无形财产。担保法律制度是民法的重要组成部分，国家设立担保制度的目的，在于规范担保行为，调整担保法律关系，减少经济活动中的不安全因素，保障债权人利益，更有效地维护经济秩序。

《担保法》第 4 条规定："第三人为债务人向债权人提供担保时，可以要求债务人提供反担保"。所谓反担保是指为了换取担保人提供保证、抵押或质押等担保方式，而由债务人或第三人向该担保人提供的担保，该担保相对于原担保而言被称为反担保。根据《担保法司法解释》第 2 条第 2 款规定，反担保方式可以是债务人提供的抵押或者质押，也可以是其他人提供的保证、抵押或者质押，因此留置和定金不能作为反担保方式，因为留置权是在特定的合同关系下产生的，而支付定金会进一步削弱债务人向债权人支付价款或酬金的能力，因此也不采用，所以并非《担保法》规定的五种担保方式均可作为反担保方式，反担保方式主要包括保证、抵押和质押，每种反担保方式各有其成立要件，因此设立时需符合各种具体担保要求。

二、我国《担保法》的适用范围

《中华人民共和国担保法》于 1995 年 6 月 30 日由全国人民代表大会常务委员会第 14 次会议通过，并于同年 10 月 1 日起施行，在此之前，我国并无系统的、便于操作的担保法。《民法通则》在第 89 条中规定了一些具体的债的担保方式，包括保证、抵押、留置和定金等，但这些原则性的规定无法有效解决在经济活动中不断出现的担保法律问题，所以《担保法》的制定和施行，完善了我国担保法律制度，促进了民法制度的进一步完善。关于《担保法》的适用问题，《担保法》第 2 条第 1 款规定："在借贷、买卖、货物运输、加工承揽等经济活动中，债权人需要以担保方式保障其债权实现的，可以依照本法规定设定担保。"《担保法》第 95 条规定："海商法等法律对担保有特别规定的，依照其规定。”2000 年 12 月 13 日实施的《最高人民法院关于适用〈中华人民共和国担保法〉若干问题的解释》第 1 条规定：“当事人对由民事关系产生的债权，在不违反法律、法规强制性规定的情况下，以担保法规定的方式设定担保的，可以认定为有效。”根据以上法律规定可知，担保法所列举的几种债权，以及由民事关系产生的债权，在不违反法律、法规强制性规定的情况下，均可设定担保，同时，尽管担保法是债的担保的基本法律，但是基于特别法优于一般法的原则，《海商法》等法律对担保问题另有规定的，优先适用其规定。

三、担保的方式

根据《担保法》第 2 条的规定，担保的方式包括保证、抵押、质押、留置和定金等五种。

1. 保证

保证是指第三人和债权人约定，当债务人不履行债务时，该第三人按照约定履行债务或者承担责任的行为。在保证法律关系中第三人是保证人，债权人既是主合同的债权人，又是保证合同的债权人。债权人选择保证担保方式，将承担一定的风险，因为，债权人根据保证合同对保证人的财产不享有担保物权，一旦保证人丧失对保证责任的履行能力，将会危及债权人的利益。保证人在保证法律关系中承担的是保证责任，即按照约定履行债务或者承担责任。

2. 抵押

抵押是指债务人或第三人不移转对自己特定财产的占有而将该财产提供担保，使债权人的债权得以优先受偿的权利。抵押权是抵押权人直接对物享有的权利，可以对抗物的所有人及第三人。抵押法律关系的主体包括抵押权人和抵押人，抵押法律关系的客体即标的物是债务人或第三人提供担保的不动产和动产，主要是不动产。由于抵押权不移转标的物的占有，故抵押人有权继续对抵押物进行使用、收益、处分，发挥物的效用。

3. 质押

质押是指为了担保债权的履行，债务人或第三人将其动产或权利移交债权人占有，当债务人不履行债务时，债权人有权依法以该财产折价或者拍卖、变卖的价款优先受偿。质押法律关系的主体包括质押权人和质押人，客体包括动产和权利，故质押分为动产质押和权利质押两种，而不包括不动产质押。

4. 留置

留置是指债权人按照合同的约定占有债务人的动产，债务人不按合同约定的期限履行债务的，债权人有权依法留置该财产，以该财产折价或者以拍卖、变卖该财产的价款优先受偿。但留置仅适用于保管、运输、加工承揽以及法律规定可以留置的其他合同，且留置物权限于动产。

5. 定金

定金是合同实践中较为常见的一种担保方式。定金是指合同的当事人依照法律规定或者合同约定，由当事人一方在合同订立时或者合同订立后、履行前，按合同标的额的一定比例预先向对方支付一定数额的金钱，用以作为其履行合同的担保。给付定金的一方不履行合同的，无权请求返还定金；接受定金的一方不履行合同的，应当双倍返还定金。债务人履行债务后，所付定金可抵作价款或者收回。对于同一债权的担保，可以选择一种担保方式，也可以同时选择多种担保

四、担保的法律性质

1. 担保具有从属性

《担保法》第5条第1款规定："担保合同是主合同的从合同，主合同无效，担保合同无效。担保合同另有约定的，按照约定。"由此规定可知，担保的从属性是指合同担保从属于主债，以主债的存在而存在，以主债的消灭而消灭，一般也随着主债的变更而变更，担保合同是主合同的从合同，担保是从属于主债权的，没有主合同、主债权，就没有担保合同。同时，担保《担保法》第14条规定："保证人与债权人可以就单个主合同分别订立保证合同，也可以协议在最高债权额限度内就一定期间连续发生的借款合同或者某项商品交易合同订立一个保证合同。"《担保法》第59条规定："本法所称最高额抵押，是指抵押人与抵押权人协议，在最高债权额限度内，以抵押物对一定期间内连续发生的债权作担保。"第60条规定："借款合同可以附最高额抵押合同。债权人与债务人就某项商品在一定期间内连续发生交易而签订的合同，可以附最高额抵押合同。"第61条规定："最高额抵押的主合同债权不得转让。"以上是最高额保证（《担保法》第14条）和最高额抵押（《担保法》第59条至第61条）的法律规定，说明担保法允许为将来存在的债权预先设定保证或者抵押权。

2. 担保具有补充性

担保的补充性是指合同担保一经有效成立就在主债关系的基础上补充了某种权利义务关系，如保证法律关系、抵押法律关系、质押法律关系、定金法律关系等，这些补充的权利义务关系极大地保障了债权人债权得以实现的可能性，也就是说，在主债关系因适当履行而正常终止时，上述补充的义务并不实际履行，只有在主债务不履行时，补充的义务才履行，使主债权得以实现。

3. 担保具有相对独立性

相对独立性是指担保相对于被担保的债权而发生和存在，不仅担保的设定当事人需另外达成协议或者依照法律的规定而发生，担保的范围也需要当事人另行约定，并不要求和担保的债务范围相同。同时，当事人还可以约定，债权债务关系不成立、无效或者被撤销、变更时，担保并不必随之发生相应效果。

五、无效担保

1. 无效担保的种类

无效担保是指不具有法律约束力，不能产生当事人所期望的担保法律后果的担保。根据《担保法》及《担保法司法解释》的规定，无效担保的种类主要有以下5种：

(1) 国家机关和以公益为目的的事业单位、社会团体违反法律规定提供担保的，担保合同无效。此种类型的担保主要包括两个方面：一是《担保法》第8条规定："国家机关不得作保证人，但经国务院批准为使用外国政府或者国际经济组织贷款进行转贷的除外。"二是《担保法》第9条规定："学校、幼儿园、医院等以公益为目的的事业单位、社会团体不得为保证人。"至于国家机关和以公益为目的事业单位是否可以提供抵押、质押等担保方式，《担保法》没有明确规定，但《担保法司法解释》第53条规定，学校、幼儿园、医院等以公益为目的的事业单位、社会团体，以其教育设施、医疗卫生设施和其他社会公益设施以外的财产为自身债务设定抵押的，人民法院可以认定抵押有效，从此项规定来看，应当认为是允许的。

(2) 董事、经理违反公司法规定，以公司资产为本公司股东或者其他个人债务提供担保的，担保合同无效。《公司法》第60条规定：董事、经理不得以公司资产为本公司的股东或者其他个人债务提供担保。如果担保合同无效，除债权人知道或者应当知道的外，债务人、担保人应当对债权人的损失承担连带赔偿责任。需要注意的是，董事、经理是以公司名义为公司股东或者个人提供的担保无效，如果是以自己名义对外提供担保，则与公司无关，担保可为有效。

(3) 担保内容违法的，担保无效。担保合同所约定的内容违法的，例如，将法律、法规禁止流通的财产或者不可转让的财产设定担保的，担保合同无效。如果是以法律、法规限制流通的财产设定担保的，在实现债权时，人民法院应当按照法律、法规的规定对该财产进行处理，即限制流通的财产设定担保时，担保有效，但实现担保的方式应当按照法律、法规的规定进行处理。

(4) 担保形式不合法，可导致担保合同全部无效。根据法律规定，担保合同应采用书面形式，凡未采用书面形式订立的担保合同均属无效合同。法律对担保合同生效条件有明确规定的，如果当事人不履行法定手续，或担保合同不具备法定条件的，该担保合同无效。

(5) 未经批准或登记的对外担保，担保合同无效。《担保法司法解释》第6条规定：下列对外担保合同无效：①未经国家有关主管部门批准或者登记对外担保的；②未经国家有关主管部门批准或者登记，为境外机构向境内债权人提供担保的；③为外商投资企业注册资本、外商投资企业中的外方投资部分的对外债务提供担保的；④无权经营外汇担保业务的金融机构、无外汇收入的非金融性质的企业法人提供外汇担保的；⑤主合同变更或者债权人将对外担保合同项下的权利转让，未经担保人同意和国家有关主管部门批准的，担保人不再承担担保责任。但法律、法规另有规定的除外。

2. 无效担保合同的法律后果

无效担保合同虽然不能产生当事人所期望的担保法律后果，但仍然能够产生一定的法律后果。

(1) 无效担保合同或者担保合同中的无效条款自始无效，对担保合同当事人不具有约束力，没有履行的，不得履行；正在履行的，应当停止履行；已经履行的，应当依法各自承担责任。

(2)《担保法》第 5 条第 2 款规定："担保合同被确认无效后，债务人、担保人、债权人有过错的，应当根据其过错各自承担相应的民事责任"。因此，担保人不仅在担保有效时要承担担保义务，而且在担保无效时也应当承担适当的法律责任。在担保无效的情形下，担保人承担的责任不是担保责任，而是担保无效后的其他民事责任，这种责任要求当事人有过错，担保人在承担责任时，除了承担连带责任的情形以外，是承担债务人"不能清偿部分"的一定比例，而不是债务人"全部债务"的一定比例，也不是债务人"不清偿"的一定比例。所谓"不能清偿部分"根据《担保法司法解释》第 131 条的规定，是指对债务人的存款、现金、有价证券、成品、半成品、原材料、交通工具等可以执行的动产和其他方便执行的财产执行完毕后，债务仍未能得到清偿的状态。

根据《担保法司法解释》第 7 条、第 8 条的规定，担保合同被确认无效后，债务人、担保人、债权人有过错的，应当根据其过错各自承担相应的民事责任。所谓各自承担相应的民事责任的情况包括下列两种：一是当主合同有效，担保合同由于担保人不具有担保主体资格造成无效的，如果债权人无过错，担保人和债务人应当承担连带责任；如果债权有过错，则债权人与债务人、担保人作为两方当事人分担责任，担保人承担不超过债务人不能清偿部分的二分之一。二是由于主合同无效导致担保合同无效，原则上应当由主合同当事人承担责任，所以如果担保人无过错，担保人不承担责任；如果担保人有过错，也是三方有过错，因此担保人承担的责任不能超过债务人不能清偿部分的三分之一。

六、担保责任的免除

担保合同依法订立后，如果被担保人不履行债务，必须根据担保合同承担担保责任，但出现下列情形之一的担保人可以免除担保责任：

(1) 保证责任因下列 3 个原因免除：1）债权人擅自许可债务人转让债务。《担保法》第 23 条规定："保证期间，债权人许可债务人转让债务的，应当取得保证人的书面同意，保证人对未经其同意转让的债务，不再承担保证责任。" 2）债权人与债务人协议变更主合同的内容未经担保人同意。《担保法》第 24 条规定："债权人与债务人协议变更主合同的，应当取得保证人书面同意，未经保证人书面同意，保证人不再承担保证责任。保证合同另有约定的，按照约定。"主合同的变更包括合同主体的变更和合同内容的变更，根据《担保法》的规定，24 条所规定的"协议变更主合同"，是指合同内容的变更，合同内容的变更包括合同的标的、质量、数量、价格以及其他条款的变更等。3）依照《担保法》第 30 条规定："有下列情形之一的，保证人不承担民事责任：①主合同当事人双方串通，骗取保证人提供保证的；②主合同债权人采取欺诈、胁迫等手段，使保证人在违背真实意思的情况下提供保证的。”

(2) 主债务已得到全面、正确的履行。在这种情况下，主债务因为债务人已全面、正确的履行而消灭，担保责任亦随之消灭。

(3) 发生不可抗力。不可抗力是指不能预见、不能避免并且不能克服的客观情况，不可抗力的情况通常包括自然现象和社会现象，如洪水、台风、地震和战争等。根据法律规定，不可抗力是合同当事人免责的法定事由，发生不可抗力的情况时，被担保人或担保人对约定的义务不能履行在主观上并无过错，属于客观上的履行不能，即当事人没有过错，不应承担责任。

(4) 债权人在法定期间未主张债权。《民法通则》第135条规定：“向人民法院请求保护民事权利的诉讼时效期间为2年，法律另有规定的除外。”即民事权利的行使受诉讼时效期间的限制，《担保法》第25条规定：“一般保证的保证人与债权人未约定保证期间的，保证期间为主债务履行期届满之日起6个月。在合同约定的保证期间和前款规定的保证期间，债权人未对债务人提起诉讼或者申请仲裁的，保证人免除保证责任；债权人已提起诉讼或者申请仲裁的，保证期间适用诉讼时效中断的规定。”第26条规定：“连带责任保证的保证人与债权人未约定保证期间的，债权人有权自主债务履行期届满之日起6个月内要求保证人承担保证责任。在合同约定的保证期间和前款规定的保证期间，债权人未要求保证人承担保证责任的，保证人免除保证责任。”第27条规定，保证人依照《担保法》就连续发生的债权作保证，未约定保证期间的，保证人可以随时书面通知债权人终止保证合同，但保证人对于通知到债权人前所发生的债权，承担保证责任。以上内容都是对保证担保的诉讼时效期间的规定，其他担保方式的诉讼时效期间适用《民法通则》的有关规定。

第二节 保 证

一、保证的概念

《担保法》第6条规定，保证是指保证人和债权人约定，当债务人不履行其债务时，保证人按照约定履行债务或者承担责任的行为。保证法律关系涉及保证人、债权人和债务人。债权人既是主债权人，也是保证合同中的债权人。当事人之间的权利义务关系通常由性质不同的三个合同予以调整，一是发生在债权人与债务人之间的合同，该合同是保证法律关系成立的基础；二是发生在债务人与保证人之间的委托保证合同，该合同是债务人与保证人之间权利义务关系的协定，与债权人无直接的关系；三是发生在保证人与债权人之间的保证合同，该合同的权利主体是债权人，义务主体是保证人，系单务、无偿合同。

二、保证方式

1. 一般保证和连带责任保证

保证方式是指保证人承担保证责任的方式。《担保法》第16条规定，保证的方式有一般保证和连带责任保证。

(1) 一般保证。所谓一般保证，根据《担保法》第 17 条第 1 款的规定，是指当事人在保证合同中约定，债务人不能履行债务时，由保证人承担保证责任的保证。债务人不能履行债务，是指债务人在客观上无法履行债务或者没有履行债务的能力，而不是指债务人基于主观方面的原因不履行债务。《担保法》第 17 条第 2 款规定："一般保证的保证人在主合同纠纷未经审判或者仲裁，并就债务人财产依法强制执行仍不能清偿债务前，对债权人可以拒绝承担保证责任。"这是法律对保证人享有先诉抗辩权的规定，所谓先诉抗辩权是指保证人在法律规定的范围内有权承担保证责任。保证人行使先诉抗辩权的目的仅在于暂时拒绝承担保证责任，而不能以此为理由否认债权人的权利和自身保证责任的存在。为了维护债权人的利益，《担保法》第 17 条第 3 款规定，有下列情形之一的，保证人不得行使先诉抗辩权：(1) 债务人住所变更，致使债权人要求其履行债务发生重大困难的；(2) 人民法院受理债务人破产案件，中止执行程序的；(3) 保证人以书面形式放弃先诉抗辩权的。

(2) 连带责任保证。《担保法》第 18 条规定，连带责任保证是指当事人在保证合同中约定保证人与债务人对债务承担连带责任的保证方式。采用连带责任保证方式，债务人在主合同规定的债务履行期限内没有履行债务的，债权人可以要求债务人履行债务，也可以要求保证人在其保证范围内承担保证责任，连带责任保证的保证人不享有先诉抗辩权。

根据以上规定可知，保证人在不同的保证方式中所处的地位不同，承担的责任也不同，其利益受到法律保护的程度也有差别，所以保证人承担何种方式的保证责任非常重要，应在保证合同中明确约定。《担保法》第 19 条规定："当事人对保证方式没有约定或者约定不明确的，按照连带责任保证承担保证责任。"一般而言，保证人在一般保证中地位较优越，往往并不实际承担责任，相反，保证人在连带责任保证中的地位则不太有利，只要债务人不履行其债务，保证人就得满足债权人提出的承担保证责任的请求，即保证人与债务人处于同样的地位。

2. 单独保证和共同保证

按照保证人的数量划分，保证可以分为单独保证和共同保证。单独保证是指只有一个保证人担保同一债权的保证。除另有说明外，我们通常所说的保证就是指单独保证。共同保证是指数个保证人担保同一债权的保证。共同保证既可以是数个共同保证人与债权人签订一个保证合同，也可以是数个保证人与债权人签订数个保证合同，关于共同保证的效力，《担保法》第 12 条规定："同一债务有两个以上保证人的，保证人应当按照保证合同约定的保证份额，承担保证责任。没有约定保证份额的，保证人承担连带责任，债权人可以要求任何一个保证人承担全部保证责任，保证人都负有担保全部债权实现的义务。已经承担保证责任的保证人，有权向债务人追偿，或者要求承担连带责任的其他保证人清偿其应当承担的份额。"由此规定可知，按照保证人是否约定各自承担的担保份额，可以将共同保证分为按份共同保证和连带共同保证。按份共同保证是保证人与债权人约定按份额对主债务承担保证义务的共同保证；连带共同保证是各保证人约定均对全部主债务承担保证义务或保证人与债权人之间没有约定所承担保证份额的共同保证。

共同保证中的连带共同保证的"连带"是保证人之间的连带，而非保证人与主债务人之间的连带，故称之为“连带共同保证”，而非“连带责任保证”。连带共同保证的债务人在主合同规定的债务履行期届满没有履行债务的，债权人可以要求债务人履行债务，也可以要求任何一个保证人承担全部保证责任，已经承担保证责任的保证人，有权向债务人追偿，或者要求承担连带责任的其他保证人清偿其应当承担的份额。

三、保证合同

1. 保证合同的概念

保证合同，是指保证人与债权人订立的在主债务人不履行其债务时，由保证人承担保证责任的协议。保证合同系单务、无偿合同，因为在保证合同中，只有保证人承担债务，债权人不承担给付义务，同时只有保证人对债权人承担保证债务，债权人对此不提供相应对价，故为单务、无偿合同。《担保法》第13条规定：“保证人与债权人应当以书面形式订立保证合同。”所以保证合同亦为要式合同。保证合同为从合同，主合同有效成立或将要成立，保证合同才发生效力，故主合同无效，保证合同无效。但保证合同无效，并不必然导致主合同无效。

2. 保证合同的当事人及法律效力

保证合同的当事人包括保证人和债权人。债权人可以是一切享有债权之人，保证人包括自然人、法人或其他组织，保证人是否具有保证担保主体资格，直接决定着保证合同的效力，并关系到债权人实现债权是否有保障。所以《担保法》对保证人的主体资格及担保合同的效力做了如下规定：

(1) 保证人必须是具有代为清偿债务能力的人。《担保法》第7条规定：“具有代为清偿债务能力的法人、其他组织或者公民，可以作保证人。”

(2) 主债务人不得同时为保证人。如果主债务人同时为保证人，意味着其责任财产未增加，保证的目的落空。

(3) 国家机关原则上不得为保证人。《担保法》第8条规定：“国家机关不得为保证人，但经国务院批准为使用外国政府或者国际经济组织贷款进行转贷的除外。”如果国家机关未经国务院批准而与债权人订立保证合同的，保证合同无效。

(4) 学校、幼儿园、医院等以公益为目的的事业单位、社会团体不得作保证人。《担保法》第9条规定：“学校、幼儿园、医院等以公益为目的的事业单位、社会团体不得为保证人。”但从事经营活动的事业单位、社会团体，可以担任保证人。如学校、幼儿园、医院等以公益为目的的事业单位与债权人订立保证合同的，导致保证合同无效。

(5) 企业法人的分支机构、职能部门不得担任保证人。《担保法》第10条规定：“企业法人的分支机构、职能部门不得为保证人。企业法人的分支机构有法人书面授权的，可以在授权范围内提供保证。”

法人分支机构未经法人书面授权与债权人订立保证合同的，保证合同无效，因此给债权人造成损失的，应当根据《担保法》第5条第2款的规定处理，即担保合同被确认无效后，债务人、担保人、债权人有过错的，应当根据其过错各自承担相应的民事责任。企业法人的分支机构经法人书面授权提供保证的，如果法人的书面授权范围不明，法人的分支机构应当对保证合同约定的全部债务承担保证责任，企业法人的分支机构经营管理的财产不足以承担保证责任的，由企业法人承担民事责任。企业法人的分支机构提供的保证无效后应当承担赔偿责任的，由分支机构经营管理的财产承担，企业法人有过错的，按照《担保法》第 29 条的规定处理，即企业法人的分支机构未经法人书面授权或者超出授权范围与债权人订立保证合同的，该合同无效或者超出授权范围的部分无效，债权人和企业法人有过错的，应当根据其过错各自承担相应的民事责任；债权人无过错的，由企业法人承担民事责任。

企业法人的职能部门提供保证的，保证合同无效。债权人知道或者应当知道保证人为企业法人的职能部门的，因此造成的损失由债权人自行承担。债权人不知保证人为企业法人的职能部门，因此造成的损失，可以参照《担保法》第 5 条第 2 款的规定和第 29 条的规定处理。

四、保证担保的范围

保证担保的范围是指保证人对其承担保证责任的债务范围。《担保法》第 21 条规定："保证担保的范围包括主债权及利息、违约金、损害赔偿金和实现债权的费用。保证合同另有约定的，按照约定。当事人对保证担保的范围没有约定或者约定不明确的，保证人应当对全部债务承担责任"。根据以上规定可知，保证担保的范围一般包括主债权及利息、违约金、损害赔偿金和实现债权的费用。当事人可以约定对全部债务承担保证责任，也可以约定只对主债权或只对违约金等部分债务承担保证责任，也可以约定对主债务以外的内容承担保证责任。如果当事人对保证担保的范围没有约定或者约定不明确的，保证人应当对全部债务承担保证责任。同时，《担保法》第 28 条还规定，同一债权既有保证又有物的担保的，保证人对物的担保以外的债权承担保证责任；如债权人放弃物的担保，保证人在债权人放弃权利的范围内免除保证责任。

五、保证期间

保证期间是指保证人承担保证责任的起止时间。《担保法》第 25 条、第 26 条、第 27 条明确规定了保证的期间。一般保证的保证人与债权人未在保证合同中约定保证期间的，保证期间为主债务履行届满之日起 6 个月。如果债权人在合同约定或者法律规定的保证期间内没有对债务人提起诉讼或者申请仲裁，保证人的保证责任得以免除。连带责任保证的保证人与债权人未在保证合同中约定保证期间的，债权人应当在主债务履行期届满之日起 6 个月内要求保证人承担保证责任。如果债权人在保证合同约定的保证期间或者法律规定的 6 个月内没有要求保证人承担保证责任，保证人的保证责任得以免除。保证人依照担保法就连续发生的债权作保证，未约定保证期间的，保证人可以随时书面通知债权人终止保证合同，但保证人对于通知到债权人前所发生的债权，承担保证责任。

六、保证人的权利

保证人的权利因为法律关系的不同而有不同，在与债权人的关系中，保证人权利主要体现为抗辩权；在与债务人的关系中，保证人的权利主要体现为追偿权。

1. 抗辩权

保证人对债权人的抗辩权有两种：(1) 保证人可以直接行使主债务人对债权期的抗辩权。《担保法》第 20 条第 1 款规定："一般保证和连带责任保证的保证人享有债务人的抗辩权。债务人放弃对债务的抗辩权的，保证人仍有权抗辩"。所谓抗辩权是指债权人行使债权时，债务人根据法定事由，对抗债权人行使请求权的权利，而且这种抗辩权即使在主债务人放弃的情况下，保证人仍可行使。具体包括诉讼时效的抗辩权、各种合同履行中的抗辩权等。(2) 先诉抗辩权。所谓先诉抗辩权是指一般保证的保证人在主合同纠纷未经审判或者仲裁，并就债务人财产依法强制执行仍不能履行债务前，对债权人可以拒绝承担保证责任的抗辩权。先诉抗辩权是保证人对抗债权人请求的权利，是一种延期的抗辩权，只是在主债务人的财产被强制执行而无效前对抗债权人的权利。在连带责任保证的情况下，保证人不享有先诉抗辩权。

为了维护债权人的利益，《担保法》第 17 条第 3 款规定，有下列情形之一的，保证人不得行使先诉抗辩权：(1) 债务人住所变更，致使债权人要求其履行债务发生重大困难的。自然人的住所是指其经常居住的场所，法人的住所是指其主要办事机构所在的场所，法律规定须债务人住所的变更已导致债权人要求其履行债务发生重大困难时，保证人才不得行使先诉抗辩权，但法律没有具体规定何谓"重大困难"。(2) 人民法院受理债务人破产案件，中止执行程序的。人民法院受理债务人破产案件中止执行程序后，债务人的财产实质上处于被冻结的状态，在这种情况下，如果仍然允许保证人行使先诉抗辩权，不利于保护债权人的债权。(3) 保证人以书面形式放弃先诉抗辩权的。根据《担保法》规定，一般保证的保证人在依法享有先诉抗辩权的权利时，同时也规定了保证人有权依法处分自己的该项权利，即保证人有权放弃其先诉抗辩权。法律明文规定保证人放弃该项权利必须以书面形式表示，若保证人仅以口头形式表示放弃该项权利的，则不能认为其已放弃该项权利。保证人以书面形式放弃先诉抗辩权后，客观上将产生不利于自己的法律后果，即保证人实质上必须在保证范围内对主债务承担连带保证责任。

2. 追偿权

保证人的追偿权，是指保证人承担保证责任后，可以向主债务人请求偿还的权利。保证人承担保证责任，对债权人与保证人之间的关系来说，属于履行保证义务，但对主债务人与保证人之间的关系来说，属于清偿他人（主债务人）的债务，因此保证人承担保证责任后，有权向债务人追偿。保证人的追偿权是请求权的一种，因此适用《民法通则》第 135 条规定的 2 年诉讼时效，并从保证人承担保证责任完毕时起算。

在共同保证合同中，保证人追偿权的行使情况不同，具体内容包括：(1) 如果是按份共同保证，保证人只能就自己保证责任的份额向主债务人追偿。如果保证人承担的保证责任大于其约定的保证份额的，大于部分不得向主债务人主张追偿。在按份共同保证中，保证人不得向其他保证人追偿。(2) 如果属于连带共同保证，每一个保证人都有义务向债权人履行全部保证债务，各保证人履行保证债务后，应当先向主债务人追偿，向债务人不能追偿的部分，由各连带保证人按其内部约定的比例分担；没有约定的，平均分担。

第三节 抵 押

一、抵押权的概念和特征

抵押权是指债权人对于债务人或第三人不移转占有而提供担保的不动产及其他财产，在债务人不履行债务时，依法享有的就担保的财产变价并优先受偿的权利。

抵押权的特征主要包括：(1) 抵押权是一种担保物权，是以确保债务的履行为目的的担保物权，其具有物权的一般属性，抵押权人对抵押物享有控制、支配的权利。所谓控制并非指实施对抵押物的占有，而是指抵押人非经抵押权人同意不得处分抵押物。支配是指债权人在债权已受到清偿的期限而未受清偿时，有权依法处置抵押物并就处置抵押物所获得的价款优先受偿。当抵押权受到第三人的侵害时，抵押权人可以适用物权的保护方法保护其权利。(2) 抵押权的标的物是债务人或第三人提供担保的不动产及其他财产，主要是不动产，也可以是动产。(3) 抵押权具有追及力。追及力是物权所特有的效力，当履行债务的期限届满而债务人仍未履行债务时，抵押权人依法可以追及该抵押物行使权利，而不论该抵押物的占有状态如何。(4) 抵押权是以抵押财产的变价优先受偿的权利，即当债务人不履行债务时，债权人有权依照法律规定以抵押财产折价或者以拍卖、变卖该财产的价款优先于其他债权人而受偿。这种优先受偿不是指在债务人不履行债务时直接移转抵押物的所有权，而是指在债务人不履行债务时，将抵押物变价，使抵押权人享有优先于其他债权人就抵押物变价后的价值的受偿权。

二、抵押权所担保的债权的范围

我国《担保法》第46条规定："抵押担保的范围包括主债权及利息、违约金、损害赔偿金和实现抵押权的费用。抵押合同另有约定的，按照约定"。据此，抵押担保的范围应当依照抵押合同的约定确定，如果当事人在抵押合同中没有约定，则抵押担保的范围应包括主债权、利息、违约金和赔偿金、实现抵押权的费用。但抵押人所担保的债权超出其抵押物价值的，超出的部分不具有优先受偿的效力。

三、抵押合同

1. 订立抵押担保合同应注意的问题

在我国，由于现行立法对法定抵押权规定的很少，因此在实践中产生的抵押权主要为约定抵押权。双方当事人在签订抵押合同时应注意下列问题：第一，抵押人必须对抵押物依法享有所有权或处分权。抵押人对抵押物未依法享有所有权或处分权，抵押合同无效。第二，抵押物必须是法律允许抵押的财产。抵押财产亦即抵押物，它是指债务人或第三人提供担保的财产。

根据《担保法》第 34 条的规定，可用以抵押的财产包括：

(1) 抵押人所有的房屋和其他地上定着物。地上定着物包括尚未与土地分离的农作物，但当事人以农作物和与其尚未分离的土地使用权同时抵押的，土地使用权部分的抵押无效。因为种植农作物的土地属于耕地的范畴，根据法律规定，不属于可以抵押的财产。同时，《担保法司法解释》第 47 条规定，依法获准尚未建造的或正在建造中的房屋或者其他建筑物也属于可以抵押的标的物。

(2) 抵押人所有的机器、交通运输工具和其他财产。

(3) 抵押人依法有权处分的国有的土地使用权、房屋和其他地上定着物。

(4) 抵押人依法有权处分的国有机器、交通运输工具和其他财产。此处只要“有权处分”即可，不要求抵押人对抵押财产有所有权。以这些财产进行抵押时，不需要取得有关主管部门的同意。

(5) 抵押人依法承包并经发包方同意抵押的荒山、荒沟、荒丘、荒滩等荒地的土地使用权。此处需满足三个条件：一是抵押人依法承包；二是发包方同意；三是荒山、荒沟、荒丘、荒滩等荒地的土地使用权。

(6) 依法可以抵押的其他财产。

担保法不仅规定了可用于抵押的财产，而且还规定了不得用于抵押的财产，根据《担保法》第 37 条的规定，下列财产不得抵押：

(1) 土地所有权。在我国，土地归国家所有和集体所有，而不能为私人财产。土地所有权不得抵押，也就是不能以国家或集体所有的土地抵押，否则抵押合同无效。

(2) 耕地、宅基地、自留地、自留山等集体所有的土地使用权，但是法律另有规定的除外。这里的除外包括：一是抵押人依法承包并经发包方同意抵押的荒山、荒沟、荒丘、荒滩等荒地的土地使用权可以抵押；二是乡（镇）、村企业的土地使用权不得单独抵押，但是以乡（镇）、村企业的厂房等建筑物抵押的，其占用范围内的土地使用权可以同时抵押。

(3) 学校、幼儿园、医院等以公益为目的的事业单位、社会团体的教育设施、医疗卫生设施和其他社会公益设施。但是根据《担保法司法解释》的规定，如果学校、幼儿园、医院等以公益为目的的事业单位、社会团体，以其教育设施、医疗卫生设施和其他社会公益设施以外的财产为自身债务设定抵押的，人民法院可以认定抵押有效。

(4) 所有权、使用权不明或者有争议的财产。所有权、使用权不明或者有争议，因为无法确定是否有处分权，因此不得抵押。

(5) 依法被查封、扣押、监管的财产。但是已经设定抵押的财产被采取查封、扣押等财产保全或者执行措施的，不影响抵押权的效力。

(6) 依法不得抵押的其他财产。如以法定程序确认为违法、违章的建筑物。

2. 抵押合同的当事人和内容

(1) 抵押合同的当事人包括抵押人和抵押权人。抵押权人就是指债权人，因为抵押权是担保主债权而存在的，所以只有被担保的主债权中的债权人才能成为抵押权人。抵押人，即抵押财产的所有人，既可能是债务人，也可能是第三人。由于设定抵押权在性质上属于处分财产的行为，因此抵押人必须对设定抵押的财产享有所有权或处分权。

(2) 抵押担保合同应采用书面形式，内容包括：

1) 被担保的主债权种类、数额；

2) 债务人履行债务的期限；

3) 抵押物的名称、数量、质量、状况、所在地、所有权权属或者使用权权属；

4) 抵押担保的范围；

5) 当事人认为需要约定的其他事项。

上述几项内容是抵押担保合同一般应当具备的内容，如果抵押合同不具备上述内容的，可以由当事人补正。另外，当事人在订立抵押合同时，不得在合同中约定在债务履行期满抵押权人未受清偿时，抵押物的所有权转移为债权人所有，如果合同中有这样的条款，则该条款无效，即“流质条款无效”，但流质条款无效不影响抵押合同其他条款的效力。

四、抵押登记

1. 登记是抵押权生效的条件

由于抵押权的设立，其法律效果不仅直接涉及抵押人和抵押权人，而且还涉及抵押人的一般债权人和其他与抵押物有利害关系的人。因此，法律对抵押权的设立，要求具备严格的形式要件。《担保法》第41条规定：“当事人以本法第42条规定的财产抵押的，应当办理抵押物登记，抵押合同自登记之日起生效。”故根据《担保法》的规定，以下列财产抵押的，应当办理抵押物登记，抵押合同自登记之日起生效：

(1) 以无地上定着物的土地使用权抵押的；

(2) 以城市房地产或者或乡（镇）、村企业的厂房等建筑物抵押的；

(3) 以林木抵押的；

(4) 以航空器、船舶、车辆抵押的；

(5) 以企业的设备和其他动产抵押的。

对上述财产进行抵押的，必须履行登记手续，才能设立抵押权，未经登记，抵押合同不能生效，抵押权亦不能产生。如果抵押物登记记载的内容与抵押合同约定的内容不一致，以登记记载的内容为准。法律规定登记生效的抵押合同签订后，抵押人违背诚信拒绝办理抵押登记导致债权人受损的，抵押人应当承担赔偿责任，注意此“赔偿责任”并非担保责任，因为抵押权没有成立。当事人办理抵押登记手续时，因登记部门的原因致使其无法办理抵押物登记，抵押人向债权人交付权利凭证的，可以认定债权人对该财产有优先受偿权。但是，未办理抵押物登记不得对抗第三人。以尚未办理权属证书的财产抵押的，只要当事人在一审法庭辩论终结前能够提供权利证书或者补办登记手续的，法院可以认定抵押有效。

当事人以上述必须进行登记的财产以外的财产进行抵押的，可以自愿办理抵押登记，抵押合同自签订之日起生效。当事人亦未办理抵押物登记的，不得对抗第三人。因而对这些财产是否进行抵押登记，完全由当事人决定。抵押合同自签订之日起成立并生效，并对当事人产生拘束力。只是如果没有登记，不能对抗第三人。

2. 抵押物登记机关

根据我国《担保法》第 42 条的规定，以登记作为抵押生效要件的财产抵押登记是根据抵押财产的种类来区分的，主要有如下登记机关：

(1) 无地上定着物的土地使用权抵押的，为核发土地使用权证书的土地管理部门；

(2) 城市房地产或者乡（镇）、村企业的厂房等建筑物抵押的，为县级以上地方人民政府规定的部门；

(3) 林木抵押的，为县级以上林木主管部门；

(4) 航空器、船舶、车辆抵押的，为运输工具的登记部门；

(5) 企业的设备和其他动产抵押的，为财产所在地的工商行政管理部门。

如果当事人自愿办理抵押物登记，登记部门为抵押人所在地的公证部门。

五、抵押权的实现

所谓抵押权的实现，是指抵押物所担保的债权已到清偿期而债务人未履行债务时，抵押权人可以行使抵押权，以抵押物的价值优先受偿，即抵押权实现的条件有 3 个，一是债务人的债务已到清偿期；二是债务人未履行债务，包括债务人拒绝履行、迟延履行和不适当履行；三是必须存在合法有效的抵押。

我国《担保法》第 53 条规定：“债务履行期届满抵押权人未受清偿的，可以与抵押人协议以抵押物折价或者以拍卖、变卖该抵押物所得的价款受偿；协议不成的，抵押权人可以向人民法院提起诉讼。抵押物折价或者拍卖、变卖后，其价款超过债权数额的部分归抵押人所有，不足部分由债务人清偿。”据此，抵押权的实现方式一般有以下 3 种：

1. 折价

所谓折价是指主合同的债务履行期届满后债务人不能履行债务的，由抵押权人与抵押人协商，参照市场价格将抵押物作价，将抵押物的所有权转移给抵押权人，使其债权得以实现。但应注意，抵押权人与抵押人在订立抵押担保合同时不能预先约定抵押物折价的价款额，因为《担保法》第 40 条规定：“订立抵押合同时，抵押权人和抵押人在合同中不得约定在债务履行期届满抵押权人未受清偿时，抵押物的所有权转移为债权人所有。”《担保法》作出这样的规定的目的，是为了使抵押人避免在订立抵押担保合同时出于急迫和无奈，以高价值的财产设定抵押权担保数额较小的债权。当债务清偿期届满抵押人不能清偿债务时，不得不按预先约定将该财产以过低的价格转移给债权人而使自身利益遭受损害。如果合同中有这样的条款，则该条款无效，即“流质条款无效”，但流质条款无效不影响抵押合同其他条款的效力。

2. 拍卖

拍卖是指以公开竞争的形式将标的物卖给出价最高的买者。抵押物的拍卖应当按照《中华人民共和国拍卖法》的规定执行，一般由国家的执行机关或专门的拍卖机构进行，拍卖所得的价金必须先扣除拍卖费用以后才能用以清偿债务。拍卖方式能最大限度地体现拍卖物（抵押物）的价值，对维护抵押人和债权人的利益都较为充分。

3. 变卖

从广义上讲拍卖也属于变卖的方式，变卖是指由抵押权人通过一般的买卖或者以招标转让等方式而实现的变卖。变卖方式的弱点是无法真正、充分地体现抵押物的价值，且在司法实践中容易受一些非正常因素的干扰。但由于我国拍卖市场尚未发育健全，有些抵押物即使通过拍卖的方式也未能卖出，为使债权人的债权得以实现，客观上需要变卖这种方式。为了防止抵押物变卖价格过低而损害抵押人的利益，《担保法》第 94 条规定："抵押物、质物、留置物折价或者变卖，应当参照市场价格。"

六、抵押权的终止

出现下列三种情况时，抵押权终止：

(1) 主债权消灭。主债权消灭，作为从权利的抵押权即终止，这是由担保物权的从属性所决定的。

(2) 抵押物灭失。抵押权因抵押物的灭失而消灭，但如果抵押物灭失有赔偿金或保险金存在，则抵押权继续在赔偿金或保险金上存在，即因抵押物灭失所得的赔偿金应当作为抵押财产，这是由担保物权的物上代位性决定的。

(3) 抵押权实现。抵押权人对于抵押物已经实行其抵押权，无论债权是否得到全部清偿，抵押权都归于消灭。

第四节　质　　押

一、质押的概念和法律特征

质押是指债务人或者第三人将其动产或者财产权利移交债权人占有，以该动产或者财产权利作为债的担保，当债务人不履行债务时，债权人有权依法将该财产折价或者以拍卖、变卖所得价款优先受偿。在质押法律关系中债权人是质权人，债务人或第三人是出质人，移交的动产为质物。根据《担保法》的规定，质押分为动产质押和权利质押。

质押作为担保物权，同样具备担保物权的特征，如从属性、不可分性等，但是质押与抵押相比，有以下 3 点区别：(1) 抵押的标的物可以是动产，也可以是不动产。质押物不包括不动产，只限于动产和权利，民事权利有多种，但依法能用以质押的仅限于财产权利，如汇票、本票、支票、债券、存单以及依法可以转让的股票、股份、商标权等，非财产权利不能质押。(2) 抵押权的设定不要求转移抵押物的占有。质权的设立以转移质押物的占有为前提，这也是质权人能够实现债权的关键所在；(3) 抵押权设定不要求转移抵押物的占有，因此抵押人可以继续对抵押物占有、使用、收益。由于质权的设立以转移质押物的占有为前提，所以质押人虽然享有对标的物的所有权，但不能直接对质押物进行占有、使用、收益。

二、动产质押

1. 动产质押的概念

《担保法》第63条规定："本法所称动产质押，是指债务人或者第三人将其动产移交债权人占有，将该动产作为债权的担保。债务人不履行债务时，债权人有权依照本法规定以该动产折价或者以拍卖、变卖该动产的价款优先受偿"。据此，动产质押，是以动产作为标的物的质押。

2. 动产质押合同

出质人和质权人应当以书面形式订立质押合同。根据《担保法》第65条的规定，质押担保应当包括以下内容：

(1) 被担保的主债权种类、数额；

(2) 债务人履行债务的期限；

(3) 质物的名称、数量、质量、状况；

(4) 质押担保的范围；

(5) 质物移交的时间；

(6) 当事人认为需要约定的其他事项。

质押合同不完全具备上述内容时，当事人可以事后补正，不能宣告合同无效。同时应注意，动产质押，仅有质押合同的成立并不能发生质权，质押合同自质物移交给质权人占有时生效。

3. 动产质押担保的范围

《担保法》第67条规定："质押担保的范围包括主债权及利息、违约金、损害赔偿金、质物保管费用和实现质权的费用。质押合同另有约定的，按照约定"。因此质押担保的范围主要由合同约定，如果合同没有约定，则应当包括主债权及利息、违约金、损害赔偿金、质物保管费用和实现质权的费用。动产质权的效力及于质物的从物，但是从物未随同质物移交质权人占有的，质权的效力不及于从物。

4. 出质人的权利和义务

动产出质后，出质人仍享有质物的所有权，仍然有权处分已经出质的财产。但出质人行使处分权时，不得影响质权的效力。出质人的主要义务是不得妨害质权人享有并行使对质物的权利。如果质物有隐蔽瑕疵造成质权人其他财产损害的，应由出质人承担赔偿责任。但质权人在质物移交时明知质物有瑕疵而予以接受的除外。债务履行期满，出质人请求质权人及时行使权利，而质权人怠于行使权利致使质物价格下跌的，由此造成的损失，质权人应当承担赔偿责任。

5. 质权人的权利和义务

质权人依法享有以下权利：

(1) 占有质物。质权人占有质物是质权的成立要件，《担保法》第 64 条规定："质押合同自质物移交于质权人占有时生效。"所以，质权人有权占有质物。债务履行期届满质权人未受清偿的，质权人可以一直占有质物，并以质物的全部行使权利。出质人清偿所担保的债权后，质权人应当返还质物。

(2) 收取质物的孳息。如果在质押合同中当事人没有特别约定质物的孳息收取，则质权人有权收取质物所生的孳息。质权人收取孳息，并非取得孳息所有权，而是将孳息作为质押标的。因为《担保法》第 68 条规定："质权人有权收取质物所生的孳息。质押合同另有规定的，按照约定。"

(3) 质物转质权。质权人在债权存续期间，为了对自己的债务提供担保而在该质物上设定新的质权，并将质物移转占有给第三人，这种情况称为转质。由于转质涉及出质人的处分权的行使，因此应当经过出质人的同意。经过同意的转质，只能在原质权担保的债权范围内设定，超过的部分不具有优先受偿的效力。转质权的效力优于原质权。未经同意的转质无效，质权人对因转质而发生的损害承担赔偿责任。

(4) 质物有损坏或者价值明显减少的可能，足以危害质权人权利的，质权人可以要求出质人提供相应的担保。出质人不提供的，质权人可以拍卖或者变卖质物，并与出质人协议将拍卖或者变卖所得的价款用于提前清偿所担保的债权或者向与出质人约定的第三人提存。这是《担保法》第 70 条的明确规定。

(5) 优先受偿权。质权人有权就质物卖得的价金，优先受偿，从而实现其债权。优先受偿权主要表现在两个方面：一是质权人优先于普通债权人就处分质物的价款受偿；二是同一质物有数个质权人时，先设定质权的质权人优先于后设定质权的质权人就处分质物的价款受偿。

质权人依法负有以下基本义务：

(1) 妥善保管质物。质权人的主要义务是妥善保管质物，如果质权人未尽注意义务，导致出质人受到损害的，应负损害赔偿责任。质权人在质权存续期间，未经出质人同意，擅自使用、出租、处分质物，因此给出质人造成损失的，由质权人承担赔偿责任。因为《担保法》第 69 条规定："质权人负有妥善保管质物的义务。因保管不善致使质物灭失或者毁损的，质权人应当承担民事责任。质权人不能妥善保管质物可能致使其灭失或者毁损的，出质人可以要求质权人将质物提存，或者要求提前清偿债权而返还质物。"

(2) 返还质物。《担保法》第 71 条规定："债务履行期届满债务人履行债务的，或者出质人提前清偿所担保的债权的，质权人应当返还质物。"

6. 动产质权的实现

动产质权的实现，是指质权人在债务人到期不履行债务时，而对通过折价、拍卖和变卖方式所获得的价款优先受偿。我国《担保法》第 71 条规定："债务履行期届满债务人履行债务的，或者出质提前清偿所担保的债权的，质权人应当返还质物。债务履行期届满质权人未受清偿的，可以与出质人协议以质物折价，也可以依法拍卖、变卖质物。质物折价者拍卖、变卖后，其价款超过债权数额的部分归出质人所有，不足部分由债务人清偿"。因此，动产质权的实现必须具备以下条件：第一，债务人债务履行期届满，而债务人未履行债务；第二，债权人的债权未受清偿；第三，质权人占有质物。质权的实现形式包括折价、拍卖和变卖三种，这和抵押权的实现方式一样。

三、权利质押

1. 权利质押的概念

权利质押是指以可转让的权利为标的物的质权。权利质押的标的物是权利，但不是任何权利都可以作为权利质押的标的。能够作为权利质柙的标的应当具备下列两个条件：一是必须是财产权，即人格权、身份权不得作为权利质押的标的；二是必须是可以让与的权利。设定权利质押的目的在于未来的优先受偿性，如果权利不能让与，则不能设定权利质押。

2. 依法可以设定质押的权利

根据《担保法》的规定，依法可以设定质押的权利包括以下 4 项内容：

(1) 有价证券的质押。《担保法》第 75 条规定："下列权利可以质押：汇票、支票、本票、债券、存款单、仓单、提单。" 汇票是指由出票人签发的、委托付款人在见票时或者在指定日期无条件支付确定的金额给收款人或者持票人的票据，汇票分为银行汇票和商业汇票。本票是指由出票人签发的、承诺由出票人本人在见票时无条件支付确定的金额给收款人或持票人的票据。支票是指由出票人签发的、委托办理支票存款业务的银行或者金融机构在见票时无条件支付确定的金额给收款人或持票人的票据。债券是指根据法定程序发行的、在约定期限还本付息的有价证券，《担保法》规定的债券包括国库债券、企业债券、金融债券等。存款单是指银行等金融机构发给存款人的、证明其债权的单据。仓单是指由仓库保管人应寄托人的请求而填发的、证明寄托人对寄托在仓库之物享有债权的单据。提单是指《中华人民共和国海商法》所规定的、用以证明海上货物运输合同存在且货物已经由承运人接受或者装船以及承运人保证据以交付货物的单证，可以质押的提单主要是指可以转让的或者经法定程序后可以转让的提单。

(2) 依法可以转让的股份、股票的质押。《担保法》第 75 条规定："下列权利可以质押：依法可以转让的股份、股票。" 依法不能转让的股份、股票不能用以出质。如《中华人民共和国公司法》第 147 条规定："发起人持有的本公司股份，自公司成立之日起 3 年内不得转让。公司董事、监事、经理应当向公司申报所持有的本公司的股份，并在任职期间内不得转让。"

(3) 知识产权的质押。《担保法》第 75 条规定："下列权利可以质押：依法可以转让的商标专用权，专利权、著作权中的财产权。"即依法可以转让的商标专用权，专利权、著作权中的财产权可以质押。有的知识产权的内容既包括财产权，也包括人身权，但质押的知识产权仅限于可以转让的财产权，以知识产权中的人身权设定质押无效。设定质权后，未经质权人同意不得转让或者许可他人使用，未经许可转让或者许可他人使用，应当认定为无效，因此给质权人或者第三人造成损失的，由出质人承担民事责任。

(4) 依法可以质押的其他权利。《担保法》作出此项规定为将来扩大可以质押的权利范围留下余地。

3. 权利质押担保合同生效的法定条件

权利质押担保合同应当采用书面形式，具体法定条件包括：

(1) 有价证券的质押，即以汇票、支票、本票、债券、存款单、仓单、提单出质的，应当在合同约定的期限内将权利凭证交付质权人，质押合同自权利凭证交付之日起生效。

(2) 依法可以转让的股票出质的，出质人与质权人应当订立书面合同，并向证券登记机构办理出质登记，质押合同自登记之日起生效。

(3)《公司法》第 36 条规定，股东依法转让其出资后，由公司将受让人的姓名或者名称、住所以及受让人的出资额记载于股东名册。因此，以有限责任公司的股份出质的，应当将股份出质记载于股东名册。质押合同自登记之日起生效。

(4) 以依法可以转让的商标专用权，专利权、著作权中的财产权出质的，出质人与质权人应当向其管理部门办理出质登记，质押合同自登记之日起生效。

第五节　留　　置

一、留置权的概念和特点

留置权是指债权人按照合同约定占有债务人的动产，债务人不按照合同约定的期限履行债务的，债权人有权依法留置该财产，以该财产折价或者以拍卖、变卖该财产的价款优先受偿。留置权属于担保物权，因此具有担保物权的从属性、不可分性和代位性等担保物权的特征，同时留置权属于法定的担保物权，只能发生在特定的合同关系中。《担保法》第84 条规定："因保管合同、运输合同、加工承揽合同发生的债权，债务人不履行债务的，债权人有留质权。"

二、留置权的成立条件

留置权作为法定的担保物权必须符合法定的条件才能成立，具体条件主要包括以下 4 各方面：

(1) 债权人合法占有债务人的动产。根据法律规定，留置权的标的必须是动产，对不动产不能产生留置权。债权人占有债务人的动产，是留置权成立的最基本的要件，只有如此，才有发生留置权的可能，法律不仅要求直接占有，而且应当是合法占有，并且是对债务人动产的占有，而非第三人的动产。如果债权人合法占有债务人交付的动产时，不知债务人无处分该动产的权利，法律保护债权人的利益。

(2) 债权清偿期已届满且债务人未按规定期限履行义务。根据《担保法》第 82 条的规定，只有在债权已届清偿期，债务人仍不能履行义务时，债权人才可以留置债务人财产。

(3) 当事人在合同中没有相反的约定，也不得与债权人的义务相抵触。留置权是法定物权，因此设定留置权不需要双方当事人事先协商。但双方当事人可以通过合同排除留置权的适用。如果当事人在合同中事先约定不得留置，则债权人依据合同不得留置债务人的财产，否则将承担违约责任。

(4) 行使留置权不得与合同义务相抵触。

三、留置权担保的债权范围

《担保法》第 83 条规定："留置担保的范围包括主债权及利息、违约金、损害赔偿金、留置物保管费用和实现留置权的费用"。依此规定，与质押担保的范围一样，留置权所担保的债权范围包括主债权及利息、违约金、损害赔偿金、留置物保管费用和实现留置权的费用。留置权是一种法定担保物权，所以担保范围不需要双方当事人约定。

四、留置权人的权利和义务

1. 留置权人的权利

根据法律的相关规定，留置权人依法享有以下 3 项权利：

(1) 占有权。留置权人占有权的内容包括两个方面的内容，一方面可以对抗债务人即留置物的所有人或原占有人；另一方面，可以对抗该合同关系以外的第三人，当其留置物被第三人非法侵夺时，留置权人有权行使占有物返还之诉请求返还。

(2) 留置物孳息收取权。留置权人在占有留置物期间内，有权收取留置物的孳息。如果孳息是金钱，则可直接以其充抵债务；如果孳息是其他财产，留置权人享有将孳息变价优先受偿的权利。

(3) 优先受偿权。《担保法》第 87 条规定："债权人与债务人应当在合同中约定，债权人留置财产后，债务人应当在不少于 2 个月的期限内履行债务。债权人与债务人在合同中未约定的，债权人留置债务人财产后，应当确定 2 个月以上的期限，通知债务人在该期限内履行债务。债务人逾期仍不履行的，债权人可以与债务人协议以留置物折价，也可以依法拍卖、变卖留置物。留置物折价或者拍卖、变卖后，其价款超过债权数额的部分归债务人所有，不足部分由债务人清偿。"据此规定，留置权人在留置债务人的财产后，债务人逾期仍不履行的，债权人可以与债务人协议以留置物折价，也可以依法拍卖、变卖留置物，留置权人有权就留置财产变价所得优先受偿。

2. 留置权人的义务

留置权人的主要义务表现为一方面应当妥善保管留置物，因保管不善致使留置物灭失或毁损的，留置权人应当承担民事责任，这是《担保法》第 86 条的明文规定；另一方面在留置权所担保的债权消灭或者债务人另行提供担保时，债权人应当返还留置物，或者债务人另行提供担保时，债权人应当返还留置物。

五、留置权的消灭

《担保法》第 88 条规定："留置权因下列原因消灭：（一）债权消灭；（二）债务人另行提供担保并被债权人接受。"据此，留置权消灭的原因主要有以下 4 种：（1）主债权消灭。担保物权作为主债权的从权利，随主权利的消灭而消灭。即留置权所担保的债权消灭，包括债权已经清偿、债权已经抛弃等，留置权也归于消灭。（2）留置权实现。（3）留置物灭失。如果留置物灭失有赔偿金或保险金存在时，则留置权继续在赔偿金或保险金上继续存在，这是担保物权的物上代位性决定的。（4）债务人另行提供担保并被债权人接受。

第六节　定　　金

一、定金的概念、种类

1. 定金的概念

定金是指合同的当事人依照法律规定或者合同约定，由当事人一方在合同订立时或者合同订立后、履行前，按合同标的额的一定比例预先向对方支付一定数额的金钱，用以作为其履行合同的担保。定金具有以下 3 方面的法律特征：（1）认定合同成立的依据是给付和收受定金的事实；（2）定金具有双向担保性，《担保法》规定给付定金的一方不履行合同，无权请求返还定金，接受定金的一方不履行合同，应当双倍返还定金；（3）定金是一种合同履行前的预先给付，具有预付款的功能。如果合同得以正确履行，定金可充抵应付合同价款的一部分，但定金与单纯的预付款有质的区别，后者不是合同的担保形式，不具有定金的法律效力。

2. 定金的种类

按照定金的目的和功能，可以把定金分为 5 个种类，具体包括：立约定金、成约定金、证约定金、违约定金、解约定金等。根据《担保法》及《担保法司法解释》的有关规定，我国关于定金的性质属于任意性规定，当事人可以自主确定定金的性质。

（1）违约定金。即定金设立的目的是为了保证合同得以履行。在定金给付后，一方应履行债务而未履行的，受定金罚则约束。违约定金是为现行立法所承认且广泛适用的定金形式。我国《担保法》规定的定金原则上属于违约定金。

(2) 立约定金。是指当事人为订立正式合同而设立的定金。立约定金的适用规则为：定金给付方拒绝立约则无权请求返还定金，受定金方拒绝立约则应双倍返还定金。《担保法司法解释》第 115 条规定："当事人约定以交付定金作为订立主合同担保，给付定金的一方拒绝订立主合同的，无权要求返还定金；收受定金的一方拒绝订立合同的，应当双倍返还定金"。这是法律规定的立约定金。

(3) 成约定金。是指以给付定金为主合同成立或生效的要件，无定金交付，则主合同不成立或不生效。《担保法司法解释》第 116 条规定："当事人约定以交付定金作为主合同成立或者生效要件，给付定金的一方未支付定金，但主合同已经履行或者已经履行主要部分的，不影响主合同的成立或者生效"。根据此法律的规定，法律一方面承认当事人可以自己约定成约定金，另一方面又规定即使是成约定金，当事人没有履行定金给付义务，主合同仍有可能成立或者生效。

(4) 证约定金。是指以定金作为合同成立的证明，定金给付足以认定合同成立，但不得对抗合同双方当事人否认合同成立的主张。

(5) 解约定金。解约定金是指合同双方当事人以定金作为保留合同解除权的代价。解约定金的效力为：交付定金的当事人可以抛弃定金而解除合同，收受定金的当事人以双倍返还定金为条件解除合同。《担保法司法解释》第 117 条规定：定金交付后，交付定金的一方可以按照合同的约定以丧失定金为代价而解除主合同，收受定金的一方以双倍返还定金为代价而解除主合同。

二、定金的成立与生效

《担保法》第 90 条规定："定金应当以书面形式约定。当事人在定金合同中应当约定交付定金的期限。定金合同从实际交付定金之日起生效"。据此规定，定金担保合同应以书面形式订立，约定定金的数额及交付的期限。定金担保合同系实践合同，当事人双方依法签订合同后，必须由约定交付定金的一方当事人交付定金后合同才能生效，当事人之间的定金担保法律关系才能依法确定。同时，《担保法》第 91 条规定："定金的数额由当事人约定，但不得超过主合同标的额的 20%"。

三、定金的效力

定金的效力因定金的种类不同而不同，我国现行法上的定金为证约定金兼违约定金。《担保法》第 89 条规定："当事人可以约定一方向对方给付定金作为债权的担保。债务人履行债务后，定金应当抵作价款或者收回。给付定金的一方不履行约定的债务的，无权要求返还定金；收受定金的一方不履行约定的债务的，应当双倍返还定金。"据此，当事人一方不履行合同或拒绝履行合同时，适用定金罚则，且必须要求当事人有过错。如果因不可抗力、意外事件致使主合同不能履行的，不适用定金罚则。因合同关系以外第三人的过错，致使合同不能履行的，适用定金罚则，受定金处罚的一方当事人，可以依法向第三人追偿。如果在同一个合同中，当事人既约定违约金，又约定定金，在一方违约时，当事人只能选择适用违约金条款或者定金条款，不能同时要求适用两个条款。

第五章　经济仲裁和经济诉讼

第一节　经济纠纷的解决

随着经济体制改革的进一步深入，各种主体参与经济的机会更多，同时产生纠纷的机会也大幅上升，在我国经济立法尚不完备的情况下，为更好地维护当事人的合法权益，目前解决经济纠纷的方法通常有四种：协商、调解、仲裁和司法解决。协商是双方当事人在发生纠纷以后，本着自愿，平等的原则，在友好的气氛中化解纠纷、解决问题的一种方法，这种方法简便易行，省事省力。如果双方当事人不愿协商解决纠纷，还可以使用调解的方法解决纠纷，调解又叫调停、和解，是指在第三者的主持下，查清事实，分清是非，通过说服教育和劝导协商使双方当事人在自愿、互谅互让的基础上解决经济纠纷的一种方法。通过调解的办法解决当事人之间的纠纷，有利于促进双方当事人权利义务的实现和履行，因为调解是在当事人自愿基础上达成的调解协议，为事后执行创造了良好基础，使经济纠纷得到及时的解决，避免了不必要的经济损失，有利于双方当事人的团结协作。

第二节　经　济　仲　裁

一、经济仲裁概述

1. 经济仲裁的概念

仲裁，又称“公断”，是指双方当事人发生争议时，自愿将争议提交第三者从中调停，由第三者作出对双方当事人都有约束力的裁决。经济仲裁是指双方当事人在经济活动中因权利义务发生争议时，提请第三者依照法律作出对双方当事人都有约束力的裁决。在我国，经济仲裁分为国内经济仲裁和涉外经济仲裁，国内经济仲裁主要是指合同仲裁，涉外经济仲裁主要是指对外经济贸易仲裁和海事仲裁。

实行仲裁制度，有利于当事人的友好团结，有利于发展双方的经济协作关系。因为由仲裁机关通过仲裁方法解决争议，比通过诉讼方法解决争议手续方便，程序简单，解决纠纷的时间短，更容易为双方当事人所接受，感情不易发生裂痕。根据《中华人民共和国仲裁法》第3条的规定，下列纠纷不能仲裁：（1）婚姻、收养、监护、扶养、继承纠纷；（2）依法应当由行政机关处理的行政争议。

2. 经济仲裁的原则

根据《仲裁法》的规定，平等主体的公民、法人和其他组织之间发生的合同纠纷和其他财产权益纠纷，可以仲裁。而经济仲裁活动与经济司法活动一样，都必须遵循一定的原则，根据法律的相关规定，当事人采用仲裁方式解决纠纷应当遵循以下原则：

(1) 自愿仲裁原则。当事人发生经济纠纷时，既可以协商解决，也可以经过调解或仲裁解决，还可以直接向人民法院起诉，所以当事人决定采用仲裁方式解决纠纷，应当双方自愿，达成仲裁协议，没有仲裁协议，仲裁委员会不予受理。当事人达成仲裁协议，一方向人民法院起诉的，人民法院不予受理，但仲裁协议无效的除外。

(2) 以事实为根据，以法律为准绳。仲裁机关受理经济纠纷案件以后，应当认真调查研究，查清事实，根据法律法规，严格依法办事，作出正确裁决。

(3) 先行调解原则。根据《仲裁法》的规定，仲裁庭在作出裁决前，可以先行调解。当事人自愿调解的，仲裁庭应当调解，调解不成的，应当及时作出裁决。调解达成协议的，仲裁庭应当制作调解书或者根据协议的结果制作裁决书，调解书与裁决书具有同等法律效力。调解书应当写明仲裁请求和当事人协议的结果，调解书由仲裁员签名，加盖仲裁委员会印章，送达双方当事人。调解书经双方当事人签收后，即发生法律效力。在调解书签收前当事人反悔的，仲裁庭应当及时作出裁决。

(4) 仲裁独立原则。仲裁机关的仲裁实行独立原则，仲裁机关受理案件后依法独立进行裁决，不受行政机关、社会团体和个人的干涉，双方当事人在适用法律上一律平等，仲裁机关应当根据事实，依照法律，公平合理地解决纠纷。

(5) 一裁终局原则。仲裁实行一裁终局的制度，根据《中华人民共和国仲裁法》第9条的规定，仲裁机关作出裁决后，当事人就同一纠纷再申请仲裁或者向人民法院起诉的，仲裁委员会或者人民法院不予受理。裁决被人民法院裁定撤销或者不予执行的，当事人就该纠纷可以根据双方重新达成的仲裁协议申请仲裁，也可以向人民法院起诉。

二、仲裁机关和仲裁协议

1. 仲裁机关

目前我国对合同纠纷和其他财产权益纠纷的仲裁机关包括仲裁委员会和仲裁协会。

(1) 仲裁委员会

仲裁委员会可以在直辖市和省、自治区人民政府所在地的市设立，也可以根据需要在其他设区的市设立，不按行政区划层层设立。设立仲裁委员会应当具备法定条件，并且应当经省、自治区、直辖市的司法行政部门登记。仲裁委员会独立于行政机关，与行政机关没有隶属关系，仲裁委员会之间也没有隶属关系。根据《仲裁法》第11条的规定，设立仲裁委员会应当具备下列条件：1）有自己的名称、住所和章程；2）有必要的财产；3）有该委员会的组成人员；4）有聘任的仲裁员。仲裁委员会由主任1人，副主任2~4人和委员7~11人组成。仲裁委员会的主任、副主任和委员由法律、经济贸易专家和有实际工作经验的人员担任。仲裁委员会的组成人员中，法律、经济贸易专家不得少于三分之二。

仲裁委员会应当从公道正派并符合法律规定条件的人员中聘任仲裁员。仲裁员应当符合下列条件之一：1）从事仲裁工作满8年；2）从事律师工作满8年；3）曾任审判员满8年；4）从事法律研究、教学工作并具有高级职称；5）具有法律知识、从事经济贸易等专业工作并具有高级职称或者具有同等专业水平。

(2) 仲裁协会

中国仲裁协会是社会团体法人，是仲裁委员会的自律性组织，仲裁委员会是中国仲裁协会的会员，中国仲裁协会的章程由全国会员大会制定。根据《中华人民共和国仲裁法》的规定，中国仲裁协会的职责是：1）根据章程对仲裁委员会及其组成人员、仲裁员的违纪行为进行监督；2）依据仲裁法和民事诉讼法的有关规定制定仲裁规则。

2. 仲裁协议

仲裁协议是双方当事人自愿将他们之间发生的经济争议提交仲裁委员会解决的书面协议。这种协议包括合同中订立的仲裁条款和以其他书面方式在纠纷发生前或者纠纷发生后达成的请求仲裁的约定。仲裁协议应当具有下列内容：(1) 请求仲裁的意思表示；(2) 仲裁事项；(3) 选定的仲裁委员会。

根据《仲裁法》的规定，有下列情形之一的，仲裁协议无效：(1) 约定的仲裁事项超出法律规定的仲裁范围；(2) 无民事行为能力人或者限制民事行为能力人订立的仲裁协议；(3) 一方采取胁迫手段，迫使对方订立仲裁协议。仲裁协议对仲裁事项或者仲裁委员会没有约定或者约定不明确的，当事人可以补充协议；达不成补充协议的，仲裁协议无效。当事人对仲裁协议的效力有异议的，可以请求仲裁委员会作出决定或者请求人民法院作出裁定，一方请求仲裁委员会作出决定，另一方请求人民法院作出裁定的，由人民法院裁定。根据仲裁法的规定，当事人对仲裁协议的效力有异议的，应当在仲裁庭首次开庭前提出。仲裁协议独立存在，合同的变更、解除、终止或者无效，不影响仲裁协议的效力。仲裁庭有权确认合同的效力。

三、仲裁程序

1. 申请和受理

我国仲裁法规定，当事人申请仲裁应当符合下列条件：(1) 有仲裁协议；(2) 有具体的仲裁请求和事实、理由；(3) 属于仲裁委员会的受理范围。同时，当事人申请仲裁时，还应当向仲裁委员会递交仲裁协议、仲裁申请书及副本。仲裁申请书应当载明下列事项：当事人的姓名、性别、年龄、职业、工作单位和住所，法人或者其他组织的名称、住所和法定代表人或者主要负责人的姓名、职务；仲裁请求和所根据的事实、理由；证据和证据来源、证人姓名和住所。仲裁委员会收到仲裁申请书之日起 5 日内，认为符合受理条件的，应当受理，并通知当事人。认为不符合受理条件的，应当书面通知当事人不予受理，并说明理由。

仲裁委员会受理仲裁申请后，应当在仲裁规则规定的期限内将仲裁规则和仲裁员名册送达申请人，并将仲裁申请书副本和仲裁规则、仲裁员名册送达被申请人。被申请人收到仲裁申请书副本后，应当在仲裁规则规定的期限内向仲裁委员会提交答辩书。仲裁委员会收到答辩书后，应当在仲裁规则规定的期限内将答辩书副本送达申请人。被申请人未提交答辩书的，不影响仲裁程序的进行。如果当事人已经就纠纷达成仲裁协议，而一方却向人民法院起诉，并未声明有仲裁协议，人民法院受理后，另一方在首次开庭前提交仲裁协议的，人民法院应当驳回起诉，但仲裁协议无效的除外；另一方在首次开庭前未对人民法院受理该案提出异议的，视为放弃仲裁协议，人民法院应当继续审理。

参加仲裁活动的当事人、法定代理人可以根据仲裁法的规定委托律师和其他代理人进行仲裁活动，委托律师和其他代理人进行仲裁活动应当向仲裁委员会提交授权委托书。在仲裁机关处理案件的过程中，一方当事人因另一方当事人的行为或者其他原因，可能使裁决不能执行或者难以执行的，可以申请财产保全。当事人申请财产保全的，仲裁委员会应当将当事人的申请依照民事诉讼法的有关规定提交人民法院。人民法院裁定准许财产保全财产保全后，被申请人提供担保的，人民法院应当解除财产保全。申请有错误的，申请人应当赔偿被申请人因财产保全所遭受的损失。申请财产保全目的是为了避免造成更严重的财产损失，或者为了防止一方当事人转移、变卖财产，影响裁决的执行。

2. 仲裁庭的组成

仲裁庭的组成由当事人约定。根据《仲裁法》的规定：仲裁庭可以由 3 名仲裁员或者 1 名仲裁员组成。由 3 名仲裁员组成的，设首席仲裁员。如果当事人约定由 3 名仲裁员组成仲裁庭的，应当各自选定或者各自委托仲裁委员会主任指定 1 名仲裁员，第三名仲裁员由当事人共同选定或者共同委托仲裁委员会主任指定。第三名仲裁员是首席仲裁员。如果当事人约定由 1 名仲裁员成立仲裁庭的，应当由当事人共同选定或者共同委托仲裁委员会主任指定仲裁员。如果当事人没有在仲裁规则规定的期限内约定仲裁庭的组成方式或者选定仲裁员的，由仲裁委员会主任指定。仲裁庭组成后，仲裁委员会应当将仲裁庭的组成情况书面通知当事人。

在仲裁活动中，当事人有权提出回避申请，提出时间为在首次开庭前提出，如果回避事由是在首次开庭后才知道，可以在最后一次开庭终结前提出。仲裁员是否回避，由仲裁委员会主任决定，仲裁委员会主任担任仲裁员时，由仲裁委员会集体决定。根据《仲裁法》第 34 条的规定：“仲裁员有下列情形之一，必须回避，当事人也有权提出回避申请：(1) 是本案当事人或者当事人、代理人的近亲属；(2) 与本案有利害关系；(3) 与本案当事人代理人有其他关系，可能影响公正仲裁；(4) 私自会见当事人、代理人，或者接受当事人、代理人的请客送礼。”仲裁员因回避或者其他原因不能履行职责的，应当依照仲裁法的规定重新选定或者指定仲裁员。因回避而重新选定或者指定仲裁员后，当事人可以请求已进行的仲裁程序重新进行，是否准许，由仲裁庭决定，仲裁庭也可以自行决定已进行的仲裁程序是否重新进行。

3. 开庭和裁决

(1) 开庭。仲裁庭受理了仲裁案件后，根据仲裁法的规定，应当开庭进行。如果当事人协议不开庭的，仲裁庭可以根据仲裁申请书、答辩书以及其他材料作出裁决。仲裁不公开进行，但当事人协议公开的，可以公开进行，涉及国家秘密的除外。当事人应当在仲裁庭通知的开庭时间到庭，仲裁庭应当在仲裁规则规定的期限内将开庭日期通知双方当事人，当事人有正当理由的，可以在仲裁规则规定的期限内请求延期开庭，是否延期，由仲裁庭决定。申请人经书面通知，无正当理由不到庭或者未经仲裁庭许可中途退庭的，可以视为撤回仲裁申请。被申请人经书面通知，无正当理由不到庭或者未经仲裁庭许可中途退庭的，可以缺席裁决。关于证据，仲裁法规定，当事人应当对自己的主张提供证据，仲裁庭认为有必要收集证据的，可以自行收集。证据应当在开庭时出示，当事人可以质证，在证据可能灭失或者以后难以取得的情况下，当事人可以申请证据保全，当事人申请证据保全的，仲裁委员会应当将当事人的申请提交证据所在地的基层人民法院。仲裁庭对专门性问题认为需要鉴定的，可以交由当事人约定的鉴定部门鉴定，也可以由仲裁庭指定的鉴定部门鉴定。根据当事人的请求或者仲裁庭的要求，鉴定部门应当派鉴定人参加开庭。当事人经仲裁庭许可，可以向鉴定人提问。当事人有权在仲裁的过程中进行辩论，辩论终结时，首席仲裁员或者独任仲裁员应当征询当事人的最后意见。仲裁庭应当将开庭情况记入笔录。当事人和其他仲裁参与人认为对自己陈述的记录有遗漏或者差错的，有权申请补正。如果不予补正，应当记录该申请。笔录由仲裁员、记录人员、当事人和其他仲裁参与人签名或者盖章。

(2) 和解。当事人申请仲裁后，根据仲裁法的规定，可以自行和解。达成和解协议的，可以请求仲裁庭根据和解协议作出裁决书，也可以撤回仲裁申请。当事人达成和解协议，撤回仲裁申请后反悔的，可以根据仲裁协议申请仲裁。

(3) 调解。根据仲裁法的规定，仲裁庭在作出裁决前，可以先行调解。当事人自愿调解的，仲裁庭应当调解，调解达成协议的，仲裁庭应当制作调解书，调解书与裁决书具有同等法律效力。调解书应当写明仲裁请求和当事人协议的结果，调解书由仲裁员签名，加盖仲裁委员会印章，送达双方当事人，调解书经双方当事人签收后，即发生法律效力。如果当事人调解不成或者在调解书签收前反悔的，仲裁庭应当及时作出裁决。

(4) 裁决。调解不成的由仲裁庭按照多数仲裁员的意见作出裁决，如果仲裁庭不能形成多数意见时，裁决应当按照首席仲裁员的意见作出，裁决书自作出之日起发生法律效力。根据仲裁法的规定，裁决书的内容主要有：申请的理由、争议的事实和要求；裁决的理由和适用的法律；裁决的结果和仲裁费用的负担；裁决的日期。如果当事人协议不愿写明争议事实和裁决理由的，可以不写。裁决书由仲裁员签名，加盖仲裁委员会印章。

仲裁庭在仲裁纠纷的过程中，如果一部分事实已经清楚，可以就该部分先行裁决。对裁决书中的文字、计算错误或者仲裁庭已经裁决但在裁决书中遗漏的事项，仲裁庭应当补正，当事人自收到裁决书之日起30日内，如果发现以上问题也可以请求仲裁庭补正。

4. 申请撤销仲裁

我国实行的是一裁终局制度，对于仲裁中可能出现的错误，需要通过仲裁监督的办法得到改正。根据《仲裁法》第58条的规定，当事人提出证据证明裁决有下列情形之一的，可以向仲裁委员会所在的的中级人民法院申请撤销裁决：(1) 没有仲裁协议；(2) 裁决的事项不属于仲裁协议的范围或者仲裁委员会无权仲裁；(3) 仲裁庭的组成或者仲裁的程序违反法定程序；(4) 裁决所根据的证据是伪造；(5) 对方当事人隐瞒了足以影响公正裁决的证据；(6) 仲裁员在仲裁该案时有索贿受贿、徇私舞弊、枉法裁决的行为。

当事人申请撤销裁决的，应当自收到裁决书之日起6个月内提出，人民法院应当在受理撤销裁决申请之日起2个月内作出撤销裁决或者驳回申请的裁定。人民法院受理撤销裁决的申请后，认为可以由仲裁庭重新仲裁的，通知仲裁庭在一定期限内重新仲裁，并裁定终止撤销程序。仲裁庭拒绝重新仲裁的，人民法院应当裁定恢复撤销程序。

5. 执行

裁决书自作出之日起发生法律效力，当事人必须履行裁决。如果一方当事人不履行裁决，另一方当事人可以依照《民事诉讼法》第 217 条第 1 款的规定，向有管辖权的人民法院申请执行。受申请的人民法院应当执行。如果被申请人提出证据证明裁决有下列情形之一的，经人民法院组成合议庭审查核实，裁定不予执行：(1) 当事人在合同中没有订立仲裁条款或者事后没有达成书面仲裁协议；(2) 裁决的事项不属于仲裁协议的范围或者仲裁委员会无权仲裁；(3) 仲裁庭的组成或者仲裁的程序违反了法定程序；(4) 认定事实的主要证据不足；(5) 适用法律有错误；(6) 仲裁员在仲裁该案时有索贿受贿、徇私舞弊、枉法裁决的行为。仲裁裁决被人民法院裁定不予执行的，当事人可以根据双方达成的书面仲裁协议重新申请仲裁，也可以向人民法院起诉。一方当事人申请执行裁决，另一方当事人申请撤销裁决的，人民法院应当裁定中止执行。如果人民法院经审查后裁定撤销裁决的，应当裁定终结执行。撤销裁决的申请被驳回的，人民法院应当裁定恢复执行。

第三节 涉外仲裁

一、涉外仲裁的概念及仲裁机构

涉外仲裁是指我国的法人或其他经济组织与外国的公民、法人和其他经济组织之间发生了经济纠纷以后，双方当事人自愿将纠纷提交仲裁机构解决争议的活动。根据仲裁法的规定，主要包括涉外经济贸易、运输和海事纠纷。

我国涉外仲裁机构包括中国国际经济贸易仲裁委员会和中国海事仲裁委员会。中国国际经济贸易仲裁委员会设在北京，仲裁委员会设主任 1 人，副主任若干人、秘书长 1 人、副秘书长若干人。仲裁委员会在深圳和上海分别设立有分会，仲裁委员会及其分会是一个统一整体，他们适用同一个仲裁规则，并备有统一的仲裁员名册，仲裁员由中国国际贸易促进委员会从对法律、经济贸易、科学技术等具有专门知识的中外人士中聘任。我国涉外仲裁机构多年来公正合理地解决了大量涉外经济贸易和海事纠纷，在国际上享有良好的声誉。目前，中国国际经济贸易仲裁委员会已经发展成为世界上最重要的常设仲裁机构之一。根据法律的规定，当事人双方协商一致，可以选择任何仲裁机构进行仲裁。

二、仲裁规则

仲裁规则是仲裁机构在受理、审理案件过程中所遵循和适用的程序法。主要内容包括仲裁申请的提出以及如何进行答辩、如何指定仲裁员、如何作出仲裁裁决等内容。仲裁规则的作用主要是为当事人和仲裁员提供一套进行仲裁的准则。根据《中华人民共和国仲裁法》的规定，涉外仲裁规则可以由中国国际商会依照本法和民事诉讼法的有关规定制定。据此，中国国际贸易仲裁委员会所使用的仲裁规则是对 1956 年公布的仲裁规则进行修改并于 1989 年生效的《中国国际经济贸易仲裁委员会仲裁规则》，为了适应我国仲裁事业的蓬勃发展，中国国际经济贸易仲裁委员会又对其进行了几次修订。通常，仲裁条款选定在哪个仲裁机构仲裁，就按哪个机构制定的仲裁规则办理，但是也有一些国家允许双方当事人任意选择他们认为合适的仲裁规则，但以不违反仲裁地国家仲裁法中强制性规定为限。我国《中国国际经济贸易仲裁委员会仲裁规则》规定，凡当事人同意将争议提交仲裁委员会仲裁的，均视为同意按照本仲裁规则进行仲裁，但当事人另有约定且仲裁委员会同意的，从其约定。

三、涉外仲裁机构的受案范围

仲裁规则明确规定了仲裁委员会受案的范围，要求中国国际经济贸易仲裁委员会以仲裁的方式独立、公正地解决产生于契约性或非契约性的经济贸易等争议，具体受案范围包括：（1）对外贸易合同及交易中发生的争议；（2）涉港、澳、台的争议；（3）涉及外国资金、技术、服务或其他利益的争议；（4）外商投资企业相互之间以及外商投资企业与其他法人、自然人或经济组织之间的争议；（5）中华人民共和国法律、行政法规特别规定或者特别授权由仲裁委员会受理的争议。

四、涉外仲裁的程序

《中国国际经济贸易仲裁委员会仲裁规则》规定，仲裁委员会根据当事人在争议发生之前或者在争议发生之后达成的将争议提交仲裁委员会仲裁的仲裁协议的一方当事人的书面申请，受理案件。这是我国涉外仲裁机构受理案件，行使管辖权的先决条件，否则仲裁机关无权受理案件。故涉外仲裁的基本程序为：

1. 提交仲裁申请书

当事人发生了纠纷以后，经协商欲请中国国际经济贸易仲裁委员会仲裁争议时，应当向该仲裁委员会提交仲裁申请书。仲裁申请书应当写明申诉人和被诉人的名称和地址，申诉人所依据的事实和证据，争议的焦点等事项。仲裁程序自被诉人收到仲裁委员会的仲裁通知书之日起开始，如果有两个或两个以上的被诉人，则以最后一个被诉人收到仲裁通知之日开始。仲裁机构经过审查，认为申请仲裁的手续已经完备的，应立即向被诉人发出仲裁通知，并将申诉人的仲裁申请书及其附件，连同仲裁委员会的仲裁规则、仲裁员名册和仲裁费用表各 1 份，送给被诉人。被诉人在收到仲裁通知之日起 45 天内提交答辩状及有关证明文件。被诉人如有反诉，最迟应在收到仲裁通知之日起 60 天以内提交书面材料并附具有关证据文件。双方当事人可以委托代理人办理有关的仲裁事项，接受委托的代理人应当提交授权委托书。中国公民和外国公民均可以接受委托担任代理人。

2. 仲裁庭的组成

仲裁委员会受理案件后应组成仲裁庭审理案件。根据仲裁规则，双方当事人应各自在仲裁委员会仲裁员名册中指定或者委托仲裁委员会主席指定 1 名仲裁员，然后由仲裁委员会主任指定第 3 名仲裁员担任首席仲裁员，组成仲裁庭共同审理案件。如果被诉人未按规定指定或者委托仲裁委员会主任指定仲裁员的，由仲裁委员会主任为被诉人指定1名仲裁员。双方当事人可以共同指定或者委托仲裁委员会主任指定独任仲裁员，单独审理案件。如果双方当事人约定由1名独任仲裁员审理案件，但在被诉人收到仲裁通知之日起20天内未能就独任仲裁员的人选达成一致意见，则由仲裁委员会主任指定。

3. 开庭审理

仲裁庭应确定开庭日期，第一次开庭审理的时间应于开庭前30天通知双方当事人，当事人有正当理由可以请求延期，但必须在开庭前12天以书面形式提出，是否延期，由仲裁庭决定。第一次开庭审理以后的开庭审理日期的通知，不受30天期限的限制。如果经双方当事人申请或者征得双方当事人同意，仲裁庭也认为不必开庭审理的，仲裁庭可以只依据书面文件进行审理并作出裁决。仲裁庭开庭审理案件，不公开进行，如果双方当事人要求公开审理，由仲裁庭作出是否公开审理的决定。在仲裁的过程中，双方愿意调解结案的，仲裁庭可以调解，但是只要一方当事人提出终止调解或调解不成功时，就应停止调解，继续进行仲裁。仲裁庭裁决采取会议方式，依照多数仲裁员的意见决定，少数仲裁员的意见可以作记录附卷。持有不同意见的仲裁员可以在裁决书上署名，也可以不署名。仲裁庭不能形成多数意见时，仲裁裁决依首席仲裁员的意见作出。

4. 裁决

仲裁庭应在组庭后的9个月内作出仲裁裁决书，在仲裁庭的要求下，仲裁委员会认为确有必要和确有正当理由的，可予以延长该期限。涉外仲裁机构的裁决是终局裁决，对双方当事人均有约束力。根据仲裁规则的规定，争议金额不超过50万元人民币的案件或者是争议金额超过50万元人民币但经一方当事人申请并征得另一方当事人书面同意的争议案件，可以采用简易程序。简易程序是普通程序的简化形式，即仲裁庭只有一个独任仲裁员。

5. 执行

根据仲裁法的规定，涉外仲裁委员会作出的发生法律效力的仲裁裁决，当事人请求执行的，如果被执行人或者其财产不在中华人民共和国领域内，应当由当事人直接向有管辖权的外国法院申请承认和执行。我国于1986年正式加入了在联合国支持下于纽约缔结的《承认和执行外国仲裁裁决的公约》，简称《纽约公约》，《纽约公约》规定：

(1) 缔约国应该互相承认和执行对方国家所作出的仲裁裁决，并规定在承认和执行对方国家的仲裁裁决时，不应该在实质上比承认和执行本国的仲裁裁决提出更为麻烦的条件或者征收更高的费用。

(2) 申请承认和执行裁决的一方当事人应提供经过适当证明的仲裁裁决的正本或副本，以及仲裁协议的正本或经过适当证明的副本，必要时还应附具译本。

(3) 凡外国仲裁裁决有下列情况之一者，被请求执行的机关可依被诉人的请求拒绝予以承认和执行：

①被诉人证明仲裁协议的当事人无行为能力，或者根据仲裁协议选定的准据法，或者根据作出裁决国家的法律，该项仲裁协议是无效的；

②被诉人没有得到关于指定仲裁员或进行仲裁程序的适当通知，或者由于其他原因而不能对案件提出意见；

③裁决的事项超出仲裁协议所规定的范围；

④仲裁庭的组成或仲裁程序与双方当事人的协议不相符合，或者在双方当事人无协议时，与仲裁地国家的法律不相符合；

⑤仲裁裁决对当事人尚未发生拘束力，或者裁决已被仲裁地国家的有关当局撤销或者停止执行。所谓裁决对当事人尚未发生拘束力是指裁决尚能提起异议或上诉，或正在对裁决的有效性进行诉讼。

(4) 如果被请求承认和执行仲裁裁决的国家的有关当局认为按照该国法律，裁决中的争议事项不适合以仲裁方式处理，或者裁决的内容违反该国的公共秩序，也可以拒绝予以执行。

(5) 公约允许各缔约国在参加该公约时可以发表声明，提出若干保留条件，如声明在承认和执行外国仲裁裁决时须以互惠为条件，即只承认和执行缔约国所作出的裁决，对非缔约国所作出的裁决可不按公约的规定办理，并可声明仅对根据本国法律属于商事关系所引起的争议适用该公约的规定，对于非商事争议的裁决则不在此限。

我国《民事诉讼法》第26条规定：对中华人民共和国涉外仲裁机构作出的裁决，被申请人提出证据证明仲裁裁决有下列情形之一的，经人民法院组成合议庭审查核实，裁定不予执行：

(1) 当事人在合同中没有订有仲裁条款或者事后没有达成书面仲裁协议；

(2) 被申请人没有得到指定仲裁员或者进行仲裁程序的通知，或者由于其他不属于被申请人负责的原因未能陈述意见；

(3) 仲裁庭的组成或者仲裁的程序与仲裁规则不符；

(4) 裁决的事项不属于仲裁协议的范围或者仲裁机构无权仲裁。

仲裁裁决被人民法院裁定不予执行的，当事人可以根据双方达成的书面仲裁协议重新申请仲裁，也可以向人民法院起诉。

第四节 经 济 司 法

一、经济司法概述

经济司法有广义和狭义两种理解，广义的经济司法在我国主要表现为人民检察院的经济检察机关和人民法院的经济审判机关，以及有关的专门检察机关和法院，依照法律规定对经济案件进行检察、审理和监督的执法活动。狭义的经济司法则仅指人民法院的经济审判机关审理经济案件的法律活动。我国现行的经济司法机构主要有人民法院的经济审判机构、人民检察院的经济检察机构和专门经济司法机构，比如铁路运输法院、海事法院等。经济司法的主要任务是通过处理经济案件，有效地维护市场经济秩序，保护当事人的合法权益。

二、经济检察

经济检察是指经济检察机关对国家机关和国家工作人员在经济领域中的违法行为的法律监督。依照《人民检察院组织法》，我国经济检察机构的设置是：最高人民检察院、地方各级人民检察院和军事检察院等专门人民检察院。其主要任务和管辖范围是受理经济方面的犯罪案件，同经济领域中的犯罪活动作斗争。经济检察的程序主要包括：立案、侦查、提起公诉，并以国家公诉人身份出庭支持公诉。

1. 立案

人民检察院对于控告、检举和自首的材料应当按照管辖范围迅速进行审查，认为有犯罪事实需要追究刑事责任的时候，应当立案，认为没有犯罪事实，或者犯罪事实显著轻微，不需要追究刑事责任的时候，不予立案，并且将不立案原因通知控告人，控告人不服的，可以申请复议。

2. 侦查

经济犯罪案件立案后，要组织侦查，在侦查过程中，发现不应对被告人追究刑事责任的，报检察长批准后撤销案件。凡主要犯罪事实查清可能判处刑罚，需要追捕的人犯经检察长批准后，通知公安机关逮捕。

3. 提起公诉

人民检察院侦查的案件，侦查终结后，认为被告人的犯罪事实已经查清，证据确实、充分，依法应当追究刑事责任的，应当作出起诉决定，制作《起诉书》，经检察长或检察委员会审定后，将起诉书连同案卷材料移送同级人民法院提起公诉。提起公诉就是人民检察院代表国家对需要起诉的案件，经过审查，决定将被告人提交人民法院审判的诉讼活动。对于免于起诉的，应当公开宣布，制作《免予起诉决定书》，并且将免予起诉书交给被告人及其所在单位，如果被告人在押，则要立即释放。

4. 支持公诉

人民法院依法开庭审理的经济犯罪公诉案件，经济检察机关要以国家公诉人的身份出庭支持公诉，并对人民法院的审判活动是否合法进行法律监督，这时检察人员居于相当于原告人和法律监督者双重身份的地位。

三、经济审判

1. 经济审判概述

经济审判是指国家审判机关依法对经济纠纷案件进行审理和判决的活动。我国依法行使国家经济审判权的机关是按照我国人民法院组织法设置的各级人民法院和专门人民法院，后者如海事法院、铁路运输法院等。审判机关依法所作的裁定和判决一旦生效，争议双方要自觉执行，若拒不执行可以申请强制执行。审判机关审理经济纠纷案件所适用的法律，实体法是我国国内法，如果是涉外经济纠纷案件，可以是根据我国法律规定适用的外国法律，也可以是我国缔结或参加的国际条约、国际惯例。审理案件所适用的程序法无论是否具有涉外因素，都适用国内法。经济纠纷的诉讼所依据的主要是《中华人民共和国民事诉讼法》的有关规定。

2. 经济审判机构的管辖

案件的管辖是指司法机关受理案件的权限范围。根据民事诉讼法的规定，管辖包括：

(1) 级别管辖。级别管辖是按照人民法院的组织系统来划分各级人民法院经济审判庭的案件管辖权限，具体内容为：

1) 基层人民法院管辖第一审民事案件，法律另有规定的除外；

2) 中级人民法院管辖的第一审民事案件主要是重大涉外案件、在本辖区有重大影响的案件和最高人民法院确定由中级人民法院管辖的案件；

3) 高级人民法院管辖在本辖区有重大影响的第一审民事案件；

4) 最高人民法院管辖的第一审经济案件主要为在全国有重大影响的案件和认为应当由本院审理的案件。

(2) 地域管辖。地域管辖是以行政区划为标准，根据人民法院管辖的区域范围和经济纠纷案件当事人所在地来确定同级人民法院之间审理第一审经济纠纷案件的管辖权限。当确定了案件由哪一级人民法院管辖后，还需要确定这一案件由同级中哪一个行政区域的人民法院管辖，因此根据民事诉讼法的规定，对公民提起的民事诉讼，由被告住所地人民法院管辖；如被告住所地与经常居住地不一致的，由经常居住地人民法院管辖。对法人或者其他组织提起的民事诉讼由被告住所地人民法院管辖，住所地为其主要机构、主要营业地或主要办事机构所在地。同一诉讼的几个被告住所地、常居住地在两个以上人民法院管辖区的，各该人民法院都有管辖权。但以下几种情况，地域管辖应据有关法律事实发生地来确定：

1) 因合同纠纷提起的诉讼，由被告住所地或者合同履行地人民法院管辖。

2) 合同的双方当事人可以在书面合同中协议选择被告住所地、合同履行地、合同签定地、原告住所地、标的物所在地人民法院管辖，但不得违反民事诉讼法对级别管辖和专属管辖的规定。

3) 因保险合同纠纷提起的诉讼，由被告住所地或者保险标的物所在地人民法院管辖。

4) 因票据纠纷提起的诉讼，由票据支付地或者被告住所地人民法院管辖。

5) 因铁路、公路、水上、航空运输和联合运输合同纠纷提起的诉讼，由运输始发地、目的地或者被告住所地人民法院管辖。

6) 因侵权行为提起的诉讼，由侵权行为地或者被告住所地人民法院管辖。

7) 因铁路、公路、水上和航空事故请求损害赔偿提起的诉讼，由事故发生地或者车辆、船舶最先到达地、航空器最先降落地或者被告住所地人民法院管辖。

8) 海事海商案件由海事法院管辖。

(3) 专属管辖。是指按诉讼标的的特殊性由法律明文规定只能由一个或者几个人民法院专门管辖。根据民事诉讼法的规定，专属管辖主要包括：因不动产纠纷提起的诉讼，由不动产所在地人民法院管辖；因港口作业中发生纠纷提起的诉讼，由港口所在地人民法院管辖；因继承遗产纠纷提起的诉讼，由被继承人死亡时住所地或者主要遗产所在地人民法院管辖。

(4) 选择管辖。两个以上人民法院都有管辖权的诉讼，原告可以向其中一个人民法院起诉，原告向两个以上有管辖权的人民法院起诉的，由最先立案的人民法院管辖。

(5) 移送管辖和指定管辖。移送管辖是指人民法院发现受理的案件不属于本院管辖，依法将案件移送有管辖权的法院。受移送的人民法院应当受理，如果认为受移送的案件依照规定不属于本院管辖的，应当报请上级人民法院指定管辖，不得再自行移送。

指定管辖是指有管辖权的人民法院由于特殊原因，不能行使管辖权的，由上级人民法院指定管辖。如果人民法院之间因管辖权发生争议，由争议双方协商解决，协商不成的，报请他们的共同上级人民法院指定管辖。同时，上级人民法院有权审理下级人民法院管辖的第一审民事案件，也可以把自己管辖的第一审民事案件交下级人民法院审理。下级人民法院对他所管辖的第一审民事案件，认为需要由上级人民法院审理的，可以报请上级人民法院审理。

四、经济审判程序

经济审判程序是指人民法院在处理案件过程中所必须遵循的规则和制度。我国目前审判经济纠纷案件是依照民事诉讼法的规定办理，有了程序法，对当事人来说，有效保护了当事人的诉讼权利和合法权益；对法院来说，使其能够及时查明事实、分清是非，正确适用法律，及时审理民事案件，确认民事权利义务关系，制裁民事违法行为，维护社会秩序、经济秩序，保障社会主义建设事业顺利进行。

根据民事诉讼法的规定，人民法院审判案件，实行两审终审制。即地方各级人民法院第一审案件的判决和裁定，当事人可以按照法定程序向上一级人民法院上诉，由上级人民法院进行第二审。地方各级人民法院第一审案件的判决和裁定，如果在上诉期间内当事人不上诉，就是发生法律效力的判决和裁定。中级、高级和最高人民法院审判的第二审案件的判决和裁定，最高人民法院审判的第一审案件的判决和裁定，都是终审的判决和裁定，也就是发生法律效力的判决和裁定。当事人对已经发生法律效力的判决、裁定，认为有错误的，可以向原审人民法院或者上一级人民法院申请再审，但不停止判决、裁定的执行。当事人申请再审，应当在判决、裁定发生法律效力后2年内提出。人民法院对已经发生法律效力的判决、裁定的申请再审，经过复查，认为原判决、裁定正确，申请无理的，予以驳回。

1. 一审诉讼程序

一审诉讼程序就是第一审人民法院审判经济纠纷案件所适用的程序，包括普通程序和简易程序。人民法院审理第一审经济纠纷案件，除了适用简易程序外，一律适用普通程序。根据民事诉讼法的规定，普通程序包括起诉和受理、审理前的准备、诉讼保全和先行给付、调解、开庭审理及判决和裁定等几个诉讼阶段。

(1) 起诉和受理。起诉是指主体因自己的经济权利受到侵害或发生争议，而向人民法院提出诉讼请求，要求人民法院行使国家审判权，以保护自己合法权益的行为。起诉是诉讼过程的开始，原告起诉必须符合以下法定的条件：原告是与本案有直接利害关系的公民、法人和其他组织；有明确的被告；有具体的诉讼请求和事实、理由；属于人民法院受理民事诉讼的范围和受诉人民法院管辖。原告起诉应当向人民法院递交起诉状，并按被告人数提交相应副本。起诉状应当写明当事人的姓名、性别、年龄、职业、工作单位和住所，法人或者其他组织的名称、住所和法定代表人或者主要负责人的姓名、职务；诉讼请求和所根据的事实与理由；证据和证据来源，证人姓名和住所。书写起诉状确有困难的，可以口头起诉，由人民法院记入笔录，并告知对方当事人。

人民法院收到起诉状或者口头起诉后，经审查认为符合起诉条件的，应当在7日内立案，并通知当事人；认为不符合起诉条件的，应当在7日内裁定不予受理，原告对裁定不服的，可以提起上诉。

(2) 审理前的准备。人民法院受理案件后，应当在立案之日起5日内，将起诉状副本发送被告，被告在收到之日起15日内提出答辩状，被告提出答辩状的，人民法院应当在收到之日起5日内，将答辩状副本发送原告，被告不提出答辩状的，不影响人民法院审理。人民法院对决定受理的案件，应当将有关的诉讼权利和义务以书面或口头形式告之当事人，并依法组成合议庭认真审阅起诉状、答辩状等诉讼材料，调查收集必要的证据。

(3) 开庭审理。人民法院审理案件除涉及国家秘密、个人隐私或者法律另有规定的以外，应当公开进行。开庭时，由审判长核对当事人，宣布案由，宣布审判人员、书记员名单，告知当事人有关的诉讼权利义务，询问当事人是否提出回避申请。整个庭审过程主要是法庭调查和法庭辩论，根据民事诉讼法的规定，法庭调查按照下列顺序进行：①当事人陈述；②告知证人的权利义务，证人作证，宣读未到庭的证人证言；③出示书证物证和视听资料；④宣读鉴定结论；⑤宣读勘验笔录。当事人经法庭许可，可以向证人、鉴定人、勘验人发问，当事人要求重新进行调查、鉴定或者勘验的，是否准许由人民法院决定。原告增加诉讼请求，被告提出反诉，第三人提出与本案有关的诉讼请求，可以合并审理。法庭辩论按照下列顺序进行：原告及其诉讼代理人发言；被告及其诉讼代理人发言；第三人及其诉讼代理人发言或者答辩；互相辩论。法庭辩论终结，应当依法作出判决，判决前如果双方当事人自愿，事实清楚，可以进行调解，调解达成协议的，人民法院应当制作调解书，调解书具有法律效力。调解未达成协议的，或者调解书送达前一方反悔的，人民法院应当及时判决。

(4) 诉讼保全。是指人民法院受理案件后，对于可能因当事人一方的行为或者其他原因，使判决不能执行或者难以执行的案件，可以根据对方当事人的申请，对当事人的财产或争议的标的物采取一定的强制措施。根据民事诉讼法的规定，人民法院采取财产保全措施，可以责令申请人提供担保，申请人不提供担保的，驳回申请。人民法院接受申请后，对情况紧急的，必须在48小时内作出裁定，裁定采取财产保全措施的，应当立即执行。财产保全限于请求的范围，或者与本案有关的财物。财产保全采取查封、扣押、冻结或者法律规定的其他方法。被申请人提供担保的，人民法院应当解除财产保全。申请有错误的，申请人应当赔偿被申请人因财产保全所遭受的损失。

(5) 判决。人民法院对公开审理或者不公开审理的案件，一律公开宣告判决。当庭宣判的，应当在10日内发送判决书，定期宣判的，宣判后立即发给判决书。判决书应当写明下列内容：案由、诉讼请求、争议的事实和理由；判决认定的事实、理由和适用的法律依据；判决结果和诉讼费用的负担；上诉的期间和上诉的法院。判决书由审判人员、书记员署名，加盖人民法院印章。宣告判决时，必须告知当事人上诉权利、上诉期限和上诉的法院。人民法院适用普通程序审理的案件，应当在立案之日起6个月内审结，有特殊情况需要延长的，由本院院长批准，可以延长6个月，还需要延长的，报请上级人民法院批准。最高人民法院的判决、裁定以及依法不准上诉或者超过上诉期没有上诉的判决、裁定是发生法律效力的判决、裁定。

2. 二审诉讼程序

二审诉讼程序就是第二审人民法院审理经济纠纷案件所适用的程序。根据民事诉讼法的规定，当事人不服地方人民法院第一审判决的，有权在判决书送达之日起15日内，在裁定书送达之日起10日内向上一级人民法院提起上诉。上诉应当递交上诉状，上诉状的内容应当包括当事人的姓名、法人的名称以及法定代表人的姓名或者其他组织的名称及其主要负责人的姓名，原审人民法院名称、案件的编号和案由，上诉的请求和理由。

第二审人民法院对上诉案件应当组成合议庭，开庭审理。如果经过阅卷和调查，询问当事人，在事实核对清楚后，合议庭认为不需要开庭审理的，也可以径行判决、裁定。第二审人民法院审理上诉案件，可以在本院进行，也可以到案件发生地或者原审人民法院所在地进行。在审理的过程中，按照下列情形分别处理上诉案件：①原判决认定事实清楚，适用法律正确的，判决驳回上诉，维持原判决；②原判决适用法律错误，依法改判；③原判决认定事实错误，或者原判决认定事实不清，证据不足，裁定撤销原判决，发回原审人民法院重审。当事人对重审案件的判决、裁定，可以上诉。

3. 执行程序

执行就是人民法院运用国家强制力，对已发生法律效力的判决、裁定及其他法律文书，强制当事人加以履行的活动。根据民事诉讼法的规定，发生法律效力的民事判决、裁定，调解书和其他应当由人民法院执行的法律文书，当事人必须履行，一方拒绝履行的，对方当事人可以向人民法院申请执行，也可以由审判员移送执行员执行。执行员接到申请执行书或者移交执行书，应当向被执行人发出执行通知，责令其在指定的期间履行，逾期不履行的，强制执行。申请执行的期限，双方或者一方当事人是公民的为1年，双方是法人或者其他组织的为6个月。从法律文书规定履行期间的最后一日起计算。

被执行人未按执行通知履行法律文书确定的义务，人民法院可以依法采取下列措施：①人民法院有权向银行和其他有储蓄业务的单位查询被执行人的存款情况，有权冻结、划拨被执行人的存款，但查询冻结、划拨存款不得超出被执行人应当履行义务的范围；②人民法院有权扣留、提取被执行人应当履行义务部分的收入，但应当保留被执行人及其所扶养家属的生活必须费用；③人民法院有权查封、扣押、冻结、拍卖、变卖被执行人应当履行义务部分的财产，但应当保留被执行人及其所扶养家属的生活必需品；④人民法院有权对不履行法律文书确定的义务并隐匿财产的行为发出搜查令，对被执行人及其住所或者财产隐匿地进行搜查；⑤强制迁出房屋或者强制退出土地，由院长签发公告，责令被执行人在指定期间履行，被执行人逾期履行的，由执行人员强制执行。

第 二 篇

工程建设监理相关法律法规

第六章 城市规划法律制度

第一节 城市规划法概述

一、城市规划的基本概念

城市规划是指为了实现一定时期内城市的经济和社会发展目标，确定城市性质、规模和发展方向，合理利用城市土地，协调城市空间布局和各项建设的综合部署和具体安排。城市规划是建设城市和管理城市的基本依据，也是综合发挥城市经济效益、社会效益和环境效益的前提和手段，是保证城市土地合理利用和开发经营活动协调进行的前提和基础，是实现城市经济和社会发展目标的重要手段。实践证明，要把城市建设好、管理好，首先必须规划好，以城市规划为依据指导建设和管理；要使城市得以合理发展，首先必须通过科学的预测和规划，明确城市的发展方向和发展格局，在规划的引导和控制下，逐步实现发展目标。在城市建设和发展进程中，城市规划处于重要的龙头地位，它包含以下几个基本概念：

1. 城市规划区

根据《城市规划法》的规定：城市规划区是指城市市区、近郊区以及因城市建设和发展需要实行规划控制的区域。即城市规划区由以下几部分地区组成：城市市区、近郊区、规划控制区，以及因城市建设和发展需要，由城市政府实行统一规划控制的其他地区。其中市区是指城区人民政府管辖的行政区域；近郊区是指和市区联系紧密的外围地区，其内涵和外延根据国务院有关规定确定；规划控制区是指远离市区，但与城市生产、生活密切相关的城市水源地、机场、交通枢纽、电力、通讯等主要基础设施的控制地段，以及作为城市一部分的风景名胜保护区。

2. 城市

城市是指国家按行政建制设立的直辖市、市、镇。我国城市规模的分级标准是市区和近郊区非农业人口 50 万以上的城市为大城市；市区和近郊区非农业人口 20 万以上不足 50 万的城市为中等城市；市区和近郊区非农业人口不足 20 万的设市城市和建制镇为小城市。

二、城市规划的方针、原则、管理体制

1. 城市规划的方针、原则

《城市规划法》第 4 条规定：“国家实行严格控制大城市规模，合理发展中等城市和小

城市的方针，促进生产力和人口的合理布局。”根据以上规定，城市规划的方针表现为：(1) 严格控制大城市规模，合理发展中等城市和小城市。所谓严格控制大城市，主要是控制市区人口与用地规模，发展中小城市，这对于促进我国城市化进程，形成我国城市比较合理的发展格局有着重要的作用。(2) 城市规划必须符合我国国情，正确处理近期建设和远景发展的关系。(3) 城市规划区的建设必须坚持适用、经济的原则，贯彻勤俭建国的方针。

城市规划的编制应依据国民经济和社会发展规划以及当地的自然环境、资源条件、历史情况及现状特点，统筹兼顾，综合部署。城市规划确定的城市基础设施建设项目，应当按照国家基本建设程序的规定纳入国民经济和社会发展计划，按计划分步实施。同时城市规划的实施必须注意改善城市生活环境，防止污染和其他公害，加强绿化建设，保护优秀的历史文化遗产和自然风貌，创造优美、协调的城市景观；必须有利于生产，方便生活，要满足城市防火、防洪、抗震、治安、交通管理和人防建设的要求，合理确定环境容量，保证城市卫生与安全；必须珍惜、节约、合理利用城市的每一寸土地，城市的土地面积是固定不变的，因此应当尽量利用荒地、劣地，少占菜地、良田。城市规模不能任意扩大，中、小城市要合理确定发展规模，大城市要控制发展规模，特大城市更要严格控制发展规模。盲目发展大城市是不可取的，也是不允许的。

2. 城市规划的管理体制

全国的城市规划工作由国务院城市规划行政主管部门主管。县级以上地方人民政府城市规划行政主管部门主管本行政区域内的城市规划工作。

三、城市规划法

1. 城市规划法的概念

城市规划必须有法可依，城市规划法通常有广义和狭义之分。广义的城市规划法是指调整城市规划制定、实施和管理过程中各种社会关系的法律规范的总称，例如，广义的城市规划法除包括《城市规划法》外，还包括与之配套的《建设项目选址规划管理办法》、《城市规划编制办法》、《城市国有土地使用权出让和转让规划管理办法》、《中华人民共和国城市规划法实施条例》等法规和规章。狭义的城市规划法是指 1989 年 12 月 26 日第七届全国人民代表大会常务委员会第一次会议通过的《中华人民共和国城市规划法》(以下简称《城市规划法》)。

2. 城市规划法的立法目的

城市的建设和发展是一项庞大的系统工程，而城市规划则是驾驭整个城市建设和发展的基本依据和基本手段。城市规划关系各行各业，影响千家万户，涉及政治、经济、社会的广泛领域，具有很强的综合性。特别是改革开放二十几年来，城市在国民经济、社会发展中的地位和作用日益加强，城市的结构和功能日趋多样化，城市各项行政管理和经济管理关系日趋复杂，城市土地开发和各项建设活动日趋频繁，过去主要依靠行政手段进行管理，没有城市规划或不按城市规划进行建设的状况，日益不适应形势发展的需要。为了适应国内和国际城市建设和发展的趋势和潮流，因此颁布《城市规划法》势在必行，其立法目的是依靠法律的权威，运用法律的手段，保证科学、合理地制定和实施城市规划，实现城市的经济和社会发展目标，建设高度文明的、具有中国特色的社会主义现代化城市，从而推动我国整个经济和社会的协调发展，适应社会主义现代化建设的需要；通过立法来提高城市规划的权威性和约束力，并确立其法律地位和法律效力，使城市政府更加有效地行使建设城市和管理城市的职能。

3. 城市规划法的适用范围

《城市规划法》第3条规定：制定和实施城市规划，在城市规划区内进行建设，必须遵守本法。据此，《城市规划法》适用范围包括两个方面：一是地域适用范围，即城市规划区，包括这个地域内的陆地、水面和空间；二是指人的适用范围，即凡与城市规划编制、审批、管理有关的各级人民政府及其城市规划行政主管部门等，同规划编制工作有关的生产、科研、教学、设计单位，进行建设活动的建设、设计、施工等单位。总之，一切同城市规划有关的机关、单位和个人都必须遵守本法。

4. 城市规划法的基本框架

《城市规划法》共6章，46条。第1章为总则。规定了城市规划法的任务、适用范围，城市和城市规划区的内涵和外延，城市发展方针，城市规划编制实施的基本原则，城市规划管理体制以及公民对城市规划的权利和义务。第2章为城市规划的制定。主要包括：城市规划的编制，主要是编制机构，编制的基本要求，城市规划的内容、种类、编制程序；城市规划的审批，主要有城市总体规划、分区规划、详细规划的审批机关和程序，变更城市总体规划的审批程序等。第3章为城市新区开发和旧区改建。主要对城市新区开发、旧区改建的基本原则、办法和要求作出了若干具体规定。第4章为城市规划的实施。对实施城市规划的管理权限、管理制度、建设用地和建设工程的申请、审批程序及城市规划实施的监督检查等作了具体规定。第5章为法律责任。规定了哪些行为属于违反城市规划管理的行为；行政处罚的种类，处罚的主体以及不服行政处罚的解决程序。第6章为附则。规定了参照本法执行的范围、实施条例和实施办法的制定权限、本法的生效日期及有关法规的失效。

第二节　城市规划的实施

城市规划的实施是指根据国家和地方人民政府颁发的城市规划法规和规定，对城市的各项建设用地和建设活动，按照经过法律程序批准的城市具体规划设计方案进行统一的安排和控制，引导和调节城市的各项建设事业有计划、有秩序、有步骤地协调发展，使经批准的城市规划设想变为现实。城市规划的实施涉及到社会的各个部门、各个行业。因此，城市规划经批准后，必须由城市人民政府组织实施。选址意见书、建设用地规划许可证和建设工程规划许可证（即“一书两证”）制度是城市规划实施过程中必须遵循的制度。

1. 城市规划公布制度

《城市规划法》第28条规定："城市规划经批准后，城市人民政府应当公布。"城市规划关系着城市各行各业的发展和广大人民群众的根本利益，要保证它的顺利实施，必须依靠社会各界和广大人民群众的支持与合作。为了使全社会都能了解、熟悉和执行城市规划，近年来许多城市人民政府和城市规划行政主管部门采取多种方式，将经批准的城市规划予以公布，以便于群众了解、参与、监督。

2. 选址意见书制度

选址意见书是指建设工程（主要指新建大、中型工业与民用项目）在立项过程中，上报的设计任务书必须附有由城市规划行政主管部门提供的关于建设项目选在哪个城市或者选在哪个方位的意见等具有法律效力的文件。为了保障城市规划区内的建设项目的选址和布局与城市规划密切结合，科学合理，提高综合效益，《城市规划法》第30条规定："城市规划区内的建设工程的选址和布局必须符合城市规划。设计任务书报请批准时，必须附有城市规划行政主管部门的选址意见书"。可见，国家对城市规划区内新建、扩建、改建的工程项目，主要是通过计划管理与规划管理来实现的。只有将计划管理与规划管理有机地结合起来，才能保证各项工程的建设顺利进行，并取得良好的经济效益、社会效益和环境效益。同时根据《城市规划法》的有关规定，1991年8月23日建设部、国家计委又联合发布了《建设项目选址规划管理办法》，对建设项目选址意见书的内容及审批权限作了详细规定。

选址意见书的内容包括：

(1) 建设项目的基本情况。建设项目的基本情况主要是指建设项目的名称、性质、用地与建设规模，供水与能源的需求量，采取的运输方式与运输量，以及废水、废气、废渣的排放方式和排放量。

(2) 建设项目规划选址的依据。主要包括经批准的项目建议书；建设项目与城市交通、通讯、能源、市政、防灾规划是否衔接与协调；建设项目配套的生活设施与城市生活居住及公共设施规划是否衔接与协调；建设项目对于城市环境可能造成的污染影响，以及与城市环境保护规划和风景名胜、文物古迹保护规划是否协调。

(3) 建设项目选址、用地范围和具体规划要求。

建设项目选址意见书的审批实行分级规划管理，县人民政府计划行政主管部门审批的建设项目，由县人民政府城市规划行政主管部门核发选址意见书；地级、县级市人民政府计划行政主管部门审批的建设项目，由该市人民政府城市规划行政主管部门核发选址意见书；直辖市和计划单列市人民政府计划行政主管部门审批的建设项目，由直辖市、计划单列市人民政府城市规划行政主管部门核发选址意见书；省、自治区人民政府计划行政主管部门审批的建设项目，由项目所在地县、市人民政府城市规划行政主管部门提出审查意见，报省、自治区人民政府城市规划行政主管部门核发选址意见书；中央各部门、公司审批的小型和限额以下的建设项目，由项目所在地县、市人民政府城市规划行政主管部门核发选址意见书；国家审批的大中型和限额以上的建设项目，由项目所在地县、市人民政府城市规划行政主管部门提出审查意见，报省、自治区、直辖市、计划单列市人民政府城市规划行政主管部门核发选址意见书，并报国务院城市规划行政主管部门备案。

3. 建设用地规划许可证制度

建设用地规划许可证是由建设单位和个人提出建设用地申请，城市规划行政主管部门根据规划和建设项目的用地需要，确定建设用地位置、面积、界限的法定凭证。《城市规划法》第 31 条规定，“在城市规划区内进行建设需要申请用地的，必须持国家批准建设项目的有关文件，向城市规划行政主管部门申请定点，由城市规划行政主管部门核定其用地位置和界限，提供规划设计条件，核发建设用地规划许可证。建设单位或者个人在取得建设用地规划许可证后，方可向县级以上地方人民政府土地管理部门申请用地，经县级以上人民政府审查批准后，由土地管理部门划拨土地”。

建设用地规划许可证制度的内容主要包括四个方面：

(1) 建设用地的审批。建设用地的审批程序分为以下六个步骤：①现场踏勘。城市规划行政主管部门受理了建设单位建设用地申请后，应当与建设单位会同有关部门到选址地点进行现场调查和踏勘。通过此项审查工作，可以及时发现问题，提出问题，避免盲目审批可能带来的弊端。②征求意见。在城市规划区安排建设项目，占用城市土地，涉及许多部门，为了使建设项目的安排更趋于合理，城市规划行政主管部门应当在审批建设用地前，征求环境保护、消防安全、文物保护、土地管理等部门的意见。③提供设计条件。城市规划行政主管部门初审通过后，可向建设单位提供建设用地地址范围的红线图，在红线图上标明现状和规划道路，并提出用地规划设计条件和要求。④审查总平面图。主要审查用地性质、规模和布局方式、运输方式等是否符合城市规划的要求，建筑与工程设施是否符合合理用地、节约用地的原则。⑤核定用地面积。根据城市规划设计用地定额指标和该地块具体情况，核审用地面积，防止浪费土地。⑥许可证的核发。经城市规划行政主管部门按照建设用地审批程序批准后，由城市规划行政主管部门核发建设用地许可证。

(2) 建设用地审批后的管理。建设用地审批后，城市规划行政主管部门应加强监督、检查工作，便于随时发现问题、解决问题，杜绝违章占地情况的发生。

(3) 临时用地的管理，所谓临时用地是指由于建设工程施工、堆料或者其他原因，需要临时使用的土地。《城市规划法》第 33 条规定：“禁止在批准临时使用的土地上建设永久性的建筑物、构筑物和其他设施。”由此可知，建设单位必须持上级主管部门批准的申请临时用地文件，向城市规划行政主管部门申请临时用地，经审核批准后，发给临时建设用地许可证。

(4) 建设用地调整。城市人民政府可以根据城市规划对建设用地进行调整，用地调整是城市人民政府从国民经济和城市发展的大局出发，保证城市规划实施所采取的必要措施。因此，《城市规划法》第 34 条规定：“任何单位和个人必须服从城市人民政府根据规划作出的调整用地决定。”

4. 建设工程规划许可证制度

建设工程规划许可证是由城市规划行政主管部门核发的，用于确认建设工程是否符合城市规划要求的法律凭证。《城市规划法》第 22 条规定；“在城市规划区内新建、扩建和改建建筑物、构筑物、道路、管线和其他工程设施，必须持有关批准文件向城市规划行政主管部门提出申请，由城市规划行政主管部门根据城市规划提出的规划设计要求，核发建设工程规划许可证。建设单位或个人在取得建设工程规划许可证和其他有关批准文件后，方可申请办理开工手续。”由于建设工程关系着城市经济和社会的发展、城市风貌和城市环境的好坏，所以各项建设工程必须严格按照城市规划进行，无论是永久的还是临时的，都必须由城市规划主管部门审查批准后方可进行。

建设工程规划许可证制度的内容主要包括以下五个方面：

(1) 建设工程审批其基本程序是：①建设申请。建设单位应当持批准的计划投资文件、上级主管部门批准建设的批件和建设用地规划许可证，向城市规划行政主管部门申请建设工程规划许可证。②确定规划设计要求。城市规划行政主管部门对建设申请进行审查时，应根据建设工程所在地段详细规划的要求，提出规划设计要求，核发设计要点通知书。建设单位据此委托设计部门进行方案设计工作。③方案审查。建设单位提出不少于2个设计方案及文件、图纸后，由城市规划行政主管部门对其方案进行全面审查比较，确定规划设计方案，核发设计方案通知书。建设单位据此委托设计单位进行施工图设计。④核发建设工程规划许可证。城市规划行政主管部门根据建设单位提供的有关勘察设计图纸进行审查，经审查批准后，发给建设工程规划许可证。

(2) 建设工程审批后的管理。建设工程审核批准后，城市规划行政主管部门要加强监督检查工作，主要包括验线、现场检查和竣工验收。其中验线是指建筑单位应当按照建设工程规划许可证的要求放线，并经城市规划行政主管部门验线后方可施工。现场检查是指城市规划管理工作人员进入有关单位或施工现场，了解建设工程的位置、施工等情况是否符合规划设计条件。竣工验收是工程项目建设程序中的最后一个阶段，是对建设工程是否符合规划设计条件的要求进行最后把关，以保证城市规划区内各项建设符合城市规划。《城市规划法》第38条规定：“城市规划行政主管部门可以参加城市规划区内重要建设工程的竣工验收”。

(3) 临时建设的管理。临时建设是指企事业单位或者个人因生产、生活的需要临时搭建的结构简易并在规定期限内必须拆除的建设工程或者设施。《城市规划法》第33条规定：“在城市规划区内进行临时建设，必须在批准的使用期限内拆除”。故临时建设应当办理临时建设工程许可证。临时建设期限由各地规划行政主管部门根据实际情况确定，一般不得超过2年。

(4) 关于不得占用道路、绿地进行建设的规定。《城市规划法》第35条规定：“任何单位和个人不得占用道路、绿地、高压供电走廊和压占地下管线进行建设”。城市规划确定的城市道路、广场、园林绿地、高压供电走廊及各种地下管线是保持城市功能正常运转，为城市人民提供生产、生活的方便条件和适宜环境必不可少的重要公共设施，所以法律要求任何单位和个人不得占用。

(5) 关于改变地形地貌的规定。《城市规划法》第36条规定：“在城市规划区内进行挖取砂土、土方等活动，须经有关部门批准，不得破坏城市环境，影响城市规划的实施”。在城市规划区内如果擅自改变地形、地貌，有可能堵塞行洪河道，破坏园林绿化、文物古迹、市政工程设施、地下管线设施及人防设施等，影响城市环境和城市居民的生产、生活，影响城市规划的实施。

第三节　法　律　责　任

根据《城市规划法》的规定，违法行为主要包括违法占用土地的行为和违章建设行为。

1. 违法占用土地应承担的法律责任

根据《城市规划法》的规定，违法占用土地的行为包括：(1) 未经任何申请，擅自占用城市规划区内土地进行建设或从事挖取砂石、土方活动的，责令立即停止违法活动，占用的土地提请县级以上人民政府收回；已经形成的建设工程予以没收或限期拆除；破坏原有地形地貌和环境的，责令限期恢复原状。(2) 未经城市规划行政主管部门批准，而由其他部门批准城市规划范围内土地的，批准文件一律无效，占用的土地提请县级以上人民政府收回；申请建设的，一律不予审批；已经形成的各类建设工程予以没收或限期拆除。(3) 未经城市规划行政主管部门许可，擅自改变建设用地规划许可证规定的，责令改正，未改正前而申请建设的，一律不予批准。(4) 未经城市规划行政主管部门批准，擅自改变已经确定的土地使用性质的，责令改正，对于已经形成的各类建设工程，按违法建设进行处罚。(5) 拒不服从人民政府有关调整用地决定的，责令限期执行，否则按违法用地进行处罚。

2. 违章建设行为应承担的法律责任

根据《城市规划法》的规定，违章建设行为包括：(1) 未向城市规划行政主管部门提出申请，或未取得建设工程规划许可证，就擅自在城市规划范围内进行建设的，责令立即停止施工，已经形成的各类建设工程，予以没收或限期拆除。对于城市规划实施影响较轻微的，责令限期采取规定的改正措施，并处罚款。(2) 擅自改变建设工程规划许可证的规定进行建设的，责令立即停止施工，已经形成的建设工程予以没收或限期拆除，对于城市规划实施影响较轻微的，责令限期采取规定的改正措施，并处罚款。(3) 未经城市规划行政主管部门批准，擅自改变建筑物或构筑物以往确定的使用性质，责令限期采取规定的改正措施并处罚款，如果违法性质严重并已严重影响城市规划实施，予以没收。(4) 批准临时建设即进行永久性、半永久性建设的，责令立即停止施工，已经形成的建设工程，责令限期拆除。

3. 其他规定

《城市规划法》明确规定，责令停止建设，限期拆除或没收，限期采取改正措施以及罚款等处罚，应当由县级以上人民政府城市规划行政主管部门做出决定。另外，建设单位在城市规划区进行违法用地建设活动，在接受行政处罚的同时，有关的责任人员也必须承担必要的行政责任。因此，城市规划行政主管部门在执行行政处罚的同时还有责任要求并督促有关单位或其上级主管部门，对违法活动的直接责任者给予必要的行政处分。在城市规划实施过程中，由于违法建设行为而造成严重危害，威胁居民生命安全，使国家财产遭受巨大损失，已经构成犯罪的，对于有关责任人员要追究刑事责任。

第七章　建筑法律制度

第一节　建筑法概述

一、建筑法的概念及立法意义

1. 建筑法的概念

建筑法是指调整建筑活动的法律规范的总称。建筑活动是指各类房屋及其附属设施的建造和与其配套的线路、管道、设备的安装活动。建筑法有狭义和广义之分。狭义的建筑法是指1997年11月1日由第八届全国人民代表大会常务委员会第28次会议通过的，于1998年3月1日起施行的《中华人民共和国建筑法》（以下简称《建筑法》）。广义的建筑法，除《建筑法》之外，还包括所有调整建筑活动的法律规范，例如，《建筑工程施工许可管理办法》、《工程监理企业资质管理规定》、《建筑业企业资质管理规定》等。

2.《建筑法》的立法意义

建筑业在国民经济和社会发展中有着十分重要的地位和作用。随着国民经济的发展，我国的城市建设、村镇建设、住宅建设的规模不断扩大，建筑业已逐步发展为国民经济的重要支柱产业。但是，随着市场经济的发展，建筑业出现的问题越来越突出，主要表现为建筑市场各方主体行为不规范、建筑市场秩序混乱、建筑工程质量问题严重、建筑安全生产问题突出等。例如，参与建筑活动的建设单位（甲方）片面压标压价，要求垫资承包、肢解发包工程，强行指定使用不合格的分包队伍、建筑材料等；承包方（乙方）存在无证或越级承包，层层转包，以及在施工中管理混乱、偷工减料，忽视施工质量和安全等；中介方经营独立性较差、社会服务水平不高；不少建设单位不具备相应的工程管理能力，又不委托监理单位对工程进行有效的监督和管理，一些建筑施工企业不按标准、规范施工，加上材料质量问题和政府监督机制不健全等，致使渗漏、堵、空、裂等质量通病长期得不到根治，房屋倒塌以及其他重大质量事故也时有发生；企业安全生产责任制不落实，作业人员素质较低，安全措施经费不足，安全监督机制不健全等，造成很大的安全隐患。建筑业每年的死亡率大体为万分之三，居全国各行业第2位，仅次于矿山行业。这些问题给国家和人民造成很大的财产损失，危及人民生命安全，损害了建筑业的形象。因此《建筑法》将保证工程质量列入立法重要目的。《建筑法》的颁布实施，对于加强建筑活动的监督管理，维护建筑市场秩序，保证建设工程质量和安全，促进建筑业的健康发展，具有十分重要的意义，对于促进我国建筑业在各个环节上有法可依、有法必依、执法必严、违法必究提供了法律依据，是我国建筑行业法制化的重要里程碑，也为我国建筑业进一步向国际标准化迈进提供了保障。

二、《建筑法》的调整对象和适用范围

《建筑法》第2条规定“在中华人民共和国境内从事建筑活动，实施对建筑活动的监督管理，应当遵守本法”。“本法所称建筑活动，是指各类房屋建筑及其附属设施的建造和与其配套的线路、管道、设备的安装活动”。据此，《建筑法》的调整对象和适用范围是：(1) 地域范围是中华人民共和国境内；(2) 调整的主体是建设单位、勘察设计单位、施工企业、监理单位以及管理机关，同时从事建筑活动的个人如注册建筑师等也适用本法；(3) 调整的行为是各类房屋建筑及其设施的新建、改建、扩建、维修、拆除、装饰装修等活动，以及线路、管道、设备（包括电梯）的安装活动。依照《城市房地产管理法》的规定，房屋是指“土地上的房屋等建筑物及构筑物”。

三、《建筑法》的基本框架

《建筑法》共8章85条，该法是调整我国建筑活动的基本法律，它以规范建筑市场行为为出发点，以建筑工程质量和安全为主线，规范了总则、建筑许可、建筑工程发包与承包、建筑工程监理、建筑安全生产管理、建筑工程质量管理、法律责任、附则等内容，并确定了建筑活动中的一些基本法律制度。

《建筑法》以建筑活动的监督管理为主线设置了法律条文框架，具体为：

第一章　总则：本部分规定了《建筑法》的立法目的、调整对象、适用范围等。

第二章　建筑许可：规范了建筑工程施工许可制度、从事建筑活动的单位资质制度、从事建筑活动的个人资格制度三项制度。其中建筑工程施工许可制度是指建设行政主管部门根据建设单位的申请，依法对建筑工程是否具备施工条件进行审查，符合条件者，准许该建筑工程开始施工并颁发施工许可证的一种制度。从事建筑活动的单位资质制度，是指建设行政主管部门对从事建筑活动的建筑施工企业、勘察单位、设计单位和工程监理单位的人员素质、管理水平、资金数量、业务能力等进行审查，以确定其承担任务的范围，并发给相应的资质证书的一种制度。从事建筑活动的个人资格制度是指建设行政主管部门及有关部门对从事建筑活动的专业技术人员，依法进行考试和注册，并颁发执业资格证书的一种制度。

第三章　建筑工程发包与承包：本章是有关建筑工程发包与承包活动的规定，是《建筑法》中规范内容最多的一章。主要包括建筑工程承包合同、发包承包活动的基本原则、发包方和承包方的不正当竞争行为以及建筑工程造价的规定等。

第四章　建筑工程监理：建筑工程监理是指具有一定资质的监理单位受建设单位委托，依照法律、行政法规及有关技术标准、设计文件和建筑工程承包合同，对建筑工程实施的监督管理。本章主要规范了建筑工程监理的范围、程序、依据、内容及工程监理单位和工程监理人员的权利、义务与责任。

第五章　建筑安全生产、管理：建筑业属事故多发行业之一，每年施工的死亡人数仅次于矿山井下，在全国各行业中居第2位。所谓建筑安全生产管理是指建设行政主管部门、建筑安全监督管理机构、建筑施工企业及有关单位对建筑生产过程中的安全工作，进

行计划、组织、指挥、控制、监督等一系列的管理活动。其目的在于保证建筑工程安全和建筑职工的人身安全。因此，《建筑法》设专章对建筑安全生产管理作出规定，主要规范了建筑安全生产的方针、管理体制、安全责任制度、安全教育培训制度等内容。

第六章 建筑工程质量管理：本章确定了在建筑工程质量管理过程中的五项基本法律制度，即建筑工程政府质量监督制度，质量体系认证制度，质量责任制度，建筑工程竣工验收制度以及建筑工程质量保修制度。所涉及行为主体包括从事建筑活动的各方行为主体，包括建设单位、勘察设计单位、施工企业、建筑材料、构配件和设备供应单位。

第七章 法律责任：本章是对违反《建筑法》应承担的法律责任的规定。

第八章 附则：本章是《建筑法》的重要补充。主要包括《建筑法》适用范围的补充规定、收费办法以及本法实施日期等内容。

第二节 建筑工程施工许可

一、建筑工程施工许可的法律规定

建筑工程施工许可制度是指建设行政主管部门根据建设单位的申请，依法对建筑工程是否具备施工条件进行审查，符合条件者，准许该建筑工程开始施工并颁发施工许可证的一种制度。《建筑法》第7条规定："建筑工程开工前，建设单位应当按照国家有关规定向工程所在地县级以上人民政府建设行政主管部门申请领取施工许可证；但是，国务院建设行政主管部门确定的限额以下的小型工程除外。"据此，建设单位必须在建筑工程立项批准后，工程发包前，向建设行政主管部门或其授权的部门办理报建登记手续。未办理报建登记手续的工程，不得发包，不得签订工程合同。新建、扩建、改建的建设工程，建设单位必须在开工前向建设行政主管部门或其授权的部门申请领取建设工程施工许可证。未领取施工许可证的，不得开工。已经开工的，必须立即停止，办理施工许可证手续，否则由此引起的经济损失由建设单位承担责任，并视违法情节，对建设单位作出相应处罚。

二、申请建筑工程施工许可证的条件及法律后果

1. 申请建设工程施工许可证的条件

根据《建筑法》第8条和《建筑工程施工许可管理办法》第4条的规定，申请领取施工许可证应具备下列条件：

(1) 已经办理该建筑工程用地批准手续；

(2) 在城市规划区的建筑工程，已经取得建设工程规划许可证；

(3) 施工场地已经基本具备施工条件，需要拆迁的，其拆迁进度符合施工要求；

(4) 已经确定施工企业，但按照规定应该招标的工程没有招标，应该公开招标的工程没有公开招标，或者肢解发包工程，以及将工程发包给不具备相应资质条件的，所确定的施工企业无效；

(5) 有满足施工需要的施工图纸及技术资料，施工图设计文件已按规定进行了审查；

(6) 有保证工程质量和安全的具体措施，即施工企业编制的施工组织设计中有根据建筑工程特点制定的相应质量、安全技术措施，专业性较强的工程项目编制的专项质量、安全施工组织设计，并按照规定办理了工程质量、安全监督手续；

(7) 按照规定应该委托监理的工程已委托监理；

(8) 建设资金已经落实：建设工期不足1年的，到位资金原则上不得少于工程合同价的50%，建设工期超过1年的，到位资金原则上不得少于工程合同价的30%，建设单位应当提供银行出具的到位资金证明，有条件的可以实行银行付款保函或者其他第三方担保；

(9) 法律、行政法规规定的其他条件。

2. 领取建筑工程施工许可证的法律后果

当事人在领取建筑工程施工许可证后根据《建筑法》第9条、第10条和第11条的规定，应当承担以下法律后果：

(1) 建设单位应当自领取施工许可证之日起3个月内开工，因故不能按期开工的，应当向发证机关申请延期；延期以2次为限，每次不超过3个月。既不开工又不申请延期或者超过延期时限的，施工许可证自行废止。

(2) 在建的建筑工程因故中止施工的，建设单位应当自中止施工之日起1个月内，向发证机关报告，并按照规定做好建筑工程的维护管理工作。建筑工程恢复施工时，应当向发证机关报告；中止施工满1年的工程恢复施工前，建设单位应当报发证机关核验施工许可证。

(3) 按照国务院有关规定批准开工报告的建筑工程，因故不能按期开工或者中止施工的，应当及时向批准机关报告情况，因故不能按期开工超过6个月的，应当重新办理开工报告的批准手续。

三、施工许可证的申领程序、申领范围

1. 施工许可证的申领程序

《建筑法》就申领程序问题没有明确规定，根据《建筑工程施工许可管理办法》第5条的规定，申请办理施工许可证，应当按照下列程序进行：

(1) 建设单位向发证机关领取《建筑工程施工许可证申请表》。

(2) 建设单位持加盖单位及法定代表人印鉴的《建筑工程施工许可证申请表》，并附申请办理施工许可证的相关证明文件（例如建设工程规划许可证、建设用地规划许可证等），向发证机关提出申请。

(3) 发证机关在收到建设单位报送的《建筑工程施工许可证申请表》和所附证明文件后，对于符合条件的，应当自收到申请之日起15日内颁发施工许可证；对于证明文件不齐全或者失效的，应当限期要求建设单位补正，审批时间可以自证明文件补正齐全后作相应顺延；对于不符合条件的，应当自收到申请之日起15日内书面通知建设单位，并说明理由。

建筑工程在施工过程中，建设单位或者施工单位发生变更的，应当重新申请领取施工许可证。

2. 施工许可证的申领范围

根据《建筑法》第7条的规定："建筑工程开工前，建设单位应当按照国家有关规定向工程所在地县级以上人民政府建设行政主管部门申请领取施工许可证；但是，国务院建设行政主管部门确定的限额以下的小型工程除外。按照国务院规定的权限和程序批准开工报告的建筑工程不再领取施工许可证。"这是《建筑法》关于申领范围的原则性规定，从以上规定可以看出，并不是所有的建筑工程都必须申领施工许可证，而只是对投资额较大、结构复杂的工程，才领取施工许可证。为了进一步明确申领范围，《建筑工程施工许可管理办法》第2条明确规定：" 在中华人民共和国境内从事各类房屋建筑及其附属设施的建造、装修装饰和与其配套的线路、管道、设备的安装，以及城镇市政基础设施工程的施工，建设单位在开工前应当依照本办法的规定，向工程所在地的县级以上人民政府建设行政主管部门（以下简称发证机关）申请领取施工许可证。工程投资额在30万元以下或者建筑面积在300平方米以下的建筑工程，可以不申请办理施工许可证。省、自治区、直辖市人民政府建设行政主管部门可以根据当地的实际情况，对限额进行调整，并报国务院建设行政主管部门备案。按照国务院规定的权限和程序批准开工报告的建筑工程，不再领取施工许可证。"

第三节　建筑工程发包与承包

一、建筑工程发包与承包的一般规定

1. 建筑工程承包合同的形式要件

根据《合同法》的规定，经济合同所采用的形式要件有两种：一种是书面合同，另一种是口头合同，建筑工程承包合同是《合同法》确定的有名合同之一。对于它的形式要件《建筑法》第15条规定："建筑工程的发包单位与承包单位应当依法签订书面合同，明确双方的权利和义务。"据此，如果当事人以口头方式订立了建筑工程承包合同，由于其形式要件不符合法律规定，将由人民法院或仲裁机构依法宣告无效。关于建筑工程承包合同，国家工商局和建设部联合制定并颁布了《建设工程施工合同示范文本》，为建设单位和承包单位签订工程承包合同提供了有权威性的示范文本，成为合同双方当事人签订工程承包合同的重要依据。随着我国对外交往的不断扩大，涉外工程的增多，力求建筑工程承包合同文本能够更加符合市场经济发展的需要，更加符合双方当事要求，也力图同国际惯例接轨。在国际工程承包中，《FIDIC土木工程施工合同条件》是各国当事人签订工程承包合同的重要示范文本。

2. 建筑工程招投标活动的原则

《建筑法》第16条规定："建筑工程发包与承包的招标投标活动，应当遵循公开、公

正、平等竞争的原则，择优选择承包单位。建筑工程的招标投标，本法没有规定的，适用有关招标投标法律的规定。”根据本条规定，在工程招标、投标活动过程中应当坚持公开、公正、平等竞争原则，以及择优选择承包单位的原则。其中公开原则是指建筑工程的交易活动，即招投标活动应当公开进行，不允许进行私下交易，发包方应当公开披露工程发包信息；承包方应当根据自身的实力，根据发包方的要求进行投标；发包单位组织的开标、评标、定标过程，也应当依法进行。公正原则更多地体现在招投标活动中的开标、评标活动过程中。开标、评标、定标是招投标活动中的重要阶段，我国相关法律明确规定开标的时间、组织及形式都必须依法进行，以保证评标过程的公正、合理、科学及合法性。平等竞争原则包括两方面的含义：一方面，发包方应当根据公开、公正的招标原则，为承包方创造一个平等竞争的机会，另一方面，投标方在投标过程中都处于平等竞争的地位，不允许任何一方享有在投标中的任何特权。同时要求双方在投标过程中要排除一切不正当竞争行为，例如，投标者串通投标，抬高或压低标底，进行通谋投标；投标者和发包方相互勾结，通过泄露标底等非法行为，达到排挤竞争对手的目的，这些非法行为不仅破坏了招投标过程中的平等竞争，而且也触犯了相关法律的规定。公开、公正、平等竞争的原则是保证择优选择承包单位的条件，也是择优选择承包单位的基础。

二、建筑工程发包的法律规定

1. 建筑工程发包方式

我国《建筑法》第19条规定：“建筑工程依法实行招标发包，对不适于招标发包的可以直接发包。”根据此项条款的规定，建筑工程的发包方式可采用招标发包和直接发包的方式进行。所谓工程项目招标发包是业主对自愿参加某一特定工程项目的承包单位进行审查、评比和选定的过程。关于招标发包工程和直接发包工程的范围《建筑法》没有明确规定。

有关招标的形式，国内外通常采用的方式主要有以下三种形式：

（1）公开招标。也称无限竞争性招标。由业主在国内外主要报纸、有关刊物或者电视、广播上发布招标广告。凡对此有兴趣的承包商都可以购买资格预审文件，预审合格后可购买招标文件进行投标。公开招标有利于降低工程造价，提高工程质量和缩短工期。

（2）邀请招标。也称有限竞争性选择招标。这种方式不发布招标广告，业主根据自己的经验和各种信息资料的了解，对那些被认为有能力承担该工程的承包商发出邀请，一般邀请5~10家（但不能少于3家）前来投标，这种招标方式一般可以保证参加投标的承包商有此项工程经验，有能力完成该工程项目。

（3）议标。也称非竞争性招标或指定性招标。这种招标方式业主邀请两家及其以上的承包商来直接协商。是适用于工程造价较低、工期紧、专业性强的工程或小型工程。

一般情况下，依照相关法律的规定，建设单位招标发包工程应当具备下列条件：是法人或依法成立的组织；有与招标工程相适应的经济、技术管理人员；有组织编制招标文件的能力；有审查投标单位资质的能力；有组织开标、评标、定标的能力。不具备后四项条件的，须委托具有相应资质的咨询、监理等代理招标。

2. 建筑工程公开招标程序

《建筑法》第20条规定："建筑工程实行公开招标的，发包单位应当依照法定程序和方式，发布招标公告，提供载有招标工程的主要技术要求、主要的合同条款、评标的标准和方法以及开标、评标、定标的程序等内容的招标文件。开标应当在招标文件规定的时间、地点公开进行。开标后应当按照招标文件规定的评标标准和程序对标书进行评价、比较，在具备相应资质条件的投标者中，择优选定中标者。"根据此条法律规定，建筑工程进行公开招标的，发包单位一般应当依照以下程序进行：

(1) 履行工程报建手续；

(2) 审查建设单位项目管理机构资质；

(3) 发包单位填写招标申请书，编制招标文件并送审；

(4) 在建设工程交易中心或有关新闻媒介刊登招标通告；

(5) 进行资格预审，向合格的申请单位发出资格预审合格通知书；

(6) 将招标文件、图纸和有关技术资料发放给通过资格预审获得投标资格的投标单位；

(7) 组织投标单位勘察现场；

(8) 投标单位编制投标文件，并在指定的时间和规定的地点递交招标单位；

(9) 工程标底在开标前报招投标管理机构审定并密封；

(10) 发包单位组织开标；

(11) 评标委员会评标；

(12) 确定中标；

(13) 发包单位和中标单位签订合同。

关于邀请招标和议标，《建筑法》未做明确规定。由于议标的过程更注重于发、承包双方的协商过程，因此议标的招标程序则相对于公开招标和邀请招标的程序要简单得多，为避免发、承包双方的私下交易行为以及发承包过程中的不正当竞争，目前我国对于采用议标的方式要加以严格的限制。

3. 发包单位发包行为规范

《建筑法》对发包单位发包行为的规范主要表现为：

(1)《建筑法》第22条规定："建筑工程实行招标发包的，发包单位应当将建筑工程发包给依法中标的承包单位。建筑工程实行直接发包的，发包单位应当将建筑工程发包给具有相应资质条件的承包单位。"根据此条款的规定，发包单位无论是采用招标方式发包工程还是采用直接发包方式发包工程，都必须把工程发包给具有相应资质的承包单位。也就是说，如果发包单位实行招标发包的建筑工程，发包单位应当将工程发包给依法中标的承包单位。一般来讲，采用招标方式发包的工程是指政府、公有制企业投资以及外国政府或国际金融组织赠款、贷款的工程。这类工程投资大，直接涉及到国家的利益以及政府的投资信誉，因此，根据我国有关招投标的规定，发承包双方在招投标过程中，要通过严格的招投标程序进行，对于前来投标的承包方要通过严格的资格预审，才能允许其投标，投标单位要根据发包方的要求认真编制投标文件，并经过开标、评标、定标的程序，确定中标单位。如果实行直接发包的，应将工程发包给具有相应资质的承包单位。

(2)《建筑法》第24条规定："提倡对建筑工程实行总承包，禁止将建筑工程肢解发包。建筑工程的发包单位可以将建筑工程的勘察、设计、施工、设备采购一并发包给一个工程总承包单位，也可以将建筑工程勘察、设计、施工、设备采购的一项或者多项发包给一个工程总承包单位；但是，不得将应当由一个承包单位完成的建筑工程肢解成若干部分发包给几个承包单位。"本条是关于禁止肢解发包的规定，目前实践中建设单位为了自身利益，任意肢解发包工程，致使一个工程由多个施工单位进行施工，又无现场总负责人，安全与质量问题频繁发生。虽然如此，如果法律严格禁止，又不符合国际惯例，在国际上，称肢解发包为"平行发包"，是通行的发包方式之一，所以我国法律对此作了原则性规定，即总的原则是应当禁止肢解发包，关于禁止肢解工程的最小单位如何确定，《建筑法》表述为："不得将应当由一个承包单位完成的工程肢解成若干部分分别发包给几个承包单位。"也就是说，发包的最小单位量化的概念为"应当由一个承包单位完成的工程。"

三、建筑工程承包的法律规定

1. 承包单位资质规定

企业资质，是指企业的建设业绩、人员素质、管理水平、资金管理、技术装备等。对于建筑施工企业，国家规定除应具备企业法人营业执照外，还应取得相应的资质证书，即在企业管理上实行双轨制。《建筑法》第26条规定："承包建筑工程的单位应当持有依法取得的资质证书，并在其资质等级许可的业务范围内承揽工程。禁止建筑施工企业超越本企业资质等级许可的业务范围或者以任何形式用其他建筑施工企业的名义承揽工程。禁止建筑施工企业以任何形式允许其他单位或者个人使用本企业的资质证书、营业执照，以本企业的名义承揽工程。"本条所称的承包单位主要指勘察设计单位以及建筑施工企业。根据《工程勘察和工程设计单位资格管理办法》的规定，工程勘察设计资格分为甲、乙、丙、丁四级，根据《建筑业企业资质管理规定》，建筑承包企业资质等级分为两类：一类是工程施工总承包企业，其资质等级分为一、二级；一类是施工承包企业，资质等级分为一、二、三、四级。对于专项分包企业的管理办法，则授权省、自治区、直辖市人民政府建设行政主管部门规定。根据《建筑法》第26条的规定，建筑承包企业应严格在其资质等级许可的经营范围内从事承包工程活动。同时不得进行以下行为：(1) 不得超过本企业资质等级许可的业务范围承揽工程。这是因为，企业的资质等级是由有关管理部门根据企业的承揽工程能力、人员素质、资金数量、技术装备等企业基本条件来确定的，企业只能根据其自身的能力进行相应的工程承包活动，否则会由于其资质能力达不到而造成工程质量事故或出现其他问题。(2) 不得以其他企业的名义承揽工程，也不得允许其他单位或个人以本企业名义承揽工程。

2. 关于禁止承包单位转包的规定

《建筑法》第28条规定："禁止承包单位将其承包的全部建筑工程转包给他人，禁止承包单位将其承包的全部工程肢解以后以分包的名义分别转包给他人。"关于转包行为，各国法律都加以禁止。例如，日本《建设业法》规定："建设业者不得以任何方法将其承包的工程一揽子转包他人。其他建设业经营者，不得一揽子承包来自建设业者，并由该建设业者承包的建设工程。”转包行为也为我国法律所禁止，但就如何界定转包的问题，《建筑法》没有做出明确规定，但总的界定原则可以参照第29条的解释。

3. 关于建筑工程分包的规定

《建筑法》第29条规定：“建筑工程总承包单位可以将承包工程中的部分工程发包给具有相应资质条件的分包单位；但是，除总承包合同中约定的分包外，必须经建设单位认可。施工总承包的建筑工程主体结构的施工必须由总承包单位自行完成。建筑工程总承包单位按照总承包合同的约定对建设单位负责；分包单位按照分包合同的约定对总承包单位负责。总承包单位和分包单位就分包工程对建设单位承担连带责任。禁止总承包单位将工程分包给不具备相应资质条件的单位，禁止分包单位将其承包的工程再分包。”就分包问题，本条规范了三方面的内容：

(1) 合法分包。根据法律的规定，转包是完全禁止的，而工程分包则是允许的。建筑工程总承包单位承包工程后，可以采取两种方式完成合同，一种是全部自行完成，一种是将其中的部分工程分包给其他承包方完成。这两种方式都是法律所允许的，但对于工程分包，法律规定了以下限制性条款：①实行总分包的建筑工程，总包单位应将工程发包给具有相应资质条件的分包单位。②总承包单位进行分包应经建设单位的认可，这是因为建设单位将工程发包给某一总承包单位，并签订工程承包合同，表明建设单位对这一承包单位的资质水平及施工能力给予了肯定，信任这一承包商能较好地完成施工任务并保证工程质量，因此，承包商要将所承包的工程再行分包给他人，应当告知建设单位，并得到建设单位的认可，认可方式可通过两种方法进行：第一，在建筑工程总承包合同中规定分包的内容；第二，总承包合同中没有规定的分包，应该事先征得建设单位同意。③实行施工总承包的，建筑工程的主体结构不得进行分包，即为防止承包单位借分包的名义转包工程，因此规定建筑工程的主体结构施工必须由施工总承包单位自行完成。

(2) 关于总、分包单位的法律责任。根据《建筑法》的规定，实行工程施工总承包的，由总承包单位负全面质量及经济责任，这种责任的承担不论是由总包单位造成的还是分包单位造成的，在总承包单位承担责任后可以依法就属于分包单位的责任进行追偿。对于分包工程的责任承担由总承包单位和分包单位承担连带责任。连带责任是指对于分包工程发生的质量责任以及违约责任，建设单位可以向总承包单位请求赔偿，也可以向分包单位请求赔偿，总包单位或分包单位进行赔偿以后，有权利根据建筑工程分包合同对于不属于自己的责任赔偿向另一方追偿。

(3) 关于再分包。《建筑法》第29条明确规定“禁止分包单位将其承包的工程再分包。”本条款的立法目的旨在防止层层分包，进一步规范建筑市场，提高建筑工程质量。

第四节 建筑工程质量管理

一、建筑工程质量的概念

建筑工程质量是指在国家现行的有关法律、法规、技术标准、设计文件和合同中，对工程的安全、适用、经济、美观等特性的综合要求。建筑工程质量直接关系到国家的利益和形象，关系到国家财产、集体财产、私有财产和人民的生命安全，因此必须加强对建筑工程质量的法律规范。国家建设部及有关部委自1983年以来，先后颁布了多项建设工程质量管理的监督法规，主要有：《建设工程质量管理条例》、《房屋建筑工程保修办法》、《建筑工程施工许可管理办法》、《建设工程勘察质量管理办法》等，特别是《建筑法》设专章对建筑工程质量进行了全面规范，例如，《建筑法》第53条规定："国家对从事建筑活动的单位推行质量体系认证制度。从事建筑活动的单位根据自愿原则可以向国务院产品质量监督管理部门或者国务院产品质量监督管理部门授权的部门认可的认证机构申请质量体系认证。经认证合格的，由认证机构颁发质量体系认证证书。"《建筑法》第54条规定："建设单位不得以任何理由，要求建筑设计单位或者建筑施工企业在工程设计或者施工作业中，违反法律、法规和建筑工程质量、安全标准，降低工程质量。建筑设计单位和建筑施工企业对建设单位违反前款规定提出的降低工程质量的要求，应当予以拒绝。"

二、建筑工程质量责任

工程建设由于涉及面广，生产过程复杂、建设周期长，自然条件影响大等特点，其工程质量往往比一般工业产品的质量难以控制，但是房屋建筑工程质量有关系到老百姓的切身利益，其质量工作更为重要。近年来，政府采取了一系列的政策和措施，制订了标准，以期达到对建筑工程的质量控制。所谓质量控制，根据国际标准（ISO）定义为：为达到质量要求所采取的作业技术和活动，对工程质量而言，就是为了确保技术标准和合同所规定的质量标准，所采取的一系列监控措施、手段和方法。工程质量控制是一个全面的质量控制要求，涉及到建筑市场各方行为主体的职责，包括业主的质量控制，政府的质量控制，设计、施工单位的质量控制。其中，业主的质量控制是保证建设工程质量的关键，原因是：第一，工程建设是按业主的要求来进行的，这就要求业主对工程的质量要进行检查和监督，或者委托监理工程师对工程实行有效的管理；第二，业主的质量控制贯穿于工程建设的全过程；第三，虽然工程竣工后发现质量问题可以根据责任由施工单位维修，并赔偿损失，但对于业主来说，如果工程迟迟不能按时间交付使用，也会造成极大的损失。因此，"有什么样的业主，就有什么样的工程质量。"

1. 建设单位的质量责任和义务

根据《建筑法》和《建设工程质量管理条例》的相关规定，建设单位的质量责任和义务包括：

（1）建设单位应当将工程发包给具有相应资质等级的单位，并且不得将建设工程肢解发包。

（2）建设单位应当依法对工程建设项目的勘察、设计、施工、监理以及与工程建设有关的重要设备、材料等的采购进行招标。

（3）建设单位必须向有关的勘察、设计、施工、工程监理等单位提供与建设工程有关的原始资料，要求原始资料必须真实、准确、齐全。

（4）建设工程发包单位不得迫使承包方以低于成本的价格竞标，不得任意压缩合理工期。建设单位不得明示或者暗示设计单位或者施工单位违反工程建设强制性标准，降低建设工程质量。

(5) 实行监理的建设工程，建设单位应当委托具有相应资质等级的工程监理单位进行监理，也可以委托具有工程监理相应资质等级并与被监理工程的施工承包单位没有隶属关系或者其他利害关系的该工程的设计单位进行监理。

2. 工程勘察设计单位的质量责任和义务

根据相关法律的规定，其责任和义务主要包括：

(1) 从事建设工程勘察、设计的单位应当依法取得相应等级的资质证书，并在其资质等级许可的范围内承揽工程。不得超越资质等级许可的范围或者以其他勘察、设计单位的名义承揽工程，不得允许其他单位或者个人以本单位的名义承揽工程，不得转包或者违法分包所承揽的工程。

(2) 勘察、设计单位必须按照工程建设强制性标准进行勘察、设计，并对其勘察、设计的质量负责。注册建筑师、注册结构工程师等注册执业人员应当在设计文件上签字，对设计文件负责。

(3) 勘察单位提供的地质、测量、水文等勘察成果必须真实、准确。设计单位应当根据勘察成果文件进行建设工程设计，设计文件应当符合国家规定的设计深度要求，注明工程合理使用年限。

(4) 为保证施工单位能够严格按图施工，把握施工中的设计要求，《建筑法》第56条规定，“设计文件选用的建筑材料、建筑构配件和设备，应当注明其规格、型号、性能等技术指标，其质量要求必须符合国家规定的标准”。此条的规定，一方面规定了设计文件的要求，另一方面为施工单位施工能够充分满足设计要求提供了前提条件，同时也防止了施工单位在实际施工中滥用及错误使用建筑材料、建筑构配件和设备等问题所造成的质量后果。

关于设计文件的质量要求，根据相关法律的规定，必须符合：第一，设计文件应符合国家现行的有关法律、法规、工程设计技术标准和合同的规定；第二，工程勘察文件应反映工程地质、地形地貌、水文地质状况，评价准确，数据可靠；第三，设计文件的深度，应满足相应设计阶段的技术要求，施工图应配套，细节应交待清楚，标注说明应清晰、完整；第四，设计中选用的材料、设备等，应注明其规格、型号、性能、色泽等，并提出质量要求，但不得指定生产厂家；第五，对大中型建设工程、超高层建筑，以及采用新技术、新结构的工程，应在合同中规定设计单位向施工现场派驻设计代表。

3. 施工单位的质量责任和义务

根据《建筑法》和《建设工程质量管理条例》的规定，其责任和义务包括：

(1) 施工单位应当依法取得相应等级的资质证书，并在其资质等级许可的范围内承揽工程，不得擅自超越资质等级及业务范围承包工程，不得允许其他单位或者个人以本单位的名义承揽工程，不得转包或者违法分包工程。

(2) 施工单位对建设工程的施工质量负责。施工单位应当建立质量责任制，确定工程项目的项目经理、技术负责人和施工管理负责人。

(3) 建设工程实行总承包的，总承包单位应当对全部建设工程质量负责；建设工程勘察、设计、施工、设备采购的一项或者多项实行总承包的，总承包单位应当对其承包的建设工程或者采购的设备的质量负责。

(4) 总承包单位依法将建设工程分包给其他单位的，分包单位应当按照分包合同的约定对其分包工程的质量向总承包单位负责，总承包单位与分包单位对分包工程的质量承担连带责任。

(5) 施工单位必须按照工程设计图纸和施工技术标准施工，不得擅自修改工程设计，不得偷工减料。施工单位在施工过程中发现设计文件和图纸有差错的，应当及时提出意见和建议。

(6) 施工单位应建立健全质量保证体系，落实质量责任制，加强施工现场的质量管理，加强计量、检测等基础工作，抓好职工培训，广泛采用新技术，提高企业竞争能力。

4. 工程监理单位的质量责任和义务

根据《建筑法》和《建设工程质量管理条例》的规定，其责任和义务包括：

(1) 工程监理单位应当依法取得相应等级的资质证书，并在其资质等级许可的范围内承揽工程监理业务。禁止工程监理单位超越本单位资质等级许可的范围或者以其他工程监理单位的名义承担工程监理业务，禁止工程监理单位允许其他单位或者个人以本单位的名义承担工程监理、业务，工程监理单位不得转让工程监理业务。

(2) 工程监理单位与被监理工程的施工承包单位以及建筑材料、建筑构配件和设备供应单位有隶属关系或者其他利害关系的，不得承担该项建设工程的监理业务。

(3) 工程监理单位应当依照法律、法规以及有关技术标准、设计文件和建设工程承包合同，代表建设单位对施工质量实施监理，并对施工质量承担监理责任。工程监理单位应当选派具备相应资格的总监理工程师和监理工程师进驻施工现场。未经监理工程师签字，建筑材料、建筑构配件和设备不得在工程上使用或者安装，施工单位不得进行下一道工序的施工。未经总监理工程师签字，建设单位不拨付工程款，不进行竣工验收。监理工程师应当按照工程监理规范的要求，采取旁站、巡视和平行检验等形式，对建设工程实施监理。

5. 建筑材料、构配件生产及设备供应单位的质量责任和义务

虽然建筑材料、建筑构配件和设备生产厂是从事建筑活动的主体之一，但是《建筑法》没有相应的明显规定，原因是《产品质量法》已对建筑材料、建筑构配件和设备生产供应单位的质量责任做了明确规定，因此生产供应单位的质量责任没有在《建筑法》中重复表述。根据《产品质量法》的规定，生产者应当对其生产的产品质量负责，产品质量应当符合下列要求：

(1) 不存在危及人身、财产安全的不合理的危险，有保障人体健康，人身、财产安全的国家标准、行业标准，应当符合该标准；

(2) 具备产品应当具备的使用性能，但是，对产品存在使用性能作出说明的除外；

(3) 符合在产品或其包装上注明采用的产品标准，符合以产品说明、实物样品等方式表明的质量状况。

此外,《产品质量法》对于产品及其包装也提出了具体要求,同时还规定“生产者不得生产国家明令淘汰的产品”;“生产者不得伪造产地,不得伪造或者冒用他人的厂名厂址”;“生产者不得伪造或者冒用认证标志、名优标志等质量标志”;“生产者生产产品不得掺杂、掺假,不得以假充真、以次充好,不得以不合格产品冒充合格产品。”

三、保修和损害赔偿

1. 保修

建筑工程保修制度是指建筑工程在办理交工验收手续后,在规定的保修期限内,因勘察设计、施工、材料等原因造成的质量缺陷,应当由责任单位负责维修。质量缺陷是指工程不符合国家或行业现行的有关技术标准、设计文件以及合同中对质量的要求。《建筑法》第62条规定:“ 建筑工程实行质量保修制度。建筑工程的保修范围应当包括地基基础工程、主体结构工程、屋面防水工程和其他土建工程,以及电气管线、上下水管线的安装工程,供热、供冷系统工程等项目;保修的期限应当按照保证建筑物合理寿命年限内正常使用,维护使用者合法权益的原则确定。具体的保修范围和最低保修期限由国务院规定。”根据此条规定,建筑工程保修范围包括以下几方面:①地基基础工程;②主体结构工程;③屋面防水工程;④其他土建工程;⑤电气管线、上下水管线的安装工程,供热、供冷系统等项目。

关于建筑工程的保修期限,《建筑法》只作了原则性规定,即“保修的期限应当按照保证建筑物合理寿命年限内正常使用,维护使用者合法权益的原则确定。具体的保修范围和最低保修期限由国务院规定。”所以,根据《建设工程质量管理条例》第40条的规定,建设工程的最低保修期限为:

(1) 基础设施工程、房屋建筑的地基基础工程和主体结构工程,最低保修期限为设计文件规定的该工程的合理使用年限;

(2) 屋面防水工程,有防水要求的卫生间、房间和外墙面的防渗漏,最低保修期限为5年;

(3) 供热与供冷系统,最低保修期限为2个采暖期、供冷期;

(4) 电气管线、给排水管道、设备安装和装修工程,最低保修期限为2年。

其他项目的保修期限由发包方与承包方约定。

2. 损害赔偿

因建设工程质量缺陷造成人身、缺陷工程以外的其他财产损害的,侵害人应按有关规定,给予受害人赔偿。因建设工程质量存在缺陷造成损害要求赔偿的诉讼时效期限为1年,自当事人知道或应当知道其权益受到损害时起计算。因建设工程质量责任发生民事纠纷,当事人可以通过协商或调解解决。当事人不愿通过协商、调解解决或者协商、调解不成的,可以根据当事人双方的协议,向仲裁机构申请仲裁,当事人双方没有达成仲裁协议的,可以向人民法院起诉。

第五节 建筑安全生产管理制度

一、建筑安全生产管理的概念

建筑安全生产管理是指建设行政主管部门、建筑安全监督管理机构、建筑施工企业及有关单位对建筑生产过程中的安全工作，进行计划、组织、指挥、控制、监督等一系列的管理活动。其目的在于保证建筑工程安全和建筑职工的人身安全。

二、建筑安全生产管理的内容

建筑安全生产管理包括纵向、横向、施工现场三个方面的管理。所谓纵向管理是指建设行政主管部门及其授权的建筑安全监督管理机构对建筑安全生产的行业监督管理。横向管理是指建筑生产有关各方和建筑单位、设计单位、建筑施工企业等的安全责任和义务。施工现场管理是指在施工现场控制人的不安全行为和物的不安全状态。施工现场管理是建筑安全生产管理的关键。

三、建筑安全生产管理方针

《建筑法》第36条规定："建筑工程安全生产管理必须坚持安全第一、预防为主的方针，建立健全安全生产的责任制度和群防群治制度"。安全第一、预防为主的方针，体现了国家对在建筑安全生产过程中"以人为本"、保护劳动者权利、保护社会生产力、保护建筑生产的高度重视，确立了建筑安全生产管理在建筑活动管理中的首要的和重要位置。群防群治制度是在建筑安全生产中，充分发挥广大职工的积极性，加强群众性监督检查工作，以预防和治理建筑安全生产中的伤亡事故。

四、建筑安全生产的基本要求

安全生产责任制度是建筑生产中最基本的安全管理制度，是所有安全规章制度的核心，安全生产的责任制度既包括行业主管部门建立健全建筑安全生产的监督管理体系，制定建筑安全生产监督管理工作制度，组织落实各级领导分工负责的建筑安全生产责任制，又包括参与建筑活动各方的建设单位、设计单位，特别是建筑施工企业的安全生产责任制，还包括施工现场的安全责任制。

1. 建筑工程设计应当保证工程的安全性能

《建筑法》第37条规定："建筑工程设计应当符合按照国家规定制定的建筑安全规程和技术规范，保证工程的安全性能。"保证建筑工程的安全性能，设计是前提。建筑工程的安全性能，包括两层含义：

(1) 在建造过程中的安全，主要是指建造者的安全；(2) 建成后的使用安全，主要是指建筑物的安全，因此，建筑工程设计应当符合安全规程和技术规范。这些规程和规范是保证建筑工程安全性能、保护建筑职工安全健康及国家和人民财产不受损失必须遵循的准则。

2. 建筑施工企业制定安全技术措施的规定

《建筑法》第38条规定："建筑施工企业在编制施工组织设计时，应当根据建筑工程的特点制定相应的安全技术措施；对专业性较强的工程项目，应当编制专项安全施工组织设计，并采取安全技术措施。"所谓施工组织设计是组织工程施工的纲领性文件，是指导施工准备和组织施工的全面性的技术、经济文件，是指导现场施工的规范性文件。施工组织设计必须在施工准备阶段完成。安全技术措施是指针对生产劳动过程中产生的不安全因素，用生产技术加以消除和控制，以预防工伤事故发生的措施。本条规定建筑施工企业在编制施工组织设计时应当制定安全技术措施，所规范的内容以预防为主，因为预防是消除事故的最佳途径，建筑施工企业在施工准备阶段即编制施工组织设计时，制定安全技术措施是搞好预防的重要方法之一，体现了安全第一、预防为主的方针。

3. 建筑施工企业应当在施工现场采取安全防范措施

《建筑法》第39条规定："建筑施工企业应当在施工现场采取维护安全、防范危险、预防火灾等措施；有条件的，应当对施工现场实行封闭管理。施工现场对毗邻的建筑物、构筑物和特殊作业环境可能造成的损害的，建筑施工企业应当采取安全防护措施。"根据本条规定，建筑施工企业在施工现场应采取以下措施：

(1) 建筑施工企业应当在施工现场采取维护安全、防范危险、预防火灾等措施。

(2) 有条件的，应当对施工现场实行封闭管理。封闭管理包括两个方面的内容：一是对在建的建筑物要用密目式安全网围栏，既保护作业人员的安全，又防止高处坠物伤人，减少扬尘外泄；二是在施工现场四周设置围档，将施工现场与外界隔断，无关人员不得随意进入。目前，世界发达国家均采用后一种方式，由于我国实行封闭管理需要一定的投入，加上施工现场所处的位置也不相同，如有的在城市繁华地区，有的在偏僻的荒郊野外，在中国经济尚不发达且发展不平衡的条件下，从法律上强制所有施工现场均实行封闭管理还难以做到，也无必要。因此，将"有条件的"四字写进了《建筑法》。施工现场实行封闭管理，主要是解决"扰民"和"民扰"两个问题。由于施工的现场环境和作业条件较差，不安全因素多，在作业过程中既容易伤害到自己，也容易伤害到施工现场以外的人，因此，用密目式安全网、围墙、围栏等设施将施工现场封闭起来，既可以使施工中的不安全因素不扩散到场外，也可以起到保护环境、美化市容和文明施工的作用。

(3) 施工现场对毗邻的建筑物、构筑物和特殊作业环境可能造成损害的，建筑施工企业应当采取安全防护措施。根据《宪法》、《民法通则》、《建筑法》等法律的规定，从事建筑施工活动不得损害社会公共利益和他人的合法权益。

4. 对与施工现场相关的地下管线的保护

《建筑法》第40条规定："建设单位应当向建筑施工企业提供与施工现场相关的地下

管线资料，建筑施工企业应当采取措施加以保护。”所谓地下管线是指置于地下的用于供电、通讯、供水、排水、供气、供热等管道和线路。城市地下管线是城市重要的基础设施，物质生产和人民生活的必备条件，是城市赖以生存和发展的基础。地下管线能否安全、完好、正常运行，关系到整个城市能否正常生产和生活，因此，对地下管线必须严加保护。建筑施工活动，其进行地基基础工程建设，易造成地下管线的损坏。因此，对地下管线的保护，要求施工企业首先必须了解与施工现场有关的地下管线情况，掌握地下管线资料；其次，建筑施工企业在掌握了地下管线情况后，应制定相应的安全技术措施，并按照施工组织设计和安全技术措施进行施工，保护好与施工现场有关的地下管线。

5. 施工现场特殊作业应办理申请批准手续

场地的占用，公共设施的保护，水、电、交通的畅通，爆破作业等，涉及到物质生产和人民生活的正常进行以及国家财产和公民生命财产的安全。因此，《建筑法》第42条规定：“有下列情形之一的，建设单位应当按照国家有关规定办理申请批准手续：①需要临时占用规划批准范围以外场地的；②可能损坏道路、管线、电力、邮电通讯等公共设施的；③需要临时停水、停电、中断道路交通的；④需要进行爆破作业的；⑤法律、法规规定需要办理报批手续的其他情况。”根据此条款的规定，施工企业实施下列特殊作业需办理一定手续：

(1) 需要临时占用规划批准范围以外场地的需要审批。建筑施工应当在批准的施工场地内组织进行，需要临时占用规划批准范围以外场地的，建设单位须根据《城市规划法》及有关地方法规的规定，持上级主管部门批准的申请临时用地文件，向城市规划行政主管部门申请临时用地，经审核批准后，发给临时建设用地许可证。临时用地的使用期限一般不得超过2年。临时场地不得建设永久性的建筑物、构筑物和其他设施。

(2) 可能损坏道路、管线、电力、邮电通讯等公共设施的需要审批。因工程建设可能损坏道路、管线、电力、邮电通讯等公共设施，建设单位应根据《城市道路条例》、《城市供水条例》、《电力法》等相关法律规定，持有关文件到市政工程行政主管部门、公安交通管理部门、城市供水行政主管部门、电力管理部门、邮电通讯等主管部门办理审批手续，经批准并采取确保各项设施安全的措施后，方可进行作业。

(3) 需要临时停水、停电、中断道路交通的需要审批。由于建筑施工原因需要临时停水的，应当经城市供水行政主管部门批准，并24小时通知用水单位和个人；需要临时停电，建设单位需按照规定程序向电力管理部门办理批准手续，因建筑施工需要中断交通的，应按规定向道路交通主管部门办理批准手续；

(4) 需要进行爆破作业的审批。建筑施工中需要爆破作业的，经上级主管部门同意，并持说明使用爆破器材的地点、品名、用途、四邻距离的文件和安全操作规程，向所在地县、市公安局申请《爆破物品使用许可证》，方可使用。

(5) 法律、法规规定需要办理报批手续的其他情况。由于各地情况不同，并且客观情况又在发展变化，本条规定为“兜底”条款。

6. 施工现场安全责任制

《建筑法》第45条规定：“施工现场安全由建筑施工企业负责。实行施工总承包的，由总承包单位负责。分包单位向总承包单位负责，服从总承包单位对施工现场的安全生产管理。”根据本条的规定，施工现场安全责任的主要内容为：

（1）施工现场安全由建筑施工企业负责。施工现场是指进行建筑施工活动，经批准占用的施工场地，是建筑施工企业进行生产作业的场所。施工现场安全管理是建筑施工企业安全管理的重点和集中体现。建筑施工企业应当依法对施工现场安全负责。

（2）实行施工总承包的，施工现场安全由总承包单位负责。施工总承包是指建筑工程的施工由一个建筑施工企业全面负责。总承包单位不仅要负责建筑工程质量、建设工期、造价控制，而且要对施工现场的施工组织和安全生产进行统一管理和全面负责。总承包单位负责整个建筑工程施工组织设计的编制和施工总平面图的布置，监督检查分包单位的施工现场活动。

（3）工程总承包单位可以依法进行分包。分包单位应对其分包工程的施工现场安全向总承包单位负责。分包单位应当在总承包单位的统一管理下，在其分包范围内建立施工现场安全生产管理责任制，并组织实施。分包单位在总承包单位的总体部署下，负责编制分包工程的施工组织设计。分包单位确需进行改变施工总平面布置图活动的，应当先向总承包单位提出申请，经总承包单位同意后方可实施。

7. 劳动安全生产教育培训制度

《建筑法》第46条规定：“建筑施工企业应当建立健全劳动安全生产教育培训制度，加强对职工安全生产的教育培训；未经安全生产教育培训的人员，不得上岗作业。”安全生产教育培训工作是实现安全生产的一项重要基础工作。只有通过对广大建筑职工进行安全教育培训，才能提高职工生产的自觉性、积极性和创造性，增强安全意识，掌握安全知识，使安全规章制度得到贯彻执行。安全生产教育培训的主要内容是：

（1）新工人必须进行公司、工地和班组的三级安全教育。

（2）电工、焊工、架工、司炉工、爆破工、机操工及起重工、打桩机和各种机动车辆司机等特殊工种工人，除进行一般安全教育外，还要经过本工种的专业安全技术教育。

（3）采用新工艺、新技术、新设备施工和调换工作岗位时，对人员进行新技术、新岗位的安全教育等。

8. 对从事危险作业的职工强制进行意外伤害保险的规定

《建筑法》第48条规定：“建筑施工企业必须为从事危险作业的职工办理意外伤害保险，支付保险费。”社会保险是国家举办的一项事业，不以赢利为目的，手段是强制性的，对劳动者提供物质帮助是通过社会互济实现的。商业保险是《保险法》调整的对象，它与社会保险不同。意外伤害保险不同于一般的商业保险，它是人身保险的一种，也带有社会保险的属性，它以人的生命或身体为保险标的，在被保险人因意外事故而致残废、死亡或丧失工作能力时，保险公司按保险合同的规定，向被保人或受益人给付医疗费用或保险金，它属于强制性的保险。根据《建筑法》第48条的规定，其主要内容为：

（1）建筑施工企业为从事危险作业的职工办理意外伤害保险是强制性的。不论建筑施工企业是否愿意、经营的好坏，均必须依法为职工办理意外伤害保险。

（2）意外伤害保险的投保人是建筑施工企业。

(3) 意外伤害保险的被保险人是从事危险作业的职工。

(4) 保险费应当由建筑施工企业支付。

第六节 建筑法律责任

一、建筑法律责任的概念

所谓建筑法律责任是指建筑法律关系中的主体由于其行为违反《建筑法》，按照法律规定必须承担消极的法律后果。建筑法律责任的主要内容包括：

(1) 承担建筑法律责任的主体是建筑法律关系中的主体，主要包括管理机关，建设单位，勘察、设计单位，建筑施工单位以及监理单位等，不仅包括公民个人，也包括外国人和无国籍的人。

(2) 建筑违法行为的实施是承担法律责任的前提，这主要是不履行《建筑法》规定的义务引起的后果，这里的义务有作为的义务，也有不作为的义务，即如果建筑法律关系的主体不履行法定的义务，就必须承担一定的法律后果，也就是说没有违法行为，就不承担法律责任。

(3) 建筑法律责任具有强制性。这种强制性表现于建筑法律关系主体，如果违反法律规定，不履行《建筑法》明文规定的义务，国家就要予以追究。也就是说，国家强制力是保证法律责任实施的后盾。

国家追究建筑法律责任，主要是通过专门机关来实现的。建筑法律责任的追究机关有两类，一类是司法机关，另一类是建设行政主管部门或者有关部门。

二、建筑法律责任承担的方式

承担建筑法律责任的主要形式有行政法律责任、民事法律责任和刑事法律责任。在日常管理中，大量的责任形式都是行政法律责任，行政法律责任包括行政处罚和行政处分。所谓行政处罚是指国家特定的行政机关对违法的单位或者个人进行的处罚。所谓行政处分是指对国家机关和企业的工作人员和职工进行的惩罚。两者的主要区别是：

(1) 依据不同，行政处分的依据是《国务院关于国家行政机关工作人员的奖惩暂行条例》和《企业职工奖惩条例》；行政处罚的依据是《行政处罚法》和其他法律，以及行政法规。

(2) 对象不同，行政处分对象只能是国家机关和建筑企业的违法的工作人员和职工；行政处罚的对象是任何违法的单位和个人。

(3) 程序不同，当事人对行政处分的决定不服的，可向作出处分决定的机关或者单位和上一级机关提出申诉，或者提请劳动仲裁，不能向人民法院起诉；对行政处罚不服的，可以向作出处罚决定机关的上一级机关申请复议，也可以直接向人民法院提起行政诉讼。

三、违反《建筑法》的法律责任

1. 未经法定许可，擅自施工的法律责任

《建筑法》第64条："违反本法规定，未取得施工许可证或者开工报告未经批准擅自施工的，责令改正，对不符合开工条件的责令停止施工，可以处以罚款。"根据本条规定，建设工程开工前，建设单位必须取得施工许可证才能施工。未领取施工许可证擅自施工，可能会使工程前期准备不足而开工，给建筑工程造成事故隐患，也可能工程因资金不落实而中途下马，成为"半拉子工程"，更易引起建筑纠纷。因此，对擅自施工的要由建设行政主管责令改正即尽快补办手续，接受建设行政主管部门的监督管理。根据法律的规定，未经法定许可，擅自施工的应承担下列责任：

（1）责令改正。这是一种行政措施，针对轻微的违法行为，可以而且能够补正的，所给予的一个改正机会，并不是行政处罚，这主要是考虑到处罚不是目的，只是手段，只要当事人能够及时改正，法律还是允许当事人认识并改正错误的。

（2）责令停止施工。这是一种由建设行政主管部门对擅自施工行为的处罚，目的在于使违法行为不再继续，以防发生危害后果。

（3）罚款。这是指建设行政主管部门对违反本法规定，不履行法定施工许可程序的建设单位强制其承担的金钱给付义务，在一定期限内缴纳定额钱款的经济处罚形式。它既不限制当事人人身自由，又不剥夺其行为能力，只是起到制裁、惩罚的目的，同时，它还是一种并罚措施，可以处，也可以不处，关键要依据其违法情节和程度而定。按规定给予罚款的被罚款人可以申请复议或者提起行政诉讼。

2. 工程肢解发包或发包给不具备资格的单位的法律责任

《建筑法》第65条规定："发包单位将工程发包给不具有相应资质条件的承包单位的，或者违反本法规定将建筑工程肢解发包的，责令改正，处以罚款。超越本单位资质等级承揽工程的，责令停止违法行为，处以罚款，可以责令停业整顿，降低资质等级；情节严重的，吊销资质证书；有违法所得的，予以没收。未取得资质证书承揽工程的，予以取缔，并处罚款；有违法所得的，予以没收。以欺骗手段取得资质证书的，吊销资质证书，处以罚款；构成犯罪的，依法追究刑事责任。"根据本条规定，在承发包活动中，发包单位不得将工程发包给不具有资质证书的单位或者肢解发包，承包单位不得超越资质等级、无资格证书或者以欺骗手段取得资质证书承揽工程。建筑活动是一种高技术密集、专业性极高、投资巨大、对社会有重大影响的活动，不是任何单位都可以承担的，发包单位不负责任或另有目的明知承包单位无资质证书而将工程发包的，不仅会损害发包方的利益，而且可能会对国家利益，社会公共利益和公民财产产生危害，危及人民的生命。因此，法律不仅要对承包行为规范，而且要对建设单位的发包行为进行规范。本条规定的法律责任包括：

（1）责令其立即改正、并处罚款。这里的"罚款"是建设行政主管部门对违反承发包规定，将工程发包给不具备相应资格证书的单位或者将工程肢解发包的发包单位（建设单位、工程总承包单位）强制其承担的金钱给付义务，在一定期限内缴纳一定金额的经济处

罚形式，即一种违法行为一旦发生，无论其是否已改正都要给予的行政处罚，是单独适用的处罚形式。

(2) 停业整顿、降低资质等级。“停业整顿”是指建设行政主管部门对违法行为人在一定期限内限制其行为能力的一种行为处罚，此项处罚不是必须处罚，主管部门根据情况可以处，也可以不处，有一定的自由裁量权。这里的“降低资质等级”是指建设行政主管部门或者其他发证机关对违反本法规定义务的违法行为人剥夺部分资格能力的处罚，是一种比较严厉的处罚。

(3) 吊销资质证书。这里的“吊销资质证书”是指建设行政主管部门或者其他发证机关完全剥夺行为人资格（行为）能力的一种能力罚。这种处罚，必须是情节严重的情况下才可以实施。

(4) 没收违法所得。这里“没收违法所得”是建设行政主管部门或者有发证权的机关对违法行为人的违法所得予以剥夺的经济处罚。

(5) 没收。对未取得资质证书承揽工程的，因其本身就不具备行为能力，其行为是严重违法行为，无论是否造成危害后果都应予取缔，使其不再继续进行违法行为。对于这种违法行为取得的违法收入应当给予没收。

(6) 刑事责任。有些违法行为，情节严重、触犯刑律的，司法机关应当依照《刑法》追究违法行为人刑事责任。这里的“刑事责任”是指依照刑法规定，行为人实施了违法行为而必须承担的法律后果。

3. 转让、出借资质证书或者以其他方式允许他人以自己名义承揽工程业务的法律责任

《建筑法》第66条规定：“建筑施工企业转让、出借资质证书或者以其他方式允许他人以本企业的名义承揽工程的，责令改正，没收违法所得，并处罚款，可以责令停业整顿，降低资质等级；情节严重的，吊销资质证书。对因该项承揽工程不符合规定的质量标准造成损失的，建筑施工企业与使用本企业名义的单位或者个人承担连带赔偿责任。”建筑施工企业转让、出借资质证书或以其他方式允许他人以自己名义承揽工程业务的，不仅要接受行政处罚，还会因此而引起民事责任。所谓民事责任，是指对不履行民事义务所应承担的法律责任，民事责任是一种财产责任，主要包括：停止侵害、排除妨碍、消除危险、返还财产、恢复原状、修理、重作、交换、赔偿损失等。根据本条的规定，当事人承担的法律责任以行政处罚为主，主要包括：

(1) 责令改正。这是行政处罚并用的行政措施，是指建设行政主管部门或者其他发证机关对转让、出借资质证书或者以挂靠等方式允许他人以本企业名义承担业务的建筑施工企业，以命令形式迫使其停止违法行为的一种手段，这种手段往往不单独行使。

(2) 没收违法所得。这是建设行政主管部门或者其他发证机关对违法的建筑施工企业剥夺其违法所得的经济处罚。其构成要件包括：①当事人是有资质证书的施工企业；②建筑施工企业转让、出借资质证书或者以挂靠等方式允许他人使用自己名义承揽工程业务的行为在主观上是有过错的，是故意的；③建筑施工企业客观上违反了国家关于资质证书的法定义务；④这种行为已经或正在给社会造成不法损害。

(3) 罚款。本条罚款是与没收违法所得并处的经济处罚形式。没收违法所得是对建筑施工企业非法财物的剥夺，罚款则是建筑施工企业缴纳的额外负担金额，影响其合法所有权，是惩诫措施。

(4) 责令停业整顿。是指主管部门剥夺建筑施工企业一定时间内行为能力的处罚，是针对情节比较严重的违法行为，而采取的一种严厉但具有挽救性质的措施。经过整治、改正错误，则可以恢复其承揽业务能力。

(5) 降低资质等级。是主管部门对违法的建筑施工企业剥夺其部分资格能力的行政处罚措施。

(6) 情节严重的要吊销资质证书。吊销资质证书，这是建筑施工企业在转让、出借或者允许他人以其他方式如挂靠等承揽工程，屡教不改、发生重大质量责任事故情况下而给予的严厉的制裁措施。

4. 转包或非法分包工程的法律责任

《建筑法》第 67 条："承包单位将承包的工程转包的，或者违反本法进行分包的，责令改正，没收违法所得，并处罚款，可以责令停业整顿，降低资质等级；情节严重的，吊销资质证书。承包单位有前款规定的违法行为的，对因转包工程或者违法分包的工程不符合规定的质量标准造成的损失，与接受转包或者分包的单位承担连带赔偿责任。"

5. 承包、发包中不正当竞争、索贿、行贿、受贿的法律责任

《建筑法》第 68 条规定："在工程发包与承包中索贿、受贿、行贿，构成犯罪的，依法追究刑事责任；不构成犯罪的，分别处以罚款，没收贿赂的财物，对直接负责的主管人员和其他直接责任人员给予处分。对在工程承包中行贿的承包单位，除依照前款规定处罚外，可以责令停业整顿，降低资质等级或者吊销资质证书。"目前工程发包与承包的秩序比较混乱，产生了许多危害，比如建设了一些质量粗糙、带有隐患的工程，腐蚀了一批干部。索贿、受贿、行贿之风影响极坏，故《建筑法》作了专门的处罚规定。

6. 监理单位与有关单位串通、降低工程质量，或者转让监理业务的法律责任

《建筑法》第 69 条规定："工程监理单位与建设单位或者建筑施工企业串通，弄虚作假、降低工程质量的，责令改正，处以罚款，降低资质等级或者吊销资质证书；有违法所得的，予以没收；造成损失的，承担连带赔偿责任；构成犯罪的，依法追究刑事责任。工程监理单位转让监理业务的，责令改正，没收违法所得，可以责令停业整顿，降低资质等级；情节严重的，吊销资质证书。"

7. 违章作业、违章指挥的法律责任

《建筑法》第 71 条规定："建筑施工企业违反本法规定，对建筑安全事故隐患不采取措施予以消除的，责令改正，可以处以罚款；情节严重的，责令停业整顿，降低资质等级或者吊销资质证书；构成犯罪的，依法追究刑事责任。施工企业的管理人员违章指挥、强令职工冒险作业，因而发生重大伤亡事故或者造成其他严重后果的，依法追究刑事责任。"依据《刑法》规定，建筑施工企业的管理人员违章指挥，强令职工冒险作业，因而发生重大伤亡事故或者造成其他严重后果的，要追究刑事责任。《刑法》第 134 条具体规定为：对管理人员处 3 年以下有期徒刑或者拘役；情节特别严重的处 3 年以上 7 年以下有期徒刑。《建筑法》第 71 条没有规定建筑施工企业的职工不服管理，违章作业的刑事责任，但依据刑法第 134 条也同样要追究刑事责任。

8. 违反工程质量、安全标准，降低质量的法律责任

《建筑法》第 72 条规定："建设单位违反本法规定，要求建筑设计单位或者建筑施工企业违反建筑工程质量、安全标准，降低工程质量的，责令改正，可以处以罚款；构成犯罪的，依法追究刑事责任。"建设单位要求建筑设计单位或者建筑施工企业违反建筑工程质量、安全标准，降低工程质量的行为，是建设单位明知可能发生危险后果或者虽知道但侥幸能够避免发生危险后果的情况下而发生的，通常是为了赶进度、赶工期而降低质量、安全标准，或者是为了节省资金、将资金挪作他用等原因而降低质量、安全标准。无论什么原因都是法律所禁止的。对建设单位要求降低工程质量的行政处罚有：

（1）责令改正。依《行政处罚法》，行政机关实施行政处罚时，应当责令当事人改正或者限期改正违法行为。因此，责令改正是行政措施，而不是行政处罚，所谓责令改正，是指建设行政主管部门在监督管理过程中，发现建设单位的违法行为以后，向建设单位发出通知，以行政命令的方式责令建设单位停止违法行为，并使工程质量达到质量、安全标准的行政措施。

（2）罚款。本条规定的罚款是可以单独使用的处罚方式。这种处罚方式可以处，可以不处，根据建设单位改正与否进行处罚。所谓罚款，是指建设行政主管部门对要求降低工程质量的建设单位给予的迫使其交纳一定金钱的经济处罚方式。

9. 施工中偷工减料或者使用次料、劣料的法律责任

《建筑法》第 74 条规定："建筑施工企业在施工中偷工减料的，使用不合格的建筑材料、建筑构配件和设备的，或者有其他不按照工程设计图纸或者施工技术标准施工的行为的，责令改正，处以罚款；情节严重的，责令停业整顿，降低资质等级或者吊销资质证书；造成建筑工程质量不符合规定的质量标准的，负责返工、修理，并赔偿因此造成的损失；构成犯罪的，依法追究刑事责任。"一些建筑施工企业在施工中随意改变设计文件，施工粗糙，使用和购买劣质材料、设备和构配件，以及偷工减料等问题相当普遍，严重危及建筑工程质量，损害了国家、集体和广大人民群众的利益，败坏了建筑业的形象。为了确保工程质量和安全、保护国家、集体和广大人民群众的合法权益，《建筑法》在第 57 条、第 58 条规定了建筑施工企业必须按照设计文件和施工技术标准施工，不得偷工减料，不得使用不合格的建筑材料、建筑构配件和设备的义务，又在本条明确了违反法定义务应承担的行政法律责任、民事责任和刑事责任。

（1）根据本条规定，违法的建筑施工企业承担的行政法律责任是：

①责令改正。这是建设行政主管部门对违反法律规定义务的建筑施工企业以命令形式迫使其立即停止违法行为，并改正错误。它不是行政处罚，但是与行政处罚并存的行政措施。

②罚款。是指建设行政主管部门对建筑施工单位违反法定义务而给予的经济制裁。本条罚款是可以单独适用的。

③责令停业整顿。是建设行政主管部门对违反法定义务实施偷工减料，使用不合格建

材、设备以及不按图纸施工、擅自改变设计图纸等违法行为而给予的责令其在一定期限内停止正在进行的施工业务，进行整顿治理的处罚形式。

④降低资质等级。这是建设行政主管部门对违反法定义务实施偷工减料，使用不合格产品等违法行为比较严重的、屡教不改的建筑施工企业剥夺其部分资格能力的处罚形式，也就是缩小了建筑施工企业的业务活动范围。

⑤吊销资质证书。这是建设行政主管部门对违反法定义务实施偷工减料、使用不合格产品等违法行为较严重、屡教不改的建筑施工企业剥夺其全部资格能力的处罚形式。

(2) 根据本条规定，施工企业已经实施了偷工减料的行为或者使用不合格建筑材料、设备等违法行为，且因违法行为已造成建筑工程质量不符合质量标准，使建设单位蒙受损失，承担的民事法律责任是：

①返工。是建筑施工单位因违法行为造成建筑工程质量不符合质量标准，而又无法修理的情况下，重新进行施工。

②修理。是建筑施工单位的违法行为造成建筑工程质量不符合质量标准，而又有修复可能的情况下，对建筑进行修补使其达到质量标准的要求。返工与修理往往密切联系在一起，因此也有人称之为返修。这是民法上保护财产权的一个重要补救性措施。

③赔偿损失。这里的赔偿损失是指因建筑施工企业偷工减料、使用不合格建筑材料、设备等违法行为，致使工程质量不符合规定标准，由此造成损失给予补偿的责任方式，包括财产损失和非财产损失。财产损失主要是指可用金钱计算的损失，非财产损失主要是身体、健康、生命的损害，也必然会产生一系列财产补偿如医疗费、因误工减少的收入、生活补助费、丧葬费、死者生前抚养的人的生活费等。

(3) 根据本条规定，建筑施工企业在施工中偷工减料、使用不合格建筑材料、设备等违法行为，造成建筑工程质量不符合规定的质量标准，造成重大安全事故的情况下，依照《刑法》规定，应给予刑事制裁。依照《刑法》第137条，对直接责任人员，要处5年以下有期徒刑或者拘役，并处罚金；后果特别严重，造成特大安全事故的，处5年以上10年以下有期徒刑，并处罚金。

10. 施工企业不履行保修义务的法律责任

《建筑法》第75条规定："建筑施工企业违反本法规定，不履行保修义务或者拖延履行保修义务的，责令改正，可以处以罚款，并对在保修期内因屋顶、墙面渗漏、开裂等质量缺陷造成的损失，承担赔偿责任。"建筑工程保修范围包括地基基础工程、主体结构工程、屋面防水工程和其他土建工程，以及电气管线、上下水管线的安装工程，供热、供冷系统工程等项目。根据本条规定，建筑施工企业不履行保修义务或者拖延履行保修义务的，建设行政主管部门应当依法给予相应处罚，主要形式有：

(1) 责令改正。是指主管部门对不履行保修义务的或拖延履行保修义务的建筑企业以命令形式迫使其改正不作为行为的行政措施。

(2) 罚款。是指主管部门对不履行保修义务或拖延履行保修义务的建筑企业给予的缴纳一定金钱的经济制裁措施。这里的罚款是行政处罚手段，可以单独适用，可以处以罚款，也可以不处以罚款。依据本条规定，保修期内因屋顶、墙面渗漏、开裂等质量缺陷造成的损失，建筑施工企业应当承担赔偿责任。

第八章　招投标法律制度

第一节　招标投标及招标投标法概述

一、招标投标及招标投标法概念

1. 招标投标的概念

从招标投标的整个过程来看，招标公告是一种要约邀请，是通过招标的形式向特定或者不特定的人发出要约引诱，希望其向自己发出要约，而投标人按照招标人的要求进行投标的行为是一种要约行为，其投标书的内容具体确定，是投标人希望与招标人订立合同的意思表示，招标人通过评标从众多投标人中最终确定中标人并向其发出中标通知书通知中标人的行为是一种承诺行为。根据《合同法》的规定，要约和承诺是合同订立的程序，由此来看，招标投标是一种签订合同的特殊形式，是招标人通过招标投标的特殊程序选择合同对方当事人并与其签约的行为。

一般情况下，经招标投标形式签订的合同必须采用书面合同的形式加以确认，因此在中标通知书发出后，招标人和投标人应当签订书面合同。但是否采用招标投标形式签订合同由合同当事人决定，有些领域法律规定了强制招标，例如《中华人民共和国招标投标法》规定，在我国境内进行下列工程建设项目包括项目的勘察、设计、施工、监理以及与工程建设有关的重要设备、材料等的采购，必须进行招标：

（1）大型基础设施、公用事业等关系社会公共利益、公众安全的项目；

（2）全部或者部分使用国有资金投资或者国家融资的项目；

（3）使用国际组织或者外国政府贷款、援助资金的项目；

（4）法律或者国务院对必须招标的其他项目的范围有规定的，依照其规定。

任何单位和个人不得将依法必须进行招标的项目化整为零或者以其他任何方式规避招标。同时还规定，依法必须进行招标的项目，其招标投标活动不受地区或者部门的限制。任何单位和个人不得违法限制或者排斥本地区、本系统以外的法人或者其他组织参加投标，不得以任何方式非法干涉招标投标活动。涉及国家安全、国家秘密、抢险救灾或者属于利用扶贫资金实行以工代赈、需要使用农民工等特殊情况，不适宜进行招标的项目，按照国家有关规定可以不进行招标。任何单位违反法律的规定，限制或者排斥本地区、本系统以外的法人或者其他组织参加投标的，为招标人指定招标代理机构的，强制招标人委托招标代理机构办理招标事宜的，或者以其他方式干涉招标投标活动的，责令改正；对单位直接负责的主管人员和其他直接责任人员依法给予警告、记过、记大过的处分，情节严重的，依法给予降级、撤职、开除的处分。个人利用职务进行上述违反行为的，依照上述规定追究责任。

2. 招标投标法的概念

招标投标法有广义和狭义之分，广义的招标投标法是指国家用来规范招标投标活动、调整在招标投标过程中产生的各种关系的法律规范的总称。按照法律效力的不同，招标投标法律规范分为三个层次：第一层次是由全国人大及其常委会颁发的招标投标法律；第二层次是由国务院颁发的招标投标行政法规以及有立法权的地方人大颁发的地方性招标投标法规；第三层次是由国务院有关部门颁发的有关招标投标的部门规章以及有立法权的地方人民政府颁发的地方性招标投标规章。狭义的招标投标法是指由全国人民代表大会常务委员会制定和颁布的招标投标法律，即 1999 年 8 月 30 日第九届全国人民代表大会常务委员会第十一次会议通过，2000 年 1 月 1 日起施行的《中华人民共和国招标投标法》（以下简称《招标投标法》)。《招标投标法》是社会主义市场经济法律体系中非常重要的一部法律，是整个招标投标领域的基本法，一切有关招标投标的法规、规章和规范性文件都必须与《招标投标法》相一致。

二、招标投标法的基本框架和立法意义

1. 招标投标法的基本框架

《招标投标法》共六章，68 条。

第一章　总则：总则共 7 条，主要规范了《招标投标法》的立法宗旨、适用范围、强制招标的范围、招标投标活动中应遵循的基本原则以及对招标投标活动的监督。

第二章　招标：本章共 17 条，主要规范了招标的程序，主要内容包括招标人的定义，招标项目的条件，招标方式，招标代理机构的地位、成立条件及资格认定，招标公告和投标邀请书的发布，对潜在投标人的资格审查，招标文件的编制、澄清或修改等。

第三章　投标：本章共 9 条，主要对投标人的行为进行了规范，主要内容包括参加投标的基本条件和要求，投标人递交投标文件、修改投标文件、撤回投标文件的程序，以及联合投标的条件等。

第四章　开标、评标和中标：本章共 15 条，规定的是开标、评标和中标必须遵守的规则和程序。

第五章　法律责任：本章共 16 条，主要规范了招标投标活动中的违法行为以及应当承担的法律责任。

第六章　附则：本章共有 4 条，主要规范了利害关系人的异议程序，强制招标范围的例外，冲突规范和本法生效时间。

2. 招标投标法的立法意义

《招标投标法》于 1999 年 8 月 30 日经九届全国人大常委会第十一次会议审议通过，2000 年 1 月 1 日起实施。招标投标制度在我国起步较晚，是改革开放的产物，随着商品经济的迅速发展，改革开放的不断深入，招标投标的普及面不断扩大，先后应用于建设工程发包、机电设备进口、成套设备、利用国外贷款等方面，这种采购方式对于约束交易者行

为，创造公平竞争的市场环境，保障国有资金有效使用，起了积极的作用。但是，由于没有法律的约束，使得招标投标活动程序不规范、做法不统一，存在着严重的问题，例如搞假招标甚至搞钱权交易、政企不分，行政干预过多，搞地方和部门保护等，面对这些问题，亟待通过立法进行解决。于是，历经5年时间，即从1994年6月开始起草，到1999年8月30日，经九届全国人大常委会第十一次会议表决，通过了《招标投标法》，以第二十一号国家主席令发布。《招标投标法》是规范市场活动的重要法律之一，是招标投标法律体系中的基本法律。它的制定与颁布，是我国经济生活中的一件大事，也是我国公共采购市场的管理逐步走上法制化轨道的重要里程碑。

招标投标立法的根本目的，是维护市场平等竞争秩序，完善社会主义市场经济体制，具体表现为：

(1) 规范招标投标活动，由于当前招标投标活动中存在一些突出问题，如招标投标程序不规范，做法不统一，漏洞较多，不少项目有招标之名而无招标之实，因此，《招标投标法》设专章规定了招标投标程序、步骤，各阶段的行为规则，以及违反这些程序性规则应承担的法律责任。

(2) 提高经济效益，招标的最大特点是通过集中采购，让众多的投标人进行竞争，以最低或较低的价格获得最优的工程、货物或服务。因此，制定《招标投标法》，依法推行招标投标制度，对于保障国有资金的有效使用，提高经济效益，有着极为重要的意义。

(3) 保证项目质量，由于招标的特点是公开、公平和公正，将采购活动置于透明的环境之中，有效地防止了腐败行为的发生，使工程、设备采购等项目的质量得到了保证。

(4) 保护国家利益、社会公共利益和招标投标活动当事人的合法权益，此项内容是《招标投标法》最直接的立法目的。

三、《招标投标法》的法律效力

1.《招标投标法》的空间效力

《招标投标法》第2条规定，“在中华人民共和国境内进行招标投标活动，适用本法。”据此，其空间效力表现为在中华人民共和国境内，此“境内”包含三方面的内容：

(1) 从领域范围上说包括香港、澳门，但是由于我国对香港、澳门地区实行“一国两制”，根据《香港特别行政区基本法》第18条、《澳门特别行政区基本法》第18条之规定，全国性法律除列入“基本法”附件者外，不在特别行政区实施，故《招标投标法》不在实施之列。

(2)《招标投标法》只适用于在中国境内进行的招标投标活动，包括国家机关（各级权力机关、行政机关和司法机关及其所属机构）、国有企事业单位、外商投资企业、私营企业等各类主体进行的各类招标活动，不适用于国内企业到中华人民共和国境外投标。国内企业到境外投标，要适用所在地国的法律。

(3)《招标投标法》作为规范招标投标活动的基本法，在招投标法律体系中居于最高的地位，部门性和地方性的法规、规章不得与其相抵触。

2.《招标投标法》的适用对象

《招标投标法》的适用对象是招标投标活动，即招标人对工程、货物和服务事先公布采购条件和要求，吸引众多投标人参加竞争，并按规定程序选择交易对象的行为。所谓工程是指各类房屋和土木工程建造、设备安装、管道线路敷设、装饰装修等建设以及附带的服务。所谓货物是指各种各样的物品，包括原材料、产品、设备和固态、液态或气态物体和电力，以及货物供应的附带服务。所谓服务是指除工程和货物以外的任何采购对象，如勘察、设计、咨询、监理等。

3.《招标投标法》的时间效力

法律的时间效力通常包括三个方面的内容：

（1）法律的生效时间。根据不同的情况，法律生效的时间一般有两种不同的情形：一是法律自颁布之日起生效；二是法律自颁布后的一段时间开始生效，这主要针对那些较为重要和复杂的法律，为了保证公众对其有一个熟悉的过程，故在颁布后的一段时间开始生效。《招标投标法》第68条规定，“本法自2000年1月1日起施行。”据此规定，本法生效的时间是2000年1月1日。

（2）法律的溯及力。所谓溯及力是指新颁布的法律对于其生效前发生的行为是否适用。一般说来，法律以不具有溯及力为原则，以具有溯及力为例外。《招标投标法》不具有溯及力，即对于本法生效前发生的行为，适用原有的法律规定，原来的法律没有规定，可参照本法，本法生效前判决的案子，在本法生效后当事人提出上诉的，法院应按原有的法律进行二审。

（3）法律的失效时间。有的法律在条文中明确规定了其适用的期间，期间届满自动失效。但大多数法律不在条文中明确规定其失效的时间，法律自何时失效，一般由新颁布的相关法律规定。也有些法律会因客观情况发生了变化而自然失效。可以认为，在被新的法律代替或明确宣布废止前，本法将一直有效。

四、强制招标的范围和规模标准

强制招标是指法律规定某些类型的采购项目，凡是达到一定数额的，必须通过招标进行，否则采购单位要承担法律责任。根据《招标投标法》的规定，强制招标的范围着重于“工程建设项目”，而且是工程建设项目全过程的招标，包括从勘察、设计、施工、监理到设备、材料的采购。工程勘察是指为查明工程项目建设地点的地形地貌、土层土质、岩性、地质构造、水文条件和各种自然地质现象而进行的测量、测绘、测试、观察、地质调查、勘探、试验、鉴定、研究和综合评价工作。工程设计，指在正式施工之前进行的初步设计和施工图设计，以及在技术复杂而又缺乏经验的项目中所进行的技术设计。工程施工，指按照设计的规格和要求建造建筑物的活动。工程监理，指业主聘请监理单位，对项目的建设活动进行咨询、顾问、监督，并将业主与第三方为实施项目建设所签订的各类合同履行过程，交予其负责管理。法律之所以将工程建设项目作为强制招标的重点，是因为当前工程建设领域发生的问题较多，在人民群众中产生了很坏的影响。

1. 强制招标的范围

《招标投标法》第3条规定："在中华人民共和国境内进行下列工程建设项目包括项目的勘察、设计、施工、监理以及与工程建设有关的重要设备、材料等的采购，必须进行招标：大型基础设施、公用事业等关系社会公共利益、公众安全的项目；全部或者部分使用国有资金投资或者国家融资的项目；使用国际组织或者外国政府贷款、援助资金的项目。"据此，强制招标的具体范围包括：

(1) 关系社会公共利益、公众安全的大型基础设施项目和公用事业项目

从世界各国的情况看，由于大型基础设施和公用事业项目投资金额大，建设周期长，基本上以国家投资为主，特别是大型公用事业项目，国家投资更是占了绝对比重，从项目性质上说，基础设施和公用事业项目大多关系社会公共利益和公众安全，为了保证项目质量，保护公民的生命财产安全，各国政府普遍要求进行招标。我国也不例外，在《招标投标法》中作了明确规定，主要表现为：

1) 基础设施。所谓基础设施，是指为国民经济生产过程提供的基本条件，可分为生产性基础设施和社会性基础设施。前者指直接为国民经济生产过程提供的设施，后者指间接为国民经济生产过程提供的设施。基础设施通常包括：煤炭、石油、天然气、电力、新能源等能源项目；铁路、公路、管道、水运、航空以及其他交通运输业等交通运输项目；邮政、电信枢纽、通信、信息网络等邮电通讯项目；防洪、灌溉、排涝、引（供）水、滩涂治理、水土保持、水利枢纽等水利项目；道路、桥梁、地铁和轻轨交通、污水排放及处理、垃圾处理、地下管道、公共停车场等城市设施项目；生态环境保护项目；其他基础设施项目。

2) 公用事业。所谓公用事业，是指为适应生产和生活需要而提供的具有公共用途的服务。具体范围包括：供水、供电、供气、供热等市政工程项目；科技、教育、文化等项目；体育、旅游等项目；卫生、社会福利等项目；商品住宅，包括经济适用住房；其他公用事业项目。

(2) 全部或部分使用国有资金投资或者国家融资的项目

国有资金，是指国家财政性资金（包括预算内资金和预算外资金），国家机关、国有企事业单位和社会团体的自有资金及借贷资金。全部或部分使用国有资金投资的项目，是指一切使用国有资金（不论其在总投资中所占比例大小）进行的建设项目，具体范围包括：使用各级财政预算资金的项目；使用纳入财政管理的各种政府性专项建设基金的项目；使用国有企业事业单位自有资金，并且国有资产投资者实际拥有控制权的项目。所谓国家融资的建设项目，是指使用国家通过对内发行政府债券或向外国政府及国际金融机构举借主权外债所筹资金进行的建设项目，具体范围包括：使用国家发行债券所筹资金的项目；使用国家对外借款或者担保所筹资金的项目；使用国家政策性贷款的项目；国家授权投资主体融资的项目；国家特许的融资项目。

(3) 使用国际组织或者外国政府贷款、援助资金的项目

这些贷款大多属于国家的主权债务，由政府统借统还，在性质上应视同国有资金投资。具体范围包括：使用世界银行、亚洲开发银行等国际组织贷款资金的项目；使用外国政府及其机构贷款资金的项目。

(4) 法律或者国务院规定的其他必须招标的项目

随着招标投标制度的逐步建立和推行，我国实行招投标的领域不断拓宽，强制招标的范围还将根据实际需要进行调整。

2. 强制招标的规模标准

上述项目只是一个大的、概括的范围，项目的具体范围和规模标准，即投资额多大的项目需要招标，何种性质的工程需要招标，采购额多大的设备、材料需要招标，什么品种的设备、材料需要招标，由国务院发展计划部门会同国务院有关部门制定，报国务院批准后发文公布施行。故根据《招标投标法》的规定，国家发展计划委员会于2000年1月1日发布了《工程建设项目招标范围和规模标准规定》，规定范围内的各类工程建设项目，包括项目的勘察、设计、施工、监理以及与工程建设有关的重要设备、材料等的采购，达到下列标准之一的，必须进行招标：

(1) 施工单项合同估算价在200万元以上的；

(2) 重要设备、材料等货物的采购，单项合同估算价在100万元以上的；

(3) 勘察、设计、监理等服务的单项合同估算价在50万元以上的；

(4) 单项合同估算价低于前三项规定的标准，但项目总投资额在3000万元以上的。

建设项目的勘察、设计，采用特定专利或者专有技术的，或者其建筑艺术造型有特殊要求的，经项目主管部门批准，可以不进行招标。依法必须进行招标的项目，使用国有资金投资或者国有资金投资占控股或者主导地位的，应当公开招标。省、自治区、直辖市人民政府根据实际情况，可以规定本地区必须进行招标的具体范围的规模标准，但不得缩小本规定确定的必须进行招标的范围。

五、招标投标的当事人

招标投标的当事人包括招标人、投标人和中标人。

1. 招标人

《招标投标法》第8条规定："招标人是指依照本法规定提出招标项目、进行招标的法人或者其他组织。"据此规定，招标人必须符合两个条件：第一，招标人必须是法人或其他组织；第二，招标人必须提出招标项目、进行招标。

2. 投标人

《招标投标法》第25条规定："投标人是响应招标、参加投标竞争的法人或者其他组织。依法招标的科研项目允许个人参加投标的，投标的个人适用本法有关投标人的规定。"据此规定，只有那些响应招标并购买招标文件，参加投标的潜在投标人才能称为投标人。所谓潜在投标人是指招标公告或者投标邀请书发出后，所有对招标公告或投标邀请书感兴趣的并有可能参加投标的人。所谓响应招标，是指潜在投标人获得了招标信息或者投标邀请书以后，购买招标文件，接收资格审查，并编制投标文件，按照投标人的要求参加投标的活动。所谓参加投标竞争，是指按照招标文件的要求并在规定的时间内提交投标文件的活动。根据《招标投标法》的规定，投标人必须是法人或者其他组织，不包括自然人。但是，考虑到科研项目的特殊性，法律又规定了个人对科研项目投标的内容，即个人可以作为投标主体参加科研项目投标活动，这是对科研项目投标的特殊规定。法律同时还规定两个以上法人或者其他组织可以组成一个联合体，以一个投标人的身份共同投标。联合体各方均应当具备承担招标项目的相应能力，国家有关规定或者招标文件对投标人资格有规定的，联合体各方均应当具备相应资格条件。由同一专业的单位组成的联合体，按照资质等级较低的单位确定资质等级。联合体各方应当签订共同投标协议，明确约定各方拟承担的工作和责任，并将共同投标协议连同投标文件一并提交招标人。联合体中标的，联合体各方应当共同与招标人签订合同，就中标项目向招标人承担连带责任。招标人不得强制投标人组成联合体共同投标，不得限制投标人之间的竞争。

3. 中标人

中标人是投标人之一，是指经对投标人的投标进行评议后，从投标人中最终选定并与其签订合同的投标人。根据《招标投标法》的规定，中标人的投标应当符合下列条件：

（1）能够最大限度地满足招标文件中规定的各项综合评价标准；

（2）能够满足招标文件的实质性要求，并且经评审的投标价格最低，但是投标价格低于成本的除外。

六、招标代理机构

《招标投标法》第13条规定，招标代理机构是依法设立、从事招标代理业务并提供相关服务的社会中介组织。招标代理机构应当具备下列条件：①有从事招标代理业务的营业场所和相应资金；②有能够编制招标文件和组织评标的相应专业力量；③有符合《招标投标法》规定条件、可以作为评标委员会成员人选的技术、经济等方面的专家库。据此可知，招标代理机构一是必须依法设立，二是必须从事招标代理业务并提供相关服务，三是社会中介组织。

关于从事工程建设项目招标代理业务的招标代理机构，《招标投标法》第14条规定，其资格由国务院或者省、自治区、直辖市人民政府的建设行政主管部门认定。具体办法由国务院建设行政主管部门会同国务院有关部门制定。从事其他招标代理业务的招标代理机构，其资格认定的主管部门由国务院规定。招标代理机构与行政机关和其他国家机关不得存在隶属关系和其他利益关系。招标代理机构应当在招标人委托的范围内办理招标事宜，并遵守《招标投标法》关于招标人的规定。

第二节　招标的法律规定

一、招标的概念

一个完整的招标投标过程，包括招标、投标、开标、评标和定标五个环节。招标作为启始步骤，其程序规范与否，直接关系到以后各个环节能否顺利进行，对于整个招标过程有着非常重要的意义。关于招标的概念有广、狭义之分，广义的招标是指包括招标、投标、开标、评标和定标全部程序在内的招标投标活动的统称。狭义的招标是指招标人为让他人完成一定的工作或采购一定的物资，依照“公开、公平、公正”的原则发布招标公告或招标邀请书，公布标准和条件，公开或书面邀请投标人投标，并从中选择中标人的行为。本章所称的招标是指狭义的招标。根据《招标投标法》的规定，招标人不得向他人透露已获得招标文件的潜在投标人的名称、数量以及可能影响公平竞争的有关招标投标的其他情况。招标人设有标底的，标底必须保密。

二、招标的途径

《招标投标法》第 12 条规定：“招标人有权自行选择招标代理机构，委托其办理招标事宜。任何单位和个人不得以任何方式为招标人指定招标代理机构。招标人具有编制招标文件和组织评标能力的，可以自行办理招标事宜。任何单位和个人不得强制其委托招标代理机构办理招标事宜。依法必须进行招标的项目，招标人自行办理招标事宜的，应当向有关行政监督部门备案。”据此可知，招标的途径包括：委托代理招标和招标人自行招标。

1. 委托代理招标

所谓委托代理招标是指招标人委托招标代理机构办理有关招标事宜。招标代理机构是指受招标人委托，代为从事招标组织活动的中介机构。我国是从 20 世纪 80 年代初开始进行招标的，最初一些项目单位对招标投标知之甚少，缺乏专门人才和技能，于是一批专门从事招标业务的机构产生了，这些招标代理机构拥有专门的人才和丰富的经验，对于那些初次接触招标、招标项目不多或自身力量缺乏的项目单位来说，具有很大的吸引力。为充分发挥招标代理机构在招标投标中的作用，促进其健康快速发展，首先，《招标投标法》第 13 条专门就招标代理机构的性质和条件作了规定，明确了招标代理机构的性质、法律地位和作用；其次，《招标投标法》第 12 条规定，“招标人有权自行选择招标代理机构，委托其办理招标事宜。”所谓“自行选择”是指招标人在代理机构的选择问题上有绝对的自主权，不受其他组织或个人的影响、干预。任何单位和个人以任何方式为招标人指定招标代理机构的，招标人有权拒绝。

2. 自行招标

所谓自行招标是指招标人自行直接办理有关招标事宜。《招标投标法》第 12 条规定，“招标人具有编制招标文件和组织评标能力的，可以自行办理招标事宜。”根据此条法律的规定，招标人可以自行办理招标，但法律规定招标人自行办理招标必须具备两个条件，一是有编制招标文件的能力，二是有组织评标的能力。如果这两项条件不能满足，必须委托代理机构办理，这是因为如果让那些对招标程序不熟悉、自身也不具备招标能力的项目单位组织招标，会影响招标工作的规范化、程序化，进而影响到招标质量和项目的顺利实施。另外，也可防止项目单位借自行招标之机，行招标之名而无招标之实。同时，《招标投标法》第12条还规定，“依法必须进行招标的项目，招标人自行办理招标事宜的，应当向有关行政监督部门备案。”所谓“依法必须进行招标的项目”是指《招标投标法》第3条所列的强制招标项目。

三、招标方式

为了规范招标投标活动，保护国家利益和社会公共利益以及招投标活动当事人的合法权益，《招标投标法》第10条规定，招标分为公开招标和邀请招标。从世界各国的情况看，招标也主要表现为公开招标和邀请招标两种方式。

1. 公开招标

所谓公开招标，是指招标人以招标公告的方式邀请不特定的法人或者其他组织投标。也就是说招标人在指定的报刊、电子网络或其他媒体上发布招标公告，吸引众多的投标人参加投标竞争，招标人从中择优选择中标单位的招标方式。公开招标的优点是，招标人可以在较广的范围内选择中标人，投标竞争激烈，有利于将工程项目的建设交给可靠的中标人实施并取得有竞争性的报价，但其难点是，由于申请投标人较多，一般要设置资格预审程序，而且评标的工作量也较大，所需招标时间长、费用高。

2. 邀请招标

所谓邀请招标是指招标人以投标邀请书的方式邀请特定的法人或者其他组织投标。通常，邀请招标也称选择性招标，也就是由招标人根据供应商或承包商的资信和业绩，选择一定数目的法人或其他组织（不能少于3家），向其发出投标邀请书，邀请他们参加投标竞争。邀请招标的优点是，不需要发布招标公告和设置资格预审程序，节约招标费用和节省时间，同时由于对投标人以往的业绩和履约能力比较了解，减小了合同履行过程中承包方违约的风险；其缺点是，由于邀请范围较小，选择面窄，可能失去了某些在技术或报价上有竞争实力的潜在投标人；因此投标竞争的激烈程度相对较差。关于邀请招标，《招标投标法》第11条还规定：“国务院发展计划部门确定的国家重点项目和省、自治区、直辖市人民政府确定的地方重点项目不适宜公开招标时，经国务院发展计划部门或省、自治区、直辖市人民政府批准可以进行邀请招标。”即国家重点项目和地方重点项目根据法律的规定应当公开招标，但不适宜公开招标时据此条规定可以采用邀请招标。

3. 公开招标和邀请招标的区别

主要表现在以下几个方面：

（1）发布信息的方式不同。公开招标采用公告的形式发布，邀请招标采用投标邀请书的形式发布。

（2）选择的范围不同。公开招标因使用招标公告的形式，针对的是一切潜在的对招标项目感兴趣的法人或其他组织，而邀请招标是针对已经了解的法人或其他组织，而且事先已经知道投标人的数量。

（3）竞争的范围不同。由于公开招标使所有符合条件的法人或其他组织都有机会参加投标，竞争的范围较广，竞争性体现得也比较充分，招标人拥有绝对的选择余地，容易获得最佳招标效果。邀请招标中投标人的数目有限，竞争的范围有限，招标人拥有的选择余地相对较小，有可能提高中标的合同价，也有可能将某些在技术上或报价上更有竞争力的供应商或承包商遗漏。

(4) 公开的程度不同。公开招标中，所有的活动都必须严格按照预先指定并为大家所知的程序和标准公开进行，大大减少了作弊的可能；相比而言，邀请招标的公开程度逊色一些，产生不法行为的机会也就多一些。

(5) 时间和费用不同。由于邀请招标不发公告，招标文件只送几家，使整个招投标的时间大大缩短，招标费用也相应减少。公开招标的程序比较复杂，从发布公告，投标人作出反应，评标，到签订合同，有许多时间上的要求，要准备许多文件，因而耗时较长，费用也比较高。

由此可见，两种招标方式各有优缺点，无论采用哪种方式，都不得违反法律的规定。

四、招标公告和投标邀请书的内容

《招标投标法》第16条规定："招标公告应当载明招标人的名称和地址、招标项目的性质、数量、实施地点和时间以及获取招标文件的办法等事项。"公开招标必须发布招标公告，故招标公告应包括哪些内容，或者至少应包括哪些内容，对潜在的投标人来说是至关重要的。一般而言，在招标公告中，主要内容应为对招标人和招标项目的描述，使潜在的投标人在掌握这些信息的基础上，根据自身情况，作出是否购买招标文件并投标的决定。根据以上第16条的规定，招标公告通常应具备以下内容：

(1) 招标人的名称和地址。这是对招标人情况的简单描述，必须准确、具体。

(2) 招标项目的性质、数量、实施地点和时间。招标项目的性质是指必须在招标公告中载明项目属于基础设施、公用事业项目，或使用国有资金投资的项目，或利用国际组织或外国政府贷款、援助资金的项目，是土建工程招标，或是设备采购招标，或勘察设计、科研课题等服务性质的招标。招标项目的数量是指应在招标公告中把招标项目具体地加以量化，如设备供应量、土建工程量等。招标项目的实施地点是指在招标公告中载明材料、设备的供应地点，土建工程的建设地点，服务的提供地点等。招标项目的实施时间是指在招标公告中载明设备、材料等货物的交货期，工程施工期，服务的提供时间等。

(3) 获取招标文件的办法。这是指招标人在招标公告中应当载明发售招标文件的地点，负责人，收费标准，招标文件的邮购地址及费用，招标人或招标代理机构的开户银行及账号等。

《招标投标法》第17条规定："招标人采用邀请招标方式的，应当向3个以上具备承担招标项目的能力、资信良好的特定的法人或者其他组织发出投标邀请书。投标邀请书应当载明本法第16条第2款规定的事项。"由此可见，投标邀请书与招标公告一样，是向作为供应商或承包商的法人或其他组织发出的关于招标事宜的初步基本文件，意义十分重大。为了提高效率和透明度，投标邀请书必须载明必要的招标信息，使供应商或承包商能够确定所招标的条件是否为他们所接受，并了解如何参与投标的程序。根据以上法律的规定，投标邀请书必须载明下列内容：招标人的名称和地址、招标项目性质、数量、实施地点和时间以及获取招标文件的办法等。以上内容只是最基本的规定，因而并不排除招标人根据自己的实际情况增补它认为适宜的其他资料，如招标人对招标文件收取的任何收费，支付招标文件费用的货币和方式，招标文件所用的语言，希望或要求供应货物的时间，或工程竣工的时间，或提供服务的时间表等。

五、招标文件的编制、澄清或修改

1. 招标文件的编制

招标文件是招标人向供应商或承包商发出的，旨在向其提供为编写投标文件所需的资料，并向其通报招标投标将依据的规则和程序等项内容的书面文件。招标文件是招标投标过程中最重要的文件之一。《招标投标法》第19条规定："招标人应当根据招标项目的特点和需要编制招标文件。招标文件应当包括招标项目的技术要求、对投标人资格审查的标准、投标报价要求和评标标准等所有实质性要求和条件以及拟签订合同的主要条款。国家对招标项目的技术、标准有规定的，招标人应当按照其规定在招标文件中提出相应要求。招标项目需要划分标段、确定工期的，招标人应当合理划分标段、确定工期，并在招标文件中载明。"据此法律规定，招标文件一般包括下列内容：①投标人须知；②招标项目的性质、数量；③技术规格；④投标价格的要求及其计算方式；⑤评标的标准和方法；⑥交货、竣工或提供服务的时间；⑦投标人应当提供的有关资格和资信证明文件；⑧投标保证金的数额或其他形式的担保；⑨投标文件的编制要求；⑩提供投标文件的方式、地点和截止时间；⑪开标、评标、定标的日程安排；⑫主要合同条款。

2. 招标文件的澄清或修改

所谓澄清是指招标人对招标文件中的遗漏、词义表述不清或对比较复杂的事项进行说明，回答投标人提出的各种问题。修改是指招标人对招标文件中出现的错误进行修订。招标人有权对已经发出的招标文件进行澄清或者修改吗？《招标投标法》第23条规定，"招标人对已发出的招标文件进行必要的澄清或者修改的，应当在招标文件要求提交投标文件截止时间至少15日前，以书面形式通知所有招标文件收受人。该澄清或者修改的内容为招标文件的组成部分。"据此规定，招标人为了实现采购目标，有权对已经发出的招标文件进行澄清或者修改。招标人在编制招标文件过程中，由于受到所获得的信息、时间、经验、专业知识的限制，招标文件有可能出现错误或者遗漏，如果使用错误的招标文件进行招标，必然会影响招标的效果，甚至导致招标失败，因此招标人可以出于任何理由，主动地或者根据承包商和供应商的要求，对一些条款表述不清，或者容易产生误解的内容，甚至涉及实质性内容的错误，可以在法律规定的时间里进行澄清或者修改。法律之所以规定招标人必须在投标文件截止15日前，以书面形式通知所有的购买招标文件的人，也就是说招标文件收受者至少在投标文件截止的15日前获得澄清或修改的书面通知书，少于15日则通知书无效，此规定的目的是为了使投标人有充足的时间对招标文件全部作出响应，并编制出有质量的投标文件。这些澄清或修改的内容为招标文件的组成部分。同时《招标投标法》第 24 条还规定，“招标人应当确定投标人编制投标文件所需的合理时间；但是，依法必须进行招标的项目，自招标文件发出之日起至投标人提交投标文件截至之日止，最短不得少于 20 日。”

六、法律责任

1. 招标人违反法律规定应承担的法律责任

(1)《招标投标法》第 49 条规定：“违反本法规定，必须进行招标的项目而不招标的，将必须进行招标的项目化整为零或者以其他任何方式规避招标的，责令限期改正，可以处项目合同金额千分之五以上千分之十以下的罚款；对全部或部分使用国有资金的项目，可以暂停项目执行或者暂停资金拨付；对单位直接负责的主管人员和其直接责任人员依法给予处分。”据此规定，招标人的违法行为包括：①必须进行招标的项目而不招标；②将必须进行招标的项目化整为零以规避招标的；③采取其他方法规避招标的。招标人如有以上行为之一，主要承担下列行政法律责任：责令限期改正、罚款、处分、对全部或部分使用国有资金的项目，可以暂停项目执行或者暂停资金拨付。

(2)《招标投标法》第 51 条规定，“招标人以不合理的条件限制或者排斥潜在投标人的，对潜在投标人实行歧视待遇的，强制要求投标人组成联合体共同投标的，或者限制投标人之间竞争的，责令改正，可以处以 1 万元以上 5 万元以下的罚款。”据此条法律规定，招标人的违法行为主要包括：①以不合理的条件限制或者排斥潜在投标人；②对潜在投标人实行歧视待遇；③强制要求投标人组成联合体共同投标；④限制投标人之间竞争。招标人如有以上行为之一的，应承担下列法律责任：责令改正、罚款。

(3)《招标投标法》第 52 条规定，“依法必须进行招标的项目的招标人向他人透露已获取招标文件的潜在投标人的名称、数量或者可能影响公平竞争的有关招标投标的其他情况的，或者泄露标底的，给予警告，可以并处 1 万元以上 10 万元以下的罚款。对单位直接负责的主管人员和其他直接责任人员依法给予处分。构成犯罪的，依法追究刑事责任。前款所列行为影响中标结果的，中标无效。”据此条法律规定，招标人的违法行为主要包括：①向他人透露已获取招标文件的潜在投标人的名称、数量或者可能影响公平竞争的有关招标投标的其他情况；②泄露标底。招标人如有以上行为之一的，应承担下列法律责任：警告、罚款、处分、追究刑事责任、中标无效。

2. 招标代理机构违反法律规定应承担的法律责任

《招标投标法》第 50 条规定：“招标代理机构违反本法规定，泄露应当保密的与招标投标活动有关的情况和资料的，或者与招标人、投标人串通损害国家利益、社会公共利益或者他人合法权益的，处 5 万元以上 25 万以下的罚款，对单位直接负责的主管人员和其他直接责任人员处单位罚款数额 5%以上 10%以下的罚款；有违法所得的，并处没收违法所得；情节严重的，暂停直至取消招标代理资格；构成犯罪的，依法追究刑事责任。给他人造成损失的，依法承担赔偿责任。前款所列行为影响中标结果的，中标无效。”据此规定，招标代理机构的违法行为主要包括：①泄露应当保密的与招标投标活有关的情况和资料的；②与招标人、投标人串通损害国家利益、社会公共利益或者他人合法权益的。招标代理机构如有上述行为之一的，应承担下列法律责任：罚款、并处没收违法所得、依法追究刑事责任、暂停或取消招标代理资格、损害赔偿、宣布中标无效。

第三节 投标的法律规定

一、投标的概念

投标是指投标人按照招标公告或招标邀请书的要求，提出自己的报价及相应条件的要约行为。投标的法律性质属于要约，应具备足以使合同成立的必要条件。

二、投标文件

1. 投标文件的编写要求

投标文件通常可分为三种：①商务文件。这类文件是用以证明投标人履行了合法手续及招标人了解投标人商业资信、合法性的文件。一般包括投标保函、投标人的授权书及证明文件、联合投标人提供的联合协议、投标人所代表的公司的资信证明等，如有分包商，还应出具资信文件供招标人审查。②技术文件。如果是建设项目，则包括全部施工组织设计内容，用以评价投标人的技术实力和经验。技术复杂的项目对技术文件的编写内容及格式均有详细要求，投标人应当认真按照规定填写。③价格文件。这是投标文件的核心，全部价格文件必须完全按照招标文件的规定格式编制，不允许有任何改动，如有漏填，则视为其已经包含在其他价格报价中。那么，根据法律的规定，应该怎样编写投标文件呢？

关于投标文件的编写要求，《招标投标法》第28条规定："投标人应当按照招标文件的要求编制投标文件，投标文件应当对招标文件提出的实质性要求和条件作出响应。招标项目属于建设施工的，投标文件的内容应当包括拟派出的项目负责人与主要技术人员的简历、业绩和拟用于完成招标项目的机械设备等。"本条中所谓"实质性要求和条件"是指招标文件中有关招标项目的价格、项目的计划、技术规范、合同的主要条款等，投标文件必须对这些条款作出响应。这就要求投标人必须严格按照招标文件填报，不得对招标文件进行修改，不得遗漏或者回避招标文件中的问题，更不能提出任何附带条件。在一项工程中，由于项目负责人和主要技术人员在项目施工中起着关键的作用，机械设备又是完成任务的重要工具，这一工具的技术装备直接影响了工程的施工工期和质量，所以本条还要求"招标项目属于建设施工的，投标文件的内容应当包括拟派出的项目负责人与主要技术人员的简历、业绩和拟用于完成招标项目的机械设备等"，法律这样规定的目的是为了招标人控制工程发包以后所产生的风险，保证工程质量。

《招标投标法》第30条还规定："投标人根据招标文件载明的项目实际情况，拟在中标后将中标项目的部分非主体、非关键性工作进行分包的，应当在投标文件中载明。"根据此条的规定，有关分包的内容应在投标文件中载明。分包是国际工程承包中的常见形式，通常分包商企业通常规模较小，但在某一部分工程领域具有明显的专长，如某些工程施工中专业技术要求较高或需要专用施工机械设备的部分工程，而总包商或主包商企业一般规模较大，综合施工能力较强，具备较高的施工管理水平，选择适当的分包商有利于总包商或主包商将自身优势与不同专业分包商的优势结合起来，降低工程报价，提高竞争能力，但是，在实践中因为分包出现了很多工程质量问题，不少是由于投标人将工程的主体和关键部分，分包给其他没有资质能力的承包商和供应商造成的。为了保证招标效果，保证工程质量，所以招投标法允许对于非主体和非关键工程进行分包。也就是说，如果允许投标人将主体、关键性工作分包给其他承包商或供应商，就有可能出现投标人将中标项目分包给没有相应资质和能力供应商和承包商，从而导致招标失败。故投标人在中标后如需分包，应根据法律的规定将中标项目的部分非主体、非关键性工作进行分包，并且在投标文件中载明。所谓项目的主体部分和关键性工作，是指一个整体项目中，影响其主要功能的或者独立发挥其功能的装置、设备、构建物主体结构的部分及相关的工作。

2. 投标文件的送达和签收

《招标投标法》第 28 条规定："投标人应当在招标文件要求提交投标文件的截止时间前，将投标文件送达投标地点。招标人收到投标文件后，应当签收保存，不得开启。投标人少于 3 个的，招标人应当依照本法重新招标。在招标文件要求提交投标文件的截止时间后送达的投标文件，招标人应当拒收。"投标文件送达的方式包括直接送达、委托代理人送达和邮寄送达。实践中通常是选择直接送达或委托代理人送达，以便获得招标机构已收到投标书的回执。如果以邮寄方式送达的，投标人必须留出邮寄的时间，保证投标文件能够在截止日之前送达招标人指定的地点，而不是以"邮戳为准"。在截止时间后送达的投标文件，即已经过了招标有效期的，招标人应当原封退回，不得进入开标阶段。同时，投标人还应当按照招标文件中规定的递交投标书的地点递交投标书，投标人不能将投标文件送交招标文件规定地点的以外地方，如果投标人因为递交投标书的地点发生错误，而延误投标时间的，将被视为无效标而被拒收。

关于招标文件的签收保存，根据第 28 条的规定，招标人收到标书以后应当签收，不得开启。为了保护投标人的合法权益，招标人必须履行完备的签收、登记和备案手续。签收人要记录投标文件递交的日期和地点以及密封状况，签收人签名后应将所有递交的投标文件放置在保密安全的地方，任何人不得开启投标文件。为了保证引起充分竞争，对于投标人少于 3 个的，应当重新招标。这种情况在国外称之为"流标"。按照国际惯例，至少有 3 家投标者才能带来有效竞争，因为两家参加投标，缺乏竞争，投标人可能提高采购价格，损害招标人利益。

3. 投标文件的补充、修改和撤回

《招标投标法》第 29 条规定："投标人在招标文件要求提交投标文件的截止时间前，可以补充、修改或者撤回已提交的投标文件，并书面通知招标人。补充、修改的内容为投标文件的组成部分。"所谓补充是指对投标文件中遗漏和不足的部分进行增补；修改是指对投标文件中已有的内容进行修订。在招标投标过程中，由于投标人对招标文件的理解和认识水平不一，有些投标人对招标文件常常发生误解，或者投标文件对一些重要的内容有遗漏，投标人需要补充、修改的，法律是否允许呢？根据以上法律的规定，投标人有权补充、修改投标文件，但必须在投标截止时间前。法律还规定补充或修改的内容为投标文件的组成部分，这些修改和补充的文件也应当以密封的方式在规定时间以前送达并为投标文件的组成部分，招标人要严格履行签收登记手续，并存放在安全保密的地方，在开标时一并拆开。

第29条除规定投标人有权补充、修改投标文件外，还规定投标人也有权撤回自己提交的投标文件。所谓撤回是指收回全部投标文件，或者放弃投标，或者以新的投标文件重新投标。根据以上法律的规定，在投标截止日期之前，投标人也有权撤回已经递交的投标文件。这反映了契约自由的原则，招标一般被看作是要约邀请，而投标作为一种要约，潜在投标人是否作出要约，完全取决于投标人的意愿。所以在投标截止日期之前，允许投标人撤回投标文件，但撤回已经提交的投标文件必须以书面形式通知招标人，以备案待查。投标人既可以在法定时间内，重新编制投标文件，并在规定时间内送达指定地点，也可以撤回投标文件，放弃投标。如果在投标截止日期之前放弃投标，招标人不得没收其投标保证金。如果在投标截止日期之后，投标人撤回已经递交的投标文件，就要被没收投标保证金。

三、投标中不正当竞争行为及法律责任

1. 禁止串通投标

《招标投标法》第32条规定，“投标人不得相互串通投标报价，不得排挤其他投标人公平竞争，损害招标人或者其他投标人的合法权益。投标人不得与招标人串通投标，损害国家利益、社会公共利益或者他人的合法权益。禁止投标人以向招标人或者招标委员会成员行贿的手段谋取中标。”本条规定的是禁止串通投标，一方面是禁止投标人之间相互串通投标报价，另一方面是禁止投标人与招标人串通投标，最后是禁止投标人以不法手段谋取中标。

（1）禁止投标人之间相互串通投标报价。对一般招标项目来说，投标报价会直接影响招标效果，因此每个投标人应当根据招标文件的要求并考虑自身具备的优势和条件，合理确定投标价。所谓投标人之间串通就是投标人秘密接触，并就投标价格达成协议，或者哄抬投标报价，或者故意压低投标报价，以达到排挤其他投标人的目的，从而损害招标人或其他投标人的合法权益。实践中，投标人之间串通行为一般包括：①投标者之间相互约定，一致抬高或者压低投标报价；②投标者之间相互约定，在招标项目中轮流以高价位或者低价位中标；③投标者之间先进行内部竞价，内定中标人，然后再参加投标。这种现象通常发生在某一些投标商垄断了某个行业或者地区，他们之间通过串通投标报价来瓜分市场，获得高额利润。

（2）投标人不得与招标人串通。由于在我国的经济结构中公有制占有重要的地位，强制招标的范围主要是国有资金投资的项目，招标人往往就是项目业主，缺乏自我约束机制，容易发生招标人和投标人串通起来，搞假招标，从中获得好处，以损害国家利益和其他投标人利益。实践中，串通方式多种多样，一般表现为：①招标者在公开开标前，撤换标书、更改报价、泄露标底；②招投标者串通抬、压价，中标后吃回扣；③招标人与投标

人接触，并向投标人透露招标文件以外的必须保密的信息如标底，或者招标人向某些投标人透露其他投标人的信息，或者在招标文件中暗指某个投标人或者技术规范明显有利于某一投标人，达成某种协议或使得某些投标人在投标中处于有利地位，损害国家利益。

(3) 投标人不得为了获取中标，而向招标人或者评标委员会成员行贿。

如发生以上行为，根据《招标投标法》第53条的规定应承担如下法律责任：投标人串通投标或者与招标人串通投标的，投标人以向招标人或者评标委员会成员行贿的手段谋取中标的，中标无效，处中标项目金额千分之五以上千分之十以下的罚款；对单位直接负责的主管人员和其他直接责任人员，处以单位罚款数额5%以上10%以下的罚款；有违法所得的，并处没收违法所得；情节严重的，取消其1年至2年内参加依法必须进行招标的项目的投标资格并予以公告，直至由工商行政管理机关吊销营业执照。给他人造成损失的，依法承担赔偿责任。据此规定，承担法律责任的方式包括罚款、赔偿损失、并处没收违法所得、取消投标人的投标资格、吊销营业执照、中标无效。

2. 以虚假方式，骗取中标

《招标投标法》第33条规定，“投标人不得以低于成本的报价竞标，也不得以他人名义投标或者以其他方式弄虚作假，骗取中标。”本条是对以不正当竞争方式投标的规定，一方面是规定投标人不得以低于成本的报价竞标，另一方面是规定不得以他人名义投标或者以其他方式弄虚作假，骗取中标。

(1) 投标人不得以低于成本的报价竞标。投标人计算投标价格是一项关键而严肃的工作。它对投标的成败和实施项目采购的盈亏起决定作用。投标人应当合理确定投标价格，不能以低于成本的投标价格参加投标。每个投标人都有自己的经验和习惯，有自己的一套算标的方法、程序和报价结构体系。工程项目标价一般由工程直接费用和工程间接费两个部分组成，工程直接费用包括人工费、材料与永久设备费、施工机械费等；工程间接费包括投标期间的开支、保函手续费、保险费、税金、业务费、临时设施费、贷款利息、施工管理费等。合同的计价方式通常分为总价合同、单价合同、成本补偿合同三种方式。依据《价格法》第8条的规定：“经营者定价的基本依据是生产经营的成本和市场供求状况。”这是经营者制定商品价格的依据。作为定价依据的生产经营成本，是经营者在生产商品和提供服务过程中发生的各种劳动和物化劳动耗费的总和。只有将生产成本核定准确，才能制定合理的价格。本条所指的成本报价要考虑社会的平均成本和企业个别成本，这是判定投标报价是否合理的基本依据。成本是构成价格的主要部分，是投标商估算投标价格的依据和最低的经济界限。如果投标价格低于成本，必然导致承包商或供应商在合同执行工程中，偷工减料，以次充好。投标商以低于成本的报价进行竞争不仅对自身是一种自杀行为，而且还破坏了市场经济的秩序，这是与建立社会主义市场经济的目标相背离的，也是不符合本法的公平公正竞争原则的。但是，有些投标商为了占领市场或为了创造信誉，或者为了公司长远利益出发，放弃近期利益，以成本价投标，这种情况本法是允许的。在考察投标人的投标价是否低于成本，必须以社会平均成本和企业个别成本来计算，而不能以单个投标商的成本来作为标准。在判断成本价时，还要考虑购销差价、批零差价、地区差价以及季节差价等因素。

(2) 投标人不得以他人名义投标或者以其他方式弄虚作假，骗取中标。投标人必须以自己的名义投标，不能冒用他人名义投标。有些投标人为了提高自己的资格等级，使用资质比较高的单位名称参加投标，或者在投标过程中，弄虚作假，骗取投标资格，骗取中标，这些行为都是本法所不允许的。

如发生以上行为，根据《招标投标法》第 54 条的规定应承担如下法律责任：投标人以他人名义投标或者以其他方式弄虚作假，骗取中标的，中标无效。给招标人造成损失的，依法承担赔偿责任。构成犯罪的，依法追究刑事责任。依法必须进行招标的项目的投标人有上述行为未构成犯罪的，处中标项目金额千分之五以上千分之十以下的罚款；对单位直接负责的主管人员和其他直接责任人员，处以单位罚款数额 5% 以上 10% 以下的罚款；有违法所得的，并处没收违法所得；情节严重的，取消其 1 年至 3 年内参加依法必须进行招标的项目的投标资格并予以公告，直至由工商行政管理机关吊销营业执照。据此规定，承担法律责任的方式包括赔偿损失、依法追究刑事责任、罚款、并处没收违法所得、取消投标资格、吊销营业执照、中标无效。

第四节　开标、评标和中标的法律规定

一、开标的法律规定

1. 开标的概念

所谓开标，就是投标人提交投标截止时间后，招标人依据招标文件规定的时间和地点，开启投标人提交的投标文件，公开宣布投标人的名称、投标价格及投标文件中的其他主要内容。

2. 开标的时间

《招标投标法》第 34 条规定，“开标应当在招标文件确定的提交投标文件截止时间的同一时间公开进行”，所谓“开标应当在招标文件确定的提交投标文件截止时间的同一时间公开进行”是指提交投标文件截止之时（如某年某月某日几时几分），即是开标之时（也是某年某月某日几时几分）。之所以这样规定，是为了防止投标截止时间之后与开标之前仍有一段时间间隔。如有间隔，也许会给不端行为造成可乘之机（如在指定开标时间之前泄露投标文件中的内容），即使供应商或承包商等到开标之前最后一刻才提交投标文件，也同样存在这种风险。

3. 开标的地点

《招标投标法》第 34 条规定，“开标地点应当为招标文件预先确定的地点。”法律之所以规定开标地点应与招标文件中规定的地点相一致，是为了防止投标人因不知地点变更而不能按要求准时提交投标文件，这也是为维护投标人的利益而作出的规定。

4. 开标的参加人

《招标投标法》第 35 条规定，“开标由招标人主持，邀请所有投标人参加。”开标既然

是公开进行的，就应当有一定的相关人员参加，这样才能做到公开性，让投标人的投标为各投标人及有关方面所共知。根据法律的规定，一般情况下，开标由招标人主持；在招标人委托招标代理机构代理招标时，开标也可由该代理机构主持。主持人按照规定的程序负责开标的全过程。其他开标工作人员办理开标作业及制作纪录等事项。邀请所有的投标人或其代表出席开标，可以使投标人得以了解开标是否依法进行，有助于使他们相信招标人不会任意做出不适当的决定；同时，也可以使投标人了解其他投标人的投标情况，做到知己知彼，大体衡量一下自己中标的可能性，这对招标人的中标决定也将起到一定的监督作用。此外，为了保证开标的公正性，一般还邀请相关单位的代表参加，如招标项目主管部门的人员，评标委员会成员，监察部门代表等。有些招标项目，招标人还可以委托公证部门的公证人员对整个开标过程依法进行公证。

5. 开标的过程

《招标投标法》第36条规定，“开标时，由投标人或者其推选的代表检查投标文件的密封情况，也可以由招标人委托的公证机构检查并公证；经确认无误后，由工作人员当众拆封，宣读投标人名称、投标价格和投标文件的其他主要内容。招标人在招标文件要求提交投标文件的截止时间前收到所有投标文件，开标时都应当众予以拆封、宣读。开标过程应当记录，并存档备案。”根据以上法律的规定，开标时，首先应当众检查投标文件的密封情况。招标人委托公证机构的，可由公证机构检查并公证。一般情况下，投标文件是以书面形式、加具签字并装入密封信袋内提交的。所以，无论是邮寄还是直接送到开标地点，所有的投标文件都应该是密封的。这是为了防止投标文件在未密封状况下失密，从而导致相互串标，更改投标报价等违法行为的发生。只有密封的投标，才被认为是形式上合格的投标（即是否实质上符合招标文件的要求暂且不论），才能被当众拆封，并公布有关的报价内容。投标文件如果没有密封，或发现曾被打开过的痕迹，应被认定为无效的投标，应不予宣读。为了保证投标人及其他参加人了解所有投标人的投标情况，增加开标程序的透明度，所有投标文件（指在招标文件要求提交投标文件的截止时间前收到的投标文件）的密封情况被确定无误后，应将投标文件中投标人的名称、投标价格和其他主要内容向在场者公开宣布。考虑到同样的目的，还需将开标的整个过程记录在案，并存档备查。

二、评标的法律规定

1. 评标委员会的组成

《招标投标法》第37条规定，“评标由招标人依法组建的评标委员会负责。依法必须进行招标的项目，其评标委员会由招标人的代表和有关技术、经济等方面的专家组成，成员人数为5人以上的单数，有关技术、经济等方面的专家不得少于成员总数的2/3。前款专家应当从事相关领域工作满8年并具有高级职称或者具有同等专业水平，由招标人从国务院有关部门或者省、自治区、直辖市人民政府有关部门提供的专家名册或者招标代理机构的专家库内的相关专业的专家名单中确定；一般招标项目可以采取随机抽取方式，特殊招标项目可以由招标人直接确定。与投标人有利害关系的人不进入相关项目的评标委员会，已经进入的应当更换。评标委员会成员的名单在中标结果确定前应当保密。”

所谓评标是指依据招标文件的规定和要求，对投标文件所进行的审查、评审和比较。评标是审查确定中标人的必经程序，是保证招标成功的重要环节。因此，法律规定为了保证评标的公正性，防止招标人左右评标结果，评标不能由招标人或其代理机构独自承担，而应组成一个由有关专家和人员参加的委员会，负责依据招标文件规定的评标标准和方法，对所有投标文件进行评审，向招标人推荐中标候选人或者直接确定中标人，评标委员会由招标人负责组织。评标委员会除招标人或其代理机构的必要的代表外，还应包括技术、经济、法律等方面的专家。由于评标是一种复杂的专业活动，非专业人员根本无法对投标文件进行评审和比较，同时为了保证评标的公正性和权威性，法律规定专家人数不得少于成员总数的2/3。其中，技术专家主要负责对投标中的技术部分进行评审；经济专家主要负责对投标中的报价等经济部分进行评审；法律专家则主要负责对投标中的商务和法律进行评审。考虑到上述几方面的专家和招标人及其代理机构的代表，因此评标委员会人数一般应为5人以上。之所以规定5人以上单数，主要是为了避免评委在投票决定候选人或中标人时，出现相反意见票数相等的情况。

评标工作的重要性，决定了必须对参加评标委员会的专家的资格进行一定的限制，并非所有的专业技术人员都可进入评标委员会。根据上述条文的规定应符合以下条件：①从事相关领域工作满8年。这是对实际工作经验和业务熟悉程度的要求；②具有高级职称或具有同等专业水平。这是对专业水准或职称方面条件的限制，为评标的顺利进行提供了人员素质保证。这些条件，也是与其他有关法律对有关专业人员的要求相一致的。为了防止招标人在选定评标专家时的主观随意性，招标人应从专家名册或专家库中确定评标专家。所谓专家名册或专家库，也称人才库，是根据不同的专业分别设置的该专业领域的专家名单或数据库。进入该名单或数据库中的专家，应该是在该领域具备上述条件的所有专家，而非少数或个别专家。一般招标项目可以采取随机抽取的方式确定；有些特殊的招标项目，如科研项目，技术特别复杂的项目等，由于采取随机抽取方式确定的专家可能不能胜任评标工作或者只有少数专家能够胜任，因此招标人可以直接确定专家人选。

法律同时还确定了评标委员会成员的回避更换制度。所谓回避更换制度，是指与投标人有利害关系的人应当回避，不得进入评标委员会；已经进入的，应予以更换。根据有关法律规定，有下列情形之一的，可以认定为与投标人有利害关系：①是投标人或其代理人的近亲属；②与投标由其他社会关系或经济利益关系，可能影响对投标的公正评审的。评标委员会成员的名单，在中标结果确定前属于保密的内容，不得泄露。

2. 评标的保密要求

《招标投标法》第38条规定：“招标人应当采取必要的措施，保证评标在严格保密的情况下进行。任何单位和个人不得非法干预、影响其过程和结果。”所谓评标的严格保密，就是评标在封闭状态下进行，评标委员会成员不得与外界有任何接触，有关检查、评审和授标的建议等情况，均不得向投标人或与该程序无关的人员透露。由于招标文件中对评标的标准和方法进行了规定，列明了价格因素和价格因素之外的评标因素及其量化计算方法，因此，所谓评标保密，并不是在这些标准和方法之外另搞一套标准和方法进行评审和比较，而是这个评审过程是招标人及其评标委员会的独立活动，有权对整个过程保密，以免投标人及其他有关人员知晓其中的某些意见、看法或决定，而想方设法干扰评标活动的进行，也可以制止评标委员会成员对外泄露和沟通有关情况，造成评标不公。当然，如果投标人在中标结果确定后对中标结果有异议，甚至认为自己的权益受到招标人的侵害，有权向招标人提出异议，如果异议不被接受，还可以向国家有关行政监督部门提出申诉，或向人民法院提起诉讼。

评标活动本是招标人及其评标委员会的独立活动，不应受到外界的干预和影响。这是我国项目法人责任制和企业经营自主权的必然要求。但在现实生活中，一些国家机关及其工作人员特别是领导干部，往往从地方保护主义甚至个人利益出发，通过批条子、打电话、找谈话等方式，向评标委员会施加种种压力，干预评标结果，甚至直接决定中标人，或者擅自否决、改变中标结果，严重侵犯招标人和投标人的合法权益。为了切实有效防止这种非法干预、影响评标过程和结果的现象的发生，法律规定何单位和个人不得非法干预、影响评标的过程和结果，这是非常必要的。

3. 关于投标文件的澄清

《招标投标法》第39条规定："评标委员会可以要求投标人对投标文件中含义不确定的内容作必要的澄清或者说明，但是澄清或者说明不得超过投标文件的范围或者改变投标文件的实质性内容。"这是关于投标人对投标文件的澄清的规定，提交投标截止时间以后，投标文件即不得被补充、修改，这是一条基本规则。但评标时，若发现投标文件的内容有含义不明确、不一致或明显打字（书写）错误或纯属计算上的错误的情形，评标委员会则应通知投标人作出澄清或说明，以确认其正确的内容。对于明显打字（书写）错误或纯属计算上的错误，评标委员会应允许投标人补正。澄清的要求和投标人的答复均应采取书面的形式。投标人的答复必须经法定代表人或授权代理人签字，作为投标文件的组成部分。然而，投标人的澄清或说明，仅仅是对上述情形的解释和补正，不得有下列行为：①超出投标文件的范围。如，投标文件没有规定的内容，澄清的时候加以补充；投标文件规定的是某一特定条件作为某一承诺的前提，但解释为另一条件，等等；②改变或谋求、提议改变投标文件中的实质性内容。所谓改变实质性内容，是指改变投标文件中的报价、技术规格（参数）、主要合同条款等内容。这种实质性内容的改变，目的就是为了使不符合要求的投标成为符合要求的投标，或者使竞争力较差的投标变成竞争力较强的投标。如果需要澄清的投标文件较多，则可以召开澄清会，在澄清会上由评标委员会分别单独对投标人进行质询，先以口头形式询问并解答，随后在规定的时间内投标人以书面形式予以确认，做出正式书面答复。

4. 评标的标准和方法

《招标投标法》第40条规定："评标委员会应当按照招标文件确定的评标标准和方法，对投标文件进行评审和比较；设有标底的，应当参考标底。评标委员会完成评标后，应当向招标人提出书面评标报告，并推荐合格的中标候选人。招标人根据评标委员会提出的书面评标报告和推荐的中标候选人确定中标人。招标人也可以授权评标委员会直接确定中标人。国务院对特定招标项目的评标有特别规定的，从其规定。"本条规定的是评标标准和方法及评标报告两方面的内容。具体表现为：

(1) 评标的标准和方法

简单地讲，评标是对投标文件的评审和比较。根据什么样的标准和方法进行评审，是一个关键问题，也是评标的原则问题。在招标文件中，招标人即列明了评标的标准和方法，目的就是让各潜在投标人知道这些标准和方法，以便考虑如何进行投标，最终获得成功。那么，这些事先列明的标准和方法在评标时能否真正得到采用，是衡量评标是否公正、公平的标尺。为了保证评标的这种公正和公平性，评标必须按照招标文件规定的评标标准和方法，不得采用招标文件未列明的任何标准和方法，也不得改变招标确定的评标标准和方法。这一点，也是世界各国的通常做法。评标的标准，一般包括价格标准和价格标准以外的其他有关标准（又称“非价格标准”），以及如何运用这些标准来确定中选的投标。非价格标准应尽可能客观和定量化，并按货币额表示，或规定相对的权重（即“系数”或“得分”）。通常来说，在货物评标时，非价格标准主要有运费和保险费、付款计划、交货期、运营成本、货物的有效性和配套性、零配件和服务的供给能力、相关的培训、安全性和环境效益等。在服务评标时，非价格标准主要有投标人及参与提供服务的人员的资格、经验、信誉、可靠性、专业和管理能力等。在工程评标时，非价格标准主要有工期、质量、施工人员和管理人员的素质、以往的经验等。评标的方法，是运用评标标准评审、比较投标的具体方法。一般有以下三种方法：

①最低评标价法。评标委员会根据评标标准确定的每一投标不同方面的货币数额，然后将那些数额与投标价格放在一起来比较。估值后价格（即“评标价”）最低的投标可作为中选投标。

②打分法。评标委员会根据评标标准确定的每一投标不同方面的相对权重（即“得分”），得分最高的投标即为最佳的投标，可作为中选投标。

③合理最低投标价法，即能够满足招标文件的各项要求，投标价格最低的投标即可作为中选投标。

在这三种评标方法中，前两种可统称为“综合评标法”。所谓“国务院对特定招标项目的评标有特别规定的”，是指对于涉及国计民生的重大项目、涉及国家安全和国家机密的项目及某些特殊的服务项目，国务院可能对其评标在本法的基础上作出一些特殊的规定。如果有这些规定，应予以适用。

(2) 参考标底

设立标底的做法是针对我国目前建筑市场发育状况和国情而采取的措施，是具有中国特色的招标投标制度的一个具体体现。标底有一定的上下浮动范围，评标委员会一般在这个浮动范围内对投标价格进行比较。但是，标底并不是决定投标能否中标的标准价，而只是对投标进行评审和比较时的一个参考价。当然，如果被评为最低评标价的投标超过标底规定的幅度，招标人应调查超出标底的原因，如果是合理的话，该投标应有效；如果被评为最低评标价的投标大大低于标底的话，招标人也应调查，如果是属于合理成本价，该投标也应有效。

(3) 评标报告

评标报告是评标委员会评标结束后提交给招标人的一份重要文件。在评标报告中，评标委员会不仅要推荐中标候选人，而且要说明这种推荐的具体理由。评标报告作为招标人定标的重要依据，一般应包括以下内容：①对投标人的技术方案评价，技术、经济风险分析；②对投标人技术力量、设施条件评价；③对满足评标标准的投标人的投标进行排序；④需进一步协商的问题及协商应达到的要求。招标人根据评标委员会的评标报告，在推荐的中标候选人（一般为1~3个）中最后确定中标人；在某些情况下，招标人也可以直接授权评标委员会直接确定中标人。

5. 废除所有投标及重新招标

《招标投标法》第42条规定，“评标委员会经评审，认为所有投标都不符合招标文件要求的，可以否决所有投标。依法进行投标的项目的所有投标被否决的，招标人应当依照本法重新招标。”通常情况下，招标文件中规定招标人可以废除所有的投标。废除所有的投标一般有两种情况：一是缺乏有效的竞争，如投标不满3家；二是大部分或全部投标文件不被接受，这种情况主要有以下几方面：

（1）投标人不合格；

（2）未依招标文件的规定投标；

（3）投标文件为不符合要求的投标（判断投标符不符合招标文件的要求，招标人及评标委员会可以有两个标准：第一个标准是，只有符合招标文件中全部条款、条件和规定的投标才是符合要求的投标；第二个标准是，即使投标文件有些小偏离，但并没有在根本上或实质上偏离招标文件载明的特点、条款、条件和规定，即对招标文件提出的实质性要求和条件作出了响应，仍可被看作是符合要求的投标。这两个标准，招标人在招标文件中应事先列明采用哪一个，并且这种偏离应尽量数量化，以便评标时加以考虑）；

（4）借用或冒用他人名义或证件，或以伪造、编造的文件投标；

（5）伪造或编造投标文件；

（6）投标人直接或间接地提议给予、给予或同意给予招标人或其他有关人员任何形式的报酬或利益，促使招标人在采购过程中作出某一行为或决定，或采取某一程序；

（7）投标人拒不接受对计算错误所作的纠正；

（8）所有投标价格或评标价大大高于招标人的期望价。

所有投标都被废除（否决）了，招标人应该重新招标，这是无疑义的。如果废标是因为缺乏竞争性，应考虑扩大广告的范围。如果废标是因为大部分或全部投标不符合招标文件的要求，则可以邀请原来通过资格预审的投标人提交新的投标文件。这里需要注意的是，招标人不得单纯为了获得最低价而废标。

6. 评标委员会的职业道德和纪律要求

《招标投标法》第49条规定：“评标委员会成员应当客观、公正地履行职务，遵守职业道德，对所提出的评审意见承担个人责任。评标委员会成员不得私下接触投标人，不得收受投标人的财物或者其他好处。评标委员会成员和参与评标的有关工作人员不得透露对投标文件的评审和比较、中标候选人的推荐情况以及与评标有关的其他情况。”评标是出于公正之心，客观全面，不倾向或排斥某一特定的投标，并对个人的评标意见负责。本条第2款规定的是评标委员会成员的禁止性义务，即不得做某种行为的义务。由于评标委员会成员享有评审和比较投标、推荐中标候选人的重要权力，因此，投标人为了中标，往往通过给予财物或者其他好处的方式，接近、拉拢、腐蚀评标委员会成员。所谓财物，主要是指金钱、贵重物品等；所谓其他好处，是指金钱、财物以外的任何其他物质性或非物质性利益，如请客吃饭、娱乐、出国旅游、工作调动、职务升迁、房屋装修、色情服务等。为了保证评标的公正和公平性，评标委员会不得私下接触投标人，不得接受投标人的馈赠或者其他好处。本条第3款规定的是评标委员会成员的保密义务。由于本法第38条规定了评标必须在严格保密的情况下进行，评标委员会成员作为评标工作的直接承担者，对投标文件的评审和比较、中标候选人的推荐情况及其他有关情况最为了解，因此理所当然地具有对评标保密的义务。另外，有关评标工作人员也接触到了评标过程中的一些情况，因此也有保密义务，不得对外泄露上述有关情况。

7. 法律责任

《招标投标法》第56条规定："评标委员会成员收受投标人的财物或者其他好处的，评标委员会成员或者参加评标的有关工作人员向他人透露对评标文件的评审和比较、中标候选人的推荐以及与评标有关的其他情况的，给予警告，没收收受的财物，并处3000元以上5万元以下的罚款；对有所列违法行为的评标委员会成员取消评标委员会成员的资格，不得再参加任何依法必须进行招标的项目的评标。构成犯罪的，依法追究刑事责任。"根据以上法律规定，当事人应承担以下法律责任：

(1) 警告。评标委员会成员或者参加评标的有关工作人员有前述违法行为的，有关行政监督部门应当给予警告，即以书面的形式给予训诫和谴责。

(2) 没收收受的财物。评标委员会的成员收受的财物应当予以没收，收归国家所有。

(3) 罚款。评标委员会的成员或者参加评标的有关工作人员有上述违法行为的，有关行政监督部门可以根据具体情况对其并处罚款。罚款数额在3000元以上5万元以下，由有关行政监督部门视违法行为的轻重而定。如果采取警告，没收馈赠的财物等处罚措施足以达到制裁违法行为的目的的，可以不予罚款。

(4) 取消资格。对有前述违法行为的评标委员会成员，有关行政监督部门应当取消其担任评标委员会成员的资格。被取消担任评标委员会成员资格的人，应当从国家专家库或者招标代理机构设立的专家库中除名，不得再从事依法必须进行招标的任何项目的评标工作，招标人也不得再聘请其担任评标委员。

(5) 依法追究刑事责任。评标委员会的成员或参加评标工作的有关人员的违法行为情节严重，构成犯罪的，应当比照相关的刑法条文，由司法机关依法追究刑事责任。

三、中标的法律规定

1. 中标的条件

《招标投标法》第41条规定，"中标人的投标应当符合下列条件之一：能够最大限度地满足招标文件中规定的各项综合评价标准；能够满足招标文件的实质性要求，并且经评审的投标价格最低；但是投标价格低于成本的除外。"参照国际惯例，我国法律规定了两种中标条件，一是获得最佳综合评价的投标中标，二是最低投标价格中标。

(1) 获得最佳综合评价的投标中标

所谓综合评价，就是按照价格标准和非价格标准对投标文件进行总体评估和比较。采用这种综合评标法时，一般将价格以外的有关因素折成货币或给予相应的加权计算，以确定最低评标价（也称估值最低的投标）或最佳的投标。被评为最低评标价或最佳的投标，即可认定为该投标获得最佳综合评价。所以，投标价格最低的不一定中标。采用这种评标方法时，应尽量避免在招标文件中只笼统地列出价格以外的其他有关标准，但对如何折成货币或给予相应的加权计算并没有规定下来，而在评标时才制定出具体的评标计算因素及其量化计算方法，带有明显有利于某一投标的倾向性。

(2) 最低投标价格中标

所谓最低投标价格中标，就是投标报价最低的中标，但前提条件是该投标符合招标文件的实质性要求。如果投标不符合招标文件的要求而被招标人所拒绝，则投标价格再低，也不在考虑之列。在采取这种方法选择中标人时，必须注意的是，投标价不得低于成本。这里所指的成本，应该理解为招标人自己的个别成本，而不是社会平均成本。由于招标人技术和管理等方面的原因，其个别成本有可能低于社会平均成本。投标人以低于社会平均成本但不低于其个别成本的价格投标，是应该受到保护和鼓励的。如果投标人的价格低于自己的个别成本，则意味着投标人取得合同后，可能为了节省开支而想方设法偷工减料、粗制滥造，给招标人造成不可挽回的损失。如果投标人以排挤其他竞争对手为目的，而以低于个别成本的价格投标，则构成低价倾销的不正当竞争行为，违反我国《价格法》和《反不正当竞争法》的有关规定。因此，投标人投标价格低于自己个别成本的，不得中标。

2. 中标人的确定

根据《招标投标法》第 43 条规定："确定中标人前，招标人不得与投标人就投标价格、投标方案等实质性内容进行谈判。"招标人应该根据评标委员会提出的评标报告和推荐的中标候选人确定中标人，也可以授权评标委员会直接确定中标人。中标人确定后，招标人向中标人发出中标通知书，同时将中标结果通知所有未中标的投标人并退还他们的投标保证金或保函。中标通知书对招标人和中标人具有法律效力，招标人改变中标结果或中标人拒绝签订合同均要承担相应的法律责任。

3. 订立书面合同及提供履约保证金

《招标投标法》第 46 条规定："招标人和中标人应当自中标通知书发出之日起 30 日内，按照招标文件和中标人的投标文件订立书面合同。招标人和中标人不得再行订立背离合同实质性内容的其他协议。招标文件要求中标人提交履约保证金的，中标人应当提交。"本条主要规定了两个方面的内容，一是书面合同的订立及合同生效，二是提供履约保证金。

(1) 签订合同

根据《招标投标法》规定，中标通知书发出后，即对招标人和中标人双方产生法律约束力，合同成立。招标人与中标人应当自中标通知书发出之日起 30 日内签订合同，这是一种强制性规定，之所以这样规定是因为：首先，我国《合同法》第 44 条规定，"依法成立的合同，自成立时生效。法律、行政法规规定应当办理批准、登记等手续生效的，依照其规定。"这是关于合同生效的一般规则。但由于招标方法的特定情况，采购合同的生效也比较特殊。目前，对采购合同的生效，国际上大致有三种不同规定：①招标人向中标人发出中标通知书时开始生效，即自合同成立时合同生效。这个规定与我国《合同法》的上述一般规定相同。②中标人在符合其投标的书面采购合同上签字时合同生效，即签订书面合同时合同生效。③采购合同报请行政当局批准时生效。由此可见，除第一种规定中合同成立即合同生效外，其余两种规定都表明，合同成立与合同生效有一定的时间间隔，合同成立并不意味合同马上生效。

《招标投标法》第46条的规定表明，我国招标投标法对采购合同的生效问题，采取的是上述第二种规定。但其他法律、行政法规规定应当办理批准、登记等手续合同才生效的，则属于上述第三种规定。本条规定还能够进一步明确合同当事人的权利义务。因为签订书面合同，一方面可以弥补中标通知书过于简单的缺陷，另一方面可以将招标文件和投标文件中规定的有关实质性内容（包括对招标文件和投标文件所作的澄清、修改等内容）进一步明晰化和条理化，并以合同形式统一固定下来，有利于明确双方的权利义务关系，保证合同的履行。所谓在30日内签订合同，既可在中标通知书发出当日签订，也可在中标通知书发出后第30天签订，应完全由双方当事人协商确定，法律不作强求。应该注意的是，招标人与中标人双方签订的书面合同，仅仅是将招标文件和投标文件的规定、条件和条款以书面合同的形式固定下来，招标文件和投标文件是该合同的依据。因此，订立书面合同，不得要求投标人承担招标文件以外的任务或修改投标文件的实质性内容，更不能背离合同实质性内容另外签订协议；否则因该合同（协议）违背了招标投标的原旨，合同（协议）应为无效。

(2) 履约保证金的提交

在提交履约保证金之前，应清楚履约保证金的性质。关于履约保证金的性质既不同于定金，也不同于预付款，更不同于保证。

①根据我国《合同法》第115条的规定，给付定金的一方不履行约定的债务的，无权要求返还定金；收受定金的一方不履行约定的债务的，应当双倍返还定金。由于《招标投标法》没有规定接受履约保证金的招标人不履行合同时是否应当双倍返还履约保证金，所以我们不能将其视同为定金。

②履约保证金也不同于预付款。预付款是合同的一方当事人在合同履行前提前支付合同约定价款，以帮助义务人能更好地履行合同，属于履行的一部分。预付款不遵循定金罚则，即预付款交付后当事人不履行合同的，不发生丧失或双倍返还的问题。而履约保证金则发生不予返还的问题。

③履约保证金也不同于保证。保证是第三人与债权人约定，当债务人不履行债务时，由第三人履行债务的担保方式，属于人的担保。履约保证金采取银行保函的形式时，最容易与银行担保相混淆。银行担保，是银行以自己的财产或信用为他人债务提供的一种担保形式，也是一种保证，是一种新的人的担保。而作为履约保证金的银行保函，只是银行保证在中标人不履行合同时，从其开户账户上支付相应的保证金额。所以银行保函实质上还是中标人自己的担保，并非作为第三人的银行的保证。故此，履约保证金是《招标投标法》规定的一种特殊的督促中标人履行债务的措施，而与债务的法定担保方式有所不同。

《招标投标法》要求中标人提交一定金额的履约保证金，是招标人的一项权利。该保证金应按照招标人在招标文件中的规定，或者根据招标人在评标后作出的决定，以适当的格式和金额采用现金、支票、履约担保书或银行保函的形式提供，其金额应足以督促中标人履行合同。一般来说，履约保证金在中标人履行合同后应予返还。但在工程合同中，招标人可将一部分保证金展期至工程完工后，即直到工程最后验收为止。在货物或服务采购合同中，招标人也可将一部分保证金展期至安装或调试之后。如果中标人拒绝提交履约保证金，可以视为放弃中标项目（参见《招标投标法》第 45 条第 2 款的有关规定），应当承担违约责任。在这种情况下，招标人可以从仍然有效的其余投标中选择排序最前的投标为中选的投标，但招标人也有权拒绝其余的所有投标，并重新组织招标。

4. 合同履行、转让及分包的法律规定

《招标投标法》第 48 条规定："中标人应当按照合同约定履行义务，完成中标项目。中标人不得向他人转让中标项目，也不得将中标项目肢解后分别向他人转让。中标人按照合同约定或者经招标人同意，可以将中标项目的部分非主体、非关键性工作分包给他人完成。接受分包的人应当具备相应的资格条件，并不得再次分包。中标人应当就分包项目向招标人负责，接受分包的人就分包项目承担连带责任。"本条规定了三个方面的内容，一是全面履行合同，二是禁止转让合同，三是分包的法律规定。

（1）合同的履行

我国《合同法》第 60 条规定，"当事人应当按照约定全面履行自己的义务"。故招标人与中标人签订合同后，即应受合同的约束，应当按照合同的约定全面履行合同，不得部分履行、拒绝履行、迟延履行、瑕疵履行，不得撕毁合同。

（2）禁止转让合同

所谓合同的转让，从广义上说包括债权让与、债务承担、债权债务的概括移转（又分全部债权债务的概括移转和部分债权债务的概括移转）。第 48 条规定的转让中标项目（也称"转包"），则仅指全部债权债务的概括移转，是指当事人一方（中标人）将自己在合同中的权利和义务一并转让给第三人。合同能否转让？根据我国《合同法》的相关规定，转让合同须经对方当事人同意，但有下列情形之一的，不得转让合同：①根据合同性质不得转让；②按照当事人约定不得转让；③依照法律规定不得转让。关于中标人能否转让合同，第 48 条第 1 款明确规定"中标人不得向他人转让中标项目，也不得将中标项目肢解后分别向他人转让。"这是因为招标人通过招标方式确定中标人时，除价格因素外，主要考虑的是中标人的个人履约能力，同时为了防止中标人通过层层转让合同坐收渔利，确保工程质量，因此，作出了不得转让合同的禁止性规定。将中标项目肢解成小部分后分别向他人转让，只是转包的一种"零售"形式，本质上仍属转包，因而也在禁止之列。

（3）分包合同

所谓分包合同，是指当事人一方将自己在合同中的一部分权利义务转让给第三人，即部分债权债务的概括移转。因此，分包合同与转让合同都属于债权债务的概括移转。但是，分包合同与转让合同不同的是，经招标人（发包人）同意或按照合同约定，中标人（承包人）可以分包合同，法律一般不予禁止。之所以允许分包合同，是因为中标人（承包人）对完成某部分工作不一定具有优势，将该部分分包给有优势的第三人完成，对招标人（发包人）不仅没有损害反而有利。不过，本条还是对分包合同作了一些限制，包括：①分包的只能是中标项目的部分非主体、非关键性工作，主体或关键性工作不得分包出去；②接受分包的第三人应当具备完成分包任务的相应资格条件；③接受分包的人不得再次分包；④接受分包的人应就分包项目承担连带责任。所谓连带责任，是指中标人与接受分包的人作为债权人时，均有权请求作为债务人的招标人履行全部义务（如支付价款等），他们作为债务人时，均负有向作为债权人的招标人履行全部债务的义务（指分包项目的完成），且全部债务因一次全部履行而归于消灭。由此可见，上述限制也是为了确保工程质量，防止通过分包坐收渔利，因而是非常必要的。

四、法律责任的承担

1. 转让、分包、再分包的法律责任

《招标投标法》第58条规定："中标人将中标项目转让给他人的，将中标项目肢解后分别转让给他人的，违反本法规定将中标项目的部分主体、关键性工作分包给他人的，或者分包人再次分包的，转让、分包无效，处转让、分包项目金额千分之五以上千分之十以下的罚款；有违法所得的，并处没收违法所得；可以责令停业整顿；情节严重的，由工商行政管理机关吊销营业执照。"本条规定了四种违法行为：一是中标人将中标项目转让给他人，二是将中标项目肢解后分别转让给他人，三是违反本法规定将中标项目的部分主体、关键性工作分包给他人，四是分包人再次分包。根据法律的规定，构成本条规定的法律责任，无需行为人的违法行为造成实际的损害后果，只要行为人实施了前述违法行为并在主观上具有过错就应当承担如下法律责任：

（1）罚款。中标人和分包人有前述违法行为的，有关行政监督部门应当对其处以罚款。罚款的幅度为转让、分包项目金额千分之五以上千分之十以下，具体数额由有关行政监督部门根据行为人违法行为的情节轻重决定。

（2）没收违法所得。行为人因转让、分包而有违法所得的，应当并处没收违法所得。

（3）责令停业整顿。中标人或者分包人有前述违法行为的，有关行政监督部门可以责令其停业，并在一定期限内进行整顿。如果行为人在指定的期间内纠正了违法行为，可以恢复经营。如果通过罚款和没收违法所得能够达到制裁违法行为的目的，则无须责令停业整顿。

（4）吊销营业执照。中标人从事前述违法行为情节严重的，由工商行政管理机关吊销营业执照。所谓情节严重，是指行为人的行为造成了较为严重的后果，行为人屡次实施违法行为，或者行为人的行为表明了行为人没有改正错误的诚意和可能，适用前述法律责任不足以达到制裁目的等情况。被吊销营业执照的人不得再从事相关的经营活动。

（5）转让、分包无效。中标人将中标项目违法转让给他人的，或者分包人再次分包的，转让或者分包行为无效。该无效为自始无效，即从转让或者分包时起就无效。行为人因该行为取得的财产应当返还给对方当事人。有过错的一方当事人还应赔偿对方因此所受的损失。具体到本条规定而言，中标人和分包人还应赔偿招标人因此所受的损失。赔偿的范围除直接损失外，还应当包括间接损失。

2. 招标人和中标人违法签订合同的法律责任

《招标投标法》第59条规定："招标人与中标人不按照招标文件和中标人的投标文件

订立合同的，或者招标人、中标人订立背离合同实质性内容的协议的，责令改正；可以处中标项目金额千分之五以上千分之十以下的罚款。”此条规定了下列两种违法行为：一招标人与中标人不按照招标文件和中标人的投标文件订立合同，二是招标人、中标人订立违背合同实质性内容的协议。根据以上法律规定，本条承担法律责任的主体是招标人和投标人，构成本条规定的法律责任，行为人必须有进行违法行为的故意，具体表现为招标人与中标人为了规避招标，在招标文件和中标人的投标文件之外签订合同或者签订背离合同内容的协议。如有以上行为当事人应承担如下的法律责任：

(1) 责令改正。对于有本条规定的违法行为的招标人和中标人，有关行政监督部门应当责令他们于一定期限内予以改正，即严格按照招标文件和中标人的投标文件订立合同。在已签订合同之外再行订立背离合同实质性内容的协议的，所签协议应当予以废止，当事人应严格按照根据招标文件和中标人的投标文件签订的合同行使权利和履行义务。

(2) 罚款。对于有本条规定的违法行为的招标人和中标人，有关行政监督部门可以对他们处以中标项目金额千分之五以上千分之十以下的罚款，是否处以罚款由有关行政监督部门视具体情况而定。在下列情况下，可以不予罚款：行为人主动纠正违法行为并消除因此造成的不良后果的；违法情节轻微的等。

3. 中标人不履行合同的法律责任

《招标投标法》第60条规定，“中标人不履行与招标人订立的合同的，履约保证金不予退还，给招标人造成的损失超过履约保证金数额的，还应当对超过部分予以赔偿；没有提交履约保证金的，应当对招标人的损失承担赔偿责任。中标人不按照与招标人订立的合同履行义务，情节严重的，取消其2~5年内参加依法必须进行招标的项目的投标资格并予以公告，直至由工商行政管理机关吊销营业执照。因不可抗力不能履行合同的，不适用前两款规定。”本条规定的违法行为为中标人的违约行为。构成本条规定的违约行为的前提是招标人与中标人签定了合法有效的合同，如果当事人之间的合同不成立或者不生效，则无违约可言。

中标人的违约行为大致可以分为以下几类：

(1) 不履行合同。所谓不履行合同是指合同到了履行期而没有履行的行为。不履行行为可分为拒绝履行和履行不能。前者是指标人能够实际履行而故意不履行，又没有正当理由的情况；后者是指合同到了履行期而中标人不能实际履行的情况。对于因中标人主观过错原因而导致的履行不能，中标人仍应负法律责任。

(2) 不完全履行。所谓不完全履行是指中标人没有完全按照合同的约定履行义务，也叫不适当履行或不正确履行。不完全履行分两种情况：一是给付有缺陷，就工程项目而言，就是指中标人完成的工程项目存在质量问题；二是加害给付，就招标项目而言，是指中标人完成的招标项目不仅不符合质量要求，而且还因为该质量问题造成了他人人身、财产损害。

(3) 迟延履行。所谓迟延履行是指中标人能够履行而不按照法定或者约定的时间履行合同义务，如中标人不能按期完成招标项目。

(4) 毁约行为。是指中标人无任何正当理由和法律根据而单方撕毁合同的行为。

由此可见，实施以上违法行为的主体是已经与招标人签订合同的中标人。根据《合同法》的规定，如果实施了以上违法行为，行为人主观上无需具有过错，只要行为人实施了违约行为，就应对该违约行为负责，承担如下法律责任：

(1) 不予退还履约保证金。为了督促中标人履行合同，根据本法的规定，招标文件要求中标人提交履约保证金的，中标人应当提交。交纳履约保证金的中标人不履行合同的，所交纳的履约保证金不予退还，不管中标人的违约行为是否给招标人造成了损害。另外，不返还履约保证金的前提是中标人提交了履约保证金，因为履约保证金不是在任何情况下都应当提交的。根据本法的规定，只有在招标人要求中标人提交履约保证金时，中标人才应当提交，反之，则无须提交。

(2) 赔偿损失。中标人的违约行为造成招标人损失的，中标人应当负损害赔偿的责任。根据《合同法》的规定，中标人赔偿的范围包括招标人所受的直接损失和间接损失，但不应超过当事人订立合同时预见到或应当预见到因违反合同可能造成的损失。交纳的履约保证金应当抵作损害赔偿金的一部分。履约保证金的数额超过因违约造成的损失的，中标人对于该损失就不再赔偿。相反，在履行保证金的数额低于因违约而造成损失的情况下，中标人还应当赔偿不足部分，另外，中标人的赔偿责任应当限于财产损害，而不包括精神损害。

(3) 取消投标资格。中标人不按照与招标人订立的合同履行义务，情节严重的，有关行政监督部门应当取消其2~5年内参加依法必须招标的项目的投标资格并予以公告。所谓情节严重，是指中标人的违约行为造成的损失重大等情况。

(4) 吊销营业执照。如果取消中标人2~5年内参加必须招标项目的投标资格尚不足以达到制裁目的的，工商行政管理机关应当吊销中标人的营业执照。被吊销营业执照的中标人不得再从事相关的业务。

但是，根据本条规定，中标人因不可抗力不能履行合同的，可以免除责任。所谓不可抗力是指不能预见、不能避免，并不可克服的情况。包括自然灾害和某些社会现象。前者如火山爆发、地震、台风、冰雹和洪水侵袭等；后者如战争等。由于法律责任制度的目的在于保护公民、法人的合法权益，补救其所受到的非法损害，教育和约束人们的行为，防止违法行为发生，如果让人们对自己主观上无法预见有不能避免、不能克服的事件造成的损害承担责任，这不仅达不到法律责任的目的，而且对于承担责任的人也是不公平的。对此《合同法》也有明确的规定：因不可抗力不能履行合同的，根据不可抗力的影响，部分或者全部免除责任，但法律另有规定的除外。但是，如果不可抗力发生在债务履行迟延期间，债务人则不能以不可抗力为理由拒绝承担违反债务的民事责任。同时，根据《合同法》的规定，中标人因不可抗力不能履行合同的，应当及时通知招标人，以减轻可能给招标人造成的损失，并应当在合理期限内提供发生了不可抗力的证明。

第九章 房地产管理法律制度

第一节 房地产法概述

一、房地产及房地产业的概念

1. 房地产的概念

房地产是房产和地产的总称，房产与地产联结为一体，房依地建，地为房载，房地不可分离，所谓房产是指固定在土地上的具有独立使用功能并且有一定经济意义的房屋及其附属建筑物和构筑物，地产是指作为土地所有权或土地使用权客体的具有一定经济意义的土地及其附属物。房地产一般又称不动产，因为土地和房屋属于不可移动或一经移动就有极大价值损失的物体。不动产有狭义和广义之分。狭义的不动产系指土地和土地上永久性建筑物及其衍生的权利；广义的不动产除上述内容外，还包括地下工程、矿藏和森林等自然资源。我们所说的房地产是指狭义上的不动产，即土地和土地上永久性建筑物及其衍生的权利，而且主要是指城市的房地产。因为《中华人民共和国城市房地产管理法》未将农村房地产列入调整范围。

2. 房地产业的概念

是指从事房地产开发、经营、管理和服务的产业。房地产业包括土地的开发，房屋的建设、管理、维修，土地使用权转让，房屋的买卖、租赁、抵押以及由此而形成的房地产市场。房地产业是第三产业的重要组成部分，是国民经济基础性、先导性的产业。房地产业与人们的生产和生活息息相关，房屋作为生活资料，和吃、穿、用一样，是人们赖以生存的条件，房屋作为生产资料，是人们从事生产经营活动，维护社会再生产的基本条件，各行各业所进行的各种活动都与房地产业有关。在社会主义市场经济条件下，房地产业除能实现自身的使用价值外，还可以发挥其特有的高附加值的产业优势，对于社会主义市场经济的培育和完善，对于启动市场、调整消费、回笼货币、推动国民经济发展有着十分重要的意义。

二、房地产法的概念及其立法目的

1. 房地产法的概念

房地产法有广义和狭义之分，广义的房地产法是指用来调整房地产所有权人之间，所有权人与非所有权人之间在房地产的权属、建设、开发、转让、租赁、交易、经营、修缮、涉外等过程中发生的各种关系的法律规范的总称。狭义的房地产法，仅指 1994 年全国人民代表大会常务委员会通过，于 1995 年 1 月 1 日起施行的《中华人民共和国城市房地产管理法》（以下简称《城市房地产管理法》)，这是调整我国房地产关系的基本法律。广义的房地产法，除此之外，还包括所有调整房地产关系的法律规范的总和，即由不同层次的调整房地产关系的法律规范所组成的结合体。主要包括以下几个层次：

（1）房地产法律。是指由全国人民代表大会及其常务委员会审议颁布的用于调整房地产关系的各项法律，如《城市房地产管理法》。

（2）房地产行政法规。是指由国务院依法制定或者批准发布的用于调整房地产开发、经营、管理和服务的法律规定。如国务院发布的《城市房屋拆迁管理条例》。

（3）房地产部门规章。是指由国务院房地产行政主管部门，即建设部，根据国务院规定的职责范围，依法制定并发布的用于调整房地产开发、经营、维修和服务的法律规定，如《房地产开发企业资质管理规定》。

（4）地方性法规。是指在不与宪法、法律、行政法规相抵触的前提下，由省、自治区、直辖市人大及其常委会制定并发布的或经省、自治区人大常委会批准后施行的由较大城市人大及其常委会制定的，调整房地产开发、经营、管理和服务的法律规定。

（5）地方规章。是指省、自治区、直辖市和省、自治区人民政府所在地的市，以及经国务院批准的较大的市的人民政府，根据法律和国务院的行政法规制定并发布的用以调整房产开发、经营、管理和服务的法律规定。

2. 房地产法的立法目的

建筑业是国民经济支柱产业之一，而房地产业是建筑业的重要组成部分。改革开放以来，随着房地产业走向“市场化”，它在国民经济发展中发挥作用愈加明显，而且，房地产业和人民群众生活息息相关，《城市房地产管理法》的出台是社会发展和需要的必然结果。《城市房地产管理法》第 1 条规定：“为了加强对城市房地产的管理，维护房地产市场秩序，保障房地产权利人的合法权益，促进房地产业的健康发展，制定本法。”通过立法，目的是为了加强房地产管理制度，实现房地产管理的规范化、法制化，通过规范房地产市场的行为规则和市场主体资格，保障国家利益，保障房地产权利人的合法权益，最终实现促进房地产业健康发展的目的。

三、《城市房地产管理法》的基本框架

《城市房地产管理法》共七章 72 条，基本框架为：

第一章　总则：本章主要规范了法律的立法目的、适用范围、基本原则、主管部门等原则性的问题，它与法律具体条文之间的关系是总纲与分目之间的关系。

第二章　房地产开发用地：关于房地产开发用地，《城市房地产管理法》主要规定了城市房地产开发用地的取得方式和具体条件。房地产开发用地的取得方式有两种，一种是土地使用权的出让，即国家将国有土地使用权在一定年限出让给土地使用者，由土地使用者向国家支付土地使用权出让金；另一种是土地使用权划拨，即县级以上人民政府依法批准，在土地使用者缴纳补偿、安置费用后将土地交付土地使用者使用，或者将土地使用权

无偿交付给土地使用者使用。

第三章　房地产开发：《城市房地产管理法》对成立房地产开发企业制定了具体的条件，同时还明确规定了设立房地产开发企业实行登记制。

第四章　房地产交易：房地产交易是房地产市场发展的重要环节。《城市房地产管理法》在此章用了4节28条的篇幅对此进行了规定。主要内容是：(1)房地产交易的基本制度；(2)房地产转让的具体条件；(3)房地产抵押和房屋租赁；(4)关于中介服务机构。

第五章　房地产权属登记管理：房地产权属登记管理，是房地产市场中的关键性环节。《城市房地产管理法》明确规定，国家实行土地使用权和房屋所有权登记发证制度，并就登记发证的具体要求和主管部门作了具体的规定。

第六章　法律责任：《城市房地产管理法》第六章对违反本法规定的一些行为规定了法律责任。这为国家加强房地产管理，维护房地产市场，保障房地产权利人的合法权益和促进房地产业的健康发展提供了重要的法律手段。

第七章　附则：本章主要内容为参照执行范围及施行时间。

四、《城市房地产管理法》的适用范围

法律的适用范围，亦称法律的效力范围，是指法律在什么时候、什么地方、对什么人发生效力。《城市房地产管理法》的适用范围，主要体现于第2条、第8条、第71条和第72条的规定之中。其中第2条规定："在中华人民共和国城市规划区国有土地（以下简称国有土地）范围内取得房地产开发用地的土地使用权，从事房地产开发、房地产交易，实施房地产管理，应当遵守本法。本法所称房屋，是指土地上的房屋等建筑物及构筑物。本法所称房地产开发，是指在依据本法取得国有土地使用权的土地上进行基础设施、房屋建设的行为。本法所称房地产交易，包括房地产转让、房地产抵押和房屋租赁。"第8条规定："城市规划区内的集体所有的土地，经依法征用转为国有土地后，该幅国有土地的使用权方可有偿出让。"第71条规定："在城市规划区外的国有土地范围内取得房地产开发用地的土地使用权，从事房地产开发、交易活动以及实施房地产管理，参照本法执行。"第72条规定："本法自1995年1月1日起施行。"根据以上规定，《城市房地产管理法》的地域范围是中华人民共和国境内，城市规划区国有土地范围内。调整的主体是房地产开发单位、交易单位、房地产管理部门。调整的行为是房地产的开发、交易和管理。

第二节　房地产开发用地

根据《城市房地产管理法》第二章的规定，房地产开发用地的供地方式有两种，一是土地使用权出让，二是土地使用权划拨。

一、土地使用权出让制度

1. 土地使用权出让的概念

所谓土地使用权的出让，是指国家将国有土地使用权在一定年限内出让给土地使用

者，由土地使用者向国家支付土地使用权出让金的法律行为。根据上述概念可知：

(1) 土地使用权出让的客体是土地使用权，即国家出让的是土地的使用权，而非土地的所有权。《宪法》规定，城市的土地属于国家所有，土地使用权可以依照法律的规定进行转让。按照上述规定，国有土地只能属于国家，单位或者个人对于国有土地可以依法获得使用权，也是说，土地的出让只能出让使用权，单位或者个人通过出让只能获得使用权，不能获得所有权，但对于使用权，单位或者个人可以依法进行转让。

(2) 土地使用权的出让方只能是国家，也就是说，国家按照自己的的意思表示要出让自己的土地。

(3) 国家出让土地给土地使用者是在一定年限内出让的，即必须符合国务院关于土地使用最高年限的规定。

(4) 受让方即土地使用者接受出让的土地是以支付土地使用权出让金为代价的。如果土地使用者不支付土地使用权出让金，也就不会产生土地出让的行为。

(5) 土地使用权的出让是一种法律规定的行为，这种行为双方必须意思表示一致，必须依法进行，如不符合法律的规定其行为是无效的行为。

2. 土地使用权出让的条件

《城市房地产管理法》第 8 条规定："城市规划区内的集体所有的土地，经依法征用转为国有土地后，该幅国有土地的使用权方可有偿出让。" 第 9 条规定："土地使用权出让，必须符合土地利用总体规划、城市规划和年度建设用地计划。" 第 10 条规定："县级以上地方人民政府出让土地使用权用于房地产开发的，须根据省级以上人民政府下达的控制指标拟订年度出让土地使用权总面积方案，按照国务院规定，报国务院或者省级人民政府批准。" 第 11 条的规定："土地使用权的出让，由市县人民政府有计划、有步骤地进行。出让的每幅地块、用途和其他条件，由市、县人民政府土地管理部门会同城市规划、建设、房产管理部门共同拟定方案，按照国务院的规定，报经有批准权的人民政府批准后，由市、县人民政府土地管理部门实施。直辖市的县人民政府及有关部门行使前款规定的权限，由直辖市人民政府决定。"

根据以上法律规定，出让国有土地使用权必须符合下列条件：

(1) 城市规划区内的集体所有的土地出让必须符合法律规定。即必须经过依法征用转为国有土地后，该幅土地的使用权方可转让。《城市房地产管理法》作出这一限制性规定，是为了保证集体所有的土地不受侵犯，保证农业用地，使农业用地得到合理的使用。

(2) 必须符合土地利用总体规划、城市规划和年度建设用地计划。所谓土地利用总体规划是指国家关于土地利用的全面、长远、宏观指导的战略性的设想。按照《城市规划法》的规定，城市规划一般分总体规划和详细规划。大城市为了进一步控制和确定不同地段的土地用途、范围和容量，协调各项基础设施和公共设施的建设，在总体规划的基础上，可以编制分区规划。年度建设用地计划是指为了保证土地利用总体规划的落实而编制的一年内具体用地的设想。《城市房地产管理法》规定土地使用权出让必须符合上述规划或者计划，是为了保证国有土地合理、有计划的使用。

(3) 土地使用权用于房地产开发的必须经过批准。即县级以上地方人民政府出让土地使用权用于房地产开发的，须根据省级人民政府下达的控制指标拟订年度出让国有土地总面积方案，按照国务院规定的用地标准，报国务院或者省级人民政府批准。

（4）出让每幅地块、用途、年限等必须符合政府批准的条件。

3. 土地使用权出让的方式

《城市房地产管理法》第 12 条规定："土地使用权出让，可以采取拍卖、招标或者双方协议的方式。商业、旅游、娱乐和豪华住宅用地，有条件的，必须采取拍卖、招标方式；没有条件，不能采取拍卖、招标方式的，可以采取双方协议的方式。"根据以上法律的规定，土地使用权的出让方式有三种：一种是采取拍卖方式出让土地使用权，第二个是采取招标的方式出让土地使用权，第三个是采取双方协议的方式出让土地使用权。

（1）拍卖。所谓拍卖，是指出让人（国有土地的代表者）在指定的时间、地点，组织符合条件的土地使用权受让人到场，就出让的地块公开叫价竞投，按"价高者得"的原则确定土地受让人的出让方式。其特点是，竞争具有公开性，价格是确定受让人的惟一条件。

（2）招标。所谓招标，是指国有土地的代表者规定一个期限，要求符合条件的愿意接受土地使用权的人以书面形式，向国有土地的代表者提出接受土地使用权的基本条件，由国有土地的代表者确定将土地交由条件好的人使用的一种出卖土地使用权的一种方式。

（3）协议。所谓协议，是指由愿意接受土地使用权的人向国有土地代表者提出自己有偿使用土地的愿望，国有土地代表者与提出者（愿意接受土地使用权的人）通过共同的协商讨论；最终达成土地使用权出让协议的一种出让土地使用权的出让比方式。同时，《城市房地产管理法》对于一些特殊用地的出让方式，作了特别的规定，即商业、旅游、娱乐和豪华住宅用地，有条件的，必须采取拍卖、招标方式。没有条件的，不能采取拍卖、招标方式的，可以采取双方协议的方式。但是采取双方协议的方式出让土地使用权的出让金不得低于国家确定的最低价。

4. 土地使用权的最高年限

土地使用权的最高年限是指国家规定的土地使用权人可以对土地使用权使用的最长时间。按照国务院颁布的《城镇国有土地使用权出让和转让暂行条例》的规定，土地使用权的最高年限为：居住用地 70 年；教育、科技、文化、卫生、体育用地 50 年；商业、旅游、娱乐用地 40 年；综合或者其他用地 50 年。

5. 土地使用权出让合同

（1）土地使用权出让合同的概念。所谓土地使用权出让合同是指国有土地的代表者和土地使用权受让人之间就土地出让问题所达成的明确双方相互权利与义务关系的协议。此合同的主体是特定的，即一方主体必须是土地使用权的所有者，即国家，按照《城市房地产管理法》第 14 条的规定，代表国家与土地使用权受让人之间订立合同的是市、县人民政府的土地管理部门，但该部门所代表的不是一个土地管理部门的利益，其所代表的是国家的利益。

（2）土地使用权出让合同订立的基本原则。土地使用权出让合同的双方当事人应当按照平等、自愿、有偿的原则签订合同。所谓平等原则是指订立合同时和履行合同时双方的法律地位和权利义务是平等的，不能以大欺小，把自己的意志强加给对方。所谓自愿原则是指双方订立合同时必须是出于自己的意愿，其中的任何一方均不得将自己的意志强加给对方。所谓有偿原则是指订立土地使用权出让合同必须体现价值规律的原则，即得到权利的一方必须以履行相应的义务为代价，比如接受土地使用权的一方必须按照合同的约定缴纳出让金等。

（3）土地使用权出让合同的基本内容。土地使用权出让合同一般应当包括下述内容：①出让方、受让方的名称、地址、注册地等；②出让土地的类型和具体的范围；③出让金的数额、支付方式和支付期；④土地使用权的年限；⑤担保方式及违约责任；⑥其他内容。关于土地使用权出让合同的形式，《城市房地产管理法》第 14 条对此有特别的规定，即土地使用权出让合同应当签订书面合同。

（4）土地使用权出让合同的解除。按照《城市房地产管理法》的规定，在下列情况下可以解除合同：①土地使用者没有按照合同约定支付出让金，土地管理部门有权解除合同；②土地管理部门没有按照合同约定的时间提供约定的土地的，土地使用者有权解除合同。

6. 土地使用权出让金

（1）土地使用权出让金的概念。所谓土地使用权出让金是指土地使用权的受让人依法按照合同的规定向土地出让者缴纳的出让价款。它包括两个方面：一是土地使用权出让金，即各级政府的土地出让主管部门将国有土地使用权出让给单位或者个人，按照规定向单位或者个人收取的土地出让款；二是续期土地使用权出让金，即土地使用年限届满，土地使用权受让人需要续期，由土地出让主管部门收取的续期土地使用权出让款。

（2）土地使用权出让金的交付。根据《城镇国有土地使用权出让和转让暂行条例》的规定，土地使用者应当在签订土地使用权出让合同后 60 日内支付全部土地使用权出让金。

7. 土地使用权的终止与续期

（1）土地使用权的终止。所谓土地使用权的终止是指因一定的法律事实的出现，使得土地使用人不再享有土地使用权，并由此解除了土地使用人与国家之间在使用土地时存在的权利义务关系。根据法律的规定，土地使用权终止的情形有：①土地出让合同规定的使用期限界满；②国家提前收回，即国家根据社会公共利益的需要，可以依照法定程序提前收回土地使用权，但收回时应根据土地使用者使用的年限和开发、利用土地的实际情况给予相应的补偿；③国家强制收回，即土地使用者未按合同规定的期限和条件开发利用土地的，市、县人民政府土地管理部门应当给予纠正，并根据情节可以给予警告、罚款，直至无偿收回土地使用权；④因土地灭失而终止。土地使用权依法终止后，土地使用权及其地上建筑物、附着物的所有权由国家无偿取得，土地使用者应当交回使用证，办理注销登记手续。

（2）土地使用权续期。所谓土地使用权续期是指土地出让合同规定的土地使用期限届满后，依新的土地出让合同由原土地使用人继续使用该块土地的行为。土地使用权续期，应当至迟于土地使用权出让合同的使用年限届满前 1 年申请，除根据社会公共利益需要收回该块土地的，应当予以批准，经批准准予续期的，应当重新签订土地使用权出让合同，依照规定支付土地使用权出让金。同时，根据法律的规定，土地使用权续期的条件是：①该块土地的用途与期满时的城市规划不相矛盾；②使用人有继续使用该块土地的必要；③继续使用该块土地不影响其他的社会公共利益。

二、土地使用权划拨制度

1. 土地使用权划拨的概念

土地使用权划拨是指县级以上人民政府依法批准，在土地使用者缴纳补偿、安置等费用后，将该幅土地交付其使用，或者将国有土地使用权无偿交付给土地使用者使用的行为。根据以上概念，土地使用权划拨具有以下特征：

（1）土地使用权划拨不发生土地所有权性质的改变。所有权是指所有人依法对自己的财产享有占有、使用、收益和处分的权利。占有是指单位或个人对于财产的实际管理或控制；使用是指权利主体对于财产的运用；收益是指通过财产的占有、使用、经营、转让而取得经济效益；处分是财产所有人对其财产在事实上和法律上的最终处置。

（2）土地使用权划拨是一种行政行为。土地使用权是经县级以上人民政府依法批准后，由法定的部门将土地直接交付给土地使用者使用的行为，因此，土地使用权划拨是一种行政行为，而不是民事行为。土地使用权划拨无需划拨双方协商一致，也无需事先获得被划拨土地上的原土地使用者的同意。

（3）土地使用权划拨必须依法经过批准。由于土地使用权划拨是一种行政行为，所以，土地使用权划拨必须依法经过批准。

（4）土地使用权划拨具有无偿性。

（5）土地使用者对原土地使用者所受的损失要依法补偿。

2. 土地使用权划拨的条件

我国在客观上需要采取土地使用权划拨方式，并不意味着任何条件下的用地都可以采取土地使用权划拨的方式。因此，《城市房地产管理法》对以划拨方式取得土地使用权，规定了严格的条件，即必须属于下述几种建设用地：

（1）国家机关用地和军事用地。国家机关是指行使国家权力的机关。军事是指一切直接有关武装力量建设和战争活动事项的统称，包括国防建设、战争的准备与实施、军事科学研究等。

（2）城市基础设施用地和公益事业用地。城市基础设施是指城市生产、生活及各种社会活动所需要的公共设施的统称。公益事业是指为满足城市居民的需要而经营的各种事业，如文化教育、医疗保健、娱乐体育等。

（3）国家重点扶持的能源、交通、水利等项目用地。

（4）法律、行政法规定的其他用地。

第三节　房地产开发

一、房地产开发的概念

房地产开发属于《城市房地产管理法》调整的范围之一。所谓房地产开发，依据《城市房地产管理法》第2条的规定，是指在依法取得土地使用权的国有土地上进行基础设施、房屋建设的法律行为。据此可知，房地产开发必须从事基础设施和房屋建设，也就是说，取得土地使用权后如果没有在取得使用权的土地上从事基础设施和房屋建设，就不属于房地产的开发。同时，房地产开发是一种法律行为，也就是说，这种行为必须依照《城市房地产管理法》和有关规定进行。如果不依法进行，其行为不会受到法律的保护，而且还会受到法律的制裁。

二、房地产开发的基本原则

根据《城市房地产管理法》第24及有关条文的规定，房地产开发必须遵守下列几项原则：

1. 经济效益、社会效益、环境效益三统一的原则

房地产开发是城市建设的重要方式和过程。经济效益、社会效益和环境效益相统一，并同时实现，是城市建设的重要目标。房地产开发作为城市建设和改造的主要方式，只有坚持经济、社会、环境效益三统一的原则才符合房地产开发客观经济规律，才能达到未来城市建设的要求。

2. 严格执行城市规划的原则

《城市房地产管理法》第24条明确规定："房地产开发必须严格执行城市规划。"城市规划是城市人民政府对城市建设进行宏观调控和微观管理的重要措施，也是对城市房地产开发进行合理控制，实现土地资源合理配置的有效手段。它是城市开发、城市建设和城市管理的依据。科学制定和执行城市规划，是合理利用城市土地，合理安排各项建设，指导城市有序、协调发展的保证。因此，城市规划区内各种建设工程的选址和布局必须符合城市规划的要求，服从城市规划的管理。

3. 综合开发、配套建设的原则

综合开发、配套建设是指按照城市规划的功能分区，将某一区域内房地产开发建设及其配套设施建设，统一规划，同步建设。综合开发的主要内容包括统筹资金，统一规划，统一开发。

4. 鼓励开发建设居民住宅的原则

居民住宅建设是房地产开发的重要内容之一，它直接关系到城市居民居住条件和居住环境的改善。因此，《城市房地产管理法》第4条规定："国家根据社会、经济发展水平，扶持发展居民住宅建设，逐步改善居民的居住条件。"为了尽快改善居民的居住条件，提高人民的物质生活水平，国家对开发建设居民住宅的项目，实行鼓励的原则。例如，降低开发成本和住宅价格，并且在税收、贷款以及土地使用权出让等方面，对从事住宅尤其是经济适用房开发建设的企业实行优惠待遇。

三、房地产开发企业

1. 房地产开发企业的概念

房地产开发企业，是指以营利为目的，从事房地产开发和经营的企业。由此可知：

(1) 房地产开发企业是企业的一种，例如，按责任形式可分为公司企业、合伙企业和独资企业；按所有制可分为全民所有制企业、集体所有制企业等。

(2) 房地产开发企业是从事房地产开发和经营的企业。所谓房地产开发是指在依据《城市房地产管理法》取得国有土地使用权的土地上进行基础设施、房屋建设的行为。只有从事上述行为的，才能称为房地产开发企业。

(3) 房地产开发企业是一种以营利为目的的企业。所谓以营业为目的是指该企业通过合法经营获得利润，并将该利润分配给投资人的行为。不是以营利为目的的企业不能称之为房地产开发企业。

(4) 房地产开发企业应当为法人。即该企业应当是具有民事权利能力和民事行为能力，依法独立享有民事权利和承担民事义务的经济组织。

2. 房地产开发企业的设立

(1) 设立房地产开发企业应当具备的条件

《城市房地产管理法》第29条规定：“房地产开发企业是以营利为目的，从事房地产开发和经营的企业，设立房地产开发企业，应当具备下列条件：(一) 有自己的名称和组织机构；(二) 有固定的经营场所；(三) 有符合国务院规定的注册资本；(四) 有足够的专业技术人员；(五) 法律、行政法规规定的其他条件。设立房地产开发企业，应当向工商行政管理部门申请设立登记。工商行政管理部门对符合本法规定条件的，应当予以登记，发给营业执照；对不符合本法规定条件的，不予登记。设立有限责任公司、股份有限公司，从事房地产开发经营的，还应当执行公司法的有关规定。”据此，设立房地产开发企业应当具备下列条件：

1) 有自己的名称和组织机构。企业名称是一个企业区别于其他企业的符号，是一个企业的标志，企业只有名称，才能使自己特定化，才能以自己的名义去享受权利和承担义务，所以，没有名称的企业是无法想象的。所谓组织机构是指所设企业的内部管理体制，企业因组织形式的不同，内部管理体制也不同。

2) 有固定的经营场所。固定的经营场所一般是指企业主要办事机构所在地，固定的经营场所是房地产企业进行开发活动的中心，是对外进行联系，开展经营活动所必需的场所，也是国家对企业进行监督管理的必要条件。所以有关法律将“有固定的经营场所”作为房地产开发企业设立的重要条件之一。

3) 有符合国务院规定的注册资本。注册资本是反映企业经济实力的重要标志，也是企业对外承担法律责任的基础。房地产开发属于周期长、规模大，资金回收较慢的行业，需要较大数额的资本作为企业正常运行的保证。因此，房地产开发企业的设立，必须具有符合法定数额的注册资本。

4）有足够的专业技术人员。房地产开发是一个专业性很强的行业，它不仅需要建筑、设计等方面的专业技术人员，而且还需要经济、法律、会计、统计等方面的专业人员。

5）法律、法规规定的其他条件。法律、法规规定的其他条件主要是指其他相关法律、法规所规定的条件。如《公司法》、《全民所有制企业法》、《企业法人登记管理条例》等有关企业组织形式、登记条件等规定。

(2) 房地产开发企业设立的程序

根据《城市房地产管理法》的规定，房地产开发企业设立的程序主要包括以下两个步骤：

1）申请登记。设立房地产开发企业，首先应向县级以上人民政府工商行政管理部门提出登记申请，并如实报告创办企业所具备的各项条件，提供创办企业的可行性研究报告和各项经济技术资料。工商行政管理部门对符合法定条件的，自收到申请之日起 30 日内予以登记；对不符合法定条件的不予登记，但应说明理由。

2）依法备案。为了加强对房地产开发企业的行业管理，我国的有关法律明确规定，房地产开发企业应当自领取营业执照之日起 30 日内，持有关文件到登记机关所在地的房地产开发主管部门备案。备案时应提供的资料包括：营业执照复印件，企业章程，验资证明，企业法定代表人的身份证明，以及专业技术人员的资格证书和聘用合同。

第四节　房地产交易制度

一、房地产交易的概念

房地产交易是人们对房地产转让、出租和抵押等活动的总的称谓。在我国现行土地制度下，房地产交易是指以房屋等建筑物、构筑物及其占用范围内的土地使用权为对象而进行的一种商品交换活动，包括转让、出租和抵押等。作为一种商品交换形式，房地产交易具有一般商品交换的性质和法律特征。但由交易客体的特殊性所决定，其与一般商品交易又有重要的区别，主要表现为：一是房地产交易的对象是作为特殊商品的房地产，二是房地产交易的内容包括房地产转让、房地产抵押和房地产租赁。

二、房地产交易的原则

根据《城市房地产管理法》的规定，房地产交易的一般原则包括：

(1) 房地产转让、抵押时，房屋的所有权和该房屋占用范围内的土地使用权同时转让抵押。房地产是一种特殊的商品，属于不动产的范围，房屋一经建造完毕，就立于该房屋占用范围内的土地之上，不可能再行移动到另一幅土地之上。所以，要使用房屋，就必然要使用该房屋占用范围内的土地，而要使用房屋占用范围内的土地，也必然要使用该房屋，即房屋所有权与房屋占用范围内的土地使用权的享有者应当是同一个人。因此，我国《城市房地产管理法》明确规定“房地产转让、抵押时，房屋的所有权和该房屋占用范围内的土地使用权同时转让、抵押。”《城镇国有土地使用权出让和转让暂行条例》也明确规定，“土地使用权转让时，其地上建筑物、其他附着物所有权随之转移。”

(2) 房地产的转让、抵押应当依法办理权属登记。无论是房地产转让，还是房地产抵押，当事人都应当依法办理登记。

三、房地产交易制度

根据《城市房地产管理法》的规定，房地产交易制度包括：

1. 房地产价格评估制度

《城市房地产管理法》第 33 条规定：“国家实行房地产价格评估制度”；“房地产价格评估，应遵循公正、公平、公开的原则，按照国家规定的技术标准和评估程序，以基准地价、标定地价和各类房屋的重置价格为基础，参照当地的市场价格进行评估”。由于房地产属于不动产，这就决定了相同结构和标准的房屋，在不同的城市，甚至在同一城市的不同地段，其价格差别很大。因此，交易价格的确定，对于当事人和国家来说十分重要。实行这一制度，目的是为进行各类经济活动的民事主体，提供一个公平、合理的价格标准，同时也为国家征收税费划定基数。

2. 房地产成交价格申报制度

由于房地产成交价格是计税的基础，如果交易人隐瞒交易额或少报交易额，都会给国家税费造成损失。因此，《城市房地产管理法》第 34 条规定：“国家实行房地产成交价格申报制度”；“房地产权利人转让房地产，应当向县级以上地方人民政府规定的部门如实申报成交价格，不得瞒报或做不实申报。”这一制度的目的是禁止房地产交易人利用瞒价来偷税，要求房地产交易的当事人或其代理人在买卖、交换房地产时应当向房屋所在地的房地产管理部门如实申报成交价。除房地产法规定了国家实行房地产成交价格申报制度以外，《城市房地产转让管理规定》在第 7 条、第 14 条也规定，房地产转让当事人应当在房地产转让合同签订后 30 日内持房地产权属证书、当事人的合法证明、转让合同等有关文件向房地产所在地的房地产管理部门提出申请，并申报成交价格。房地产转让应当以申报的房地产成交价作为缴纳税费的依据。成交价格明显低于市场价格的，以评估价格作为缴纳税费的依据。房地产转让当事人对评估价格有异议的，可以在接到评估价格通知书后 15 日内向房地产管理部门申请复核；对复核结果仍有异议的，可以在接到复核结果 15 日内申请仲裁或向人民法院起诉。

3. 房地产价格评估人员资格认证制度

由于房地产价格评估关系到国家的税费和当事人的重大权益，同时房地产价格评估又需要有一定的工作经历、工作经验、专业理论和良好的职业道德的人才，因此，《城市房地产管理法》第 58 条规定，国家实行房地产价格评估人员资格认证制度，即对房地产估价的专业人员，通过资格考试，取得资格，并进行注册后，方可持证上岗。

四、房地产交易方式

1. 房地产转让

(1) 房地产转让的概念

房地产转让是指房地产权利人通过买卖、赠与或其他合法方式将其房地产转移他人的行为。根据此概念可知：①房地产转让的主体是房地产权利人，包括房产所有权人和土地使用权人，非房地产权利人不能成为房地产转让法律关系的转让方。②房地产转让的客体是城市中被转让房屋的所有权和该房屋占用范围内的土地使用权。③房地产转让的形式主要是买卖和赠与，同时，也包括其他合法方式。如以房地产作价入股，与他人组成企业法人，以土地使用权与他人合资、合作开发经营房地产等也属于房地产转让行为。④房地产转让是一种能产生房地产权利转移后果的法律行为。该行为的实施必然导致房地产权利主体的变更。

(2) 房地产转让的特征

房地产转让是以房屋所有权及房屋占用范围内的土地使用权为客体而进行的房地产交易活动，它是房地产交易的主要形式，其法律特征主要表现在以下几个方面：①房地产转让的标的必须合法。房地产转让的标的可以是房屋及其占用范围的土地使用权，也可以是单独的土地使用权，但当它作为转让的标的时，就必须符合我国有关法律法规的规定，必须是现行法律允许转让的，并且是没有权属争议的。②房地产转让时，原土地使用者在土地使用权出让合同中所享有的权利和义务随之转移给受让方，这是房地产转让与土地使用权出租及房屋出租的一个重要的区别。③房地产转让属于要式法律行为，即当事人双方根据法律的规定必须签订书面合同，并到有关管理机关进行权属变更登记，换领房地产权利证书。④以出让方式取得土地使用权的，转让房地产时不得违反原出让合同的约定，受让人确需改变原土地使用权出让合同约定的土地用途的，必须征得原出让方和市、县人民政府规划行政主管部门的同意，签订土地使用权出让合同变更协议。

(3) 房地产转让的条件

房地产属于特殊财产，由其自身的特殊性及其在人们生产生活中的极端重要性所决定，国家对房地产的转让，尤其是土地使用权的转让，通常有较多的限制和特定的要求。根据《城市房地产管理法》的规定，转让房地产时，应符合下列条件：

1) 以出让方式取得土地使用权的必须符合下列条件：①按照出让合同的约定已经支付全部土地使用权出让金，并取得土地使用权证书。②按照出让合同约定，对土地进行了投资开发，属于房屋建设工程的，完成开发投资总额的25%以上，属于成片开发土地的，形成工业用地或者其他建设用地条件。转让房地产时房屋已建成的，还应持有房屋所有权证。

2) 以划拨方式取得土地使用权的应符合以下条件：①按照国务院的规定报有批准权的人民政府批准，有批准权的人民政府准予转让的，应当由受让方办理土地使用权出让手续，并按照国家有关规定缴纳土地使用权出让金。②以划拨方式取得土地使用权的，转让房地产时，有批准权的人民政府按照国务院规定可以不办理土地使用权出让手续的，转让方应当按照国务院规定将转让房地产所获得收益中的土地收益上缴国家或作其他处理。

3）禁止转让房地产的情形。根据《城市房地产管理法》的规定，下列房地产不得转让：①未依法登记领取权属证书的房地产。房地产未依法登记领取权属证书，表明该房地产来源不明或尚未依法取得所有权，以其为对象进行房地产转让，就难以保证交易的安全，不利于当事人合法权益的保护和市场秩序的稳定。②有争议的房地产。房地产存在争议，意味着其权属尚未界定清楚，如允许其转让就会使问题进一步复杂化，最终损害真正权利人或受让方的合法权益，因此，此种房地产不能转让。③未经其他共有人同意的共有房地产。共有房地产的权利主体，通常是两个以上的自然人或法人，数个主体共同享有房产的所有权和相应的土地使用权，未经其他共有人同意而转让共有房地产，是侵犯他人房地产权利的行为，因此，我国法律明确规定，未经其他共有人同意的共有房地产禁止转让，同时，要求同意转让共有房地产的其他共有人要以书面形式作出意思表示。④已被依法收回的土地使用权。土地使用权被国家依法收回，表明转让方已无权对该土地使用权进行转让，如果允许该土地使用权转让，就会侵犯国家的土地权益或者给受让方造成损害，因此，已被收回的土地使用权不得再转让。⑤司法机关和行政机关依法裁定，决定查封或者以其他形式限制房地产权利的房地产。被司法机关和行政机关依法裁定，决定查封或者以其他形式限制房地产权利的房地产，说明权利人已无权对其行使处分权，因此，该种房地产不得转让。⑥法律、行政法规禁止转让的其他情形。根据我国有关法律的规定，某些具有特殊情况的房地产也是不能转让的，例如，已被国家列入文物保护范围的房产、已被国家列入征用范围的房产等。

（4）房地产转让的方式

目前我国房地产转让的方式主要有以下三种：①买卖。这是我国房地产转让的最主要的方式。这里的房地产买卖是指房地产权利人，将其房屋所有权连同土地使用权，依法转移给受让人，由受让人向其支付价款的行为。按房地产买卖法律关系的客体来划分，房屋买卖分为公房买卖和私房买卖，现房买卖和期房买卖，以及商品房买卖和经济适用住房买卖，等等。不论是哪种房屋的买卖，其结果都是房地产权利转移或房地产权利主体发生变更。②赠与。房地产赠与是指赠与人自愿将其房地产，无偿转移给受赠人，受赠人表示接受而达成协议。与房地产买卖相比，其主要特征是房地产权利的转移具有无偿性。③其他合法方式。除了买卖、赠与这种典型的房地产转让行为之外，房地产权利人还会采取其他法律允许的方式转让其房地产。随着我国土地有偿使用制度的实行和经济体制改革、企业制度改革的不断深入，房地产转让的形式也发生了很大的变化，呈多样化趋势。根据《城市房地产转让管理规定》：以房地产作价入股、与他人成立企业法人；一方提供土地使用权，另一方或者多方提供资金，双方合资、合作开发经营房地产；因企业被收购、兼并或合并；以房地产抵债等，这些行为从形式上看并非房地产转让，但实质都是房地产权利有偿转移或房地产权利主体发生变更。

（5）房地产转让的程序

根据相关法律规定，房地产转让，应当按照下列程序办理：①房地产转让当事人签订书面转让合同；②房地产转让当事人在房地产转让合同签订后30日内持房地产权属证书、当事人的合法证明、转让合同等有关文件向房地产所在地的房地产管理部门提出申请，并申报成交价格；③房地产管理部门对提供的有关文件进行审查，并在15日内做出是否受理申请书面答复；④房地产管理部门核实申报的成交价格，并根据需要对转让的房地产进行现场查勘和评估；⑤房地产转让当事人按照规定缴纳有关税费；⑥房地产管理部门核发过户单。

2. 商品房预售

（1）商品房预售的概念和特征

商品房预售是指房地产开发经营企业将正在建设中的房屋预先出售给承购人，由承购人支付定金并分期支付房价款的行为。它是商品房转让的一种特殊形式。商品房预售也常被称为“卖楼花”，它是房地产开发企业筹措开发资金的一种有效手段。众所周知，房地产开发周勤长，资金周转慢，所需资金数额巨大，而且开发企业还要承担房屋竣工后销售不畅的风险。采用预售的方式销售商品房，开发商可以通过收取定金或预付款项，获得一定数量的建设资金，减轻银行贷款的压力。对于购房人来讲，“预售”这种购房方式可使其避免一次性支付巨额购房款。同时，由于从“预售”到实际的房屋买卖，要有一个较长的时间段，会形成价格差，从而为那些以投资为目的购房人向房地产投资提供了条件。商品房预售作为商品房买卖的一种特殊形式，主要具有以下特征：①房屋预售合同法律关系的主体一方是特定的，根据我国现行有关法规的规定，商品房预售法律关系中的预售方，只能是具有房地产开发经营资格，并符合法定条件的房地产开发企业，不是普通的公、私房屋所有者。而预购方却没有特定要求和限制，可以是任何法人、公民个人和其他社会组织。②房屋预售合同的标的是尚在建设中的房屋，与现房交易相比，商品房预售合同的标的，实质上是在房屋建成后依约交足房价款并获得其所有权的一种权利，在合同约定的期限届满房屋建成后，预购人便可凭这种“权利”要求预售方依约交付所预购的房屋，并签订正式房屋买卖合同向其转让房屋的所有权。至此，这种期待的房产权才能变为现实的房产权。③房地产预售法律关系的产生、变更和终止均要受到国家法律较严格的限制，由于在“预售”这种交易方式中，购房人按约定数量交付购房款项，其所得到的只是一种“权利”，而非现实的房屋。期房变成现房需要一段较长的时间，在此期间里会发生什么样的变化，购房人难以预料，存在着很大的风险，为了保护广大购房者的合法权益，国家对商品房预售有严格的限制条件。

（2）商品房预售的条件

根据我国《城市房地产管理法》的规定，商品房预售的条件如下：①房地产开发企业已交付全部土地使用权出让金，并取得土地使用权证书。根据有关法律规定，房地产开发用地应以出让的方式取得土地使用权，而交付土地使用权出让金是取得土地使用权的前提；取得土地使用权证书是合法使用土地的标志和保证。只有具备此条件的开发企业开发出的商品房，才能进入市场流通。②房地产开发企业持有建设工程规划许可证。根据我国有关法律的规定，任何土地的开发、利用都须符合土地利用规划的要求。为了加强规划管理，保证房地产开发项目用地符合规划的要求，房地产开发企业在取得土地使用权后，还必须按有关规定申请并领取建设工程规划许可证，否则，不能开工建设。③按提供预售的商品房计算，投入开发建设的资金达到工程建设总投资的25%以上，并已确定了施工进度和竣工交付日期。这是国家为了防止和抑制投机行为，保护购房人的合法权益而规定的法定投资要求。房地产开发企业对土地的开发达不到此要求的，不得进行商品房预售。④办理预售登记，取得商品房预售许可证。房屋预售时间长，程序复杂，为了保护预售双方的合法权益，我国《城市房地产管理法》规定，在具备上述三个条件的前提下，开发企业预售商品房，要向县级以上人民政府房地产管理部门办理预售许可证。预售许可证的获得意味着预售行为合法。只有符合上述条件的商品房预售，才具有法律效力，受法律保护。违反条件预售商品房的，由县级以上人民政府房产管理部门责令停止预售活动、没收违法所得，可以并处罚款。

(3) 商品房预售的程序

预售商品房一般按下列程序进行：①售前宣传。房地产开发经营企业在预售商品房之前，要通过各种方式进行广告宣传，展示自己拟预售的房屋，供购房人选择，这是商品房预售所必须的准备工作。②签订商品房预售合同。目前我国的商品房预售一般是采用标准合同，合同中包括了房屋的坐落位置、土地使用面积、房屋建筑面积、单位面积价格、房价款交付方式、定金、房屋交付使用时间，以及违约责任等内容。预售购双方就合同的主要内容达成协议后，即可签约。签约时，双方还可以根据需要对合同中的某些条款进行修改和补充。③登记备案。商品房预售合同签订后，预售人应按照国家有关规定，将预售合同报县级以上人民政府房产管理部门和土地管理部门备案。④签订正式的房屋买卖合同。预售合同签订后，购房人要依照合同约定的方式、时间和数量向预售方交付购房款，预售方要按合同约定的时间向购房人交付房屋。在房屋竣工验收并获通过后，双方当事人要签订正式的房屋买卖合同。⑤办理房屋产权转移登记手续。正式的房屋买卖合同签订后，双方当事人要在规定的期限内，到房产管理机关办理房屋产权转移登记手续，领取房屋所有权证。购房人领取房屋所有权证后，还应持有关证件到土地管理局办理房屋占用范围内土地使用权的变更登记手续，领取国有土地使用权证。

3. 房地产抵押

(1) 房地产抵押的概念

根据《城市房地产管理法》第46条的规定，所谓房地产抵押，是指抵押人以其合法的房地产以不转移占有的方式向抵押权人提供债务担保的行为。当债务人不履行债务时，抵押权人有权以抵押的房地产拍卖所得的价款优先受偿。抵押是担保的方式之一，它以成立于抵押之前的债权为存在基础，债中的债权人就是抵押权人，债务人一般是抵押人，也可以是债务人之外的第三人。抵押权人就拍卖抵押的房地产所得价款优先受偿的权利就是抵押权。

(2) 房地产抵押的法律特征

1) 房地产抵押的目的是为了向抵押权人提供债务履行的担保。在经济活动中，一方当事人可以将其合法的房地产抵押，以确保一方当事人对另一方当事人债务的清偿。

2) 房地产抵押法律关系比较复杂。根据我国现行法律的规定，房地产抵押的标的可以是房屋及其占用范围内的土地使用权，也可以是单独的土地使用权，而土地使用权又有以出让方式取得的土地使用权和以划拨方式取得的土地使用权之分，因此，以房地产设定抵押权的，抵押法律关系比一般财产抵押法律关系复杂。

3) 抵押权人不以对抵押的房地产的实际占有为要件。根据我国《担保法》的规定，抵押标的可以是不动产，也可以是动产。动产抵押与不动产抵押的一个重要区别就在于，不动产抵押不转移抵押财产的占有，房地产抵押属于不动产抵押，抵押人不必转移房地产的占有。抵押法律关系成立后，抵押人对已设定抵押权的房地产可以继续开发、利用和经营。

4）房地产抵押属于要式法律行为。《城镇国有土地使用权出让和转让暂行条例》第35条规定："土地使用权和地上建筑物、其他附着物抵押，应当依照规定办理抵押登记。"《城市房地产管理法》第61条也明确规定："房地产抵押时，应当向县级以上地方人民政府规定的部门办理抵押登记。"抵押登记是房地产抵押的法定生效要件。依照相关法律的规定，房地产抵押首先必须签订书面合同，实践中的房地产书面抵押合同，可以由抵押人与抵押权人单独签订书面合同，也可以在债权文书中写明抵押事项。当事人除了签订书面合同外，还要依法进行抵押登记。

（3）房地产抵押权的设定

抵押权一般是依照当事人之间的设定行为及登记而成立。《城市房地产管理法》第47条规定："依法取得的房屋所有权连同该房屋占用范围内的土地使用权，可以设定抵押权。以出让方式取得的土地使用权，可以设定抵押权。"第49条规定："房地产抵押，抵押人和抵押权人应当签订书面抵押合同"。《城镇国有土地使用权出让和转让暂行条例》第33条规定："土地使用权抵押时，其地上建筑物、其他附着物随之抵押。地上建筑物、其他附着物抵押时，其使用范围内的土地使用权随之抵押。"第34条规定："土地使用权抵押，抵押人与抵押权人应当签订抵押合同。抵押合同不得违背国家法律、法规和土地使用权出让合同的规定"。第35条规定："土地使用权和地上建筑物、其他附着物抵押，应当依照规定办理抵押登记。"

（4）禁止设定抵押权的房地产

根据相关法律的规定，下列房地产不得设定抵押：①权属有争议或权证不齐全的房地产；②用于教育、医疗等公共福利性的房地产；③被依法查封、扣押等施以司法保护措施的房地产；④其他依法不得抵押的房地产。

（5）房地产抵押权担保的债权范围

根据法律的规定，其担保的债权范围包括：①主债权。主债权是担保的重要内容。②利息，包括法定利息和约定利息两种。在我国，约定利息和法定利息均属抵押担保的范围。③违约金。当事人在合同中约定了违约金的，违约金属于担保的范围。有关法律对违约金的数额有一定限制的，只有在法律规定范围内的违约金方有效，也才属于房地产担保范围。④损害赔偿金。这里的损害赔偿金是指债务人由于在履行主合同过程中的过失给债权人造成损害而应给予债权人的赔偿。根据《担保法》第46条，抵押合同没有特别约定的，损害赔偿金属于抵押担保的范围。⑤实现抵押权的费用。实现抵押权的费用是指抵押权人为实现其抵押权而支付的费用，主要包括申请费、拍卖费、评估费，保全费等，实现抵押权的费用只要是合理的，不必进行登记即可从抵押物中优先获得清偿，且优先于房地产抵押所担保的其他债权。

（6）房地产抵押登记

我国的《城镇国有土地使用权出让和转让暂行条例》第35条规定："土地使用权和地上建筑物、其他附着物抵押，应当依照规定办理抵押登记。"1994年制定的《城市房地产管理法》第61条规定："房地产抵押时，应当向县级以上地方人民政府规定的部门办理抵押登记。”《担保法》第41条也明确规定：“当事人以本法第42条规定的财产抵押的，应当办理抵押物登记，抵押合同自登记之日起生效。”由此可见，房地产抵押属于要式法律行为，抵押双方当事人经协商确定的相互权利、义务关系，应该形成书面合同，并依法进行抵押登记。抵押以登记为生效要件，是房地产抵押与其他财产抵押的一个重要区别，当事人以其他财产抵押的，可以自愿办理抵押物登记，抵押合同自签订之日起生效，而房地产抵押是必须要进行登记的，当事人未依法办理抵押登记的，不得对抗第三人。根据法律规定，房地产抵押登记的具体程序如下：①申请。房地产抵押登记，双方当事人要共同到房地产管理部门填写房地产他项权利登记申请书，同时，还应向登记机关提交房地产抵押合同副本，并交验房地产抵押合同正本，登记申请者的身份证明，土地使用权来源证明，地上建筑物及其他附着物的权属证明，以及登记机关要求提供的其他资料。②受理。登记机关接受抵押当事人双方提交的抵押登记申请及有关证明文件后，经阅查认为符合要求的，给申请者开出收据。③发证。登记机关对申请书和有关证明事件逐项进行审核，经审核无误后，填写审批表。对土地使用权之抵押权人填发《土地他项权证》，对房产抵押权人填发《房屋他项权证》。

（7）抵押双方当事人的权利和义务

双方当事人的权利和义务主要包括：①抵押物由抵押人占管，抵押人在抵押期间应维护抵押物的安全、完好，不得改变其使用性质，不得拆建。抵押人未征得抵押权人书面同意，不得擅自将抵押的房地产出租、变卖、赠与，出现遗赠情况，受遗赠人应及时书面通知抵押权人。②抵押权人有权按抵押合同规定检查被抵押人占管的抵押物。③抵押房地产发生除自然损耗外的较大损毁，抵押人应及时将情况通知抵押权人，并应尽力防止损失的扩大。④抵押房地产因抵押人过错造成贬值，以致明显不足以作为债务的担保时，抵押权人有权要求抵押人增添新的担保物，抵押人有责任重新提供或增加担保物以弥补不足。⑤因某种原因，当债务人无法履行债务时，抵押权人有权向房地产管理机关申请处分抵押的房地产，并有权依法以抵押的房地产拍卖所得的价款优先受偿。

（8）房地产抵押权的实现

所谓房地产抵押权的实现是指在法定或约定的条件下，抵押权人行使其享有的抵押权而产生的各种法律后果，其主要包含两方面的内容，一是房地产抵押权实现的事由，二是房地产抵押权实现的方式。

1）房地产抵押权实现的事由包括：①债务人于债务履行期限届满而不履行债务的，“不履行”包括债务人拒绝履行、不能履行、逾期履行、不完全履行等；②债务人是自然人时，债务人死亡、被宣告失踪或被宣告死亡，没有继承人，或其继承人或受遗赠人、财产代管人拒不履行债务的；③债务人是法人时，债务人解散或破产的；④抵押合同约定的其他情况。

2）房地产抵押权实现的方式。《城市房地产管理法》第46条规定：当债务人不履行债务时，抵押权人有权依法以抵押的房地产拍卖所得的价款优先受偿”，由此可以看出，我国房地产抵押权的实现采取拍卖方式。所谓拍卖，是指以公开竞价的方式，将拍卖物或者财产权利转让给最高叫价者的买卖方式。《中华人民共和国拍卖法》详细规定了拍卖的具体程序。

4. 房屋租赁

(1) 房屋租赁的概念

根据《城市房地产管理法》第52条的规定，所谓房屋租赁，是指房屋所有权人作为出租人将其房屋出租给承租人使用，由承租人向出租人支付租金的行为。据此概念，房屋租赁具有以下特征：

1) 房屋出租人必须是出租房屋的所有权人，房屋的所有权人是指依法对房屋享有占有、使用、收益和处分权利的人。除房屋所有权人之外的任何第三人都无权以房屋所有权人的名义出租房屋。

2) 房屋租赁不转移出租房屋的所有权，出租人将出租房屋交付给承租人，出租人只是将房屋的使用权有期限地转给承租人，而不发生所有权的变化。

3) 房屋租赁是要式法律行为，即租赁合同双方须签订书面的房屋租赁合同，并到主管机关办理房屋租赁登记。

4) 房屋租赁有效期限届满，承租人必须把该房屋返还给出租人。

(2) 房屋租赁双方的权利与义务

双方当事人的权利与义务主要表现为：

1) 出租人有权根据合同约定收取租金，租赁期满收回房屋；同时有义务依照合同约定按时交付房屋、负责修缮出租房屋的自然损坏、负责办理租赁登记，并依法纳税。

2) 承租人有权依照合同的约定享受下列权利：①在合同约定的期限内占有、使用承租房屋。

②在租赁期限内如果出租人转让出租房屋，承租人有优先购买权。

③租赁期限届满，如果出租人继续出租房屋，在同等条件下，承租人有优先承租权。

3) 承租人在享受权利的同时也必须履行下列义务：

①承租人应该按照合同约定的金额、期限交付租金；

②按照合同的约定合理使用房屋；

③租赁期满，应把承租房屋移交给出租人。

(3) 禁止出租的房屋

根据《城市房屋租赁管理办法》第6条的规定，下列房屋不得出租：

1) 未依法取得房屋所有权证；

2) 司法机关和行政机关依法裁定、决定查封或者以其他形式限制房地产权利的；

3) 共有房屋未取得共有人同意的；

4) 权属有争议的；

5) 属于违法建筑的；

6) 不符合安全标准的；

7) 已抵押、未经抵押权人同意的；

8) 不符合公安、环保、卫生等主管部门有关规定的；

9) 有关法律、法规规定禁止出租的其他情形。

(4) 房屋租赁合同的终止

所谓房屋租赁合同的终止是指出租人与承租人终止房屋租赁关系，双方由合同所确立的权利、义务关系消灭。根据相关法律的规定，房屋租赁合同因下列原因终止：

1）租赁期满。房屋租赁合同中约定的租赁期限届满，合同终止。

2）承租人擅自将承租的房屋转租、转让或者转借。房屋租赁并不转移出租房屋的所有权，所以只有出租人才享有按照自己的意愿处分出租房屋、获取收益的权利，而承租人只有使用其承租房屋的权利，而无处分权，如果承租人擅自将承租的房屋转租、转让或者转借，出租人有权终止房屋租赁合同，将出租的房屋收回。

3）承租人将承租的房屋用作非法活动的场所。如果承租人利用承租的房屋进行非法活动，不仅会损害他人的利益、社会公共利益，危害社会秩序，而且也违反了合同规定的租赁用途，因此，对于承租人将承租的房屋用作非法活动的场所，出租人有权终止房屋租赁合同，将出租的房屋收回。

4）承租人不再存在。房屋租赁合同是出租人和承租人之间确定的协议，如果承租人不存在，也就是作为房屋租赁合同的一方当事人不再存在时，房屋租赁合同必然终止，所谓承租人不再存在包括自然人死亡和法人的法人资格消灭。

5. 城市房地产权属登记管理

根据《城市房地产管理法》的规定，国家实行土地使用权和房屋所有权登记发证制度。以出让或者划拨方式取得土地使用权，应当向县级以上地方人民政府土地管理部门申请登记，经县级以上地方人民政府土地管理部门核实，由同级人民政府颁发土地使用权证书。在依法取得的房地产开发土地上建成房屋的，应当凭土地使用权证书向县级以上地方人民政府房产管理部门申请登记，由县级以上地方人民政府房产管理部门核实并颁发房屋所有权证书。在依法取得的房地产开发用地上建成房屋的，应当凭土地使用权证书向县级以上地方人民政府房产管理部门申请登记，由县级以上地方人民政府房产管理部门核实并颁发房屋所有权证书。

房地产抵押时，应当向县级以上地方人民政府规定的部门办理抵押登记。因处分抵押地产取得土地使用权和房屋所有权的，应办理过户登记。经省、自治区、直辖市人民政府确定，县级以上地方人民政府由一个部门统一负责房产管理和土地管理工作，可以制作、颁发统一的房地产权证书。

第五节　法　律　责　任

根据《城市房地产管理法》的规定，违法行为人应承担的法律责任包括民事责任、行政责任和刑事责任。

一、民事责任

根据《城市房地产管理法》第 15 条、第 16 条的规定，承担民事责任的规定主要包括：(1) 土地使用者没有按照出让合同约定，支付土地使用权出让金的，土地管理部门有权依法解除合同，并可以请求违约赔偿；(2) 市、县人民政府土地管理部门没有按照出让合同的约定提供出让的土地，土地使用者有权解除合同，要求土地管理部门返还土地使用权出让金，并可以请求违约赔偿。

二、行政责任

根据《城市房地产管理法》的规定，违反有关规定应当承担的行政责任主要包括以下四个方面：第一，县级以上人民政府的工商行政管理部门对违法行为追究的责任；第二，县级以上人民政府的土地管理部门对违法行为追究的责任；第三，县级以上人民政府的房产管理部门对违法行为追究的责任；第四，上级机关或者所在单位对违法行为追究的责任。

1. 县级以上人民政府的工商行政管理部门对违法行为追究的责任

根据《城市房地产管理法》的规定，主要包括：

(1) 没有取得营业执照擅自从事房地产开发业务的，对这种行为县级以上人民政府的工商行政管理部门应依法要求当事人承担下列行政责任：①责令停止房地产开发业务活动；②没收违法所得；③并处罚款。第三项并不是必须处罚的，它是一种可罚可不罚的行为，也就是说是否对该行为进行罚款，由工商行政管理部门决定。

(2) 没有取得营业执照，擅自从事房地产中介业务的，对这种行为县级以上人民政府的工商行政管理部门应该依法要求当事人承担下列行政责任：①责令停止房地产中介服务业务活动；②没收违法所得；③并处罚款。第三项并不是必须处罚的，它是一种可罚可不罚的行为，也就是说是否对该行为进行罚款，由工商管理部门决定。

2. 县级以上人民政府的土地管理部门对违法行为追究的责任

根据《城市房地产管理法》的规定，主要包括：

(1) 不符合以出让方式取得土地使用权房地产转让条件的，对这种行为县级以上人民政府的土地管理部门应该依法要求当事人承担下列行政责任：没收违法所得和罚款。这两项可以并处，也可以单处，是否并处，由管理部门根据实际情况来决定。

(2) 以划拨方式取得土地使用权，没有经过国务院确定的人民政府批准，转让房地产的，对这种行为县级以上人民政府的土地管理部门应该依法要求当事人承担下列行政责任：责令缴纳土地使用权出让金、没收违法所得和罚款。这三项中前两项是并处，第三项可以同前两项并处，也可以不并处，即只责令缴纳土地使用权出让金和没收违法所得，不处以罚款，这三项是否并处，由土地管理部门根据实际情况来决定。

3. 县级以上人民政府的房产管理部门对违法行为追究的责任

这类行为主要是指不符合预售商品房条件而预售商品房的行为，对这种行为县级以上人民政府的房产管理部门应当要求当事人承担下列行政责任：①责令停止预售活动；②没收违法所得；③罚款。这三项中前两项是并处，第三项可以同前两项并处，也可以不并处，即只责令停止预售活动和没收违法所得，不处以罚款。这三项是否并处，由房产管理部门根据实际情况来决定。

4. 上级机关或者所在单位对违法行为追究的责任

根据《城市房地产管理法》主要包括下列行为：

(1) 擅自批准出让或者擅自出让土地使用权用于房地产开发的，由上级机关或者所在单位给予有关责任人员行政处分；

(2) 没有法律、法规的依据，向房地产开发企业收费的，由上级机关责令退回收取的钱款，情节严重的，由上级机关所在单位给予直接责任人员行政处分；

(3) 房产管理部门、土地管理部门工作人员玩忽职守、滥用职权或者利用职务上的便利，索取他人财务，或者非法收受他人财务为他人谋取利益，没有构成犯罪的，由其所在单位或者上级机关给予行政处分。

三、刑事责任

《城市房地产管理法》对刑事责任规定不多，只规定了玩忽职守罪、贪污罪、受贿罪和行贿罪。具体内容包括：

1. 玩忽职守罪

《城市房地产管理法》第70条第1款规定，房地产管理部门、土地管理部门工作人员玩忽职守、滥用职权，构成犯罪的，依法追究刑事责任。根据《刑法》规定，所谓玩忽职守罪是指房产管理部门或者土地管理部门的国家工作人员对工作严重不负责任，致使公共财产、国家和人民利益遭受重大损失的行为。《刑法》第187条规定，国家机关工作人员犯玩忽职守罪的，处5年以下有期徒刑或者拘役。

2. 贪污罪、受贿罪和行贿罪

《城市房地产管理法》第70条第2款规定，房地产管理部门、土地管理部门工作人员利用职务上的便利索取他人财物，或者非法收受他人财物谋取利益，构成犯罪的，依照惩治贪污罪、贿赂罪的补充规定追究刑事责任。

(1) 所谓贪污罪是指国家工作人员、集体经济组织工作人员或者其他经手、管理公共财物的人员，利用职务上的便利，侵吞、盗窃、骗取或者以其他手段非法占有公共财物的行为。与国家工作人员、集体经济组织工作人员或者其他经手、管理公共财物的人员勾结，伙同贪污的，以共犯论处。

(2) 所谓受贿罪是指国家工作人员、集体经济组织工作人员或者其他从事公务的人员，利用职务上的便利，索取他人财物的，或者非法收受他人财物为他人谋取利益的行为。与国家工作人员、集体经济组织工作人员或者其他从事公务的人员勾结，伙同受贿的，以共犯论处。国家工作人员、集体经济组织工作人员或者其他从事公务的人员，在经济往来中，违反国家规定收受各种名义的回扣、手续费，归个人所有的，以受贿论处。

(3) 所谓行贿罪是指为谋取不正当利益，给予国家工作人员、集体经济组织工作人员或者其他从事公务的人员以财物的行为。

第十章　城市房屋拆迁管理法规

第一节　城市房屋拆迁管理法规概述

一、城市房屋拆迁管理条例简介

1991年6月1日起实施的《城市房屋拆迁管理条例》（以下简称“原《条例》”，是我国第一部有关城市房屋拆迁管理的行政法规，为拆迁人对被拆迁人的补偿安置、保证拆迁的实施以及城市房屋拆迁的行政管理提供了极为重要的法规依据。它的颁布实施标志着我国城市房屋拆迁工作进入了规范化、法制化的轨道，对于规范房屋拆迁行为，加强对城市房屋拆迁的管理，维护拆迁当事人的合法权益，保障城市建设的顺利进行，发挥了积极的作用。十几年来，原《条例》总的执行情况是好的，效果是显著的，对社会经济发展起到了积极作用。主要体现在以下两个方面：一是保证了城市建设的效率，尤其是促进了旧城区的改造，有效地推进了城市环境的改善，推进了城市综合功能的提高；二是有效地改善了城市居民的住房条件，使一大批原居住状况较差的城市居民不但住上了新住宅，而且实现了“住得下，分得开”，满足了基本住房需求。

随着改革的深化和社会主义市场经济的发展，原《条例》的不少规定已经明显不适应当前的客观实际。

(1) 经济体制环境发生了很大变化。随着社会主义市场经济体制的确立，城市房屋拆迁中的财产权关系日益复杂，拆迁过程中的民事关系也日益复杂。特别是随着住房制度改革的不断深化，个人拥有房屋产权的比重日益提高，老百姓住房消费的观念已经发生了很大变化，以及住房制度改革对住宅商品化的推动，拆迁补偿、安置中市场因素日益占据重要的位置，保护房屋所有人的财产权成为房屋拆迁管理工作的焦点问题。同时，随着市场体系的不断完善，房地产的价格必然地要完整地反映其价值。原《条例》的有些规定带有计划经济时期的烙印，已不适应形势发展的要求。因此，为使原《条例》适应经济体制的变化，更有利于指导实践，为拆迁当事人提供更符合市场经济原则的法律依据，解决实际操作中存在的问题，有必要在总结经验的基础上，对原《条例》作一定的修改和补充，使之更加完善。

(2) 社会主义法制体系完善的需要。随着我国民主法制建设的加速推进，近年来，我国的法律、法规体系不断完善，特别是《中华人民共和国行政诉讼法》、《中华人民共和国行政复议法》、《中华人民共和国行政处罚法》、《中华人民共和国合同法》、《中华人民共和国城市房地产管理法》和《中华人民共和国土地管理法》的实施，给原《条例》提出了新的问题和要求。原《条例》实施十年，一方面需要根据新颁发的法律，对原《条例》进行修订，使之保持社会主义法制的统一性；另一方面，需要根据政府主要管理公共事务这一原则，重新规范在城市房屋拆迁中政府的行政管理职能。十年来颁布实施了一大批经济、民事、行政各方面的法律、法规，城市房屋拆迁管理必须与这些法律、法规相衔接。

(3) 各地实践发展的需要。近几年，各地在城市房屋拆迁的实践中，积累了许多丰富经验，无论在拆迁程序、拆迁补偿安置原则、拆迁补偿安置对象等方面都创造了一些有建设性的做法。实践证明，这些办法可以加快拆迁工作进程，提高拆迁补偿安置工作透明度，减少拆迁纠纷。如一些城市实行的"货币化拆迁"，对于保证被拆迁人的权益、减少长期周转、满足被拆迁人不同的住房需求，都有非常积极的意义。这些实践的经验，既需要通过修订原《条例》将其合理的内容上升为法律制度，也需要通过行政法规予以规范。这些都需要在修订原《条例》时予以补充，一方面健全法律、法规的内涵，另一方面也为实际的拆迁工作提供法律依据。

(4) 城市建设的思路发生了很大变化。以追求建设速度和效率转向以环境、生态建设与速度并重的发展阶段。

《城市房屋拆迁管理条例》(以下简称《条例》) 经修订，已于 2001 年 6 月 6 日国务院第 40 次常务会通过，2001 年 6 月 13 日以中华人民共和国国务院令第 305 号公布，自 2001 年 11 月 1 日起施行。这部涉及面广、调整城市房屋拆迁复杂利益关系的行政法规的公布，标志着我国城市房屋拆迁管理工作又迈向了一个崭新的阶段。新《条例》总结和反映了我国十年来社会发展、经济体制改革在城市房屋拆迁方面的新情况、新经验和新需要，强化了对拆迁当事人合法权益的保护和对政府行政管理行为的约束，完善了调整城市房屋拆迁关系的一系列行为规则。新《条例》适应了社会主义市场经济体制基本建立这一经济制度环境，体现了社会主义法制不断完善这一法制环境，同时也是对深化改革实践经验的总结。在新的经济制度环境下，新《条例》重新规范了城市房屋拆迁中当事人双方的利益关系，规定了符合市场经济原则的行政管理制度。

新《条例》共计五章 40 条：

第一章，总则。规定了《拆迁条例》的立法目的、适应范围、城市房屋拆迁的基本原则、拆迁管理体制等。

第二章，拆迁管理。本章共 16 条，主要对城市房屋拆迁管理的内容、程序、实现等作了规定。

第三章，拆迁补偿与安置。本章共 12 条，主要对城市房屋拆迁中补偿与安置的基本原则，补偿的对象、形式，搬迁补助费、临时安置补助费以及拆迁人、被拆迁人在房屋拆迁补偿安置中的权利和义务等作出了规定。

第四章，法则。本章共 5 条，主要对违反本《条例》的行为如何追究行政责任及刑事责任作了规定。

第五章，附则。法的附则是法的整体中作为总则和分则辅助性内容而存在的一个组成部分，往往位于法律、法规的总则和分则之后。附则不同于法的附件，附则是法的整体的一部分，附则的存在对于总则和分则的有效实施有重要的意义，决不是可有可无的。虽然并不是所有法律法规都有附则（如《民事诉讼法》就没有附则），但并不意味着这些法律法规没有附则性的内容，而只是将其放在了总则或分则中。本法规附则共 2 条，主要对法规的适用范围作了一些特别规定，还就本法规的实施日期作了规定。

二、城市房屋拆迁管理条例适用范围

《城市房屋拆迁管理条例》第2条规定，“在城市规划区内国有土地上实施房屋拆迁，并需要对被拆迁人补偿、安置的，适用本条例。”据此规定，其适用范围可以从几方面来理解：

(1) 从地域范围来看，《条例》适用于城市规划区内国有土地。根据《中华人民共和国城市规划法》的规定，所谓城市，是指国家按行政建制设立的直辖市、市、镇；所谓城市规划区，是指城市市区、近郊区以及城市行政区域内城市建设和发展需要实行规划控制的区域。根据《土地管理法》规定，我国实行土地的社会主义公有制，即全民所有制和劳动群众集体所有制。所谓国有土地，就是指属于全民所有的土地。城市规划区内的土地，既有国有土地，也有集体土地。《条例》所调整的是在城市规划区内国有土地上进行的房屋拆迁活动。关于集体土地上的房屋拆迁行为的规范问题，根据法律规定，需在集体土地上进行开发建设的，应当先行征用土地，将集体土地国有化，然后再进行房屋拆迁。关于集体土地的征用与补偿，《土地管理法》及其实施细则已经作了明确规定，不属于《条例》的调整范围。

(2) 从行为角度来看，《条例》适用于拆迁房屋及其附属物的行为。这里的房屋，是指能够遮风避雨并供人居住、工作、娱乐、储藏物品、纪念和进行其他活动的空间场所。既包括住宅房屋，如居民楼，也包括非住宅房屋，如厂房、办公楼等；既包括公有房屋，也包括私有房屋。这里的附属物，是指房屋的附属建筑物和构筑物，如围墙、烟囱、化粪池、门斗、水井等。但是，并非所有在城市规划区国有土地范围内的房屋拆迁行为，都属于《条例》调整范畴，只有那些需要对被拆迁人进行补偿、安置的房屋拆迁行为，才由《条例》来规范。换言之，不需要对被拆迁人进行补偿、安置的房屋拆迁行为，不属于《条例》所调整的行为，不需要申领房屋拆迁许可证。关于自拆自建房屋行为，因为不存在迁移关系，也不涉及被拆迁人的补偿、安置问题，故不在《条例》调整范围内。但对其应当有全面、准确的理解，现实生活中，行为人拆迁自己拥有产权的房屋主要有两种情况：①拆除的房屋是行为人自己的产权，同时拆除的房屋的使用者也是行为人自己，这种情况不涉及拆迁的补偿、安置，不属于《条例》调整的范围，其行为由工程建设的有关法律、法规去规范，如所有权人对自有、且自己使用的厂房、办公楼等进行翻建、扩建，都不属于《条例》调整的范围。②拆除的房屋是行为人自己的产权，但拆除的房屋的使用者是其他人，这一行为过程实际上涉及到房屋的所有人需要对承租人进行安置，而《条例》的具体条款对出租房屋的拆迁有特别规定，为了保障承租人的利益，《条例》对这种情况的拆迁应当是适用的。当然，如果行为人在拆除房屋前已经解除了所有的租赁关系，事实上房屋的所有权人与使用人已经同一了，房屋的拆除行为不涉及补偿与安置，这样的情况就应当不属于《条例》的调整范围了，也就意味着对此类行为不需要实施拆迁许可证形式的行政许可。

三、房屋拆迁许可证制度

《房屋拆迁管理条例》第 6 条规定，“拆迁房屋的单位取得房屋拆迁许可证后，方可实施拆迁。”第 7 条规定，“申请领取房屋拆迁许可证的，应当向房屋所在地的市、县人民政府房屋拆迁管理部门提交下列资料：建设项目批准文件、建设用地规划许可证、国有土地使用权批准文件、拆迁计划和拆迁方案、办理存款业务的金融机构出具的拆迁补偿安置资金证明。市、县人民政府房屋拆迁管理部门应当自收到申请之日起 30 日内，对申请事项进行审查；经审查，对符合条件的，颁发房屋拆迁许可证。”根据以上规定，就房屋拆迁许可证制度必须明确下列几个问题：

1. 关于申请领取房屋拆迁许可证受理机关

根据《条例》第 7 条的规定，拆迁申请的受理机关是房屋所在地的市、县人民政府房屋拆迁管理部门。拆迁申请的受理机关即为审批机关，它负责对申请事项进行审查并颁发房屋拆迁许可证。本条对受理机关的规定有两层含义：

(1) 属地原则。即拆迁申请的受理机关只能是拟拆迁房屋所在地的市、县人民政府房屋拆迁管理部门，而不论该房屋的产权人是外市、县的或者是省、中央有关部门的。原《条例》规定向县级以上人民政府房屋拆迁管理部门提出申请，没有强调属地原则，这是一个区别。

(2) 受理机关只能是市、县人民政府房屋拆迁管理部门。这意味着只有一定级别的房屋拆迁管理部门才有权批准拆迁申请。在一定的区域内，拆迁政策和拆迁管理必须具有统一性，对审批权限作适当的限制是必要的。对于设区的市，其区人民政府房屋拆迁管理部门可以受市人民政府房屋拆迁管理部门的委托，受理拆迁申请、对申请事项进行审查并颁发房屋拆迁许可证，但发放拆迁许可证的责任仍应由市人民政府房屋拆迁管理部门承担，这是与原《条例》关于受理机关规定相比的另一个区别。因为行政许可的基本原则之一是许可法定，只有法律规定的行政机关才有行政许可权，因此，拆迁行政许可权只能由本条例规定的房屋拆迁管理部门行使，其他任何单位和个人均无权向拆迁申请人颁发房屋拆迁许可证。

2. 关于申请领取房屋拆迁许可证的必备资料

根据《条例》第 7 条的规定，拆迁申请的必备资料包括以下五个方面：

(1) 建设项目批准文件。指政府计划部门对建设项目的立项批准文件。

(2) 建设用地规划许可证。指建设单位在向土地管理部门申请征用、划拨土地前，经城市规划行政主管部门确认建设项目位置和范围符合城市规划的法定凭证。《城市规划法》第 31 条规定“建设单位或者个人在取得建设用地规划许可证后，方可向县级以上地方人民政府土地管理部门申请用地”；第 39 条规定“在城市规划区内，未取得建设用地规划许可证而取得建设用地批准文件、占用土地的，批准文件无效，占用的土地由县级以上人民政府责令退回”。核发建设用地规划许可证的目的在于确保土地利用符合城市规划，维护建设单位按照城市规划使用土地的合法权益，为土地管理部门在城市规划区内行使权属管理职能提供必要的法律依据。土地管理部门在办理征用、划拨建设用地的过程中，若确需改变建设用地规划许可证核定的用地位置和界限，必须与城市规划行政主管部门商议并取得一致意见，保证修改后的用地位置和范围符合城市规划要求。

(3) 国有土地使用权批准文件。根据《土地管理法》和《土地管理法实施条例》，具体建设项目需要占用土地利用总体规划确定的城市建设用地范围内的国有建设用地的，其办理手续是，建设项目可行性研究论证时，由土地行政主管部门对建设用地有关事项进行审查，提出建设用地预审报告；建设单位持建设项目的有关批准文件，向市、县人民政府土地行政主管部门提出建设用地申请，经土地行政主管部门审查，报市、县人民政府批准；供地方案经批准后，由市、县人民政府向建设单位颁发建设用地批准书，有偿使用的，签订国有土地有偿使用合同，划拨使用的，核发国有土地划拨决定书；土地使用者应当依法申请土地登记，核发国有土地使用权证书。对于拆迁房屋需要变更土地使用权的，应依法办理土地使用权变更登记。建设单位使用国有土地的，应当按照土地使用权出让合同或国有土地划拨决定书的规定使用土地，确需改变土地用途的，应当报原批准用地的人民政府批准。其中，在城市规划区内改变土地用途的，在报批前，应当先经有关城市规划行政主管部门同意。

(4) 拆迁计划和拆迁方案。这是反映拆迁人打算如何对被拆迁人实施拆迁补偿安置以及计划在多长时间内完成拆迁。拆迁计划和拆迁方案应包括：确切的拆迁范围，拆迁范围内房屋的基本情况，拆迁的事实步骤，拆迁的各项补偿费、补助费，拆迁资金落实情况，安置用房和周转用房的准备情况，拟自行拆迁还是委托拆迁，拟委托拆迁及委托拆除房屋的企业资格、资质条件，规划批准拟保留的绿地、建筑的保护措施，以及拆迁的开始时间和结束时间等。

(5) 办理存款业务的金融机构出具的拆迁补偿安置资金证明。证明拆迁补偿安置资金已经存入有关办理存款业务的金融机构，这些资金将全部用于房屋拆迁的补偿安置，不得挪作他用。原《条例》对拆迁申请资料只是规定了“必须持有国家规定的批准文件、拆迁计划和拆迁方案”，修改后《条例》进一步明确了国家规定的批准文件的三个方面，补充了拆迁补偿安置资金证明的材料，有利于规范各地拆迁管理部门颁发拆迁许可证的管理。

在以上五个方面资料中，前三方面，即建设项目批准文件、建设用地规划许可证、国有土地使用权批准文件，主要是要确认该建设项目是合法的。拆迁人拆除房屋的目的是为了从事新的建设项目，其拆除旧的房屋与新的项目建设是一个完整的行为过程。拆迁人要实施这一行为，必须按照国家法律、法规的规定履行建设项目的立项、规划、用地等一系列审批手续。由于拆迁人对房屋的拆除具有不可逆转性，如果拆迁人有关新的建设项目未获批准，就可能造成重大的经济损失，也可能造成严重的社会不稳定。因此，拆迁管理部门在批准拆迁行为时，必须对建设项目有关文件的合法性和有效性进行审查。提交拆迁计划和拆迁方案的材料，主要是要确认申请的拆迁范围与有关部门批准的建设项目用地范围是一致的，拆迁计划和拆迁方案是周到、可行和合理的，符合本《条例》和有关拆迁政策的规定。提交拆迁补偿安置资金证明的材料，主要是要解决目前一些拆迁单位出具虚假证明、抽逃拆迁补偿安置资金，造成被拆迁人补偿不到位或安置用房不落实，长期在外过渡，影响社会稳定的问题。

3. 关于申请领取房屋拆迁许可证的时限

根据《条例》第 7 条的规定，市、县人民政府房屋拆迁管理部门应当自收到申请之日起 30 日内，对申请事项进行审查并对符合条件的发给房屋拆迁许可证。如果房屋拆迁管理部门在 30 日内未予审查，或对符合条件不予颁发房屋拆迁许可证的，申请人可以依据《行政复议法》和《行政诉讼法》提起行政复议或行政诉讼。拆迁管理部门在对拆迁申请进行审查时，应坚持公开、平等、民主的原则，对所有申请人一视同仁，平等对待；坚持合理裁量的原则，要听取申请人的意见，允许申请人提出异议，公平、公正地对待每个申请人；坚持效率的原则，严格遵守本条规定的期限，及时审理、裁断、颁发房屋拆迁许可证，对不予批准的，应及时通知申请人不予许可的事宜及理由。房屋拆迁管理部门对申请事项进行审查的内容应包括，本条规定的必备资料是否齐全、有效；拆迁范围与批准的项目用地范围是否一致；拆迁补偿安置方案是否符合拆迁政策，内容是否完善；拆迁期限的设立是否合理；拆迁计划是否可行；拆迁范围内是否有不能或不宜拆除的房屋，对不能或不宜拆除的房屋采取何种保护措施；拆迁范围内房屋的产权、产籍是否明确，对不明确的是否有了妥善的补偿安置方案；拆迁补偿安置资金是否落实、到位；安置地点和房源是否落实，用于拆迁安置的住房是否符合国家质量安全标准等。房屋拆迁管理部门要按照本条例的规定严格把关，严格审查，对不符合本条例规定条件的拆迁项目，不得发给房屋拆迁许可证，违反本条例规定核发房屋拆迁许可证的，要承担相应的法律责任。这是修改后《条例》新加的内容，对房屋拆迁管理部门的工作效率提出了明确的要求。

四、房屋拆迁的形式

《房屋拆迁管理条例》第 10 条规定，“拆迁人可以自行拆迁，也可委托具有拆迁资格的单位进行拆迁。房屋拆迁管理部门不得作为拆迁人，不得接受拆迁委托。”根据此规定，房屋拆迁的形式包括：自行拆迁和委托拆迁。

1. 自行拆迁

所谓自行拆迁，是指为了某项目建设需要，建设单位申请领取到房屋拆迁许可证后成为拆迁人，亲自实施拆迁工作，拆迁工作一般包括对被拆迁人进行拆迁动员，组织签订和实施补偿安置协议，组织拆除房屋及其附属物等。在实际工作中，自行拆迁一般有两种情况：一种是房地产开发公司已经获得房屋拆迁管理部门授予的接受拆迁委托的资格，有单独的拆迁机构和专业队伍，它能接受其他拆迁人的拆迁委托，当然也可以自行拆迁；另一种是没有获得房屋拆迁管理部门授予的接受拆迁委托的资格，也可以自行拆迁。因为政府既然已经向拆迁人核发了拆迁许可证，就是对拆迁人拆迁资格的认可，政府不应再要求拆迁人去补办专门的拆迁资格手续。从事房屋拆迁业务的人员，应当经过房屋拆迁管理部门的专业培训和考核，能熟悉掌握与拆迁相关的法律、法规、政策以及其他拆迁业务知识；房屋拆迁管理部门对自行拆迁单位的拆迁业务工作应加强指导、监督和检查。

2. 委托拆迁

所谓委托拆迁，就是拆迁人自己不承担拆迁工作，而是把拆迁工作委托给具有拆迁资格的单位去承担。在实践中，由于建设单位的建设项目一般是单一的，拆迁工作是非经常性工作，在拆迁过程中从事拆迁工作的人员一旦对有关法律、法规、政策生疏，对拆迁业务不熟悉，往往容易造成失误或损失。为了适应社会化、专业化生产的要求，由专门从事城市房屋拆迁的单位承担拆迁，有利于节约人力、物力和财力，减轻建设单位前期工作的负担。大多数拆迁人经常采用委托拆迁的形式。法律对委托拆迁有如下规定：

（1）接受拆迁委托的单位必须取得拆迁资格。设定拆迁资格，实际是建立了对接受拆迁委托的单位实行行政许可的制度，只有获得房屋拆迁管理部门许可的单位，即获得拆迁资格的单位，才能接受拆迁委托，否则就是违法行为。法律之所以对接受委托的房屋拆迁单位进行资格确认就是为了加强管理，通过资格确认和严格的年检制度，加强对接受委托拆迁单位行为的约束，促使其掌握政策、熟悉业务、接受群众监督、遵守职业道德、规范拆迁行为、减少拆迁争议和稳定社会秩序，从而有效地保护被拆迁人的合法权益，防止社会矛盾的发生，保持社会的稳定。目前各地普遍实行的房屋拆迁资格证书，是房屋拆迁管理部门根据行政相对人申请，经过规定的申请、审批程序，对符合条件的申请人发放的，证明其有资格接受拆迁委托的文件，是接受拆迁委托单位获得行政许可的依据。房屋拆迁资格证书不同于房屋拆迁许可证，前者是发给接受拆迁委托单位的，证明其有资格、有能力接受拆迁委托，并在规定的时期内有效，后者是发给拆迁人的，证明其有资格实施某项目的房屋拆迁，该证书是一次性的，只对特定的项目、在规定的拆迁期限内有效。只有获得房屋拆资格证书的单位才可以接受拆迁委托，拆迁人委托不具有拆迁资格的单位实施拆迁的，将受到相应的行政处罚。房屋拆迁管理部门对发放房屋拆迁资格证书要严格把关，严格审查，对向不具备发放条件的单位发放拆迁资格证书的，要承担相应的法律责任。

（2）拆迁人委托拆迁的，应当向被委托的拆迁单位出具委托书。《房屋拆迁管理条例》第 11 条规定，“拆迁人委托拆迁的，应当向被委托的拆迁单位出具委托书，并订立拆迁委托合同。拆迁人应当自拆迁委托合同订立之日起 15 日内，报房屋拆迁管理部门备案。被委托的拆迁单位不得转让拆迁业务。”委托书是委托人出具的，证明委托人同意受托人以委托人的名义，在委托人的授权范围内，处理委托人事务的文书。委托拆迁的委托书，就是证明拆迁人同意被委托的拆迁单位以拆迁人的名义，实施拆迁，包括以拆迁人的名义对被拆迁人进行拆迁动员，组织签订和实施补偿安置协议，组织拆除房屋及其附属物等。

（3）拆迁人委托拆迁的，应当与被委托的拆迁单位订立拆迁委托合同。根据《房屋拆迁管理条例》第 11 的规定，拆迁人委托拆迁的，应当与被委托的拆迁单位订立拆迁委托合同。所谓委托合同是委托人和受委托人约定，由受托人处理委托人事务的合同。委托人可以特别委托受托人处理一项或数项事务，也可以概括委托受托人处理一切事务；委托人应当预付处理委托事务的费用；受托人应当按照委托人的指示处理委托事务；受托人应当亲自处理委托事务；受托人应当按照委托人的要求，报告委托事务的处理情况；受托人处理委托事务取得的财产，应当转交给委托人；受托人完成委托事务的，委托人应当向其支付报酬。拆迁委托合同应当按照《合同法》的规定订立。当事人可以参照委托合同的示范文本订立合同。拆迁委托合同应当采用书面形式。口头形式的合同虽有简便迅速的特点，但其缺点亦很明显，即无据可查，不易查证，一旦发生纠纷难以确定效力和内容，在订立拆迁委托合同时，不宜采取。

（4）拆迁人应当在规定的期限内将房屋拆迁委托合同报房屋拆迁管理部门备案。根据《房屋拆迁管理条例》第11的规定，备案的期限是自拆迁委托合同订立之日起15日内。实行备案制度，主要是便于房屋拆迁管理部门及时掌握拆迁人委托拆迁业务的情况，加强对被委托的拆迁单位的监督管理。通过备案制度，房屋拆迁管理部门可以核实被委托的拆迁单位是否取得房屋拆迁资格证书，其拆迁工作人员是否通过了业务、技术培训和考核，过去年检中发现的问题是否得到了纠正等。对备案中发现的问题予以及时解决，可以保证被委托拆迁单位的合法性，提高其实施拆迁的工作质量和工作效率，从而有效地保护拆迁人和被拆迁人的合法权益，保证项目建设的顺利进行。

（5）被委托的拆迁单位不得转让拆迁业务。根据《房屋拆迁管理条例》第11条的规定，被委托的拆迁单位不得转让拆迁业务，违反此规定转让拆迁业务的，将受到相应的行政处罚。这样规定，主要有三个原因：

1）防止一些拆迁单位，利用其能获得拆迁人委托拆迁的有利条件，先接受委托，再将拆迁业务转让给其他揽不到委托拆迁业务或业务量不足的拆迁单位，从中牟利，损害当事人特别是被拆迁人的合法权益。

2）防止被委托拆迁单位擅自或者变相把拆迁业务转让给不具备拆迁资格的单位。接受转让拆迁业务的拆迁单位不具备拆迁资格，其拆迁工作人员的业务水平、资金、组织能力等都得不到保证，可能随意降低被拆迁人的补偿安置标准，拆迁纠纷可能增加，拆迁当事人特别是被拆迁人的合法权益就得不到保障。

3）允许转让，拆迁工作中途可能中止，拆迁期限可能延长，接受转让业务的拆迁单位把握的拆迁补偿安置标准可能与原先不同，容易导致被拆迁人之间因补偿标准不一发生争议。这都不利于拆迁工作的顺利进行。因此，拆迁人在选择委托拆迁的单位时，一定要认真核实被委托拆迁单位的情况，选择有资格、信誉高的拆迁单位。房屋拆迁管理部门应该向拆迁人提供有资格接受委托拆迁单位的资料。拆迁单位一旦接受委托，就应切实履行委托合同，完成受委托的拆迁业务，不得转让。如果接受委托的拆迁单位由于特殊原因，确实无法履行委托合同，完成拆迁业务，拆迁人应当与其解除合同，另外再委托具有拆迁资格的单位实施拆迁。

3. 房屋拆迁管理部门不能作为拆迁人，也不得接受拆迁委托

这是修改后《条例》新增加的，这样规定的原因有三个：

（1）拆迁人是取得房屋拆迁许可证的单位，是行政相对人，房屋拆迁管理部门是行使行政许可权，发放房屋拆迁许可证的行政主体，如果房屋拆迁管理部门作拆迁人，则是自己给自己发证，集行政相对人和行政主体于一身，房屋拆迁管理部门既对拆迁活动实施管理、监督和查处违法行为，自己又直接从事拆迁活动，显然是不合适的。

（2）拆迁人与被拆迁人是平等的民事主体，如果房屋拆迁管理部门充当拆迁人或接受拆迁委托，既是拆迁行政管理方，又是实施拆迁当事人，就可能因经济利益的驱动滥用权力而影响行政管理的客观性、公正性，特别是当拆迁当事人之间就拆迁补偿安置达不成协议的情况下，拆迁管理部门将予以裁决或实施强制搬迁，就可能出现执法不公的问题。

(3) 转变政府职能的基本要求，是把政府管理与市场主体剥离开，政府要依法行政，从原来大量直接参与具体的拆迁事务中退出来，管好政府该管的事情，集中精力在加强立法、监督管理、搞好服务上；建设单位要依法从事建设活动。这也要求房屋拆迁管理部门不能充当拆迁人和房屋拆迁单位。因此，为了保证房屋拆迁管理部门独立、公正地行使行政管理权力，保护被拆迁人的合法权益，作出此项规定是十分必要的。

五、拆迁纠纷的裁定和执行

1. 被拆迁人或者房屋承租人拒绝搬迁时的处理办法

《房屋拆迁管理条例》第15条的规定，“拆迁补偿安置协议订立后，被拆迁人或者房屋承租人在搬迁期限内拒绝搬迁的，拆迁人可以依法向仲裁委员会申请仲裁，也可以依法向人民法院起诉。诉讼期间，拆迁人可以依法申请人民法院先予执行。”本条是修改后《条例》新增加的内容，体现了政府原则上不干预民事关系行为的原则。拆迁补偿安置协议是约定拆迁当事人之间民事权利与义务关系合同，适用《民法通则》和《合同法》等法律。依法成立的拆迁补偿安置协议，对当事人具有法律约束力。当事人一方不履行协议或者履行协议不符合约定的，应当按照《合同法》规定，承担继续履行、采取补救措施或者赔偿损失等违约责任。因此，本条规定，拆迁补偿安置协议订立后，被拆迁人或者房屋承租人在搬迁期限内拒绝搬迁的，其处理办法是拆迁人依法申请仲裁或向人民法院提起诉讼，诉讼期间，拆迁人可以依法申请人民法院先予执行。如果按照原《条例》的规定，对于达成拆迁补偿安置协议无正当理由拒绝拆迁的，县级以上人民政府可以责令限期拆迁直至强制拆迁，但是按照修改后《条例》的规定，对这种情况，政府不能干预，其解决的具体办法是：

(1) 拆迁人依法向仲裁委员会申请仲裁。当事人申请仲裁应严格执行《仲裁法》的相关规定，具体包括：

1) 遵守仲裁的基本原则。平等主体的公民、法人和其他组织之间发生的合同纠纷和其他财产权益纠纷，可以仲裁；当事人采用仲裁方式解决纠纷，应当双方自愿，达成仲裁协议，没有仲裁协议，一方申请仲裁的，仲裁委员会不予受理；当事人达成仲裁协议，一方向人民法院起诉的，人民法院不予受理，但仲裁协议无效的除外。仲裁委员会应当由当事人协议确定，仲裁不实行级别管辖和地域管辖；仲裁实行一裁终局的制度，裁决作出后，当事人就同一纠纷申请仲裁或者向人民法院起诉的，仲裁委员会或者人民法院不予受理，裁决被人民法院依法裁定撤销或者不予执行的，当事人就该纠纷可以根据双方重新达成的仲裁协议申请仲裁，也可以依法向人民法院起诉。

2) 关于仲裁委员会。仲裁委员会可以在直辖市、自治区人政府所在地的市设立，也可以根据需要在其他设区的市设立，不按行政区划层层设立。仲裁委员会由市人民政府组织有关部门和商会统一组建，独立于行政机关，与行政机关没有隶属关系，仲裁委会之间也没有隶属关系。

3）关于仲裁协议。仲裁协议包括合同中订立的仲裁条款和以其他书面方式在纠纷发生前或者纠纷发生后达成的请求仲裁的协议。仲裁协议应当具有下列内容：请求仲裁的意思表示、仲裁事项、选定的仲裁委员会。仲裁协议对仲裁事项或者仲裁委员会没有约定或者约定不明确的，当事人可以补充协议，达不成补充协议的，仲裁协议无效。

4）关于申请撤销裁决。当事人提出证据证明裁决有下列情形之一的，可以向仲裁委员会所在地的中级人民法院申请撤销裁决：没有仲裁协议的；裁决的事项不属于仲裁协议的范围或者仲裁委员会无权仲裁的；仲裁庭的组成或者仲裁的程序违反法定程序的；裁决所根据的证据是伪造的；对方当事人隐瞒了足以影响公正裁决的证据的；仲裁员在仲裁该案时有索贿受贿，徇私舞弊，枉法裁决行为的。人民法院经组成合议庭审查核实裁决有上述情形之一的，应当裁定撤销。人民法院认定该裁决违背社会公共利益的，应当裁定撤销。

5）关于仲裁的执行。当事人应当履行裁决，一方当事人不履行的，另一方当事人可以依照民事诉讼法的有关规定向人民法院申请执行，受申请的人民法院应当执行。一方当事人申请执行裁决，另一方当事人申请撤销裁决的，人民法院应当裁定中止执行。人民法院裁定撤销裁决的，应当裁定终结执行，撤销裁决的申请被裁定驳回的，人民法院应当裁定恢复执行。

(2) 拆迁人依法向人民法院起诉。拆迁人与被拆迁人达成协议后，一方或者双方当事人反悔，未经行政机关裁决，仅就房屋补偿、安置等问题，依法向人民法院提起诉讼的，人民法院应当作为民事案件受理。据此，如果拆迁当事人之间没有达成仲裁协议的，拆迁人可以直接向人民法院提起民事诉讼。

(3) 诉讼期间，拆迁人可以依法申请人民法院先予执行。根据《民事诉讼法》的规定，对因紧急情况需要先予执行的案件，根据当事人的申请，可以裁定先予执行；人民法院裁定先予执行的，应当符合两个条件：一是当事人之间权利义务关系明确，不先予执行将严重影响申请人的生活或者生产经营的；二是被申请人有履行能力。人民法院可以责令申请人提供担保，申请人不提供担保的，驳回申请。申请人败诉的，应当赔偿被申请人因先予执行遭受的财产损失；当事人对先予执行的裁定不服的，可以申请复议一次，复议期间不停止裁定的执行。已经订立拆迁补偿安置协议，又在搬迁期限内拒绝搬迁的情况，符合《民事诉讼法》关于先予执行的两个条件：

1）拆迁当事人之间已经订立拆迁补偿安置协议，权利义务关系明确，被拆迁人或者房屋承租人拒绝在拆迁补偿安置协议规定的搬迁期限内搬迁，不仅严重影响建设项目的顺利进行，对拆迁人的生产经营活动造成严重影响，而且可能影响到其他广大被拆迁人的合法权益，比如因为“钉子户”不搬，回迁的安置房不能如期建成，广大被拆迁人不能如期还迁，过渡期过长，严重影响被拆迁人正常的生活、学习和工作。

2）被申请人有履行协议，按期搬迁的能力。因为根据拆迁补偿安置协议，拆迁人需要对被拆迁人给予货币补偿或者提供安置用房、周转用房。既然当事人之间曾经达成过协议，说明拆迁人提供的补偿安置是可以解决被拆迁人新的住房问题的，被申请人有能力搬走。因此，本条规定，诉讼期间，拆迁人可以依法申请人民法院先予执行。同时，由于是在诉讼期间，拆迁补偿安置协议是否有效还处于不确定状态，如果经人民法院审查，拆迁补偿安置协议有明显违法或违反政策之处，先予执行将会给被拆迁人造成经济损失。因此，根据《民事诉讼法》，拆迁人在申请人民法院先予执行时应当提供相应的担保，一旦申请人败诉，应当赔偿被申请人因先予执行遭受的财产损失。

2. 当事人之间达不成拆迁补偿安置协议时的处理办法

《房屋拆迁管理条例》第16条规定："拆迁人与被拆迁人或者拆迁人与被拆迁人、房屋承租人达不成拆迁补偿安置协议的，经当事人申请，由房屋拆迁管理部门裁决。房屋拆迁管理部门是被拆迁人的，由同级人民政府裁决。裁决应当自收到申请之日起30日内作出。当事人对裁决不服的，可以自裁决书送达之日起3个月内向人民法院起诉。拆迁人依照本条例规定已对被拆迁人给予货币补偿或者提供拆迁安置用房、周转用房的，诉讼期间不停止拆迁的执行。"根据以上法律规定，拆迁当事人之间达不成拆迁补偿安置协议时的处理办法是：

(1) 由房屋拆迁管理部门裁决纠纷。拆迁人与被拆迁人或者拆迁人与被拆迁人、房屋承租人达不成拆迁补偿安置协议的，经当事人申请，由房屋拆迁管理部门裁决。当房屋拆迁管理部门是被拆迁人的，由同级人民政府裁决。如果拆迁人是房屋拆迁管理部门时，由于房屋拆迁管理部门是拆迁安置协议的一方当事人，为避免房屋拆迁管理部门既是协议一方当事人，又是行使行政权力的裁决者的现象发生，防止因此带来的可能的不公正裁决，《条例》第16条规定在这种情况下，房屋拆迁管理部门不能再充当裁决者的角色，而只能成为协议中的作为平等主体的一方当事人，裁决权由房屋拆迁管理部门的同级人民政府（市、县、区房屋拆迁管理部门的同级人民政府就是市、县、区人民政府）行使。从民事法律的角度看，房屋拆迁补偿安置协议必须是有关当事人意思表示一致，并且是在本条例规定的补偿安置方式、标准内达成一致意见，协议才能成立。但是，由于种种原因，有关当事人也可能由于对补偿方式和补偿金额、安置用房面积和安置地点、搬迁期限、搬迁过渡方式和过渡期限等事项持有不同看法，从而使拆迁补偿安置协议一时无法达成。而且从实践中看，此类情况会时有发生。为避免有关当事人各执己见、相互扯皮，影响拆迁工作的顺利进行，本条规定了在有关拆迁当事人经协商达不成拆迁补偿安置协议时，应当先经当事人申请，由房屋拆迁管理部门裁决。实施裁决的房屋拆迁管理部门是县级以上地方人民政府房屋拆迁管理部门。裁决的内容是拆迁补偿安置协议的内容，具体包括补偿方式和补偿金额、安置用房面积和安置地点、搬迁期限、搬迁过渡方式和过渡期限等事项。本条的实质在于：一旦拆迁人与被拆迁人或者拆迁人、被拆迁人与房屋承租人达不成拆迁补偿安置协议，都应当经当事人申请，先由同级拆迁管理部门裁决。只有经行政裁决后，当事人仍不满意的，方可提起行政诉讼。行政裁决是行政诉讼的前置程序。

裁决应当自收到申请之日起30日内作出。这是修改后《条例》新增加的。对房屋拆迁管理部门的工作效率提出了明确要求，防止房屋拆迁管理部门裁决时间过长，影响房屋拆迁工作。行政裁决的优点是快，效率高，有利于加快拆迁进度。关键是房屋拆迁管理部门在裁决时要力争做到公平、公正。为此，房屋拆迁管理部门在裁决时，要建立听证制度，充分听取当事人意见，查清事实；要建立回避制度，与裁决事项有利害关系的拆迁管理部门工作人员不应参与裁决；要做好解释、宣传工作，给拆迁当事人解释房屋拆迁的有关政策，拆迁当事人依法享有的权利和义务等。在做出裁决后，要向拆迁当事人说明裁决的理由，发给裁决书。裁决书的内容一般应当包括下列几个方面：①提请裁决各方当事人的姓名（或单位全称）、住（地）址；②提请裁决的事实；③裁决的内容（结果）；④行使裁决权和作出裁决结果的法律、法规依据；⑤纠纷当事人各方对裁决不服时的权利（提起行政复议、行政诉讼的权利等）；⑥裁决单位的全称、地址和作出裁决的时间，并加盖裁决单位的印章或者由作出裁决的单位的主要行政负责人签字。

（2）依法向人民法院起诉。当事人对裁决不服的，可以自裁决书送达之日起3个月内向人民法院起诉。根据《最高人民法院关于受理房屋拆迁、补偿、安置等案件问题的批复》（法复［1996］12号），公民、法人或者其他组织对人民政府或者城市房屋主管行政机关依职权作出的有关房屋拆迁、补偿、安置等问题的裁决不服，依法向人民法院提起诉讼的，人民法院应当作为行政案件受理。本条规定当事人对裁决不服的，可以向人民法院提起行政诉讼，有利于监督房屋拆迁管理部门依法行使行政职权，约束房屋拆迁管理部门的裁决行为，保护拆迁当事人的合法权益。

（3）诉讼期间不停止拆迁的执行。拆迁人依照《条例》规定，已对被拆迁人给予货币补偿或者提供拆迁安置用房、周转用房的，诉讼期间不停止拆迁的执行。在城市房屋拆迁中，经常会遇到一些对补偿安置提出过高要求的“钉子户”，致使拆迁工作无法顺利进行，严重影响建设项目的实施。为了保证拆迁工作顺利进行，《条例》第16条在规定了当事人可以就房屋拆迁管理部门或同级人民政府的裁决向人民法院提起行政诉讼的同时，还规定了在诉讼期间不停止拆迁的执行，即尽管拆迁当事人因对拆迁行政裁决有异议而正在诉讼过程中，但并不影响对仍没达成协议的该房屋按照裁决规定的搬迁期限进行搬迁的执行。这符合《行政诉讼法》第44条的规定，即除特殊情形外，诉讼期间，不停止具体行政行为的执行。具体执行的方式在本《条例》第17条作了规定，包括行政强制执行或司法强制执行两种方式。但为了防止在诉讼期间先予执行拆迁给被拆迁人造成不可挽回的损害，该条规定了在诉讼期间可以执行拆迁的两个先决条件：①只能对补偿方式和补偿金额、安置用房面积和安置地点、搬迁期限、搬迁过渡方式和过渡期限等事项有争议的，可以先行执行拆迁，但对涉及有事后不能补救的争议（如涉及保护性文物能不能拆的争议），不能先行执行拆迁。②必须对被拆迁人依照本条例规定作了货币补偿或者提供了拆迁安置用房、周转用房，这是为了防止被拆迁人因房屋被先行拆迁而无可供安身的处所，从而保证被拆迁人的居住权。只有同时具备了上述两个条件，才能先行执行拆迁，缺一不可。

3. 实施强制拆迁

《房屋管理条例》第17条规定，“被拆迁人或者房屋承租人在裁决规定的搬迁期限，未搬迁的，由房屋所在地的市、县人民政府责成有关部门强制拆迁，或者由房屋拆迁管理部门依法申请人民法院强制拆迁。实施强制拆迁前，拆迁人应当就被拆除房屋的有关事项，向公证机关办理证据保全。”根据本条的规定，当事人在裁决规定的搬迁期限内未搬迁的可以实施强制拆迁，主要原因是在现实的城市房屋拆迁工作中，有极少数被拆迁人或房屋承租人对补偿安置提出过高要求，无理拒绝执行房屋拆迁管理部门作出的裁决，这些被拆迁人或房屋承租人即人们平时所称的“钉子户”，按照《条例》第4条的规定，被拆迁人应当在搬迁期限内完成拆迁，这是保证项目建设工作顺利进行，保护拆迁人和广大按期搬迁的被拆迁人合法权益的需要。因此，本条规定对在裁决规定的期限内未搬迁的被拆迁人或者房屋承租人，可以实施强制拆迁，而不论其是否正在进行补偿安置方面的诉讼。根据《条例》第17条的规定，关于强制拆迁的具体规定是：

(1) 实施强制拆迁必须以裁决为前提。原《条例》规定，在房屋拆迁公告规定的或者裁决作出的拆迁期限内，被拆迁人无正当理由拒绝拆迁的，可以责令限期拆迁直至强制拆迁，据此规定，以下三种情况都可以实施强制拆迁：①达成了拆迁补偿安置协议，又反悔，在房屋拆迁公告规定的拆迁期限内无正当理由拒绝拆迁的；②未达成协议，也未进行裁决的，在房屋拆迁公告规定的拆迁期限内无正当理由拒绝拆迁的；③作了裁决，在裁决规定的拆迁期限内无正当理由拒绝拆迁的。按照修改后《条例》，前两种情况不能实施强制拆迁。达成了拆迁补偿安置协议，又反悔，在协议规定的搬迁期限内拒绝搬迁的，按照本条例第15条处理（第15条的规定为："拆迁补偿安置协议订立后，被拆迁人或者房屋承租人在搬迁期限内拒绝搬迁的，拆迁人可以依法向仲裁委员会申请仲裁，也可以依法向人民法院起诉。诉讼期间，拆迁人可以依法申请人民法院先予执行。"）；未达成协议，也未进行裁决的，不能实施强制拆迁。所以根据新《条例》的规定，拆迁人为了项目建设的顺利进行，应该申请裁决。只有作过裁决以后，被拆迁人或者房屋承租人在裁决规定的搬迁期限内未搬迁的，可以实施强制拆迁。同时修改后《条例》去掉了原《条例》实施强制拆迁的一个前置条件，即被拆迁人无正当理由拒绝拆迁的，因为房屋拆迁管理部门在进行裁决过程中，应该已经充分听取了拆迁当事人的各种理由。

(2) 无需经过责令限期拆迁的程序。对在裁决规定的搬迁期限内未搬迁的，可以直接进入强制拆迁程序，而不必经过责令限期拆迁的程序。而原《条例》规定，房屋拆迁公告规定的或者裁决作出的拆迁期限内，被拆迁人无正当理由拒绝拆迁的，县级以上人民政府可以作出责令限期拆迁的决定，逾期不拆迁的，实施强制拆迁。这主要是针对原《条例》中规定的可实施强制拆迁的情况相适应，即达成协议不搬的；未达成协议，也未进行裁决而不搬的，对这两种情况，在实施强制拆迁前，有必要经过责令限期拆迁的程序。修改后的《条例》规定，进行裁决是实施强制拆迁的前提，因为在裁决中，房屋拆迁管理部门已经规定了被拆迁人或房屋承租人必须搬走的搬迁期限，因此就没有必要在实施强制拆迁前再经过责令限期拆迁的过程。

(3) 实施强制拆迁的部门。原《条例》规定，由县级以上人民政府责成有关部门强制拆迁。新《条例》规定，在实施行政强制拆迁的时候，应由房屋所在地的市、县人民政府责成有关部门强制拆迁，有关部门主要是房屋拆迁管理部门、规划、公安等部门。之所以这样规定是因为修改后《条例》第7条规定由市、县人民政府房屋拆迁管理部门审查并颁发房屋拆迁许可证，因此，在实施行政强制拆迁的时候，也应由房屋所在地的市、县人民政府责成有关部门强制拆迁。这样修改对实际操作的主要影响是，县级以上的区政府按原《条例》可以责成有关部门强制拆迁，按修改后《条例》就无权责成有关部门强制拆迁了。

(4) 强制拆迁的形式。根据《条例》第17条的规定，强制拆迁的形式有两种：

1) 行政强制执行。所谓行政强制执行是指由市、县人民政府责成有关部门强制拆迁，有关部门主要是房屋拆迁管理部门、规划、公安等部门。行政机关依法作出的具体行政行为对行政相对人具有法律效力，行政相对人无正当理由拒不履行的，行政机关可以申请人民法院强制执行，也可以依法强制执行。《条例》规定的房屋拆迁管理部门作出的裁决，就属于依法作出的具体行政行为。同时也赋予了市、县人民政府行政强制执行裁决的权力。只要一过裁决规定的搬迁期限，被拆迁人或者房屋承租人仍未搬迁的，不论其是否正在准备或者正在进行补偿安置方面的诉讼，房屋所在地的市、县人民政府都可以责成有关部门强制拆迁。这种执行方式的优点是及时、便利。

2）司法强制执行。所谓司法强制执行是指由房屋拆迁管理部门依法申请人民法院强制拆迁。最高人民法院《关于执行〈中华人民共和国行政诉讼法〉若干问题的解释》第87条规定，法律、法规规定既可以由行政机关依法强制执行，也可以申请人民法院强制执行，行政机关申请人民法院强制执行的，人民法院可以受理。第88条规定，行政机关申请人民法院执行其具体行政行为，应当自被执行人的法定起诉期限届满之日起180日内提出；逾期申请的，除有正当理由外，人民法院不予受理。第94条规定，在诉讼过程中，被告或者具体行政行为确定的权利人申请人民法院强制执行被诉具体行政行为，人民法院不予执行，但不及时执行可能给国家利益、公共利益或者他人合法权益造成不可弥补的损失的，人民法院可以先予执行。后者申请强制执行的，应当提供相应的财产担保。根据上述解释和《条例》的规定，如果房屋拆迁管理部门选择司法强制执行的方式，就要在规定的期限内向人民法院提出申请，即3个月的法定起诉期限届满之日起180日内提出，如果被拆迁人或者承租人在3个月内提起诉讼，则自提起诉讼之日起提出申请。由于裁决不执行，可能给国家利益、公共利益或者他人合法权益造成不可弥补的损失，诉讼期间人民法院先予强制执行，符合最高人民法院有关司法解释的规定。因此，不论被拆迁人或者房屋承租人是否对裁决提起诉讼，都可以申请人民法院强制执行裁决。这种形式的优点是权威性高，后遗症少。

不管是行政强制拆迁，还是司法强制拆迁，拆迁人都必须依照《条例》规定对被拆迁人给予货币补偿或者提供拆迁安置用房、周转用房；都应当有一套完善的执行程序。一般情况下，裁决机关或人民法院对被拆迁人实施强制拆迁时，应当由裁决机关主要行政负责人或者人民法院院长签发公告，再次指定期限，通知被执行人自动履行搬迁义务。逾期仍不自动履行的，由执行人员强制搬迁，派人把房屋内的财物运至指定处所。强制搬迁时，被执行人所在单位和房屋所在地的基层组织，应当根据裁决机关或人民法院的通知，派人协助执行。被执行人应当到场，如果拒不到场，不影响执行机关的执行；运至指定处所的财物，交给被执行人接收。如果被执行人拒绝接收造成损失的，由被执行人承担。强制执行过程和搬迁的财物，执行机关应当记入笔录，由执行人员、被执行人员以及其他在场人员签名或盖章。经过强制执行腾出的房屋，由裁决机关接收。

4. 证据保全

根据《条例》第17条的规定，实施强制拆迁前，拆迁人应向公证机关办理被拆除房屋有关事项的证据保全。这是修改后《条例》新增加的内容，证据保全的目的是使能证明被拆除房屋基本情况的原始证据事实不致因时过境迁或其他原因而消灭或遭到破坏，一旦事后发生纠纷也有法定证据可查。实施强制拆迁房屋证据保全时，公证机关应通知被拆迁人到场，其拒不到场，公证员应在笔录中记明；实施强制拆迁房屋中有物品的，公证员应当组织对所有物品逐一核对、清点、登记、分类造册；并记录上述活动的时间、地点，交两名有完全行为能力的在场人员核对后，由公证员和在场人在记录上签名。被拆迁人拒绝签名的，公证员应在记录中记明；物品清点登记后，凡不能立即交与被拆迁人接受的，公证员要监督拆迁人将物品存放在其提供的仓库中，并对物品挂标签码，丢失损坏的，仓库保管人应承担赔偿责任；拆迁人应制作通知书，通知当事人在一定期限内领取物品。逾期不领的，公证处可以接受拆迁人的提存申请，办理提存。

第二节 拆迁补偿和安置

一、拆迁补偿的对象和范围

《房屋管理条例》第22条规定，“拆迁人应当依照本条例规定，对被拆迁人给予补偿。拆除违章建筑和超过批准期限的临时建筑，不予补偿；拆除未超过批准期限的临时建筑，应当给予适当补偿。”据此规定，拆迁补偿的对象是被拆迁人。根据新《条例》第4条的规定，所谓被拆迁人是指被拆迁房屋的所有人。原《条例》规定的被拆迁人是指“被拆除房屋及其附属物的所有人（包括代管人、国家授权的国有房屋及其附属物的管理人）和被拆除房屋及其附属物的使用人”。新《条例》将使用人排除在外，原因是随着我国住房制度改革的逐步深化，我国房屋产权结构已经从公有房屋为主体转变为个人拥有房屋为主体。在此背景之下，新《条例》将被拆迁人界定为房屋所有人既是实践的需要，又理顺了法律关系，体现了保护产权人合法权益的基本原则。虽然新《条例》规定使用人不是被拆迁人，但对使用人的利益还是予以特别的保护。例如，新《条例》规定，拆迁出租房屋，拆迁补偿安置协议由拆迁人、被拆迁人、被拆迁房屋的承租人三方签署。同时，拆迁出租房屋时，被拆迁人和承租人对解决租赁关系达不成协议的，拆迁补偿实行产权调换，并且承租人有权承租产权调换房。

根据第22条的规定，拆迁补偿的范围是属于被拆迁人所有的房屋。《中华人民共和国宪法》规定，国家、全民、集体所有的财产受法律保护，国家保护公民的合法收入、储蓄、房屋和其他合法财产的所有权。房屋作为所有人财产，是所有人经济利益的一部分。拆迁人拆除房屋，使被拆除房屋的所有人遭受经济损失，理应对被拆除房屋进行补偿。通过补偿保障了被拆除房屋所有人在法律上、经济上应享有的合法权益，同时也解决了拆迁人与被拆迁人之间的矛盾。在补偿过程中，不仅要对被拆除的房屋进行补偿，同时还应当对房屋的附属物予以补偿。关于“附属物”的含义，一般是指与房屋主体建筑有关的附属建筑或构筑物。因为这些“附属物”对产权人来说，也具有经济价值。由于拆除“附属物”也对被拆迁人带来一定的经济损失，所以补偿范围应当包括对“附属物”的补偿。

法律还规定“拆除违章建筑和超过批准期限的临时建筑，不予补偿；拆除未超过批准期限的临时建筑，应当给予适当补偿”。所谓违章建筑是指在城市规划区内，未取得建设工程规划许可证件或者违反建设工程规划许可证的规定建设，严重影响城市规划的建筑。违章建筑主要包括：

（1）未申请或申请未获得批准，未取得建设用地规划许可证和建设工程规划许可证而建成的建筑；

（2）擅自改变建设工程规划许可证的规定建成的建筑；

(3) 擅自改变了使用性质建成的建筑；

(4) 擅自将临时建筑建设成为永久性的建筑。

《城市规划法》还规定："限期拆除或者没收违法建筑物、构筑物或者其他设施；影响城市规划，尚可采取改正措施的，责令限期改正并处罚款。"根据上述规定，违章建筑属于必须拆除的建筑或必须经过改正方可使用的建筑。因此，在拆迁过程中，拆迁人对必须拆除的违章建筑，不予补偿。对经规划部门处罚、允许保留的，待补办手续后按合法建筑给予补偿。违章建筑的认定是规划行政主管部门的职权范围，判断某一建筑是否属于违章建筑，必须由房屋所在地规划行政主管部门出具证明。作为拆迁人或者拆迁主管部门都没有认定权利，也没必要自行认定。所谓临时建筑是指必须限期拆除、结构简易、临时性的建筑物、构筑物和其他设施，临时建筑都应当有规定的使用期限。按照《城市规划法》第33条规定，"在城市规划区内进行临时建设，必须在批准的使用期限内拆除"。按此规定，超过了批准期限的临时建筑，都必须由建设者在限期内负责拆除。所以，拆迁人对拆除超过批准期限的临时建筑，不予补偿是符合法律规定，也符合公平原则的。未超过批准期限的临时建筑，也是合法建筑。拆除未到期限的临时建筑，会给临时建筑所有人带来一定的经济损失，因此也应当给予适当补偿。这里的"适当补偿"是鉴于临时建筑的特点，按使用期限的残存价值参考剩余期限给予补偿。

二、拆迁补偿的形式

《房屋管理条例》第23条规定，"拆迁补偿的方式可以实行货币补偿，也可以实行房屋产权调换，除本条例第25条第2款、第27条第2款规定外，被拆迁人可以选择补偿的方式。"第25条第2款的规定是"拆迁非公益事业房屋的附属物，不作产权调换，由拆迁人给予货币补偿。"第27条第2款的规定是"被拆迁人与房屋承租人对解除租赁关系达不成协议的，拆迁人应当对被拆迁人实行房屋产权调换。"由以上规定可知，拆迁补偿的形式有两种：第一种是货币补偿；第二种是房屋产权调换。

1. 货币补偿

所谓"货币补偿"是指在拆迁补偿中，经拆迁人与被拆迁人协商，被拆迁人放弃产权，由拆迁人按市场评估价为标准，对被拆除的房屋的所有人进行货币形式的补偿。货币补偿后，如果所有权与使用权分离，拆迁人不再承担对使用人的安置责任，而转由所有人对使用人进行安置。实践证明，采取货币补偿方式，有利于被拆迁人自行调节住房标准、地点，满足不同住房消费群体的不同消费需求，有利于转换住房机制，消化闲置商品房。同时也简化了拆迁程序，便于对拆迁当事人的监督。货币补偿的方式，使得被拆迁人可以及时购买需要的房屋，避免了被拆迁人因等待回迁而长期得不到妥善安置，也避免了因工程停、缓建或者投资者资金不足造成的被拆迁人长期过渡的现象。

2. 产权调换

所谓"产权调换"是指拆迁人用自己建造或购买的产权房屋与被拆迁房屋进行调换产权，并按拆迁房屋的评估价和调换房屋的市场价进行结算调换差价的行为。也就是说以异地或原地再建的房屋，和被拆除房屋进行产权交换，被拆迁人失去了被拆迁房屋的产权，调换之后拥有调换房屋的产权。产权调换是房屋拆迁补偿安置的方式之一，其特点是以实物形态来体现拆迁人对被拆迁人的补偿。无论是居住房屋还是非居住房屋均可采用产权调换的方法，但排除了非公益事业房屋的附属物。

3. 新旧《条例》比较

根据原《条例》第20条的规定，“拆迁补偿实行产权调换、作价补偿，或者产权调换与作价补偿相结合的形式。产权调换的面积按照所拆房屋的建筑面积计算。作价补偿的金额按照所拆房屋建筑面积的重置价格结合成新计算。”拆迁补偿的形势是三种：产权调换、作价补偿、产权调换与作价补偿相结合。新《条例》与原《条例》相比，一是取消了产权调换与作价补偿相结合这种方式；二是调整了补偿方式的顺序；三是增加了被拆迁人可以选择补偿方式的内容。之所以增加被拆迁人可以选择补偿的方式，主要是基于以下几个原因：

(1) 更有利于保护被拆迁人的合法权益。房屋是居民赖以生存的重要的生活资料，房屋被拆除，势必会对居民的生活带来不便，允许被拆迁人根据自己的实际需要选择补偿形式，实质是保护了被拆迁人对自己财产的处置权力。

(2) 有利于减少拆迁人与被拆迁人之间的矛盾。拆迁人与被拆迁人在拆迁过程中是一对矛盾主体，按照原《条例》的规定，租赁房屋只能实行产权调换，拆迁人给被拆迁人提供的房屋，无论被拆迁人对地点、质量等多么不满意，都只能被动地接受。新《条例》增加了被拆迁人可以选择的内容，拆迁人提供的调换房屋满意就接受，不满意可以选择货币补偿。

(3) 有利于促进拆迁人提供更好的调换房屋。拆迁人提供的产权调换房屋满意就选择产权调换，不满意就实行货币补偿。拆迁人为了减少项目的前期投入，也为了使拆迁后建设的项目早日销售，必然会提供更多的、被拆迁人满意的调换房屋。

(4) 有利于社会稳定。近年来，房屋投诉、上访案件的比例一直处于上升趋势，允许被拆迁人选择补偿方式，强化了被拆迁人的权利、减少拆迁人与被拆迁人之间的矛盾，促进了拆迁人拆迁行为的规范化，起到了促进社会稳定的作用。

《条例》在授予被拆迁人选择拆迁补偿安置方式权利的同时，也设立了相应的义务。也就是说，被拆迁人有选择权，但这种选择权是有限制的。选择货币补偿，就要接受市场评估价；选择产权调换形式，被拆迁人要么接受安置用房的价格，要么确定价格后，接受安置用房的地点等条件。不能既要得到好的房子，又不接受该房屋的市场价。如被拆迁人希望得到原拆迁地点或附近的房子，就必须接受拆除原房后新建房屋的市场价格。如果被拆迁人不愿多花钱，就必须接受与补偿金额相接近的房子。同时条例第2款还采取了排除法，对被拆迁人的选择权进行了限制，一是规定了拆迁非公益事业房屋的附属物不作产权调换，拆迁时被拆迁人只能选择货币补偿；二是被拆迁人与房屋承租人对解除租赁关系达不成协议的，只能实行产权调换，被拆迁人不能选择货币补偿。这样规定，主要是基于以下几个方面的考虑：

(1) 附属物不具备独立使用性质，产权调换后无法独立使用。另外，附属物属于特定建筑，不同建筑对附属物的要求也不相同。

(2) 解除不了租赁关系，意味着租赁双方不能就补偿金额的分配比例达成一致意见，拆迁人没有义务也很难就补偿金额给拆迁人与被拆迁人划定一个双方都认可的比例。在这种情况下，如果实行货币补偿，要么侵害出租人利益，要么侵害承租人的利益。另外，允许被拆迁人选择，被拆迁人为了早日解除已经存在的租赁关系，选择补偿，这样可能会出现因拆迁使原承租户失去了居住空间，也违背了不能因为拆迁而使原存在于被拆迁人与承租人之间的租赁关系强制解除的原则。

三、拆迁补偿标准

《房屋拆迁管理条例》第 24 条规定，“货币补偿的金额，根据被拆迁房屋的区位、用途、建筑面积等因素，以房地产市场评估价格确定。具体办法由省、自治区、直辖市人民政府制定。”根据以上规定，货币补偿标准的基本原则是等价有偿，采取的办法是根据被拆迁房屋的区位、用途、建筑面积等因素，以房地产市场评估的办法确定。

1. 区位、用途、建筑面积等因素的概念

所谓“区位”是指某一房屋的地理位置，主要包括在城市或区域中的地位，与其他地方往来的便捷性，与重要场所（如市中心、机场、港口、车站、政府机关等）的距离，周围环境、景观等。由于房地产的位置不可移动性，区位对房地产价值的决定作用是极其重要的。两宗实物和权益状况相同的房地产，如果区位不同，其价值可能有很大的不同。

所谓“用途”是指被拆迁房屋所有权证书上标明的用途，所有权证未标明用途的，以产权档案中记录的用途为准；产权案也未记录用途的，以实际用途为准。实际用途的界定以是否依法征得规划等部门同意，是否取得合法手续为依据，如原设计用途为经营性用房的，以取得营业执照作为确认其为营业性用房的依据；如原设计为住宅，改为营业性用房的，不但要有营业执照，还应当有规划部门同意变更的依据。

所谓“等因素”应当包含被拆迁房屋成新程度、权益状况、建筑结构形式、使用率、楼层、朝向等。对于区位、用途、建筑面积、成新程度、权益状况、建筑结构形式、使用率等都应在评估时考虑，对楼层、朝向可以采用房改中的系数，或者确定统一的系数。对于房屋内部装修，因每户装修的标准各不相同，装修的年代也各不相同。如果在评估时考虑装修，可能会大大加大评估成本，延长评估时间，不利于拆迁工作的进行。《条例》的立法原意是在评估时不考虑装修，如果要对装修进行补偿，应当由拆迁人和被拆迁人在签订协议时协商确定。但对装修是否补偿、如何补偿，由各地根据当地的管理水平在制定具体办法时明确。

2. 房地产价格评估

所谓“房地产价格评估”是指专业人员，根据估价目的，遵循估价原则，选择适宜的估价方法，在综合分析影响房地产价格因素的基础上，对房地产估价时点的客观合理价格或价值进行估算和判定的活动。房地产是实物、权益和区位三者的结合物。实物是其中具体的部分，如建筑物的结构、外观、质量、功能和土地的形状等。权益是其中无形的部分，如房屋的所有权（占有、使用、收益和处分的权利）、使用权、地役权、相邻关系等。

对房地产而言，其实物和权益在价值决定中都很重要。一幢房屋，其价值既受建筑结构、区位等影响，又受产权状况的影响，例如，房屋的产权是完全产权还是部分产权、占用的土地是划拨土地还是出让土地，价值都会有很大的差异。因此，两宗实物状况相同的房地产，如果权益不同，其价值可能有所不同；反之，两宗权益状况相同的房地产，如果实物状况不同，其价值也可能有所不同。这些都需要在房地产评估时充分考虑。在房地产评估时，不但要考虑房屋本身及占用的土地，还要考虑被拆迁人拥有的院落及拥有的附属设施。如一个四合院的价值与没有院落、但具有同样建筑面积的房屋的补偿肯定是不一样的，一个有停车位的宾馆与一个有相同建筑面积但没有停车位的宾馆价值肯定也不相同。这些都应当在评估时充分予以考虑。对于没有建筑物的土地，对其补偿也应当通过评估确定补偿标准。

关于房地产评估的原则，总的要求是独立、客观、公正，在具体估价作业中应遵循的原则主要包括合法原则、最高最佳使用原则、替代原则、估价时点原则、公平原则。

(1) 所谓合法原则是要求房地产估价应以估价对象的合法权益为前提进行。两宗实物状况相同的房地产，如果权益不同，价值会有所不同。但在估价时估价对象的权益不是估价人员可以随意假定的，必须有合法的依据。合法权益包括合法产权、合法使用、合法处分等方面。在合法产权方面，应以房地产权属证书和有关证件为依据，房屋权属证书有《房屋所有权证》、《房屋共有权证》和《房屋他项权证》三种。在合法使用方面，应以城市规划、土地用途管制等为依据。在合法处分方面，应以法律、法规或合同（如土地使用权出让合同）等允许的处分方式为依据。在其他方面，如评估出的价格必须符合国家的价格政策。

(2) 所谓最高最佳使用原则要求房地产估价应以估价对象的最高最佳使用为前提进行。最高最佳使用是指法律上允许、技术上可能、经济上可行，经过充分合理的论证，能使估价对象的价值达到最大的一种最可能的使用。

(3) 所谓替代原则要求房地产估价结果不得明显偏离类似房地产在同等条件下的正常价格。类似房地产是指与估价对象处在同一供求范围内，并在用途、规模、档次、建筑结构等方面与估价对象相同或相近的房地产。同一供求范围是指与估价对象具有替代关系，价格会相互影响的房地产所处的区域范围。

(4) 所谓估价时点原则要求房地产估价结果应是估价对象在估价时点时的客观合理价格或价值。运用比较法评估房地产的价格时，如果选用的不是估价时点的交易实例（通常都是这种情况），由于这些交易实例价格的成交日期与估价时点不同，就需要把它们修正到某个统一的时间上，这个统一的时间便是估价时点，只有这样，这些交易实例的价格才能作为判定估价对象价格的依据。

(5) 所谓公平原则要求房地产估价人员应站在中立的立场上，提出一个对各方面当事人来说都是公平的价格。

关于房地产评估的方法。目前，我国对房地产的评估方法较多，常用的有比较法、成本法、收益法、假设开发法、长期趋势法等多种。房屋拆迁评估最适宜的办法应当是比较法。但在实践中，由于交易案例缺乏等原因，没有条件采取比较法时，也可以采取其他办法。比如，对公益事业的房屋、对经营性用房，用比较法可能很难找到合适的比较案例。一般来讲，公益事业用房更多地使用成本法，而经营性物业的评估，使用成本法可能更有利。所谓“比较法”是将估价对象（即拆迁房屋）与在估价时点的近期有过交易的类似房地产进行比较，对这些类似房地产的成交价格做适当的修正，以此估算估价对象的客观合理价格或价值的方法。所谓“收益法”是根据估价对象未来的正常收益，选用适当的资本化率将其折现到估价时点后累加，以此估算估价对象的客观合理价格或价值的方法。所谓“成本法”是根据估价对象在估价时点的重新购建价格，然后扣除折旧，以此估算估价对象的客观合理价格或价值的方法。

考虑到我国地域辽阔，各地情况差异较大。南方和北方，沿海和内地由于经济发展水平、城市房屋拆迁规模、房地产市场情况等都存在着差别，作为国务院的行政法规，《条例》只规定了货币补偿价格应遵循的基本原则，授权各省、自治区、直辖市根据当地的具体情况做出规定。这样既照顾到了各地的实际情况，又有利于《条例》的实施。

四、产权调换的价格结算

1. 产权调换价格结算的办法

《房屋拆迁管理条例》第25条规定，“实行房屋产权调换的，拆迁人与被拆迁人应当依照本条例第24条的规定，计算被拆迁房屋的补偿金额和所调换房屋的价格，结清产权调换的差价。拆迁非公益事业房屋的附属物，不作产权调换，由拆迁人给予货币补偿。”根据以上规定，产权调换后差价的结算办法是按等价交换的原则，由拆迁人对按被拆除房屋的评估价对被拆迁人进行补偿，再由被拆迁人按市场价购买拆迁人提供的产权调换房屋，被拆迁房屋的评估价与产权调换房屋的市场价进行差价结算，多退少补。无论实行货币补偿还是产权调换，有一个基本原则是必须明确的，即等价的原则。所以，从价值量来衡量，产权调换与货币补偿是等价的。房屋属于被拆迁人的私有财产，被拆迁人对其合法拥有的房屋可以依法行使占有、使用、收益和处分的权利。由于城市建设需要，对房屋进行拆迁是一种强制性行为，要求被拆迁人必须服从。在这种情况下，理应对被拆迁人进行合理补偿，补偿标准的确定，在市场经济条件下，应当以市场价进行补偿。考虑到被拆迁人或其承租人可能会因拆迁无房可住，补偿的货币又一时难以买到合适的住房，因此，《条例》规定的补偿方式除货币补偿之外，还保留了“产权调换”这种方式。产权调换后，调换房屋的所有权归被拆除房屋的所有人所有，当所有人和使用人分离时，所有人应当对使用人进行安置。因为，所有权归产权人所有，因此，产权调换的差价的结算也由所有人负责。产权调换后，被拆除房屋的补偿价格依据《条例》第24条的规定，通过评估确定；调换房屋的价格，如果是通过购买方式取得的，原则上不得高于购买价格（购买较早的，可能会因市场而升值）；如果是原地还迁，其价格的确定由拆迁人与被拆迁人根据市场情况协商议定。双方达不成协议的，另行选择调换房屋。所谓附属物是指房屋的附属建筑和构筑物，如室外厕所、门斗、烟囱、化粪池等，由于房屋与附属物在整个建筑中属一个整体，拆迁后新建房屋由于设计、使用功能等方面的原因与原建筑物有所不同，对附属物的要求自然也不相同。立法时将附属物单独进行考虑，在拆迁补偿中只规定给予货币补偿是符合实际情况的。如果允许附属物也互换产权，实际操作中可能会遇到许多障碍，也不利拆迁工作的正常进行。因此，在房屋拆迁过程中设定拆迁人对被拆迁房屋属非公益事业房屋的附属物不作产权调换更便于灵活操作，按照货币补偿标准在价值量体现方面更为精确、合理，容易为被拆迁人接受。如从1991年拆迁至今，对非居住房屋拆迁操作中都采取以货币补偿的形式，拆迁速度快，纠纷也少。附属物补偿标准的确定，应当通过评估确定，可以在评估时一起考虑、也可以单独进行评估。

2. 新旧《条例》的比较

新《条例》中的“产权调换”是指拆迁人用自己建造或购买的产权房屋与被拆迁房屋进行调换产权，并按拆迁房屋的评估价和调换房屋的市场价进行结算调换差价的行为。也就是说以异地或原地再建的房屋，和被拆除房屋进行产权交换，被拆迁人失去了被拆迁房屋的产权，调换之后拥有调换房屋的产权。与原《条例》中“产权调换”相比，在概念的内涵和结算方式上有很大区别。原《条例》规定，以产权调换形式偿还的非住宅房屋，偿还建筑面积与原建筑面积相等的部分，按照重置价格结算结构差价；偿还建筑面积超过原建筑面积的部分，按照商品房价格结算；偿还建筑面积不足原建筑面积的部分，按照重置价格结合成新结算。以产权调换形式偿还的住宅房屋，偿还住宅房屋与被拆除住宅房屋之间的差价结算及超过或者不足所拆住宅房屋的原建筑面积部分的价格结算办法，由省、自治区、直辖市人民政府规定。原《条例》中的“产权调换”强调的是以重置价进行结构差价结算，在等面积的部分，既不考虑房屋的区位，也不考虑房屋的成新等价格影响因素，而面积不等的部分，超出和不足的补偿又不相同。可以说，未体现等价有偿的原则。而新《条例》则注重的是房屋的价值量，尽管以实物形式体现，实际上是按照等价交换的原则，由拆迁人按被拆除房屋的评估价对被拆迁人进行补偿，再由被拆迁人按市场价购买拆迁人提供的产权调换房屋，被拆迁房屋的评估价与产权调换房屋的市场价进行差价结算，多退少补，体现的是等价原则。同时新《条例》规定了拆迁非公益事业房屋的附属物，不作产权调换，而由拆迁人给予货币补偿，此规定与原《条例》略有区别，原《条例》的规定是由拆迁人给予适当作价补偿。

五、出租房屋拆迁补偿安置的原则

1. 房屋租赁的概念

所谓房屋租赁是指房屋所有权人将其拥有的房屋在一定期限内的使用权让渡给使用人使用，由使用人支付租金的行为。从房屋租赁的概念可以看出，房屋租赁需符合以下几个要件：一是出租人应当是房屋的所有人；二是租赁应当有期限；三是承租人应当交纳租金。但在实践中，由于长期实行住房实物分配制度，有许多房屋虽不符合房屋租赁的要件，但已形成了事实上的租赁。表现为：①虽有租赁协议（或房屋分配单），但没有租赁期限。由于所有人与使用人一直分离，使用人也定期交纳租金，也应界定为租赁房屋，按租赁房屋进行补偿、安置。这种情形主要发生在大量的公有房屋之中。②虽没有租赁协议，但也定期交纳租金。由于历史原因，虽没有任何手续，但所有人与使用人一直分离，也定期交纳租金，也应界定为租赁行为。③既没有租赁协议，也不交租金（主要是历史遗留问题）。对于这些事实租赁，在拆迁时也应当按照租赁房屋的拆迁补偿安置原则进行安置。

按房屋所有权的性质，房屋租赁分为公有房屋的租赁和私有房屋的租赁。公有房屋的所有权是国家，但在租赁关系中，国家并未作为民事法律主体出现，而是采取授权的方式，由授权的单位具体管理。按照目前我国的管理体制及管理模式，直管公房一般由各级人民政府房地产行政主管部门管理，房地产行政主管部门作为直管公房所有人的代表，依法行使占有、使用、收益和处分的权利。直管公房由国家授权的单位管理，其法律特征是管理单位持有《房屋所有权证》。私有房屋的所有权人是指持有房屋所有权证的个人，对于持有《共有权证书》的私房主，只能称为共有权人，共有权人必须在所有共有权人同意后方可将房屋出租。根据《城市房地产管理法》、《城市房屋租赁管理办法》等法律、法规的规定，房屋租赁合同为要式合同，必须采用书面形式。

2. 出租房屋拆迁补偿安置的原则

《房屋管理条例》第27条规定，"拆迁租赁房屋，被拆迁人与房屋承租人解除租赁关系的，或者被拆迁人对房屋承租人进行安置的，拆迁人对被拆迁人给予补偿。被拆迁人与房屋承租人对解除租赁关系达不成协议的，拆迁人应当对被拆迁人实行房屋产权调换。产权调换的房屋由原承租人承租，被拆迁人应当与房屋承租人重新订立房屋租赁合同。"根据以上规定可知，出租房屋拆迁补偿安置的具体办法分为两种：

(1) 解除租赁协议的处理方式。即被拆迁人与房屋承租人解除租赁关系的，由拆迁人对房屋所有人进行补偿，由所有人进行安置。拆迁补偿前，已经解除了租赁协议或出租人对承租人进行了安置，实质上相当于非租赁房屋的补偿、安置，根据《条例》的规定，对所有人进行补偿、安置。

(2) 对解除租赁关系达不成协议时的处理方式。被拆迁人与房屋承租人对解除租赁关系达不成协议时，为了保障承租人的权益不受损害，《条例》规定实行产权调换，被拆迁人与原房屋承租人就新调换房屋重新签订租赁协议。

根据以上条例的规定，对于租赁房屋的补偿与安置应当把握以下原则，一是租赁房屋遇到拆迁时，租赁协议不能解除的按本条规定的原则进行补偿；二是对房屋租赁的认定，应当根据《合同法》约定优先的原则，以合同的存在为依据。尽管《城市房屋租赁管理办法》规定房屋租赁必须进行登记备案，但登记备案的作用是对抗第三人，也就是说，一栋房屋与两个以上的承租人签订租赁协议的，认可登记备案的一方租赁行为。不能因未进行合同登记备案为由，认定已经签订房屋租赁合同的租赁行为无效。关于租赁协议的解除方式，租赁协议中对遇到房屋拆迁的处理方式有约定的，从其约定，没有约定的，所有人和承租人双方协商解决。

3. 新旧《条例》的比较

原《条例》第24条规定"拆除出租住宅房屋，应当实行产权调换，原租赁关系继续保持，因拆迁而引起变动原租赁合同条款的，应当作相应修改"。新《条例》与原《条例》相比，主要发生了以下几个方面的变化：①保护了房屋所有权人的合法权益，所有人可以选择补偿方式，也就是说，所有人在拆迁时，可以先行解除租赁关系，获得货币补偿；解除不了租赁关系的，才实行产权调换。②增加了被拆迁人的义务，也就是说，如果被拆迁人要想获得货币补偿，必须对被拆除房屋的承租人进行安置，解除双方在被拆除房屋上的租赁关系。③规定达不成协议的，实行产权调换，产权调换后重新签订租赁协议。④外延有扩展，不仅适用居住房屋，也适用于非居住房屋。

新《条例》规定，被拆迁人是指房屋的所有人，指的是因房屋拆迁而得到补偿或安置的主体。承租人相对房屋出租人而言，是以支付租金而得到一定期限的房屋使用权。承租人取得的只是房屋的占有、使用权，而房屋的收益、处分权利仍属于房屋所有权人。因此，《条例》将租赁房屋的补偿主体确定为房屋所有权人，但房屋拆迁同时也会给承租人带来一定的损失和不便，因此，要兼顾对使用人的安置。房屋租赁属于出租人与承租人之间民事法律关系，处理租赁民事关系更多地要靠租赁双方自行解决。《条例》规定，租赁双方能够达成协议、自行解除租赁这种民事关系的，对所有人进行补偿，所有人对使用人进行安置。但拆迁又在一定程度上影响了租赁这一民事法律关系的变化，属于强制性的行为。租赁双方如果在合同中未对租赁期间遇到拆迁如何处理作出规定，在租赁双方达不成协议时，为了不影响拆迁工作的进行，《条例》规定进行产权调换，出租人与承租人自行就新的调换房屋签订新的租赁合同。这样规定，实际上是将拆迁和租赁这两个民事法律关系分别进行处理。

六、拆迁产权不明确房屋的规定

所谓产权不明确的房屋是指无产权关系证明、产权人下落不明、暂时无法考证产权的合法所有人或因产权关系正在诉讼的房屋。由于房屋产权的不确定性，补偿安置的主体也就不确定。但是，拆迁中不能因为其主体不明确，降低或不对此类房屋进行补偿。为了不因被拆迁房屋产权关系不明确，使拆迁补偿安置受到影响，《房屋管理条例》第 29 条规定："拆迁产权不明确的房屋，拆迁人应当提出补偿安置方案，报房屋拆迁管理部门审核同意后实施拆迁。拆迁前，拆迁人应当就被拆迁房屋的有关事项向公证机关办理证据保全。"根据以上规定，拆迁产权不明确房屋的补偿、安置程序为：①拆迁人按照已经批准的拆迁补偿、安置方案、房地产评估结果，制订对产权不明确房屋补偿安置方案；②产权不明确的房屋的补偿方案报拆迁主管部门审核、批准；③按照有关规定对拆迁房屋作勘察记录，包括房屋的坐落位置、朝向、面积（建筑面积）、房屋建筑结构、房屋的性质、成新程度，同时要拍照、摄像；④对产权不明确房屋所做的这些调查资料，予以整理后，向公证机关办理证据保全，该资料具有法律效力。

法律之所以要求"由拆迁人提出补偿方案，报房屋拆迁管理部门审核同意后实施拆迁"，主要原因是拆迁人提出的补偿安置方案是根据房屋的自然状况而确定的，本应该是客观、公正、符合实际情况的，但拆迁人与被拆迁人在补偿、安置方面又是利益的矛盾体，因此，条例还要拆迁人提供的方案必须经拆迁主管部门审核，目的主要是为了确保补偿安置方案的公平、合理。关于拆除产权不明确房屋前要求"拆迁人应当就拆迁房屋的有关事项向公证机关办理证据保全"之规定中的"证据保全"是指对可能灭失或者以后难以取得的，证明一切法律行为或事件的证据，依法收集、保管和固定，以保持其真实性和证明力的一种措施。根据本条要求，拆迁人应就被拆迁房屋向公证机关提交证据保全申请，并按公证机关规定的程序和要求办理公证，对公证机关出具的法律文书立案归档以备查用。拆迁人向主管部门申报拆迁方案时，应当明确对被拆迁房屋的补偿安置标准、计划补偿方式，以及如何安置房屋使用人等。房屋使用人不同意拆迁安置方案的，可以申请拆迁主管部门裁决，也可以向法院起诉。

七、设有抵押权房屋的拆迁补偿

1. 关于担保的法律规定

目前我国有关担保的法律主要有，《担保法》、《城市房屋抵押管理办法》、《最高人民法院关于适用〈中华人民共和国担保法〉若干问题的解释》等。有新的担保法律出台，应当依新法律的规定执行。

(1)《担保法》

《担保法》第 49 条规定，抵押期间，抵押人转让已办理登记的抵押物的，应当通知抵押权人并告知受让人转让物已经抵押的情况；抵押人未通知抵押权人或者未告知受让人的，转让行为无效。转让抵押物的价款明显低于其价值的，抵押权人可以要求抵押人提供相应的担保；抵押人不提供的，不得转让抵押物。抵押人转让抵押物所得的价款，应当向抵押权人提前清偿所担保的债权或者向与抵押权人约定的第三人提存。超过债权数额的部分，归抵押人所有，不足部分由债务人清偿。第 51 条规定，抵押人的行为足以使抵押物价值减少的，抵押权人有权要求抵押人停止其行为。抵押物价值减少时，抵押权人有权要求抵押人恢复抵押物的价值，或者提供与减少的价值相当的担保。抵押人对抵押物价值减少无过错的，抵押权人只能在抵押人因损害而得到的赔偿范围内要求提供担保。抵押物价值未减少的部分，仍作为债权的担保。

(2)《最高人民法院关于适用〈中华人民共和国担保法〉若干问题的解释》

此解释第 80 条规定，在抵押物灭失、毁损或者被征用的情况下，抵押权人可以就该抵押物的保险金、赔偿金或者补偿金优先受偿。抵押物灭失、毁损或者被征用的情况下，抵押权所担保的债权未届清偿期的，抵押权人可以请求人民法院对保险金、赔偿金或补偿金等采取保全措施。

(3)《城市房地产抵押管理办法》

此办法规定，因国家建设需要，将已经设定抵押权的房地产列入拆迁范围的，抵押人应当及时书面通知抵押权人；抵押双方可以重新设定抵押房地产，也可以依法清理债权债务，解除抵押合同。第 45 条规定，以划拨方式取得的土地使用权连同地上建筑物设定的房地产抵押进行处分时，应当从处分所得的价款中缴纳相当于应当缴纳的土地使用权出让金的数额后，抵押权人方可优先受偿。

2. 设有抵押权房屋的拆迁补偿

《房屋拆迁管理条例》第 30 条规定，“拆迁设有抵押权的房屋，依照国家有关担保的法律执行。”根据上述规定，拆除设有抵押权的房屋进行拆迁时，应当按以下程序进行补偿和安置：

(1) 要认定抵押的有效性。按照《担保法》的规定，当事人以房地产进行抵押的，应当办理抵押登记，报押合同自登记之日起生效。因此，未进行抵押登记的，视为无效抵押，拆迁时不应按已设定抵押的房屋进行补偿、安置；

(2) 应当及时通知抵押权人，一般是接受抵押的银行。

(3) 能解除抵押合同的，补偿款付给被拆迁人，付款前必须经抵押权人认可；不能解除抵押关系的，按照法律规定的清偿顺序进行清偿，不足清偿抵押人的，抵押权人按照《担保法》及其他有关担保方面的法律规定向抵押人进行追偿。

3. 新旧《条例》比较

原《条例》第26条规定“对拆除设有抵押权的房屋实行产权调换的，由抵押权人和抵押人重新签订抵押协议。抵押权人和抵押人在房屋拆迁主管部门公布的规定期限内达不成抵押协议的，由拆迁人参照本条例第25的规定实施拆迁。拆除设有抵押权的房屋实行作价补偿的，由抵押权人和抵押人重新设立抵押权或者由抵押人清偿债务后，方可给予补偿。”新《条例》之所以对原《条例》进行修改，主要基于以下方面的考虑：

(1) 国家已经出台了《中华人民共和国担保法》(以下简称《担保法》) 及相关法律规定，对于抵押权的处置明确规定，拆迁抵押权的房屋，应当按照担保法律的有关规定执行。

(2) 原《条例》规定已经与现行法律规定不符，如划拨土地上建筑连同土地一同抵押的，处分后必须优先偿还土地使用权出让金。

(3) 原《条例》的规定超越了房屋拆迁管理应当规范的内容。拆除抵押权的房屋，抵押人与抵押权人是重新设定抵押关系，还是先行解除抵押合同，完全属于抵押人与抵押权人双方的民事关系。

(4) 按照新《条例》的写法，更加灵活，既使担保方面的法律规定进行调整，也不影响本《条例》的执行。

《条例》所称抵押是指债务人或者第三人不转移对财产的占有，将该财产作为债权的担保。债务人不履行债务时，债权人有权依照本法规定以该财产折价或者以拍卖、变卖该财产的价款优先受偿。

第三节　法　律　责　任

一、法律责任概述

法律责任，又称违法责任，是指法律关系的主体由于其行为违法，按照法律、法规规定必须承担的消极法律后果。这一概念包括以下几层含义：第一，承担法律责任的主体既包括公民、法人，也包括机关和其他社会组织；既包括中国人，也包括外国人和无国籍人。第二，违法行为的实施是承担法律责任的核心要件。第三，法律责任是一种消极的法律后果，即是一种法律上的惩诫性负担。第四，法律责任只能由有权国家机关依法予以追究。

法律责任不同于其他社会责任，如政治责任、道义责任等，法律责任具有以下特征：(1) 它是与违法行为相联系的。没有违法行为，就谈不上法律责任。由于违法行为的性质和危害程度不同，违法行为所应承担的法律责任也不相同。(2) 它的内容是法律明确而又具体规定的。法律责任是一种强制性的法律措施，必须由有立法权的国家机关根据立法权限依照法定程序制定的有关法律、行政法规、地方性法规或者规章来加以明文规定，否则就不能构成法律责任。(3) 它具有国家强制性。法律责任是以国家强制力为后盾的。所谓国家强制力，是指国家司法机关或者行政机关有权采取的，能够迫使违法行为人承担其效果的强制力。其他责任，如道德责任，只能通过舆论监督等途径进行，不能通过国家强制力保证执行。(4) 它是由国家授权的机关依法实施的。对违法行为追究法律责任，实施法律制裁，是国家权力的重要组成部分，必须由国家授权的机关，主要是国家司法机关和有关国家行政机关依法进行，其他任何组织和个人均无权进行。

法律责任是法律、法规、规章必不可少的重要组成部分，占有重要的地位。任何一项完整的法律规范，都应当包括适用条件、行为模式以及违反行为模式的法律后果三个要素，其中，法律责任的规定是体现法律规范国家强制力的核心部分，如果在一个法律文件中缺乏法律责任的规定，法律所规定的权利和义务就形同虚设。因此，在法律、法规乃至规章中，根据其所调整的社会关系的性质、特点，正确、合理地选择、规定法律责任的条款，对保证法律、法规、规章的有效实施具有非常重要的法律意义和社会意义。一般来说，法律责任按主体违反法律规范的不同可以分为刑事责任、民事责任和行政责任三大类。

1. 刑事责任

它是指法律关系主体违反国家刑事法律规范，所应承担的应当给予刑罚制裁的法律责任。刑事责任是最为严厉的法律责任，只能由国家审判机关、检察机关依法予以追究。根据我国《刑法》规定，我国刑罚分为主刑和附加刑两大类。主刑主要有管制、拘役、有期徒刑、无期徒刑、死刑；附加刑主要有罚金、剥夺政治权利、没收财产。

2. 民事责任

它是指法律关系主体违反民事法律规范，所应承担的应当给予民事制裁的法律责任。根据《民法通则》、《合同法》、《担保法》等法律的规定，我国民事责任的形式主要有停止侵害、排除妨碍、消除危险、返还财产、赔偿损失、消除影响、恢复名誉、赔礼道歉等。

3. 行政责任

它又称为行政法律责任，是指法律关系主体由于违反行政法律规范，所应承担的一种行政法律后果。根据追究的机关不同，行政责任可分为行政处罚和行政处分。

(1) 行政处罚

根据我国《行政处罚法》第3条规定“公民、法人或者其他组织违反行政管理秩序的行为，应当给予行政处罚的，依照本法由法律、法规或者规章规定，并由行政机关依照本法规定的程序实施。没有法定依据或者不遵守法定程序的，行政处罚无效”。

行政处罚应当具备以下条件：

1) 行政处罚是公民、法人或者其他组织违反行政管理秩序应当承担的法律责任。所谓行政管理秩序是社会秩序的重要内容，是通过行政权力的配置和运作来维持的，是行政权力的主体，即行政机关与行政管理相对人，包括公民、法人或者其他组织在行政管理关系中形成的维护公共利益的公共秩序。

2）法律、法规或者规章明确规定，公民、法人或者其他组织违反行政管理秩序应当给予行政处罚的，才能给予行政处罚。

3）行政处罚只能由行政机关依照法定程序实施。

4）行政机关在没有法定依据或者不遵守法定程序情况下实施的行政处罚是无效的，公民、法人或者其他组织有权拒绝，人民法院也可以依法予以撤销。

根据我国《行政处罚法》第8条规定，行政处罚的种类有以下七种：

1）警告。属申诫罚，指行政机关对公民、法人或者其他组织违反行政管理法律规范的行为的谴责和警示，其目的是给予违法行为人一种精神上的惩诫，以申明其有违法行为，并使其以后不再违法，否则，就要受到更严厉的处罚。警告既适用于公民，也适用于法人和其他组织。

2）罚款。属财产罚，指行政机关强迫违法行为人缴纳一定数额的货币从而依法损害或剥夺违法行为人某些财产权的一种处罚。罚款不同于民事责任中的赔偿损失，赔偿损失是违法行为人损害了他人财产权和其他合法权益后而为的赔偿，也不同于罚金，罚金是刑罚的附加刑之一，适用对象只能是触犯刑法构成犯罪的个人或者组织，只能由法院进行判处。罚款既是一种行政行为，也是一种司法行为。

3）责令停产停业。属能力罚之一，是指行政机关责令违法行为人停止生产、经营活动，从而限制或者剥夺违法行为人生产、经营能力的一种处罚。《行政处罚法》没有把责令停止违法行为、责令限期改正作为一种行政处罚加以规定，这主要考虑到，责令停止违法行为、责令限期改正的本意是要求违法人有错必纠，任何违法行为不管是否需要予以处罚，首先都应当立即停止违法行为，并纠正违法行为，这在本质上并不具有惩罚性质。

4）暂扣或者吊销许可证、执照及有关证照。属能力罚之一，是指行政机关依法限制或者剥夺违法行为人某种资格的处罚。无论是许可证，还是执照，在本质上都是认可公民、法人或者其他组织具备某种资格、能力，从而能够得到国家法律的承认和保障，其前提是公民、法人或者其他组织符合法定条件，当这种条件发生变化或者行为人不符合这一条件，行政机关就要依法不予承认行为人所取得的某种资格或者能力，这就表现为暂扣或者吊销许可证、执照和有关证照。

5）没收违法所得、没收非法财物。属财产罚，没收非法所得是指行政机关依法将行为人通过违法行为获取的财产收归国有的处罚形式，如没收通过赌博或者销售伪劣产品获取的财产。没收非法财物，是指行政机关依法将违禁物品或用以实施违法行为的工具等财物收归国有的处罚形式，如没收非法出版物、捕杀珍贵动物的猎枪、用于走私的车辆。

6）行政拘留。属人身罚，指特定行政机关对违反行政法律规范的公民，在短期内限制其人身自由的一种处罚。行政拘留不同于刑事拘留，前者是特定行政机关（公安机关）依据行政管理法律对违反行政法律规范的公民所实行的一种惩诫措施，而后者是公安机关依据刑事诉讼法，对于该逮捕的现行犯或重大犯罪嫌疑人实施的一种强制措施。另外，行政拘留的期限则不同于刑事拘留的期限。行政拘留一般为10日内，加重不超过15日，而刑事拘留要求在拘留3日内提请人民检察院审查批准逮捕或者释放。

7）法律、行政法规规定的其他行政处罚。这一规定的目的是两方面：一方面是现行法律、行政法规对行政处罚其他种类的规定仍然保留、有效；第二方面是以后的法律、行政法规还可以在行政处罚法规定的处罚种类之外设定其他处罚种类。

(2) 行政处分

所谓行政处分是指国家机关、企事业单位按照干部、人事管理权限对机关工作人员和职工进行的惩罚。根据《行政监察法》和《国家公务员暂行条例》的规定，对于国家公务员的行政处分包括：警告、记过、记大过、降级、撤职、开除六种。

二、违反《房屋拆迁管理条例》的行为

新《条例》较之原《条例》，规定的法律责任更具体、更有可操作性，也加大了处罚力度。主要特点表现在以下三个方面：

(1) 在法律责任中明确区分了房屋拆迁活动中的民事行为与行政行为。罚则部分没有涉及拆迁人与被拆迁人之间因房屋拆迁补偿安置合同产生的法律责任，这部分民事责任由民法调整，而对违反房屋拆迁的行政管理秩序的行为进行了明确的规定。

(2) 在法律责任的设置上处处体现了保护被拆迁人利益的原则。无论是对拆迁人、拆迁单位的处罚，还是对房屋拆迁管理部门工作人员的处罚，都旨在保护处于弱者地位的被拆迁人的利益，对损害被拆迁人利益的各种违法行为规定得更具体，处罚更有力，更有可操作性。

(3) 对政府房屋拆迁管理部门工作人员的违法行为进行了明确的规定。《条例》不但对政府房屋拆迁管理部门工作人员在房屋拆迁活动中的违法行政行为进行了详细的列举，而且对实施违法行为的主管人员和直接责任人员分别规定了行政处分；不但对政府房屋拆迁管理部门的工作人员直接实施的违法行政行为作了规定，而且将政府房屋拆迁管理部门的管理人员不履行监督管理职责、对违法行为不予查处的消极不作为也认定为违法。

根据《房屋拆迁管理条例》的规定，违反拆迁法规，应当给与行政处罚的行为有以下几种：

1. 未取得房屋拆迁许可证擅自拆迁的行为

实施房屋拆迁，不仅关系到城市的总体规划、建设用地的审批管理，而且关系到被拆迁人的切身利益，是关系老百姓安居的大事。因此，政府应当对城市房屋拆迁进行严格管理，对擅自实施拆迁的行为进行处罚。所谓擅自实施拆迁，是指实施房屋拆迁的单位未取得房屋拆迁许可证，就与被拆迁人协商并订立了拆迁补偿安置协议的行为。故《房屋拆迁管理条例》第 34 条规定，“违反本条例规定，未取得房屋拆迁许可证，擅自实施拆迁的，由房屋拆迁管理部门责令停止拆迁，给予警告，并处已经拆迁房屋建筑面积每平方米 20 元以上 50 元以下的罚款。”根据以上规定，未取得房屋拆迁许可证擅自拆迁的行为应承当以下法律责任：

(1) 警告。城市房屋拆迁管理部门应当对具有上述违法行为单位给予申诫和警示，责令其立即纠正违法行为，否则将会给予加严厉的处罚。

(2) 罚款。城市房屋拆迁管理部门应当根据法定职权范围，对具有上述违法行为的单位处以已经拆迁房屋建筑面积每平方米 20 元以上 50 元以下的罚款。所谓“已经拆迁房屋建筑面积”是指违法实施房屋拆迁的单位与被拆迁人订立的拆迁补偿安置协议上载明的实

施拆迁的房屋的建筑面积。

由于没有房屋拆迁许可证就实施拆迁行为的社会危害性较大，条例加大了处理力度，考虑到只有拆迁补偿安置协议上载明的房屋的建筑面积是固定的，具有可操作性，故以此作为处罚依据。也就是说，不论实施房屋拆迁的单位事实上是否实施拆除房屋的行为，或者被拆迁人是否已经搬迁，都以已经订立的拆迁补偿安置协议上载明的房屋建筑面积为处罚依据。如果违法实施拆迁的单位已经实施了拆除房屋的行为或被拆迁人已经搬迁，可以认为情节较严重，可以在法定幅度内从重处罚。本条规定的处罚种类是警告并处罚款，因此，只要未取得房屋拆迁许可证，城市房屋拆迁管理部门就应当对实施违法行为的单位警告并处罚款。责令停止拆迁不是行政处罚，是行政机关要求实施房屋拆迁的单位立即停止违法行为，防止侵害继续扩大的措施，实施违法行为的单位必须立即停止违法行为。

2. 以欺骗手段取得房屋拆迁许可证的行为

《拆迁管理条例》第35条规定，“拆迁人违反本条例的规定，以欺骗手段取得房屋拆迁许可证的，由房屋拆迁管理部门吊销房屋拆迁许可证，并处拆迁补偿安置资金1%以上3%以下的罚款。”违反以上规定，以欺骗手段取得房屋拆迁许可证的行为属于违法行为，所谓“欺骗手段”是指用虚构事实或隐瞒真相的手段或方法逃脱政府对资格审批的方法，如准备实施房屋拆迁的单位用假造的批准文件或不实的拆迁计划、拆迁方案或虚假的资金证明等手段以假充真，从政府房屋拆迁管理部门申请领取到房屋拆迁许可证。这些单位实际上不符合领取房屋拆迁许可证的条件，一旦从事拆迁活动，必然损害被拆迁人利益，必然破坏政府对拆迁活动的管理秩序，最终必然危害社会利益。这是一种较为严重的违法行为，故应承担以下法律责任：

（1）吊销房屋拆迁许可证。只要是以欺骗手段取得了房屋拆迁许可证，不论是否已经实施房屋拆迁，也不论是否已经产生危害后果，城市房屋拆迁管理部门首先应当吊销这个已经颁发的房屋拆迁许可证，也就是禁止这个单位继续从事房屋拆迁活动。

（2）罚款。城市房屋拆迁管理部门应当根据法定职权，对实施上述违法行为的单位处以拆迁补偿安置资金1%以上3%以下的罚款。所谓“拆迁补偿安置资金”，是指申请领取房屋拆迁许可证的单位在办理房屋拆迁许可证时所提交的拆迁方案中载明的拆迁补偿安置资金的数额。

拆迁人如果通过欺骗手段取得了房屋拆迁许可证，就已经构成违法，应当依照本条进行处罚。如果拆迁人还进行了实际的拆迁活动，可以认为情节比较严重，危害性更大，应该加大处罚力度，在法定幅度内从重处罚。本条规定的处罚种类是吊销房屋拆迁许可证并处罚款，只要拆迁人以欺骗手段取得了房屋拆迁许可证，房屋拆迁管理部门就应吊销其房屋拆迁许可证，并同时处以与危害性相当的罚款。

3. 违反房屋拆迁管理秩序的行为

《房屋拆迁管理条例》第9条规定，“拆迁人应当在房屋拆迁许可证确定的拆迁范围和拆迁期限内，实施房屋拆迁。需要延长拆迁期限的，拆迁人应当在拆迁期限届满15日前，向房屋拆迁管理部门提出延期拆迁申请；房屋拆迁管理部门应当自收到延期拆迁申请之日起10日给予答复。”《条例》第10条规定，“拆迁人可以自行拆迁，也可以委托具有拆迁资格的单位实施拆迁。”有的拆迁人在领取到房屋拆迁许可证后，并不按照房屋拆迁许可证的规定进行拆迁，而是超越许可证的内容，有的擅自扩大拆迁范围，有的擅自延长拆迁期限，还有的将拆迁任务委托给不具有拆迁资格的单位，这些行为都违反了本条例关于拆迁人在实施房屋拆迁活动中的强制性规定，扰乱了房屋拆迁的行政管理秩序，具有一定的社会危害性。故此《房屋拆迁管理条例》第36条规定，“拆迁人违反本条例的规定，有下列行为之一的，由房屋拆迁管理部门责令停止拆迁，给予警告，可以并处拆迁补偿安置资金3%以下的罚款；情节严重的，吊销房屋拆迁许可证：未按房屋拆迁许可证确定的拆迁范围实施房屋拆迁的；委托不具有拆迁资格的单位实施拆迁的”。根据以上规定，本条所涉及的违法行为包括：

(1) 未按房屋拆迁许可证确定的拆迁范围实施房屋拆迁的。拆迁人在实施房屋拆迁活动中，应当严格依照政府房屋拆迁管理部门颁发的房屋拆迁许可证中确定的拆迁范围进行拆迁。由于拆迁范围是拆迁活动直接涉及的地域范围，政府房屋拆迁管理部门确定拆迁范围的依据是拆迁人提供的建设项目批准文件、建设用地规划许可证、国有土地使用权批准文件。因此，政府根据这些批准文件或者许可证，最终确定需要进行房屋拆迁的范围，并在房屋拆迁许可证中加以明确规定，这也是政府对拆迁人从事拆迁活动合法性的一种确认。拆迁人在拆迁活动中既不能擅自扩大拆迁范围，也不能擅自缩小拆迁范围。如果拆迁人擅自扩大房屋拆迁许可证确定的拆迁范围进行拆迁，就不能保证扩大地域部分内的土地使用、城市规划等的合法性，也就使政府对拆迁活动的审批行为失去意义。而如果拆迁人擅自缩小了拆迁活动的地域范围，实际上也破坏了正常的社会经济管理秩序，因为此时，政府已经根据拆迁许可证中确定的拆迁范围停止了比实际拆迁范围更大的地域范围内进行的办理房屋新建、扩建、改建以及改变房屋和土地用途、租赁房屋的手续，这必然影响到当地正常的经济、社会秩序。因此，不按照房屋拆迁许可证确定的拆迁范围进行拆迁的行为，不但破坏了政府对拆迁活动的管理秩序，而且可能直接损害老百姓的利益，并破坏当地正常的经济、生活秩序，故应当承担相应的法律责任。

(2) 委托不具有拆迁资格的单位实施拆迁的。拆迁活动具有很强的专业性，不但需要准确理解政府关于房屋拆迁活动的现行政策和各种补偿标准，而且还需要具备较强的谈判能力，以便能够与被拆迁人或房屋承租人订立拆迁补偿安置协议。尤其在涉及到较大地域范围内的较多居民拆迁时，拆迁单位还应当配合政府做好拆迁动员工作，需要实行统一的拆迁政策和补偿标准。因此，拆迁单位应当具备政府认可的资格。当由不具备资格的拆迁单位实施拆迁时，就可能因为该单位不能准确掌握现行的拆迁政策，或者在拆迁工作中所实行的拆迁标准不一，或者随意降低补偿标准，而损害被拆迁人的利益，引发群众的争议，甚至导致发生集体诉讼或群体性事件。因此，拆迁人不得委托不具备拆迁资格的单位进行拆迁。如果拆迁人违反规定，应当对拆迁人进行处罚。

(3) 擅自延长拆迁期限的。拆迁人应当在房屋拆迁许可证中确定的拆迁期限内完成拆迁工作，这是因为：①确定拆迁期限，是为了保护被拆迁人的利益，尽早解决被拆迁人的安置和补偿问题，防止拆迁期限过长，被拆迁人的利益受到侵害；②为了保护拆迁人的利益，防止拆迁活动中可能存在的投机行为，房屋拆迁部门已经根据拆迁期限停止了在拆迁范围内办理新建、扩建、改建房屋以及改变房屋和土地用途、租赁房屋的手续，如果拆迁人不能在拆迁期限内完成拆迁活动，势必影响到整个拆迁管理秩序的正常进行。又由于拆迁活动中确实存在许多难以预料的困难，拆迁人可能难以准时完成拆迁活动，这时，应当允许拆迁人办理延长拆迁期限的手续，拆迁人办理手续后，应当在延长的期限内完成拆迁活动。如果拆迁人未办理延长手续，擅自延长拆迁期限，就必然侵害被拆迁人的利益，也必然破坏拆迁管理秩序，应当受到处罚。

以上违法行为按照《条例》第36条的规定，应当承担下列法律责任：①警告。只要拆迁人有上述违法行为之一，房屋拆迁管理部门就应当对其进行警告，责令其改正违法行为，否则将受到更加严厉的处罚。②罚款。如果拆迁人实施的违法行为已经造成一定的社会危害性，房屋拆迁管理部门应当根据其危害性，对拆迁人处以罚款。《条例》确定罚款的处罚依据是“拆迁补偿安置资金”，这是指拆迁人在办理房屋拆迁许可证时所提交的拆迁方案中载明的拆迁补偿安置资金的数额。罚款幅度是拆迁补偿安置资金3%以下的罚款；房屋拆迁管理部门应当根据拆迁人违法行为的危害性，确定具体罚款的数额。③吊销房屋拆迁许可证。如果拆迁人由于实施上述违法行为之一，造成了比较严重的后果，给被拆迁人或社会公众利益带来较大损害，严重破坏了房屋拆迁管理秩序，房屋拆迁管理部门可以吊销其房屋拆迁许可证，禁止其继续房屋拆迁活动。本条规定的处罚种类是给予警告，可以并处罚款，情节严重的，吊销房屋拆迁许可证。因此，房屋拆迁管理部门应当根据拆迁人所实施违法行为的危害程度，决定具体的处罚种类和幅度。除此之外，只要拆迁人实施了上述违法行为之一，房屋拆迁管理部门还应当责令拆迁人立即停止拆迁，停止违法行为，防止危害的继续扩大。

(4) 转让拆迁业务。《房屋拆迁管理条例》第11条规定，“拆迁人委托拆迁的，应当向被委托的拆迁单位出具委托书，并订立拆迁委托合同。拆迁人应当自拆迁委托合同订立之日起15日内，将拆迁委托合同报房屋拆迁管理部门备案。被委托的拆迁单位不得转让拆迁业务。”法律之所以这样规定，是因为拆迁活动具有较强的专业性，需要由具有政府认可的拆迁资格的单位进行。为了维护正常的拆迁秩序，政府需要密切关注拆迁活动的进度，尤其需要掌握拆迁人委托拆迁业务的情况，需要掌握拆迁单位的情况，因此，《条例》明确规定拆迁人应当将拆迁委托合同报房屋拆迁管理部门备案。但在实践中，有的拆迁单位在拆迁活动进行中，出于牟利目的或其他原因中止拆迁，将自己的业务转让给了其他拆迁单位，由其他拆迁单位继续拆迁活动。这种转让拆迁业务可能发生以下问题：一是拆迁工作可能中止或者拆迁期限可能延长；二是接受转让业务的拆迁单位把握的拆迁补偿标准可能与原来的标准有差别，导致被拆迁人之间因标准不一或者条件不同而发生争议。这都将直接侵害被拆迁人的利益，进而破坏房屋拆迁管理秩序。因此，《房屋拆迁管理条例》第37条规定，“接受委托的拆迁单位违反本条例的规定，转让拆迁业务的，由房屋拆迁管理部门责令改正，没收违法所得，并处合同约定的拆迁服务费25%以上50%以下的罚款。”也就是说拆迁单位一旦接受委托，就应当按照合同约定自始至终地完成这项拆迁业务，不得再次转让拆迁业务。如果接受委托的拆迁单位由于某种原因，确实无法完成拆迁业务，拆迁人应当与其解除委托合同，另外再委托具有拆迁资格的单位进行拆迁。如果拆迁单位违法转让拆迁业务，就势必破坏拆迁管理秩序，具有一定的社会危害性，应当承担以下法律责任：①没收违法所得。只要拆迁单位转让了拆迁业务，房屋拆迁管理部门就应当没收拆迁单位因转让拆迁业务所获的违法所得，所谓违法所得，是指通过转让拆迁业务得到的转让费。②罚款。拆迁单位转让拆迁业务后，房屋拆迁管理部门应当对拆迁单位处以罚款。本条所确定的罚款依据是"合同约定的拆迁服务费"，是指当初拆迁人与拆迁单位订立的拆迁委托合同中约定的拆迁单位完成拆迁业务后应当获得的拆迁服务费的数额。房屋拆迁管理部门根据拆迁单位行为的危害后果，决定处以拆迁服务费25%～50%幅度内的罚款。本条规定的处罚种类是没收违法所得并处罚款。只要拆迁单位转让了拆迁业务，就要没收其通过转让拆迁业务所获得的违法收入，同时还要处以与其行为危害性相当的罚款。

(5) 拆迁管理部门的违法行为。行政机关在行政管理中的违法行为包括作为和不作为。作为的违法，是行政机关在行政管理活动中的管理行为违反法律规范或者行政行为违反了为其设定的不为某种行为的义务，作为的违法通常体现为一定的积极的违法行为。不作为的违法，是行政机关不履行法律规范或者行政行为违反了为其设定的为某种行为的义务，不作为的违法通常体现为一种消极的状态。无论是作为的违法，还是不作为的违法，都违反了法定的义务，都对管理相对人、国家管理秩序造成损害。因此，《房屋拆迁管理条例》第38条规定："县级以上地方人民政府房屋拆迁管理部门违反本条例规定核发房屋拆迁许可证以及其他批准文件的，核发房屋拆迁许可证以及其他批准文件后不履行监督管理职责的，或者对违法行为不予查处的，对直接负责的主管人员和其他直接责任人员依法给予行政处分；情节严重，致使公共财产、国家和人民利益遭受重大损失，构成犯罪的，依法追究刑事责任。"根据以上规定，城市房屋拆迁管理工作中的违法行为具体包括：

1）违反《条例》规定核发房屋拆迁许可证以及其他批准文件。"其他批准文件"包括房屋拆迁单位的资格证书、延长拆迁期限的批准文件、尚未完成补偿安置的建设项目转让的批准文件等，本条规定的这种违法行为是一种作为的行政违法行为。

2）核发房屋拆迁许可证以及其他批准文件后不履行监督管理职责。《条例》第5条规定了国务院建设行政主管部门和县级以上地方人民政府房屋拆迁管理部门的监督管理职责。这种监督管理的职责体现在房屋拆迁行为的全过程中，要求行政机关在作出某一个具体行政行为（如核发拆迁许可证）的事前、事中和事后都要履行监督管理的职责。本条规定的这种违法行为是一种消极的行政不作为，是行政机关应当为而不为某种行为，行政机关不作为的违法和作为的违法一样具有社会危害性。本条的这样规定，有利于强化行政机关的责任意识和权力义务一致的意识。

3）对违法行为不予查处。对违法行为进行查处既是管理机关的权力，也是管理机关应尽的责任。本条规定的这种违法行为也是一种行政不作为。

如发生以上行政违法行为，其承担法律责任的主体依照本条的规定是直接负责的主管人员和其他直接责任人员。行政违法行为承担的法律责任形式是，对于一般的行政违法行为，依法给予行政处分。根据《行政监察法》和《国家公务员暂行条例》的规定，对于国家公务员的行政处分的形式包括警告、记过、记大过、降级、撤职、开除等。对于情节严重，致使公共财产、国家和人民利益遭受重大损失，构成犯罪的，依法追究刑事责任。根据《刑法》第397条的规定："国家机关工作人员滥用职权或者玩忽职守，致使公共财产、国家和人民利益遭受重大损失的，处3年以下有期徒刑或者拘役；情节特别严重的，处3年以上7年以下有期徒刑。本法另有规定的，依照规定。""国家机关工作人员徇私舞弊，犯前款罪的，处5年以下有期徒刑或者拘役；情节特别严重的，处5年以上10年以下有期徒刑。本法另有规定的，依照规定。"

第十一章 建设工程合同法律制度

第一节 建设工程合同概述

一、建设工程合同的概念

《合同法》第269条规定："建设工程合同是承包人进行工程建设、发包人支付价款的合同。建设工程合同包括工程勘察、设计、施工合同。"据此，建设工程的主体是发包人和承包人，建设工程的客体是工程。所谓建设工程的发包人，一般是指建设工程的建设单位，即投资建设该项工程的单位，通常也称作"业主"。按照国家计委1996年4月发布的《关于实行建设项目法人责任制的暂行规定》，国有单位投资的经营性基本建设大中型建设项目，在建设阶段必须组建项目法人，项目法人可按公司法的规定设立有限责任公司和股份有限责任公司，并且项目法人对项目策划、资金筹措、建设实施、生产经营、债务偿还和资产保值增值，实行全过程负责。据此规定，由国有单位投资建设的经营性的工程建设，由依法设立的项目法人作为发包人。国有建设单位投资建设的非经营性的工程建设，应当由建设单位为发包人；建设工程实行总承包，总承包单位经发包人同意，在法律规定的范围内对部分工程项目进行分包的，工程总承包单位即成为分包工程的发包人。所谓建设工程的承包人，一般是指实施建设工程的勘察、设计、施工等业务的单位，包括对建设工程实行总承包的单位和承包分包工程的单位。所谓工程是指土木工程、建筑工程、线路管道和设备安装工程，以及装修工程。

建设工程合同，在《合同法》以前被称为建设工程承包合同，为承揽合同中的一种，属于承揽完成不动产工程项目的合同。但是由于建设工程不同于其他工作的完成，建设工程合同除具有与一般承揽合同相同的特征外，例如建设工程合同也为诺成合同、双务合同、有偿合同，更具有与一般承揽合同不同的一些特点。1982年7月1日实施的《经济合同法》曾专门就建设工程承包合同的订立和履行作了规定，因此在制定《合同法》时，也将建设工程合同单独作为一章，即第十六章，此章对建设工程合同的定义及建设工程的勘察、设计和施工过程中的当事人的权利义务和责任作了比较全面的规定，主要包括以下几项内容：

（1）建设工程合同的定义。

（2）建设工程合同的订立。建设工程合同是要式合同，应当采取书面形式；建设工程需要进行招标投标的，应当依照有关法律的规定，公平、公开、公正地进行；国家重大建设工程合同，应当根据国家规定的程序和国家批准的投资计划、可行性研究报告等文件订立。

（3）工程的发包与承包、分包。

（4）勘察、设计合同和施工合同的主要内容。

（5）工程监理的委托和双方当事人的权利义务。

（6）发包人的监督检查权。

（7）隐蔽工程。

（8）建设工程的竣工验收。

（9）勘察设计人对勘察、设计质量不符合要求或者迟延提交勘察设计文件的合同责任。

（10）施工人对建设工程质量不符合约定的合同责任。

（11）承包人对工程在合理使用期限内的质量保证责任。

（12）发包人未按照约定的时间和要求提供原材料、设备、场地、资金、技术资料的违约责任，发包人因其原因致使工程中途停建、缓建的违约责任，发包人变更计划、提供的资料不准确以及未提供勘察设计工作条件的违约责任。

（13）承包人的优先受偿权。

二、建设工程合同的特征

1. 合同主体的严格要求

建设工程合同的主体一方是发包单位，另一方是勘察、设计、施工等承包单位。由于建设活动不同于一般的经济活动，所以《建筑法》对建设工程合同的主体有非常严格的要求，其中第二章、第三章和第四章专门就建筑工程施工许可、企业的从业资格、建筑工程的发包与承包等作了明文规定，如《建筑法》第12条规定："从事建筑活动的建筑施工企业、勘察单位、设计单位和工程监理单位应当具备下列条件：（1）有符合国家规定的注册资本；（2）有与其从事的建筑活动相适应的具有法定执业资格的专业技术人员；（3）有从事相关建筑活动所应有的技术装备；（4）法律、行政法规规定的其他条件。"据此，承包人按照其拥有的注册资本、专业技术人员、技术装备和完成的建设工程业绩等资质条件，划分为不同的资质等级，经资质审查合格，取得相应等级的资质证书后，方可在其资质等级许可的范围内从事建筑活动。

2. 合同客体的特殊性

建设工程合同的客体是建设工程，所谓工程是指土木工程、建筑工程、线路管道和设备安装工程以及装修工程等固定资产投资的新建、扩建、改建以及技术改造等建设项目，其中的大中型建设工程项目又称为基本建设工程项目，其特殊性表现为：产品固定性强、项目的投资大，建设周期长和工作的流动性。

3. 合同履行期限的长期性

由于建设工程投资大，结构复杂，建筑材料类型多，工程量大，与一般工业产品的生产相比，其合同的订立和履行一般都需要较长的准备期，同时在合同的履行过程中，还可能因为不可抗力、工程变更、材料供应不及时等原因导致合同期限顺延，所有这些情况，决定了建设工程合同的履行期限具有长期性。

4. 合同订立和履行的行政性

在社会主义市场经济条件下，基本建设行业是国家宏观调控的重要物质生产部门，将直接和间接地受到国家基本建设政策的影响和制约。根据法律规定，工程合同的订立要符合国家基本建设程序，应接受国家和地方建设主管部门的监督和管理，例如国家重大建设工程合同，应当按照国家规定的程序和国家批准的投资计划、可行性研究报告等文件订立，只有这样，才能使基本建设布局合理、符合国家产业方向、避免重复投资的浪费。

5. 建设工程合同为要式合同

所谓要式合同是指法律要求合同必须具备一定的形式方可成立的合同。《合同法》第270条规定："建设工程合同应当采用书面形式。"法律之所以规定建设工程合同应当采用书面形式，这是国家对建设工程进行监督管理的需要，也是由建设工程合同履行的特点所决定的。建设工程合同一般具有合同标的数额大、合同内容复杂、履行期较长等特点，考虑到建设工程的重要性和复杂性，以及在建设过程中经常会发生影响合同履行的纠纷，因此，《合同法》规定建设工程合同应当采用书面形式。

三、调整建设工程合同的法律规范

随着我国建筑业的飞速发展，调整与规范建设工程合同的法律规范也日趋完善。目前，规范建设工程合同的法律制度有下列几个层次：

1. 调整建设工程合同的法律

所谓法律，一般意义上是指由全国人民代表大会及其常务委员会制定的规范性法律文件。包括《合同法》、《建筑法》、《招投标法》、《民法通则》、《保险法》、《担保法》、《仲裁法》、《民事诉讼法》等，其中《合同法》是规范建设工程合同最基本、最主要的法律，《合同法》首先在总则中对合同作出了原则性规定，其次在分则第十六章专门对建设工程合同作出了具体规定，此章共19条，即第269条至第287条，主要规范了建设工程合同的定义、订立、合同内容、当事人权利义务、工程的竣工验收等。《建筑法》也是调整建设工程合同的重要法律，对工程合同也有指导和调整作用。

2. 调整建设工程合同的行政法规

所谓行政法规是指国务院制定和颁布的规范性文件。调整建设工程合同的行政法规主要是《建设工程质量管理条例》。2000年1月30日根据《建筑法》的规定，为了加强对建设工程质量的管理，保证建设工程质量，保护人民生命和财产安全，国务院制定了《建设工程质量管理条例》。此条例规定，凡在中华人民共和国境内从事建设工程的新建、扩建、改建等有关活动及实施对建设工程质量监督管理的，必须遵守本条例。条例共计九章82条，自2000年1月30日起施行，主要规定了建设活动中建设单位、勘察设计单位、施工单位、工程监理单位的质量责任和义务，以及应该承担的法律责任。

依据原《经济合同法》的有关规定，国务院在 1983 年 8 月 8 日发布了《建设工程勘察、设计合同条例》和《建筑安装工程承包条例》，这是规范建设工程合同最早的行政法规，随着《合同法》出台，对这两部条例也应作适当修订。

3. 调整建设工程合同的部门规章

建设部依据原《经济合同法》和两部条例，在 1993 年 1 月 29 日（部令 78 号）发布了《建筑工程施工合同管理办法》，在 1996 年 7 月 25 日建设部和国家工商管理局联合发布了《建设工程勘察设计合同管理办法》。除此之外，《建筑工程招标与投标暂行规定》、《建筑市场管理规定》、《建筑装饰、装修管理规定》、《建筑工程总分包实施办法》、《建筑工程质量管理办法》等也是调整与规范建筑工程合同的重要部门规章。

4. 规范建设工程合同的地方性法规及规章

各省、自治区、直辖市等享有立法权的人民代表大会和人民政府，结合当地的具体情况，制定了大量的地方性法规与规章，规范本地区的建设工程合同。如《××省合同管理条例》和《××市合同管理办法》等。

5. 规范建筑工程的示范文本

为规范建设工程合同，指导甲、乙双方当事人合同的签订与履行行为，建设部和国家工商管理局颁发了《建筑工程施工合同示范文本》、《建筑工程勘察合同示范文本》、《建筑设计合同示范文本》、《建筑装饰施工合同示范文本》、《工程建设监理合同示范文本》等。

6. FIDIC 合同条件

1913 年欧洲 4 个国家的咨询工程师协会在英国成立了国际咨询工程师联合会。FIDIC 是国际咨询工程师联合会五个法文词首的缩写，读作“菲迪克”。经过 90 年的发展，国际咨询工程师联合会由当初的一个民间组织，到目前已有 70 余个成员国，代表国际上大多数咨询工程师的技术水平，在国际间是最具权威的咨询工程师组织。该联合会是被世界银行认可的工程咨询服务机构，总部设在瑞士的洛桑，FIDIC 有地区性组织，还有专业委员会。中国工程咨询协会代表我国于 1996 年 10 月加入了该组织。自菲迪克成立以来，一直致力于解决工程咨询行业面临的问题，特别是通过制定、发行各种合同范本，通称为“菲迪克彩虹”，这些文本都为各类业主、国际金融机构、律师、承包商等各界所熟知。包括以下 8 种文本：

(1)《土木工程施工合同条件》(红皮书)；

(2)《电气与机械工程合同条件》(黄皮书)；

(3)《设计、建造和交钥匙工程合同条件》(橙皮书)；

(4)《土木工程施工分包合同条件》；

(5)《招标程序》；

(6)《业主/咨询工程师标准服务协议书》(白皮书)；

(7)《咨询公司合资议》；

(8)《分包协议》。

国际工程承包是一种包括设备、技术、资金、劳务在内，内容复杂的综合性国际经济技术合作形式。业主和承包商是平等的主体，两者的权利义务靠国际工程承包合同来确立。国际咨询工程师联合会（FIDIC）编制了许多标准合同条件，其中在工程界影响最大的是土木工程施工合同条件。该合同条件于1957年制定了第1版，是为了圆满完成土木工程施工项目，使得技术方面和管理方面标准化而编制的合同文件范本，通常称它为FIDIC土木工程施工合同条件，简称FIDIC合同条件。

四、建设工程合同的种类

建设工程合同的种类很多，依据不同的标准可以对建设工程合同进行不同的划分。主要的划分有：

1. 以建设工程的实施阶段为标准

以建设工程的实施阶段为划分标准，建设工程合同分为三种，即建设工程勘察合同、建设工程设计合同和建设工程施工合同。《合同法》第269条规定，建设工程合同包括工程勘察、设计、施工合同。

（1）建设工程勘察合同

勘察是工程建设的第一个环节，也是保证建设工程质量的基础环节，任何建设工程都必须重视工程勘察，同时勘察工作是一项专业性很强的工作，所以一般应当由专门的地质工程单位完成。所谓勘察合同是指发包人与勘察人就完成建设工程地理、地质状况的调查研究工作而达成的协议。勘察合同就是反映并调整发包人与勘察人之间关系的依据，发包人也称建设工程勘察合同的委托人，是工程建设项目的业主或建设单位或项目法人；勘察人也称受托地质工程单位，是持有勘察证书的勘察单位。勘察人依据工程建设目标，通过对地形、地质及水文等要素进行测绘、勘察、测试及综合分析评定，查明建设场地和有关范围内的地质地理环境特征，提供建设所需要的勘察成果资料。所以，建设工程勘察合同的标的是进行勘察工作，为建设提供所需要的勘察成果。

（2）建设工程设计合同

工程设计是工程建设的第二个环节，是保证建设工程质量的重要环节，其标的为建设工程的设计活动，最终为建设单位提供设计图纸和方案等设计成果。建设工程设计合同实际上包括两个合同，一是初步设计合同，即在建设工程立项阶段承包人为项目决策提供可行性资料的设计而与发包人签订的合同；二是施工设计合同，是指在承包人与发包人就具体施工设计达成的协议。建设工程设计合同的发包人也称为委托人，是工程建设项目的业主或建设单位或项目法人。承包人是设计人，根据法律的规定设计人必须是持有设计证书的设计单位，由于设计人是依据工程建设目标，运用工程技术和经济方法，对建设工程的工艺、土木、建筑、公用、环境等系统按现行技术标准进行综合策划、论证，编制建设所需要的设计文件，提供作为建设工程依据的设计文件和图纸，所以设计人必须经过有关主管部门的许可和资格审查，取得相应等级资质证书，并在资质等级许可的范围内从事建筑设计活动。没有经过国家资格审查、不拥有设计证书的单位，不能作为建设工程设计合同的当事人。

(3) 建设工程施工合同

施工合同的内容主要包括建筑和安装两方面，这里的建筑是指对工程进行营造的行为，安装主要是指与工程有关的线路、管道、设备等设施的装配。建设工程施工合同，是施工人进行工程建设施工、发包人支付价款的合同。建设工程施工合同的发包人是工程建设项目的业主或建设单位或项目法人。施工人是有一定生产能力、机械装备、流动资金，具有完成建筑工程施工任务的营业资格，能够按照发包人的要求提供建筑产品的企业。按照提供建筑产品的不同，可分为普通建筑企业和水电、冶金、市政工程等专业公司。由于专业性很强，法律要求施工人应该具有相应等级的资质证书，并在资质等级许可的范围内从事建筑活动。根据建设部发布的《建筑施工企业资质等级标准》，从事通用工业与民用建筑施工的企业分为建筑、设备安装、机械施工三类，其中建筑企业分为四级。根据建设部发布的《建筑市场管理规定》，建筑安装工程承包合同的发包方可以是法人，也可以是依法成立的其他组织或公民；而承包方必须是持有营业执照、资质证书、开户银行资信证明等文件的法人。建设工程施工合同的施工人进行工程建设施工活动，最终向发包人交付验收合格的建筑安装工程项目。一项建设工程，最终的质量如何，在很大程度取决于施工人的建筑安装技术水平和管理水平。

2. 以承包人承包的工作内容为标准

以承包人承包的工作内容为标准，建设工程合同可以分为直接承包和分包两种。

(1) 直接承包

所谓直接承包是指发包人直接将工程承包给承包人，直接承包包括工程总承包和单项工程承包两种方式。

建设工程的总承包，又称为“交钥匙承包”，是指建设工程任务的总承包，即发包人将建设工程的勘察、设计、施工等工程建设的全部任务一并发包给一个具备相应的总承包资质条件的承包人，由该承包人负责工程的全部建设工作，直至工程竣工，向发包人交付经验收合格符合发包人要求的建设工程的承包方式。工程总承包是国内外建设活动中多有使用的承包方式，它有利于充分发挥那些在工程建设方面具有较强的技术力量、丰富的经验和组织管理能力的大承包商的专业优势，综合协调工程建设中的各种关系，强化对工程建设的统一指挥和组织管理，保证工程质量和进度，提高投资效益。在建设工程的发承包中采用总承包方式，对那些缺乏工程建设方面的专门技术力量，难以对建设项目实施具体的组织管理的建设单位来说，更具有明显的优越性，也符合社会化大生产专业分工的要求。为此应当提倡对建设工程实行总承包，发包人可以将全部工程发包给一个总承包人完成，由该承包人对工程建设的全过程向发包人负责。

与总承包方式相对应的是单项任务的承包，即发包人将建设工程中的勘察、设计、施工等不同工作任务，分别发包给勘察人、设计人、施工人，与其签订相应的承包合同。单项任务的承包也称为分承建合同或专业承包合同，其内容仅包括勘察、设计、施工中的一项或两项，不包括全部三项。在分承建合同下，发包人分别与勘察人、设计人、施工人发生关系，发包方是一方，但有两个或者两个以上承包方。勘察人、设计人、施工人之间相互独立，各自就自己所要完成的工作分别向发包人负责。《合同法》第 272 条第 1 款规定：“发包人可以与承包人订立建设工程合同，也可以分别与勘察人、设计人、施工人订立勘察、设计、施工承包合同。”可见，总承包合同与分承建合同都是法律所允许的。但是在签订分承建合同时，一定要根据勘察、设计和施工内容来划分承建合同的内容，不得任意划分、肢解建设工程。《合同法》第 272 条同时规定：“发包人不得将应当由一个承包人完成的建设工程肢解成若干部分发包给几个承包人。”对此，《建筑法》第 24 条也作了规定：“提倡对建筑工程实行总承包，禁止将建筑工程肢解发包”；“建筑工程的发包单位可以将建筑工程的勘察、设计、施工、设备采购一并发包给一个工程总承包单位，也可以将建筑工程勘察、设计、施工、设备采购的一项或者多项发包给一个工程总承包单位；但是，不得将应当由一个承包单位完成的建筑工程肢解成若干部分发包给几个承包单位。”以这种发包方式有利于吸引较多的承包商参与各项工程建设业务的投标竞争，使发包人有更大的选择余地；也有利于发包人对建设工程的各环节、各阶段实施直接的监督管理，这对于那些具有建设活动方面的专业技术人才，对工程建设有较强的组织管理能力的承包商来说是有利的。

建设工程的发包是采取总承包方式还是单项工程承包方式，可以由发包人根据实际情况自行确定。但是不论发包人采取何种方式与承包人签订合同，都应当遵守本条的规定，不得将建设工程肢解发包，即不得将应当由一个承包人完成的建设工程肢解成若干部分发包给几个承包人。这是针对目前我国建设市场中多有发生且危害较大的将工程肢解发包的实际情况所作出的规定。一些发包单位将按其性质和技术联系应当由一个承包单位整体承包的工程，肢解成若干部分，分别发包给几个承包单位，使得整个工程建设在管理和技术上缺乏应有的统筹协调，往往造成施工现场秩序的混乱、责任不清、严重影响工程建设质量，出了问题也很难找到责任者。而且从实际情况看，肢解发包往往与发包单位的工作人员徇私舞弊、利用肢解发包多拿回扣等违法行为有关。因此《合同法》第 272 条第 1 款中明确规定：“发包人不得将应当由一个承包人完成的建设工程肢解成若干部分发包给几个承包人。”至于如何确定是否应当由一个承包人完成的建设工程，需要由国务院有关主管部门根据实际情况作出具体规定。如对一幢房屋的供水管线，发包人就不应将其分成若干部分发包给几个承包单位。如果对一幢房屋中的供水管线和空调设备的安装，尽管都属于同一建筑的设备安装，但因各有较强的专业性，发包人可以将其分别发包给不同的承包人。

(2) 分包

所谓建设工程的分包，是指工程总承包人、勘察承包人、设计承包人、施工承包人承包建设工程后，将其承包的某一部分工程或某几部分工程，再发包给其他承包人，与其签订承包合同项下的分包合同。所谓分包合同是总承包人或勘察人、设计人、施工人将其承包的建设工程任务的部分工作再分包给他人完成所订立的合同。《合同法》第 272 条第 2 款规定：“总承包人或者勘察人、设计人、施工人经发包人同意，可以将自己承包的部分工作交由第三人完成。”可见法律允许将工程项目分包，在分包合同中，总承包人、勘察、设计、施工承包人即成为分包合同的发包人。在这种承包与分包相结合的承包形式中，存在着承包合同与分包合同两个不同的合同关系。承包合同是发包人与总承包人或者勘察人、设计人、施工人之间订立的合同，总承包人、勘察、设计、施工承包人应当就承包合同的履行向发包人承担全部的责任，即使总承包人、勘察、设计、施工承包人根据合同约定或者发包人的同意将承包合同范围内的部分建设项目分包给他人，总承包人、勘察、设计、施工承包人也应对分包的工程向发包人负责。分包合同是承包合同中的总承包人或者勘察、设计、施工承包人与分包人之间订立的合同，通常说来，分包人仅就分包合同的履行向总承包人、勘察、设计、施工承包人负责，并不直接向发包人承担责任，但为了维护发包人的利益，保证工程的质量，合同法适当地加重了分包人的责任，即第三人（分包人）就其完成的工作成果与总承包人或者勘察、设计、施工承包人向发包人承担连带责任。因分包的工程出现问题，发包人既可以要求总承包人、勘察、设计、施工承包人承担责任，也可以直接要求分包人承担责任。

总承包人、勘察、设计、施工承包人分包建设工程的，应当符合以下条件：

1）总承包人、勘察、设计、施工承包人只能将部分工程分包给具有相应资质条件的分包人，也就是说分包单位不仅要具备资质等级，而且要具有与所分包的工程相应的资质等级。

2）为防止总承包人、勘察、设计、施工承包人擅自将应当由自己完成的工程分包出去或者将工程分包给发包人所不信任的第三人，分包工程必须经过发包人的同意。

3）承包人分包出去的部分工作不能是建设工程的主体结构的施工工作，建设工程的主体结构的施工必须由承包人自行完成。国家计委发布的《国家基本建设大中型项目实行招标暂行规定》中规定：“主体工程不得分包。合同分包量，不得超过中标合同价的30%”。

4）分包只能发生一次，分包单位不得将其承包的工程再分包，形成层层分包。

5）在合法的分包合同下，分包人就其完成的工作成果与总承包人或勘察人、设计人、施工人向发包人承担连带责任。

分包人不能履行或不适当履行其分包合同时，发包人有权要求总承包人承担全部责任；总承包人承担责任后享有向分包人追究其应承担的责任的权利；发包人也可以要求分包人承担责任。

五、建设工程合同的订立

1. 建设工程合同订立的法律规定

招标投标具有明显的优越性，符合市场竞争的要求，是我国建设工程发包与承包活动的主要方式，《合同法》第271条规定：“建设工程的招标投标活动应当依照有关法律的规定公开、公平、公正进行。”所谓的建设工程招标投标活动是指建设工程的发包人作为招标方采用适当的方式，发布拟建工程的有关信息，如工程的内容和主要的技术条件、对承包人的资质要求等，但不标明工程的造价，通过这些行为表明发包人将选择符合条件的承包人并与之订立建设工程合同的意向，由各有意承包该工程项目的承包人作为投标方向招标方提出自己的工程报价和其他承包条件，参加投标竞争，经招标方对各投标方的报价和其他条件进行审查比较后，从中择优选定中标者，并与之签订建设工程合同的活动。其主要程序包括：

（1）发标。所谓发标是指发包人作为招标方依照法定程序和方式，发布招标公告，提供载有招标工程的主要技术要求、主要合同条款、评标的标准和方法，以及开标、评标、定标的程序等内容的招标文件。

（2）开标。所谓开标是指招标方在投标截止日期届满后，在规定的时间内，将收到的投标书启封打开，查阅其内容，以便对各标书载明的承包条件进行评审活动。开标应当在招标文件规定的时间、地点公开进行，所有参加投标的承包人都有资格参加开标会，对开标过程进行监督。

（3）评标。评标是指在开标后，招标方应当按照招标文件规定的评标标准和程序对标书进行评价、比较，在具备相应资质条件的投标者中，择优选定中标者。评标应当按照招标文件规定的标准和程序对标书进行客观、公正的评价和比较，任何人不得更改或违反规定的评标标准和程序。

（4）定标。定标又称决标，是指发包人从投标者中最终选定中标者作为工程承包人的活动。定标必须遵守平等竞争、择优选定的原则，按照规定的程序，从评标机构推荐的中标候选人中择优选定中标人，并与之订立建设工程合同。在国际上通行的做法是，在技术、资信等其他条件相当的情况下，应当以报价最低的投标人作为中标人。

根据《合同法》第271条的规定，建设工程的招标投标应当按照公开、公平和公正的原则进行。所谓公开，是指进行招标投标活动的有关信息要公开，招标方应当通过在新闻媒体上刊发广告或者其他适当形式，发布建设工程招标信息，并在公开提供的招标文件中，载明招标工程的主要技术要求以及投标人的资格要求等内容，使所有符合条件的承包商都能有机会参与投标竞争。同时，招标投标的程序要公开，包括领取招标文件的时间、地点，投标的截止日期，开标的时间、地点以及评标与定标的标准、方法等，都应当公开透明，以使各方面监督，不允许进行“暗箱操作”。所谓公平，就是指招标方平等地对待每一份投标，投标方也要以正当手段进行竞争，不得向招标方及其工作人员行贿、提供回扣等不正当竞争行为，以保证竞争的平等。所谓公正，是指招标方在招标过程中要严格按照公开的招标文件和程序办事，严格按照既定的评标标准来定标，公平地对待每一个投标者。

采用招标投标方式进行建设工程的发包与承包，其最显著的特征是将竞争机制引入建设工程的发包与承包活动之中，有利于招标方通过对各投标竞争者的报价和其他条件进行综合比较，从中选择报价低、技术力量强、质量保障体系可靠、具有良好信誉的承包人作为中标者，与之签订建设工程合同，有利于保证工程质量、缩短工期、降低工程造价、提高投资效益、堵住建设工程发包与承包活动中行贿受贿等不正当竞争行为。

2. 建设工程合同订立的程序

《合同法》第273条国家：“国家重大建设工程合同，应当按照国家规定的程序和国家批准的投资计划、可行性研究报告等文件订立。”建设工程合同因涉及基本建设规划，其标的物为不动产的工程，承包人所完成的工作成果不仅具有不可移动性，而且须长期存在和发挥效用，事关国计民生，因此，从合同签订到合同的履行、从资金的投放到最终的成果验收，都要受到国家严格的管理和监督。虽然在市场经济条件下，建设工程合同确实不像以前那样全部严格按照具体的建设计划订立，但是，基本建设项目的投资渠道的多样化，并不能完全改变基本建设的计划性，国家仍然需要对基本建设项目实行计划控制，尤其是国家重大项目的建设工程合同，更应当受到国家的管理和约束，即国家重大建设工程合同，应当根据国家规定的程序和国家批准的投资计划、可行性研究报告等文件订立。国家规定的程序是指建筑法等有关法律、行政法规规定的重大工程建设项目订立的程序，在实践中，其过程为：首先应当进行可行性研究，对工程的投资规模、建设效益进行论证分析，并编制可行性研究报告，然后申请立项；立项批准后，再根据立项进行投资计划并报有关国家计划部门进行批准；投资计划批准后，有关建设单位根据工程的可行性研究报告和国家批准的投资计划，遵照国家规定的程序进行发包、与承包人订立建设工程合同。

根据法律的规定，一方面要求国家重大建设工程必须实行公开招标发包，发包人应当按照法定的程序和方式，发布招标公告，提供载有招标工程的主要技术要求、主要合同条款、评标的标准和方法以及开标、评标、定标的程序等内容的招标文件。另一方面，国家重大工程建设项目一般都属于国家强制监理的建设工程，根据《合同法》第276条规定："建设工程实行监理的，发包人应当与监理人采用书面形式订立委托监理合同。发包人与监理人的权利和义务以及法律责任，应当依照本法委托合同以及其他有关法律、行政法规的规定。"因此发包人应当委托具有相应资质条件的工程监理单位对工程建设进行监理，发包人应当与其委托的工程监理单位订立书面的委托监理合同。

3. 建设工程合同的内容

关于建设工程合同的内容，《合同法》第274条和第275条作了明确规定。其中《合同法》第274条规定："勘察、设计合同的内容包括提交有关基础资料和文件（包括概预算）的期限、质量要求、费用以及其他协作条件等条款。"所谓勘察或者设计的基础资料是指勘察人、设计人进行勘察、设计工作所依据的基础文件和情况，勘察基础资料包括可行性报告，工程需要勘察的地点、内容，勘察技术要求及附图等；设计的基础资料包括工程的选址报告等勘察资料以及原料（或者经过批准的资源报告）、燃料、水、电、运输等方面的协议文件，需要经过科研取得的技术资料。勘察文件一般包括对工程选址的测量数据、地质数据和水文数据等，勘察文件往往是进行工程设计的一个基础资料，勘察文件的交付能够影响设计工作的进度，因此，当事人应当在勘察合同中明确勘察文件的交付期限。设计文件的期限是指设计人完成设计工作，交付设计文件的期限。设计文件主要包括建设设计图纸及说明、材料设备清单和工程的概预算等。所谓质量要求主要是指发包人对勘察设计工作提出的标准。费用是指发包人对勘察人、设计人完成勘察、设计工作的报酬。其他协作条件是指双方当事人为了保证勘察、设计工作顺利应当履行的相互协助的义务。

《合同法》第275条规定，施工合同的内容包括工程范围、建设工期、中间交工工程的开工和竣工时间、工程质量、工程造价、技术资料交付时间、材料和设备供应责任、拨款和结算、竣工验收、质量保修范围和质量保证期、双方相互协作等条款。

六、建设工程合同的其他法律规定

1. 联合承包

《建筑法》第27条规定："大型建筑工程或者结构复杂的建筑工程，可以由两个以上的承包单位联合共同承包。共同承包的各方对承包合同的履行承担连带责任。两个以上不同资质等级的单位实行联合共同承包的，应当按照资质等级低的单位的业务许可范围承揽工程。”这是《建筑法》关于联合承包方式的规定，这种联合承包方式是市场经济条件下一种新的承包方式，是国际工程承包中的一种通行做法，一般适用于大型、技术复杂的工程项目，例如《FIDIC 土木工程施工合同条件》规定，“对于大型或复杂工程，几个承包商可以组成一个联营体作为承包商。在这种情况下单一的承包商的所有原则，同样适用于联营体”。在我国一些大型工程建设上，也开始采用这种承包方式。

所谓联合承包，是指由两个或两个以上单位共同组成非法人的联合体，以该联合体的名义承包某项建设工程的承包方式。这种联合承包方式类似于我国民法中规定的联营，即指两个或两个以上的企业之间，企业与事业单位之间，在平等自愿的基础上，为实现一定的经济目的而实行联合的一种形式。目前，根据建筑法的规定，联合承包应符合以下法律规定：

(1) 进行联合承包的工程项目必须是大型建设工程或者结构复杂的建设工程。这是因为，一般的中、小型建设工程或结构不复杂的工程由一家承包单位就足可以顺利完成，而无须采用联合承包的方式，这样可有效避免由于联合承包方式过多而造成的资质管理上的混乱。

(2) 共同承包的各方对承包合同承担连带责任。一般情况下，联合承包各方要签订联合承包合同，明确各方在承包合同中的权利、义务以及相互协作、违约责任的承担等条款，并推选出承包代表人同发包人签订工程承包合同。对工程承包合同的履行，各承包方共同对发包人承担连带责任。这种联合承包方式，联营各方都应共担风险、共负盈亏，联合承包合同中不能规定只分享利润不承担责任的条款。如果出现赔偿责任，对方有权向任何一家承包单位请求赔偿，被请求方进行赔偿后，对于超过自己应赔偿的部分份额，有权向其他联合承包方追偿。

(3) 联合承包方的资质要求，应以资质等级低的业务许可范围承揽工程。根据规定，企业应当在资质等级范围内承包工程。这条规定同样适用于联合承包。也就是说，联合承包各方本身必须具有与其所承包的工程相符合的资质条件，不能超越其资质等级去联合承包，几家联合承包方资质等级不一致的，必须以低资质等级的承包方为联合承包方的业务许可范围。这样的规定，可有效避免在实践中以联合承包方式为借口“资质挂靠”的不规范行为。

采用联合承包方式承包工程，具有许多优势，一方面可以增强竞争力，即利用各个承包单位的优势，加强人员、技术、设备等方面优势组合和资源的优化，增强竞争的优势，减弱相互之间的竞争，增加中标的机会，也能够发挥联合体各方的优势，有利于建设项目的进度控制、投资控制、质量控制。同时，还有助于承包单位相互学习，更好地掌握联合体各方的工程管理方式和管理经验，为企业改进技术、增强管理经验积蓄力量，为企业谋求长远的发展。另一方面，采用联合承包方式承包工程，可以降低风险，争取更大的利润。一般来说，大型建筑工程或者结构复杂的建筑工程，标的金额较大，而承包的工程利润越大也就意味着风险越大，采用联合承包方式承包工程，既可共享利润，又可以共担风险。对业主来说，也降低了风险，即一旦出现违约事件，由于联合承包各方负有连带责任，可以向任何一方要求赔偿。

2. 带资承包

所谓带资承包，也称“垫资”，是指在工程建设中，发包方不需支付费用，全部费用都由承包方预先垫付的承包方式。国家禁止带资承包，一方面要求施工单位不得以带资承包作为竞争手段承揽工程，也不得用拖欠建材和设备生产厂家贷款的方法转嫁由此造成的资金缺口，违者要给予经济处罚，情节严重的，在一定时期内取消其工程投标资格，同时规定，今后由于施工单位带资承包而出现的工程款回收困难等问题，由其按合同自行承担有关责任。另一方面要求任何建设单位都不得以要求施工单位带资承包作为招标投标条件，更不得强行要求施工单位将此内容写入工程承包合同，违者取消其工程招标资格，并给予经济处罚。对于在工程建设过程中出现的资金短缺，应由建设单位自行筹集解决，不得要求施工单位垫款施工。建设单位不能按期结算工程款，且后续建设资金到位无望的，施工单位有权按合同中止施工，由此造成的损失均由建设单位按合同承担责任。

随着建筑市场的深入化，一些建设单位无视国家固定资产投资的宏观调控和自身的经济实力，违反工程建设程序，在建设资金不落实或资金不足的情况下，盲目上新项目，强行要求建筑施工企业带资承包工程和垫资施工，转嫁投资缺口；也有一些施工单位以带资承包作为竞争手段，承揽工程，人为助长扩大建设规模，造成拖欠工程款数额急剧增加。这不仅干扰了国家对固定资产投资的宏观调控和工程建设的正常进行，严重影响了投资效益的提高，也加重了建筑施工企业生产经营的困难和承包工程的风险。为了建筑市场的规范化，禁止在工程建设中带资承包。

3. 转包

所谓转包是指建设工程的承包人将其承包的建设工程倒手转让给第三人，使该第三人实际上成为该建设工程新的承包人的行为。转包是当前建筑市场存在的严重问题，我国法律禁止建设工程的转包。之所以这样规定，主要原因是转包行为在实践中的危害性很大，一是造成了严重的工程质量隐患。一些承包单位不履行承包合同规定的职责，将所承包的工程转包给其他单位，只收取管理费，对工程不承担任何经济、技术及管理责任，特别是层层转包，层层盘剥工程费用，造成因费用不足而导致偷工减料，引起工程质量的低劣，以及使工程最终由不符合资质条件的低素质队伍承接，导致质量、安全事故的发生或留下隐患。转包还易产生行贿受贿等腐败现象，干扰建筑市场的正常秩序。二是严重损害发包人的利益。承包人擅自将其承包的工程项目转包，破坏了合同关系应有的稳定性和严肃性，在建设工程合同订立过程中，发包人往往经过慎重选择，确定与其所信任并具有相应资质条件的承包人订立合同，承包人将其所承包的工程转包给他人，擅自变更合同，违背了发包人的意志，损害了发包人的利益。

从建筑法的规定来看，承包单位转包的主要表现形式有以下几种：

（1）承包单位承接工程后，将所承包的工程全部转包；

（2）承包单位承接工程后，将全部工程肢解后以分包的名义转包，包括将工程的主要部分或群体工程中半数以上的单位工程转给其他施工单位施工；

（3）承包单位层层转包；

（4）分包单位对分包的工程又全部转包；

(5) 在发承包过程中，强行指定不合格的承包单位承包，也是造成转包的重要原因。

实践中，非法转包的当事人往往规避法律，以合法形式实施转包。如何透过承包合同签订人与实际施工的施工队伍的关系，认定是否属于转包，十分复杂。而有关的法律、法规以及其他规范性文件对转包的认定规定得过于笼统，可操作性较差。建设行政主管部门应当加强对转包问题的调查、研究，制定出更为切实可行的规定，以便为打击转包行为提供详细、准确的法律依据。

由于转包行为严重扰乱了建筑市场，破坏了公平竞争，禁止建设工程的转包，在国际上也是通例，不少国家都对建设工程的转包作了禁止性规定，我国法律禁止建设工程的转包，既符合我国的实际情况，也与国际通行做法相一致。目前，我国多部法律对建设工程的转包作了明确的规定，其中《合同法》第 272 条规定："发包人可以与总承包人订立建设工程合同，也可以分别与勘察人、设计人、施工人订立勘察、设计、施工承包合同。发包人不得将应当由一个承包人完成的建设工程肢解成若干部分分包给几个承包人。总承包人或者勘察、设计、施工承包人经发包人同意，可以将自己承包的的部分工作交由第三人完成。第三人就其完成的工作成果与总承包人或者勘察、设计、施工承包人向发包人承担连带责任。承包人不得将其承包的全部建设工程转包给第三人或者将其承包的全部建设工程肢解以后以分包的名义分别转包给第三人。禁止承包人将工程分包给不具备相应资质条件的单位。禁止分包单位将其承包的工程再分包，建设工程主体结构的施工必须由承包人自行完成。"《建筑法》第 12 条规定："从事建筑活动的建筑施工企业，勘察单位、设计单位和工程监理单位，应当具备下列条件：①有符合国家规定的注册资本；②有与其从事的建设活动相适应的具有法定执业资格的专业技术人员；③有从事相关建设活动所应有的技术装备；④法律、行政法规规定的其他条件。"《建筑法》第 26 条规定："承包建筑工程的单位应当持有依法取得的资质证书，并在其资质等级许可的业务范围内承揽工程。禁止建筑施工企业超越本企业资质等级许可的业务范围或者以任何形式用其他建筑施工企业的名义承揽工程。禁止建筑施工企业以任何形式允许其他单位或者个人使用本企业的资质证书、营业执照，以本企业的名义承揽工程。"《建筑法》第 67 条第 1 款规定："承包单位将承包的工程转包的，或者违反本法规定进行分包的，责令改正，没收违法所得，并处罚款，可以责令停业整顿，降低资质等级；情节严重的，吊销资质证书。承包单位有前款规定的违法行为的，对因转包工程或者违法分包的工程不符合规定的质量标准造成的损失，与接受转包或者分包的单位承担连带赔偿责任。"根据以上法律的规定，关于禁止转包的法律规定包括：

(1) 禁止承包人将工程分包给不具备相应资质条件的单位，如果承包人将工程分包给不具备相应资质条件的分包人，该分包合同无效；

(2) 禁止承包单位将其承包的工程再分包；

(3) 承包人在将工程分包时，应当审查分包人是否具备承包该部分工程建设的资质条件，如果承包人将工程分包给不具备相应资质条件的分包人，该分包合同无效；

(4) 建设工程的主体结构必须由承包人自行完成，即使经发包人同意，也不得将主体工程的施工分包给第三人，如果将工程主体部分的施工任务分包给第三人的，该分包合同无效；

(5) 转包合同依法无效，转包合同的发包方应当向建设单位承担不亲自履行合同义务的违约责任，支付违约金，如果造成建设单位经济损失的，由转包合同的发包方和承包方按《建筑法》的规定，向建设单位承担连带赔偿责任，另外，转包合同的发包方应对其违法行为承担行政处罚的法律责任。

转包与分包有本质的区别，根据合同法和其他法律规定，承包人经发包人同意将其部分工程分包给他人的行为是允许的，但承包人的转包行为是禁止的，即转包是法律禁止的，分包是法律允许的。二者的根本区别在于：转包行为表现为原承包人将其工程全部倒手转给他人，自己并不实际履行合同约定的义务；而在分包行为中，承包人只是将其承包工程的某一部分或几部分再分包给其他承包人，承包人仍然要就承包合同约定的全部义务的履行向发包人负责。

4. 挂靠

所谓挂靠，是指在工程建设活动中，承包人以赢利为目的，以某一承包单位的名义承揽建设工程任务的行为。在实践中，当事人常以“联营”、“分包”、“内部承包”等形式挂靠，其中“内部承包”形式的挂靠较之其他形式更具隐蔽性，因为其挂靠的一方是个人，被挂靠的一方就是以其名义与建设单位签订工程承包合同的施工企业，所谓的“内部承包”，是由被挂靠的施工企业任命或聘任挂靠的个人为其职员，并委以职务，然后由该个人与企业再签订“内部承包合同”，由“承包者”承担该项目的人、财、物、施工管理职责，由发包者负责处理“对外事务”，并在此基础上收取“内部承包管理费”。挂靠是典型的以合法形式掩盖非法目的的行为，其危害性很大。建设工程承包活动中的挂靠一般具有如下特点：

(1) 挂靠人没有从事建筑活动的主体资格，或者虽有从事建筑活动的资格，但没有具备与建设项目的要求相适应的资质等级；

(2) 被挂靠的单位或企业具有与建设项目的要求相适应的资质等级证书，但缺乏承揽该工程项目的手段和能力；

(3) 挂靠人以被挂靠的单位或企业的名义承揽到任务后，通常自行完成工作，并向被挂靠的单位或企业缴纳一定数额的“管理费”，而该被挂靠的单位或企业也只是以单位或企业的名义代为签订合同及办理各项手续，收取“管理费”而不实施管理，或者所谓“管理”仅仅停留在形式上，不承担实质性责任。

挂靠是一种违反行政管理规定，扰乱建筑市场管理秩序的行为，应承担行政法律责任和民事法律责任。法律对此虽然没有明文规定，但有相关规定，《建筑法》第26条第2款规定：“禁止建筑施工企业超越本企业资质等级许可的业务范围或者以任何形式用其他建筑施工企业的名义承揽工程。禁止建筑施工企业以任何形式允许其他单位或者个人使用本企业的资质证书、营业执照，以本企业的名义承揽工程”。《建筑法》第66条规定，“建筑施工企业转让、出借资质证书或者以其他方式允许他人以本企业的名义承揽工程的，责令改正，没收违法所得，并处罚款，可以责令停业整顿，降低资质等级；情节严重的，吊销资质证书。”以上规定可以理解为挂靠当事人应当承受的行政处罚。此外，挂靠当事人依法也应当承担如下民事法律责任：(1) 挂靠当事人之间所订立的挂靠协议无效，双方应分别承担过错责任；(2) 根据《建筑法》及有关司法解释的规定，被挂靠的施工企业与建设单位所订立的建筑安装工程承包合同无效。该施工单位与使用其名义承揽工程的单位或个人对建设单位因此而遭受的损失承担连带赔偿责任。如果建设单位在知情的情况下仍与该被挂靠的施工企业签订合同，则建设单位也有过错，自行承担相应的过错责任。

七、建设工程合同纠纷的处理

建设工程合同纠纷，是指建设工程合同订立至完全履行前，合同当事人因对合同的条款理解产生歧义或因当事人违反合同的约定，不履行合同中应承担的义务等原因而产生的纠纷。产生建设工程合同纠纷的原因十分复杂，但一般包括因合同订立、合同履行、合同变更、合同解除等原因而产生纠纷。根据《合同法》的规定，当事人可以通过和解或者调解解决合同争议，当事人不愿和解、调解或者和解、调解不成的，可以根据仲裁协议向仲裁机构申请仲裁。当事人没有订立仲裁协议或者仲裁协议无效的，可以向人民法院起诉。当事人应当履行发生法律效力的判决、仲裁裁决、调解书；拒不履行的，对方可以请求人民法院执行。从上述规定可以看出，在我国，合同争议解决的方式主要有和解、调解、仲裁和诉讼四种，因为建设工程合同是合同的一种，由此可知，建设工程合同纠纷解决的方式也为和解、调解、仲裁和诉讼四种。

1. 和解

建设工程合同争议的和解，是由建设工程合同当事人双方自己或由当事人双方委托的代理人出面进行的。在协商解决合同争议的过程中，当事人双方依照合法、自愿、平等和互谅互让原则，进行自由、充分的意思表示，弄清争议的内容、要求和焦点所在，分清责任是非，使合同争议得到及时、圆满的解决。从实践中看，用自行和解的方法解决建设工程合同纠纷，一般是在建设工程合同纠纷发生后，由一方当事人以书面的方式向对方当事人提出解决纠纷的方案，方案应当是比较具体，比较完整的。另一方当事人对提出的方案可以根据自己的意愿，作一些必要的修改，也可以再提出一个新的解决方案，然后对方当事人又可以对新的解决方案提出新的修改意见，这样，双方当事人经过反复协商，直至达到一致意见，从而达成双方都愿意接受的和解协议。

2. 调解

建设工程合同争议的调解，是解决合同争议的一种重要方式，也是我国解决建设工程合同争议的一种传统方法。这种方式是在第三人的参加与主持下，通过查明事实，分清是非，说服教育，向当事人双方提出解决争议的方案，促使双方在互谅互让的基础上自愿达成调解协议，消除纷争。第三人进行调解必须实事求是、公正合理，不能压制双方当事人，而应促使他们自愿达成协议。

3. 仲裁

建设工程合同仲裁，是指建设工程合同双方当事人发生争执，协商不成时，根据当事人之间的协议，由仲裁机构依照法律对双方所发生的争议，在事实上作出判断，在权利义务上作出裁决，这是处理建设工程合同纠纷的一种方式。在我国境内履行的建设工程合同，双方当事人申请仲裁的，适用《中华人民共和国仲裁法》的规定。实践证明，实行仲裁制度，可以及时、妥善地解决建设工程合同纠纷。从而减轻人民法院的办案压力，使其集中精力处理一些重大疑难案件，以保证和提高人民法院的办案质量；用仲裁方式解决建设工程合同纠纷与用经济审判方式解决合同争议相比较，手续方便，程序简易，方便灵活，处理及时，有利于迅速解决合同纠纷，减少经济损失，维护正常的民事、经济活动。同时，有利于巩固和发展双方当事人的协作关系，也有利于协议的执行。

4. 诉讼

建设工程合同纠纷的诉讼，是指合同纠纷的一方当事人向人民法院起诉，由人民法院对建设工程合同纠纷案件行使审判权，依照《民事诉讼法》规定的程序查清事实，分清是非，明确责任，认定双方当事人的权利、义务关系，解决纠纷。诉讼是解决建设工程合同纠纷最有效的手段和方式，因为诉讼由国家审判机关依法进行审理裁判，最具有权威性；裁判发生法律效力后，以国家强制力保证裁判的实现。通过诉讼解决建设工程合同纠纷，有利于增强合同当事人的法制观念；有利于及时、有效地打击利用建设工程合同进行违法犯罪活动；有利于维护社会经济秩序，保护当事人的合法权益，保证社会主义市场经济的健康发展。

第二节　建设工程勘察、设计合同

一、工程勘察、设计的概念

1. 工程勘察

所谓勘察是指勘察人对工程的地理状况进行调查研究，包括对工程进行测量，对工程建设地址的地质、水文地质进行调查等工作，工程勘察的主要内容为工程测量、水文地质勘察和工程地质勘察。勘察的任务是查明工程项目建设地点的地形地貌、地层土壤岩性、地质构造、水文条件等自然地质条件资料，作出鉴定和综合评价，为建设项目的选址(线)、工程设计和施工提供科学可靠的依据。其中工程测量包括平面控制测量、高程控制测量、地形测量、摄影测量、线路测量和绘图复制等项工作，其任务是为建设项目的选址(选线)、设计和施工提供有关地形地貌的科学依据。水文地质勘察一般包括水文地质测绘、地球物理勘探、钻探、抽水试验、地下水动态观测、水文地质参数计算、地下水资源评价和地下水资源保护方案等方面的工作，其任务在于为建设项目的设计提供有关供水地下水源的详细资料。水文地质勘察通常分为初步勘察和详细勘察两个阶段。工程地质勘察的任务，在于为建设项目的选址（线）、设计和施工提供工程地质方面的详细资料，勘察阶段一般分为选址（线）勘察、初步勘察、详细勘察以及施工勘察。

2. 工程设计

由于工程建设是程序性、系统性很强的物质资料生产过程，而设计工作就像一条红线牵动着每一个环节，所以工程设计是工程建设的灵魂，搞好工程设计对促进工程建设具有重要意义。所谓工程设计是指依据工程建设目标，运用工程技术和经济方法，对建设工程的工艺、土木、建筑、公用、环境等系统进行综合策划、论证，编制建设所需的设计文件及其相关的活动。工程设计是工程建设活动的重要环节，在建设项目的选址和设计任务书已定的情况，建设项目是否技术上先进和经济上合理，设计将起着决定性的作用，设计文件则是安排建设计划和组织施工的主要依据。按我国现行规定，一般建设项目按初步设计和施工图设计两个阶段进行。对于技术复杂而又缺乏经验的项目，经主管部门指定，需增加技术设计阶段，对一些大型联合企业、矿区和水利枢纽，为解决总体部署和开发问题，还需进行总体规划设计或总体设计。此外，市镇的新建、扩建和改建规划以及住宅区或商业区的规划，就其性质而言，也属于设计范围。

二、工程勘察设计单位资质管理

1. 勘察设计单位的资质审查

《建筑法》第13条规定："从事建筑活动的建筑施工企业、勘察单位、设计单位和工程监理单位，按照其拥有的注册资本、专业技术人员、技术装备和已完成的建筑工程业绩等资质条件，划分为不同的资质等级，经资质审查合格，取得相应等级的资质证书后，方可在其资质等级许可的范围内从事建筑活动。"这是建筑法对从事建筑活动的建筑施工企业、勘察单位、设计单位和工程监理单位进行资质审查的规定。所谓资质审查是指从事建筑活动的建筑施工企业、勘察单位、设计单位和工程监理单位，均须经过建设行政主管部门对其拥有的注册资本、专业技术人员、技术装备和已完成的建筑工程业绩、管理水平等进行审查，以确定其承担任务的范围，发给相应的资质证书，并须在其资质等级许可的范围内从事建筑活动。

资质审查制度是根据建筑活动的特点确立的一项重要的从业资格许可制度。建筑活动不同于工业生产活动。建筑活动耗资巨大，建设周期较长，生产场地移动，生产条件艰苦，社会影响广泛，与人民生命财产关系密切。因此，对从事建筑活动的单位，国家必须实行严格的从业许可制度。这也是目前世界上不少国家和地区所采取的通行做法。例如台湾制定的营造业管理规则就是将营造业分为甲、乙、丙三个等级，对每一等级应具有的资本额、专业工程技术人员和已完成的建筑工程业绩等条件和每一等级允许承包工程的限额作了规定。《建筑法》对资质审查制度作出明确规定，对规范建筑市场，保证建筑工程质量和建筑安全生产具有非常重要的意义。

2. 工程勘察设计资格申请和审批

（1）审批机构及权限。工程勘察、设计单位的资格，实行国家和地方两级审批制度。甲、乙级单位的资格，由全国工程勘察设计资格审定委员会审批，其办事机构设在建设部；丙、丁级单位的资格，由各省、自治区、直辖市工程勘察设计资格审定委员会审批，其办事机构设在各省、自治区、直辖市人民政府授权的综合管理勘察设计工作的行政主管部门（简称主管勘察设计工作的部门）。

（2）申请单位条件。申请《工程勘察证书》、《工程设计证书》的单位，必须具备下列基本条件：一是有符合国家规定、依照法定程序批准设立机构的文件；二是有明确的名称、组织机构和固定的工作场所；三是具备所申请的工程勘察或者工程设计资格的等级标准。

(3) 审批程序。申请证书的单位，须填写申请报表，其办理的基本程序是：申请单位申请→初审→审批→核发证书。具体操作如下：

1) 申请甲、乙级证书的单位，按照隶属关系报国务院主管部门或者省、自治区、直辖市主管勘察设计工作的部门进行初审；然后由初审部门送所申请行业归口管理的国务院主管部门，经行业管理部门组织专家审查，并签署意见后，报全国工程勘察设计资格审定委员会审定。对于审定合格的单位，由建设部颁发资格证书。

2) 申请丙、丁级证书的单位，统一送单位所在地的市一级人民政府建设行政主管部门，经审查后上报省、自治区、直辖市工程勘察设计资格审定委员会审定。对于审定合格的单位，由各省、自治区、直辖市主管勘察设计工作的部门颁发资格证书，并将取得证书单位的名单抄送建设部和国务院有关行业主管部门备案。

新设立的工程勘察、设计单位的资格要从严掌握，其等级为暂定级，有效期为2年，由发证部门在证书上注明。有效期满后，由原发证部门进行复查，复查合格者，换发正式定级证书；复查不合格的单位，由原发证部门提出处理意见或收回其证书。工程勘察、设计单位在资格审定3年后，方可提出升级申请。对于在工程建设中做出突出成绩、资质条件有明显提高的单位，其申请升级的年限可以适当放宽。资格升级的申请和审批按照上述程序办理，其中丙级单位申请升级时，应当先报单位所在地的省、自治区、直辖市主管勘察设计工作的部门，由他们审查并签署意见后，再报行业归口管理的国务院主管部门。对某些要求升级的单位，也可经有关勘察设计主管部门审查同意，针对工程项目先发给临时越级承担任务的通知书，允许越一级承担两项工程勘察或工程设计任务。项目建成后，才能办理升级申请。

3. 勘察设计单位的资质等级与资质标准

1991年7月22日建设部发布的《工程勘察和工程设计单位资格管理办法》，对工程勘察单位、工程设计单位的资质等级与标准、申请与审批、业务范围等作出了明确规定。工程勘察单位和工程设计单位的资质等级各分为甲、乙、丙、丁四级，其资质标准制定原则如下：

甲级：技术力量雄厚，专业配备齐全，有同时承担两项复杂地质条件工程项目勘察任务或者两项大型项目设计任务的技术骨干，具有本行业的技术专长和计算机软件开发的能力；独立承担过本行业两项以上大型复杂地质条件工程项目的勘察或者两项大型项目的设计任务，并已建成投产，取得了好的效果；在近5年内有两项以上的工程获得过全国或者省、部级优秀工程勘察、优秀工程设计奖；参加过国家和部门、地方工程建设标准规范的编制工作；建立了一套有效的全面质量管理体系；有比较先进、齐全的技术装备和固定的工作场所；社会信誉好。

乙级：技术力量强，专业配备齐全，有同时承担两项比较复杂地质条件工程项目勘察任务或者两项中型项目设计任务的技术骨干；有相应的技术特长，能够利用国内外本行业的软件，做出比较先进的勘察、设计成果；独立承担过本行业两项以上中型较复杂地质条件工程项目的勘察或者两项中型项目的设计任务，并已建成投产，取得了好的效果；近5

年内有一项以上的工程获得过省、部级优秀工程勘察、优秀工程设计奖；建立了一套有效的全面质量管理体系；有相应配套的技术装备和固定的工作场所；社会信誉好。

丙级：有一定的技术力量，专业齐全，有同时承担两项小型工程项目勘察或者设计任务的技术骨干；独立承担过本行业两项以上小型工程项目的勘察或者设计任务，并已建成投产，效果良好；有比较健全的管理制度；有必需的技术装备和固定的工作场所。

丁级：有一定的技术力量，专业基本齐全，人员配备基本合理，主要专业应当配备有工程师以上职称，并从事过工程勘察、工程设计实践的技术人员；独立承担过小型或者零星工程项目的勘察或者设计任务，并已建成投产，效果良好；有比较健全的管理制度；有必需的技术装备和固定的工作场所。

4. 勘察设计单位的业务范围

根据法律规定，勘察设计资格证书分为《工程勘察证书》和《工程设计证书》两种，由建设部统一印制。工程勘察资格分为工程地质勘察、水文地质勘察、岩土工程和工程测量等4个专业，工程设计资格按照归口部门分为30类行业，工程勘察设计资格实行一业一认证。各级《工程勘察证书》、《工程设计证书》的适用范围如下：

(1) 持有甲级证书的单位，可以在全国范围内承担证书规定行业大、中、小型工程建设项目（包括项目内相应的生产必要配套工程和设施，下同）的工程勘察或者工程设计任务。

(2) 持有乙级证书的单位，可以在本省、自治区、直辖市范围内承担证书规定行业中、小型工程建设项目的工程勘察或者工程设计任务。需要跨省、自治区、直辖市承担任务的，需经项目所在地的省、自治区、直辖市勘察设计主管部门批准。

(3) 持有丙级证书的单位，可以在本省、自治区、直辖市承担证书规定行业小型工程建设项目的工程勘察或者工程设计任务。铁道行业持有丙级证书的单位，可以在本路局内承担本专业相应的工程勘察或者工程设计任务。其他行业持有丙级证书的单位需要跨省、自治区、直辖市承担任务的，应当持项目主管部门出具的证明，经项目所在地的省、自治区、直辖市勘察设计主管部门批准。

(4) 持有丁级证书的单位，只能在单位所在地的市或者县范围内承担证书规定行业小型工程建设项目及零星工程建设项目的工程勘察或者工程设计任务。

三、工程勘察、设计合同

1. 工程勘察、设计合同的概念

总的来说，工程勘察、设计合同是指勘察人、设计人完成工程勘察设计任务，发包人支付勘察设计费的协议，勘察、设计合同明确了发包人与勘察、设计人之间的权利义务关系。具体来说，所谓勘察合同是指发包人与勘察人就完成建设工程地理、地质状况的调查研究工作而达成的协议，因为勘察工作是一项专业性很强的工作，所以一般应当由专门的地质工程单位完成，勘察合同就是反映并调整发包人与受托地质工程单位之间关系的依据。所谓设计合同实际上包括两个合同，一是初步设计合同，即在建设工程立项阶段，承包人为项目决策提供可行性资料的设计而与发包人签订的合同；二是施工设计合同，是指在承包人与发包人就具体施工设计达成的协议。

在建设工程勘察、设计合同中，发包方（委托方）一般是项目业主（建设单位）；承包方是持有国家认可的勘察、设计证书的勘察、设计单位。根据法律的规定，合同的委托方、承包方必须是具有民事权利能力和民事行为能力的特定的法人组织。以承包方为例，它的民事权利能力是指它具有国家批准的勘察、设计许可证；它的民事行为能力是指它具有经有关部门核准的资质等级，某一资质等级的勘察、设计单位只能接受相应等级范围的勘察、设计任务，不能越级承包，否则该勘察、设计合同是无效合同。不仅如此，法律还要求勘察、设计合同的签订必须符合国家规定的基本建设管理程序，并以国家批准的设计任务书或其他有关文件为基础。建设工程勘察、设计合同订立之后，便具有了法律约束力，任何一方都应恪守合同义务，为建设工程的勘察、设计工作的按期、按质、按量地完成提供了法律保障。同时，合同中明确了双方的权利和义务及违约责任，任何一方不履行合同，都应严格依合同执行罚责条款，有助于当事人双方加强管理和经济核算，使合同的履行直接同企业的经济效益挂钩，从而使企业及其员工树立起良好的履行合同的观念，明确执行合同的严肃性，同时也为监理工程师在项目设计阶段的工作提供了法律依据和监理内容。

2. 建设工程勘察、设计合同的内容

《合同法》第274条规定："勘察、设计合同的内容包括提交有关基础资料和文件（包括概预算）的期限、质量要求、费用以及其他协作条件等条款。"此条款中的勘察是指勘察人对工程的地理状况进行调查研究，包括对工程进行测量，对工程建设地址的地质、水文地质进行调查等工作。设计是指设计人对工程结构进行设计、工程价款进行概预算。同时，据此条款，勘察、设计合同的主要内容包括：

（1）合同中应明确规定提交有关基础资料的期限。为了保证勘察设计工作的顺利进行，合同中应明确规定提交有关基础资料的期限，提交有关勘察或者设计基础资料和文件是发包人的基本义务。所谓勘察或者设计的基础资料是指勘察人、设计人进行勘察、设计工作所依据的基础文件和情况。勘察基础资料包括可行性报告，工程需要勘察的地点、内容，勘察技术要求及附图等。设计的基础资料包括工程的选址报告等勘察资料以及原料（或者经过批准的资源报告），燃料、水、电、运输等方面的协议文件，需要经过科研取得的技术资料。

（2）合同中应明确规定提交勘察、设计文件（包括概预算）的期限。勘察文件一般包括对工程选址的测量数据、地质数据和水文数据等，勘察文件往往是进行工程设计的一个基础资料，勘察文件的交付能够影响设计工作的进度，因此，当事人应当在勘察合同中明确勘察文件的交付期限。设计文件的期限是指设计人完成设计工作，交付设计文件的期限。设计文件主要包括建设设计图纸及说明，材料设备清单和工程的概预算等。设计文件是工程建设的依据，工程必须按照设计文件进行施工，因此设计文件的交付期限直接影响工程建设的期限，所以当事人在设计合同中应当明确设计文件的交付期限。

（3）勘察或者设计的质量要求。这里的质量要求主要是指发包人对勘察设计工作提出的标准。勘察人和设计人应当按照确定的质量要求进行勘察、设计，按时提交符合质量要求的勘察、设计文件。勘察设计质量要求条款明确勘察设计成果的质量，也是明确勘察人、设计人工作责任的重要依据。勘察、设计的质量是决定整个建设工程质量的基础，如果勘察、设计的质量存在问题，整个建设工程质量也就没有保障，因此工程的勘察、设计必须符合质量要求。根据《合同法》及其他有关法律的规定，建设工程的勘察人、设计人必须对其勘察、设计的质量负责，其所提交的建设工程的勘察、设计文件应当符合以下要求：

1）符合有关法律、行政法规的规定。这里讲的符合法律、行政法规，既包括要符合合同法的规定，也要包括符合建筑法、城市规划法、土地管理法、环境保护法以及其他相关的法律、行政法规的规定。

2）符合建设工程质量、安全标准。这里的建设工程质量、安全标准是指依照标准化法及有关行政法规的规定制定的保证建设工程质量和安全的国家标准和行业标准。标准化法规定，对有关建设工程安全的技术要求，应当制定标准；对需要在全国范围内统一的技术要求，应当制定国家标准。国家标准由国务院标准化行政主管部门制定。对没有国家标准而又需要在全国某个行业范围内统一的技术要求，可以制定行业标准。国家标准和行业标准分为强制性标准和推荐性标准。保障人体健康，人身、财产安全的标准和法律、行政法规规定的强制执行的标准是强制性标准。强制性标准必须执行。国家有关建设工程安全的标准，是涉及保障人身、财产安全的标准，属于强制性的标准。勘察人、设计人的勘察、设计必须符合国家有关建设工程安全标准的要求，保证其勘察，设计的质量。

3）符合建设工程勘察、设计的技术规范。建设工程勘察、设计技术规范，通常是以标准的形式制定、发布的。对有关建设工程勘察、设计规范的强制性标准，勘察、设计人必须遵照执行。建设工程的勘察文件应当反映工程的地质、地形地貌、水文地质状况，符合规范、规程，做到勘察方案合理、评价准确、数据可靠。建设工程设计文件的深度应当满足相应设计阶段的技术要求，施工图应当配套，细节点应当交待清楚，标注说明应当清晰、完整。

4）符合合同的约定。勘察、设计文件在符合法律、行政法规的规定和有关质量、安全标准的前提下，还应当符合勘察、设计合同约定的特殊质量要求。

(4) 合同中应明确勘察、设计费用的数额或者计算方法，费用支付方式、地点、期限等内容。所谓勘察、设计费用是指发包人对勘察人、设计人完成勘察、设计工作的报酬。支付勘察、设计费是发包人在勘察、设计合同中的主要义务，因此在勘察、设计费用条款中应当明确勘察、设计费用的数额或者计算方法，勘察、设计费用支付方式、地点、期限等内容。

勘察工作的取费标准是按照勘察工作的内容（如工程勘察、工程测量、工程地质、水文地质和工程物探等的工作量）来决定的，勘察费用一般按实际完成的工作量收取，其具体标准和计算办法需依照有关规定。可综合考虑企业目标、市场需求等诸多因素进行适当市场调节。勘察合同生效后，委托方应向承包方支付定金，定金金额为勘察费的30%；勘察工作开始后，委托方应向承包方支付勘察费的30%；全部勘察工作结束后，承包方按合同规定向委托方提交勘察报告书的图纸，委托方收取资料后，在规定的期限内按实际勘察工作量付清勘察费。属于特殊工程（如自然地质条件复杂、技术要求高、勘察手段超出现行规范，特别重大、紧急、有特殊要求的工程，特别小的工程等）的收费办法，原则上按勘察工程总价加收20%～40%的勘察费。

设计费的收费标准，一般应根据不同行业、不同建设规模和工程内容的繁简程度制定不同的收费定额，再根据这些定额来计算收取的费用。实践中除执行有关收费标准的规定外，同样也要综合考虑市场需求等诸多因素进行市场调节。设计合同生效后，委托方向承包方支付相当于设计费的20%作为定金，设计合同履行后，定金抵作设计费。设计费其余部分的支付由双方共同商定。

勘察、设计费的支付方式，根据有关的规定，须通过银行转账结算，这一点必须在合同中写明。合同中还须明确勘察、设计费的支付期限。

(5) 双方的其他协作条件。其他协作条件是指双方当事人为了保证勘察、设计工作顺利完成所应当履行的相互协助的义务。发包人的主要协作义务是在勘察、设计人员入场工作时，为勘察设计人员提供必要的工作条件和生活条件，以保证其正常开展工作。勘察设计人的主要协作义务是配合工程建设的施工，进行设计交底，解决施工中的有关设计问题，负责设计变更和修改预算，参加试车考核和工程验收等。对于大中型工业项目和复杂的民用工程应当派现场设计，并参加隐蔽工程的验收。

以上建设工程勘察、设计合同的内容是法律根据勘察设计合同的性质作出的一般性规定，而非法定条款，即如果当事人约定的勘察设计合同中不具备上述内容的，并不导致合同的无效。当然勘察设计合同不只是包括这些条款，如当事人的名称或姓名及住所，履行地点和方式，勘察、设计工作的范围与进度，违约责任，解决争议的方法等条款，也是勘察设计合同所应当具备的条款。此外，根据合同的性质和具体情况，当事人还可以协商确定其他必要的条款。

3. 建设工程勘察、设计合同双方的责任

(1) 建设工程勘察、设计合同委托人的责任。根据法律规定，建设工程勘察、设计合同委托人的责任主要包括：

1) 向承包人提供开展勘察、设计工作所需的有关基础资料，并对提供的时间、进度与资料的可靠性负责。其中，委托勘察工作的，在勘察工作开展前，应提出勘察技术要求及附图。委托初步设计的，在初步设计前，应提供经过批准的设计任务书、选址报告以及原料（或经过批准的资料报告）、燃料、水、电、运输等方面的协议文件和能满足初步设计要求的勘察资料，需要经过科研取得的技术资料。委托施工图设计的，在施工图设计前，应提供经过批准的初步设计文件和能满足施工图设计要求的勘察资料、施工条件，以及有关设备的技术资料。

2) 在勘察设计人员进入现场作业或配合施工时，应负责提供必要的工作和生活条件。

3) 委托配合引进项目的设计任务，从询价、对外谈判、国内外技术考察直至建成投产的各阶段，应吸收承担有关设计任务的单位参加。

4) 按照合同约定付给勘察设计费。

5) 维护承包人的勘察成果和设计文件，不得擅自修改，不得转让给第三方重复使用。

(2) 勘察、设计合同承包人的责任。根据法律规定，建设工程勘察、设计合同承包人的责任主要包括：

1) 从事建设工程勘察、设计的单位应当依法取得相应等级的资质证书，并在其资质等级许可的范围内承揽工程。法律禁止勘察、设计单位超越其资质等级许可的范围或者以其他勘察、设计单位的名义承揽工程，禁止勘察、设计单位允许其他单位或者个人以本单位的名义承揽工程，同时勘察、设计单位不得转包或者违法分包所承揽的工程。

2）勘察、设计单位必须按照工程建设强制性标准进行勘察、设计，并对其勘察、设计的质量负责。注册建筑师、注册结构工程师等注册执业人员应当在设计文件上签字，对设计文件负责。

3）勘察单位提供的地质、测量、水文等勘察成果必须真实、准确。

4）设计单位应当根据勘察成果文件进行建设工程设计。设计文件应当符合国家规定的设计深度要求，注明工程合理使用年限。

5）设计单位在设计文件中选用的建筑材料、建筑构配件和设备，应当注明规格、型号、性能等技术指标，其质量要求必须符合国家规定的标准。除有特殊要求的建筑材料、专用设备、工艺生产线等外，设计单位不得指定生产厂、供应商。

6）设计单位应当就审查合格的施工图设计文件向施工单位作出详细说明。

7）设计单位应当参与建设工程质量事故分析，并对因设计造成的质量事故，提出相应的技术处理方案。

8）设计单位对所承担设计任务的建设项目应配合施工，进行设计技术交底，解决施工过程中有关设计的问题，负责设计变更和修改预算，参加试车考核及工程竣工验收。对于大中型工业项目和复杂的民用工程应派现场设计代表，并参加隐蔽工程验收。

如果勘察设计质量低劣引起返工或未按期交勘察设计文件拖延工期造成损失，勘察设计单位应继续完善勘察、设计任务，并视造成的损失浪费大小减收或免收勘察设计费。对于因勘察设计错误而造成工程重大质量事故者，勘察设计单位除免收受损失部分的勘察设计费外，还应付与直接受损失部分勘察设计费相等的赔偿金。如因委托方的原因，造成勘察设计工作量增加，委托方应按承包方实际消耗的工作量增付费用。委托方超过合同规定的日期付费时，应偿付逾期的违约金。

4. 勘察、设计合同的变更和解除

《合同法》第77条规定："当事人协商一致，可以变更合同。法律、行政法规规定变更合同应当办理批准、登记手续等的，依照其规定。"所谓设计的变更和解除是指设计合同履行过程中，由于合同约定或法定事由而对原设计的增加、删减以及提前终止合同的效力。其主要包括以下内容：

（1）设计文件批准后，不得任意修改和变更。如果必须修改，须经有关部门批准，其批准权限，视修改的内容所涉及的范围而定。如果修改部分是属于初步设计的内容，须经设计的原批准单位批准；如果修改的部分是属于设计任务书的内容，则须经设计任务书的原批准单位批准；施工图设计的修改，须经设计单位同意。

（2）委托方因故要求修改工程设计，经承包方同意后，除设计文件的提交时间另定外，委托方还应按承包方实际返工修改的工作量增付设计费。

（3）原定设计任务书或初步设计如有重大变更而需要重作或修改设计时，须经设计任务书或初步设计批准机关同意，并经双方当事人协商后另订合同；委托方负责交付已经进行了设计的费用。

（4）委托方因故要求中途停止设计时，应及时书面通知承包方，已付的设计费不退，并按该阶段实际所耗工时，增付和结算设计费，同时结束合同关系。

5. 违反勘察、设计合同应承担的法律责任

根据《合同法》相关条款的规定，违反勘察、设计合同应承担的法律责任主要表现为违约责任。所谓违约责任是指合同当事人因违反合同义务应承担的责任。依法成立的合同，具有法律约束力，当事人应当按照合同的约定履行义务，如果不履行义务或者履行义务不符合约定则要承担违约责任。违约责任与合同义务有密切联系，合同义务是违约责任产生的前提，违约责任则是合同义务不履行的结果。违约责任制度是保证当事人履行合同义务的重要措施，是保障债权实现的重要措施，有利于促进合同的履行和弥补违约造成的损失。

（1）委托方的违约责任

《合同法》第285条规定："因发包人变更计划，提供的资料不准确，或者未按照期限提供必需的勘察、设计工作条件而造成勘察、设计的返工、停工或者修改设计，发包人应当按照勘察人、设计人实际消耗的工作量增付费用。"据此，委托方的违约责任主要表现为：

1）发包人变更勘察、设计项目、规模、条件需要重新进行勘察、设计的，应当及时通知勘察人、设计人；勘察人、设计人在接到通知后，应当返工或者修改设计，并有权顺延工期。发包人应当按照勘察人、设计人实际消耗的工作量返工相应增加支付勘察费、设计费。

2）勘察人、设计人在工作中发现发包人提供的技术资料不准确的，勘察人、设计应当通知发包人修改技术资料，在合理期限内提供准确的技术资料。如果该技术资料有严重错误致使勘察、设计工作无法正常进行的，在发包人重新提供技术资料前，勘察人、设计人有权停工、顺延工期，停工的损失应当由发包人承担。发包人重新提供的技术资料有重大修改，需要勘察人、设计人返工、修改设计的，勘察人、设计人应当按照新的技术资料进行勘察、设计工作，发包人应当按照勘察人、设计人实际消耗的工作量相应增加支付勘察费、设计费。

3）发包人未能按照合同约定提供勘察、设计工作所需工作条件的，勘察人、设计人应当通知发包人在合理期限内提供，如果发包人未提供必要的工作条件致使勘察、设计工作无法正常进行的，勘察人、设计人有权停工、顺延工期，并要求发包人承担勘察人、设计人停工期间的损失。

4）勘察、设计的成果按期、按质、按量交付后，委托方要按规定和合同的约定，按期、按量交付勘察、设计费。委托方未按规定或约定的日期交付费用时，应按合同约定承担违约责任。

（2）承包方的违约责任

《合同法》第280条规定："勘察、设计的质量不符合要求或者未按照期限提交勘察、设计文件拖延工期，造成发包人损失的，勘察人、设计人应当继续完善勘察、设计，减收或者免收勘察、设计费并赔偿损失。"据此，承包方的违约责任主要表现为：

1）勘察人、设计人提交的勘察、设计文件不符合质量要求的，发包人可以请求勘察人、设计人承担以下违约责任：继续完善勘察、设计，并视造成的损失浪费大小减收或免收勘察设计费、赔偿损失。如果勘察、设计质量只有轻微质量瑕疵的，发包人可以请求设计人继续完善勘察、设计，如果勘察人、设计人不具备完成符合要求的勘察、设计工作能力或者提交的勘察、设计质量严重不符合约定的，发包人可以解除合同，重新委托勘察、设计人完成勘察、设计工作。

2）对于因勘察设计错误而造成工程重大质量事故者，勘察设计单位除免收受损失部分的勘察设计费外，还应付与直接受损失部分勘察设计费相等的赔偿金。

3）勘察人、设计人未按照合同约定的期限提交勘察、设计文件，发包人可以催告勘察人、设计人尽快提交勘察、设计文件，如果勘察设计文件的迟延致使工期拖延给发包人造成损失的，发包人可以请求勘察人、设计人赔偿损失。如果勘察人、设计人在催告后合理期限内仍未能提交勘察、设计文件，严重影响工程进度的，发包人可以解除合同，委托其他勘察人、设计人完成勘察、设计工作。

第三节 施 工 合 同

一、施工合同的概念和特征

施工主要是指工程的建筑与安装。施工合同是指施工人完成工程的建筑安装工程，发包人验收后，接受该工程并支付价款的合同。施工合同主要包括建筑和安装两方面内容，这里的建筑是指对工程进行营造的行为；安装主要是指与工程有关的线路、管道、设备等设施的装配。依照施工合同，承包人应完成一定的建筑、安装工程任务，发包人应提供必要的施工条件并支付工程价款。因此，施工合同也称为建筑安装工程承包合同，即是发包人和承包人为完成商定的建筑安装工程，明确相互权利、义务关系而达成的协议。

施工合同与其他合同不同，具有标的特殊、合同履行时间长、条款多等特征。施工合同的标的是建设工程，其显著特点是具有固定性、多样性、体积庞大。由于标的的特殊性，工程建设从开工到竣工不是一朝一夕就能完成的，其生产周期较长，因此，合同的履行期也较长，同时建设工程结构复杂，又不可分割，施工过程中需要投入大量的人力、物力、财力，为了分清责任，避免纠纷，要求施工合同条款必须具体明确和完整。

施工合同是建设工程施工及管理的主要依据，即合同双方当事人在工程施工中进行工程建设质量控制、进度控制、费用控制的主要依据。在市场经济条件下，建设市场主体之间相互的权利、义务关系主要是通过合同确立的，施工合同一经签订，合同使承发包双方形成了一定的经济法律关系，双方都可以利用合同保护自己的权益，限制和制约对方。施工合同是建设工程施工过程中承发包双方的最高行为准则，工程施工过程中的一切活动都是为了履行合同，都必须按合同办事，承发包双方的行为主要靠合同来约束，工程施工管理是以施工合同为核心，同时施工合同是建设工程施工过程中承发包双方解决争议的依据，施工合同是发包人和承包人双方经过协商而达成一致的协议，但由于承发包双方利益的不一致性，在施工过程中发生争议是难免的，施工合同为解决争议提供了依据。由于施工合同在整个建设过程中的重要性，要求当事人认真依法签订施工合同、履行施工合同，自觉维护建筑市场的秩序、保证建设工程质量。

二、施工合同主体的资质管理

施工合同的主体是发包人和承包人，双方是平等的民事主体。承发包双方签订施工合同，必须具备相应资质条件和履行施工合同的能力。发包人既可以是建设单位，也可以是取得建设项目总承包资格的项目总承包单位。对合同范围内的工程实施建设时，发包人必须具备组织协调能力，承包人必须具备有关部门核定的资质等级并持有营业执照等证明文件。《建筑法》第13条规定，建筑施工企业按照其拥有的注册资本、专业技术人员、技术装备和已完成的建筑工程业绩等资质条件，划分为不同的资质等级，经资质审查合格，取得相应等级的资质证书后，方可在其资质等级许可的范围内从事建筑活动。

1. 建筑施工企业的分类

施工企业分为工程施工总承包企业、施工承包企业和专业分包企业。

施工总承包企业是指从事工程施工阶段总承包活动的企业，应当具备施工图设计、工程施工、设备采购、材料订货、工程技术开发应用、配合生产使用部门进行生产准备直到竣工投产等能力，从事工程勘察和设计，须取得相应工程勘察和设计资格证书。施工承包企业是指从事工程施工承包活动的企业。专业分包企业是指从事工程施工专项分包活动和承包限额以下小型工程活动的企业。限额以下小型工程活动的范围，由省、自治区、直辖市人民政府的建设行政主管部门确定。

2. 建筑施工企业的资质等级与资质标准

工程施工总承包企业资质等级分为一、二级；施工承包企业资质等级分为一、二、三、四级；专业分包企业的管理办法由省、自治区、直辖市人民政府的建设行政主管部门制定。建筑施工企业的资质标准为：

（1）一级企业：企业近10年承担过大型工业项目，单位工程建筑面积25000m^{2}以上，25层以上或单跨30m跨度以上的建筑工程，且工程质量合格；企业经理具有10年以上从事施工管理工作的经历；具有10年以上从事建筑施工技术管理工作经历、本专业高级职称的总工程师；具有高级专业职称的总会计师；具有高级职称的总经济师；企业有职称的工程、经济、会计、统计等人员不少于350人，其中具有工程系列职称的人员不少于200人，工程系列职称中的人员中，具有中、高级职称的人员不少于50人；具有一级资质的项目经理不少于10人；企业资本金3000万元以上，生产经营用固定资产原值2000万元以上；具有相应的施工机械设备与质量检验测试手段；企业年完成建筑业总产值12000万元以上，建筑业增加值3000万元以上。

（2）二级企业：企业近10年承担过中型工业项目，单位工程建筑面积10000m^{2}以上的建筑工程，15层以上或单跨21m跨度以上的建筑工程，且工程质量合格；企业经理具有8年以上从事施工管理工作的经历；具有8年以上从事建筑施工技术管理工作经历、本专业高级职称的总工程师；具有中级专业职称以上的总会计师；具有中级职称以上的总经济师；企业有职称的工程、经济、会计、统计等人员不少于150人，其中具有工程系列职称的人员不少于80人，工程系列职称中的人员中，具有中、高级职称的人员不少于20

人；具有二级资质的项目经理不少于 10 人；企业资本金 1500 万元以上，生产经营用固定资产原值 1000 万元以上；具有相应的施工机械设备与质量检验测试手段；企业年完成建筑业总产值 6000 万元以上，建筑业增加值 1500 万元以上。

（3）三级企业：企业近 10 年承担过单位工程建筑面积 5000m^2 以上的建筑工程，6 层以上或单跨 15m 跨度以上的建筑工程，且工程质量合格；企业经理具有 5 年以上从事施工管理工作的经历；具有 5 年以上从事建筑施工技术管理工作经历、本专业中级职称以上的技术负责人；具有会计师职称以上的财务负责人；企业有职称的工程、经济、会计、统计等人员不少于 40 人，其中具有工程系列职称的人员不少于 25 人，工程系列职称中的人员中，具有中级职称以上的人员不少于 5 人；具有三级资质的项目经理不少于 8 人；企业资本金 500 万元以上，生产经营用固定资产原值 300 万元以上；具有相应的施工机械设备与质量检验测试手段；企业年完成建筑业总产值 1500 万元以上，建筑业增加值 400 万元以上。

（4）四级企业：企业近 10 年承担过单位工程建筑面积 1500m^2 以上的建筑工程，4 层以上或单跨 9m 跨度以上的建筑工程，且工程质量合格；企业经理具有 3 年以上从事施工管理工作的经历；具有 3 年以上从事建筑施工技术管理工作经历，本专业助理工程师职称以上的技术负责人；具有会计员职称以上的财务负责人；企业有职称的工程、经济、会计、统计等人员不少于 15 人，其中具有工程系列职称的人员不少于 8 人，工程系列职称的人员中，具有中级职称以上的人员不少于 1 人；企业具有四级资质以上的项目经理不少于 3 人；企业资本金 100 万元以上，生产经营用固定资产原值 60 万元以上；企业具有相应的施工机械设备与质量检验测试手段；企业年完成建筑业总产值 300 万元以上，建筑业增加值 80 万元以上。

3. 建筑施工企业承包工程范围

根据相关法律的规定，建筑施工企业承包工程范围是：一级企业可承担各种类型工业与民用建设项目的建筑施工；二级企业可承担 30 层以下、30m 跨度以下的建筑物，高度 100m 以下的构筑物的建筑施工；三级企业可承担 16 层以下、24m 跨度以下的建筑物，高度 50m 以下的构筑物的建筑施工；四级企业可承担 8 层以下、18m 跨度以下的建筑物，高度 30m 以下的构筑物的建筑施工。建筑施工企业必须在资质许可的范围内从事建筑活动。

4. 建筑施工企业资质申请与审批

已经设立的建筑业企业申请资质，需提供下列资料：建筑业企业资质申请表；企业法人营业执照；企业章程，企业法定代表人和企业技术、财务、经营负责人的任职文件、职称证件；企业所有工程技术经济人员（含项目经理）的职称（资格）证件及关键岗位从业人员职业资格证明书；企业的生产统计和财务决算年报表；企业的验资证明；企业完成的代表工程及质量、安全评定资料；其他需要出具的有关证件。

新设立建筑业企业，应当先由资质管理部门对其进行资质预审，然后到工商行政管理部门办理登记注册，取得企业法人营业执照后，再到资质管理部门办理资质审批手续。资质预审时，需提交的资料有：建筑业企业资质申请表；企业章程；企业法定代表人和企业技术、财务、经营负责人的任职文件、职称证件；企业所有工程技术、经济人员（含项目经理）的职称（资格）证件及关键岗位从业人员职业资格证书；企业的验资证明；其他需要出具的有关证件。工程施工总承包企业和施工承包企业的资质实行分级审批；一级企业由建设部审批；二级以下企业，属于地方的，由省、自治区、直辖市人民政府建设行政主管部门审批，直属于国务院有关部门的，由有关部门审批。经审查合格的建筑业企业，由资质管理部门颁发《建筑业企业资质证书》。

三、施工合同签订的依据和条件

施工合同签订的法律依据主要包括《合同法》、《建筑法》、《建设工程施工合同管理办法》、《建设工程施工合同示范文本》等。

施工合同签订的必备条件是：第一，初步设计已经批准；第二，工程项目已列入年度计划；第三，有能够满足施工需要的设计文件和有关技术资料；第四，建设资金和主要建筑材料设备来源已经落实；第五，招投标工程的中标通知书已经下达。

四、施工合同的内容

由于建设工程标的的特殊性，决定了施工合同内容的复杂性。为了保证合同当事人双方的合法权益，保证合同的顺利履行，《合同法》第275条规定："施工合同的内容包括工程范围、建设工期、中间交工工程的开工和竣工时间、工程质量、工程造价、技术资料交付时间、材料和设备供应责任、拨款和结算、竣工验收、质量保修范围和质量保证期、双方相互协作等条款。"

（1）工程范围是指施工的界区，是施工人进行施工的工作范围。工程范围是施工合同的必备条款。

（2）建设工期是指施工人完成施工任务的期限。每个工程根据性质的不同，所需要的建设工期也各不相同。建设工期能否合理确定往往会影响到工程的质量的好坏。实践中，有的发包人由于种种原因，常常要求缩短工期，施工人为了赶进度，只好偷工减料，仓促施工，结果导致严重的工程质量问题。因此为了保证工程质量，双方当事人应当在施工合同中确定合理的建设工期。

（3）中间交工工程是指施工过程中的阶段性工程。为了保证工程各阶段的交接，顺利完成工程建设，当事人应当明确中间交工工程的开工和交工时间。

（4）工程质量是指工程的等级要求，是施工合同中的核心内容。工程质量往往通过设计图纸和施工说明书、施工技术标准加以确定。

（5）工程质量条款是明确施工人施工要求，确定施工人责任的依据，是施工合同的必备条款。工程质量必须符合国家有关建设工程安全标准的要求，发包人不得以任何理由，要求施工人在施工中违反法律、行政法规以及建设工程质量、安全标准，降低工程质量。

（6）工程造价是指施工建设该工程所需的费用，包括材料费、施工成本等费用。当事人根据工程质量要求，根据工程的概预算合理地确定工程造价。实践中，有的发包人为了获得更多的利益压低工程造价，施工人为了盈利，不得不偷工减料，以次充好，结果必然导致工程质量不合格，甚至造成严重的工程质量事故。因此，为了保证工程质量，双方当事人应当合理确定工程造价。

(7) 技术资料主要是指勘察、设计文件以及其他施工人据以施工所必需的基础资料。技术资料的交付是否及时往往影响到施工进度，因此当事人应当在施工合同中明确技术资料的交付时间。

(8) 材料和设备供应责任是指由哪一方当事人提供工程建设所必需的原材料以及设备。材料一般包括水泥、砖瓦石料、钢筋、木料、玻璃等建筑材料和构配件；设备一般包括供水、供电管线和设备、消防设施、空调设备等。在实践中，有的由发包人提供，也可以由施工人负责采购。材料和设备的供应责任应当由双方当事人在合同中作出明确约定。如果在合同中约定由承包人（施工人）负责采购建筑材料、构配件和设备的，施工人履行采购任务，既是施工人应当履行的义务，也是施工人应当享有的权利。发包人有权对施工人提供的材料和设备进行检验，发现材料不合格的，有权要求施工人调换或者补齐。但是发包人不得利用自己有利的合同地位，指定施工人购入由其指定的建筑材料、构配件或设备，包括不得要求施工人必须向其指定的生产厂家或供应商购买建筑材料、构配件或设备。因为由发包人指定供应厂商的行为，容易导致发包人与供应厂商之间的腐败行为，此外，在建设工程造价固定的情况下，发包人指定施工人购买高价的建筑材料、构配件或设备，也会损害施工人的利益。

(9) 拨款是指工程款的拨付；结算是指工程交工后，计算工程的实际造价以及与已拨付工程款之间的差额。拨款和结算条款是施工人请求发包人支付工程款和报酬的依据。一般来说，除“交钥匙工程”外，施工人只负责建筑、安装等施工工作，由发包人提供工程进度所需款项，保证施工顺利进行。现实中，发包人往往利用自己在合同中的有利地位，要求施工人垫款施工。施工人垫款完成施工任务后，发包人常常是不及时结算，拖延支付工程款以及施工人所垫付的款项，这是造成目前建筑市场中拖欠工程款现象的主要原因，因此当事人不得在合同中约定垫款施工。

(10) 竣工验收是工程交付使用前的必经程序，也是发包人支付价款的前提。竣工验收条款一般包括验收的范围和内容、验收的标准和依据、验收人员的组成、验收方式和日期等内容。建设工程竣工后，发包人应当根据施工图纸及说明书、国家颁发的施工验收规范和质量检验标准及时进行验收。建设工程的保修范围应当包括地基基础工程、主体结构工程、屋面防水工程和其他工程，以及电气管线、上下水管线的安装工程，供热、供冷工程等项目。

(11) 质量保证期是指工程各部分正常使用的期限，在实践中也称质量保修期。质量保证期应当与工程的性质相适应，当事人应当按照保证工程合理寿命年限内的正常使用，维护使用者合法权益的原则确定质量保证期，但不得低于国家规定的最低保证期限。

(12) 双方相互协作条款一般包括双方当事人在施工前的准备工作，施工人及时向发包人提出开工通知书、施工进度报告书、对发包人的监督检查提供必要的协助等。双方当事人的协作是施工过程的重要组成部分，是工程顺利施工的重要保证。

五、违反施工合同应承担的法律责任

1. 承包方的违约责任

根据合同法的规定，承包方的违约责任主要表现为两方面：

(1) 承包方违反建设工程质量责任应承担的违约责任

建设工程的施工是指根据工程的设计文件和施工图纸的要求，通过施工作业最终形成建设工程实体的建设。在建设勘察、设计的质量没有问题的情况下，整个建设工程的质量状况最终取决于施工质量。所谓施工质量包括各类工程中土建工程的质量，也包括与其配套的线路、管道和设备的安装质量。在现实中，不少建设工程的质量问题都与建设工程的施工有关，小的施工问题，如屋面漏水、墙面开裂、管道阻塞，给用户带来很大的生活不便，大的质量问题，则会酿成人身伤亡和重大财产损失的恶性事故。因此，建设工程的施工人必须以对国家和人民财产安全负责任的态度，严格按照工程设计文件和技术标准进行施工，严把质量关，做好工程施工的各项质量控制与管理工作。建设工程的施工人为保证工程的施工质量，必须做到严格按照工程设计图纸和施工技术标准施工，不得偷工减料。工程设计图纸是建设设计单位根据工程的功能、质量等方面的要求所做出的设计工作的最终成果，其中的施工图是对建设工程的建筑物、设备、管线等工程对象物的尺寸、布置、选用材料、构造、相互关系、施工及安装质量要求的详细图纸和说明，是指导施工的直接依据。进行建设工程的各项施工活动，包括土建工程的施工、给排水系统的施工、供热供暖系统的施工等，都必须按照相应的施工图纸的要求进行。建设工程施工人除必须严格按照工程设计图纸施工外，还必须按照建设工程施工的技术标准的要求进行施工。施工技术标准是施工作业人员进行每一项施工操作的技术依据，包括对各项施工准备、施工操作工艺流程和应达到的质量要求的规定。据统计，工程施工中的偷工减料行为，是造成建设工程质量的通病，是发生重大质量事故的重要原因。所谓的“偷工”是指不按施工技术标准规定的施工工艺流程进行施工作业，擅自减少工作量的行为。所谓的“减料”是指在工程施工中违反设计文件和施工技术标准的规定，擅自减少建筑材料的数量和降低用料质量的行为。因此施工人除严格按照工程设计图纸和施工技术标准施工外，在施工中不得偷工减料。

《合同法》第281条规定：“因施工人的原因致使建设工程质量不符合约定的，发包人有权要求施工人在合理期限内无偿修理，或者返工、改建。经过修理或者返工、改建后，造成逾期交付的，施工人应当承担违约责任。”据此条规定，凡是因施工原因造成的工程质量问题，都要由施工人承担责任，这些责任包括由建设施工人对存在质量问题的工程进行修理、返工或改建，并承担赔偿损失等民事责任；由有关行政机关对违法施工人依法给予行政处罚的行政责任；以及对造成重大质量事故、构成犯罪的，由司法机关依照刑法的规定追究刑事责任。本条则是规定了施工人因施工质量不符合约定所应承担的民事责任，即如果因施工人原因致使工程质量不符合约定的，发包人可以请求施工人在合理期限内无偿对工程进行修理或者返工、改建以达到约定的质量要求，如果经过修理或者返工、改建后，造成工程迟延交付的，施工人应当承担逾期交付的违约责任。这里的违约责任包括赔偿发包人因逾期交付受到的损失，按照约定向发包人支付违约金、减少价款、执行定金罚则等。发包人可以根据施工人违约程度和损失大小，合理选择请求施工人承担上述违约责任。

(2) 承包人在建设工程合理使用期限内违反质量保证责任应承担的违约责任

根据法律的规定，承包人对整个工程质量负责，当然也应当对建设工程在合理使用期间的质量安全承担责任。《合同法》第282条规定：“因承包人的原因致使建设工程在合理使用期限内造成人身和财产损害的，承包人应当承担损害赔偿责任。”根据本条的规定，承包人承担损害赔偿责任应当具备以下以下三个条件：一是建设工程造成人身、财产损害的原因是承包人违反质量安全要求所致；二是人身、财产损害是发生在建设工程合理使用期限内；三是造成了人身和财产损害的结果。

建设工程的承包人应当按照法律的规定认真履行工程质量保证义务，建设工程的勘察人应当为建设工程提供准确的有关工程地质资料，建设工程的设计人应当按照有关保证工程质量安全的法律、法规和设计规范的规定进行设计，保证建设工程的设计安全可靠；建设工程的施工人必须严格按照工程设计和施工技术标准进行施工，不得使用不合格的建筑材料，不得有任何偷工减料的行为、任何一方不履行法定质量保证义务，造成工程质量安全问题的，承包人都应当承担法律责任。如果不属于承包人的原因，例如，是用户使用不当等原因造成的人身、财产损害的，承包人不承担责任，现实中，如因发包人违法发包如非法压价、接收回扣选择不具备相应资质的承包人，因此引起的质量事故，造成他人人身、财产损害的，发包人也应当承担相应的责任。

建设工程，一旦建成，一般都将长期使用，这就要求在建设工程合理使用期限内，不能有危及使用安全的质量问题，否则将会对人身和财产安全构成威胁，对在合理使用期限内造成人身和财产损害的，承包人应当承担损害赔偿责任。为此首先需要确定“合理使用期限”即建设工程的承包人对其建设产品承担质量责任的责任期间，该合理期限一般自交付发包人时起算，但与一般产品的生产者对其产品的质量缺陷承担损害赔偿责任的责任期限——最长不超过自产品交付使用最初用户 10 年——不同，建设工程的承包人应当在该建设工程合理使用期限内对整个工程质量安全承担责任。关于合理使用期限是多少，合同法未作具体规定，这需要根据各类建设工程的不同情况，如建筑物结构、使用功能、所处的自然环境等因素，由有关技术部门作出判断。关于造成人身财产损害的受损害方不仅仅包括建设工程合同的对方当事人即发包人，也包括建设工程的最终用户，以及因该建设工程而受到损害的其他人。因承包人原因造成建设工程质量事故，致使人身或者财产受到损害的，承包人应当承担赔偿责任。如果是造成发包人的人身或者财产损害的，发包人可以选择请求承包人承担违约责任或者侵权责任。

2. 发包方的违约责任

根据合同法的规定，发包人的违约责任主要表现为以下几点：

（1）发包人未按合同的约定履行义务应承担的违约责任

《合同法》第 283 条规定：“发包人未按照约定的时间和要求提供原材料、设备、场地、资金、技术资料的，承包人可以顺延工程日期，并有权要求赔偿停工、窝工等损失。”此条是关于发包人未按照约定的时间和要求提供原材料、设备、场地、资金、技术资料的违约责任。

工程承包合同中约定由发包人提供原材料、设备、场地、资金技术资料的，发包人应当按照约定的原材料、设备的种类、规格、数量、单价、质量等级和提供时间、地点的清单，向承包人提供所需的原材料、设备及其产品合格证明，如果发包人未按照约定时间提供原材料、设备的，承包人可以中止施工并顺延工期，因此造成承包人停工、窝工损失的，由发包人承担损害赔偿责任。

合同约定由发包人提供场地的，发包人应当按照合同约定向承包人提供承包人施工、操作、运输、堆放材料设备的场地以及建设工作涉及的周围场地（包括一切通道），发包人未能提供符合约定、适合工作的场地致使承包人无法开展工作的，承包人有权要求发包人排除障碍、顺延工期，并可以暂停工作，因此造成承包人停工、窝工损失的，承包人可以要求发包人承担损害赔偿责任。

合同约定由发包人提供工程建设所需资金的，发包人应当按照约定的时间和数额向承包人支付，这里的资金一般是指工程款。在实务中，发包人提供工程款的方式包括预付工程款和按工程进度支付工程款两种，具体可由双方当事人在建设工程合同中约定。如果建设工程合同约定由发包人预付工程款的，发包人应当按照约定的时间和数额向承包人预付工程款，开工后按合同约定的时间和比例逐次扣回。发包人未按照合同约定预付工程款的，承包人可以向发包人发出预付工程款的通知，发包人在收到通知后仍不能按照要求预付工程款，承包人可以停止工作并顺延工期，发包人应当从应付之日起向承包人支付应付款的利息，并赔偿因此造成承包人停、窝工的损失。如果建设工程合同约定发包人按工程进度付款的，发包人应当按照合同约定的进度支付工程款，实践中，完成约定的工程部分后，由发包人确认工程量，以构成合同价款相应项目的单价和取费标准计算出工程价款，经发包人签字后支付。发包人在计算结果签字后的合理期限内仍未能按照要求支付工程款的，承包人可以向发包人发出支付工程款的通知，发包人在收到通知后仍不能按照要求支付工程款，承包人可以停止工作并顺延工期，发包人应当从应付之日起向承包人支付应付价款的利息，并赔偿造成承包人停工、窝工的损失。

合同约定由发包人提供有关工程建设技术资料的，发包人应当按照合同约定的时间和份数向承包人提供符合约定要求的技术资料。技术资料主要包括勘察数据、设计文件、施工图纸以及说明书等。因为根据法律、行政法规的规定，承包人必须按照国家规定的标准、技术规程和设计图纸、施工图等技术资料进行施工，如果发包人未能按照约定提供技术资料，承包人就不能正常进行工作，在这种情况下，承包人可以要求发包人在合理期限内提供建设工作所必须的技术资料并有权暂停工作，顺延工期，有权要求发发包人承担因停工、窝工所造成的损失。

(2) 因发包人原因造成工程停建、缓建所应承担的违约责任

《合同法》第284条规定："因发包人的原因致使工程中途停建、缓建的，发包人应当采取措施弥补或者减少损失，赔偿承包人因此造成的停工、窝工、倒运、机械设备调迁、材料和构件积压等损失和实际费用。"根据此条文的规定，如果因发包人原因造成工程停建、缓建，承包人依法可以要求发包人承担相应违约责任。在工程建设过程中，发包人应当按照合同约定履行自己的义务，为承包人的建设工作提供必要的条件，保证工程建设顺利进行，如果因发包人的原因致使工程建设无法按照约定的进度进行，承包人可以停建、或者缓建。所谓"因为发包人的原因"在实践中一般包括下列几种情况：①发包人变更工程量；②发包人提供的设计文件等技术资料有错误或者发包人变更设计文件；③发包人未能按照约定及时提供建设材料、设备或者工程进度款；④发包人未能及时进行中间工程和隐蔽工程条件的验收并办理有关交工手续；⑤发包人不能按照合同的约定保障建设工作所需的工作条件致使工作无法正常进行等。在发生上述原因，致使工程建设无法正常进行的情况下，承包人可以依法停建、缓建、顺延工期，并及时通知发包人。根据法律规定，承

包人在停建、缓建期间应当采取合理措施减少和避免损失，妥善保护好已完成工程和做好已购材料、设备的保护和移交工作，将自有机械和人员撤出施工现场，发包人应当为承包人的撤出提供必要的条件。承包人应当将停建、缓建过程中发生的经济支出和其他实际发生的费用向发包人提出报告、发包人应当承担违约责任并采应当采取必要措施，弥补或者减少损失，同时应当排除障碍，使承包人尽快恢复建设工作。如承包人在施工中发现设计有错误和不合理之处，应及时通知发包人，发包人在接到通知后，应当及时通知设计人等有关单位研究确定修改意见或者变更设计，并及时将修订后的设计文件送交承包人。发包人还应当赔偿承包人在停建、缓建期间的损失，包括停工、窝工、倒运、机械设备调迁、材料和构件积压所造成的损失和实际发生的费用。

(3) 发包人未按约支付工程价款应承担的违约责任

《合同法》第286条规定："发包人未按照约定支付价款的，承包人可以催告发包人在合理期限内支付价款。发包人逾期不支付的，除按照建设工程的性质不宜折价、拍卖的以外，承包人可以与发包人协议将该工程折价，也可以申请人民法院将该工程依法拍卖，建设工程的价款就该工程折价或者拍卖的价款优先受偿。"发包人在工程建设完成后，对竣工验收合格的工程应当按照合同约定的方式和期限进行工程决算，支付价款，在向承包人支付价款后接受工程。在工程建设实践中，建设工程竣工后，承包人应当按照国家工程竣工验收的有关规定，向发包人提供完整的竣工资料和竣工验收报告；发包人接到竣工验收报告后，应当根据施工图纸及说明书、国家颁发的施工验收规范和质量检验标准及时组织有关部门对工程进行验收；竣工验收合格后，即当竣工报告批准后，承包人应当按照国家有关规定或合同约定的时间、方式向发包人提出结算报告，办理竣工结算；发包人在收到结算报告后，应当及时作出批准或者提出修改意见，按合同约定的方式和期限进行工程决算，并在支付价款时间内将拨款通知送经办银行支付工程款，并将副本送承包人；承包人在收到工程款后将竣工的工程交付发包人，发包人应当接收该工程。发包人未按照约定支付价款的，承包人可以催告发包人在合理期限内支付价款并承担逾期付款的违约责任。

目前，拖欠工程款现象十分严重，不少地区的工程款拖欠数额巨大，有的工程拖欠付款无期限，问题已经相当突出，不仅严重影响了建设企业的生产经营，制约了建设企业的发展，也影响了工程建设进度、制约了投资效益的提高。为了确实解决拖欠工程款的问题，保障承包人价款债权的实现，合同法规定了发包人如果不支付价款，经承包人催告后在合理期限内仍不支付的，承包人可以与发包人协议将该工程折价，也可以申请人民法院将该工程依法拍卖，建设工程的价款就该工程折价或者拍卖的价款优先受偿。但是，承包人按照合同法的规定行使优先受偿权时，应当符合下列几个条件：①法律规定的合理期限已届满。发包人不支付价款的，承包人不能立即将该工程折价、拍卖，而是应当催告发包人在合理期限内支付价款，如果在该期限内发包人已经支付了价款，承包人只能要求发包人承担支付约定的违约金或者支付逾期的利息、赔偿其他损失等违约责任，如果在催告后的合理期限内，发包人仍不能支付价款的，承包人才能将该工程折价或者拍卖以优先受偿。②符合法定程序。承包人对工程依法折价或者拍卖的，应当遵循一定的程序，如果采取对工程折价的，应当与发包人达成协议，参照市场价格确定一定的价款把该工程的所有权由发包人转移给承包人，从而使承包人的价款债权得以实现，承包人因与发包人达不成折价协议而采取拍卖方式的，应当申请人民法院依法将该工程予以拍卖，承包人不得委托拍卖公司或者自行将工程予以拍卖。③优先受偿的数额应符合法律规定。工程折价或者拍卖后所得价款如果超出发包人应付价款数额的，该超过的部分应当归发包人所有；如果折价或者拍卖所得价款还不足以清偿承包人价款债权额的，承包人可以请求发包人支付不足部分。④拍卖、折价的标的符合法律规定。根据本条规定，按照工程的性质不宜折价、拍卖的，如国家重点工程、具有特定用途的工程等，承包人不能将该工程折价或者拍卖，如该工程的所有权不属于发包人，承包人就不得将该工程折价，也不宜折价或者拍卖。

六、《建设工程施工合同（示范文本）》简介

随着建筑法、合同法的陆续颁布，人们的法制观念与合同意识不断加强。在建设工程施工承发包中，由于合同文本不规范、条款不完备，致使施工合同双方当事人纠纷大量增加，为了保证工程的质量、工期和效益，规范施工合同双方当事人的行为，维护建筑市场的稳定，国家建设部、国家工商行政管理局根据有关工程建设施工的法律、法规，结合我国工程建设施工的实际情况，并借鉴了国际上广泛使用的土木工程施工合同（特别是FIDIC土木工程施工合同条件），制定了《建设工程施工合同（示范文本）》，此文本适用于各类公用建筑、民用住宅、工业厂房、交通设施及管线的施工和设备安装。

1.《建设工程施工合同（示范文本）》制定的原则

示范文本制定的原则主要包括以下几点：

(1) 依法制定的原则。建设工程施工是一项非常复杂的工作，其涉及面广，综合性强，不仅涉及施工，还涉及城市规划、工程设计、金融保险、劳动保护、租赁、运输、保管、环境以及文物等方面的问题，因此，制定《建设工程施工合同（示范文本）》必须依照《合同法》、《民法通则》、《建筑法》、《招标投标法》等相关的法律法规制定。其中，《合同法》是主要依据，《合同法》规定，当事人订立、履行合同，应当遵守法律、行政法规，同时规定，依法成立的合同，对当事人具有法律约束力，只有依法订立的合同，当事人的合法权益才能受到法律的保护。

(2) 平等自愿、协商一致的原则。《合同法》规定，合同当事人的法律地位平等，一方不得将自己的意志强加给另一方，当事人依法享有自愿订立合同的权利，任何单位和个人不得非法干预。虽然《建设工程施工合同（示范文本）》可协商原则主要体现在专用条款上，但只要双方协商一致，就可以在专用条款中对通用条款的有关内容和其他问题提出修改或补充，可见，虽是示范文本，但照样体现了平等自愿、协商一致的原则。

(3) 诚实信用的原则。《合同法》规定，当事人行使权利、履行义务应当遵循诚实信用原则。由于建筑工程施工工期长、联系面广、影响因素多，在制定《建设工程施工合同（示范文本）》时，条款和内容力求完备，由于合同文件较多，因此，规定合同文件能相互解释，互为说明。除专用条款另有约定外，应依据合同文件的优先顺序予以解释。当事人双方在签订和执行合同时，应当诚实，讲求信用，以善意与合作的方式履行合同规定的义务。当事人对合同条款的理解有争议的，应当按照合同所使用的词句、合同的有关条款、合同的目的、交易习惯以及诚实信用原则，确定该条款的真实意思。

2.《建设工程施工合同（示范文本）》简介

《建设工程施工合同（示范文本）》由“协议书”、“通用条款”、“专用条款”三部分组成，并附有三个附件。

（1）协议书

协议书是《建设工程施工合同文本》中纲领性的文件，是发包人与承包人依照《合同法》、《建筑法》及其他有关法律、行政法规，遵循平等、自愿、公平和诚实信用的原则，就建设工程施工中最基本、最重要的事项协商一致而订立的合同。协议书包含的内容不多，但它规定了合同双方当事人最主要的权利、义务，规定了组成合同的文件及合同当事人对履行合同义务的承诺，并且合同当事人如果同意履行这份合同，将在这份文件上签字盖章，根据合同法规定，双方当事人在合同书上签字盖章即为合同生效，因此具有很高的法律效力。“协议书”主要包括以下十个方面的内容：①工程概况：主要包括工程名称、工程地点、工程内容、群体工程应附承包人承揽工程项目一览表、工程立项批准文号、资金来源；②工程承包范围；③合同工期：包括开工日期、竣工日期、合同工期总日历天数；④质量标准；⑤价款（分别用大、小写表示）；⑥组成合同的文件：包括本合同协议书、中标通知书、投标书及其附件、本合同专用条款、本合同通用条款、标准和规范及有关技术文件、图纸、工程量清单、工程报价单或预算书、双方有关工程的洽商、变更等书面协议或文件；⑦本协议书中有关词语含义与合同示范文本“通用条款”中分别赋予它们的定义相同；⑧承包人向发包人承诺按照合同约定进行施工、竣工并在质量保修期内承担工程质量保修责任；⑨发包人向承包人承诺按照合同约定的期限和方式支付合同价款及其他应当支付的款项；⑩合同生效：包括合同订立时间（年、月、日）、合同订立地点、本合同双方约定生效的时间。

（2）通用条款

通用条款是根据《合同法》、《建筑法》、《建设工程施工合同管理办法》等法律、法规对承发包双方的权利、义务作出的规定，除双方协商一致对其中的某些条款作了修改、补充或取消，双方都必须履行。它是将建设工程施工合同中共性的一些内容抽象出来编写的一份完整的合同文件。“通用条款”具有很强的通用性，基本适用于各类建设工程。“通用条款”共由 11 部分 47 条组成。

（3）专用条款

专用条款的作用主要是考虑到建设工程的内容各不相同，工期、造价也随之变动，承包人、发包人各自的能力、施工现场的环境和条件也各不相同，“通用条款”不能完全适用于各个具体工程，因此配之以“专用条款”对其作必要的修改和补充，使“通用条款”和“专用条款”成为统一的一体。“专用条款”的条款号与“通用条款”的条款号相一致，但主要是空格，由当事人根据工程的具体情况予以明确或者对“通用条款”进行修改、补充。

（4）附件

《建设工程施工合同（示范文本）》的附件则是对施工合同当事人的权利、义务的进一步明确，并且使得施工合同当事人的有关工作一目了然，便于执行和管理。附件附有三个附件：附件一是“承包人承揽工程项目一览表”；附件二是“发包人供应材料设备一览表”；附件三是“工程质量保修书”。

3. 施工合同通用条款内容

“通用条款”共由11部分47条组成，其主要内容包括：

(1) 词语定义与合同文件

此部分包含了4条内容，一是词语定义；二是合同文件及解释顺序；三是语言文字和适用法律、标准及规范；四是图纸。

1) 词语定义

下列词语除专用条款另有约定外，应具有本条所赋予的定义：

①通用条款：是根据法律、行政法规规定及建设工程施工的需要订立，通用于建设工程施工的条款。

②专用条款：是发包人与承包人根据法律、行政法规规定，结合具体工程实际，经协商达成一致意义的条款，是对通用条款的具体化、补充或修改。

③发包人：指在协议书中约定，具有工程发包主体资格和支付工程价款能力的当事人以及取得该当事人资格的合法继承人。

④承包人：指在协议书中约定，被发包人接受的具有工程施工承包主体资格的当事人以及取得该当事人资格的合法继承人。

⑤项目经理：指承包人在专用条款中指定的负责施工管理和合同履行的代表。

⑥设计单位：指发包人委托的负责本工程设计并取得相应工程设计资质等级证书的单位。

⑦监理单位：指发包人委托的负责本工程监理并取得相应工程监理资质等级证书的单位。

⑧工程师：指本工程监理单位委派的总监理工程师或发包人指定的履行本合同的代表，其具体身份和职权由发包人、承包人在专用条款中约定。

⑨工程造价管理部门：指国务院有关部门县级以上人民政府建设行政主管部门或其委托的工程造价管理机构。

⑩工程：指发包人、承包人在协议书中约定的承包范围内的工程。

⑪合同价款：指发包人、承包人在协议书中约定，发包人用以支付承包人按照合同约定完成承包范围内全部工程并承担质量保修责任的款项。

⑫经济支出：指在施工中已经发生，经发包人确认后以增加预算形式支付的合同价款。

⑬追加合同价款：指在合同履行中发生需要增加合同价款的情况，经发包人确认后按计算合同价款的方法增加的合同价款。

⑭费用：指不包含在合同价款之内的应当由发包人或承包人承担的经济支出。

⑮工期：指发包人、承包人在协议书中约定，按总日历天数（包括法定节假日）计算的承包天数。

⑯开工日期：指发包人、承包人在协议书中约定，承包人开始施工的绝对或相对的日期。

⑰竣工日期：指发包人、承包人在协议书中约定，承包人完成承包范围内工程的绝对

或相对的日期。

⑱图纸：指由发包人提供或由承包人提供并经发包人批准，满足承包人施工需要的所有图纸（包括配套说明和有关资料）。

⑲施工场地：指由发包人提供的用于工程施工的场所以及发包人在图纸中具体指定的供施工使用的任何其他场所。

⑳书面形式：指合同书、信件和数据电文（包括电报、电传、传真、电子数据交换和电子邮件）等可以有形地表现所载内容的形式。

㉑违约责任：指合同一方不履行合同义务或履行合同义务不符合约定所应承担的责任。

㉒索赔：指在合同履行过程中，对于并非自己的过错，而是应由对方承担责任的情况造成的实际损失，向对方提出经济补偿和（或）工期顺延的要求。

㉓不可抗力：指不能预见、不能避免并不能克服的客观情况。

㉔小时或天：本合同中规定按小时计算时间的，从事件有效开始时计算（不扣除休息时间）；规定按天计算时间的，开始当天不计入，从次日开始计算。时限的最后一天是休息日或者其他法定节假日的，以节假日次日为时限的最后一天，但竣工日期除外。时限的最后一天的截止时间为当日24时。

2）合同文件及解释顺序

合同文件应能相互解释，互为说明。除专用条款另有约定外，组成本合同的文件及优先解释顺序如下：

①本合同协议书；

②中标通知书；

③投标书及其附件；

④本合同专用条款；

⑤本合同通用条款；

⑥标准、规范及有关技术文件；

⑦图纸；

⑧工程量清单；

⑨工程报价单或预算书。

合同履行中，发包人、承包人有关工程的洽商变更等书面协议或文件视为本合同的组成部分。当合同文件内容含糊不清或不相一致时，在不影响工程正常进行的情况下，由发包人和承包人协商解决。双方也可以提请负责监理的工程师作出解释。双方协商不成或不同意负责监理的工程师的解释时，按有关争议的约定处理。

3）语言文字和适用法律、标准及规范

①语言文字。本合同文件使用汉语语言文字书写、解释和说明。如专用条款约定使用两种以上（含两种）语言文字时，汉语应为解释和说明本合同的标准语言文字。在少数民族地区，双方可以约定使用少数民族语言文字书写和解释、说明本合同。

②适用法律和法规。本合同文件适用国家的法律和行政法规；需要明示的法律、行政法规，由双方在专用条款中约定。

③适用标准和规范。双方在专用条款内约定适用国家标准、规范的名称；没有国家标

准、规范但有行业标准、规范的，约定适用行业标准、规范的名称；没有国家和行业标准规范的，约定适用工程所在地地方标准、规范的名称。发包人应按专用条款约定的时间向承包人提供一式两份约定的标准、规范。国内没有相应标准、规范的，由发包人按专用条款约定的时间向承包人提出施工技术要求，承包人按约定的时间和要求提出施工工艺，经发包人认可后执行。发包人要求使用国外标准规范的，应负责提供中文译本。本条所发生的购买、翻译标准、规范或制定施工工艺的费用，由发包人承担。

4）图纸。

①发包人应按专用条款约定的日期和套数，向承包人提供图纸。承包人需要增加图纸套数的，发包人应代为复制，复制费用由承包人承担。发包人对工程有保密要求的，应在专用条款中提出保密要求，保密措施费用由发包人承担，承包人在约定保密期限内履行保密义务。

②承包人未经发包人同意，不得将本工程图纸转给第三人。工程质量保修期满后，除承包人存档需要的图纸外，应将全部图纸退还给发包人。

③承包人应在施工现场保留一套完整图纸，供工程师及有关人员进行工程检查时使用。

（2）双方一般权利和义务

此部分包含了5条内容，一是工程师；二是工程师的委派和指令；三是项目经理；四是发包人工作；五是承包人工作。

1）工程师

①实行工程监理的，发包人应在实施监理前将委托的监理单位名称、监理内容及监理权限以书面形式通知承包人。

②监理单位委派的总监理工程师在本合同中称工程师，其姓名、职务、职权由发包人、承包人在专用条款内写明。工程师按合同约定行使职权，发包人在专用条款内要求工程师在行使某些职权前需要征得发包人批准的，工程师应征得发包人批准。

③发包人派驻施工场地履行合同的代表在本合同中也称工程师，其姓名、职务、职权由发包人在专用条款内写明，但职权不得与监理单位委派的总监理工程师职权相互交叉。双方职权发生交叉或不明确时，由发包人予以明确，并以书面形式通知承包人。

④合同履行中，发生影响发包人、承包人双方权利或义务的事件时，负责监理的工程师应依据合同在其职权范围内客观公正地进行处理。一方对工程师的处理有异议时，按本通用条款37条关于争议的约定处理。

⑤除合同内有明确约定或经发包人同意外，负责监理的工程师无权解除本合同约定的承包人的任何权利与义务。

⑥不实行工程监理的，本合同中工程师专指发包人派驻施工场地履行合同的代表，其具体职权由发包人在专用条款内写明。

2）工程师的委派和指令

①工程师可委派工程师代表，行使合同约定的自己的职权，并可在认为必要时撤回委派。委派和撤回均应提前7天以书面形式通知承包人，负责监理的工程师还应将委派和撤回通知发包人。委派书和撤回通知作为本合同附件。工程师代表在工程师授权范围内向承包人发出的任何书面形式的函件，与工程师发出的函件具有同等效力。承包人对工程师代

表向其发出的任何书面形式的函件有疑问时，可将此函件提交工程师，工程师应进行确认。工程师代表发出指令有失误时，工程师应进行纠正。除工程师或工程师代表外，发包人派驻工地的其他人员均无权向承包人发出任何指令。

②工程师的指令、通知由其本人签字后，以书面形式交给项目经理，项目经理在回执上签署姓名和收到时间后生效。确有必要时，工程师可发出口头指令，并在 48 小时内给予书面确认，承包人对工程师的指令应予执行。工程师不能及时给予书面确认的，承包人应于工程师发出口头指令后 7 天内提出书面确认要求。工程师在承包人提出确认要求后 48 小时内不予答复的，视为口头指令已被确认。承包人认为工程师指令不合理，应在收到指令后 24 小时内向工程师提出修改指令的书面报告，工程师在收到承包人报告后 24 小时内作出修改指令或继续执行原指令的决定，并以书面形式通知承包人。紧急情况下，工程师要求承包人立即执行的指令或承包人虽有异议，但工程师决定仍继续执行的指令，承包人应予执行。因指令错误发生的追加合同价款和给承包人造成的损失由发包人承担，延误的工期相应顺延。本款规定同样适用于由工程师代表发出的指令、通知。

③工程师应按合同约定，及时向承包人提供所需指令，批准并履行约定的其他义务。由于工程师未能按合同约定履行义务造成工期延误，发包人应承担延误造成的追加合同价款，并赔偿承包人有关损失，顺延延误的工期。

④如需更换工程师，发包人应至少提前 7 天以书面形式通知承包人，后任继续行使合同文件约定的前任的职权，履行前任的义务。

3）项目经理

①项目经理是建设项目的负责人。一般由承包人授权，并代表承包人负责工程施工的组织、实施。项目经理的姓名、职务在专用条款内写明。

②承包人依据合同发出的通知，以书面形式由项目经理签字后送交工程师，工程师在回执上签署姓名和收到时间后生效。

③项目经理按发包人认可的施工组织设计（施工方案）和工程师依据合同发出的指令组织施工。在情况紧急且无法与工程师联系时，项目经理应当采取保证人员生命和工程、财产安全的紧急措施，并在采取措施后 48 小时内向工程师送交报告。责任在发包人或第三人，由发包人承担由此发生的追加合同价款，相应顺延工期；责任在承包人，由承包人承担费用，不顺延工期。

④承包人如需更换项目经理，应至少提前 7 天以书面形式通知发包人，并征得发包人同意。后任继续行使合同文件约定的前任的职权，履行前任的义务。

⑤发包人可以与承包人协商，建议更换其认为不称职的项目经理。

4）发包人工作

发包人按专用条款约定的内容和时间完成以下工作：

①办理土地征用、拆迁补偿、平整施工场地等工作，使施工场地具备施工条件，在开工后继续负责解决以上事项遗留问题。

②将施工所需水、电、电信线路从施工场地外部接至专用条款约定地点，保证施工期间的需要。

③开通施工场地与城乡公共道路的通道，以及专用条款约定的施工场地内的主要道路，满足施工运输的需要，保证施工期间的畅通。

④向承包人提供施工场地的工程地质和地下管线资料，对资料的真实准确性负责。

⑤办理施工许可证及其他施工所需证件、批件和临时用地、停水、停电、中断道路交通、爆破作业等的申请批准手续（证明承包人自身资质的证件除外）。

⑥确定水准点与坐标控制点，以书面形式交给承包人，进行现场交验。

⑦组织承包人和设计单位进行图纸会审和设计交底。

⑧协调处理施工场地周围地下管线和邻近建筑物、构筑物（包括文物保护建筑）、古树名木的保护工作，承担有关费用。

⑨发包人应做的其他工作，双方在专用条款内约定；发包人未能履行上述各项义务，导致工期延误或给承包人造成损失的，发包人赔偿承包人有关损失，顺延延误的工期。发包人可以将上述部分工作委托承包人办理，双方在专用条款内约定，其费用由发包人承担。

5）承包人工作

承包人按专用条款约定的内容和时间完成以下工作：

①根据发包人委托，在其设计资质等级和业务允许的范围内，完成施工图设计或与工程配套的设计，经工程师确认后使用，发包人承担由此发生的费用。

②向工程师提供年、季、月度工程进度计划及相应的进度统计报表。

③根据工程需要，提供和维修非夜间施工使用的照明、围栏设施，并负责安全保卫。

④按专用条款约定的数量和要求，向发包人提供施工场地办公和生活的房屋及设施，发包人承担由此发生的费用。

⑤遵守政府有关主管部门对施工场地交通、施工噪音以及环境保护和安全生产等的管理规定。按规定办理有关手续，并以书面形式通知发包人，发包人承担由此发生的费用，因承包人责任造成的罚款除外。

⑥已竣工工程未交付发包人之前，承包人按专用条款约定负责已完工程的保护工作，保护期间发生损坏，承包人自费予以修复；发包人要求承包人采取特殊措施保护的工程部位和追加相应的合同价款，双方在专用条款内约定。

⑦按专用条款约定做好施工场地地下管线和邻近建筑物、构筑物（包括文物保护建筑）、古树名木的保护工作。

⑧保证施工场地清洁符合环境卫生管理的有关规定，交工前清理现场达到专用条款约定的要求；承担因自身原因违反有关规定造成的损失和罚款。

⑨承包人应做的其他工作，双方在专用条款内约定。承包人未能履行上述各项义务，造成发包人损失的，承包人赔偿发包人有关损失。

（3）施工组织设计和工期

此部分包含了5条内容，一是进度计划；二是开工及延期开工；三是暂停施工；四是工期延误；五是工程竣工。

1）进度计划

承包人应按专用条款约定的日期，将施工组织设计和工程进度计划提交工程师，工程师按专用条款约定的时间予以确认或提出修改意见，逾期不确认也不提出书面意见的，视为同意。群体工程中单位工程分期进行施工的，承包人应按照发包人提供图纸及有关资料的时间，按单位工程编制进度计划，其具体内容双方在专用条款中约定。承包人必须按工程师确认的进度计划组织施工，接受工程师对进度的检查、监督。工程实际进度与经确认的进度计划不符时，承包人应按工程师的要求提出改进措施，经工程师确认后执行。因承包人的原因导致实际进度与进度计划不符，承包人无权就改进措施提出追加合同价款。

2）开工及延期开工

承包人应当按照协议书约定的开工日期开工。承包人不能按时开工，应当不迟于协议书约定的开工日期前 7 天，以书面形式向工程师提出延期开工的理由和要求。工程师应当在接到延期开工申请后的 48 小时内以书面形式答复承包人。工程师在接到延期开工申请后 48 小时内不答复，视为同意承包人要求，工期相应顺延。工程师不同意延期要求或承包人未在规定时间内提出延期开工要求，工期不予顺延。因发包人原因不能按照协议书约定的开工日期开工，工程师应以书面形式通知承包人，推迟开工日期。发包人赔偿承包人因延期开工造成的损失，并相应顺延工期。

3）暂停施工

工程师认为确有必要暂停施工时，应当以书面形式要求承包人暂停施工，并在提出要求后 48 小时内提出书面处理意见。承包人应当按工程师要求停止施工，并妥善保护已完工程。承包人实施工程师作出的处理意见后，可以书面形式提出复工要求，工程师应当在 48 小时内给予答复。工程师未能在规定时间内提出处理意见，或收到承包人复工要求后 48 小时内未予答复，承包人可自行复工。因发包人原因造成停工的，由发包人承担所发生的追加合同价款，赔偿承包人由此造成的损失，相应顺延工期；因承包人原因造成停工的，由承包人承担发生的费用，工期不予顺延。

4）工期延误

因以下原因造成工期延误，经工程师确认，工期相应顺延：

①发包人未能按专用条款的约定提供图纸及开工条件；

②发包人未能按约定日期支付工程预付款、进度款，致使施工不能正常进行；

③工程师未按合同约定提供所需指令、批准等，致使施工不能正常进行；

④设计变更和工程量增加；

⑤一周内非承包人原因停水、停电、停气造成停工累计超过 8 小时；

⑥不可抗力；

⑦专用条款中约定或工程师同意工期顺延的其他情况。

承包人在上述情况发生后 14 天内，就延误的工期以书面的形式向工程师提出报告。工程师在收到报告后 14 天内予以确认，逾期不予确认也不提出修改意见，视为同意顺延工期。

5）工程竣工

承包人必须按照协议书约定的竣工日期或工程师同意顺延的工期竣工。因承包人原因不能按照协议书约定的竣工日期或工程师同意顺延的工期竣工的，承包人承担违约责任。施工中发包人如需提前竣工、双方协商一致后应签订提前竣工协议，作为合同文件组成部分。提前竣工协议应包括承包人为保证工程质量和安全采取的措施、发包人为提前竣工提供的条件以及提前竣工所需的追加合同价款等内容。

（4）质量与检验

此部分包含了 5 条内容，一是工程质量；二是检查和返工；三是隐蔽工程和中间验收；四是重新检验；五是工程试车。

1）工程质量

工程质量应当达到协议书约定的质量标准，质量标准的评定以国家或行业的质量检验评定标准为依据。因承包人原因工程质量达不到约定的质量标准，承包人承担违约责任。双方对工程质量有争议，由双方同意的工程质量检测机构鉴定，所需费用及因此造成的损失，由责任人承担。双方均有责任，由双方根据其责任分别承担。

2）检查和返工

承包人应认真按照标准、规范和设计图纸要求以及工程师依据合同发出的指令施工，随时接受工程师的检查检验，为检查检验提供便利条件。工程质量达不到约定标准的部分，工程师一经发现，应要求承包人拆除和重新施工，承包人应按工程师的要求拆除和重新施工，直到符合约定标准。因承包人原因达不到约定标准，由承包人承担拆除和重新施工的费用，工期不予顺延。工程师的检查检验不应影响施工正常进行。如影响施工正常进行，检查检验不合格时，影响正常施工的费用由承包人承担。除此之外，影响正常施工的追加合同价款由发包人承担，相应顺延工期。因工程师指令失误或其他非承包人原因发生的追加合同价款，由发包人承担。

3）隐蔽工程和中间验收

工程具备隐蔽条件或达到专用条款约定的中间验收部位，承包人进行自检，并在隐蔽或中间验收前48小时以书面形式通知工程师验收。通知包括隐蔽和中间验收的内容、验收时间和地点。承包人准备验收记录，经验收合格，工程师在验收记录上签字后，承包人可进行隐蔽和继续施工；验收不合格，承包人在工程师限定的时间内修改后重新验收。工程师不能按时进行验收，应在验收前24小时以书面形式向承包人提出延期要求，延期不能超过48小时。工程师未能按以上时间提出延期要求，不进行验收，承包人可自行组织验收，工程师应承认验收记录；经工程师验收，工程质量符合标准、规范和设计图纸等要求，验收24小时后工程师不在验收记录上签字，视为工程师已经认可验收记录，承包人可进行隐蔽或继续施工。

4）重新检验

无论工程师是否进行验收，当其要求对已经隐蔽的工程重新检验时，承包人应按要求进行剥离或开孔，并在检验后重新覆盖或修复。检验合格，发包人承担由此发生的全部追加合同价款，赔偿承包人损失，并相应顺延工期。检验不合格，承包人承担发生的全部费用，工期不予顺延。

5）工程试车

双方约定需要试车的，试车内容应与承包人承包的安装范围相一致。设备安装工程具备单机无负荷试车条件，承包人组织试车，并在试车前48小时以书面形式通知工程师。通知包括试车内容、时间、地点。承包人准备试车记录，发包人根据承包人要求为试车提供必要条件。试车合格，工程师在试车记录上签字。工程师不能按时参加试车，须在开始试车前24小时以书面形式向承包人提出延期要求，延期不能超过48小时。工程师未能按以上时间提出延期要求，不参加试车，应承认试车记录。设备安装工程具备无负荷联动试车条件，发包人组织试车，并在试车前48小时以书面形式通知承包人。通知包括试车内容、时间、地点和对承包人的要求，承包人按要求做好准备工作。试车合格，双方在试车记录上签字。双方责任如下：

①由于设计原因试车达不到验收要求，发包人应要求设计单位修改设计，承包人按修改后的设计重新安装。发包人承担修改设计、拆除及重新安装的全部费用和追加合同价款，工期相应顺延。

②由于设备制造原因试车达不到验收要求，由该设备采购一方负责重新购置或修理，承包人负责拆除和重新安装。设备由承包人采购的，由承包人承担修理或重新购置、拆除及重新安装的费用，工期不予顺延。设备由发包人采购的，发包人承担上述各项追加合同价款，工期相应顺延。

③由于承包人施工原因试车达不到验收要求，承包人按工程师要求重新安装和试车，并承担重新安装和试车的费用，工期不予顺延。

④试车费用除已包括在合同价款之内或专用条款另有约定外，均由发包人承担。

⑤工程师在试车合格后不在试车记录上签字，试车结束 24 小时后，视为工程师已经认可试车记录，承包人可继续施工或办理竣工手续。投料试车应在工程竣工验收后由发包人负责，如发包人要求在工程竣工验收前进行或需要承包人配合时，应征得承包人同意，另行签订补充协议。

(5) 安全施工

此部分包括 3 条内容，一是安全施工与检查；二是安全防护；三是事故处理。

1) 安全施工与检查

承包人应遵守工程建设安全生产有关管理规定，严格按安全标准组织施工，并随时接受行业安全检查人员依法实施的监督检查，采取必要的安全防护措施，消除事故隐患。由于承包人安全措施不力造成事故的责任和因此发生的费用，由承包人承担。发包人应对其在施工场地的工作人员进行安全教育，并对他们的安全负责。发包人不得要求承包人违反安全管理的规定进行施工。因发包人原因导致的安全事故，由发包人承担相应责任及发生的费用。

2) 安全防护

承包人在动力设备、输电线路、地下管道、密封防震车间、易燃易爆地段以及临街交通要道附近施工时，施工开始前应向工程师提出安全防护措施，经工程师认可后实施，防护措施费用由发包人承担。实施爆破作业，在放射、毒害性环境中施工（含储存、运输、使用）及使用毒害性、腐蚀性物品施工时，承包人应在施工前 14 天以书面形式通知工程师，并提出相应的安全防护措施，经工程师认可后实施，由发包人承担安全防护措施费用。

3) 事故处理

发生重大伤亡及其他安全事故，承包人应按有关规定立即上报有关部门并通知工程师，同时按政府有关部门要求处理，由事故责任方承担发生的费用。发包人、承包人对事故责任有争议时，应按政府有关部门的认定处理。

(6) 合同价款与支付

此部分包括 4 条内容：一是合同价款及调整；二是工程预付款；三是工程量的确认；四是工程款（进度款）支付。

1) 合同价款及调整

招标工程的合同价款由发包人、承包人依据中标通知书中的中标价格在协议书内约定。非招标工程的合同价款由发包人、承包人依据工程预算书在协议书内约定。合同价款在协议书内约定后，任何一方不得擅自改变。下列三种确定合同价款的方式，双方可在专用条款内约定采用其中一种：

①固定价格合同。双方在专用条款内约定合同价款包含的风险范围和风险费用的计算方法，在约定的风险范围内合同价款不再调整。风险范围以外的合同价款调整方法，应当在专用条款内约定。

②可调价格合同。合同价款可根据双方的约定而调整，双方在专用条款内约定合同价款调整方法。可调价格合同中合同价款的调整因素包括：法律、行政法规和国家有关政策变化影响合同价款；工程造价管理部门公布的价格调整；一周内非承包人原因停水、停电、停气造成停工累计超过 8 小时；双方约定的其他因素。承包人应当在上述情况发生后 14 天内，将调整原因、金额以书面形式通知工程师，工程师确认调整金额后作为追加合同价款，与工程款同期支付。工程师收到承包人通知后 14 天内不予确认也不提出修改意见，视为已经同意该项调整。

③成本加酬金合同。合同价款包括成本和酬金两部分，双方在专用条款内约定成本构成和酬金的计算方法。

2）工程预付款

实行工程预付款的，双方应当在专用条款内约定发包人向承包人预付工程款的时间和数额，开工后按约定的时间和比例逐次扣回。预付时间应不迟于约定的开工日期前 7 天。发包人不按约定预付，承包人在约定预付时间 7 天后向发包人发出要求预付的通知，发包人收到通知后仍不能按要求预付，承包人可在发出通知后 7 天停止施工，发包人应从约定应付之日起向承包人支付应付款的贷款利息，并承担违约责任。

3）工程量的确认

承包人应按专用条款约定的时间，向工程师提交已完工程量的报告。工程师接到报告后 7 天内按设计图纸核实已完工程量（以下称计量），并在计量前 24 小时通知承包人，承包人为计量提供便利条件并派人参加。承包人收到通知后不参加计量，计量结果有效，并作为工程价款支付的依据。工程师收到承包人报告后 7 天内未进行计量。从第 8 天起，承包人报告中开列的工程量即视为被确认，并作为工程价款支付的依据。工程师不按约定时间通知承包人，致使承包人未能参加计量，计量结果无效。对承包人超出设计图纸范围和因承包人原因造成返工的工程量，工程师不予计量。

4）工程款（进度款）支付

在确认计量结果后 14 天内，发包人应向承包人支付工程款（进度款）。按约定时间发包人应扣回的预付款，与工程款（进度款）同期结算。通用条款中确定调整的合同价款，工程变更调整的合同价款及其他条款中约定的追加合同价款，应与工程款（进度款）同期调整支付。发包人超过约定的支付时间不支付工程款（进度款），承包人可向发包人发出要求付款的通知。发包人收到承包人通知后仍不能按要求付款，可与承包人协商签订延期付款协议，经承包人同意后可延期支付。协议应明确延期支付的时间和从计量结果确认后第 15 天起计算应付款的贷款利息。发包人不按合同约定支付工程款（进度款），双方又未达成延期付款协议，导致施工无法进行，承包人可停止施工，由发包人承担违约责任。

(7) 材料设备供应

此部分包括 2 条内容：一是发包人供应材料设备；二是承包人采购材料设备。

1）发包人供应材料设备

实行发包人供应材料设备的，双方应当约定发包人供应材料设备的一览表，作为本合同附件。一览表包括发包人供应材料设备的品种、规格、型号、数量、单价、质量等级、提供时间和地点。发包人按一览表约定的内容提供材料设备并向承包人提供产品合格证明，对其质量负责。发包人在所供材料设备到货前 24 小时，以书面形式通知承包人，由承包人派人与发包人共同清点。发包人供应的材料设备，承包人派人参加清点后由承包人妥善保管，发包人支付相应保管费用。因承包人原因发生丢失损坏，由承包人负责赔偿。发包人未通知承包人清点，承包人不负责材料设备的保管，丢失损坏由发包人负责。发包人供应的材料设备与一览表不符时，发包人承担有关责任。发包人应承担责任的具体内容，双方根据下列情况在专用条款内约定：

①材料设备单价与一览表不符，由发包人承担所有价差；

②材料设备的品种、规格、型号、质量等级与一览表不符，承包人可拒绝接收保管，由发包人运出施工场地并重新采购；

③发包人供应的材料规格、型号与一览表不符，经发包人同意，承包人可代为调剂串换，由发包人承担相应费用；

④到货地点与一览表不符，由发包人负责运至一览表指定地点；

⑤供应数量少于一览表约定的数量时，由发包人补齐；多于一览表约定数量时，由发包人负责将多出部分运出施工场地；

⑥到货时间早于一览表约定时间，由发包人承担因此发生的保管费用；到货时间迟于一览表约定的供应时间，发包人赔偿由此造成的承包人损失，造成工期延误的，相应顺延工期。

发包人供应的材料设备使用前，由承包人负责检验或试验，不合格的不得使用，检验或试验费用由发包人承担。发包人供应材料设备的结算方法，双方在专用条款内约定。

2）承包人采购材料设备

承包人负责采购材料设备的，应按照专用条款约定及设计和有关标准要求采购，并提供产品合格证明，对材料设备质量负责。承包人在材料设备到货前 24 小时通知工程师清点。承包人采购的材料设备与设计或标准要求不符时，承包人应按工程师要求的时间运出施工场地，重新采购符合要求的产品，承担由此发生的费用，由此延误的工期不予顺延。承包人采购的材料设备在使用前，承包人应按工程师的要求进行检验或试验，不合格的不得使用，检验或试验费用由承包人承担。工程师发现承包人采购并使用不符合设计或标准要求的材料设备时，应要求由承包人负责修复、拆除或重新采购，并承担发生的费用，由此延误的工期不予顺延。承包人需要使用代用材料时，应经工程师认可后才能使用，由此增减的合同价款双方以书面形式议定。由承包人采购的材料设备，发包人不得指定生产厂或供应商。

(8) 工程变更

此部分包括 3 条内容：一是工程设计变更；二是其他变更；三是确定变更价款。

1）工程设计变更

施工中发包人需对原工程设计进行变更，应提前 14 天以书面形式向承包人发出变更通知。变更超过原设计标准或批准的建设规模时，发包人应报规划管理部门和其他有关部门重新审查批准，并由原设计单位提供变更的相应图纸和说明。承包人按照工程师发出的变更通知及有关要求，进行下列需要的变更：

①更改工程有关部分的标高、基线、位置和尺寸；

②增减合同中约定的工程量；

③改变有关工程的施工时间和顺序；

④其他有关工程变更需要的附加工作。

因变更导致合同价款的增减及对承包人造成的损失，由发包人承担，延误的工期相应顺延。施工中承包人不得对原工程设计进行变更。因承包人擅自变更设计发生的费用和由此导致发包人的直接损失，由承包人承担，延误的工期不予顺延。承包人在施工中提出的合理化建议涉及对设计图纸或施工组织设计的更改及对材料、设备的换用，须经工程师同意。未经同意擅自更改或换用时，承包人承担由此发生的费用，并赔偿发包人的有关损失，延误的工期不予顺延。工程师同意采用承包人合理化建议，所发生的费用和获得的收益，发包人、承包人另行约定分担或分享。

2）其他变更

合同履行中发包人要求变更工程质量标准及发生其他实质性变更，由双方协商解决。

3）确定变更价款

承包人在工程变更确定后 14 天内，提出变更工程价款的报告，经工程师确认后调整合同价款。变更合同价款按下列方法进行：

①合同中已有适用于变更工程的价格，按合同已有的价格变更合同价款；

②合同中只有类似于变更工程的价格，可以参照类似价格变更合同价款；

③合同中没有适用或类似于变更工程的价格，由承包人提出适当的变更价格，经工程师确认后执行。

承包人在双方确定变更后 14 天内不向工程师提出变更工程价款报告时，视为该项变更不涉及合同价款的变更。工程师应在收到变更工程价款报告之日起 14 天内予以确认，工程师无正当理由不确认时，自变更工程价款报告送达之日起 14 天后视为变更工程价款报告已被确认。工程师不同意承包人提出的变更价款，按通用条款中关于争议的约定处理。工程师确认增加的工程变更价款作为追加合同价款，与工程款同期支付。因承包人自身原因导致的工程变更，承包人无权要求追加合同价款。

(9) 竣工验收与结算

此部分包括 3 条内容：一是竣工验收；二是竣工结算；三是质量保修。

1）竣工验收

工程具备竣工验收条件，承包人按国家工程竣工验收有关规定，向发包人提供完整竣工资料及竣工验收报告。双方约定由承包人提供竣工图的，应当在专用条款内约定提供的日期和份数。发包人收到竣工验收报告后 28 天内组织有关单位验收，并在验收后 14 天内给予认可或提出修改意见。承包人按要求修改，并承担由自身原因造成修改的费用。发包人收到承包人送交的竣工验收报告后 28 天内不组织验收，或验收后 14 天内不提出修改意见，视为竣工验收报告已被认可。工程竣工验收通过，承包人送交竣工验收报告的日期为实际竣工日期；工程按发包人要求修改后通过竣工验收的，实际竣工日期为承包人修改后提请发包人验收的日期。发包人收到承包人竣工验收报告后28天内不组织验收，从第29天起承担工程保管及一切意外责任。中间交工工程的范围和竣工时间，双方在专用条款内约定，其验收程序按通用条款有关规定办理。因特殊原因，发包人要求部分单位工程或工程部位甩项竣工的，双方另行签订甩项竣工协议，明确双方责任和工程价款的支付方法。工程未经竣工验收或竣工验收未通过的，发包人不得使用。发包人强行使用时，由此发生的质量问题及其他问题，由发包人承担责任。

2）竣工结算

工程竣工验收报告经发包人认可后28天内，承包人向发包人递交竣工结算报告及完整的结算资料，双方按照协议书约定的合同价款及专用条款约定的合同价款调整内容，进行工程竣工结算。发包人收到承包人递交的竣工结算报告及结算资料后28天内进行核实，给予确认或者提出修改意见。发包人确认竣工结算报告后通知经办银行向承包人支付工程竣工结算价款。承包人收到竣工结算价款后14天内将竣工工程交付发包人。无正当理由不支付工程竣工结算价款的，从第29天起按承包人同期向银行贷款利率支付拖欠工程价款的利息，并承担违约责任。发包人收到竣工结算报告及结算资料后28天内不支付工程竣工结算价款，承包人可以催告发包人支付结算价款。发包人在收到竣工结算报告及结算资料后56天内仍不支付的，承包人可以与发包人协议将该工程折价，也可以由承包人申请人民法院将该工程依法拍卖，承包人就该工程折价或者拍卖的价款优先受偿。

工程竣工验收报告经发包人认可后28天内，承包人未能向发包人递交竣工结算报告及完整的结算资料，造成工程竣工结算不能正常进行或工程竣工结算价款不能及时支付的，发包人要求交付工程的，承包人应当交付；发包人不要求交付工程的，承包人承担保管责任。发包人、承包人对工程竣工结算价款发生争议时，按通用条款关于争议的约定处理。

3）质量保修

承包人应按法律、行政法规或国家关于工程质量保修的有关规定，对交付发包人使用的工程在质量保修期内承担质量保修责任。承包人应在工程竣工验收之前，与发包人签订质量保修书，作为本合同附件。质量保修书的主要内容包括：

①质量保修项目内容及范围；

②质量保修期；

③质量保修责任；

④质量保修金的支付方法。

（10）违约、索赔和争议

此部分包括2项内容：一是违约；二是索赔。

1）发包人违约

当发生下列情况时发包人应承担违约责任：

①通用条款提到的发包人不按时支付工程预付款；

②通用条款提到的发包人不按合同约定支付工程款，导致施工无法进行；

③通用条款提到的发包人无正当理由不支付工程竣工结算价款；

④发包人不履行合同义务或不按合同约定履行义务的其他情况。

发包人承担的违约责任，应包括赔偿因其违约给承包人造成的经济损失，顺延延误的工期。双方在专用条款内约定发包人赔偿承包人损失的计算方法或者发包人应当支付违约金的数额或计算方法。

2）承包人违约

当发生下列情况时承包人承担违约责任：

①通用条款提到的因承包人原因不能按照协议书约定的竣工日期或工程师同意顺延的工期竣工；

②通用条款提到的因承包人原因工程质量达不到协议书约定的质量标准；

③承包人不履行合同义务或不按合同约定履行义务的其他情况。

承包人承担的违约责任，主要是赔偿因其违约给发包人造成的损失。双方在专用条款内约定承包人赔偿发包人损失的计算方法或者承包人应当支付违约金的数额或计算方法。不论是发包方还是承包方，一方违约后，另一方要求违约方继续履行合同时，违约方承担上述违约责任后仍应继续履行合同。

3）索赔

当一方向另一方提出索赔时，要有正当索赔理由，且有索赔事件发生时的有效证据。发包人未能按合同约定履行自己的各项义务或发生错误以及应由发包人承担责任的其他情况，造成工期延误和（或）承包人不能及时得到合同价款及承包人的其他经济损失，承包人可按下列程序以书面形式向发包人索赔：

①索赔事件发生后28天内，向工程师发出索赔意向通知；

②发出索赔意向通知后28天内，向工程师提出延长工期和（或）补偿经济损失的索赔报告及有关资料；

③工程师在收到承包人送交的索赔报告和有关资料后，于28天内给予答复，或要求承包人进一步补充索赔理由和证据；

④工程师在收到承包人送交的索赔报告和有关资料后28天内未予答复或未对承包人作进一步要求，视为该项索赔已经认可；

⑤当该索赔事件持续进行时，承包人应当阶段性向工程师发出索赔意向，在索赔事件终了后28天内，向工程师送交索赔的有关资料和最终索赔报告。索赔答复程序与③、④规定相同。

承包人未能按合同约定履行自己的各项义务或发生错误，给发包人造成经济损失，发包人可按上述确定的时限向承包人提出索赔。

4）争议

发包人与承包人在履行合同时发生争议，可以和解或者要求有关主管部门调解。当事人不愿和解、调解或者和解、调解不成的，双方可以在专用条款内约定以下两种方式解决争议：第一种解决方式是双方达成仲裁协议，向约定的仲裁委员会申请仲裁；第二种解决方式是向有管辖权的人民法院起诉。发生争议后，除非出现下列情况的，双方都应继续履行合同，保持施工连续，保护好已完工程：

①单方违约导致合同确已无法履行，双方协议停止施工；

②调解要求停止施工，且为双方接受；

③仲裁机构要求停止施工；

④法院要求停止施工。

(11) 其他

此部分包括以下10条内容：工程分包；不可抗力；保险；担保；专利技术及特殊工艺；文物和地下障碍物；合同解除；合同生效与终止；合同份数；补充条款。

1）工程分包

承包人按专用条款的约定分包所承包的部分工程，并与分包单位签订分包合同。非经发包人同意，承包人不得将承包工程的任何部分分包。承包人不得将其承包的全部工程转包给他人，也不得将其承包的全部工程肢解以后以分包的名义分别转包给他人。工程分包不能解除承包人任何责任与义务。承包人应在分包场地派驻相应管理人员，保证合同的履行。分包单位的任何违约行为或疏忽导致工程损害或给发包人造成其他损失，承包人承担连带责任。分包工程价款由承包人与分包单位结算。发包人未经承包人同意不得以任何形式向分包单位支付各种工程款项。

2）不可抗力

不可抗力包括因战争、动乱、空中飞行物体坠落或其他非发包人、承包人责任造成的爆炸、火灾，以及专用条款约定的风、雨、雪、洪、震等自然灾害。不可抗力事件发生后，承包人应立即通知工程师，并在力所能及的条件下迅速采取措施，尽力减少损失，发包人应协助承包人采取措施。工程师认为应当暂停施工的，承包人应暂停施工。不可抗力事件结束后48小时内承包人向工程师通报受害情况和损失情况，及预计清理和修复的费用。不可抗力事件持续发生，承包人应每隔7天向工程师报告一次受害情况。不可抗力事件结束后14天内，承包人向工程师提交清理和修复费用的正式报告及有关资料。因不可抗力事件导致的费用及延误的工期由双方按以下方法分别承担：

①工程本身的损害、因工程损害导致第三人的人员伤亡和财产损失以及运至施工场地用于施工的材料和待安装设备的损害，由发包人承担；

②发包人、承包人人员伤亡由其所在单位负责，并承担相应费用；

③承包人机械设备损坏及停工损失，由承包人承担；

④停工期间，承包人应工程师要求留在施工场地的必要管理人员及保卫人员的费用由发包人承担；

⑤工程所需清理、修复费用，由发包人承担；

⑥延误的工期相应顺延。因合同一方迟延履行合同后发生不可抗力的，不能免除迟延履行方的相应责任。

3）保险

工程开工前，发包人为建设工程和施工场地内的自有人员及第三人的人员生命财产办理保险，支付保险费用。运至施工场地内用于工程的材料和待安装设备，由发包人办理保险，并支付保险费用。发包人可以将有关保险事项委托承包人办理，费用由发包人承担。承包人必须为从事危险作业的职工办理意外伤害保险，并为施工场地内自有人员生命财产和施工机械设备办理保险，支付保险费用。保险事故发生时，发包人、承包人有责任尽力采取必要的措施，防止或者减少损失。具体投保内容和相关责任，发包人、承包人在专用条款中约定。

4）担保

发包人、承包人为了全面履行合同，应互相提供以下担保：

①发包人向承包人提供履约担保，按合同约定支付工程价款及履行合同约定的其他义务；

②承包人向发包人提供履约担保，按合同约定履行自己的各项义务。一方违约后，另一方可要求提供担保的第三人承担相应责任。提供担保的内容、方式和相关责任，发包人、承包人除在专用条款中约定外，被担保方与担保方还应签订担保合同，作为本合同附件。

5）专利技术及特殊工艺

发包人要求使用专利技术或特殊工艺，应负责办理相应的申报手续，承担申报、试验、使用等费用；承包人提出使用专利技术或特殊工艺，应取得工程师认可，承包人负责办理申报手续，并承担有关费用。擅自使用专利技术侵犯他人专利权的，责任者依法承担相应责任。

6）文物和地下障碍物

在施工中发现古墓、古建筑遗址等文物及化石，或其他有考古、地质研究等价值的物品时，承包人应立即保护好现场并于4小时内以书面形式通知工程师，工程师应于收到书面通知后24小时内报告当地文物管理部门，发包人、承包人按文物管理部门的要求采取妥善保护措施。发包人承担由此发生的费用，顺延延误的工期。如发现后隐瞒不报，致使文物遭受破坏，责任者依法承担相应责任。施工中发现影响施工的地下障碍物时，承包人应在8小时内以书面形式通知工程师，同时提出处置方案，工程师收到处置方案后24小时内予以认可或提出修正方案。发包人承担由此发生的费用，顺延延误的工期。所发现的地下障碍物有归属单位时，发包人应报请有关部门协同处置。

7）合同解除

发包人与承包人协商一致，可以解除合同。发生发包人不按合同约定支付工程款（进度款），双方又未达成延期付款协定的情况，如停止施工超过56天，发包人仍不支付工程款（进度款），承包人有权解除合同。发生承包人将其承包的全部工程转包给他人或者肢解以后以分包的名义分别转包给他人的情况，发包人有权解除合同。有下列情形之一的，发包人、承包人可以解除合同：

①因不可抗力致使合同无法履行；

②因一方违约（包括因发包人原因造成工程停建或缓建）致使合同无法履行。一方依据上述约定要求解除合同的，应以书面形式向对方发出解除合同的通知，并在发出通知前7天告知对方，通知到达对方时合同解除。对解除合同有争议的，按通用条款关于争议的约定处理。合同解除后，承包人应妥善做好已完工程和已购材料、设备的保护和移交工作，按发包人要求将自有机械设备和人员撤出施工场地。发包人应为承包人撤出提供必要条件，支付以上所发生的费用，并按合同约定支付已完工程价款。已经订货的材料、设备由订货方负责退货或解除订货合同，不能退还的货款和因退货、解除订货合同发生的费用，由发包人承担，因未及时退货造成的损失由责任方承担。除此之外，有过错的一方应当赔偿因合同解除给对方造成的损失。合同解除后，不影响双方在合同中约定的结算和清理条款的效力。

8）合同生效与终止

双方在协议书中约定合同生效方式。除通用条款规定的质量保修外，发包人、承包人履行合同全部义务。竣工结算价款支付完毕，承包人向发包人交付竣工工程后，本合同即告终止。合同的权利义务终止后，发包人、承包人应当遵循诚实信用原则，履行通知、协助、保密等义务。

9）合同份数

合同正本两份，具有同等效力，由发包人、承包人分别保存一份。合同副本份数，由双方根据需要在专用条款内约定。

10）补充条款

双方根据有关法律、行政法规规定，结合工程实际，经协商一致后，可对本通用条款内容具体化、补充或修改，在专用条款内约定。

第 三 篇

规范监理行为的法律法规

第十二章　建 设 监 理 法 规

第一节　建设监理法规概述

一、建设监理概述

所谓监理，是指特定主体根据一定的行为准则，对某些行为进行监督管理，使这些行为符合准则要求，并实现一定的目标。监理活动的实现，需要具备三个主要条件。第一，应当有明确的监理组织；第二，必须有监理的工作依据，即应当有明确的监理行为“准则”；第三，有明确的监理对象。根据监理的概念可知，建设监理是指监理单位受建设单位的委托对工程建设全过程或项目实施阶段进行监督和管理的活动。建设监理是商品经济发展的产物，而且随着商品经济的发展不断得到充实和完善。20世纪80年代后，世界银行向发展中国家提供项目贷款的条件之一就是借款国必须聘请专家进行可行性研究和工程监理。建设监理大致包括对投资结构和项目决策的监理、对建设市场的监理、对工程建设实施的监理。目前我国的建设监理尚处于初始阶段，主要是指后两种监理。其对象包括新建、改建和扩建的各种工程项目。政府和公有制企事业单位投资的工程以及外资、中外合资建设项目一般都要实行招标承包制和建设监理。

建设监理制度，是我国工程建设管理体制的一项重要改革。自1988年我国开始试行建设监理制以来，迅速在全国推广开来。目前，全国已有31个省、自治区、直辖市和国务院的36个部委局在推行这一制度。多年的监理实践表明，实行这项制度可以有效地控制建设工期、确保工程质量、控制建设投资，从而促进工程建设水平和投资效益的提高，保证国家建设计划的顺利实施，为我国建设事业的稳步、持续、高速、健康发展发挥了独特的作用。建设监理的突出特点之一，就是它的法规性特别强，任何一项建设监理活动无不以法律和有关建设规范为依据。因此，建立、健全建设监理法规是实行建设监理制的首要工作。我国工程建设首次应用建设监理制度是在1983年利用世界银行贷款建设的鲁布革水电站引水工程上进行的。由此引发了我国工程项目建设管理体制的重大改革。1988年7月25日，国家建设部印发了《关于开展建设监理工作的通知》，提出争取用5年或稍多一点的时间，把我国建设监理工作的方针、政策、法规和相应的监理组织建立起来形成体系，使建设监理工作有法可依，并就监理试点工作进行了部署。1989年7月28日国家建设部颁发了《建设监理试行规定》，这是我国第一个建设监理的法规性文件。它比较全面系统地规范了建设监理各方面的行为。到1992年，国家建设部连续颁发了5个有关建设监理的文件。1995年建设部和国家计委联合发布了《工程建设监理规定》等系列法规文件。我国建设监理起步晚，建设监理的法规建设还落后于建设监理的发展，要形成一套具有中国特色的建设监理法规体系，还需要不断探索、总结和完善。

二、工程建设监理概述

1. 工程建设监理的概念

所谓工程建设监理是指针对工程项目建设，社会化、专业化的工程建设监理单位接受业主的委托和授权，根据国家批准的工程项目建设文件、有关工程建设的法律、法规和工程建设监理合同以及其他工程建设合同所进行的，旨在实现项目投资目的的微观监督管理活动。据此概念，工程建设监理包含以下主要内容：

（1）工程建设监理是针对工程项目建设所实施的监督管理活动。工程建设监理的对象包括新建、改建和扩建的各种工程项目，这就是说，无论项目业主、设计单位、施工单位、材料设备供应单位，还是监理单位，它们的工程建设行为载体都是工程项目，离开工程项目，它们的行为就不属于工程建设监理的范围之内。工程建设监理活动都是围绕工程项目来进行的，并应以此来界定工程建设监理范围。这里所说的工程项目实际上是指建设项目。所谓建设项目就是一项固定资产投资项目，它是指将一定量（限额以上）的投资，在一定的约束条件下，按照一个科学的程序，经过决策和实施，最终形成固定资产特定目标的一次性建设任务。同时，它还应当在技术上满足在一个总体设计或初步设计范围内的要求，在构成上满足由一个或几个相互关联的单项工程所组成的要求，以及在建设过程中实行统一核算、统一管理的要求。建设项目有别于施工项目和设计项目。工程建设监理主要是针对建设项目的要求开展的，工程建设监理是直接为建设项目提拱管理服务的行业。监理单位是建设项目管理服务的主体，而非建设项目管理主体，也非施工项目和设计项目管理的主体和服务主体。

（2）工程建设监理的行为主体是监理单位。工程建设监理的行为主体是明确的，即监理单位。监理单位是具有独立性、社会化、专业化特点的专门从事工程建设监理和其他技术服务活动的组织。只有监理单位才能按照独立、自主的原则，以“公正的第三方”的身份开展工程建设监理活动。非监理单位所进行的监督管理活动一律不能称为工程建设监理。例如，政府有关部门所实施的监督管理活动就不属于工程建设监理范畴；项目业主进行的所谓“自行监理”，以及不具备监理单位资格的其他单位所进行的所谓“监理”都不能纳入工程建设监理范畴。业主能否“监理”？在市场经济条件下，业主作为建设项目管理主体，应当拥有监督管理权。也就是说，业主实施自行管理并非不可以。但是，自行管理既不是社会化、专业化的监督管理活动，也不是“第三方”的监督管理活动。因此，不能将它称之为工程建设监理。特别应当指出的，历史的经验已经证明，就工程项目建设的整体而言，业主自行管理对于提高项目投资的效益和建设水平也是无益的。

（3）工程建设监理的实施需要业主委托和授权。这是由工程建设监理特点决定的，是市场经济的必然结果，也是建设监理制的规定。工程建设监理的产生源于市场经济条件下社会的需求，始于业主的委托和授权，而建设监理发展成为一项制度，是根据这样的客观实际做出了如此规定的。通过业主委托和授权方式来实施工程建设监理是工程建设监理与政府对工程建设所进行的行政性监督管理的重要区别。这种方式也决定了在实施工程建设监理的项目中，业主与监理单位的关系是委托与被委托关系，授权与被授权的关系，决定了他们是合同关系，是需求与供给关系，是一种委托与服务的关系。这种委托和授权方式说明，在实施工程建设监理的过程中，监理工程师的权力主要是由作为建设项目管理主体的业主通过授权而转移过来的。在工程项目建设过程中，业主始终是以建设项目管理主体身份掌握着工程项目建设的决策权，并承担着主要风险。

(4) 工程建设监理是有明确依据的工程建设行为。工程建设监理是严格地按照有关法律、法规和其他有关准则实施的。工程建设监理的依据是国家批准的工程项目建设文件、有关工程建设的法律和法规（不限于此）、工程建设监理合同和其他工程建设合同。例如，政府批准的建设项目可行性研究报告、规划、计划和设计文件，工程建设方面的现行规范、标准、规程，由各级立法机关和政府部门颁发的有关法律和法规，依法成立的工程建设监理合同、工程勘察合同、工程设计合同、工程施工合同、材料和设备供应合同等。特别应当说明，各类工程建设合同（含监理合同）是工程建设监理的最直接依据。

(5) 现阶段工程建设监理主要发生在项目建设的实施阶段。也就是说，工程建设监理这种监督管理服务活动主要出现在工程项目建设的设计阶段（含设计准备）、招标阶段、施工阶段以及竣工验收和保修阶段。当然，在项目建设实施阶段，监理单位的服务活动是否是监理活动还要看业主是否授予监理单位监督管理权。之所以这样界定，主要是因为工程建设监理是“第三方”的监督管理行为，它的发生不仅要有委托方，需要与项目业主建立委托与服务关系，而且要有被监理方，需要与只在项目实施阶段才出现的设计、施工和材料设备供应单位等承建商建立监理与被监理关系。同时，工程建设监理的目的是协助业主在预定的投资、进度、质量目标内建成项目，它的主要内容是进行投资、进度、质量控制、合同管理、组织协调，这些活动也主要发生在项目建设的实施阶段。

(6) 工程建设监理是微观性质的监督管理活动。这一点与由政府进行的行政性监督管理活动有着明显的区别。工程建设监理活动是针对一个具体的工程项目展开的。项目业主委托监理的目的就是期望监理单位能够协助他实现项目投资目的，它是紧紧围绕着工程项目建设的各项投资活动和生产活动所进行的监督管理，注重具体工程项目的实际效益。当然，根据建设监理制的宗旨，在开展这些活动的过程中应体现出维护社会公众利益和国家利益。

2. 工程建设监理的特征

工程建设监理是一种特殊的工程建设活动，它与其他工程建设活动有着明显的区别和差异，这些区别和差异使得工程建设监理在建设领域中成为我国一种新的独立的行业。工程建设监理具有以下特征：

(1) 工程建设监理既不是生产活动，也不是投资活动

工程建设监理既不同于承建商的直接生产活动，也不同于业主的直接投资活动，它既不是工程承包活动，也不是工程发包活动，不需要投入大量资金、材料、设备、劳动力；监理单位既不向业主承包工程造价，也不参与承包单位的盈利分成；监理单位既不需要拥有大量的机具、设备和劳务力量，一般也不必拥有雄厚的注册资金。它只是在工程项目建设过程中，利用自己的工程建设方面的知识、技能和经验为客户提供高智能监督管理服务，以满足项目业主对项目管理的需要。它所获得的报酬也是技术服务性的报酬，是脑力劳动的报酬。需要明确指出，工程建设监理是监理单位接受项目业主的委托而开展的技术

服务性活动。因此，它的直接服务对象是客户，是委托方，也就是项目业主，这是不容模糊的。这种服务性的活动是按工程建设监理合同来进行的，是受法律约束和保护的。在监理合同中明确地对各种服务工作进行了分类和界定：哪些是“正常服务工作”，哪些是“附加服务工作”，哪些是“额外服务工作”。因此，“服务”在这里决不是一个笼统的概念。要不要为被监理方提供服务？在市场经济条件下，监理单位没有任何合同责任和义务为它提供直接的服务。但是，在实现项目总目标上，参与项目建设的三方是一致的，他们要协起手来共同实现工程项目。因此，有许多工作需要监理工程师进行协调、指导、纠正，以便使工程能够顺利进行。工程建设监理的服务性使它与政府对工程建设行政性监督管理活动区别开来，与承建商在工程项目建设中的活动区别开来。

(2) 监理单位是建设活动中的独立主体

从事工程建设监理活动的监理单位是直接参与工程项目建设的“三方当事人”之一，它与项目业主、承建商之间的关系是平等的、横向的。在工程项目建设中，监理单位是独立的一方。我国的有关法规明确指出，监理单位应按照独立、自主的原则开展工程建设监理工作。国际咨询工程师联合会在它的出版物《业主与咨询工程师标准服务协议书条件》中明确指出，监理单位是“作为一个独立的专业公司受聘于业主去履行服务的一方”，应当“根据合同进行工作”，监理工程师应当“作为一名独立的专业人员进行工作”。同时，国际咨询工程师联合会要求其会员“相对于承包商、制造商、供应商，必须保持其行为的绝对独立性，不得从他们那里接受任何形式的好处，而使他的决定的公正性受到影响或不利于行使委托人赋予他的职责”，“不得与任何可能妨碍他作为一个独立的咨询工程师工作的商业活动有关”，“咨询工程师仅为委托人的合法利益行使其职责，他必须以绝对的忠诚履行自己的义务并且忠诚地服务于社会的最高利益以及维护职业荣誉和名望”。因此，监理单位在履行监理合同义务和开展监理活动的过程中，要建立自己的组织，要确定自己的工作准则，要运用自己掌握的方法和手段，根据自己的判断，独立地开展工作。监理单位既要认真、勤奋、竭诚地为委托方服务，协助业主实现预定目标，也要按照公正、独立、自主的原则开展监理工作。工程建设监理的独立性与监理单位是建筑市场上的独立主体分不开，与它的独立的行业性质分不开的。监理单位是具有独立性、社会化、专业化特点的单位。它们专门为项目业主提供工程技术服务，它们所运用的思想、理论、方法、手段及开展工作的内容都与工程建设领域其他行业有所不同，同时，由于它在工程建设中的特殊地位以及因此而构成的与其他建设行为主体之间的特殊关系，使它与设计、施工、材料和设备供应等行业有着明显的界线。因此，为了保证工程建设监理行业的独立性，从事这一行业的监理单位和监理工程师必须与某些行业或单位断绝人事上的依附关系以及经济上的隶属或经营关系，也不能从事某些行业的工作。工程建设监理的这种独立性是建设监理制的要求，是监理单位在工程项目建设中的第三方地位所决定的，是它所承担的工程建设监理的基本任务所决定的。因此，独立性是监理单位开展工程建设监理工作的重要原则。

(3) 监理活动必须公平、公正

在工程项目建设中，监理单位和监理工程师应当如何在建设活动的监理工作中维持公平和公正，是从事工程建设监理工作的人们应当认真对待的一个重要问题。监理单位和监理工程师在工程建设过程中，一方面应当作为能够严格履行监理合同各项义务，能够竭诚地为客户服务的“服务方”，同时，也应当成为“公正的第三方”。也就是在提供监理服务的过程中，监理单位和监理工程师应当排除各种干扰，以公正的态度对待委托方和被监理方，特别是当业主和被监理方发生利益冲突或矛盾时，能够以事实为依据，以有关法律、法规和双方所签订的工程建设合同为准绳，站在第三方立场上公正地加以解决和处理，做到“公正地证明、决定或行使自己的处理权”。对工程建设监理和监理单位公正性的要求，首先是建设监理制对工程建设监理进行约束的条件。因为，实施建设监理制的基本宗旨是建立适合社会主义市场经济的工程建设新秩序，为开展工程建设创造安定、协调的环境，为投资者和承包商提供公平竞争的条件。建设监理制的实施，使监理单位和监理工程师在工程项目建设中具有重要地位。一方面，使项目法人可以摆脱了具体项目管理的困扰；另一方面，由于得到专业化的监理公司的有力支持，使业主与承建商在业务能力上达到一种制衡。为了保持这种状态，首当其冲的是要对监理单位和监理工程师制定约束条件。公正性要求就是重要约束条件之一。公正性还是工程建设监理正常和顺利开展的基本条件。监理工程师进行目标规划、动态控制、组织协调、合同管理、信息管理等工作都是为力争在预定目标内实观工程项目建设任务这个总目标服务。但是，仅仅依靠监理单位而没有设计、施工、材料和设备供应单位的配合是不能完成这个任务的。监理成败的关键在很大程度上取决于能否与承建单位以及与项目业主进行良好合作、相互支持、互相配合。而这一切都需要以监理能否具有公正性作为基础。工程建设监理的公正性是承建商的共同要求。由于建设监理制赋予监理单位在项目建设中具有监督管理的权力，被监理方必须接受监理方的监督管理。所以，它们迫切要求监理单位能够办事公道，公正地开展工程建设监理活动。公正性是监理行业的必然要求，它是社会公认的职业准则，也是监理单位和监理工程师的基本职业道德准则。因此，我国建设监理制把“公正”作为从事工程建设监理活动应当遵循的重要准则。

(4) 监理活动的科学性

工程建设监理是一种高智能的技术服务，要求从事工程建设监理活动应当遵循科学的准则。工程建设监理的科学性是由其任务所决定的，工程建设监理以协助业主实现其投资目的为己任，力求在预定的投资、进度、质量目标内实现工程项目，而当今工程规模日趋庞大，功能、标准要求越来越高，新技术、新工艺、新材料不断涌现，参加组织和建设的单位越采越多，市场竞争日益激烈，风险日渐增加。所以，只有不断地采用新的更加科学的思想、理论、方法、手段才能驾驭工程项目建设。工程建设监理的科学性是由被监理单位的社会化、专业化特点决定的。承担设计、施工、材料和设备供应的都是社会化、专业化的单位，它们在技术、管理方面已经达到了一定水平，这就要求监理单位和监理工程师应当具有更高的素质和水平。只有如此，他们才能实施有效的监督管理。所以，监理单位应当按照高智能、智力密集型原则组建。工程建设监理的科学性是由它的技术服务性质决定的，它是专门通过对科学知识的应用来实现其价值的。因此，要求监理单位和监理工程师在开展监理服务时能够提供科学含量高的服务，以创造更大的价值。工程建设监理的科学性是由工程项目所处的外部环境特点决定的。工程项目总是处于动态的外部环境包围之中，时刻都有被干扰的可能。因此，工程建设监理要适应千变万化的项目外部环境，要抵御来自它的干扰。这就要求监理工程师既要富有工程经验，又要具有应变能力，进行创造性的工作。工程建设监理的科学性是由它的维护社会公共利益和国家利益的特殊使命决定的。在开展监理活动的过程中，监理工程师要把维护社会最高利益当作自己的天职。这是因为，工程项目建设牵扯到国计民生，维系着人民的生命和财产的安全，涉及到公众利益。因此，监理单位和监理工程师需要以科学的态度，用科学方法来完成这项工作。按照工程建设监理科学性要求，监理单位应当有足够数量的、业务素质合格的监理工程师；要有一套科学的管理制度；要配备计算机辅助监理的软件和硬件；要掌握先进的监理理论、方法，积累足够的技术、经济资料和数据，要拥有现代化的监理手段。

3. 工程建设监理的目的

工程建设监理要达到的目的是“力求”实现项目目标。监理单位和监理工程师将不是，也不能成为任何承包商的工程的承保人或保证人。这是因为在市场经济条件下，任何承包单位作为建筑产品的卖方，都应当根据工程承包合同的要求，按规定的时间、费用和质量要求完成合同约定的工程勘察、设计、施工、供应的承包任务。否则，将承担合同责任。他们与买方，即项目业主，是承发包的关系，要承担承包风险。项目业主和工程承包单位对他们的合同义务只能保证完成。而作为工程承包合同“甲、乙方”之外的“第三方”的监理单位和监理工程师则没有承担他们双方义务的义务，谁设计谁负责，谁施工谁负责，谁供应材料和设备谁负责。

由于工程建设监理具有委托性，所以监理单位可以根据业主的意愿并结合它自身的情况来协商确定监理范围和业务内容。既可承担全过程监理，也可承担阶段性监理，甚至还可以只承担某专项监理服务工作。因此，具体到某监理单位承担的工程建设监理活动要达到什么目的，由于它们服务范围和内容的差异，会各有不同。但是，从建设监理制度出发，就整个工程建设监理而言，它应当起到的作用和要达到的目的十分明确，那就是通过监理工程师谨慎而勤奋的工作，力求在计划的投资、进度和质量目标内实现建设项目。全过程监理要力求全面实现项目总目标，阶段性监理要力求实现本阶段建设项目的目标。工程建设监理是一种技术服务性的活动。在监理过程中，监理单位只承担服务的相应责任，不直接进行设计，不直接进行施工，也不直接进行材料、设备的采购、供应工作。因此，不承担设计、施工、物资采购方面的直接责任。工程建设监理是提供脑力劳动服务或智力服务的行业。由于工程建设监理行业的存在，使建设项目的经济效益更高，速度更快，质量更好，使粗放型的工程管理变成科学的工程项目管理。因此，监理单位只承担整个建设项目的监理责任，也就是在监理合同中确定的职权范围内的责任。在这方面，监理工程师应当认真听取国际咨询工程师联合会的告戒：监理工程师如果超出他的职权范围的严格限制而涉足其专业以外的领域，就使他自己不必要地为过失承担难以防范的责任，或许还有合同责任；更不应试图对其不具备资格的事项提出咨询意见，这样做对顾主与项目经理都极有好处。

在预定的目标内实现建设项目是参与项目建设各方共同的任务。监理方的责任就是“力求”通过目标规划、动态控制、组织协调、合同管理、信息管理，与业主和承建单位一起共同实现这一任务。在实现建设项目的过程中，外部环境潜伏着各种风险，会带来各种干扰。而这些干扰和风险并非监理工程师完全能够驾驭的。他们只能力争减少或避免这些干扰和风险造成的影响。所以，对于提供监理服务的监理单位来说，不承担其专业以外的风险责任。一个在社会上能够生存、发展的监理单位，虽然不能保证项目一定在预定目标内实现，但在政府有关部门和监理行业组织的规范下，出于职业道德的良知，基于社会信誉和经济方面的考虑，会竭尽全力为在预定的投资、进度和质量目标范围内实现项目而努力。

三、建设监理法规体系

建设监理法规，从其调整对象和主要作用来看，包括两个方面：(1) 以监理工作为对象，明确监理者与被监理者的行为准则，主要规定监理的性质、目的、对象、范围、各方权利与义务、责任以及有关人员和单位的资质条件、有关处罚原则等，这一类法规叫建设监理管理法规。(2) 以建设工程为对象，明确监理工作的依据，具体包括技术规范标准，有关建设行为的管理法令以及有关方面确认的工程合同等，这一类法规称为建设监理依据性的法规。

一般说来，建设监理法规体系构成有国家法律、行政性法规、部门规章和地方规章。建设监理法规体系在我国法律体系中，属于经济法律体系中的一分支，在我国法律体系中占有一定地位。1988 年 7 月建设部颁发了《关于开展建设监理工作的通知》，标志着我国工程建设领域的改革进入一个新的阶段，即参照国际惯例，结合中国国情，建立具有中国特色的建设监理制。1989 年 7 月建设部颁发了《建设监理试行规定》(已废止)，这是我国第一个建设监理的法规性文件。1997 年 11 月 1 日全国人大常委会通过，自 1998 年 3 月 1 日起施行的《中华人民共和国建筑法》第四章专门规范了建筑工程监理，并明确规定国家推行建筑工程监理制度。这进一步确定了工程监理在我国的地位，使建设监理制在我国建设领域得到迅速发展并走上了法制化轨道。我国先后出台了相关的监理法规，包括 1992 年 6 月 4 日建设部颁布的《监理工程师资格考试和注册试行办法》；1995 年 12 月 15 日建设部、国家计委 737 号令发布的《工程建设监理规定》；2000 年 1 月 30 日国务院颁发施行的《建设工程质量管理条例》设专章对工程监理的范围和责任作了相应规定；2000 年 2 月 17 日建设部和国家工商行政管理局联合印发《建设工程委托监理合同（示范文本）的通知》；2000 年 12 月 7 日国家技术监督局和建设部联合发布了《建设工程监理规范》，并于 2001 年 5 月 1 日实施；2001 年 1 月 17 日建设部颁布了《建设工程监理范围和规模标准规定》；2001 年 8 月建设部颁布《工程监理企业资质管理规定》。

第二节 建筑工程监理制度

一、建筑工程监理的概念

建筑工程监理是指具有一定资质的工程监理单位受建设单位的委托，依照法律、行政法规及有关技术标准、设计文件和建筑工程承包合同，对建筑工程进行监督和管理的活动。建筑工程监理制度是我国建设体制深化改革的一项重大措施，它是适应市场经济的产物。建设工程监理随着建筑市场的日益国际化，得到了普遍推行。参照国际惯例，建立具有中国特色的建筑工程监理制度，不仅是建立和完善社会主义市场经济的需要，同时也是开拓国际建筑市场，进入国际建筑市场之必需。《建筑法》第 30 条规定："国家推行建筑工程监理制度”。《建筑法》对建筑工程监理设专章加以规定，有利于建筑工程监理制度在我国全面实行，对控制建筑工程的投资、保证建设工期、确保建筑工程质量以及开拓国际建筑市场等都具有非常重要的意义。

二、国家推行建筑工程监理制度的必要性

1. 我国推行工程监理制度的发展阶段

我国推行工程监理制自1988年以来，经过了三个阶段，即工程监理试点阶段（1988~1993年）、工程监理稳步推进阶段（1993~1995年）、工程监理全面推行阶段（1996年至今）。

1988年，建设部发出了《关于开展建设监理工作的通知》，对监理的范围、对象，监理的内容，开展建设监理的步骤等，作出了明确规定。同年建设部又印发了《关于开展建设监理试点工作的若干意见》，确定北京、上海、天津、南京等八个城市作为全国开展建设监理工作的试点单位，并就试点的指导思想、目的、组织领导、监理内容、监理取费等作了规定。经过几年的试点工作，建设监理工作取得到了较大发展。1993年5月，建设部在天津召开了第五次全国建设监理工作会议。会议分析了全国建设监理工作的形势，总结了试点工作的经验，对各地区、各部门建设监理工作给予充分肯定。建设部决定在全国结束建设监理试点，从当年转入稳步发展阶段。自1993年转入稳步推进阶段后，工程监理工作得到了很大发展。截至1995年底，全国的29个省、自治区、直辖市和国务院39个工业、交通等部门推行了工程监理制度，其中北京、天津、上海和河北、辽宁、山东、湖北、河南、海南、江苏等省的地级以上城市全部开展了监理工作。全国已开展监理工作的地级以上城市有153个，占总数的76%；已成立监理单位有1500多家；监理工作从业人员达8万人，其中有1180多名监理工程师获得了注册证书；一支具有较高素质的监理队伍正在形成。全国累计受监理工程的投资规模达5000多亿元，受监理工程的覆盖率在全国平均约有20%，其中全国大中型水电工程、铁路工程、大部分国道和高等级公路工程全部实行了监理。1995年12月，建设部在北京召开了第六次全国建设监理工作会议。会议总结了7年来建设监理工作的成绩和经验，对下一步的监理工作进行了全面部署，并对先进单位和个人进行表彰。这次会议的召开，标志着建设监理工作已进入全面推行的新阶段。

2. 推行工程监理制度的必要性

推行工程监理制度的必要性主要表现在以下几个方面：

(1) 推行工程监理制度是适应我国建设领域由计划经济向市场经济转变的需要。建国以来，我国的工程建设活动基本上是由建设单位及其主管部门自行组织。其组织形式是工程筹建班子或工程指挥部。工程指挥部是计划经济的产物，其弊端是政企不分，管理手段单一。他们不仅负责筹集资金、选择厂址、编制项目建议书，组织设计、施工，采购材料、设备，还直接承担工程建设的监督与管理职能。这种封闭型的管理方式，使得一批又一批的筹建人员刚刚熟悉了项目管理业务，便随着工程告竣转入了生产或使用单位，而另

一批工程的筹建人员又要从头学起。如此周而复始在低水平上重复，只有一次教训，没有二次经验，严重阻碍了建设水平的提高，以致造成很大浪费。据有关资料介绍，建国以后头30年全国基建投资6000多亿元，其中约有30%的投资没有形成生产能力或使用价值。原因是不尊重科学，不关心投资效果，不讲究项目管理，脱离实际，盲目蛮干。这种在计划经济体制下形成的工程建设管理方式，随着社会主义市场经济的建立 以及社会化大生产的发展，已显得愈来愈不适应。推行工程监理制，在工程建设领域引入竞争机制，实行开放式的社会化、专业化的科学管理，已势在必行。

(2) 推行工程监理制是适应我国工程建设体制改革的需要。实行改革、开放以来，我国对投资体制、工程管理体制进行了改革。我国正在按照社会主义市场经济原则和现代企业制度进行工程管理，实行项目法人责任制、招标投标制、合同管理制等。工程建设的投资主体已由国家为主向多元化转换；工程任务的分配主体已由政府主管部门为主向市场为主转换；工程项目的承建主体正由分散的、多层次的设计、施工单位为主向智力密集型的总承包单位为主转换。这种转换的形势，迫切需要加强与之相适应的监督管理和横向制衡，以保证建设工程质量和建设工期，确保投资效益的充分发挥。工程监理制正是适应建设领域深化改革，加强监督管理，强化横向制衡的需要而产生的。

(3) 推行工程监理制是对工程项目进行科学管理的需要。多年来，我国工程建设中存在着许多难以解决的问题，如工程造价超“三算”，投资不能有效控制；工程质量失控，偷工减料，粗制滥造；工期难保，拖欠工程款日益增多等。这些问题的存在，与建设工程项目缺乏科学管理有关。推行工程监理制，由具有专业知识和丰富管理经验的监理工程师对建设工程项目进行全过程的监督管理，在业主和承包商之间，引进第三者进行制约和监督，对工程项目进行科学管理，可以防止此类问题的发生。近年来，我国推行工程监理制的实践，充分证明了工程监理制能对工程项目的质量、工期、投资进行有效控制。需要指出的是，我国多年来一直是称工程建设监理，但全国人大法律委员会在审查时，认为在文字表述上应与法名和总则相一致，故改为建筑工程监理，这只是在立法中为统一文字表述，其外延并无任何变化。

(4) 推行工程监理制是适应我国工程建设领域对外开放与国际惯例接轨的需要。实行工程监理制度，在工业发达国家已是工程建设的通行做法，是工程建设管理的重要方式，也是国际金融组织贷款的条件之一。我国要进入国际经济大循环，参与国际竞争和国际合作，加强对外合作交流；吸引外商到中国投资或向国际金融组织申请贷款，均须建立和推行工程监理制。

三、建筑工程强制监理的范围

关于建筑工程强制监理的范围，在立法过程中，普遍认为建筑工程监理是一种特殊的中介服务活动，对建筑工程实行强制性监理，对控制建筑工程的投资、保证建设工期、确保建筑工程质量以及开拓国际建筑市场等都具有非常重要的意义。建筑工程监理制度是一种先进、科学的管理方式，但由于在我国推行工程监理制度时间不长，人们对此认识不足，因此，有必要在一定范围内强制推行工程监理制度。最后，对此经过反复研究、论证，决定还是授权国务院可以规定实行强制监理的建筑工程的范围，故《建筑法》第30

条第2款规定："国务院可以规定实行强制监理的建筑工程的范围。"

2000年1月10日国务院颁布《建设工程质量管理条例》此条例第12条规定："实行监理的建设工程，建设单位应当委托具有相应资质等级的工程监理单位进行监理，也可以委托具有工程监理相应资质等级并与被监理工程的施工承包单位没有隶属关系或者其他利害关系的该工程的设计单位进行监理。下列建设工程必须实行监理：国家重点建设工程；大中型公用事业工程；成片开发建设的住宅小区工程；利用外国政府或者国际组织贷款、援助资金的工程；国家规定必须实行监理的其他工程。

根据《建设工程质量管理条例》的规定，2001年1月17日建设部第86号令发布了《建设工程监理范围和规模标准规定》，此项规定中明确了必须实行监理的建设工程项目的具体范围和规模标准，根据此规定第2条的规定：下列建设工程必须实行监理：

(1) 国家重点建设工程。所谓国家重点建设工程，是指依据《国家重点建设项目管理办法》所确定的对国民经济和社会发展有重大影响的骨干项目。

(2) 大中型公用事业工程。所谓大中型公用事业工程，是指项目总投资额在3000万元以上的下列工程项目：

1) 供水、供电、供气、供热等市政工程项目；

2) 科技、教育、文化等项目；

3) 体育、旅游、商业等项目；

4) 卫生、社会福利等项目；

5) 其他公用事业项目。

(3) 成片开发建设的住宅小区工程。根据规定，成片开发建设的住宅小区工程，建筑面积在5万平方米以上的住宅建设工程必须实行监理，5万平方米以下的住宅建设工程，可以实行监理，具体范围和规模标准，由省、自治区、直辖市人民政府建设行政主管部门规定。为了保证住宅质量，对高层住宅及地基、结构复杂的多层住宅应当实行监理。

(4) 利用外国政府或者国际组织贷款、援助资金的工程。利用外国政府或者国际组织贷款、援助资金的工程范围包括：

1) 使用世界银行、亚洲开发银行等国际组织贷款资金的项目；

2) 使用国外政府及其机构贷款资金的项目；

3) 使用国际组织或者国外政府援助资金的项目。

(5) 国家规定必须实行监理的其他工程。国家规定必须实行监理的其他工程包括两项工程：

1) 项目总投资额在3000万元以上关系社会公共利益、公众安全的下列基础设施项目：

①煤炭、石油、化工、天然气、电力、新能源等项目；

②铁路、公路、管道、水运、民航以及其他交通运输业等项目；

③邮政、电信枢纽、通信、信息网络等项目；

④防洪、灌溉、排涝、发电、引（供）水、滩涂治理、水资源保护、水土保持等水利建设项目；

⑤道路、桥梁、地铁和轻轨交通、污水排放及处理、垃圾处理、地下管道、公共停车场等城市基础设施项目；

⑥生态环境保护项目；

⑦其他基础设施项目。

2）学校、影剧院、体育场馆项目。

四、建筑工程监理的依据、内容及实施

1. 建筑工程监理的依据

《建筑法》第32条规定："建筑工程监理应当依照法律、行政法规及有关的技术标准、设计文件和建筑工程承包合同，对承包单位在施工质量、建设工期和建设资金使用等方面，代表建设单位实施监督。工程监理人员认为工程施工不符合工程设计要求、施工技术标准和合同约定的，有权要求建筑施工企业改正。"根据此条规定，建筑工程监理的依据主要有以下几个方面：

（1）法律、行政法规

法律是由全国人大及常委会制定的，行政法规由国务院制定的，法律、行政法规是广大人民群众意志的体现，具有普遍约束力，在中国境内从事活动均须遵守。从事工程监理活动也不例外。监理单位应当依照法律、行政法规的规定，对承包单位实施监督。对建设单位违反法律、行政法规的要求，监理单位应当予以拒绝。

（2）有关的技术标准

这里的技术标准是工程建设标准的一种，工程建设标准是指对工程建设中各类工程的勘察、规划、设计、施工、安装、验收等需要协调统一的事项所制定的标准。工程建设标准可分为强制性标准和推荐性标准。强制性标准是必须执行的标准，推荐性标准是自愿采用的标准，经过双方签订合同予以确认，经合同确认的推荐性标准也必须严格执行。

（3）设计文件

设计文件是施工的依据，同时也是监理依据，施工单位应该按设计文件进行施工，监理单位应按照设计文件对施工活动进行监督管理。

（4）建筑工程承包合同

建筑工程承包合同是建设单位和施工单位根据国家规定的程序、批准的投资计划以及有关设计文件，为完成商定的某项建筑工程，明确相互权利和义务关系的协议。建筑工程承包合同依法订立，即具有法律约束力，当事人必须全面履行合同规定的义务，任何一方不得擅自变更或解除合同。监理单位应当依据建筑工程承包合同监督施工单位是否全面履行建筑工程承包合同规定的义务。

2. 建筑工程监理的内容

工程监理可以是对工程建设的全过程进行监理，可以分阶段进行设计监理、施工监理等。鉴于目前在我国施工监理推行得较为普遍，所以《建筑法》着重是对施工监理作出规范，施工的阶段不同，监理工作内容也不同，主要表现为：

（1）建设前期阶段监理的主要内容

①投资决策咨询；

②编制项目建议书和项目可行性研究报告；

③项目评估。

(2) 设计阶段监理的主要内容

①审查或评选设计方案；

②选择勘察、设计单位；

③协助业主签订勘察、设计合同并监督合同的实施；

④核查设计概（预）算，处理索赔。

(3) 工程准备阶段监理的主要内容

①协助建设单位编制招标文件；

②检查施工图设计和施工概预算；

③协助建设单位组织招标投标活动；

④协助建设单位参与材料设备订货的谈判、订货等工作；

⑤协助建设。

(4) 单位与中标单位商签工程承包合同阶段监理的主要内容

①协助建设单位编写向建设行政主管部门申报开工的施工许可申请；

②协助确认承包单位选择的分包单位；

③审查承包单位编制的施工组织设计；

④审查承包单位施工过程中各分部、分项工程的施工准备情况，下达开工指令；

⑤审查承包单位的材料、设备采购清单；

⑥检查工程使用的材料、构件、设备的规格和质量；

⑦检查施工技术措施和安全防护措施的实施情况；

⑧主持协商工程设计变更（超出委托权限的变更须报业主决定）；

⑨督促履行承包合同，主持协商合同条款的变更，调解合同双方的争议，处理索赔事项；

⑩检查工程进度和施工质量，验收分部分项工程质量，签署工程付款凭证；

⑪督促整理承包合同文件和技术档案资料；

⑫组织工程竣工预验收，提出竣工验收报告；

⑬检查工程结算。

(5) 工程保修阶段监理的主要内容

①在国家规定的保修期限内，协助建设单位检查工程质量状况；

②协助建设单位督促责任单位修理、保证工程质量。

3. 建筑工程监理的实施

根据《建筑法》的有关规定，建筑工程监理是对承包单位在施工质量、建设工期和建设资金使用等方面，代表建设单位实施监督。由此可见，建筑工程监理的实施主要包括以下三个方面的控制：

(1) 工程质量控制

建筑工程监理对承包单位的施工质量控制内容主要包括：

1）原材料、构配件及设备的质量控制。工程所需的原材料、构配件及设备应由监理单位进行质量认定，控制方法一般有：

①审核工程所用原材料、构配件及设备的出厂合格证或质量保证书；

②对工程原材料、构配件及设备在使用前需进行抽检或复试，其试验的范围，按有关规定、标准的要求确定；

③凡采用新材料、新型制品，应检查技术鉴定文件；

④对重要原材料、构配件及设备的生产工艺、质量控制、检测手段等进行检查，必要时应到生产厂家实地考察，以确定供货单位；

⑤所有设备，在安装前应按相应技术说明书的要求进行质量检查，必要时还应由法定检测部门检测。

2）分部、分项工程的质量控制。在一般情况下，主要的分项工程施工前，施工单位应将施工工艺、原材料使用、劳动力配置、质量保证措施等基本情况填写施工条件准备情况表报监理单位，监理单位应调查核实，经同意后方可开工。分项工程施工过程中，应对关键部位随时进行抽检，抽检不合格的应通知施工单位整改，并要做好复查和记录。所有分项工程施工，施工单位应在自检合格后，填写分项工程报验申请表，并附上分项工程评定表。属隐蔽工程，还应将隐检单报监理单位，监理工程师必须对所报的分项工程进行核查，经核查认为合格的，签发分项工程认可书。不合格的，下达监理通知，给施工单位指明整改项目。凡整改的项目，整改结果应反馈回监理单位。

(2) 工程投资控制

对工程投资的控制分为设计阶段和施工阶段两个阶段的控制。

①在项目设计阶段，以工程项目概算为基础，对设计方案进行审核，并进行费用估算，将工程造价控制在投资范围以内，如超出，应及时对设计方案提出修改建议；

②在项目施工阶段，应根据合同价，控制在施工过程中可能新增加的费用。

(3) 工程进度控制

对工程进度的控制主要有以下几个方面：

①审核施工单位编制的工程项目实施总进度计划；

②审核施工单位提交的施工进度计划；

③审核施工单位提交的施工总平面布置图；

④审定材料、构配件及设备的采供计划；

⑤检查工程进度；

⑥组织现场协调会。

五、工程监理人员的权利与义务

工程监理人员既是受建设单位委托对建筑工程实施监督，同时又应依法履行职责，遵守一定的行为规范，根据《建筑法》的规定，其权利义务表现为：

(1) 工程施工不符合工程设计要求、施工技术标准和合同约定的，有权要求建筑施工企业改正。这既是工程监理人员的权利，又是其应当履行的职责，实行工程监理就是通过制约和监督，使工程施工符合设计要求、施工技术标准和合同约定，达到控制质量、工期和投资的目的。在监督过程中，工程监理人员必须有要求改正的权利，同时及时发现施工中的问题是其必须履行的义务。应该发现问题而没有发现，应该提出改正而没有提出，工程监理人员就是失职，应承担相应的法律后果。

(2) 工程设计不符合建筑工程质量标准或者合同约定的质量要求的，应当报告建设单位要求设计单位改正。这既是工程监理人员的权利，也是其应履行的义务。上款规定的要求是由工程监理人员直接向建筑施工企业提出，而本款规定的要求则须经过建设单位向设计单位提出。为了保证工程监理人员能行使其权利、履行其义务，建设单位应在委托的工程范围内，授予工程监理人员以下具体实施权：向承包单位提出施工组织设计和技术方案建议权；工程建设有关协作单位的组织协调的主持权；经建设单位同意，发布开工令、停工令、复工令权；工程上使用的材料和施工质量检验权；工程施工进度的检查、监督权；工程款支付的审核和签认权等。

六、工程监理单位行为规范

工程监理单位受建设单位委托进行监督，其本身行为也应受到规范和限制。《建筑法》第34条规定："工程监理单位应当在其资质等级许可的监理范围内，承担工程监理业务。工程监理单位应当根据建设单位的委托，客观、公正地执行监理任务。工程监理单位与被监理工程的承包单位以及建筑材料、建筑构配件和设备供应单位不得有隶属关系或者其他利害关系。工程监理单位不得转让工程监理业务。"根据本条规定，主要有以下四个方面的内容：

(1) 由于工程监理活动涉及到公民生命财产安全，国家对其实行了严格的资质审查制度，根据监理单位的注册资金、专业技术人员、技术装备和已完成的业绩等条件将其划分为甲、乙、丙三个等级，每一等级承担监理业务的范围不同，监理单位必须在其资质等级许可的监理范围内，承担监理业务。这是政府对从业单位的一种资格许可，任何单位均不得违反，否则应承担相应的法律后果。

(2) 工程监理单位客观地执行监理任务，是指监理单位必须实事求是，遵循客观规律，按工程建设的科学要求进行监理活动；公正地执行监理任务是指监理单位执行监理任务时要公平正直，平等地对待各方当事人，没有偏私，真实、合理地进行监督检查，提出意见，为建设单位服务。这是对工程监理单位执行监理任务的基本要求。

(3) 由于工程监理单位与被监理工程的承包单位以及建筑材料、建筑构配件和设备供应单位之间是一种监督与被监督的关系，为了保证工程监理单位能客观公正地执行监理任务，工程监理单位不得与被监理工程的承包单位以及建筑材料、建筑构配件和设备供应单位有隶属关系或者其他利害关系。这里的隶属关系是指工程监理单位与被监理工程的承包单位以及建筑材料、建筑构配件和设备供应单位有母子公司关系等。其他利害关系是指其他经济利益关系，如参股、联营等关系。当出现工程监理单位与被监理工程的承包单位以及建筑材料、建筑构配件和设备供应单位有隶属关系或者其他利害关系的情况时，工程监理单位在接受建设单位委托前应当自行回避；在接受委托后，发现这一情况时，应当依法解除委托关系。

(4) 建设单位将监理业务委托给工程监理单位，是建设单位对该工程监理单位的信誉和监理能力的信任，工程监理单位接受委托后，应当自行完成工程监理任务，不允许将工程监理业务转让委托给其他工程监理单位。如果由于业务太多或其他原因，工程监理单位无法完成该工程监理业务时，工程监理单位应当依法解除委托关系，由建设单位将该建筑工程的监理业务委托给其他具有相应资质条件的工程监理单位。

七、工程监理单位的法律责任

《建筑法》第35条规定：“工程监理单位不按照委托监理合同的约定履行监理义务，对应当监督检查的项目不检查或者不按照规定检查，给建设单位造成损失的，应当承担相应的赔偿责任。工程监理单位与承包单位串通，为承包单位谋取非法利益，给建设单位造成损失的，应当与承包单位承担连带赔偿责任。”根据本条规定，工程监理单位主要承担的是民事责任，所谓民事责任是指违反合同或其他民事义务而应负的法律上的责任。

1. 承担相应的赔偿责任

在监理过程中，工程监理单位必须全面、正确地履行监理合同约定的义务，对应当监督检查的项目认真、全面地按规定进行检查，发现问题及时要求施工单位改正。如在工程质量控制过程中，监理单位应当对工程原材料、构配件及设备在使用前对复试报告进行确认，确认应按照有关规范、标准的要求；分项施工过程中，应对关键部位随时进行抽检，抽检不合格的应通知施工单位整改等。工程监理单位承担赔偿责任的两个条件：一是违反合同，监理工作失职；二是造成损失，这里的损失包括直接损失和间接损失。关于监理单位赔偿责任的范围和大小。法律规定，根据其过失责任的轻重、造成损失的大小，确定其因工作过失应赔偿的数额。

2. 承担连带赔偿责任

工程监理单位与承包单位均受建设单位的委托，从事监理活动和施工活动，两者应该严格按照建设单位与其签订的合同履行各自的义务，两者之间是一种监督与被监督的关系。工程监理单位应客观、公正地按合同约定执行监理任务，不得与承包单位相互勾结，为承包单位谋取非法利益，造成建设单位损失。工程监理单位与承包单位串通，为承包单位谋取非法利益，是一种严重的故意违法行为，不仅要承担民事责任，而且要承担相应的行政责任、刑事责任。工程监理单位与承包单位承担连带赔偿责任，是指建设单位可以对工程监理单位和承包单位中一个单位或两个单位同时或先后请求全部赔偿，其中一个单位承担全部赔偿责任时，另一个单位对建设单位则免除赔偿责任。当一个单位承担全部赔偿责任时，有权向另一个单位请求偿还应由另一个单位承担赔偿责任的费用。这样规定，有利于保护建设单位的合法权益。

八、建筑工程监理合同

监理合同是建设单位和监理单位为完成建筑工程监理任务，明确相互权利义务关系的协议。《建筑法》第31条规定：“实行监理的建筑工程，由建设单位委托具有相应资质条件的工程监理单位监理。建设单位与其委托的工程监理单位应当订立书面委托监理合同。”

监理合同应当采用书面形式，所谓书面形式，是指用文字来表达相互权利义务关系的一种方式。监理合同不仅内容复杂，履行时间长，受各种因素影响较多，而且标的特殊，数额较大，因此应当采用书面形式，对此法律作出了明确规定。这样不仅有利于正确地履行合同，而且便于对监理合同进行监督、检查。同时，当发生纠纷时，便于举证和分清责任，为仲裁机构和人民法院调解、仲裁、审理监理合同纠纷提供证据。

第三节 监理工程师

一、监理工程师概述

1. 监理工程师的概念

监理工程师是一种岗位职务。所谓监理工程师是指在工程建设监理工作岗位上工作，并经全国统一考试合格，又经政府注册取得《监理工程师岗位证书》的工程建设管理人员。包含三层含义：①是从事工程建设监理工作的人员；②已取得国家确认的《监理工程师资格证书》；③经省、自治区、直辖市建委（建设厅）或由国务院工业、交通等部门的建设主管单位核准、注册，取得《监理工程师岗位证书》。

工程建设监理是一种高智能的技术服务活动。这种活动的效果，不仅取决于监理队伍的总量能否满足监理业务的需要，而且取决于监理人员，尤其是监理工程师的水平、素质的高低。从事工程建设监理工作，但尚未取得《监理工程师岗位证书》的人员统称为监理员。在工作中，监理员与监理工程师的区别主要在于监理工程师具有相应岗位责任的签字权；监理员没有相应岗位责任的签字权。关于监理人员的称谓，不同国家的叫法不尽相同。凡取得监理岗位资质的人员统称为监理工程师，根据工作岗位的需要，聘任资深的监理工程师为主任监理工程师，同样，根据工作岗位的需要，可聘资深的主任监理工程师为工程项目的总监理工程师（简称总监）或副总监理工程师（简称副总监）；不具备监理工程师资格的其他监理人员称为监理员。主任监理工程师、总监理工程师等都是临时聘任的工程建设项目上的岗位职务，就是说，一旦没有被聘用，他就没有总监理工程师或主任监理工程师的头衔，只有监理工程师的称谓。由此可见，我国的监理工程师并非是国家现有专业技术职称系列的一个分支，而是指一种岗位职务和执业资格。获得这一资格的人必须是已取得我国专业技术中级以上（含中级）职称的专业人员。监理工程师按专业设置岗位，岗位职务这一特点决定了监理工程师对一个专业人员来说并非是终身职务，只有在监理单位工作，从事工程建设监理工作者才可能成为监理工程师。反之，对一个已取得监理工程师资格的人来说，如果他脱离了监理单位，不再从事工程建设监理工作，就将被取消专业资格。因此，我国的监理工程师必须同时具备三个条件：一是应在建设岗位上工作；二是经过全国统一考试合格取得资格；三是应经过注册取得《监理工程师岗位证书》，三者缺一不可。

2. 监理工程师的素质

监理单位的职责是受工程建设项目业主的委托对工程建设进行监督和管理。工程建设涉及的学科很多，其中主要学科就有几十种，要求监理工程师应当具有较高的学历和学识水平。具体从事监理工作的监理人员，不仅要有较强的专业技术能力和较高的政策水平，能够对工程建设进行监督管理，提出指导性的意见，而且要能够组织、协调与工程建设有关的各方共同完成工程建设任务。就是说，监理人员既要具备一定的工程技术或工程经济方面的专业知识，还要有一定的组织协调能力；就专业知识而言，既要精通某一专业，又要具备一定水平的其他专业知识。所以说监理人员，尤其是监理工程师是一种复合型人才。对这种高智能人才素质的要求，主要体现在以下几个方面：

（1）具有较高的学历和多学科专业知识

现代工程建设，工艺越来越先进，材料、设备越来越新颖，而且规模大、应用科技门类多，需要组织多专业、多工种人员，形成分工协作、共同工作群体。即使是规模不大、工艺简单的工程项目，为了优质、高效地搞好工程建设，也需要具有较深厚的现代科技理论知识、经济管理理论知识和一定的法律知识的人员进行组织管理。如果工程建设委托监理，监理工程师不仅要担负一般的组织管理工作，而且要指导参加工程建设的各方搞好工作。所以，监理工程师不具备上述理论知识就难以胜任监理岗位的工作。要胜任监理工作的需要，监理工程师应学习、掌握一种专业理论知识，没有专业理论知识的人员决不能充任监理工程师。监理工程师还应力求了解或掌握更多的专业学科知识，无论监理工程师已掌握哪一门专业技术知识，都必须学习、掌握一定的工程建设经济、法律和组织管理等方面的理论知识，从而达到一专多能的程度，成为工程建设中的复合型人才，使监理单位真正成为智力密集型的知识群体。

（2）要有丰富的工程建设实践经验

工程建设实践经验就是理论知识在工程建设中成功地应用。一般说来，一个人在工程建设中工作的时间越长，经验就越丰富；反之，经验则不足。不少研究指出，工程建设中出现失误，往往与经验不足有关。当然，若不从实际出发，单凭以往的经验，也难以取得预期的成效。据了解，世界各国都很重视工程建设的实践。在考核某一个单位，或某一个人的能力大小时，都把实践经验作为重要的衡量尺度。英国咨询工程师协会规定，入会的会员年龄必须在38岁以上。新加坡有关机构规定，注册结构工程师，必须具有8年以上的工程结构设计实践经验。在工程建设的实践中，工程建设地质勘测实践经验、工程建设规划设计实践经验、工程建设设计实践经验、工程建设施工实践经验、工程建设设计管理实践经验、工程建设施工管理实践经验、工程建设经济管理实践经验、工程建设招标投标等中介服务的实践经验、工程建设监理工作实践经验以及工程建设构件或配件加工、设备制造实践经验和工程建设立项评估、建成使用后的评价分析实践经验都十分重要，是监理工程师必备的工程实践经验。要求监理工程师具有丰富的实践经验，是指监理工程师要在工程建设的某一方面具有丰富的实践经验，若在两个或更多的方面都有丰富的实践经验更好。当然，一个人一生的工作年限有限，能在工程建设的某一、二个方面工作多年，取得较丰富的经验已是很不容易的事，不可能在许多方面都有丰富的实践经验。因此，我国在考核监理工程师的资格中，对其在工程建设实践中起码的工作年限作了相应的规定，即取得中级技术职称后还要有3年的工作实践，方可参加监理工程师的资格考试。当然，一个人的工作年限不等于其工作经验，只有及时地、不断地把工作实践中的做法、体会以及失败的教训加以总结，使之条理化，才能升华成为经验。

(3) 要有良好的品德

监理工程师的良好品德主要体现在以下几个方面：热爱社会主义祖国、热爱人民、热爱建设事业；具有科学的工作态度；具有廉洁奉公、为人正直、办事公道的高尚情操；能听取不同意见，而且有良好的包容性。

(4) 要有健康的体魄和充沛的精力

尽管工程建设监理是一种高智能的技术服务，以脑力劳动为主，但是，也必须具有健康的身体和充沛的精力，才能胜任繁忙、严谨的监理工作。工程建设施工阶段，由于露天作业、工作条件艰苦、工期往往紧迫、业务繁忙，更需要有健康的身体，否则，难以胜任工作。

3. 监理工程师的职业道德与纪律

工程建设监理是建设领域里一项高尚的工作，为了确保建设监理事业的健康发展，对监理工程师的职业道德和工作纪律都有严格的要求，在有关法规里也作了具体的规定。

(1) 职业道德守则

①维护国家的荣誉和利益，按照“守法、诚信、公正、科学”的准则执业；

②执行有关工程建设的法律、法规、规范、标准和制度，履行监理合同规定的义务和职责；

③努力学习专业技术和建设监理知识，不断提高业务能力和监理水平；

④不以个人名义承揽监理业务；

⑤不同时在两个或两个以上监理单位注册和从事监理活动，不在政府部门和施工、材料设备的生产供应等单位兼职；

⑥不为所监理项目指定承建商、建筑构配件、设备、材料和施工方法；

⑦不收受被监理单位的任何礼金；

⑧不泄露所监理工程各方认为需要保密的事项；

⑨坚持独立自主地开展工作。

(2) 工作纪律

①遵守国家的法律和政府的有关条例、规定和办法等；

②认真履行工程建设监理合同所承诺的义务和承担约定的责任；

③坚持公正的立场，公平地处理有关各方的争议；

④坚持科学的态度和实事求实的原则；

⑤在坚持按监理合同的规定向业主提供技术服务的同时，帮助被监理者完成其担负的建设任务；

⑥不以个人的名义在报刊上刊登承揽监理业务的广告；

⑦不得损害他人名誉；

⑧不泄露所监理的工程需保密的事项；

⑨不在任何承建商或材料设备供应商中兼职；

⑩不擅自接受业主额外的津贴，也不接受被监理单位的任何津贴，不接受可能导致判断不公正的报酬。

监理工程师违背职业道德或违反工作纪律，由政府主管部门没收非法所得，收缴《监理工程师岗位证书》，并可处以罚款。监理单位还要根据企业内部的规章制度给予处罚。在国外，监理工程师的职业道德准则，由其协会组织制订并监督实施。

二、监理工程师资格的考试

1. 实行监理工程师资格考试制度的意义

为了推进我国建设监理事业的发展，保证提高监理工程师队伍素质，全国各地区和国务院各工业、交通等部门监理工程师实行资格考试和注册管理制度。要成为一名监理工程师，相关法律要求必须要参加侧重于工程建设监理实践知识的全国统考，考试合格者才能取得《监理工程师资格证书》。实行监理工程师资格考试制度具有重要意义：

(1) 有助于促进监理人员和其他愿意掌握建设监理基本知识的人员努力钻研监理业务，提高业务水平；

(2) 有利于统一监理工程师的基本水准，有助于保证全国各地方、各部门监理队伍的素质；

(3) 有利于公正地确定监理人员是否具备监理工程师的资格；

(4) 有助于建立建设监理人才库，把监理单位以外，已经掌握监理知识的人员的监理资格确认下来，形成蕴含于社会的监理人才库；

(5) 通过考试确认相关资格的做法，是国际上通行的方式。这样做，既符合国际惯例，又有助于开拓国际工程建设监理市场。因此，我国要建立监理工程师资格考试制度。

2. 参加监理工程师资格考试的条件

根据相关法律的规定，我国监理工程师资格主要通过参加监理工程师资格考试的方式取得，申请参加监理工程师资格考试者必须具备以下条件：

(1) 具有高级专业技术职称，或取得中级专业技术职称后具有3年以上工程设计或施工管理实践经验；

(2) 在全国监理工程师注册管理机关认定的培训单位经过监理业务培训，并取得培训结业证书。

凡欲申请监理工程师注册的人员，必须先通过资格考试，未经资格考试或者考试未通过的，不得申请注册。

3.《监理工程师资格证书》的取得

凡申请参加监理工程师资格考试的人员，要先由本人向所在的建设监理单位提出，再由建设监理单位统一向相应的监理工程师资格考试委员会提出书面申请。经审查被批准后，方可参加考试。经考试合格者，由监理工程师注册机关核发《监理工程师资格证书》。《监理工程师资格证书》自领取之日起5年内未经注册者，证书失效。

4. 监理工程师资格考试实施机构

监理工程师的资格考试工作，由监理工程师资格考试委员会或注册主管机关授权的考试主管机构负责组织实施。考试分笔试和口试，原则上每2年举行一次。监理工程师资格考试委员会主要有三种组织形式，即全国监理工程师资格考试委员会；省、自治区、直辖市监理工程师资格考试委员会；国务院工业、交通等部门监理工程师资格考试委员会。监理工程师资格考试委员会为非常设机构，于每次考试前2个月成立并开始工作。

5. 考试方式和录取

根据监理工作的实际业务内容，综合培训院校的教学科目，建设部组织编辑了6本培训教材，并逐步在全国范围内使用。所以，监理工程师资格考试的范围是现行的监理培训教材，即工程建设监理概论、工程建设合同管理、工程建设质量控制、工程建设进度控制、工程建设投资控制和工程建设信息管理六方面的理论知识和实务技能。监理工程师资格考试是对考生监理理论和监理实务技能水平的考查，是一种水平考试。因而，采取统一命题、闭卷考试、分科记分、统一标准录取的方式。

三、监理工程师的注册

1. 监理工程师注册的条件

注册是取得《监理工程师资格证书》的人员以监理工程师的名义从事工程建设监理业务的必经程序。取得《监理工程师资格证书》后还要具备以下条件方可提出注册申请：

（1）经监理工程师资格考试合格；

（2）获得高级建设师、高级工程师、高级经济师等任职资格，或者获得建筑师、工程师、经济师等任职资格后，具有3年以上工程设计或施工管理的实践经验；

（3）身体健康，胜任工程建设项目的现场监理工作；

（4）热爱中华人民共和国，拥护社会主义制度，遵纪守法，遵守监理工程师职业道德；

（5）非国家行政机关现职工作人员。

2. 监理工程师注册的程序

申请监理工程师注册，由拟聘用申请者的工程建设监理单位统一向本地区或本部门的监理工程师注册机关提出申请。监理工程师注册机关收到申请后，依法进行审查。对符合条件的，根据全国监理工程师注册管理机关批准的注册计划择优予以注册，颁发《监理工程师岗位书》并报全国监理工程师注册管理机关备案。监理工程师注册机关每5年对持有《监理工程师岗位证书》的人员复查一次。对不符合条件的，注销注册并收回《监理工程师岗位证书》。已经取得《监理工程师资格证书》但未经注册的人员，不得以监理工程师的名义从事工程建设监理业务。已经注册的监理工程师，不得以个人名义私自承接工程建设监理业务。这些规定主要是因为工程建设监理工程非常复杂，具有较大的责任，个人既难以胜任，也缺乏过失责任的赔偿能力。监理工程师退出、调出所在工程建设监理单位或被解聘，须向原注册机关交回其《监理工程师岗位证书》，核销注册。核销注册不满5年再从事监理业务的，须由拟聘用的工程建设监理单位向本地区或本部门监理工程师注册机关重新申请注册。

3. 监理工程师注册管理

《监理工程师资格考试和注册试行办法》规定，在监理工程师注册管理上采取中央与地方、部门两级管理，监理工程师资格考试与注册两条线进行的体制。国务院建设行政主管部门为全国监理工程师的注册管理机关，各省、自治区、直辖市人民政府建设行政主管部门为本行政区域地方建设监理单位监理工程师的注册机关，国务院工业、交通等部门为本部门直属建设监理单位监理工程师的注册机关。

4. 注册监理工程师的职责

工程建设项目的总监理工程师一般由资深的注册监理工程师担任。一般注册监理工程师在总监理工程师的领导下开展工作，并可能带领未注册的监理人员负责一定范围的工作。注册监理工程师的职责主要表现为：

(1) 按照分工，独立自主地担负一定范围的监理工作；

(2) 按照监理合同的要求，为项目法人提供满意的服务，并对自己的工作负责；

(3) 在分管的工作范围内对工程建设的具体事项有检验、签认的权力；

(4) 为了改进工作，有向项目法人的建议权；

(5) 遵守监理工程师的职业道德。

第四节　建设监理单位

一、建设监理单位的概念

所谓监理单位，一般是指具有法人资格，取得监理单位资质证书，主要从事工程建设监理工作的监理公司、监理事务所等，也包括具有法人资格的单位下设的专门从事工程建设监理的二级机构，这里所说的“二级机构”是指企业法人中专门从事工程建设监理工作的内设机构，例如设计单位中的“监理部”等。

工程建设监理单位是我国推行建设监理制之后才逐渐兴起的一种企业，它的责任主要是向工程业主提供高智能的技术服务，对工程项目建设的投资、建设工期和质量进行监督管理，监理单位是我国经济体制改革中出现的新事物，监理单位是建筑市场的三大主体之一。一个发育完善的市场，不仅要有具备法人资格的交易双方，而且要有协调交易双方、为交易双方提供交易服务的第三方。就建筑市场而言，业主和承建商是买卖的双方，承建商（包括工程建设的勘察、规划、设计、建筑构配件制造、施工等单位，就具体的交易活动来说，承建商可以是其中之一，也可能是指几个单位，甚至是指上述所有单位）以物的形式出卖自己的劳动，是卖方。业主以支付货币的形式购买承建商的产品，是买方。一般说来，建筑产品的买卖交易不是瞬时间就可以完成的，往往经历较长的时日。交易的时间越长，或者说，阶段性交易的次数越多，买卖双方产生矛盾的几率就越高，需要协调的问题就越多，况且，建筑市场中交易活动的专业技术性都很强，没有相当高的专业技术水平，就难以圆满地完成建筑市场中的交易活动。在单纯计划经济体制下，建筑市场不存在，起码说不存在真实的建筑市场，因而，也就无所谓建筑市场的交易活动。随着市场经济体制的建立，交易的范围越来越广，交易活动的科学性越来越强，交易活动的技巧越来越高。中介服务组织便应运而生，为交易活动提供服务的新生媒体，在建筑市场中，监理单位就是这种媒体的主要代表。在市场经济发达的资本主义国家，监理单位是建筑市场中完成交易活动必不可少的媒体。

在我国，尽管建筑市场的发育还很不完善，市场经济体制还远没有建立起来，建设监理制也推行不久，但是，监理单位在建筑市场中发挥的作用已初步得到了社会的认可，并逐渐上升到不可替代的程度。在规模上，目前已发展到近 10 多万人，而且势必还会成倍地增加。在智能上，监理单位都是技术密集型的群体，在工程建设活动中发挥着智囊团的作用。总之，业主、监理单位和承建商构成了建筑市场的基本支柱，三者缺一不可。在几年的实践中，监理已显现出重要的作用，随着建设监理事业的发展，它将发挥出越来越大的作用。

二、建设监理单位的种类

1. 按经济性质划分

监理单位的类别有多种类型，按照不同的标准可以分为不同的形式，按经济性质划分建设监理单位可以分为：

(1) 全民所有制监理单位

这类企业成立较早，一般是在公司法颁布实施之前批准成立的。其人员从已有的全民所有制企业中分离出来，由原有企业或原有企业的上级主管部门负责组建，该类监理单位在其开展监理经营活动的初期，往往还依附于原来企业，由原来企业给予经济上和物质上等多方面的支持，甚至人力方面的支持。当然，这是一种暂时的现象，随着建设监理事业的发展，全民所有制单位会发展成为真正具有独立法人资格的企业，同时，会像其他全民所有制企业一样，在企业改建为现代企业的过程中，按照公司法的规定，改建为新型的企业。监理单位改建为现代企业比其他全民所有制企业要容易得多，原因主要有：①监理单位的资产比较简单，容易清理；②监理单位与政府之间的关系基本上都是市场经济体制下的经济关系，容易做到政企分开；③监理单位没有过多沉重的债务等包袱，再加上人数不多，改变建制阻力小；④监理单位本身是市场经济的产物，责、权、利的定位容易迅速转换为现代企业制度下的格式。当然，具体到监理单位怎样转换以及某一个监理单位何时转换，要视试点的情况而定。

(2) 集体所有制监理单位

作为法规，允许成立集体所有制的监理单位，但实际上，几年来申请设立这类经济性质的监理单位很少。

(3) 私有监理单位

在国外，私有企业比较普遍。因为我国是社会主义国家，国民经济以公有制为主体，工程建设项目也多是公有制性质的。私有监理单位承揽监理业务，属于“无限责任”经营，一旦发生监理事故，私有监理单位要赔偿所有因自己的责任而产生的直接损失，甚至要赔偿间接的损失。即使我国的市场经济体制完全建立起来之后，私有监理单位的数量也不会很大。现阶段，我国还未考虑成立私有的监理单位。

2. 按照组建方式划分

(1) 有限责任公司

这是为了适应建立现代企业制度的需要，按照《公司法》的规定组建的主要公司类别之一。有限责任公司的股东，以其出资额为限，对公司承担责任，公司以其全部资产对公司的债务承担责任。公司股东，按其投入公司资本额的多少，享有大小不同的资产受益权、重大决策参与权和对管理者的选择权，公司则享有由股东投资形成的全部法人财产权，依法享有民事权，并承担民事责任。现阶段，我国成立的建设监理有限责任公司很少，随着改革的深化，这类公司会逐渐增多。

(2) 股份有限公司

在市场经济体制下，组建公司的形式往往以股份有限公司居多。股份有限公司，其全部资本分为等额股份，股东以其所持股份为限对公司承担经济责任，同时，以其所持股份的多少，享有相应份额的资产受益权、重大决策参与权和选择管理者的权力，公司则以其全部资产对公司的债务承担责任。另外，与有限责任公司一样，股份有限公司享有由股东投资形成的全部法人财产权，依法享有民事权利，承担民事责任。股份有限公司是市场经济体制下，大量存在的公司组建形式，监理单位也将多是这种类型。

3. 按资质等级划分

(1) 甲级资质监理单位

这是由国家建设行政主管部门审定批准的监理单位，批准为甲级资质，意味着该监理单位的资质很好，在全国达到了一流的水平。同时，标志着该单位可以跨地区、跨部门承接一等、二等和三等工程的监理业务，当然，不是说甲级监理单位可以承接各类工程的监理业务，而是根据核定的业务范围去承接业务。业务范围的核定是根据其专业人员的构成和实际业务能力确定的。一般说来，一个监理单位只能承接某一类，或某两类，至多能承接三、四类专业工程的监理业务。

(2) 乙级资质监理单位

这是由各地方或各部门建设行政主管部门审定批准的监理单位。乙级资质的监理单位只能在本地方或在本部门范围内承接二等、三等工程的监理业务。经其建设行政主管部门特许，方可承接上一等工程的监理业务。

(3) 丙级资质监理单位

这也是由地方或国务院有关部门的建设行政主管部门审定批准的建设监理单位。丙级资质监理单位的经营活动范围与乙级资质监理单位一样，只是它只能承接三等工程的监理业务，经特许，方可承接二等工程的监理业务。

此外，成立不足2年的，或成立满2年后，监理的项目尚未完成，难以评定资质的不得定级。

4. 按专业类别划分

目前，我国的工程类别按大专业来分有10多种，如果按小专业细分，有近50种。依照通行的做法，按大专业来分，有一般工业与民用建筑专业、道路桥梁专业、铁道专业、石油化工专业、冶金专业、煤炭矿山专业、水利水电专业、火电专业、港口及航道专业、工厂电气自动化专业、机械设备制造专业、地质勘测专业、航天航空专业、核工业专业、邮电通信专业等。上述专业的划分只是体现在监理单位的业务范围上，并没有完全用来界定监理单位的专业性质。

三、建设监理公司的设立条件

1. 设立建设监理有限责任公司应具备的条件

建设监理有限责任公司的设立应遵循《公司法》的相关规定。《公司法》施行以后，我国关于公司设立的立法原则有了重大变化，由单纯的许可主义改变为准则主义与许可主义相结合的原则。所谓许可主义，又称核准主义，即设立公司除了要符合法律规定的条件外，还须经过有关行政主管部门的审核批准。所谓准则主义，又称登记主义，即设立公司只要符合法律规定的条件，无需经行政主管部门批准，即可登记成立公司。我国长期以来包括公司在内的企业设立实行的都是许可主义，表现为严格的行业行政许可制度和登记前置审批制度。这种做法不仅造成政企不分，形成地区与部门之间的行政垄断，人为地导致不公平竞争，而且设立手续繁琐、程序纷乱，还易助长官僚作风和腐败现象。所以，《公司法》规定，对一般的有限责任公司的设立，采用准则主义，在符合法定条件后直接登记成立；特殊的有限责任公司，主要指从事生产经营的行业和产品特殊，如房地产行业、药品行业、食品行业、餐饮行业等，这些行业与国计民生有重大关系，国家仍保留了对此类公司登记前的审批程序。根据《公司法》第19条的规定，设立有限责任公司应当具备下述5个条件：

(1) 股东符合法定人数

我国《公司法》第20条规定："有限责任公司由2个以上50个以下股东共同出资设立。"此处的股东可以是法人，也可以是自然人。对于有限责任公司股东的资格，我国《公司法》未作限制性的规定。除其他法律、法规有禁止或限制的特别规定外，所有的自然人、法人都可以作为有限责任公司的股东。当然作为自然人的设立人，虽然法条未规定必须是有行为能力的人，但从法理上说，应为完全行为能力的自然人。有限责任公司股东人数必须在2人以上。这一规定是公司的集合性特征所致。反过来说，"一人"是不可以投资设立有限责任公司的。但作为有限责任公司的特例，国有独资公司即为国家授权投资机构或国家授权投资部门一人投资的，这仅为特殊规则。股东人数的要求，是有限责任公司设立的人的要件。

(2) 股东出资达到法定资本最低限额

股东出资是股东依法应履行的义务，是取得股东地位、行使股东权的前提条件，是公司作为经济组织赖以存在的物质基础。出资不到位或不能全部到位，既会影响设立后公司正常开展经营活动，也不利于保护债权人的合法权益。《公司法》第23条规定："有限责任公司的注册资本为在公司登记机关登记的全体股东实缴的出资额。有限责任公司的注册资本不得少于下列最低限额：①以生产经营为主的公司人民币50万元；②以商品批发为主的公司人民币50万元；③以商业零售为主的公司人民币30万元；④科技开发、咨询、服务性公司人民币10万元。特定行业的有限责任公司注册资本最低限额需高于前款所定限额的，由法律、行政法规另行规定。"

对出资方式，《公司法》也作了明确规定。《公司法》第24条规定："股东可以用货币出资，也可以用实物、工业产权、非专利技术、土地使用权作价出资。""以工业产权、非专利技术作价出资的金额不得超过有限责任公司注册资本的20%，国家对采用高新技术成果有特别规定的除外。"为防止虚假投资，对作为出资的实物、工业产权、非专利技术或者土地使用权，必须进行评估作价，核实财产，不得高估或者低估作价。土地使用权的评估作价，依照法律、行政法规的规定办理。《公司法》第28条还规定："有限责任公司成立后，发现作为出资的实物、工业产权、非专利技术、土地使用权的实际价额显著低于公司章程所定价额的，应当由交付该出资的股东补交其差额，公司设立时的其他股东对其承担连带责任。"这一规定是为了防止股东出资虚亏造成的公司注册资本不实。股东所负的这种"出资填补责任"也是国际上通行的原则和做法。《公司法》第25条规定："股东应当足额缴纳公司章程中规定的各自所认缴的出资额。股东以货币出资的，应当将货币出资足额存入准备设立的有限责任公司在银行开设的临时账户；以实物、工业产权、非专利技术或者土地使用权出资的，应当依法办理其财产权的转移手续。股东不按前款规定缴纳所认缴的出资，应当向已足额缴纳出资的股东承担违约责任。"《公司法》第26条规定："股东全部缴纳出资后，必须经法定的验资机构验资并出具证明。"对于股东的出资，公司应在成立后向股东发出资证明书，并置备股东名册。出资证明书在一些国家也称股单，是有限责任公司记载股东出资和证明股东拥有公司股权的书面凭证。出资证明书由公司盖章，主要载明：公司名称、公司登记日期、公司注册资本、股东的姓名或名称、缴纳的出资额和出资日期、编号和核发日期。有限责任公司注册资本的要求，是其设立的物的条件。

(3) 股东共同制定公司章程

公司章程是由公司股东依法制定的，有关公司组织与活动基本准则的法律文件。它体现着全体股东的共同意志，对全体股东、公司的组织机构和经营管理人员均有约束力，堪称有限责任公司的"宪法"。一般来讲，公司的成立以订立公司章程开始，以设立登记告终。公司章程的记载事项，一般包括绝对必要记载事项、相对必要记载事项和任意约定记载事项之分。绝对必要记载事项是涉及公司重大问题的内容，是由法律强制性规定应体现在公司章程内的，缺少任何一项，公司就不可能有效成立；相对必要记载事项，一般也由法律予以列举，供股东选择、参考，决定可否订立于公司章程之中；任意约定记载事项，法律不作列举，但可能与股东的某些特殊因素或经营的事业有必要关联，只要不违反法律、法规，不损害社会公共利益，无损于社会公德，股东均可以在章程中作出约定。

《公司法》第22条规定了有限责任公司章程应当载明的事项，它们是："①公司名称和住所；②公司经营范围；③公司注册资本；④股东的姓名或者名称；⑤股东的权利和义务；⑥股东的出资方式和出资额；⑦股东转让出资的条件；⑧公司的机构及其产生办法、职权、议事规则；⑨公司的法定代表人；⑩公司的解散事由与清算办法；⑪股东认为需要规定的其他事项。”以上是我国《公司法》对有限责任公司章程绝对必要记载事项的规定和对任意记载事项的概括性许可，而对相对必要记载事项则未作具体列举，可以理解为吸收于任意记载事项的概括性许可中。公司章程一经订立，对公司的各机关、股东均有约束力，对于新加入公司的股东也当然具有约束力。公司章程生效后，应保持其内容的稳定性，不得随意变更。如果确需修改，则必须经代表 2/3 以上表决权的股东通过并作出决议，否则，变更无效。

(4) 有公司名称，建立符合有限责任公司要求的组织机构

公司名称是使公司人格特定化的标记，是使其与任何其他机构、企业和个人相区别的标记。公司名称的构成和使用，必须遵守法律、行政的规定，并符合规范化的要求，这与其他企业是相同的。与此同时，公司名称的取得还应符合法律的规定。1994 年 7 月 1 日施行的《中华人民共和国公司登记管理条例》规定：设立公司应当申请名称预先核准，法律、行政法规规定设立公司必须报经审批或者公司经营范围中有法律、行政法规规定必须报经审批的项目，应当在报送审批前办理公司名称预先核准，并以公司登记机关核准的公司名称报送审批。设立有限责任公司，应当由全体股东指定的代表或者共同委托的代理人向公司登记机关申请名称预先核准。公司登记机关应当自收到申请文件之日起 10 日内作出核准或者驳回的决定。公司登记机关决定核准的，应当发给《企业名称预先核准通知书》。预先核准的公司名称保留期为 6 个月。预先核准的公司名称在保留期内，不得用于从事经营活动，不得转让。有限责任公司的组织机构是指依《公司法》规定设立的公司各机关，包括股东会、董事会和监事会三大机构。这些机构的组成、运作、规程、职权分配等都应当明确依照《公司法》规定进行。

(5) 有固定的生产经营场所和必要的生产经营条件

固定的生产经营场所，首先就是住所。公司的住所是公司主要办事机构所在地。住所应在企业章程中载明，并在公司登记机关予以登记，以便于其向外发生交往，也便于国家对其实行管理，征收税收，在司法上用于确认诉讼管辖，据此确定受理送达的处所，确定债务履行的处所和公司登记机关。其次，公司作为经营单位，也需要有基本的经营活动场所，从而满足其业务活动的需要。必要的生产经营条件是除了生产经营场所、资金等条件外的其他条件，如生产经营所需的厂房、设备、运输工具、技术、专业人员等。

2. 建设监理股份有限公司的设立条件

(1) 我国《公司法》没有关于限制发起人的规定

关于发起人的资格，大多数国家并无限制，我国《公司法》也无限制性规定，故既可以是法人，也可以是自然人，可以是本国人，也可以是外国人。但从一般理论讲，必须具有行为能力。同时因股份有限公司设立程序复杂，涉及社会公众较多，发起人设立公司及公司成立之初责任重大，为了保证设立活动的顺利进行，加强国家对发起人的管理，防止发起人利用设立公司损害广大社会公众的利益，有些国家规定，股份公司的发起人必须是本国人。我国《公司法》未作硬性规定，只是规定在 5 人以上的发起人中，其中须有过半数的发起人在中国境内有住所。《公司法》第 75 条规定：“设立股份有限公司，应当有 5 人以上为发起人。”“国有企业改组为股份有限公司的，发起人可以少于 5 人，但应当采取

募集设立方式”。发起人所从事的筹办活动是公司设立活动的开始和重要组成部分。因此，必须赋予发起人一定的权利，相应地也得承担一定的义务。发起人的权利主要有签署发起协议、首先认购公司的股份、制定公司的章程、对发起工作取得报酬、公司成立后享有作为股东的一切权利。其义务主要有：为设立活动尽职尽责，忠诚努力；履行公司设立的各种报批手续；缴纳所认购的股份款项；公司不能成立时，对设立行为所产生的债务和费用负连带责任；公司不能成立时，对认股人已缴纳的股款，负返还股款并加算银行同期存款利息的连带责任；在公司设立过程中，由于发起人的过失致使公司利益受到损害的，对公司承担赔偿责任。

(2) 发起人认缴和向社会公开募集的股本达到法定资本最低限额

发起人认缴和向社会公开募集的股本达到法定资本最低限额，这是股份有限公司设立的物的要件之一。《公司法》第 78 条规定：“股份有限公司注册资本为在公司登记机关登记的实收股本总额。股份有限公司注册资本的最低限额为人民币 1000 万元。”有些特殊行业的股份有限公司，如保险业，注册资本的最低限额高于此限额，由法律、行政法规另行规定。《公司法》规定：“股份有限公司的注册资本为在公司登记机关登记的实收股本总额。”这表明，我国股份有限公司也是实行法定资本制，坚持资本确定原则，而不实行授权资本制。这样，对保障社会和债权人利益有十分重要的意义。另外，根据不同的股份有限公司设立的方式，公司注册资本的组成也是不同的。发起设立方式设立股份有限公司的，公司的全部注册资本由发起人全额认缴；以募集设立方式设立的，发起人认购的股份不得少于公司股份总数的 35%，其余股份应当向社会公开募集。发起人可以用货币出资，也可以用实物、工业产权、非专利技术、土地使用权作价出资。对作为出资的实物、工业产权、非专利技术或者土地使用权，必须进行评估作价，核实财产，并折合为股份，不得高估或低估作价。土地使用权的评估作价，依照法律、行政法规的规定办理。发起人以工业产权、非专利技术作价出资的金额不得超过股份有限公司注册资本的 20%；以实物、工业产权、非专利技术或者土地使用权抵作股款的，应当依法办理其财产权的转移手续。

(3) 股份发行、筹办事项符合法律规定

发起人设立股份有限公司，必须按照法律规定发行股份并进行其他筹办事项。如向社会公开募集股份，须报经国务院证券管理部门批准。

(4) 发起人制定公司章程，并经创立大会通过

股份有限公司的章程是股东制定的，关于公司组织与活动基本规则的法律文件，对公司、股东、董事、监事、经理具有法律约束力。《公司法》第 79 条规定：“股份有限公司章程应当载明下列事项：①公司名称和住所；②公司经营范围；③公司设立方式；④公司股份总数、每股金额和注册资本；⑤发起人的姓名或者名称、认购的股份数；⑥股东的权利和义务；⑦董事会的组成、职权、任期和议事规则；⑧公司法定代表人；⑨监事会的组成、职权、任期和议事规则；⑩公司利润分配办法；⑪公司的解散事由与清算办法；⑫公司的通知和公告办法；⑬股东大会认为需要规定的其他事项。”

股份有限责任公司的章程首先由发起人制定，这是因为公司章程是设立公司必备的法律文书，也是向社会公开募集股份的资信证明的一个方面，故应先由发起人制定，以便于公司筹办。但公司章程只有经创立大会通过后才产生效力，才能体现全体股东的意志，因

发起人只是股东的一部分，故不能以他们制定的章程为最终生效文本。创立大会应有代表股份总数的 1/2 以上的认股人出席，方可举行，章程必须经出席会议的认股人所持表决权的 1/2 以上通过。

(5) 有公司名称，建立符合股份有限公司要求的组织机构

这是股份有限公司的组织条件。公司的名称应当符合《公司登记管理条例》的要求，并须申请名称预先核准登记。股份有限公司的组织机构必须合法，即股东大会、董事会、监事会以及经理须按《公司法》和公司章程设立并履行职责。

(6) 有固定的生产经营场所和必要的生产经营条件

这是股份有限公司设立的又一物质条件。

第五节　工程建设监理企业的资质管理

一、工程建设监理企业的资质概念

建设监理是集经济、技术、法律手段于一体的综合管理行为，其从业机构或个人均需有较高的业务素质和专业经验，只有经过严格的专业资质审查的单位方能承担此项任务。建设监理企业是指依法取得监理资质证书，具有法人资格的监理公司、监理事务所和兼承监理业务的工程设计、科学研究及工程建设咨询单位。而监理企业资质则是指从事监理业务的单位应具备的人员素质、资金数量、专业技能、管理水平及管理业绩等。

二、工程建设监理单位资质等级和业务范围

1. 资质等级

根据《工程监理企业资质管理规定》第 5 条的规定，工程监理企业的资质分为甲、乙、丙三级，分别应具备以下资质条件：

(1) 甲级工程监理企业应当具备的资质条件

1) 企业负责人和技术负责人应当具有 15 年以上从事工程建设工作的经历，企业技术负责人应当取得监理工程师注册证书；

2) 取得监理工程师注册证书的人员不少于 25 人；

3) 注册资本不少于 100 万元；

4) 近 3 年内监理过 5 个以上二等房屋建筑工程项目或者 3 个以上二等专业工程项目。

(2) 乙级工程监理企业应当具备的资质条件

1) 企业负责人和技术负责人应当具有 10 年以上从事工程建设工作的经历，企业技术负责人应当取得监理工程师注册证书；

2) 取得监理工程师注册证书的人员不少于 15 人；

3) 注册资本不少于 50 万元；

4) 近 3 年内监理过 5 个以上三等房屋建筑工程项目或者 3 个以上三等专业工程项目。

(3) 丙级工程监理企业应当具备的资质条件

1）企业负责人和技术负责人应当具有8年以上从事工程建设工作的经历，企业技术负责人应当取得监理工程师注册证书；

2）取得监理工程师注册证书的人员不少于5人；

3）注册资本不少于10万元；

4）承担过2个以上房屋建筑工程项目或者1个以上专业工程项目。

2. 各级工程监理企业的业务范围

据《工程监理企业资质管理规定》第6条的规定，各级业务范围分别是，甲级工程监理企业可以监理经核定的工程类别中一、二、三等工程；乙级工程监理企业可以监理经核定的工程类别中二、三等工程；丙级工程监理企业可以监理经核定的工程类别中三等工程。

三、资质申请和审批

1. 资质申请

根据《工程监理企业资质管理规定》的相关规定，工程监理企业应当向企业注册所在地的县级以上地方人民政府建设行政主管部门申请资质。中央管理的企业直接向国务院建设行政主管部门申请资质，其所属的工程监理企业申请甲级资质的，由中央管理的企业向国务院建设行政主管部门申请，同时向企业注册所在地省、自治区、直辖市建设行政主管部门报告。新设立的工程监理企业，到工商行政管理部门登记注册并取得企业法人营业执照后，方可到建设行政主管部门办理资质申请手续。新设立的工程监理企业申请资质，应当向建设行政主管部门提供下列资料：①工程监理企业资质申请表；②企业法人营业执照；③企业章程；④企业负责人和技术负责人的工作简历、监理工程师注册证书等有关证明材料；⑤工程监理人员的监理工程师注册证书；⑥需要出具的其他有关证件、资料。

工程监理企业申请资质升级，除向建设行政主管部门提供上述所列资料外，还应当提供下列资料：①企业原资质证书正、副本；②企业的财务决算年报表；③《监理业务手册》及已完成代表工程的监理合同、监理规划及监理工作总结。

2. 资质审批

根据《工程监理企业资质管理规定》的相关规定，工程监理企业资质审批的内容包括：

(1) 甲级工程监理企业资质审批

甲级工程监理企业资质经省、自治区、直辖市人民政府建设行政主管部门审核同意后，由国务院建设行政主管部门组织专家评审，并提出初审意见；其中涉及铁道、交通、水利、信息产业、民航工程等方面工程监理企业资质的，由省、自 治区、直辖市人民政府建设行政主管部门商同级有关专业部门审核同意后，报国务院建设行政主管部门，由国务院建设行政主管部门送国务院有关部门初审。国务院建设行政主管部门根据初审意见审批。审核部门应当对工程监理企业的资质条件和申请资质提供的资料审查核实。

(2) 乙、丙级工程监理企业资质审批

乙、丙级工程监理企业资质由企业注册所在地省、自治区、直辖市人民政府建设行政主管部门审批；其中交通、水利、通信等方面的工程监理企业资质，由省、自治区、直辖市人民政府建设行政主管部门征得同级有关部门初审同意后审批。

(3) 审批期限

申请甲级工程监理企业资质的，国务院建设行政主管部门每年定期集中审批一次。国务院建设行政主管部门应当在工程监理企业申请材料齐全后3个月内完成审批。由有关部门负责初审的，初审部门应当从收齐工程监理企业的申请材料之日起1个月内完成初审。国务院建设行政主管部门应当将审批结果通知初审部门。国务院建设行政主管部门应当将经专家评审合格和国务院有关部门初审合格的甲级资质的工程监理企业名单及基本情况，在中国工程建设和建筑业信息网上公示。经公示后，对于工程监理企业符合资质标准的，予以审批，并将审批结果在中国工程建设和建筑业信息网上公告。申请乙、丙级工程监理企业资质的，实行即时审批或者定期审批，由省、自治区、直辖市人民政府建设行政主管部门规定。

四、监督管理

1. 监督管理机关

根据《工程监理企业资质管理规定》的相关规定，县级以上人民政府建设行政主管部门和其他有关部门应当加强对工程监理企业资质的监督管理。禁止任何部门采取法律、行政法规规定以外的其他资信、许可等建筑市场准入限制。建设行政主管部门对工程监理企业资质实行年检制度。甲级工程监理企业资质，由国务院建设行政主管部门负责年检；其中铁道、交通、水利、信息产业、民航等方面的工程监理企业资质，由国务院建设行政主管部门会同国务院有关部门联合年检。乙、丙级工程监理企业资质，由企业注册所在地省、自治区、直辖市人民政府建设行政主管部门负责年检；其中交通、水利、通信等方面的工程监理企业资质，由建设行政主管部门会同同级有关部门联合年检。

2. 工程监理企业资质年检制度

主要包括以下几个方面：

(1) 年检程序

根据《工程监理企业资质管理规定》第22条的规定，工程监理企业资质年检按照下列程序进行：

1) 工程监理企业在规定时间内向建设行政主管部门提交《工程监理企业资质年检表》、《工程监理企业资质证书》、《监理业务手册》以及工程监理人员变化情况及其他有关资料，并交验《企业法人营业执照》；

2) 建设行政主管部门会同有关部门在收到工程监理企业年检资料后40日内，对工程监理企业资质年检作出结论，并记录在《工程监理企业资质证书》副本的年检记录栏内。

(2) 年检结果

工程监理企业资质年检的内容，是检查工程监理企业资质条件是否符合资质等级标准，是否存在质量、市场行为等方面的违法违规行为。工程监理企业年检结论分为合格、基本合格、不合格三种。其标准分别是：

1）合格

工程监理企业资质条件符合资质等级标准，且在过去1年内未发生《工程监理企业资质管理规定》第16条所列行为的，年检结论为合格。其中第16条的规定是："工程监理企业申请晋升资质等级，在申请之日前1年内有下列行为之一的，建设行政主管部门不予批准：①与建设单位或者工程监理企业之间相互串通投标，或以行贿等不正当手段谋取中标的；②与建设单位或者施工单位串通，弄虚作假、降低工程质量的；③将不合格的建设工程、建筑材料、建筑构配件和设备按照合格签字的；④超越本单位资质等级承揽监理业务的；⑤允许其他单位或个人以本单位的名义承揽工程的；⑥转让工程监理业务的；⑦因监理责任而发生过三级以上工程建设重大质量事故或者发生过2起以上四级工程建设质量事故的；⑧其他违反法律法规的行为。"

2）基本合格

工程监理企业资质条件中监理工程师注册人员数量、经营规模未达到资质标准，但不低于资质等级标准的80%，其他各项均达到标准要求，且在过去1年内未发生《工程监理企业资质管理规定》第16条所列行为的，年检结论为基本合格。

3）不合格

有下列情形之一的，工程监理企业的资质年检结论为不合格：①资质条件中监理工程师注册人员数量、经营规模的任何一项未达到资质等级标准的80%，或者其他任何一项未达到资质等级标准；②有《工程监理企业资质管理规定》第16条所列行为之一的，已经按照法律、法规的规定予以降低资质等级处罚的行为，年检中不再重复追究。

(3) 法律后果

根据《工程监理企业资质管理规定》的相关规定，法律后果的具体内容包括：

1）工程监理企业资质年检不合格或者连续2年基本合格的，建设行政主管部门应当重新核定其资质等级。新核定的资质等级应当低于原资质等级，达不到最低资质等级标准的，取消资质。工程监理企业连续2年年检合格，方可申请晋上一个资质等级。降级的工程监理企业，经过1年以上时间的整改，经建设行政主管部门核查确认，达到规定的资质标准，且在此期间内未发生《工程监理企业资质管理规定》第16条所列行为的，可以重新申请原资质等级。在规定时间内没有参加资质年检的工程监理企业，其资质证书自行失效，且1年内不得重新申请资质。

2）工程监理企业遗失《工程监理企业资质证书》，应当在公众媒体上声明作废。其中甲级监理企业应当在中国工程建设和建筑业信息网上声明作废。同时，工程监理企业变更名称、地址、法定代表人、技术负责人等，应当在变更后1个月内，到原资质审批部门办理变更手续。其中由国务院建设行政主管部门审批的企业除企业名称变更由国务院建设行政主管部门办理外，企业地址、法定代表人、技术负责人的变更委托省、自治区、直辖市人民政府建设行政主管部门办理，办理结果向国务院建设行政主管部门备案。

五、工程监理企业的违法行为

根据《工程监理企业资质管理规定》的规定，工程监理企业实施的违法行为包括：

1. 未取得或以欺骗手段取得《工程监理企业资质证书》承揽工程

未取得《工程监理企业资质证书》承揽监理业务的，予以取缔，处合同约定的监理酬金1倍以上2倍以下的罚款，有违法所得的，予以没收；以欺骗手段取得《工程监理企业资质证书》承揽工程的，吊销资质证书，处合同约定的监理酬金1倍以上2倍以下的罚款，有违法所得的，予以没收。

2. 超越资质等级承揽业务

超越本企业资质等级承揽监理业务的，责令停止违法行为，处合同约定的监理酬金1倍以上2倍以下的罚款；可以责令停业整顿，降低资质等级；情节严重的，吊销资质证书；有违法所得的，予以没收。

3. 转让监理业务

转让监理业务的，责令改正，没收违法所得，处合同约定的监理酬金25%以上50%以下的罚款；可以责令停业整顿，降低资质等级，情节严重的，吊销资质证书。

4. 允许他人以本企业名义承揽业务

工程监理企业允许其他单位或者个人以本企业名义承揽监理业务的，责令改正，没收违法所得，处合同约定的监理酬金1倍以上2倍以下的罚款；可以责令停业整顿，降低资质等级；情节严重的，吊销资质证书。

5. 串通，弄虚作假、降低工程质量的行为

有下列行为之一的，责令改正，处50万元以上100万元以下的罚款，降低资质等级或者吊销资质征书；有违法所得的，予以没收；造成损失的，承担连带赔偿责任：①与建设单位或者施工单位串通，弄虚作假、降低工程质量的；②将不合格的建设工程、建筑材料、建筑构配件和设备按照合格签字的。

6. 有隶属关系或者其他利害关系

工程监理单位与被监理工程的施工承包单位以及建筑材料、建筑构配件和设备供应单位有隶属关系或者其他利害关系承担该项建设工程的监理业务的，责令改正，处5万元以上10万元以下的罚款，降低资质等级或者吊销资质证书；有违法所得的，予以没收。

以上行政处罚中的责令停业整顿、降低资质等级和吊销资质证书由颁发资质证书的机关决定；其他行政处罚由建设行政主管部门或者其他有关部门依照法定职权决定。

第六节　监理单位与工程建设各方的关系

一、业主与监理单位的关系

工程项目业主责任制与建设监理制这两大体制的关系，决定了业主与监理单位这两类法人之间是一种平等的关系，是一种委托与被委托、授权与被授权的关系，更是相互依存、相互促进、共兴共荣的紧密关系。两者之间的关系表现为：

1. 业主与监理单位之间是平等的关系

业主和监理单位都是建筑市场中的主体，不分主次，自然应当是平等的。这种平等的关系主要体现在它们在经济社会中的地位和工作关系两个方面：

（1）都是市场经济确立的企业法人。不同行业的企业法人，只有经营的性质不同、业务范围不同，而没有主仆之别。即使是同一行业，各独立的企业法人之间（子公司除外），也只有大小之别、经营种类的不同，不存在主仆关系。所谓主仆关系，即是一种雇佣关系，雇佣关系的本质是一种剥削关系。被雇佣者要听命于雇佣者，被雇佣者不必有主人翁的思想，更没有主人翁的资格。显然，我国的业主与监理单位之间不存在剥削关系，而且，法规要求监理单位与业主一样，都要以主人翁的姿态对工程建设负责，对国家、对社会负责。

（2）都是建筑市场中的主体，都是因为工程建设而走到了一起，业主为了更好地搞好自己担负的工程项目建设，而委托监理单位替自己负责一些具体的事项。业主与监理单位之间是一种委托与被委托的关系。业主可以委托甲，也可以委托乙监理单位。同样，监理单位可以接受委托，也可以不接受委托。即使委托与被委托的关系建立之后，双方也只是按照约定的条款各尽各的义务，各自行使各自的权力，各自取得各自应得到的利益。所以说，二者在工作关系上仅维系在委托与被委托的水准上。监理单位仅按照委托的要求开展工作，对业主负责，并不受业主的领导。业主对监理单位的人力、财力、物力等方面没有任何支配权、管理权。如果二者之间的委托与被委托关系不成立，那么，就不存在任何联系。

2. 业主与监理单位之间是一种授权与被授权关系

监理单位接受委托之后，业主就把一部分工程项目建设的管理权力授予监理单位。诸如工程建设的组织协调工作的主持权、设计质量和施工质量以及建筑材料与设备质量的确认权与否决权、工程量与工程价款支付的确认权与否决权、工程建设进度和建设工期的确认权与否决权以及围绕工程项目建设的各种建议权等。业主往往留有工程建设规模和建设标准的决定权、对承建商的选定权、与承建商订立合同的签认权以及工程竣工后或分阶段的验收权等。监理单位根据业主的授权开展工作，在工程建设的具体实践活动中居于相当显赫的地位，但是，监理单位毕竟不是业主的代理人。按照《民法通则》的界定，"代理人"的含义是："代理人在代理权限内，以被代理人的名义实施民事法律行为"，"被代理人对代理人的代理行为承担民事责任”。监理单位既不是以业主的名义开展监理活动，也不能让业主对自己的监理行为承担任何民事责任。显然，监理单位不是也不应该是业主的代理人。

3. 业主与监理单位之间是一种合同关系

业主与监理单位之间的委托与被委托关系确立后，双方订立合同，即工程建设监理合同。合同一经双方签订，这宗交易就意味着成立。业主是买方，监理单位是卖方，即业主出钱购买监理单位的智力劳动。如果有一方不接受对方的要求，对方又不肯退让，或者有一方不按双方的约定履行自己的承诺，那么，这宗交易活动就不能成交。就是说，双方都有自已经济利益的需求，监理单位不会无偿地为业主提供服务；业主也不会对监理单位施舍。双方的经济利益以及各自的职责和义务都体现在签订的监理合同中。

但是，工程建设监理合同毕竟与其他经济合同不同。这是由于监理单位在建筑市场中的特殊地位所决定的。众所周知，业主、监理单位、承建商是建筑市场三元结构的三大主体。业主发包工程建设业务，承建商承接工程建设业务，在这项交易活动中，业主向承建商购买建筑商品（或阶段性建筑产品）。买方总是想少花钱而买到好商品，卖方总想在销售商品中获取较高的利润。监理单位的责任则是既帮助业主购买到合适的建筑商品，又要维护承建商的合法权益。或者说，监理单位与业主签订的监理合同，不仅表明监理单位要为业主提供高智能服务，维护业主的合法权益，而且也表明，监理单位有责任维护承建商的合法权益，这在其他经济合同中是难以找到的条款。可见，监理单位在建筑市场的交易活动中处于建筑商品买卖双方之间，起着维系公平交易、等价交换的制衡作用。因此，不能把监理单位单纯地看成是业主利益的代表。这就是社会主义市场经济体制下，监理单位与业主之间经济关系的特点。

二、监理单位与承建商之间的关系

所谓承建商，不单是指施工企业，而是包括承接工程项目规划的规划单位、承接工程勘察的勘察单位、承接工程设计业务的单位、承接工程施工的单位以及承接工程设备、工程构件和配件的加工制造单位在内的大概念，也就是说，凡是承接工程建设业务的单位，相对于业主来说，都叫做承建商。监理单位与承建商之间没有订立经济合同，但是，由于同处于建筑市场之中，所以，二者之间也有着多种紧密的关系，主要表现为：

1. 监理单位与承建商之间的平等关系

承建商也是建筑市场的主体之一。没有承建商，也就没有建筑产品。没有了卖方，买方也就不存在。但是，像业主一样，承建商是建筑市场的重要主体，并不等于他应当凌驾于其他主体之上。既然都是建筑市场的主体，那么，就应该是平等的。这种平等的关系，主要体现在：①都是为了完成工程建设任务而承担一定的责任；②承担的具体责任虽然不同，但在性质上都属于“出卖产品”的一方，即相对于业主来说，二者的角色、地位是一样的；③无论是监理单位，还是承建商都是在工程建设的法规、规章、规范、标准等条款的制约下开展工作，进行工程建设的，二者之间也不存在领导与被领导的关系。

2. 监理单位与承建商之间是监理与被监理的关系

虽然监理单位与承建商之间没有签订任何经济合同，但是，监理单位与业主要签订监理合同，承建商与业主要签订承发包建设合同。监理单位依据业主的授权，就有了监督管理承建商履行工程建设承发包合同的权利和义务。承建商不再与业主直接交往，而转向与监理单位直接联系，并接受监理单位对自己进行工程建设监理活动的监督管理。

第七节　监理单位经营内容

根据建立社会主义市场经济体制的总体目标和工程建设的客观需要，监理单位进行经营服务的内容包括：工程建设决策阶段监理、工程建设设计阶段监理、工程建设施工阶段监理三大部分，每一阶段的监理又可分为若干条款。

一、工程建设决策阶段监理

工程建设决策阶段的工作主要是对投资决策、立项决策和可行性研究决策的监理阶段，这些决策大都由政府负责，也就是由政府来决策。按照我国深化改革，逐步实现政企分开大政方针的要求和建立社会主义市场经济体制的大趋势的发展结果，上述三项决策必将向企业转移，或者大部分转由企业决策，政府核准。无论是由政府决策，或由企业决策，为了达到科学、完善的决策，委托监理势在必行。工程建设的决策监理，既不是监理单位替业主决策，更不是替政府决策。而是受业主或政府的委托选择决策咨询单位，协助业主或政府与决策咨询单位签订咨询合同，并监督合同的履行，对咨询意见进行评估。工程建设决策阶段监理的内容如下：

1. 投资决策监理

投资决策监理的委托方可能是业主（筹备机构），也可能是金融单位，也可能是政府，具体内容是：①协助委托方选择投资决策咨询单位，并协助签订合同书；②监督管理投资决策咨询合同的实施；③对投资咨询意见评估，并提出监理报告。

2. 工程建设立项决策监理

工程建设立项决策主要是确定拟建工程项目的必要性和可行性（建设条件是否具备）以及拟建规模。这一阶段的监理内容是：①协助委托方选择工程建设立项决策咨询单位，并协助签订合同书；②监督管理立项决策咨询合同的实施；③对立项决策咨询方案进行评估，并提出监理报告。

3. 工程建设可行性研究决策监理

工程建设的可行性研究是根据确定的项目建议书在技术上、经济上、财务上对项目进行详细论证，提出优化方案。这一阶段的监理内容是：①协助委托方选择工程建设可行性研究单位，并协助签订可行性研究合同书；②监督管理可行性研究合同的实施；③对可行性研究报告进行评估，并提出监理报告。对于规模小、工艺简单的工程来说，在工程建设决策阶段可以委托监理，也可以不委托监理，而直接把咨询意见作为决策依据。但是，对于大型、中型工程建设项目的业主或政府主管部门来说，最好是委托监理单位，以期得到帮助，搞好管理，同时，搞好对咨询意见的审查，作出科学的决策。

二、工程建设设计阶段监理

工程建设设计阶段是工程项目建设进入实施阶段的开始。工程设计通常包括扩大初步设计和施工图设计两个小阶段。在进行工程设计之前还要进行勘察（地质勘察、水文勘察等），所以，这一阶段又叫做勘察设计阶段。在工程建设实施过程中，一般是把勘察和设计分开来签订合同，但也有把勘察工作交由设计单位委托，业主与设计单位签订工程勘察设计合同，为了叙述简便起见，把勘察和设计的监理工作合并叙述。其监理内容包括：①编制工程勘察设计招标文件；②协助业主审查和评选工程勘察设计方案；③协助业主选择勘察设计单位；④协助业主签订工程勘察设计合同书；⑤监督管理勘察设计合同的实施；⑥核查工程设计概算和施工图预算，验收工程设计文件。工程建设勘察设计阶段监理的主要工作是对勘察设计进度、质量和投资的监督管理。总的内容是依据勘察设计任务批准书编制勘察设计资金使用计划、勘察设计进度计划和设计质量标准要求，并与勘察设计单位协商一致，圆满地贯彻业主的建设意图，对勘察设计工作进行跟踪检查、阶段性审查。

设计完成后要进行全面审查，审查的主要内容是：①设计文件的规范性、工艺的先进性和科学性、结构的安全性、施工的可行性以及设计标准的适宜性等；②设计概算或施工图预算的合理性以及业主投资的许可性，若超过投资限额，除非业主许可，否则要修改设计；③在审查上述两项的基础上，全面审查勘察设计合同的执行情况，最后核定勘察设计费用。

三、工程建设施工阶段监理

这里所说的工程施工阶段是一个比较大的含义，它包括施工招标阶段的监理、施工监理和竣工后工程保修阶段的监理。由于施工招标阶段的监理工作量比较大，保修阶段的监理性质比较特殊，所以，有的学者把这两部分单独列出作为两个独立的阶段对待。这里把三者归并在一起表述。工程施工是工程建设最终的实施阶段，是形成建筑产品的最后一步，施工阶段各方面工作的好坏对建筑产品优劣的影响是难以更改的。所以，这一阶段的监理工作至关重要，施工阶段监理的内容包括：

（1）编制工程施工招标文件。

（2）核查工程施工图设计、工程施工图预算如标底。当工程总包单位承担施工图设计时，监理单位更要投入较大的精力搞好施工图设计审查和施工图预算审查工作。另外，招标标底包括在招标文件当中，但有的业主另行委托编制标底，所以，监理单位要重新审查。

（3）协助业主组织投标、开标、评标活动，向业主提出中标单位建议。

（4）协助业主与中标单位签订工程施工合同书。

(5) 协助业主与承建商编写开工申请报告。

(6) 察看工程项目建设现场，向承建商办理移交手续。

(7) 审查、确认承建商选择的分包单位。

(8) 制定施工总体规划，审查承建商的施工组织设计和施工技术方案，提出修改意见，下达单位工程施工开工令。

(9) 审查承建商提出的建筑材料、建筑构配件和设备的采购清单。工业工程的业主往往为了满足连续施工的需求，在选定承建商之前就开始设备订货。

(10) 检查工程使用的材料、构配件、设备的规格和质量。

(11) 检查施工技术措施和安全防护设施。

(12) 主持协商业主或设计单位，或施工单位，或监理单位本身提出的设计变更。

(13) 监督管理工程施工合同的履行，主持协商合同条款的变更，调解合同双方的争议，处理索赔事项。

(14) 核查完成的工程量，验收分项分部工程，签署工程付款凭证。

(15) 督促施工单位整理施工文件的归档准备工作。

(16) 参与工程竣工预验收，并签署监理意见。

(17) 检查工程结算。

(18) 向业主提交监理档案资料。

(19) 编写竣工验收申请报告。

(20) 在规定的工程质量保修期限内，负责检查工程质量状况，组织鉴定质量问题责任，督促责任单位维修。

监理单位除承担工程建设监理方面的业务之外，还可以承担工程建设方面的咨询业务，属于工程建设方面的咨询业务有：①工程建设投资风险分析；②工程建设立项评估；③编制工程建设项目可行性研究报告；④编制工程施工招标标底；⑤编制工程建设各种估算；⑥各类建筑物（构筑物）的技术检测、质量鉴定；⑦有关工程建设的其他专项技术咨询服务。

当然，对于一个监理单位来说，不可能什么都会干。工程建设业主往往把工程项目建设不同阶段的监理业务分别委托不同的监理单位承担，甚至把同一阶段的监理业务分别委托几个不同专业的监理单位监理（一般说来，大型和特大型工程需要几家监理单位同时监理，规模较小的工程，则不宜委托几家监理单位监理）。但是，作为一个行业，监理单位完全可以承担上述各项监理业务以及各项咨询业务。

第十三章　建设监理法规简介

第一节　《建设工程监理规范》简介

一、《建设工程监理规范》概述

《建设工程监理规范》系中华人民共和国国家标准，由两部分组成，第一部分是建设工程监理规范，共有8项内容，1份附录；第二部分是建设工程监理规范条文说明，与第一部分逐条对应，也有8项内容，1份附录。此处重点对第一部分的内容，即建设工程监理规范部分的内容做详细解释。

二、《建设工程监理规范》内容简介

《建设工程监理规范》的第一部分共包含总则、术语、项目监理机构及其设施、监理规划及监理实施细则、施工阶段的监理工作、施工合同管理的其他工作、施工阶段监理资料的管理、设备采购监理与设备监理8项内容，1份附录。具体内容如下：

1. 总则

此部分是纲领性文件，阐述了编制建设工程监理规范的意义、监理的工作范围、监理工作的依据等内容，共计包括6条内容，6条说明。

第1条，为了提高建设工程监理水平，规范建设工程监理行为，编制本规范。

说明：我国自1988年开始，在工程建设领域实行了一项重大的管理体制改革，即推行建设工程监理制度。建设监理作为一项制度已被正式列入《中华人民共和国建筑法》中。为了提高监理工作水平，充分发挥监理作用，更有效地提高我国工程建设的投资效益，故编制本规范。

第2条，本规范适用于新建、扩建、改建建设工程施工、设备采购和制造的监理工作。

说明：在我国的建设监理制度中，监理的工作范围包括两个方面：一是工程类别，其范围确定为各类土木工程、建筑工程、线路管道工程、设备安装工程和装修工程；二是工程建设阶段，其范围确定为工程建设投资决策阶段、勘察设计招投标与勘察设计阶段、施工招投标与施工阶段（包括设备采购与制造和工程质量保修）。因此，本规范在工程类别方面适用各类新建、扩建、改建建设工程。由于目前我国的监理工作在工程建设投资决策阶段、勘察设计招投标与勘察设计阶段尚不够成熟，需要进一步探索完善。在施工招投标方面，国家已有比较系统完整的规定和办法，而在施工阶段（包括设备采购与制造和工程质量保修）的监理工作已经摸索总结出一套比较成熟的经验和做法，因而在工程建设阶段

方面，本规范适用范围仅限于建设工程施工阶段的监理工作。

第3条，实施建设工程监理前，监理单位必须与建设单位签订书面建设工程委托监理合同，合同中应包括监理单位对建设工程质量、造价、进度进行全面控制和管理的条款。建设单位与承包单位之间与建设工程合同有关的联系活动应通过监理单位进行。

说明：监理工作的依据主要是建设工程委托监理合同和建设单位与承包单位签订的承包合同，因此实施建设工程监理前，监理单位必须与建设单位签订合法的书面委托监理合同，以明确双方的权利和义务。工程建设的综合效益主要体现在工程质量、造价和工期三个方面，使之满足承包合同的要求，从而确保工程的投资效益。为了达到这一目的，建设单位应委托监理单位对工程质量、造价、进度三个目标进行全面控制和管理，并授予监理单位在三项目标控制中的相应权力，才能真正发挥监理作用。鉴于建设单位已将工程项目的管理工作全部委托监理单位实施，监理单位即为代表建设单位的现场管理者。为了明确建设工程合同双方的责任，保证监理单位独立公正地做好监理工作，顺利完成工程建设任务，避免出现不必要的合同纠纷，建设单位与承包单位之间的各项联系工作，如果涉及建设工程合同，均应通过监理单位完成。

第4条，建设工程监理应实行总监理工程师负责制。

说明：由总监理工程师全面负责建设工程监理的实施工作称为总监理工程师负责制。总监理工程师是由监理单位法定代表人任命的项目监理机构的负责人，是监理单位履行委托监理合同的全权代表，是实施监理工作的核心人员。因此，实施建设工程监理制度，在具体的工程项目中必然要实行总监理工程师负责制。

第5条，监理单位应公正、独立、自主地开展监理工作，维护建设单位和承包单位的合法权益。

说明：监理单位作为独立于工程建设承包合同双方之外的第三方，其工作职能是受建设单位委托管理承包合同、监督承包合同的履行，其工作依据主要是法律、法规及承包合同，其工作方式是依靠自身的专业技术知识管理工程建设的实施，因而监理工作具有公正、独立、自主的特点。监理单位必须依法执业，既要维护建设单位的利益，也不能损害承包单位的合法利益。

第6条，建设工程监理除应符合本规范外，还应符合国家现行的有关强制性标准、规范的规定。

说明：本规范规定了建设工程监理工作的基本程序、内容和范围，在监理工作中涉及的工程专业技术，应当符合相关的国家现行强制性标准、规范的规定。

2. 术语

此部分是建设工程监理工作中常用术语的解释性文件，涉及19个常用术语，其中条文说明部分对项目监理机构、监理工程师、总监理工程师、总监理工程师代表、专业监理工程师等9个容易混淆的术语作了说明，这些术语解释属于权威解释，双方当事人必须遵守执行。

(1) 项目监理机构：监理单位派驻工程项目负责履行委托监理合同的组织机构。说明：项目监理机构是监理单位为履行委托监理合同，实施工程项目的监理工作而按合同项目设立的临时组织机构，随着工程项目监理工作的结束而撤销。项目监理机构的组织形式应结合工程特点、规模、难易程度等因素综合考虑，可采用直线式、职能式、直线—职能式和矩阵式等不同的组织形式。

(2) 监理工程师：取得国家监理工程师执业资格证书并经注册的监理人员。说明：监理工程师是岗位职务而不是技术职称。监理工程师是指经过考试，取得国务院建设行政主管部门与人事行政主管部门共同颁发的监理工程师执业资格证书，并经监理工程师注册机关注册，从事建设工程监理工作的人员。

(3) 总监理工程师：由监理单位法定代表人书面授权，全面负责委托监理合同的履行、主持项目监理机构工作的监理工程师。说明：总监理工程师是由监理单位法定代表人任命，并书面授权，按合同项目设立的行政职务。在项目监理机构中，总监对外代表监理单位，对内负责项目监理机构日常工作。

(4) 总监理工程师代表：经监理单位法定代表人同意，由总监理工程师书面授权，代表总监理工程师行使其部分职责和权力的项目监理机构中的监理工程师。说明：总监理工程师代表由总监理工程师任命并授权，行使总监理工程师授予的权力，从事总监理工程师指定的工作。

(5) 专业监理工程师：根据项目监理岗位职责分工和总监理工程师的指令，负责实施某一专业或某一方面的监理工作，具有相应监理文件签发权的监理工程师。说明：专业监理工程师是项目监理机构中的一种岗位设置，可按工程项目的专业设置，也可按部门或某一方面的业务设置，如合同管理、造价控制等。当工程项目规模大，在某些专业或某一方面业务宜设置几名专业监理工程师。总监理工程师在他们中应指定负责人，但均称为专业监理工程师。工程项目中如涉及特殊行业（如爆破工程），从事此类项目监理工作的专业监理工程师还应符合国家有关对专业人员资格的规定。

(6) 监理员：经过监理业务培训，具有同类工程相关专业知识，从事具体监理工作的监理人员。说明：监理员属于工程技术人员，不同于项目监理机构中的其他行政辅助人员。

(7) 监理实施细则：根据监理规划，由专业监理工程师编写，并经总监理工程师批准，针对工程项目中某一专业或某一方面监理工作的操作性文件。

(8) 监理规划：在总监理工程师的主持下编制，经监理单位技术负责人批准，用来指导项目监理机构全面开展监理工作的指导性文件。

(9) 工地例会：由项目监理机构主持的，在工程实施过程中针对工程质量、造价、进度、合同管理等事宜定期召开的，由有关单位参加的会议。

(10) 工程变更：在工程项目实施过程中，按照合同约定的程序对部分或全部工程在材料、工艺、功能、构造、尺寸、技术指标、工程数量及施工方法等方面做出的改变。说明：工程变更是指建设单位、设计单位、施工单位、项目监理机构各方均有权提出工程变更。

(11) 工程计量：根据设计文件及承包合同中关于工程量计算的规定，项目监理机构对承包单位申报的已完成工程的工程量进行的核验。

(12) 见证：由监理人员现场监督某工序全过程完成情况的活动。

(13) 旁站：在关键部位或关键工序施工过程中，由监理人员在现场进行的监督活动。

(14) 巡视：监理人员对正在施工的部位或工序在现场进行的定期或不定期的监督活动。

(15) 平行检验：项目监理机构利用一定的检查或检测手段，在承包单位自检的基础上，按照一定的比例独立进行检查或检测的活动。

(16) 设备监造：监理单位依据委托监理合同和设备订货合同对设备制造过程进行的监督活动。

(17) 费用索赔：根据承包合同的约定，合同一方因另一方原因造成本方经济损失，通过监理工程师向对方索取费用的活动。

(18) 临时延期批准：当发生非承包单位原因造成的持续性影响工期的事件，总监理工程师所作出暂时延长合同工期的批准。

(19) 延期批准：当发生非承包单位原因造成的持续性影响工期事件，总监理工程师所作出的最终延长合同工期的批准。

3. 项目监理机构及其设施

此部分包括3条内容：一是项目监理机构；二是监理人员的职责；三是监理设施。其中条文说明部分对这3条的具体内容亦有相关解释。

(1) 项目监理机构

监理单位履行施工阶段的委托监理合同时，必须在施工现场建立项目监理机构，项目监理机构在完成委托监理合同约定的监理工作后可撤离施工现场。项目监理机构在撤离施工现场前应由监理单位书面通知建设单位，并办理相应的移交手续。项目监理机构的组织形式和规模，应根据委托监理合同规定的服务内容、服务期限、工程类别、规模、技术复杂程度、工程环境等因素确定。监理人员应包括总监理工程师、专业监理工程师和监理员，必要时可配备总监理工程师代表。总监理工程师应由具有3年以上同类工程监理工作经验的人员担任；总监理工程师代表应由具有2年以上同类工程监理工作经验的人员担任；专业监理工程师应由具有1年以上同类工程监理工作经验的人员担任。项目监理机构的监理人员应专业配套、数量满足工程项目监理工作的需要。监理单位应于委托监理合同签订后10天内将项目监理机构的组织形式、人员构成及对总监理工程师的任命书面通知建设单位。当总监理工程师需要调整时，监理单位应征得建设单位同意并书面通知建设单位；当专业监理工程师需要调整时，总监理工程师应书面通知建设单位和承包单位。

(2) 监理人员的职责

监理人员的职责包括总监理工程师的职责、总监理工程师代表的职责、专业监理工程师的职责、监理员的职责。

1) 总监理工程师的职责。一名总监理工程师只宜担任一项委托监理合同的项目总监理工程师工作，当需要同时担任多项委托监理合同的项目总监理工程师工作时，须经建设单位同意，且最多不得超过3项。总监理工程师应履行以下13项职责：

①确定项目监理机构人员的分工和岗位职责；

②主持编写项目监理规划、审批项目监理实施细则，并负责管理项目监理机构的日常工作；

③审查分包单位的资质，并提出审查意见；

④检查和监督监理人员的工作，根据工程项目的进展情况可进行人员调配，对不称职的人员应调换其工作；

⑤主持监理工作会议，签发项目监理机构的文件和指令；

⑥审定承包单位提交的开工报告、施工组织设计、技术方案、进度计划；

⑦审核签署承包单位的申请、支付证书和竣工结算；

⑧审查和处理工程变更；

⑨主持或参与工程质量事故的调查；

⑩调解建设单位与承包单位的合同争议、处理索赔、审批工程延期；

⑪组织编写并签发监理月报、监理工作阶段报告、专题报告和项目监理工作总结；

⑫审核签认分部工程和单位工程的质量检验评定资料，审查承包单位的竣工申请，组织监理人员对待验收的工程项目进行质量检查，参与工程项目的竣工验收；

⑬主持整理工程项目的监理资料。

根据条文说明，其中上述①～⑤项职责均必须由总监理工程师亲自履行，其他总监理工程师的职责可委托总监理工程师代表履行。同时，总监理工程师不得将下列工作委托总监理工程师代表：①主持编写项目监理规划、审批项目监理实施细则；②签发工程开工/复工报审表、工程暂停令、工程款支付证书、工程竣工报验单；③审核签认竣工结算；④调解建设单位与承包单位的合同争议、处理索赔，审批工程延期；⑤根据工程项目的进展情况进行监理人员的调配，调换不称职的监理人员。

2）总监理工程师代表的职责。总监理工程师代表应履行以下两项职责：

①负责总监理工程师指定或交办的监理工作；

②按总监理工程师的授权，行使总监理工程师的部分职责和权力。

3）专业监理工程师的职责。专业监理工程师应履行以下10项职责：

① 负责编制本专业的监理实施细则；

②负责本专业监理工作的具体实施；

③组织、指导、检查和监督本专业监理员的工作，当人员需要调整时，向总监理工程师提出建议；

④审查承包单位提交的涉及本专业的计划、方案、申请、变更，并向总监理工程师提出报告；

⑤负责本专业分项工程验收及隐蔽工程验收；

⑥定期向总监理工程师提交本专业监理工作实施情况报告，对重大问题及时向总监理工程师汇报和请示；

⑦根据本专业监理工作实施情况做好监理日记；

⑧负责本专业监理资料的收集、汇总及整理，参与编写监理月报；

⑨核查进场材料、设备、构配件的原始凭证、检测报告等质量证明文件及其质量情况，根据实际情况认为有必要时对进场材料、设备、构配件进行平行检验，合格时予以签认；

⑩负责本专业的工程计量工作，审核工程计量的数据和原始凭证。

4）监理员的职责。监理员应履行以下6项职责：

①在专业监理工程师的指导下开展现场监理工作；

②检查承包单位投人工程项目的人力、材料、主要设备及其使用、运行状况，并做好检查记录；

③复核或从施工现场直接获取工程计量的有关数据并签署原始凭证；

④按设计图及有关标准，对承包单位的工艺过程或施工工序进行检查和记录，对加工

制作及工序施工质量检查结果进行记录；

⑤担任旁站工作，发现问题及时指出并向专业监理工程师报告；

⑥做好监理日记和有关的监理记录。

(3) 监理设施

建设单位应提供委托监理合同约定的满足监理工作需要的办公、交通、通信、生活设施。项目监理机构应妥善保管和使用建设单位提供的设施，并应在完成监理工作后移交建设单位。项目监理机构应根据工程项目类别、规模、技术复杂程度、工程项目所在地的环境条件，按委托监理合同的约定，配备满足监理工作需要的常规检测设备和工具。在大中型项目的监理工作中，项目监理机构应实施监理工作的计算机辅助管理。

4. 监理规划及监理实施细则

此部分包括2条内容，一是监理规划；二是监理实施细则。

(1) 监理规划

监理规划的编制应针对项目的实际情况，明确项目监理机构的工作目标，确定具体的监理工作制度、程序、方法和措施，并应具有可操作性。监理规划编制的程序与依据应符合下列规定：

1) 监理规划应在签订委托监理合同及收到设计文件后开始编制，完成后必须经监理单位技术负责人审核批准，并应在召开第一次工地会议前报送建设单位；

2) 监理规划应由总监理工程师主持、专业监理工程师参加编制；

3) 编制监理规划应依据三项内容，一是建设工程的相关法律、法规及项目审批文件；二是与建设工程项目有关的标准、设计文件、技术资料；三是监理大纲、委托监理合同文件以及与建设工程项目相关的合同文件。

监理规划应包括以下主要内容：工程项目概况；监理工作范围；监理工作内容；监理工作目标；监理工作依据；项目监理机构的组织形式；项目监理机构的人员配备计划；项目监理机构的人员岗位职责；监理工作程序；监理工作方法及措施；监理工作制度，以及监理设施。在监理工作实施过程中，如实际情况或条件发生重大变化而需要调整监理规划时，应由总监理工程师组织专业监理工程师研究修改，按原报审程序经过批准后报建设单位。

(2) 监理实施细则

对中型及以上或专业性较强的工程项目，项目监理机构应编制监理实施细则。监理实施细则应符合监理规划的要求，并应结合工程项目的专业特点，做到详细具体、具有可操作性。监理实施细则的编制程序与依据应符合下列规定：

1) 监理实施细则应在相应工程施工开始前编制完成，并必须经总监理工程师批准；

2) 监理实施细则应由专业监理工程师编制；

3) 编制监理实施细则的依据：一是已批准的监理规划；二是与专业工程相关的标准、设计文件和技术资料；三是施工组织设计。

监理实施细则应包括下列主要内容：专业工程的特点；监理工作的流程；监理工作的控制要点及目标值；监理工作的方法及措施。在监理工作实施过程中，监理实施细则应根据实际情况进行补充、修改和完善。

5. 施工阶段的监理工作

此部分包括 8 条内容：制定监理工作程序的一般规定；施工准备阶段的监理工作；工地例会；工程质量控制工作；工程造价控制工作；工程进度控制工作；竣工验收；工程质量保修期的监理工作。其中，条文说明部分对这 8 条内容亦有相关解释。

(1) 制定监理工作程序的一般规定

制定监理工作总程序应根据专业工程特点，并按工作内容分别制定具体的监理工作程序。制定监理工作程序应体现事前控制和主动控制的要求。制定监理工作程序应结合工程项目的特点，注重监理工作的效果。监理工作程序中应明确工作内容、行为主体、考核标准、工作时限。当涉及建设单位和承包单位的工作时，监理工作程序应符合委托监理合同和施工合同的规定。在监理工作实施过程中，应根据实际情况的变化对监理工作程序进行调整和完善。

(2) 施工准备阶段的监理工作

此阶段的监理工作主要包括熟悉审查相关文件、审查分包单位资质、主持召开第一次工地会议 3 项内容，具体包括：

1) 熟悉审查相关文件

在设计交底前，总监理工程师应组织监理人员熟悉设计文件，并对图纸中存在的问题通过建设单位向设计单位提出书面意见和建议。项目总监理工程师组织监理人员熟悉施工图是监理预先控制的一项重要工作，其目的是熟悉图纸，了解工程特点、工程关键部位的施工方法、质量要求，以督促承包单位按图施工。虽然监理单位对设计问题不承担责任，但如发现图纸中存在按图施工困难、影响工程质量以及图纸错误等问题，应通过建设单位向设计单位提出书面意见和建议。项目监理人员应参加由建设单位组织的设计技术交底会，总监理工程师应对设计技术交底会议纪要进行签认。工程项目开工前，总监理工程师应组织专业监理工程师审查承包单位报送的施工组织设计（方案）报审表，提出审查意见，并经总监理工程师审核、签认后报建设单位。施工组织设计（方案）报审表应符合《建设工程监理规范》附录 A2 表的格式。

工程项目开工前，总监理工程师应审查承包单位现场项目管理机构的质量管理体系、技术管理体系和质量保证体系，确能保证工程项目施工质量时予以确认。对质量管理体系、技术管理体系和质量保证体系应审核以下三项内容：一是质量管理、技术管理和质量保证的组织机构；二是质量管理、技术管理制度；三是专职管理人员和特种作业人员的资格证、上岗证。

专业监理工程师应审查承包单位报送的工程开工报审表及相关资料，具备以下开工条件时，由总监理工程师签发，并报建设单位：①施工许可证已获政府主管部门批准；②征地拆迁工作能满足工程进度的需要；③施工组织设计已获总监理工程师批准；④承包单位现场管理人员已到位，机具、施工人员已进场，主要工程材料已落实；⑤进场道路及水、电、通信等已满足开工要求。

专业监理工程师应按以下要求对承包单位报送的测量放线控制成果及保护措施进行检查，符合要求时，专业监理工程师对承包单位报送的施工测量成果报验申请表予以签认：①检查承包单位专职测量人员的岗位证书及测量设备检定证书；②复核控制桩的校核成果、控制桩的保护措施以及平面控制网、高程控制网和临时水准点的测量成果。施工测量成果报验申请表应符合附录 A4 表的格式。

2）审查分包单位资质

分包工程开工前，专业监理工程师应审查承包单位报送的分包单位资格报审表和分包单位有关资质资料，符合有关规定后，由总监理工程师予以签认。分包单位资格报审表应符合附录 A3 表的格式。对分包单位资格应审核以下 4 项内容：①分包单位的营业执照、企业资质等级证书、特殊行业施工许可证、国外（境外）企业在国内承包工程许可证；②分包单位的业绩；③拟分包工程的内容和范围；④专职管理人员和特种作业人员的资格证、上岗证。

3）主持召开第一次工地会议

工程项目开工前，监理人员应参加由建设单位主持召开的第一次工地会议。第一次工地会议应包括以下主要内容：①建设单位、承包单位和监理单位分别介绍各自驻现场的组织机构、人员及其分工；②建设单位根据委托监理合同宣布对总监理工程师的授权；③建设单位介绍工程开工准备情况；④承包单位介绍施工准备情况；⑤建设单位和总监理工程师对施工准备情况提出意见和要求；⑥总监理工程师介绍监理规划的主要内容；⑦研究确定各方在施工过程中参加工地例会的主要人员，召开工地例会周期、地点及主要议题。第一次工地会议纪要应由项目监理机构负责起草，并经与会各方代表会签。

(3) 工地例会

在施工过程中，总监理工程师应定期主持召开工地例会。会议纪要应由项目监理机构负责起草，并经与会各方代表会签。工地例会应包括以下主要内容：①检查上次例会议定事项的落实情况，分析未完事项原因；②检查分析工程项目进度计划完成情况，提出下一阶段进度目标及其落实措施；③检查分析工程项目质量状况，针对存在的质量问题提出改进措施；④检查工程量核定及工程款支付情况；⑤解决需要协调的有关事项；⑥其他有关事宜。

总监理工程师或专业监理工程师应根据需要及时组织专题会议，解决施工过程中的各种专项问题。专题工地会议是为解决施工过程中的专门问题而召开的会议，由总监理工程师或其授权的监理工程师主持。工程项目各主要参建单位均可向项目监理机构书面提出召开专题工地会议的动议。动议内容包括：主要议题，与会单位、人员及召开时间。经总监理工程师与有关单位协商，取得一致意见后，由总监理工程师签发召开专题工地会议的书面通知，与会各方应认真做好会前准备。专题工地会议纪要的形成过程与工地例会相同。

(4) 工程质量控制工作

此阶段的监理工作主要包括论证审核、试验室考核、审查进场材料、巡视和检查施工过程、处理质量缺陷等 5 项内容。

1）论证审核

在施工过程中，当承包单位对已批准的施工组织设计进行调整、补充或变动时，应经专业监理工程师审查，并应由总监理工程师签认。专业监理工程师应要求承包单位报送重点部位、关键工序的施工工艺和确保工程质量的措施，审核同意后予以签认。当承包单位采用新材料、新工艺、新技术、新设备时，专业监理工程师应要求承包单位报送相应的施工工艺措施和证明材料，组织专题论证，经审定后予以签认。项目监理机构应对承包单位在施工过程中报送的施工测量放线成果进行复验和确认。

2）试验室考核

专业监理工程师应从以下 5 个方面对承包单位的试验室进行考核：①试验室的资质等级及其试验范围；②法定计量部门对试验设备出具的计量检定证明；③试验室的管理制度；④试验人员的资格证书；⑤本工程的试验项目及其要求。

3）审查进场材料

专业监理工程师应对承包单位报送的拟进场工程材料、构配件和设备的工程材料/构配件/设备报审表及其质量证明资料进行审核，并对进场的实物按照委托监理合同约定或有关工程质量管理文件规定的比例，采用平行检验或见证取样方式进行抽检。对未经监理人员验收或验收不合格的工程材料、构配件、设备，监理人员应拒绝签认，并应签发监理工程师通知单，书面通知承包单位限期将不合格的工程材料、构配件、设备撤出现场。工程材料/构配件/设备报审表应符合附录 A9 表的格式；监理工程师通知单应符合附录 B1 表的格式。项目监理机构应定期检查承包单位的直接影响工程质量的计量设备的技术状况。

4）巡视和检查施工过程

总监理工程师应安排监理人员对施工过程进行巡视和检查。对隐蔽工程的隐蔽过程、下道工序施工完成后难以检查的重点部位，专业监理工程师应安排监理员进行旁站。专业监理工程师应根据承包单位报送的隐蔽工程报验申请表和自检结果进行现场检查，符合要求予以签认。对未经监理人员验收或验收不合格的工序，监理人员应拒绝签认，并要求承包单位严禁进行下一道工序的施工。隐蔽工程报验申请表应符合附录 A4 表的格式。专业监理工程师应对承包单位报送的分项工程质量验评资料进行审核，符合要求后予以签认；总监理工程师应组织监理人员对承包单位报送的分部工程和单位工程质量验评资料进行审核和现场检查，符合要求后予以签认。

5）处理质量缺陷

施工过程中出现的质量缺陷，专业监理工程师应及时下达监理工程师通知，要求承包单位整改，并检查整改结果。监理人员发现施工存在重大质量隐患，可能造成质量事故或已经造成质量事故时，应通过总监理工程师及时下达工程暂停令，要求承包单位停工整改。整改完毕并经监理人员复查，符合规定要求后，总监理工程师应及时签署工程复工报审表。总监理工程师下达工程暂停令和签署工程复工报审表，宜事先向建设单位报告。对需要返工处理或加固补强的质量事故，总监理工程师应责令承包单位报送质量事故调查报告和经设计单位等相关单位认可的处理方案，项目监理机构应对质量事故的处理过程和处理结果进行跟踪检查和验收。总监理工程师应及时向建设单位及本监理单位提交有关质量事故的书面报告，并应将完整的质量事故处理记录整理归档。

（5）工程造价控制工作

此阶段的监理工作主要包括工程计量和工程款支付工作、竣工结算工作和其他工作 3 项内容。

1）工程计量和工程款支付工作

项目监理机构应按下列程序进行工程计量和工程款支付工作：①承包单位统计经专业监理工程师质量验收合格的工程量，按施工合同的约定填报工程量清单和工程款支付申请表，工程款支付申请表应符合附录 A5 表的格式；②专业监理工程师进行现场计量，按施工合同的约定审核工程量清单和工程款支付申请表，并报总监理工程师审定；③总监理工程师签署工程款支付证书，并报建设单位。

2）竣工结算工作

项目监理机构应按下列程序进行竣工结算：①承包单位按施工合同规定填报竣工结算报表；②专业监理工程师审核承包单位报送的竣工结算报表；③总监理工程师审定竣工结算报表，与建设单位、承包单位协商一致后，签发竣工结算文件和最终的工程款支付证书报建设单位。

3）其他工作

项目监理机构应依据施工合同有关条款、施工图，对工程项目造价目标进行风险分析，并应制定防范性对策。总监理工程师应从造价、项目的功能要求、质量和工期等方面审查工程变更的方案，并宜在工程变更实施前与建设单位、承包单位协商确定工程变更的价款。项目监理机构应按施工合同约定的工程量计算规则和支付条款进行工程量计量和工程款支付。专业监理工程师应及时建立月完成工程量和工作量统计表，对实际完成量与计划完成量进行比较、分析，制定调整措施，并应在监理月报中向建设单位报告。专业监理工程师应及时收集、整理有关的施工和监理资料，为处理费用索赔提供证据。项目监理机构应及时按施工合同的有关规定进行竣工结算，并应对竣工结算的价款总额与建设单位和承包单位进行协商。当无法协商一致时，按本规范关于合同争议的调解一节内容处理。未经监理人员质量验收合格的工程量，或不符合施工合同规定的工程量，监理人员应拒绝计量和该部分的工程款支付申请。

(6) 工程进度控制工作

项目监理机构应按下列程序进行工程进度控制：①总监理工程师审批承包单位报送的施工总进度计划；②总监理工程师审批承包单位编制的年、季、月度施工进度计划；③专业监理工程师对进度计划实施情况检查、分析；④当实际进度符合计划进度时，应要求承包单位编制下一期进度计划；当实际进度滞后于计划进度时，专业监理工程师应书面通知承包单位采取纠偏措施并监督实施。

专业监理工程师应依据施工合同有关条款、施工图及经过批准的施工组织设计制定进度控制方案，对进度目标进行风险分析，制定防范性对策，经总监理工程师审定后报送建设单位。专业监理工程师应检查进度计划的实施，并记录实际进度及其相关情况，当发现实际进度滞后于计划进度时，应签发监理工程师通知单指令承包单位采取调整措施。当实际进度严重滞后于计划进度时应及时报总监理工程师，由总监理工程师与建设单位商定采取进一步措施。总监理工程师应在监理月报中向建设单位报告工程进度和所采取进度控制措施的执行情况，并提出合理预防由建设单位原因导致的工程延期及其相关费用索赔的建议。

(7) 竣工验收

总监理工程师应组织专业监理工程师，依据有关法律、法规、工程建设强制性标准、设计文件及施工合同，对承包单位报送的竣工资料进行审查，并对工程质量进行竣工预验收。竣工预验收的程序为：①当单位工程达到竣工验收条件后，承包单位应在自审、自查、自评工作完成后，填写工程竣工报验单，并将全部竣工资料报送项目监理机构，申请竣工验收。②总监理工程师应组织各专业监理工程师对竣工资料及各专业工程的质量情况进行全面检查，对检查出的问题，应督促承包单位及时整改。③对需要进行功能试验的工程项目（包括单机试车和无负荷试车），监理工程师应督促承包单位及时进行试验，并对重要项目进行现场监督、检查，必要时请建设单位和设计单位参加；监理工程师应认真审查试验报告单。④监理工程师应督促承包单位搞好成品保护和现场清理。⑤经项目监理机构对竣工资料及实物全面检查、验收合格后，由总监理工程师签署工程竣工报验单，并向建设单位提出质量评估报告。对存在的问题，应及时要求承包单位整改。整改完毕由总监理工程师签署工程竣工报验单，并应在此基础上提出工程质量评估报告。工程质量评估报告应经总监理工程师和监理单位技术负责人审核签字。

项目监理机构应参加由建设单位组织的竣工验收，并提供相关监理资料。对验收中提出的整改问题，项目监理机构应要求承包单位进行整改。工程质量符合要求，由总监理工程师会同参加验收的各方签署竣工验收报告。在竣工验收时，对某些剩余工程和缺陷工程，在不影响交付的前提下，经建设单位、设计单位、施工单位和监理单位协商，承包单位应在竣工验收后的限定时间内完成。

(8) 工程质量保修期的监理工作

监理单位应依据委托监理合同约定的工程质量保修期监理工作的时间、范围和内容开展工作。承担质量保修期监理工作时，监理单位应安排监理人员对建设单位提出的工程质量缺陷进行检查和记录，对承包单位进行修复的工程质量进行验收，合格后予以签认。监理人员应对工程质量缺陷原因进行调查分析并确定责任归属，对非承包单位原因造成的工程质量缺陷，监理人员应核实修复工程的费用和签署工程款支付证书，并报建设单位。

6. 施工合同管理的其他工作

此部分包括 6 条内容：工程暂停及复工；工程变更的管理；费用索赔的处理；工程延期及工程延误的处理；合同争议的调解；合同的解除。其中，条文说明部分对这 6 条内容亦有相关解释。

(1) 工程暂停及复工

总监理工程师在签发工程暂停令时，应根据暂停工程的影响范围和影响程度，按照施工合同和委托监理合同的约定签发。在发生下列情况之一时，总监理工程师可签发工程暂停令：①建设单位要求暂停施工或工程需要暂停施工；②为了保证工程质量而需要进行停工处理；③施工出现了安全隐患，总监理工程师认为有必要停工以消除隐患；④发生了必须暂时停止施工的紧急事件；⑤承包单位未经许可擅自施工，或拒绝项目监理机构管理。

总监理工程师在签发工程暂停令时，应根据停工原因的影响范围和影响程度，确定工程项目停工范围。由于建设单位原因，或其他非承包单位原因导致工程暂停时，项目监理机构应如实记录所发生的实际情况。总监理工程师应在施工暂停原因消失、具备复工条件时，及时签署工程复工报审表，指令承包单位继续施工。由于承包单位原因导致工程暂停，在具备恢复施工条件时，项目监理机构应审查承包单位报送的复工申请及有关材料，同意后由总监理工程师签署工程复工报审表，指令承包单位继续施工。总监理工程师在签发工程暂停令到签发工程复工报审表之间的时间内，宜会同有关各方按照施工合同的约定，处理因工程暂停引起的与工期、费用等有关的问题。

(2) 工程变更的管理

关于此项的监理工作主要包括两方面的内容，一是处理工程变更的程序；二是处理工程变更的要求。

1）处理工程变更的程序

项目监理机构应按下列程序处理工程变更：①设计单位对原设计存在的缺陷提出的工程变更，应编制设计变更文件；建设单位或承包单位提出的工程变更，应提交总监理工程师，由总监理工程师组织专业监理工程师审查。审查同意后，应由建设单位转交原设计单位编制设计变更文件。当工程变更涉及安全、环保等内容时，应按规定经有关部门审定。②项目监理机构应了解实际情况和收集与工程变更有关的资料。③总监理工程师必须根据实际情况、设计变更文件和其他有关资料，按照施工合同的有关条款，在指定专业监理工程师完成下列三项工作后，对工程变更的费用和工期作出评估：一是确定工程变更项目与原工程项目之间的类似程度和难易程度；二是确定工程变更项目的工程量；三是确定工程变更的单价或总价。④总监理工程师应就工程变更费用及工期的评估情况与承包单位和建设单位进行协调。⑤总监理工程师签发工程变更单，工程变更单应符合附录 C2 表的格式，并应包括工程变更要求、工程变更说明、工程变更费用和工期、必要的附件等内容，有设计变更文件的工程变更应附设计变更文件。⑥项目监理机构应根据工程变更单监督承包单位实施。

2）处理工程变更的要求

项目监理机构处理工程变更应符合下列要求：①项目监理机构在工程变更的质量、费用和工期方面取得建设单位授权后，应按施工合同规定与承包单位进行协商，经协商达成一致后，总监理工程师应将协商结果向建设单位通报，并由建设单位与承包单位在变更文件上签字。②在项目监理机构未能就工程变更的质量、费用和工期方面取得建设单位授权时，总监理工程师应协助建设单位和承包单位进行协商，并达成一致。③在建设单位和承包单位未能就工程变更的费用等方面达成协议时，项目监理机构应提出一个暂定的价格，作为临时支付工程进度款的依据。该项工程款最终结算时，应以建设单位和承包单位达成的协议为依据。在总监理工程师签发工程变更单之前，承包单位不得实施工程变更。未经总监理工程师审查同意而实施的工程变更，项目监理机构不得予以计量。

(3) 费用索赔的处理

关于此项的监理工作主要包括 3 方面的内容，一是索赔依据；二是索赔条件；三是索赔程序。

1）索赔依据

项目监理机构处理费用索赔应依据下列内容：①国家有关的法律、法规和工程项目所在地的地方法规；②本工程的施工合同文件；③国家、部门和地方有关的标准、规范和定额；④施工合同履行过程中与索赔事件有关的凭证。

2）索赔条件

当承包单位提出费用索赔的理由同时满足以下 3 个条件时，项目监理机构应予以受理：①索赔事件造成了承包单位直接经济损失；②索赔事件是由于非承包单位的责任发生的；③承包单位已按照施工合同规定的期限和程序提出费用索赔申请表，并附有索赔凭证材料。费用索赔申请表应符合附录 A8 表的格式。

3）索赔程序

承包单位向建设单位提出费用索赔，项目监理机构应按下列程序处理：①承包单位在施工合同规定的期限内向项目监理机构提交对建设单位的费用索赔意向通知书；②总监理工程师指定专业监理工程师收集与索赔有关的资料；③承包单位在承包合同规定的期限内向项目监理机构提交对建设单位的费用索赔申请表；④总监理工程师初步审查费用索赔申请表，符合本规范所规定的3个索赔条件时予以受理；⑤总监理工程师进行费用索赔审查，并在初步确定一个额度后，与承包单位和建设单位进行协商；⑥总监理工程师应在施工合同规定的期限内签署费用索赔审批表，或在施工合同规定的期限内发出要求承包单位提交有关索赔报告的进一步详细资料的通知，待收到承包单位提交的详细资料后，按规定的程序进行。费用索赔审批表应符合附录B6表的格式。当承包单位的费用索赔要求与工程延期要求相关联时，总监理工程师在作出费用索赔的批准决定时，应与工程延期的批准联系起来，综合作出费用索赔和工程延期的决定。

由于承包单位的原因造成建设单位的额外损失，建设单位向承包单位提出费用索赔时，总监理工程师在审查索赔报告后，应公正地与建设单位和承包单位进行协商，并及时作出答复。

(4) 工程延期及工程延误的处理

当承包单位提出工程延期要求符合施工合同文件的规定条件时，项目监理机构应予以受理。当影响工期事件具有持续性时，项目监理机构可在收到承包单位提交的阶段性工程延期申请表并经过审查后，先由总监理工程师签署工程临时延期审批表并通报建设单位。当承包单位提交最终的工程延期申请表后，项目监理机构应复查工程延期及临时延期情况，并由总监理工程师签署工程最终延期审批表。工程延期申请表应符合附录A7表的格式；工程临时延期审批表应符合附录B4表的格式；工程最终延期审批表应符合附录B5表的格式。项目监理机构在作出临时工程延期批准或最终的工程延期批准之前，均应与建设单位和承包单位进行协商。

项目监理机构在审查工程延期时，应依下列情况确定批准工程延期的时间：①施工合同中有关工程延期的约定；②工期拖延和影响工期事件的事实和程度；③影响工期事件对工期影响的量化程度。工程延期造成承包单位提出费用索赔时，项目监理机构应按本规范费用索赔处理的规定处理。当承包单位未能按照施工合同要求的工期竣工交付造成工期延误时，项目监理机构应按施工合同规定从承包单位应得款项中扣除误期损害赔偿费。

(5) 合同争议的调解

项目监理机构接到合同争议的调解要求后应进行以下工作：①及时了解合同争议的全部情况，包括进行调查和取证；②及时与合同争议的双方进行磋商；③在项目监理机构提出调解方案后，由总监理工程师进行争议调解；④当调解未能达成一致时，总监理工程师应在施工合同规定的期限内提出处理该合同争议的意见；⑤在争议调解过程中，除已达到了施工合同规定的暂停履行合同的条件之外，项目监理机构应要求施工合同的双方继续履行施工合同。

在总监理工程师签发合同争议处理意见后，建设单位或承包单位在施工合同规定的期限内未对合同争议处理决定提出异议，在符合施工合同的前提下，此意见应成为最后的决定，双方必须执行。在合同争议的仲裁或诉讼过程中，项目监理机构接到仲裁机关或法院要求提供有关证据的通知后，应公正地向仲裁机关或法院提供与争议有关的证据。

(6) 合同的解除

合同解除的原因包括3个方面：建设单位违约；承包单位违约；不可抗力。

1) 建设单位违约

施工合同的解除必须符合法律程序。当建设单位违约导致施工合同最终解除时，项目监理机构应就承包单位按施工合同规定应得到的款项与建设单位和承包单位进行协商，并应按施工合同的规定从下列应得的款项中确定承包单位应得到的全部款项，同时书面通知建设单位和承包单位：①承包单位已完成的工程量表中所列的各项工作所应得的款项；②按批准的采购计划订购工程材料、设备、构配件的款项；③承包单位撤离施工设备至原基地或其他目的地的合理费用；④承包单位所有人员的合理遣返费用；⑤合理的利润补偿；⑥施工合同规定的建设单位应支付的违约金。

2) 承包单位违约

由于承包单位违约导致施工合同终止后，项目监理机构应按下列程序清理承包单位的应得款项，或偿还建设单位的相关款项，并书面通知建设单位和承包单位：①施工合同终止时，清理承包单位已按施工合同规定实际完成的工作所应得的款项和已经得到支付的款项；②施工现场余留的材料、设备及临时工程的价值；③对已完工程进行检查和验收、移交工程资料、该部分工程的清理、质量缺陷修复等所需的费用；④施工合同规定的承包单位应支付的违约金；⑤总监理工程师按照施工合同的规定，在与建设单位和承包单位协商后，书面提交承包单位应得款项或偿还建设单位款项的证明。

3) 不可抗力

由于不可抗力或非建设单位、承包单位原因导致施工合同终止时，项目监理机构应按施工合同规定处理合同解除后的有关事宜。

7. 施工阶段监理资料的管理

此部分包括4条内容：监理资料；监理月报；监理工作总结；监理资料的管理。其中，条文说明部分对这4条内容亦有相关解释。

(1) 监理资料

施工阶段的监理资料应包括下列内容：①施工合同文件及委托监理合同；②勘察设计文件；③监理规划；④监理实施细则；⑤分包单位资格报审表；⑥设计交底与图纸会审会议纪要；⑦施工组织设计（方案）报审表；⑧工程开工/复工报审表及工程暂停令；⑨测量核验资料；⑩工程进度计划；⑪工程材料、构配件、设备的质量证明文件；⑫检查试验资料；⑬工程变更资料；⑭隐蔽工程验收资料；⑮工程计量单和工程款支付证书；⑯监理工程师通知单；⑰监理工作联系单；⑱报验申请表；⑲会议纪要；⑳来往函件；㉑监理日记；㉒监理月报；㉓质量缺陷与事故的处理文件；㉔分部工程、单位工程等验收资料；㉕索赔文件资料；㉖竣工结算审核意见书；㉗工程项目施工阶段质量评估报告等专题报告；㉘监理工作总结。

(2) 监理月报

施工阶段的监理月报应包括以下内容：①本月工程概况；②本月工程形象进度；③工程进度，包括本月实际完成情况与计划进度比较，以及对进度完成情况及采取措施效果的分析；④工程质量，包括本月工程质量情况分析，以及本月采取的工程质量措施及效果；

⑤工程计量与工程款支付，包括工程量审核情况，工程款审批情况及月支付情况，工程款支付情况分析，以及本月采取的措施及效果；⑥合同其他事项的处理情况，包括工程变更，工程延期，费用索赔；⑦本月监理工作小结，包括对本月进度、质量、工程款支付等方面情况的综合评价，本月监理工作情况，有关本工程的意见和建议，以及下月监理工作的重点。监理月报应由总监理工程师组织编制，签认后报建设单位和本监理单位。

(3) 监理工作总结

监理工作总结应包括以下内容：①工程概况；②监理组织机构、监理人员和投入的监理设施；③监理合同履行情况；④监理工作成效；⑤施工过程中出现的问题及其处理情况和建议；⑥工程照片（有必要时）。施工阶段监理工作结束时，监理单位应向建设单位提交监理工作总结。

(4) 监理资料的管理

监理资料必须及时整理、真实完整、分类有序。监理资料的管理应由总监理工程师负责，并指定专人具体实施。监理资料应在各阶段监理工作结束后及时整理归档。监理档案的编制及保存应按有关规定执行。

8. 设备采购监理与设备监造

此部分包括3条内容：设备采购监理；设备监造；设备采购与设备监造的监理资料。其中，条文说明部分对这3条内容亦有相关解释。

(1) 设备采购监理

监理单位应依据与建设单位签订的设备采购阶段的委托监理合同，成立由总监理工程师和专业监理工程师组成的项目监理机构。监理人员应专业配套、数量应满足监理工作的需要，并应明确监理人员的分工及岗位职责。总监理工程师应组织监理人员熟悉和掌握设计文件对拟采购的设备的各项要求、技术说明和有关的标准。项目监理机构应编制设备采购方案，明确设备采购的原则、范围、内容、程序、方式和方法，并报建设单位批准。项目监理机构应根据批准的设备采购方案编制设备采购计划，并报建设单位批准。

采购计划的主要内容应包括采购设备的明细表、采购的进度安排、估价表、采购的资金使用计划等。项目监理机构应根据建设单位批准的设备采购计划组织或参加市场调查，并应协助建设单位选择设备供应单位。当采用招标方式进行设备采购时，项目监理机构应协助建设单位按照有关规定组织设备采购招标。当采用非招标方式进行设备采购时，项目监理机构应协助建设单位进行设备采购的技术及商务谈判。项目监理机构应在确定设备供应单位后参与设备采购订货合同的谈判，协助建设单位起草及签订设备采购订货合同。在设备采购监理工作结束后，总监理工程师应组织编写监理工作总结。

(2) 设备监造

监理单位应依据与建设单位签订的设备监造阶段的委托监理合同，成立由总监理工程师和专业监理工程师组成的项目监理机构。项目监理机构应进驻设备制造现场。总监理工程师应组织专业监理工程师熟悉设备制造图纸及有关技术说明和标准，掌握设计意图和各项设备制造的工艺规程以及设备采购订货合同中的各项规定，并应组织或参加建设单位组织的设备制造图纸的设计交底。总监理工程师应组织专业监理工程师编制设备监造规划，经监理单位技术负责人审核批准后，在设备制造开始前10天内报送建设单位。总监理工程师应审查设备制造单位报送的设备制造生产计划和工艺方案，提出审查意见。符合要求后予以批准，并报建设单位。总监理工程师应审核设备制造分包单位的资质情况、实际生产能力和质量保证体系，符合要求后予以确认。专业监理工程师应审查设备制造的检验计划和检验要求，确认各阶段的检验时间、内容、方法、标准以及检测手段、检测设备和仪器。专业监理工程师必须对设备制造过程中拟采用的新技术、新材料、新工艺的鉴定书和试验报告进行审核，并签署意见。专业监理工程师应审查主要及关键零件的生产工艺设备、操作规程和相关生产人员的上岗资格，并对设备制造和装配场所的环境进行检查。专业监理工程师应审查设备制造的原材料、外购配套件、元器件、标准件以及坯料的质量证明文件及检验报告，检查设备制造单位对外购器件、外协作加工件和材料的质量验收，并由专业监理工程师审查设备制造单位提交的报验资料，符合规定要求时予以签认。专业监理工程师应对设备制造过程进行监督和检查，对主要及关键零部件的制造工序应进行抽检或检验。专业监理工程师应要求设备制造单位按批准的检验计划和检验要求进行设备制造过程的检验工作，做好检验记录，并对检验结果进行审核。专业监理工程师认为不符合质量要求时，指令设备制造单位进行整改、返修或返工。当发生质量失控或重大质量事故时，必须由总监理工程师下达暂停制造指令，提出处理意见，并及时报告建设单位。专业监理工程师应检查和监督设备的装配过程，符合要求后予以签认。

在设备制造过程中如需要对设备的原设计进行变更，专业监理工程师应审核设计变更并审查因变更引起的费用增减和制造工期的变化。总监理工程师应组织专业监理工程师参加设备制造过程中的调试、整机性能检测和验证，符合要求后予以签认。在设备运往现场前，专业监理工程师应检查设备制造单位对运送设备采取的防护和包装措施，并应检查是否符合运输、装卸、储存、安装的要求，以及相关的随机文件、装箱单和附件是否齐全。设备全部运到现场后，总监理工程师应组织专业监理工程师参加由设备制造单位按合同规定与安装单位的交接工作，开箱清点、检查、验收、移交。专业监理工程师应按设备制造合同的规定审核设备制造单位提交的进度付款单，提出审核意见，由总监理工程师签发支付证书。专业监理工程师应审查建设单位或设备制造单位提出的索赔文件，提出意见后报总监理工程师，由总监理工程师与建设单位、设备制造单位进行协商，并提出审核报告。专业监理工程师应审核设备制造单位报送的设备制造结算文件，并提出审核意见，报总监理工程师审核，由总监理工程师与建设单位、设备制造单位进行协商，并提出审核报告。在设备监造工作结束后，总监理工程师应组织编写设备监造工作总结。

(3) 设备采购监理与设备监造的监理资料

此项包括两方面内容，一是设备采购监理的监理资料内容；二是设备监造工作的监理资料内容。

1）设备采购监理的监理资料内容

其主要内容包括：①委托监理合同；②设备采购方案计划；③设计图纸和文件；④市场调查、考察报告；⑤设备采购招投标文件；⑥设备采购订货合同；⑦设备采购监理工作总结。设备采购监理工作结束时，监理单位应向建设单位提交设备采购监理工作总结。

2）设备监造工作的监理资料内容

其主要内容包括：设备制造合同及委托监理合同；设备监造规划；设备制造的生产计划和工艺方案；设备制造的检验计划和检验要求；分包单位资格报审表；原材料、零配件等的质量证明文件和检验报告；开工/复工报审表、暂停令；检验记录及试验报告；报验申请表；设计变更文件；会议纪要；来往文件；监理日记；监理工程师通知单；监理工作联系单；监理月报；质量事故处理文件；设备制造索赔文件；设备验收文件；设备交接文件；支付证书和设备制造结算审核文件；设备监造工作总结。设备监造工作结束时，监理单位应向建设单位提交设备监造工作总结。

9. 附录，施工阶段监理工作的基本表式

此规范规定了A、B、C三类表格，A类表系承包单位用表，包括10种表格；B类表系监理单位用表，包括6种表格；C类表系各方通用表。

(1) A类表（承包单位用表）

A1 工程开工/复工报审表；

A2 施工组织设计（方案）报审表；

A3 分包单位资格报审表；

A4 报验申请表；

A5 工程款支付申请表；

A6 监理工程师通知回复单；

A7 工程临时延期申请表；

A8 费用索赔申请表；

A9 工程材料/构配件/设备报审表；

A10 工程竣工报验单。

(2) B类表（监理单位用表）

B1 监理工程师通知单；

B2 工程暂停令；

B3 工程款支付证书；

B4 工程临时延期审批表；

B5 工程最终延期审批表；

B6 费用索赔审批表。

(3) C类表（各方通用表）

C1 监理工作联系单；

C2 工程变更单。

第二节 《房屋建筑工程施工旁站监理管理办法（试行）》简介

一、《房屋建筑工程施工旁站监理管理办法（试行）》概述

建设部2002年7月17日印发的《房屋建筑工程施工旁站监理管理办法（试行）》共计13条和一个附件。基本内容为：制定依据及意义；基本概念；旁站监理人员的主要职

责；旁站监理人员的主要义务；法律责任；其他规定。

二、《房屋建筑工程施工旁站监理管理办法（试行）》内容简介

1. 制定依据及意义

为加强对房屋建筑工程施工旁站监理的管理，保证工程质量，依据《 建设工程质量管理条例 》的有关规定，制定本办法。

2. 基本概念

管理办法中所称房屋建筑工程施工旁站监理（以下简称旁站监理），是指监理人员在房屋建筑工程施工阶段监理中，对关键部位、关键工序的施工质量实施全过程现场跟班的监督活动。管理办法所规定的房屋建筑工程的关键部位、关键工序，在基础工程方面包括：土方回填，混凝土灌注桩浇筑，地下连续墙、土钉墙、后浇带及其他结构混凝土、防水混凝土浇筑，卷材防水层细部构造处理，钢结构安装；在主体结构工程方面包括：梁柱节点钢筋隐蔽过程，混凝土浇筑，预应力张拉，装配式结构安装，钢结构安装，网架结构安装，索膜安装。

3. 旁站监理人员的主要职责

其主要职责是：①检查施工企业现场质检人员到岗、特殊工种人员持证上岗以及施工机械、建筑材料准备情况；②在现场跟班监督关键部位、关键工序的施工，执行施工方案以及工程建设强制性标准情况；③核查进场建筑材料、建筑构配件、设备和商品混凝土的质量检验报告等，并可在现场监督施工企业进行检验或者委托具有资格的第三方进行复验；④做好旁站监理记录和监理日记，保存旁站监理原始资料。

4. 旁站监理人员的主要义务

旁站监理人员应当认真履行职责，对需要实施旁站监理的关键部位、关键工序在施工现场跟班监督，及时发现和处理旁站监理过程中出现的质量问题，如实准确地做好旁站监理记录。凡旁站监理人员和施工企业现场质检人员未在旁站监理记录（见附件）上签字的，不得进行下一道工序施工。旁站监理人员实施旁站监理时，发现施工企业有违反工程建设强制性标准行为的，有权责令施工企业立即整改；发现其施工活动已经或者可能危及工程质量的，应当及时向监理工程师或者总监理工程师报告，由总监理工程师下达局部暂停施工指令或者采取其他应急措施。旁站监理记录是监理工程师或者总监理工程师依法行使有关签字权的重要依据。对于需要旁站监理的关键部位、关键工序施工，凡没有实施旁站监理或者没有旁站监理记录的，监理工程师或者总监理工程师不得在相应文件上签字。在工程竣工验收后，监理企业应当将旁站监理记录存档备查。

5. 法律责任

对于按照管理办法规定的关键部位、关键工序实施旁站监理的，建设单位应当严格按

照国家规定的监理取费标准执行；对于超出本办法规定的范围，建设单位要求监理企业实施旁站监理的，建设单位应当另行支付监理费用，具体费用标准由建设单位与监理企业在合同中约定。建设行政主管部门应当加强对旁站监理的监督检查，对于不按照本办法实施旁站监理的监理企业和有关监理人员要进行通报，责令整改，并作为不良记录载入该企业和有关人员的信用档案；情节严重的，在资质年检时应定为不合格，并按照下一个资质等级重新核定其资质等级；对于不按照本办法实施旁站监理而发生工程质量事故的，除依法对有关责任单位进行处罚外，还要依法追究监理企业和有关监理人员的相应责任。

6. 其他规定

监理企业在编制监理规划时，应当制定旁站监理方案，明确旁站监理的范围、内容、程序和旁站监理人员职责等。旁站监理方案应当送建设单位和施工企业备份，并抄送工程所在地的建设行政主管部门或其委托的工程质量监督机构。施工企业根据监理企业制定的旁站监理方案，在需要实施旁站监理的关键部位、关键工序进行施工前 24 小时，应当书面通知监理企业派驻工地的项目监理机构。项目监理机构应当安排旁站监理人员按照旁站监理方案实施旁站监理。旁站监理在总监理工程师的指导下，由现场监理人员负责具体实施。其他工程的施工旁站监理，可以参照本办法实施。

7. 附件：旁站监理记录表（略）

第三节　《工程监理企业资质管理规定》简介

一、《工程监理企业资质管理规定》概述

《工程监理企业资质管理规定》是 2001 年 8 月 29 日中华人民共和国建设部令第 102 号发布的，是一部规范监理企业的部门规章。此《管理规定》共包括六章内容，第一章总则；第二章资质等级和业务范围；第三章资质申请和审批；第四章监督管理；第五章罚则；第六章附则。

二、《工程监理企业资质管理规定》内容简介

1. 总则

此章规定了以下 3 项内容，一是颁布《管理规定》的意义和依据；二是调整对象；三是管理部门。

(1) 意义和依据

为了加强对工程监理企业资质管理，维护建筑市场秩序，保证建设工程的质量、工期和投资效益的发挥，根据《中华人民共和国建筑法》、《建设工程质量管理条例》制定本规定。

(2) 调整对象

在中华人民共和国境内申请工程监理企业资质，实施对工程监理企业资质管理，适用

本规定。工程监理企业应当按照其拥有的注册资本、专业技术人员和工程监理业绩等资质条件申请资质，经审查合格，取得相应等级的资质证书后，方可在其资质等级许可的范围内从事工程监理活动。

(3) 管理部门

国务院建设行政主管部门负责全国工程监理企业资质的归口管理工作。国务院铁道、交通、水利、信息产业、民航等有关部门配合国务院建设行政主管部门实施相关资质类别工程监理企业资质的管理工作。省、自治区、直辖市人民政府建设行政主管部门负责本行政区域内工程监理企业资质的归口管理工作。省、自治区、直辖市人民政府交通、水利、通信等有关部门配合同级建设行政主管部门实施相关资质类别工程监理企业资质的管理工作。

2. 资质等级和业务范围

(1) 资质等级

工程监理企业的资质等级分为甲级、乙级和丙级，并按照工程性质和技术特点划分为若干工程类别。工程监理企业的资质等级标准如下：

1) 甲级：

①企业负责人和技术负责人应当具有 15 年以上从事工程建设工作的经历，企业技术负责人应当取得监理工程师注册证书；②取得监理工程师注册证书的人员不少于 25 人；③注册资本不少于 100 万元；④近 3 年内监理过 5 个以上二等房屋建筑工程项目或者 3 个以上二等专业工程项目。

2) 乙级：

①企业负责人和技术负责人应当具有 10 年以上从事工程建设工作的经历，企业技术负责人应当取得监理工程师注册证书；

②取得监理工程师注册证书的人员不少于 15 人；

③注册资本不少于 50 万元；

④近 3 年内监理过 5 个以上三等房屋建筑工程项目或者 3 个以上三等专业工程项目。

3) 丙级：

①企业负责人和技术负责人应当具有 8 年以上从事工程建设工作的经历，企业技术负责人应当取得监理工程师注册证书；

②取得监理工程师注册证书的人员不少于 5 人；

③注册资本不少于 10 万元；

④承担过 2 个以上房屋建筑工程项目或者 1 个以上专业工程项目。

(2) 业务范围

甲级工程监理企业可以监理经核定的工程类别中一、二、三等工程；乙级工程监理企业可以监理经核定的工程类别中二、三等工程；丙级工程监理企业可以监理经核定的工程类别中三等工程（一、二、三等工程标准见本规定附录）。工程监理企业可以根据市场需求，开展家庭居室装修监理业务。具体管理办法另行规定。

3. 资质申请和审批

(1) 资质申请

1）资质申请机关

工程监理企业应当向企业注册所在地的县级以上地方人民政府建设行政主管部门申请资质。中央管理的企业直接向国务院建设行政主管部门申请资质，其所属的企业申请甲级资质的，由中央管理的企业向国务院建设行政主管部门申请，同时向企业注册所在地省、自治区、直辖市人民政府建设行政主管部门报告。

2）新设工程监理企业资质申请条件

新设立的工程监理企业，到工商行政管理部门登记注册并取得企业法人营业执照后，方可到建设行政主管部门办理资质申请手续。新设立的工程监理企业申请资质，应当向建设行政主管部门提供下列资料：工程监理企业资质申请表；企业法人营业执照；企业章程；企业负责人和技术负责人的工作简历、监理工程师注册证书等有关证明材料；工程监理人员的监理工程师注册证书；需要出具的其他有关证件、资料。

3）申请资质升级条件

工程监理企业申请资质升级，除向建设行政主管部门提供新设工程监理企业资质申请必备的资料外，还应当提供下列资料：企业原资质证书正、副本；企业的财务决算年报表；《监理业务手册》及已完成代表工程的监理合同、监理规划及监理工作总结。

（2）资质审批

1）甲级监理企业资质审批

甲级工程监理企业资质，经省、自治区、直辖市人民政府建设行政主管部门审核同意后，由国务院建设行政主管部门组织专家评审，并提出初审意见；其中涉及铁道、交通、水利、信息产业、民航工程等方面工程监理企业资质的，由省、自治区、直辖市人民政府建设行政主管部门商同级有关专业部门审核同意后，报国务院建设行政主管部门，由国务院建设行政主管部门送国务院有关部门初审。国务院建设行政主管部门根据初审意见审批。审核部门应当对工程监理企业的资质条件和申请资质提供的资料审查核实。申请甲级工程监理企业资质的，国务院建设行政主管部门每年定期集中审批1次。国务院建设行政主管部门应当在工程监理企业申请材料齐全后3个月内完成审批。由有关部门负责初审的，初审部门应当从收齐工程监理企业的申请材料之日起1个月内完成初审。国务院建设行政主管部门应当将审批结果通知初审部门。国务院建设行政主管部门应当将经专家评审合格和国务院有关部门初审合格的甲级资质的工程监理企业名单及基本情况，在中国工程建设和建筑业信息网上公示。经公示后，对于工程监理企业符合资质标准的，予以审批，并将审批结果在中国工程建设和建筑业信息网上公告。

2）乙、丙级监理企业资质审批

乙、丙级工程监理企业资质，由企业注册所在地省、自治区、直辖市人民政府建设行政主管部门审批；其中交通、水利、通信等方面的工程监理企业资质，由省、自治区、直辖市人民政府建设行政主管部门征得同级有关部门初审同意后审批。申请乙、丙级工程监理企业资质的，实行即时审批或者定期审批，由省、自治区、直辖市人民政府建设行政主管部门规定。

3）不予批准的情况

工程监理企业申请晋升资质等级，在申请之日前1年内有下列行为之一的，建设行政主管部门不予批准：①与建设单位或者工程监理企业之间相互串通投标，或者以行贿等不正当手段谋取中标的；②与建设单位或者施工单位串通，弄虚作假、降低工程质量的；③将不合格的建设工程、建筑材料、建筑构配件和设备按照合格签字的；④超越本单位资质等级承揽监理业务的；⑤允许其他单位或者个人以本单位的名义承揽工程的；⑥转让工程监理业务的；⑦因监理责任而发生过三级以上工程建设重大质量事故或者发生过2起以上四级工程建设质量事故的；⑧其他违反法律法规的行为。

4）审批的其他规定

新设立的工程监理企业，其资质等级按照最低等级核定，并设1年的暂定期。由于企业改制，或者企业分立、合并后组建设立的工程监理企业，其资质等级根据实际达到的资质条件，按照本规定的审批程序核定。

5）审批的法律后果

工程监理企业资质条件符合资质等级标准，且未发生不予批准的行为，建设行政主管部门颁发相应资质等级的《工程监理企业资质证书》。《工程监理企业资质证书》分为正本和副本，由国务院建设行政主管部门统一印制，正、副本具有同等法律效力。任何单位和个人不得涂改、伪造、出借、转让《工程监理企业资质证书》；不得非法扣压、没收《工程监理企业资质证书》。工程监理企业在领取新的《工程监理企业资质证书》的同时，应当将原资质证书交回原发证机关予以注销。工程监理企业因破产、倒闭、撤销、歇业的，应当将资质证书交回原发证机关予以注销。

4. 监督管理

（1）资质管理

1）实行年检制度

县级以上人民政府建设行政主管部门和其他有关部门应当加强对工程监理企业资质的监督管理。禁止任何部门采取法律、行政法规规定以外的其他资信、许可等建筑市场准入限制。建设行政主管部门对工程监理企业资质实行年检制度。甲级工程监理企业资质，由国务院建设行政主管部门负责年检；其中铁道、交通、水利、信息产业、民航等方面的工程监理企业资质，由国务院建设行政主管部门会同国务院有关部门联合年检。乙、丙级工程监理企业资质，由企业注册所在地省、自治区、直辖市人民政府建设行政主管部门负责年检；其中交通、水利、通信等方面的工程监理企业资质，由建设行政主管部门会同同级有关部门联合年检。

2）年检程序

工程监理企业资质年检按照下列程序进行：①工程监理企业在规定时间内向建设行政主管部门提交《工程监理企业资质年检表》、《工程监理企业资质证书》、《监理业务手册》，以及工程监理人员变化情况及其他有关资料，并交验《企业法人营业执照》。②建设行政主管部门会同有关部门在收到工程监理企业年检资料后40日内，对工程监理企业资质年检作出结论，并记录在《工程监理企业资质证书》副本的年检记录栏内。

3）年检结论

工程监理企业资质年检的内容，是检查工程监理企业资质条件是否符合资质等级标准，是否存在质量、市场行为等方面的违法违规行为。工程监理企业年检结论分为合格、基本合格、不合格三种。具体标准如下：①合格。工程监理企业资质条件符合资质等级标准，且在过去1年内未发生不予批准所列行为的，年检结论为合格。②基本合格。工程监理企业资质条件中监理工程师注册人员数量、经营规模未达到资质标准，但不低于资质等级标准的80%，其他各项均达到标准要求，且在过去1年内未发生不予批准所列行为的，年检结论为基本合格。③不合格。有下列情形之一的，工程监理企业的资质年检结论为不合格：一是资质条件中监理工程师注册人员数量、经营规模的任何一项未达到资质等级标准的80%，或者其他任何一项未达到资质等级标准；二是有不予批准所列行为之一的。已经按照法律、法规的规定予以降低资质等级处罚的行为，年检中不再重复追究。

(2) 资质监督

工程监理企业资质年检不合格或者连续2年基本合格的，建设行政主管部门应当重新核定其资质等级。新核定的资质等级应当低于原资质等级，达不到最低资质等级标准的，取消资质。工程监理企业连续2年年检合格，方可申请晋升上一个资质等级。降级的工程监理企业，经过1年以上时间的整改，经建设行政主管部门核查确认，达到规定的资质标准，且在此期间内未发生不予批准所列行为的，可以按照本规定重新申请原资质等级。在规定时间内没有参加资质年检的工程监理企业，其资质证书自行失效，且1年内不得重新申请资质。工程监理企业遗失《工程监理企业资质证书》，应当在公众媒体上声明作废。其中甲级监理企业应当在中国工程建设和建筑业信息网上声明作废。工程监理企业变更名称、地址、法定代表人、技术负责人等，应当在变更后1个月内，到原资质审批部门办理变更手续。其中由国务院建设行政主管部门审批的企业除企业名称变更由国务院建设行政主管部门办理外，企业地址、法定代表人、技术负责人的变更委托省、自治区、直辖市人民政府建设行政主管部门办理，办理结果向国务院建设行政主管部门备案。

5. 罚则

(1) 违法行为

此章规定了工程监理企业7种违法行为及相应的法律责任，具体内容包括：

1) 以欺骗手段取得《工程监理企业资质证书》：以欺骗手段取得《工程监理企业资质证书》承揽工程的，吊销资质证书，处合同约定的监理酬金1倍以上2倍以下的罚款；有违法所得的，予以没收。

2) 未取得《工程监理企业资质证书》：未取得《工程监理企业资质证书》承揽监理业务的，予以取缔，处合同约定的监理酬金1倍以上2倍以下的罚款；有违法所得的，予以没收。

3) 超越资质等级：超越本企业资质等级承揽监理业务的，责令停止违法行为，处合同约定的监理酬金1倍以上2倍以下的罚款；可以责令停业整顿，降低资质等级；情节严重的，吊销资质证书；有违法所得的，予以没收。

4) 转让监理业务：转让监理业务的，责令改正，没收违法所得，处合同约定的监理酬金25%以上50%以下的罚款；可以责令停业整顿，降低资质等级；情节严重的，吊销资质证书。

5) 允许他人以自己名义承揽业务：工程监理企业允许其他单位或者个人以本企业名义承揽监理业务的，责令改正，没收违法所得，处合同约定的监理酬金1倍以上2倍以下的罚款；可以责令停业整顿，降低资质等级；情节严重的，吊销资质证书。

6）有下列行为之一的，责令改正，处50万元以上100万元以下的罚款，降低资质等级或者吊销资质证书；有违法所得的，予以没收；造成损失的，承担连带赔偿责任：①与建设单位或者施工单位串通，弄虚作假、降低工程质量的；②将不合格的建设工程、建筑材料、建筑构配件和设备按照合格签字的。

7）工程监理单位与被监理工程的施工承包单位以及建筑材料、建筑构配件和设备供应单位有隶属关系或者其他利害关系承担该项建设工程的监理业务的，责令改正，处5万元以上10万元以下的罚款，降低资质等级或者吊销资质证书；有违法所得的，予以没收。

（2）处罚机关

责令停业整顿、降低资质等级和吊销资质证书的行政处罚，由颁发资质证书的机关决定；其他行政处罚，由建设行政主管部门或者其他有关部门依照法定职权决定。资质审批部门未按照规定的权限和程序审批资质的，由上级资质审批部门责令改正，已审批的资质无效。从事资质管理的工作人员在资质审批和管理工作中玩忽职守、滥用职权、循私舞弊的，依法给予行政处分；构成犯罪的，依法追究刑事责任。

6. 附则

此附则主要规定了以下3项内容：

（1）授权制定实施细则。省、自治区、直辖市人民政府建设行政主管部门可以根据本规定制定实施细则，并报国务院建设行政主管部门备案。

（2）解释权。本规定由国务院建设行政主管部门负责解释。

（3）生效时间。本规定自发布之日起施行。1992年1月18日建设部颁布的《工程建设监理单位资质管理试行办法》（建设部令第16号）同时废止。

第四节 《建设工程监理范围和规模标准规定》简介

一、《建设工程监理范围和规模标准规定》概述

《建设工程监理范围和规模标准规定》系建设部2001年1月17日颁布的，属于部门规章。《建设工程监理范围和规模标准规定》共计10条，基本内容包括以下4个方面：制定依据及意义；强制监理的范围；强制监理的规模标准；其他规定。

二、《建设工程监理范围和规模标准规定》

1. 制定依据及意义

为了确定必须实行监理的建设工程项目具体范围和规模标准，规范建设工程监理活动，根据《建设工程质量管理条例》，制定了《建设工程监理范围和规模标准规定》。

2. 强制监理的范围

下列建设工程必须实行监理：①国家重点建设工程；②大中型公用事业工程；③成片

开发建设的住宅小区工程；④利用外国政府或者国际组织贷款、援助资金的工程；⑤国家规定必须实行监理的其他工程。

3. 强制监理的规模标准

(1) 国家重点建设工程

所谓国家重点建设工程是指依据《国家重点建设项目管理办法》所确定的对国民经济和社会发展有重大影响的骨干项目。

(2) 大中型公用事业工程

所谓大中型公用事业工程是指项目总投资额在 3000 万元以上的下列工程项目：①供水、供电、供气、供热等市政工程项目；②科技、教育、文化等项目；③体育、旅游、商业等项目；④卫生、社会福利等项目；⑤其他公用事业项目。

(3) 成片开发建设的住宅小区工程

成片开发建设的住宅小区工程，建筑面积在 5 万平方米以上的住宅建设工程必须实行监理。5 万平方米以下的住宅建设工程，可以实行监理，具体范围和规模标准，由省、自治区、直辖市人民政府建设行政主管部门规定。为了保证住宅质量，对高层住宅及地基、结构复杂的多层住宅应当实行监理。

(4) 利用外国政府或者国际组织贷款、援助资金的工程

此工程范围包括：①使用世界银行、亚洲开发银行等国际组织贷款资金的项目；②使用国外政府及其机构贷款资金的项目；③使用国际组织或者国外政府援助资金的项目。

(5) 国家规定必须实行监理的其他工程

此类工程包括两项内容，具体是指：

1) 项目总投资额在 3000 万元以上关系社会公共利益、公众安全的下列基础设施项目：①煤炭、石油、化工、天然气、电力、新能源等项目；②铁路、公路、管道、水运、民航以及其他交通运输业等项目；③邮政、电信枢纽、通信、信息网络等项目；④防洪、灌溉、排涝、发电、引（供）水、滩涂治理、水资源保护、水土保持等水利建设项目；⑤道路、桥梁、地铁和轻轨交通、污水排放及处理、垃圾处理、地下管道、公共停车场等城市基础设施项目；⑥生态环境保护项目；⑦其他基础设施项目。

2) 学校、影剧院、体育场馆项目。

4. 其他规定

国务院建设行政主管部门商同国务院有关部门后，可以对本规定确定的必须实行监理的建设工程具体范围和规模标准进行调整。《建设工程监理范围和规模标准规定》由国务院建设行政主管部门负责解释，并自发布之日起施行。

第五节 《建设工程委托监理合同（示范文本）》简介

一、《建设工程委托监理合同（示范文本）》概述

《建设工程委托监理合同（示范文本）》是建设部、国家工商行政管理局于 2000 年 2

月17联合发布的，属于部门规章。该《示范文本》由三部分组成，第一部分：建设工程委托监理合同；第二部分：标准条件；第三部分：专用条件。

二、建设工程委托监理合同（示范文本）内容简介

1. 建设工程委托监理合同

此部分是《建设工程委托监理合同（示范文本）》中纲领性的文件，是委托人与监理人依照《中华人民共和国合同法》、《中华人民共和国建筑法》及其他有关法律、行政法规，遵循平等、自愿、公平和诚实信用的原则，就建设工程委托监理合同中最基本、最重要的事项协商一致而订立的合同。此部分包含的内容不多，但规定了合同双方当事人最主要的权利、义务，规定了组成合同的文件及合同当事人对履行合同义务的承诺，并且合同当事人如果同意履行这份合同，将在这份文件上签字盖章。根据合同法规定，双方当事人在合同书上签字盖章即为合同生效，因此具有很高的法律效力。第一部分主要包括以下五个方面的内容：

(1) 委托人委托监理人监理的工程（以下简称“本工程”）概况，主要包括工程名称、工程地点、工程规模、总投资四项内容；

(2) 本合同中的有关词语含义与本合同第二部分《标准条件》中赋予它们的定义相同；

(3) 下列文件均为本合同的组成部分：监理投标书或中标通知书、本合同标准条件、本合同专用条件、在实施过程中双方共同签署的补充与修正文件；

(4) 监理人向委托人承诺，按照本合同的规定，承担本合同专用条件中议定范围内监理业务；

(5) 委托人向监理人承诺按照本合同注明的期限、方式、币种，向监理人支付报酬。

2. 标准条件

此部分是根据《合同法》、《建筑法》等法律、法规对委托人和监理人双方的权利、义务作出的规定，除双方协商一致对其中的某些条款作了修改、补充或取消，双方都必须履行，它是将建设工程委托监理合同中共性的一些内容抽象出来编写的一份完整的合同文件。“标准条件”具有很强的通用性，共由11项49条组成，包括词语定义、适用语言和法规；监理人义务；委托人义务；监理人权利；委托人权利；监理人责任；委托人责任；合同生效、变更与终止；监理酬金；其他；争议的解决等11项内容。具体内容详见本节第三点。

3. 专用条件

此部分是对“标准条件”中的某些条款进行补充、修正，使两个条件中相同序号的条款共同组成一条内容完备的条款，具体包括13项内容：

(1) 本合同适用的法律及监理依据；

(2) 监理范围和监理工作内容；

(3) 外部条件包括的内容；

(4) 委托人应提供的工程资料及提供时间；

(5) 委托人应在多少天内对监理人书面提交并要求作出决定的事宜作出书面答复；

(6) 委托人的常驻代表是谁；

(7) 委托人免费向监理机构提供的设施；

(8) 监理人自备的、委托人给予补偿的设施；

(9) 在监理期间，委托人免费向监理机构提供数名工作人员，由总监理工程师安排其工作，凡涉及服务时，此类职员只应从总监理工程师处接受指示，并免费提供数名服务人员，监理机构应与此类服务的提供者合作，但不对此类人员及其行为负责；

(10) 监理人在责任期内如果失职，同意按商定的办法承担责任，赔偿损失，累计赔偿额不超过监理报酬总数（扣税）；

(11) 委托人同意采用的计算方法、支付时间与金额，支付监理人的报酬；

(12) 委托人同意采用的计算方法、支付时间与金额，支付附加工作报酬；

(13) 本合同在履行过程中发生争议时，当事人双方应及时协商解决。协商不成时，双方同意由仲裁委员会仲裁（当事人双方不在本合同中约定仲裁机构，事后又未达成书面仲裁协议的，可向人民法院起诉）。

三、《建设工程委托监理合同（示范文本）》中“标准条件”内容简介

“标准条件”部分共由 11 项 49 条组成，包括词语定义、适用语言和法规；监理人义务；委托人义务；监理人权利；委托人权利；监理人责任；委托人责任；合同生效、变更与终止；监理酬金；其他；争议的解决等 11 项内容。具体内容如下：

1. 词语定义、适用语言和法规

(1) 下列名词和用语，除上下文另有规定外，有如下含义：

1)“工程”是指委托人委托实施监理的工程。

2)“委托人”是指承担直接投资责任和委托监理业务的一方以及其合法继承人。

3)“监理人”是指承担监理业务和监理责任的一方，以及其合法继承人。

4)“监理机构”是指监理人派驻本工程现场实施监理业务的组织。

5)“总监理工程师”是指经委托人同意，监理人派到监理机构全面履行本合同的全权负责人。

6)“承包人”是指除监理人。以外，委托人就工程建设有关事宜签订合同的当事人。

7)“工程监理的正常工作”是指双方在专用条件中约定，委托人委托的监理工作范围和内容。

8)“工程监理的附加工作”是指：一是委托人委托监理范围以外，通过双方书面协议另外增加的工作内容，二是由于委托人或承包人原因，使监理工作受到阻碍或延误，因增加工作量或持续时间而增加的工作。

9)“工程监理的额外工作”是指正常工作和附加工作以外或非监理人自己的原因而暂

停或终止监理业务，其善后工作及恢复监理业务的工作。

10）“日”是指任何一天零时至第二天零时的时间段。

11）“月”是指根据公历从一个月份中任何一天开始到下一个月相应日期的前一天的时间段。

(2) 建设工程委托监理合同适用的法律，是指国家的法律、行政法规，以及专用条件中议定的部门规章或工程所在地的地方法规、地方规章。

(3) 本合同文件使用汉语语言文字书写、解释和说明。如专用条件约定使用两种以上(含两种) 语言文字时，汉语应为解释和说明本合同的标准语言文字。

2. 监理人义务

(1) 监理人按合同约定派出监理工作需要的监理机构及监理人员，向委托人报送委派的总监理工程师及其监理机构主要成员名单、监理规划，完成监理合同专用条件和约定的监理工程范围内的监理业务。在履行合同义务期间，应按合同约定定期向委托人报告监理工作。

(2) 监理人在履行本合同的义务期间，应认真、勤奋地工作，为委托人提供与其水平相适应的咨询意见，公正维护各方面的合法权益。

(3) 监理人使用委托人提供的设施和物品属委托人的财产。在监理工作完成或中止时，应将其设施和剩余的物品按合同约定的时间和方式移交给委托人。

(4) 在合同期内或合同终止后，未征得有关方同意，不得泄露与本工程、本合同业务有关的保密资料。

3. 委托人义务

(1) 委托人在监理人开展监理业务之前应向监理人支付预付款。

(2) 委托人应当负责工程建设的所有外部关系的协调，为监理工作提供外部条件。根据需要，如将部分或全部协调工作委托监理人承担，则应在专用条件中明确委托的工作和相应的报酬。

(3) 委托人应当在双方约定的时间内免费向监理人提供与工程有关的为监理工作所需要的工程资料。

(4) 委托人应当在专用条款约定的时间内就监理人书面提交并要求作出决定的一切事宜作出书面决定。

(5) 委托人应当授权一名熟悉工程情况、能在规定时间内作出决定的常驻代表（在专用条款中约定)，负责与监理人联系。更换常驻代表，要提前通知监理人。

(6) 委托人应当将授予监理人的监理权利，以及监理人主要成员的职能分工、监理权限及时书面通知已选定的承包合同的承包人，并在与第三人签订的合同中予以明确。

(7) 委托人应在不影响监理人开展监理工作的时间内提供如下资料：①与本工程合作的原材料、构配件、设备等生产厂家名录；②提供与本工程有关的协作单位、配合单位的名录。

(8) 委托人应免费向监理人提供办公用房、通信设施、监理人员工地住房及合同专用条件约定的设施，对监理人自备的设施给予合理的经济补偿（补偿金额 = 设施在工程使用时间占折旧年限的比例 × 设施原值 + 管理费)。

(9) 根据情况需要，如果双方约定，由委托人免费向监理人提供其他人员，应在监理合同专用条件中予以明确。

4. 监理人权利

（1）监理人在委托人委托的工程范围内，享有以下权利：

1）选择工程总承包人的建议权。

2）选择工程分包人的认可权。

3）对工程建设有关事项包括工程规模、设计标准、规划设计、生产工艺设计和使用功能要求，向委托人的建议权。

4）对工程设计中的技术问题，按照安全和优化的原则，向设计人提出建议；如果拟提出的建议可能会提高工程造价，或延长工期，应当事先征得委托人的同意。当发现工程设计不符合国家颁布的建设工程质量标准或设计合同约定的质量标准时，监理人应当书面报告委托人并要求设计人更正。

5）审批工程施工组织设计和技术方案，按照保质量、保工期和降低成本的原则，向承包人提出建议，并向委托人提出书面报告。

6）主持工程建设有关协作单位的组织协调，重要协调事项应当事先向委托人报告。

7）征得委托人同意，监理人有权发布开工令、停工令、复工令，但应当事先向委托人报告。如在紧急情况下未能事先报告时，则应在24小时内向委托人作出书面报告。

8）工程上使用的材料和施工质量的检验权。对于不符合设计要求和合同约定及国家质量标准的材料、构配件、设备，有权通知承包人停止使用；对于不符合规范和质量标准的工序、分部、分项工程和不安全施工作业，有权通知承包人停工整改、返工。承包人得到监理机构复工令后才能复工。

9）工程施工进度的检查、监督权，以及工程实际竣工日期提前或超过工程施工合同规定的竣工期限的签认权。

10）在工程施工合同约定的工程价格范围内，工程款支付的审核和签认权，以及工程结算的复核确认权与否决权。未经总监理工程师签字确认，委托人不支付工程款。

（2）监理人在委托人授权下，可对任何承包人合同规定的义务提出变更。如果由此严重影响了工程费用或质量、或进度，则这种变更须经委托人事先批准。在紧急情况下未能事先报委托人批准时，监理人所做的变更也应尽快通知委托人。在监理过程中如发现工程承包人的人员工作不力，监理机构可要求承包人调换有关人员。

（3）在委托的工程范围内，委托人或承包人对对方的任何意见和要求（包括索赔要求），均必须首先向监理机构提出，由监理机构研究处置意见，再同双方协商确定。当委托人和承包人发生争议时，监理机构应根据自己的职能，以独立的身份判断，公正地进行调解。当双方的争议由政府建设行政主管部门调解或仲裁机构仲裁时，应当提供作证的事实材料。

5. 委托人权利

（1）委托人有选定工程总承包人，以及与其订立合同的权利。

（2）委托人有对工程规模、设计标准、规划设计、生产工艺设计和设计使用功能要求的认定权，以及对工程设计变更的审批权。

（3）监理人调换总监理工程师须事先经委托人同意。

(4) 委托人有权要求监理人提交监理工作月报及监理业务范围内的专项报告。

(5) 当委托人发现监理人员不按监理合同履行监理职责，或与承包人串通给委托人或工程造成损失的，委托人有权要求监理人更换监理人员，直到终止合同并要求监理人承担相应的赔偿责任或连带赔偿责任。

6. 监理人责任

(1) 监理人的责任期即委托监理合同有效期。在监理过程中，如果因工程建设进度的推迟或延误而超过书面约定的日期，双方应进一步约定相应延长的合同期。

(2) 监理人在责任期内，应当履行约定的义务。如果因监理人过失而造成了委托人的经济损失，应当向委托人赔偿。累计赔偿总额（除本合同第 24 条规定以外）不应超过监理报酬总额（除去税金）。

(3) 监理人对承包人违反合同规定的质量要求和完工（交图、交货）时限，不承担责任。因不可抗力导致委托监理合同不能全部或部分履行，监理人不承担责任。但对违反第 5 条规定引起的与之有关的事宜，由委托人承担赔偿责任。

(4) 监理人向委托人提出赔偿要求不能成立时，监理人应当补偿由于该索赔所导致委托人的各种费用支出。

7. 委托人责任

(1) 委托人应当履行委托监理合同约定的义务，如有违反则应当承担违约责任，赔偿给监理人造成的经济损失。监理人处理委托业务时，因非监理人原因的事由受到损失的，可以向委托人要求补偿损失。

(2) 委托人如果向监理人提出赔偿的要求不能成立，则应当补偿由该索赔所引起的监理人的各种费用支出。

8. 合同生效、变更与终止

(1) 由于委托人或承包人的原因使监理工作受到阻碍或延误，以致发生了附加工作或延长了持续时间，则监理人应当将此情况与可能产生的影响及时通知委托人。完成监理业务的时间相应延长，并得到附加工作的报酬。

(2) 在委托监理合同签订后，实际情况发生变化，使得监理人不能全部或部分执行监理业务时，监理人应当立即通知委托人。该监理业务的完成时间应予延长。当恢复执行监理业务时，应当增加不超过 42 日的时间用于恢复执行监理业务，并按双方约定的数量支付监理报酬。

(3) 监理人向委托人办理完竣工验收或工程移交手续，承包人和委托人已签订工程保修责任书，监理人收到监理报酬尾款，本合同即终止。保修期间的责任，双方在专用条款中约定。

(4) 当事人一方要求变更或解除合同时，应当提前 42 日通知对方，因解除合同使一方遭受损失的，除依法可以免除责任的外，应由责任方负责赔偿。变更或解除合同的通知或协议必须采取书面形式，协议未达成之前，原合同仍然有效。

(5) 监理人在应当获得监理报酬之日起 30 日内仍未收到支付单据，而委托人又未对监理人提出任何书面解释时，或根据第 31 条及第 32 条已暂停执行监理业务时限超过 6 个月的，监理人可向委托人发出终止合同的通知，发出通知后 14 日内仍未得到委托人答复，可进一步发出终止合同的通知，如果第二份通知发出后 42 日内仍未得到委托人答复，可终止合同，或自行暂停，或继续暂停执行全部或部分监理业务。委托人承担违约责任。

（6）监理人由于非自己的原因而暂停或终止执行监理业务，其善后工作以及恢复执行监理业务的工作，应当视为额外工作，有权得到额外的报酬。

（7）当委托人认为监理人无正当理由而又未履行监理义务时，可向监理人发出指明其未履行义务的通知。若委托人发出通知后 21 日内没有收到答复，可在第一个通知发出后 35 日内发出终止委托监理合同的通知，合同即行终止。监理人承担违约责任。

（8）合同协议的终止并不影响各方应有的权利和应当承担的责任。

9. 监理报酬

（1）正常的监理工作、附加工作和额外工作的报酬，按照监理合同专用条件中约定的方法计算，并按约定的时间和数额支付。

（2）如果委托人在规定的支付期限内未支付监理报酬，自规定之日起，还应向监理人支付滞纳金，滞纳金从规定支付期限最后一日起计算。

（3）支付监理报酬所采取的货币币种、汇率由合同专用条件约定。

（4）如果委托人对监理人提交的支付通知中报酬或部分报酬项目提出异议，应当在收到支付通知书 24 小时内向监理人发出表示异议的通知，但委托人不得拖延其他无异议报酬项目的支付。

10. 其他

（1）委托的建设工程监理所必要的监理人员出外考察、材料、设备复试，其费用支出经委托人同意的，在预算范围内向委托人实报实销。

（2）在监理业务范围内，如需聘用专家咨询或协助，由监理人聘用的，其费用由监理人承担；由委托人聘用的，其费用由委托人承担。

（3）监理人在监理工作过程中提出的合理化建议，使委托人得到了经济效益，委托人应按专用条件中的约定给予经济奖励。

（4）监理人驻地监理机构及其职员不得接受监理工程项目施工承包人的任何报酬或者经济利益。监理人不得参与可能与合同规定的与委托人的利益相冲突的任何活动。

（5）监理人在监理过程中，不得泄露委托人申明的秘密，监理人亦不得泄露设计人、承包人等提供并申明的秘密。

（6）监理人对于由其编制的所有文件拥有版权，委托人仅有权为本工程使用或复制此类文件。

11. 争议的解决

此项包括 1 条内容，具体规定为：本合同在履行过程中发生的争议，由双方当事人协商解决，协商不成的按下列方式之一解决：一是提交某仲裁委员会仲裁；二是依法向人民法院起诉。

编写说明

一、编写本教材所涉及的规范建设监理的法律

1.《中华人民共和国建筑法》

本法第四章规范了建筑工程监理的相关内容，本章共6条，对建筑工程监理的范围，程序，依据内容及工程监理单位和工程监理人员的权利义务与责任作了规定。

2.《中华人民共和国招投标法 》

本法第一章总则第3条规定："在中华人民共和国境内进行下列工程建设项目的勘察，设计，施工，监理以及与工程建设有关的重要设备，材料等的采购，必须进行招标。"

3.《中华人民共和国合同法》

本法第二十一章规定了委托合同（建设监理合同属于委托合同范畴）的相关内容。

二、编写本教材所涉及的规范建设监理的行政法规

1.1995年12月15日建设部，国家计委联合发布的《工程建设监理规定》。

2.2000年2月7日建设部，国家工商行政管理局关于印发《工程建设监理合同示范文本》的通知。此通知包括三部分，第一部分是建设工程委托监理合同（示范文本）；第二部分是标准条件，共有49条；第三部分是专用条件。

3.2001年9月4日建设部颁布的《工程监理企业资质管理规定》，2001年11月4日颁布的《工程监理企业资质管理规定实施意见》。

4.2001年1月17日《建设工程监理范围和规模标准规定》。

5.《建设监理工程师注册办法》。

6.2000年1月30日施行的《建筑工程质量管理条例》第五章规范了工程监理单位的质量责任和义务，共计5条。

三、建设监理人员应该掌握的相关法律法规

1.《中华人民共和国城市规划法》，1989年12月26日生效。

2.《中华人民共和国城市房地产管理法》，1994年颁布，1995年1月1日施行。

3.《中华人民共和国建筑法》，1998年3月1日施行。

4.《中华人民共和国招投标法》，2000 年 1 月 1 日施行。

5.《中华人民共和国合同法》，1999 年 10 月 1 日施行。

6.《中华人民共和国担保法》，1995 年 10 月 1 日施行。

7.《中华人民共和国土地管理法》，1986 年颁布，1998 年修订。

8.《中华人民共和国民事诉讼法》，1991 年 4 月 9 日施行。

9.《中华人民共和国行政诉讼法》，1990 年 10 月 1 日施行。

10.《中华人民共和国仲裁法》，1995 年 9 月 1 日施行。

11.《中华人民共和国土地管理法》，2004 年 8 月 28 日施行。

12.《中华人民共和国土地管理法实施条例》，1999 年 1 月 1 日施行。

13.《建筑工程质量管理条例》，2000 年 1 月 30 日施行。

14.《建筑工程施工许可管理办法》，1999 年 12 月 1 日施行。

15.《中华人民和国城镇国有土地使用权出让和转让暂行条例》，1990 年 5 月 19 日施行。

16.《城市房屋拆迁管理条例》，2001 年 11 月 1 日施行。

17.《工程监理企业资质管理规定》，2001 年 8 月 29 日施行。

18.《建设工程监理范围和规模标准规定》，2001 年 1 月 17 日施行。

19.《注册监理工程师管理规定》，2006 年 4 月 1 日施行。

四、说明

由以上总结可以看出，我国建设监理起步晚，建设监理的法规建设非常滞后，落后于建设监理的发展，表现为一是法律、行政法规少，二是不健全，三是没有形成统一的建设监理法律体系，即还没有形成一套具有中国特色的建设监理法规体系。所以，还需要不断探索，总结和完善。本书基本内容是作者参考了相关监理和法律书籍后，经过认真思考后编写而成。考虑阅读此书的读者大多没有较深的法律基础知识，故在编写的过程中遵循由浅入深，循序渐进的原则，重点阐述了建设监理法律、法规的基本概念、基本原理和基本法律制度。由于建设监理理论发展的滞后性，本书内容上的漏、误在所难免，希望与同行沟通磋商，提高水平，更希望同行提出宝贵意见和建议，使建设监理法律理论研究走向成熟，走向完善。